Rolf-Ulrich Kunze

Die Studienstiftung
des deutschen Volkes
seit 1925

edition
bildung und
wissenschaft

band 8

herausgegeben von
Manfred Heinemann

Veröffentlichung des
Zentrums für Zeitgeschichte von Bildung und Wissenschaft
der Universität Hannover

edition
bildung und
wissenschaft

Rolf-Ulrich Kunze

Die Studienstiftung des deutschen Volkes seit 1925

Zur Geschichte der
Hochbegabtenförderung
in Deutschland

Akademie Verlag

Zugleich Habilitationsschrift Universität Mainz 1999.

Gefördert aus Mitteln des Zentrums für Zeitgeschichte von Bildung und Wissenschaft, Universität Hannover.

Die Deutsche Bibliothek – CIP-Einheitsaufnahme

Kunze, Rolf-Ulrich:
Die Studienstiftung des deutschen Volkes seit 1925. Zur Geschichte der Hochbegabtenförderung in Deutschland / Rolf-Ulrich Kunze. Berlin : Akad. Verl., 2001
   (Edition Bildung und Wissenschaft ; Bd. 8)
   (Veröffentlichung des Zentrums für Zeitgeschichte von Bildung und Wissenschaft der Universität Hannover)
     ISBN 3-05-003638-9

1. Auflage 2001
© Akademie Verlag GmbH, Berlin 2001
Der Akademie Verlag ist ein Unternehmen der R. Oldenbourg-Gruppe.

Gedruckt auf chlorfrei gebleichtem Papier.
Das eingesetzte Papier entspricht der amerikanischen Norm ANSI Z.39.48 – 1984 bzw. der europäischen Norm ISO TC 46.

Alle Rechte, insbesondere die der Übersetzung in andere Sprachen, vorbehalten. Kein Teil dieses Buches darf ohne schriftliche Genehmigung des Verlages in irgendeiner Form – durch Photokopie, Mikroverfilmung oder irgendein anderes Verfahren – reproduziert oder in eine von Maschinen, insbesondere von Datenverarbeitungsmaschinen, verwendbare Sprache übertragen oder übersetzt werden.
All rights reserved (including those of translation into other languages). No part of this book may be reproduced in any form – by photoprinting, microfilm, or any other means – nor transmitted or translated into a machine language without written permission from the publishers.

Satz: Universität Hannover, Forschungsstelle EDV
Druckvorbereitung: Universität Hannover, Forschungsstelle EDV
Druck: Hahn-Druckerei GmbH & Co., Hannover
Bindung: Buchbinderei S. R. Büge, Celle

Printed in the Federal Republic of Germany

Inhaltsverzeichnis

Vorwort IX
Einleitung 1

I   Die deutschen Studenten und die Folgen des Ersten Weltkrieges
   1. Die Not der Nachkriegszeit 19
   2. Die Gründung der Studienstiftung des deutschen Volkes
       a) Der Darmstädter Gründungsbeschluß und der Beginn in Dresden. 37
       b) Die Institutionen der Studienstiftung 47
   3. Studienstiftler der ersten Stunde 61
       a) Wolf-Hartmut Friedrich: Altphilologie 62
       b) Hans-Joachim Elster: Biologie 65
       c) Walther Hinz: Iranistik 70
       d) Alwin Hinzpeter: Physik/Ingenieurwissenschaften 72
       e) Karl Holzamer: Philosophie 75
       f) Friedrich Wilhelm Wentzlaff-Eggebert: Germanistik 77
       g) Hulda Müller: Germanistik/evangelische Theologie 80
       h) Erik Amburger: Osteuropäische Geschichte 83
       i) Walter Schlums: Sozialpädagogik 86
   4. Grundprobleme von Organisation und Finanzierung 91

II Aufbaujahre und entstehende Krise
   1. Studienstiftung und deutsche Republik.
       Die Studienstiftler und ihr Selbstverständnis 99
   2. Die Studienstiftung und ihre Auswahlkriterien:
       Professionalisierung der Auswahl und des Förderungsmanagements 119
   3. Probleme defensiver Modernisierung durch ‚Elitenwechsel':
       a) Das Erstakademikerproblem 129
       b) Studienstiftlertreffen und die Probleme akademischer Sozialisation 139
       c) Studienstiftung und DSt: Probleme des ‚Studentenstaats' 145
       d) Der Zentrale Arbeitsausschuß und das Problem der Erfolgskontrolle 149

4. Die Studienstiftung und die Folgen der Weltwirtschaftskrise
   a) Der Fall Fritz John 157
   b) Das Verhältnis zur Politik: völkisch-nationale Kritik 164
   c) Die Position ‚starker' Vertrauensdozenten 171
   d) Sparzwänge, Selbstdarstellung und die ‚Aufstiegsförderung' des DSW 179
   e) Die frühe studentische ‚Machtergreifung' 189

5. Das Ende von Weimar: Demokratische Elite oder politische Indifferenz? 195

III Die nationalsozialistische Herrschaft und das Ende der Studienstiftung

1. Gleichschaltung: „Ein brauchbares Hilfsmittel des nationalsozialistischen Staates" 205

2. Widerstand gegen die Gleichschaltung der Studienstiftung 1933:
   Hans Rothfels, Hans von Soden, Eugen Gerstenmaier 233

3. Studienstiftler und die Gleichschaltung: zwei Beispiele 237

4. Die Gründung des ‚Reichsstudentenwerks' 1934
   und die nationalsozialistische Begabtenförderung 239

5. Von der Studienstiftung zur ‚Reichsförderung':
   Elite, Rassismus, Krieg und *finis Germaniae* 247

IV ‚Hochbegabten'-Förderung von der Gründung der Bundesrepublik Deutschland bis zu den gesellschaftlichen Krisen und Reformen der 1960er Jahre

1. Die Neugründung der Studienstiftung 1948:
   Hintergründe, Akteure, Konzepte 263

2. ‚Hochbegabten'-Förderung der ‚skeptischen Generation' und
   NS-Vergangenheit: die 1950er Jahre
   a) Altstipendiaten und ihre Schicksale 285
   b) Neue Probleme des alten Auswahlverfahrens: Maßstabsbildung 289
   c) Studienstiftungsalltag in den 1950er Jahren:
      die Frage nach der Normalität 294
   d) Selbstverständnis, Finanzierung und Öffentlichkeit:
      Haertens Elitebild 300

3. Reformperspektiven der 1960er Jahre und die Folgen von ‚1968'
   a) Die Studienstiftung und die Wissenschaftslandschaft der 1960er Jahre 307
   b) ‚1968': Revolte, Elite und die entstehende Bildungsreform 317

V Wissenschaftliche ‚Hochbegabungs'-Diagnostik,
empirische Begabungsforschung und neue Gemeinschaftsbildung:
die Experimente der 1970er, die Anpassungen der 1980er
und die Herausforderungen der 1990er Jahre

1. Die elitekritischen 1970er Jahre
   a) Die zweite ‚Neugründung' 1970 323
   b) Die Folgen der Bildungsreform 336

2. Die 1980er Jahre:
   Differenzierung des Förderungsangebots 343
3. Die 1990er Jahre:
   nach der Einheit, in der Globalisierung und vor der zweiten Bildungsreform? ... 351

Ausblick. Die ‚Berliner Republik' und die Zukunft der ‚Hochbegabten'-Förderung 357

Ausgewählte Daten und Ereignisse 361

Abkürzungsverzeichnis 367

Quellen- und Literaturverzeichnis 369

Personenregister 409

Sach- und Ortsregister 415

Vorwort

Danken möchte ich zuerst meinem Lehrer, Herrn Professor Dr. Wolfgang Altgeld, Würzburg, für die menschliche und wissenschaftliche Förderung nicht nur bei dieser Arbeit, die im WS 1998/99 vom Fachbereich Geschichtswissenschaften der Johannes Gutenberg-Universität Mainz als Habilitationsschrift angenommen worden ist. In fast zehn Jahren intensiver gemeinsamer Arbeit in Würzburg und Mainz habe ich von seinem fachlichen Rat, seiner inhaltlichen Anregung und konstruktiven Kritik mehr profitiert, als sich in einer kurzen Referenz ausdrücken läßt.

Zu besonderem Dank verpflichtet bin ich Herrn Dr. Gerhard Teufel, Generalsekretär der Studienstiftung des deutschen Volkes, Bonn, der durch sein persönliches Vertrauen meine Arbeit in der Geschäftsstelle und im Archiv der Studienstiftung überhaupt erst ermöglicht und mir durch die Einbeziehung in die Studienstiftungsarbeit ihre Abläufe und Schwierigkeiten bewußt gemacht hat, ohne jemals Einfluß auf meine Arbeit zu nehmen. Für die große Offenheit, mit der alle Fragen der ‚Hochbegabten'-Förderung und der Studienstiftung besprochen werden konnten, danke ich auch Herrn Professor Dr. Helmut Altner, Rektor der Universität Regensburg, Präsident der Studienstiftung, Herrn Professor Dr. Peter Graf Kielmansegg, Mannheim, Vizepräsident der Studienstiftung, und Herrn Dipl.-Kaufm. Hans Kessler, Bonn, dem stellvertretenden Generalsekretär.

Ausdrücklich danke ich Frau Gisela Haerten, Ubbergen, Niederlande, die mir Aufzeichnungen ihres Mannes, Dr. Heinz Haerten, des Leiters der Studienstiftung von 1948 bis 1970, zur Verfügung stellte, ferner Herrn Klaus Brügelmann, Düsseldorf, und Herrn Professor Dr. Hans Brügelmann, Siegen, die mir Materialien aus dem Nachlaß ihres Vaters, Dr. Hermann Brügelmann, großzügig überließen.

Aus dem Kreis der Referentinnen und Referenten der Studienstiftung bin ich ganz besonders Herrn Dr. Volker Guckel, jetzt Stifterverband für die deutsche Wissenschaft, Essen, für den Hinweis auf entlegene Akten im Archiv der Studienstiftung dankbar. Den Mitarbeiterinnen und Mitarbeitern des Staatsarchivs Würzburg danke ich für ihre Geduld und Kompetenz, allen voran Herrn Archivrat Dr. Herbert Schott. Frau Rechtsanwältin Ruth Nettesheim, Berlin, bin ich für die komplette Überlassung ihrer Studienstiftungsunterlagen aus ihrer Stipendiatenzeit zu Dank verpflichtet.

Herrn Professor Dr. Rüdiger vom Bruch, Berlin, Humboldt-Universität, danke ich für die Gelegenheit, meine Arbeit im April 1998 in seinem wissenschaftsgeschichtlichen Kolloquium an der Humboldt-Universität und auf der wissenschaftsgeschichtlichen Tagung „Wissenschaftsfördernde Institutionen im Deutschland des 20. Jahrhunderts" des Archivs der Max-Planck-Gesellschaft in Verbindung mit dem Lehrstuhl für Wissenschaftsgeschichte an der Humboldt-Universität im

Februar 1999 in Berlin-Dahlem zur Diskussion zu stellen.* Herrn Professor Dr. Bernhard vom Brocke, Kassel, danke ich für die Überlassung von im Druck befindlichen, von ihm besorgten Quelleneditionen; Herrn Professor Dr. Jochen-Christoph Kaiser, Marburg, für Hinweise zu Wolfgang Paeckelmann und Hans von Soden.

Herrn Professor Dr. Manfred Heinemann, Zentrum für Zeitgeschichte von Bildung und Wissenschaft, Universität Hannover, danke ich für die Arbeitsmöglichkeit im ZZBW, für konstruktive Hinweise und Kritik sowie für die Aufnahme der Arbeit in die Edition Bildung und Wissenschaft beim Akademie-Verlag Berlin. Für die PC-Bearbeitung der Druckfassung danke ich Frau Anne Peters, ZZBW. Besonders verbunden bin ich Frau StD Gerda Heinemann, Hannover, für die Lektorierung des gesamten Textes. Meiner Frau, Claudia Hohmeister, Max-Planck-Institut für Europäische Rechtsgeschichte Frankfurt am Main, danke ich für ihre Genauigkeit bei der kritischen Überprüfung vieler Argumente. Trotz aller hier gar nicht im einzelnen aufzulistenden Unterstützung, Beratung und Kritik ist selbstverständlich allein der Verfasser für eventuelle Irrtümer, Defizite oder Fehler verantwortlich.

Frankfurt am Main, August 2000   Rolf-Ulrich Kunze

---

* Rolf-Ulrich Kunze, Wissenschafts- durch ‚Hochbegabten'-Förderung? Die Studienstiftung des deutschen Volkes zwischen sozial- und individualemanzipatorischer Begabtenförderung 1925 bis heute, in: Dahlemer Archivgespräche 5 (1999), S. 119–134.

Einleitung

"damit Kirch und Policey morgen wohl bestallet sey."
Werbung für Stipendien auf einer Tafel der Michaeliskirche, Schwäbisch Hall, 1654.

"Keine Gesellschaft kann es sich leisten, ihre begabtesten Mitglieder zu ignorieren, und alle Gesellschaften müssen sich ernsthaft damit auseinandersetzen, wie sie besondere Talente am besten fördern und ausbilden können." Ellen Winner, 1998.[1]

‚Hochbegabten'-Förderung polarisiert. ‚Hochbegabte' sind, wie die amerikanische Psychologin Ellen Winner es in einer neuen Studie ausdrückt, Mythos und Realität zugleich. ‚Hochbegabung' erzeugt starke Gefühle: Bewunderung und Mißtrauen, Neid und Angst. ‚Hochbegabung' regt die Phantasie an, nicht zuletzt die literarische.[2] Es verwundert daher nicht, daß kaum ein Thema der Bildungs- und Wissenschaftsgeschichte derartig umstritten und ideologisch überformt ist wie die Auswahl und Förderung von ‚Hochbegabten' in Deutschland.[3]

Das hängt, abgesehen von dem Nimbus der ‚Hochbegabung', damit zusammen, daß ‚Hochbegabten'-Förderung allgemein mit Elitenbildung gleichgesetzt und, zumal seit der kritischen Aufarbeitung der Erfahrung des Nationalsozialismus in den 1960er Jahren, der deutsche Elitenbegriff weitgehend diskreditiert erscheint:[4] In dieser auf Elitenkontinuität und ‚Elitenversagen'

---

1 Ellen Winner, Hochbegabt. Mythen und Realitäten von hochbegabten Kindern. Stuttgart 1998 (zuerst New York 1996).
2 Vgl. z. B. Anna McGrail, Fräulein Einsteins Universum. München 1999.
3 Was schon ein Blick in die Tagespresse zeigt: siehe z. B. Christine Burtscheidt, ‚Ein klares Bekenntnis zur Eliteförderung'. Bayerische Wirtschaftsunternehmen planen eine Akademie für die Jahrgangsbesten, in: SZ (MNN) Nr. 138 vom 19.6.1998, S. L1: „Die Förderung besonders begabter Studenten ist an der deutschen Massenuniversität immer noch ein Tabu. Aus diesem Grund hat sich nun die bayerische Wirtschaft entschlossen, diese Lücke zu schließen und in Zusammenarbeit mit den Universitäten eine Akademie zur Eliteförderung in München zu gründen."
4 So versteht z. B. der Publizist Michael Bonder in seiner kontinuitätsbetonten Sichtweise ‚Elitedenken' ganz selbstverständlich als ein typisches Merkmal der intellektuellen ‚Neuen Rechten'; Michael Bonder, Ein Gespenst geht um die Welt. Political Correctness. Frankfurt am Main 1995, S. 151. Bonder spielt u. a. an auf Vorstellungen wie bei Gerd-Klaus Kaltenbrunner, Elite. Erziehung für den Ernstfall. Asendorf ²1990; differenziert zu solchen nationalkonservatien und demokratiekritischen Elitekonzepten z. B. Wolfgang Gessenharter, Kippt die Republik? Die Neue Rechte und ihre Unterstützung durch Politik und Medien. München 1994, S. 110 f.

abstellenden Sichtweise gibt es ein „Bündnis der Eliten" vom Wilhelminismus zum ‚Dritten Reich',[5] das mitursächlich für die ‚deutsche Katastrophe' des Nationalsozialismus ist.[6]

Aber auch unabhängig von solchen kritischen Sonderwegshypothesen zur Rolle deutscher Eliten in der Geschichte des ‚Zeitalters der Extreme'[7] werden auf internationaler Ebene gegenwärtige Wirtschaftseliten in der Globalisierung als Bedrohung demokratischer Gemeinwesen empfunden, so wie es zum Beispiel der amerikanische Historiker Christopher Lasch in seinem Buch über „Die blinde Elite" beschrieben hat. Lasch meint, vor einem neuen Typus des höchst erfolgreich weltweit agierenden, durch keine nationalen, religiösen oder ethischen Bindungen mehr auf irgendeine Form von Solidarität zu verpflichtenden Super-Unternehmers warnen zu müssen, der „Macht ohne Verantwortung" ausübe.[8]

Und im Blick auf die politische Gegenwart scheint vor allem die deutsche Politische Klasse als Inbegriff von „Cliquen, Klüngel und Karrieren", so der Titel einer neueren soziologischen Studie über den Verfall der politischen Parteien und die Entdemokratisierung ihrer Rekrutierungsmuster, die negativen Assoziationen des Herrschaftselitenbegriffs zu verkörpern.[9]

Der französische Politikwissenschaftler Jean-Marie Guéhenno spricht angesichts des allgemeinen Trends zur Isolierung der souverän gewordenen politischen Eliten weltweit sogar vom „Ende der Demokratie."[10] Schon diese kurzen Hinweise zeigen, daß das Bild von Eliten in der veröffentlichten Meinung zwischen Über- und Unterschätzung schwankt, daß eine Tendenz zur negativen wie positiven Dämonisierung von Eliten und zur uneinheitlichen Verwendung des Eli-

---

5 Vgl. Fritz Fischer, Das Bündnis der Eliten. Zur Kontinuität der Machtstrukturen in Deutschland 1871–1945. Düsseldorf 1979; kritisch Heinrich August Winkler, Abschied von den Sonderwegen. Die Deutschen vor und nach der Wiedervereinigung (1994), in: ders., Streitfragen der deutschen Geschichte. Essays zum 19. und 20. Jahrhundert. München 1997, S. 123–147.

6 Zusammenfassend zur Interpretationsgeschichte des Nationalsozialismus Eberhard Kolb, Das Dritte Reich. München [4]1991, S. 123–134, 222–233.

7 Eric J. Hobsbawm, Das Zeitalter der Extreme. Weltgeschichte des 20. Jahrhunderts. München/Wien 1995 (zuerst London 1994), S. 37 ff. HH-A: Heinz Haerten, Die Studienstiftung des deutschen Volkes 1925 bis 1970. Bonn 1973, S. 157: „Im Ausland bekommen wir zu hören, daß Deutschlands Problem seine Regierungen, Parlamente, Parteien und Stadträte, seine Professoren, Bischöfe und Richter, seine Industriellen und Gewerkschaftler, seine Lehrer und Journalisten seien, Deutschland leide unter den Traumata seiner Elite, die – seit sie sich von der französischen Revolution faszinieren, aber nicht mitreißen ließ – zwischen Intellektualismus und Verwirklichung, zwischen Verantwortung und Führung, zwischen Macht und Moral stets das entpflichtende Moment von Romantik, Sentimentalität und Irrationalismus gestellt habe."

8 Christopher Lasch, Die blinde Elite: Macht ohne Verantwortung. Hamburg 1995.

9 Erwin K. und Ute Scheuch, Cliquen, Klüngel und Karrieren. Über den Verfall der politischen Parteien. Eine Studie. Reinbek 1992; siehe dazu auch Dietrich Herzog, Politische Führungsgruppen. Probleme und Ergebnisse der modernen Elitenforschung. Darmstadt 1982; vgl. auch Ursula Hoffmann-Lange, Eliten als Hüter der Demokratie? Zur Akzeptanz demokratischer Institutionen und freiheitlicher Werte bei Eliten und Bevölkerung in der Bundesrepublik, in: Dirk Berg-Schlosser, Jakob Schissler (Hg.), Politische Kultur in Deutschland. Opladen 1987, S. 378–390; mit deutlicher Kritik am Verschwinden des Politischen und der Aufgabe des Primats der Politik durch die deutsche politische Klasse Konrad Adam, Die Republik dankt ab. Die Deutschen vor der europäischen Versuchung. Berlin 1998, S. 37 ff.

10 Jean-Marie Guéhenno, Das Ende der Demokratie. München/Zürich 1994 (zuerst Paris 1993); vgl. Dietrich Herzog, Brauchen wir eine politische Klasse? In: APZ B 50/91, S. 3–13.

Einleitung 3

tenbegriffs bei der Kennzeichnung von Funktions-, Leistungs- oder gar Anpruchseliten besteht.[11] Nur selten wird in der öffentlichen Debatte in Deutschland von Verantwortungselite gesprochen.[12] Deutlich und mahnend tat dies Bundespräsident Roman Herzog in seiner Berliner Ansprache vom 26. April 1997: „Unsere Eliten dürfen den notwendigen Reformen nicht hinterherlaufen, sie müssen an ihrer Spitze stehen! Eliten müssen sich durch Leistung, Entscheidungswillen und ihre Rolle als Vorbild rechtfertigen. Ich erwarte auch eine klare Sprache!"[13] Doch solche *common sense*-geleiteten Ordnungsrufe in der Elitendebatte bleiben die Ausnahme: auch dies ist eine Kontinuität in der deutschen Elitengeschichte des 20. Jahrhunderts.[14]

Das Thema der ‚Hochbegabten'-Förderung ist von der soziologischen Diskussion um Elitenzirkulation[15] und von der breiten populären Elitenkritik nicht zu trennen, da trotz aller zunehmend differenziert-heterogenen Zusammensetzung von kompetitiven Funktionseliten in der demokratisch-pluralistischen Gesellschaft Eliten immer auch Machteliten sind und als solche wahrgenommen werden. Die Geschichte der 1925 gegründeten Studienstiftung des deutschen Volkes, der ersten deutschen Organisation zur professionellen Identifizierung, Auswahl und Förderung von ‚Hochbegabten' in Deutschland, wurde nicht nur begleitet von dem von vielen Seiten und aus ganz unterschiedlichen Perspektiven erhobenen Vorwurf, Eliten heranzubilden und elitär zu sein, sie stellt selbst ein Kapitel der Geschichte der Elitediskussion in Deutschland seit dem Ersten Weltkrieg dar.[16]

---

11   Für einen Überblick der älteren Literatur bis Mitte der 1980er Jahre vgl. Wolfgang Felber, Eliteforschung in der Bundesrepublik Deutschland. Analyse, Kritik, Alternativen. Stuttgart 1986; für den Forschungsstand vgl. Wilhelm Bürklin u.a., Eliten in Deutschland: Rekrutierung und Integration. Opladen 1997. Hier findet sich das derzeit aktuellste Literaturverzeichnis zum Thema mit politik- und sozialwissenschaftlichem Schwerpunkt, S. 421–452; Kurzdefinitionen z.B. bei Hartmuß Kreß, Elite, in: Evangelisches Staatslexikon. Hg. v. Theodor Schober u.a. Stuttgart/Berlin 1980, S. 323 f.; mit aktueller Literatur vor allem Franz-Xaver Kaufmann, Elite, in: Staatslexikon. Recht, Wirtschaft, Gesellschaft. Bd. 2. Hg. v. der Görres-Gesellschaft. Freiburg i.Br. u.a. ^{7}1995, S. 218–222; zusammenfassend zu Elite-Konflikten in der Bundesrepublik Ursula Hoffmann-Lange, Eliten, Macht und Konflikt in der Bundesrepublik. Opladen 1992.

12   Vgl. Ursula Hoffmann-Lange, Eliten in der Bundesrepublik – Kartell der Angst, Machtelite oder verantwortliche Repräsentanten, in: Heinrich Best (Hg.), Politik und Milieu. Wahl- und Elitenforschung im historischen und interkulturellen Vergleich. St. Katharinen 1989, S. 238–261.

13   Bundespräsident Roman Herzog, Aufbruch ins 21. Jahrhundert. Ansprache im Hotel Adlon in Berlin am 26. April 1997. Berlin 1997, S. 19.

14   Vgl. Richard Meili, Begabung, in: Handwörterbuch der Sozialwissenschaften. Hg. v. Erwin von Bekkerath u.a. Bd. 1. Stuttgart u.a. 1956, S. 719–723; zu älteren Begabungstheorien vgl. Hans Peter Dreitzel, Begabung, in: Wörterbuch der Soziologie. Hg. v. Wilhelm Bernsdorf. Stuttgart ^{2}1969, S.83–85.

15   Siehe dazu Wolfgang Zapf, Wandlungen der deutschen Elite. Ein Zirkulationsmodell deutscher Führungsgruppen 1919–1961. München ^{2}1966; zur deutschen Elitendiskussion nach 1945 S. 18 ff.; Politische Klasse und politische Institutionen: Probleme und Perspektiven der Elitenforschung. Dietrich Herzog zum 60. Geburtstag. Hg. v. Hans-Dieter Klingemann. Opladen 1991; für vergleichende Ansätze siehe z.B. Elites in transition: Elite research in Central and Eastern Europe. Ed. by Heinrich Best. Opladen 1997

16   Die Studienstiftung hat stets betont, ‚Hochbegabten'-Förderung und keine Elitenbildung zu betreiben; vgl. Hartmut Rahn, Elite bilden oder Begabte fördern?, in: Studienstiftung Jahresbericht 1994. Hg. v. StSt. Bonn 1985, S. 21–31.

Um so erstaunlicher ist es, daß eine Geschichte der Studienstiftung bis jetzt noch nicht vorliegt.[17] Die Anfang der 1970er Jahre von Dr. Heinz Haerten im Auftrag des Vorstands erstellte Schrift ‚Die Studienstiftung des deutschen Volkes, 1925 bis 1970'[18] ist zwar eine auf eigene archivalische Studien gestützte, wertvolle Sammlung von Material, doch wurde sie weder publiziert noch in der Studienstiftung als Anregung zur Auseinandersetzung mit der eigenen Geschichte verstanden. In der psychologischen, sozialwissenschaftlichen und pädagogischen Literatur zur ‚Hochbegabungs'-Forschung findet die Studienstiftung zwar am Rande Erwähnung, doch beziehen sich diese sporadischen Hinweise fast ausschließlich auf die aktuelle Auswahl- und Förderpraxis der Studienstiftung.[19] Auch der Brockhaus sagt zur Geschichte der Studienstiftung nur sehr Allgemeines aus: „politisch, konfessionell und weltanschaulich ungebundene Stiftung, gegründet 1925, aufgelöst 1934, neugegründet 1948. Sitz: Bonn-Bad Godesberg; fördert aus Mitteln, die von Bund, Ländern, Stadt- und Landkreisen, dem Stifterverband für die deutsche Wissenschaft und von privater Seite zur Verfügung gestellt werden, hochbegabte Studenten."[20] Die größere Arbeit von Hélène Guyot-Sander aus dem Jahr 1987 beschäftigt sich in erster Linie mit der Organisation und Motivation der Förderung.[21]

Für ihre alltägliche Arbeit – die ‚Jahresberichte' als Hauptquelle der Information über die Studienstiftung zeigen das deutlich – scheinen Geschichte und Traditionsbewußtsein fast keine Rolle zu spielen. Die Legitimation ihrer Tätigkeit findet die Studienstiftung in der Gegenwart, nicht in der Vergangenheit.

Das aber läßt Fragen offen und gibt zugleich wesentliche Linien einer Untersuchung zur Geschichte der Studienstiftung und ihrer notwendigen Historisierung jenseits der Beschreibung ihrer jeweils gegenwartsfixierten Tätigkeit im Wandel der Zeit bereits vor. Es geht um Wissenschafts- und Bildungsgeschichte, nicht allein um die Institutionenkunde einer Einrichtung der ‚Hochbegabten'-Förderung, deren Selbstbezeichnung den Anspruch enthält, dies im Namen des deutschen Volkes zu tun.

Eine Studie zur Geschichte der Studienstiftung ist immer auch eine Auseinandersetzung mit der Sozialgeschichte ihrer gesellschaftlichen Funktion, mit einem Ausschnitt der Wissenschaftsgeschichte, mit der komplexen Interaktion von Wissenschaft und Gesellschaft im sozialen Wandel

---

17 Rolf-Ulrich Kunze, Die Geschichte der Studienstiftung des deutschen Volkes. Ein Projekt, in: Studienstiftung Jahresbericht 1996. Hg. v. StSt. Bonn 1997, S. 15–26; ders., ‚Elitenbildung' und die Studienstiftung des deutschen Volkes, in: Liberal. Vierteljahreshefte für Politik und Kultur 39 (1997), H. 2., S. 91–100.

18 HH-A: Heinz Haerten, Die Studienstiftung des deutschen Volkes 1925 bis 1970. Bonn 1973.

19 Vgl. Annette Heinbokel, Hochbegabte. Erkennen, Probleme, Lösungswege. Baden-Baden 1988, S. 19–22; Klaus K. Urban, Zur Förderung besonders Begabter in der BRD, in: Hochbegabungsförderung international. Hg. v. Hans-Georg Mehlhorn, dems. Köln/Wien 1989, S. 150–173, 162.

20 Brockhaus Enzyklopädie. Bd. 21. Mannheim ^{19}1993, s.v. ‚Studienstiftung des deutschen Volkes', S. 368; vgl. auch Ute Berkel, Klaus Neuhoff, Ambros Schindler, Erich Steinsdörfer, Stiftungshandbuch. Hg. v. Stiftungszentrum im Stifterverband für die Deutsche Wissenschaft. Baden-Baden ^{3}1989, S. 461; Bundesverband der Deutschen Stiftungen (Hg.), Verzeichnis der Deutschen Stiftungen 1994. Darmstadt 1994, S. 805 f.

21 Hélène Guyot-Sander, La Studienstiftung des deutschen Volkes: un example de ‚Begabtenförderung' en RFA. Strasbourg 1987 (zugl. Diss.).

Einleitung 5

zwischen Weimarer Republik und bundesdeutscher Leistungsgesellschaft.[22] Sie versteht sich nicht von selbst.[23]

Die Studienstiftungsgeschichte ist Studentengeschichte: Tatsächlich stand bei der Gründung der Studienstiftung 1925 keineswegs der Elitegedanke im Vordergrund, sondern vielmehr die ausdrücklich empfundene soziale und nationale Verpflichtung der nach dem Ersten Weltkrieg in Deutschland entstandenen studentischen Selbsthilfeeinrichtungen gegenüber der *lost generation* des Großen Krieges. So entstand die Studienstiftung mit Sitz in Dresden als eine Abteilung der Wirtschaftshilfe der Deutschen Studentenschaft, 1929 umbenannt in Deutsches Studentenwerk. Damit wurde den Ansätzen studentischer Selbsthilfe in der Förderung besonders begabter Kommilitonen in Zusammenarbeit mit Staat und Wirtschaft eine institutionelle Form gegeben.

Der Auftrag der alten Studienstiftung zwischen 1925 und 1933 war strikt sozial gebunden: programmatisch und praktisch ging es hier um die Erschließung von Begabungsreserven in dem durch Krieg und Inflation besonders belasteten Mittelstand, aber auch in der bildungsfernen Arbeiterschaft. So förderte die Studienstiftung vor 1933 bis zu 15% Arbeiterkinder, die sonst mit nur 5% an den Universitäten vertreten waren.[24] Die von der Reformpädagogik und dem Stil der Jugendbewegung beeinflußten Aufnahmekriterien waren Begabung, Persönlichkeit und Bedürftigkeit. Eine Anspruchselite waren die Studienstiftler der 1920er Jahre deshalb nicht: aufgrund des subsidiären Charakters des Stipendiums, das nicht für den vollen Lebensunterhalt aufkam, sondern auf die Selbsthilfe der Stipendiaten setzte, waren ihre sozialen Lebensverhältnisse gesichert, aber nicht bevorzugt.

Die 1948 wiedergegründete Studienstiftung unterschied sich vor allem in sozialer Hinsicht deutlich von der alten, da sie noch in der ‚Zusammenbruchsgesellschaft' zwischen Reich und Bundesrepublik das Aufnahmekriterium sozialer Bedürftigkeit hinter Begabung und Persönlichkeit zurückstellte, nach der Einführung des ‚Honnefer Modells' 1957 schließlich ganz darauf verzichtete und so die für die bundesdeutsche Bildungslandschaft typische, akademisierungsbedingte Veränderung bildungsvermittelter sozialer Aufstiegsmuster in der ‚nivellierten Mittelstandsgesellschaft' durch die konsequente Individualisierung der Förderung gleichsam vorwegnahm.[25]

---

22 Zur soziologischen Definition des Begriffes ‚sozialer Wandel' siehe u.a. Susan C. Randall, Hermann Strasser, Einführung in die Theorien des sozialen Wandels. Darmstadt/Neuwied 1979, S. 23–50; der Begriff zuerst bei William F. Ogburn, Social Change: With Respect to Culture and Original Nature. New York 1922; vgl. dazu auch Reinhart Koselleck, Geschichte, Historie: Einleitung, in: Geschichtliche Grundbegriffe. Historisches Lexikon zur politisch-sozialen Sprache in Deutschland. Hg. v. Otto Brunner, Werner Conze, Reinhart Koselleck. Stuttgart 1975, S. 593–595.
23 Zu den erhöhten Anforderungen an die methodologische Einordnung und auch Rechtfertigung eines historischen Themas vgl. Lothar Gall, Das Argument in der Geschichte: Überlegungen zum gegenwärtigen Stand der Geschichtswissenschaft, in: HZ 264 (1997), S. 2–20; Pierre Nora, Zwischen Gedächtnis und Geschichte. Berlin 1990 (Kleine kulturwissenschaftliche Bibliothek, Bd. 16).
24 Vgl. Konrad H. Jarausch, Deutsche Studenten 1800–1970. Frankfurt am Main 1984, S. 143.
25 Siehe Ralf Dahrendorf, Wandlungen der deutschen Gesellschaft der Nachkriegszeit. Herausforderungen und Antworten, in: ders., Gesellschaft und Freiheit. Zur soziologischen Analyse der Gegenwart. München 1961, S. 300–320.

Die Studienstiftungsgeschichte ist Wissenschaftsgeschichte:[26] Ihre Geschichte gibt exemplarische Antworten auf mehrere erkenntnisleitende wissenschaftsgeschichtliche Fragestellungen, z. B. darauf, in welchem Verhältnis private und öffentliche Wissenschaftsförderung zueinander stehen, unter welchen unterschiedlichen Voraussetzungen und Bedingungen sie stattfindet, welchen historischen und soziologischen Veränderungen akademische Kulturen unterliegen, welchen gesellschaftlichen Rang Wissenschaftler und ihre Institutionen behaupten und welche gesellschaftspolitischen Funktionen sie erfüllen, welcher Professionalisierungsstrategien sie sich bedient haben, um ihre Kompetenzen und Autorität zu erweitern, welche Bilder der Wissenschaft in der Öffentlichkeit entstehen und wie sich diese Bilder mit der Zeit wandeln, wie sich das Spannungsverhältnis zwischen wissenschaftlicher Forschung und gesellschaftspolitischem Engagement, zwischen wissenschaftlich-technischer Machbarkeit und gesellschaftlich-politischer, aber auch moralischer Wünschbarkeit des Machbaren gestaltet.[27]

Durch die Professionalisierung der Identifizierung, Auswahl und Förderung von ‚Hochbegabten' reagierte sie auf die Modernisierungskrise der deutschen Universität und Akademikerschaft nach dem Ersten Weltkrieg[28] und trug, nicht als Großforschungs-[29] und Wissenschafts*institutionen*- bzw. *Wissenschaftler*förderung,[30] sondern als Initiative zur Studienförderung besonders Begabter, in gesellschaftlicher Hinsicht zur Wiederherstellung wissenschaftlicher Wettbewerbsfähig-

---

26 Für eine handhabbare Definition siehe Jürgen Mittelstraß, Wissenschaftsgeschichte, in: Enzyklopädie Philosophie und Wissenschaftstheorie. Bd. 4. Hg. v. Jürgen Mittelstraß. Stuttgart/Weimar 1996, S. 727–731; vgl. für den hier relevanten Zeitraum Bernhard vom Brocke (Hg.), Wissenschaftsgeschichte und Wissenschaftspolitik im Industriezeitalter: Das ‚System Althoff' in historischer Perspektive. Hildesheim 1991; vgl. auch das ‚Profil des Lehrstuhls für Wissenschaftsgeschichte' an der Humboldt-Universität zu Berlin: http://www.geschichte.hu-berlin.de/bereiche/wige/profil.htm: „Im Verlauf der neueren Geschichte ist in zunehmendem Maße eine Verwissenschaftlichung der menschlichen Erfahrungswelt zu beobachten. Wie kaum ein anderer Bereich der menschlichen Kultur beherrschen die modernen Wissenschaften unsere Welt. Wissenschaftliche Konzepte und Technologien (...) sind in einer kaum zu unterschätzenden Weise integrale Bestandteile unserer täglichen Erfahrungen, Denkweisen und Diskurse geworden. Wissenschaftliche Modelle und Praktiken finden immer häufiger Anwendung in unserem Alltag und stellen zunehmend die Bedingungen unseres Denkens und Handelns dar. Dieser Prozeß der Verwissenschaftlichung ist Ausdruck der gesteigerten Komplexität der modernen Gesellschaft und hat eine weitgefächerte Expertenkultur mit sich gebracht, welche Natur-, Sozial- und Geisteswissenschaften umfaßt und sich in Expertenwissen und Orientierungswissen untergliedert. Angesichts des Aufstieges dieser Expertenkultur und des sich ausdehnenden Einflusses der Wissenschaften auf alle Ebenen des menschlichen Lebens stellt sich die Wissenschaftsgeschichte die Erforschung und kritische Durchleuchtung dieser Phänomene als Aufgabe. Die zentrale Bedeutung der Wissenschaften für die Entwicklung der modernen Gesellschaft steht deshalb im Mittelpunkt der Arbeit am Lehrstuhl für Wissenschaftsgeschichte (...)."
27 Vgl. ebd.
28 Vgl. vor allem Rüdiger vom Bruch, Wissenschaft, Politik und öffentliche Meinung: Gelehrtenpolitik im Wilhelminischen Deutschland, 1890–1914. Husum 1980 (zugl. Diss. München 1977); ders., Rainer A. Müller (Hg.), Formen außerstaatlicher Wissenschaftsförderung im 19. und 20. Jahrhundert: Deutschland im europäischen Vergleich. Stuttgart 1990.
29 Vgl. z. B. Bernd-A. Rusinek, Europas 300-GeV-Maschine: Der größte Teilchenbeschleuniger der Welt an einem westfälischen Standort?, in: Geschichte im Westen 11 (1996), S. 135–153.
30 Vgl. z. B. Rudolf Vierhaus (Hg.), Forschung im Spannungsfeld von Politik und Gesellschaft: Geschichte und Struktur der Kaiser Wilhelm-/Max-Planck-Gesellschaft. Stuttgart 1990.

Einleitung

keit, in individueller Hinsicht zu einem Emanzipationsschub der Stipendiatinnen und Stipendiaten bei.[31] Die seit 1925 entwickelte Individualauswahl, beruhend auf einer Mischung aus persönlichem Auswahlinterview und der Auswertung von benoteten Leistungen und Gutachten, war eine Antwort auf die besonderen deutschen Bedingungen der Begabtenauswahl, die sich von den Bedingungen in den westlichen Ländern unterschieden.[32] Die Studienstiftung ersetzte, parallel zu ähnlichen Trends in der von Professionalisierung, Zentralisierung, Verrechtlichung und Bürokratisierung geprägten Entwicklung des modernen Sozialstaats,[33] mit ihrer Professionalisierungsinitiative die mäzenatische, an Stand, Studienfach oder Herkunft gebundene ‚Mildtätigkeits'-Förderung der Vorkriegszeit. Der hohe handlungsrationale Standard dieser neuen Auswahlmethode nahm zentrale Erkenntnisse späterer ‚Hochbegabungs'-Forschung vorweg, so z.B. die These, daß *past achievement* Begabter der beste Prädikator für *future achievement* sei, sich dies aber nur im persönlichen Interview, nicht im standardisierten Begabungstest erschließen lasse.[34] Ab 1970 setzte die Studienstiftung in einem zweiten Professionalisierungsschub die Erkenntnisse empirischer ‚Hochbegabungs'-Forschung in den USA in eine weitgehend verwissenschaftlichte ‚Hochbegabungs'-Diagnostik um, die vor allem der Bedeutung von pluralisierten Interessenstrukturen und verändertem Bildungsverhalten im sozialen Wandel westlicher Leistungsgesellschaften Rechnung trug.[35] Neben Auswahl und Förderung prägte seitdem auch die sozialwissenschaftlich-pädagogisch-psychologische Bildungsforschung im studienstiftungseigenen Institut für Test- und Begabungsforschung das Erscheinungsbild der Studienstiftung. Seit den 1970er Jahren ist in der Studienstiftung ein Trend von der klassischen, materiell-ideellen Mischförderung zur wissenschaftlichen Gesamtdienstleistung durch Kooperation mit anderen Institutionen der Wissenschaftsförderung, mit Großforschungseinrichtungen und mit der Wirtschaft zu beobachten. Professionalisierung, Internationalisierung und Individualisierung kennzeichnen die Strukturgeschichte der Studienstiftung als einer Agentur der Wissenschaftsförderung seit 1925 und 1948.

---

31 Siehe zur Begrifflichkeit: Professionalisierung in historischer Perspektive. Hg. v. Hans-Ulrich Wehler. Göttingen 1980; vgl. zur Professionalisierung als ‚pädagogische Handlung' Lutz-Michael Alisch (Hg.), Professionswissen und Professionalisierung. Braunschweig 1990. Im Blick auf die Studienstiftungs-Geschichte kann der Professionalisierungsbegriff sowohl eng – als Einführung und Etablierung neuer Berufsbilder in der ‚Hochbegabten'-Förderung (‚Referent der Studienstiftung des deutschen Volkes' ab 1948, zwischen 1925 und 1933 ‚Mitarbeiter' der Studienstiftung des Deutschen Volkes bei der Wirtschaftshilfe der Deutschen Studentenschaft/ab 1929: dem Deutschen Studentenwerk) – als auch weit – im Sinne einer konkreten Erhöhung von Handlungs- und Planungsrationalität im Bereich der Identifizierung, Auswahl und Förderung von ‚Hochbegabten' verstanden werden.
32 Siehe Dieter Langewiesche, Heinz-Elmar Tenorth, Bildung, Formierung, Destruktion, in: Handbuch der deutschen Bildungsgeschichte. Bd. V: Die Weimarer Republik und die nationalsozialistische Diktatur. Hg. v. denselben. München 1989, S. 2–24.
33 Vgl. Christoph Sachße, Der Wohlfahrtsstaat in historischer und vergleichender Perspektive, in: GuG 16 (1990), S. 479–490.
34 Vgl. z.B. Eduard Spranger, Begabung und Studium. Leipzig 1917, und Elizabeth Hagen, Die Identifizierung Hochbegabter. Grundlagen der Diagnose außergewöhnlicher Begabungen. Heidelberg 1989 (zuerst New York 1980).
35 Vgl. Hartmut Rahn, Interessenstruktur und Bildungsverhalten. Die Bedeutung außerschulischer Interessen, Erfahrungen und Aktivitäten für die Voraussage des Bildungsverhaltens von Schülern der gymnasialen Oberstufe. Braunschweig 1978.

Die Studienstiftungsgeschichte ist Geschichte des sozialen Wandels im engeren Sinn: Ihre Tätigkeit im Bereich der ‚Hochbegabten'-Förderung ist ein Beispiel defensiver und partieller Modernisierung.[36] Aus dem Gedankengut der studentischen Selbsthilfe und der Reformpädagogik heraus gegründet, hatte schon die Studienstiftung vor 1933 den Charakter einer staatlichen Auftragsverwaltung in der Zentralisierung und Vereinheitlichung der Begabtenförderung, die an Professionalität dem Wissenschaftsförderungsmanagement ihrer Zeit voraus war. Anders als im angloamerikanischen Kultur- und Wissenschaftsraum überließ der Weimarer Staat die ‚Hochbegabten'-Auswahl nicht weitgehend den Hochschulen oder privater Initiative, sondern beteiligte sich an der Finanzierung der selbständigen, aber eng mit staatlichen Stellen auf Reichs-, Länder- und Kommunalebene kooperierenden Studienstiftung, die vor allem in der Formulierung ihrer Prämissen – unter anderem in der Ablehnung jedes normativen, an Kriterienkataloge gebundenen ‚Hochbegabungs'-Begriffes – allerdings freie Hand behielt. Das galt um so mehr für die Studienstiftung nach 1948, deren Modernisierungsbeitrag in den 1960er Jahren vor allem in der Formulierung von Konzepten für die Reform eines erstarrten Bildungs- und Hochschulwesens lag, dem zunehmend die Erschließung von Begabung nicht mehr gelang. Einen modernisierungsgeschichtlichen Rückschritt stellte demgegenüber die Gleichschaltung der Studienstiftung 1933 und die konsequente Entprofessionalisierung durch eine ideologisch motivierte, universalrassistische und totalitäre Begabten-Auswahl im ‚Reichsstudentenwerk' ab 1934 dar. Im Bereich der Begabtenförderung zeigte die nationalsozialistische Herrschaft eindeutig nicht Züge einer ‚Entwicklungsdiktatur'.[37]

Die Studienstiftungsgeschichte ist Mentalitätsgeschichte:[38] Die verschiedenen Ebenen der Auseinandersetzung um den Begriff der Elite haben in hohem Maß Indikatorfunktion sowohl für die Entwicklung der ‚deutschen Ideologie' als auch für den modernisierungsbedingten Mentalitätswandel der deutschen Akademikerschaft im Übergang von der klassischen Industrie- zur postindustriellen Dienstleistungs- und Informationsgesellschaft.[39] Die Behandlung der ‚Hochbegabungs'-Problematik bietet damit Anknüpfungspunkte für strukturgeschichtliche Interpretationen ungleichzeitig-gleichzeitiger Prozesse der langen Dauer im sozialen Wandel, z.B. der akademi-

---

36 Vgl. Hans-Ulrich Wehler, Modernisierungstheorie und Geschichte (1975), in: ders., Die Gegenwart als Geschichte. Essays. München 1995, S. 13–59; Dietrich Rüschemeyer, Partielle Modernisierung, in: Wolfgang Zapf (Hg.), Theorien des sozialen Wandels. Köln/Berlin 1969, S. 382–396, 382: „Partielle Modernisierung (...) ist ein Prozeß sozialen Wandels, der zur Institutionalisierung relativ moderner Sozialformen neben erheblich weniger modernen Strukturen in ein und derselben Gesellschaft führt." Zur begrifflichen Weiterentwicklung: Die Modernisierung moderner Gesellschaften. Verhandlungen des 25. Deutschen Soziologentages in Frankfurt am Main 1990. Hg. v. Wolfgang Zapf. Frankfurt am Main 1991.
37 Für einen Überblick zur Diskussion vgl. Norbert Frei, „Wie modern war der Nationalsozialismus?", in: GuG 19 (1993), S. 367–387.
38 Grundlegend zur Mentalitätsgeschichte deutscher Akademiker Fritz Stern, Der Traum vom Frieden und die Versuchung der Macht. Deutsche Geschichte im 20. Jahrhundert. Neuausg. 1999 (tw. zuerst New York 1987, Berlin 1988); ders., Einstein's German World. Princeton N.J. 1999.
39 Vgl. z.B. Hagen Schulze, Mentalitätsgeschichte – Chancen und Grenzen eines Paradigmas der französischen Geschichtswissenschaft, in: GWU 36 (1985), S. 247–270; umfassend Annette Riecks, Französische Sozial- und Mentalitätsgeschichte. Ein Forschungsbericht. Münster 1989 (zugl. Diss. phil. Münster 1988); zur Begrifflichkeit Peter Burke, Offene Geschichte. Die Schule der ‚Annales'. Berlin 1991 (zuerst Oxford 1990).

Einleitung

schen Überfüllungskrise in den 1920er und der durchgreifenden Akademisierung der westdeutschen Gesellschaft seit den 1950er Jahren[40] sowie der Entwicklung des antiwestlich, antidemokratisch und antiliberal akzentuierten Selbstverständnisses der überwiegenden Mehrheit deutscher Akademiker vor 1933 und nach 1945.[41]

Die Geschichte der Studienstiftung ist auch eine Geschichte ihrer Reaktion auf den Elitenbildungsvorwurf. Auf einer Tagung des Deutschen Studentenwerks im Oktober 1929 in Würzburg betonte der damalige Leiter der Studienstiftung, Dr. Wilhelm Hoffmann, in erklärter Abgrenzung von elitären Vorstellungen den gemeinschaftsbezogenen Charakter des Stipendiums: „Auch der engste (...) Kreis der Studienstiftung selbst ist von gemeinschaftlichem Geiste durchdrungen. Die Studienstiftung ist aufgebaut auf Vertrauen (...). Dieses Menschliche (...) soll die Studienstiftung auszeichnen. Sie soll nicht bürokratisch, zentralistisch aufgebaut sein."[42] Solche Kritik an einer technokratischen Funktions- und Funktionärselitenbildung aufgreifend, schrieb Robert Leicht im Jahresbericht 1992 zum Thema ‚Führungskräfte', daß er sich von ‚Hochbegabten' vor allem ein hohes Maß an Diskretion wünsche.[43]

Doch trotz aller Auseinandersetzung mit dem Vorwurf der Elitenbildung, welche die Studienstiftung bis heute charakterisiert, bleiben Auswahl und Förderung von ‚Hochbegabten' zugleich ein individuelles und ein gesellschaftliches Problem: auf individueller Ebene, weil in jedem Einzelfall eine Entscheidung für oder gegen Förderung getroffen werden muß, die eine Entscheidung über das Vorliegen einer förderungswürdigen ‚Hochbegabung' gemäß der Satzung der Studienstiftung ist; auf gesellschaftlicher Ebene, weil diese Förderung mehrheitlich aus öffentlichen Mitteln sich gegen andere notwendige Ziele der Bildungspolitik durchsetzen muß. Schon 1975 warnte Reimut Jochimsen als Vertreter des Bundesministeriums für Bildung und Wissenschaft in seiner Gedenkansprache zum 50. Erstgründungsjubiläum der Studienstiftung davor, individuelle und gesellschaftliche Zielsetzung gegeneinander auszuspielen: „Die Gesellschaft einerseits braucht zweifellos besonders qualifizierte Personen. Andererseits ist es auch die Aufgabe der demokratischen Gesellschaft, den einzelnen seinen besonderen Fähigkeiten entsprechend zu fördern."[44] Aus der Spannung zwischen individueller und gesellschaftlicher Zielsetzung hat die Studienstiftung eine Kompromißformel abgeleitet, die versucht, den in gesellschaftlicher Hinsicht verpflichtenden Charakter in ihrem Sinne förderungswürdiger Begabung zu betonen:

---

40 Vgl. Gordon A. Craig, Über die Deutschen. München [5]1991 (zuerst New York 1982), S. 194–215; zur Rolle der Geschichtswissenschaft in diesem Prozeß vgl. Wolfgang Hardtwig, Geschichtsstudium, Geschichtswissenschaft und Geschichtstheorie in Deutschland von der Aufklärung bis zur Gegenwart, in: ders., Geschichtskultur und Wissenschaft. München 1990, S. 13–57.

41 Vgl. Fritz Stern, Die zweite Chance? Deutschland am Anfang und Endes des Jahrhunderts (1992), in: ders., Verspielte Größe. Essays zur deutschen Geschichte des 20. Jahrhunderts. München 1999 (zuerst ebd. 1996), S. 11–36, vor allem 24.

42 IfH-A WÜ: Wilhelm Hoffmann, Wichtige Fragen der Studienstiftung des deutschen Volkes. Sonderdruck des Referates, gehalten auf der Tagung des Deutschen Studentenwerks in Würzburg, Oktober 1929. O.O., o.J., S. 5.

43 Robert Leicht, Was ist eigentlich Führungskraft?, in: Studienstiftung Jahresbericht 1992. Hg. v. StSt. Bonn 1993, S. 16–19, 17.

44 Prof. Dr. Reimut Jochimsen, Festansprache zu 50 Jahren Studienstiftung, in: Studienstiftung Jahresbericht 1975. Hg. v. StSt. Bonn 1976, S. 19–24, 20.

„Im Bildungsabschnitt zwischen der Reifeprüfung und der abgeschlossenen Promotion versucht die Studienstiftung, die tüchtigsten Studierenden zu identifizieren und sie durch ein breites Spektrum geistiger und materieller Angebote zu fördern. Sie sucht Studierende, die durch ihre bisherigen Leistungen in selbst gewählten Arbeits- und Interessenbereichen bewiesen haben, daß sie mit persönlichem Einsatz etwas aus ihrem Können gemacht haben und daß sie dies mit wacher Verantwortung für Wissenschaft und Beruf, für den Mitmenschen, für die Allgemeinheit und für sich selbst tun."[45]

Das Problem von Begabung und Persönlichkeit stellt sich in jedem Auswahlverfahren erneut, auch wenn man mit Max Weber einwenden mag, daß „,Persönlichkeit' auf wissenschaftlichem Gebiet (...) nur der (hat), der *rein der Sache* dient."[46] Doch zu der Persönlichkeit, die als ‚hochbegabt' wahrgenommen wird, gehört eben auch die charismatische Fähigkeit, sein Engagement für die Sache der Wissenschaft anderen gegenüber überzeugend darzustellen.

Diese dynamischen Faktoren machen die Auswahl zu einem so kreativen wie prekären Geschäft, das der Kritik viele Ansatzpunkte bietet. Da ist zum einen der Ruf der Studienstiftung und der Studienstiftler als geschlossener Gesellschaft der ‚1,0er', der allerdings zu einem guten Teil auf Prozessen der *self-fulfilling prophecy* beruht.[47]

Die Studienstiftung betont in ihren regelmäßigen Schreiben an die vorschlagsberechtigten Oberstudiendirektoren deutscher Gymnasien stereotyp seit Jahrzehnten, daß sie an Vorschlägen nach Leistung und Charakter Geeigneter, also nicht an einem automatischen Vorschlag der lediglich nach Noten besten Abiturientinnen und Abiturienten eines Jahrgangs interessiert ist. Manche Schulleitungen ignorieren die Betonung von Charakter und Leistung allerdings kontinuierlich, weil sie ein bestimmtes Bild von der Studienstiftung haben, das sie durch ihre Vorschlagspolitik ‚1,2 aufwärts' bestätigen.[48] Die Gleichsetzung von sehr guten Schulnoten, aber auch von einem bis zur Charakterschwäche überangepaßten Musterschüler- und antisozialen ‚Streber'-Verhalten

---

45 Studienstiftung des deutschen Volkes (Hg.), Die Studienstiftung des deutschen Volkes. Bonn 1992, S. 1.
46 Max Weber, Der Beruf zur Wissenschaft, in: (u.a.) ders., Soziologie. Universalgeschichtliche Analysen. Politik. Hg. v. Johannes Winckelmann. Stuttgart 1973, S. 311–339, 314.
47 Zum Verhältnis von sozialem und symbolischem Kapital in Akademikerkarrieren grundlegend Pierre Bourdieu, Titel und Stelle: Über die Reproduktion sozialer Macht. Frankfurt am Main 1981.
48 Kritisch dazu Gerhard Teufel, Tätigkeitsbericht 1996, in: Studienstiftung Jahresbericht 1996. Hg. v. der StSt. Bonn 1997, S. 29–66, 32 f. Schon Studienstiftungsleiter Heinz Haerten wehrte sich gegen diese Auffassung: ZZBW-A: Aktenbestand Haerten, I 1949–1959: Heinz Haerten, Vortrag im Pädagogischen Institut Heidelberg, 24.9.1956: „Vor kurzem bat einer unserer Mitarbeiter einen Oberstudiendirektor der uns einen Oberprimaner vorgeschlagen hatte, er möge uns doch über Niveau und Eigenart der wissenschaftlichen Begabung des jungen Mannes etwas mitteilen. Dieses Gutachten wurde mit dem Hinweis auf das vorliegende Abiturzeugnis abgelehnt, aus dessen guten Noten ja hervorgehe, daß der Bewerber wissenschaftlich hervorragend befähigt sei. Das müsse der Studienstiftung genügen. Das darf indessen der Studienstiftung nicht genügen, denn der Fall, daß ein guter Abiturient auf der Hochschule sehr bald im Mittelmaß untertaucht und daß mittelmäßige Abiturienten gute, ja sogar hervorragende Studenten werden, ist dafür allzu häufig."

Einleitung 11

mit ‚Hochbegabung'[49] gehört zu den Problemen im Diskurs um die Begabtenförderung, ebenso das nicht selten äußerst problematische Zusammenspiel von Elternwunsch und Schulvorschlag für die Studienstiftung. Der erste Nachkriegsleiter der Studienstiftung, Heinz Haerten, hat das in aller wünschenswerten Deutlichkeit in einer Ansprache an vorschlagsberechtigte Gymnasiallehrer zum Ausdruck gebracht:

„Jede Zeitungs- oder Rundfunknotiz über die Studienstiftung treibt irgendwo in Deutschland einen ehrgeizigen Vater oder eine notleidende Mutter ins Sprechzimmer des Oberstudiendirektors und nötigt diesen zu einem Vorschlag seines Kindes für die Studienstiftung. Nun ist aber die Studienstiftung keine Einrichtung zur Linderung sozialer Not. (...) Über die Frage, ob ein Primaner auf Grund seiner Begabung für die Aufnahme in die Studienstiftung vorgeschlagen werden kann, entscheidet die Schule als die urteilsfähige Instanz, nicht Elternliebe, Elternehrgeiz oder gar der Wunsch, die unbequeme Last der Ausbildung auf fremde Schultern abzuwälzen. Bitte bleiben Sie in diesen Fällen hart! und ersparen Sie der Studienstiftung den unnötigen Aufwand des Auswahlverfahrens und dem armen Jungen bzw. dem armen Mädchen die mit Sicherheit vorauszusehende Enttäuschung über den negativen Ausgang."[50]

Haerten, der selbst wie auch der erste Leiter der Studienstiftung aus dem praktischen Schuldienst kam, wußte, wovon er sprach, wenn er mit derselben Deutlichkeit darauf hinwies, daß auch die Entscheidung des Lehrers in hohem Maß ungerecht sein kann, wenn die Rücksicht auf Kollegen oder der Ehrgeiz für die eigene Schule über die individuelle Bewertung von Begabung und Persönlichkeit gestellt wird, wenn ‚Lieblingsschüler' vorgeschlagen, solche mit ungewöhnlichen Interessen oder schulfernen Begabungen hingegen ignoriert werden.

Die Geschichte der Studienstiftung ist also in erheblichem Maß eine Problemgeschichte der Begabtenauswahl in einer kleinen Institution und damit keine klassische ‚Institutionengeschichte'.[51] Zu fragen ist nach deren Entstehung und Entwicklung aus bescheidenen Anfängen im ersten Jahrzehnt ihres Bestehens in der komplexen Zwischenkriegsgesellschaft der Weimarer Republik, nach der Prägung durch herausragende Mitarbeiter und Stipendiaten, schließlich nach der Setzung von Maßstäben in der Begabtenförderung unter Berücksichtigung erster gemachter Erfahrungen. Von Interesse sind die Reaktionen von Studienstiftung und Studienstiftlern auf die zunehmende Krise der demokratischen und pluralistischen Gesellschaft sowie ihrer politischen und akademischen Kultur. Es ist zu fragen nach dem Verhältnis von Studienstiftung und ‚Macht-

---

49 H. Haerten, Vortrag im Pädagogischen Institut Heidelberg, S. 8: „Der enge Kontakt mit einer bestimmten Schule erlaubt mir, Ihnen von einer Lehrerkonferenz zu berichten, in deren Verlauf die Frage zur Entscheidung gebracht wurde, wen man von der scheidenden Oberprima der Studienstiftung vorschlagen sollte. Diskutiert wurde über einen aus schwierigen häuslichen Verhältnissen stammenden, mit sozialen Komplexen belasteten (...) Jungen. Seine überragende Intelligenz, seine Fähigkeit, selbständig zu denken, (...) wurde von niemand angezweifelt. (...) In dem sich steigernden Streit der Meinungen wurde daraus nun Anmaßung, Mißachtung der Autorität, Aufsässigkeit (...). Vor diesem düsteren Hintergrund hoben sich die Tugenden eines anderen Jungen, der neun Jahre lang mit Hilfe seines ausgezeichneten Gedächtnisses den Lehrstoff tadellos reproduziert und nie den Unterricht gestört hatte, so vorteilhaft ab, daß man ihn der Studienstiftung präsentierte. Er wurde nicht Studienstiftler, aber ein Student der Jurisprudenz, der es mit großer Mühe zu ausreichenden Klausurzensuren bringt."
50 H. Haerten, Vortrag im Pädagogischen Institut Heidelberg, S. 10.
51 Institutionengeschichtliche Aspekte werden daher an thematisch erforderlichen Stellen und nicht gesondert behandelt. Die Organisationsgeschichte der Studienstiftung ist von ihrer Programmatik und ihrem studentengeschichtlichen Umfeld nicht zu trennen; vgl. dazu Kap. I 4.

ergreifung' Hitlers als ‚deutscher Form der Revolution', wie Karl Dietrich Bracher sie genannt hat,[52] und nach ihrem Verhalten während der Formierungsphase des nationalsozialistischen Staates; schließlich, auf welche Weise das NS-Regime versuchte, die Studienstiftung im Sinne einer völkisch-rassistischen Elitenbildung umzufunktionieren. Die Neugründung der Studienstiftung 1948, mitten in der sich abzeichnenden Weststaatsgründung, wirft Fragen nach dem Umgang der Studienstiftung mit der NS-Vergangenheit und der Verstrickung deutscher akademischer Eliten im Nationalsozialismus auf. Zu beschreiben ist, welche Aufgabe die Studienstiftung in der Wiederaufbaugesellschaft der Adenauerzeit übernahm, welchen Anteil sie an den Krisen und Reformen der unruhigen 1960er Jahre hatte und wie sie sich zu den weitreichenden Bildungs- und Hochschulreformen der 1970er Jahre stellte. In der Auseinandersetzung mit den letzten 15 Jahren wird es darum gehen, die Verwissenschaftlichung und Differenzierung der Förderungspraxis und die Reaktionen der Studienstiftung auf die unverhoffte Herstellung der staatlichen Einheit Deutschlands zu untersuchen.

Nicht angestrebt wurden im Rahmen dieser Arbeit sozialgeschichtliche Längsschnittuntersuchungen zur biographischen Entwicklung der Stipendiaten der Studienstiftung in bestimmten Zeiträumen, also eine Geschichte der Studienstiftler. Eine solche Untersuchung, die sich u.a. auch ‚soziometrisch' quantifizierend mit Fragen der Bildungs- und Karrieremuster im Verhältnis zur sozialen Herkunft und beruflichen Stellung befaßt, setzt andere Fragestellungen und sozialwissenschaftliche methodische Zugriffe voraus, so z.B. die serielle Analyse von Studienstiftler-Nachlässen.[53] Für eine solche Arbeit fehlen, soweit sich derzeit sagen läßt, die Quellen, z.B. die überwiegende Zahl der Stipendiatenakten der Studienstiftung vor 1933. Insofern erscheint es methodisch im Hinblick auf eine erste Gesamtbearbeitung des Themas, ‚Studienstiftung des deutschen Volkes' legitim, sich zunächst mit der institutionalisierten Problemgeschichte der ‚Hochbegabten'-Förderung zu befassen und die rekonstruierbaren Lebensläufe von Studienstiftlern dafür exemplarisch heranzuziehen. Dennoch muß auf die Grenzen einer solchen Arbeit und die Notwendigkeit weiterer Forschung deutlich hingewiesen werden. In weiteren Arbeiten wird man dann nach Kontinuität und Diskontinuität in Studienstiftler-Biographien zum Beispiel zwischen den 1920er und 1950er Jahren sinnvoll fragen können. Ein Desiderat der Forschung ist weiterhin eine sozialwissenschaftliche Arbeit zur Habitus-Entwicklung von Studienstiftlern 1925 bis 1933, 1933 bis 1945 und 1948 bis heute, die für die Studienstiftung seit 1948 auch umfangreiches, ja einmaliges empirisches Material zur Verfügung hat. Problematisch wäre es jedoch, von der – bislang – überlieferungsbedingt ausschnitthaften Studienstiftler-Geschichte verallgemeinernd auf die Geschichte der Studienstiftung zurückzuschließen.

Die wesentliche Quellenbasis für eine Geschichte der Studienstiftung ist gleichwohl breit. Sie umfaßt sämtliche Akten der Studienstiftung seit 1948 im Archiv der Geschäftsstelle in Bonn-Bad Godesberg, den größten Teil der lange verloren geglaubten Akten der alten, in Dresden ansässigen Studienstiftung im umfangreichen Bestand ‚Reichsstudentenwerk/Reichsstudentenfüh-

---

52 Karl Dietrich Bracher, Die deutsche Diktatur. Entstehung, Struktur, Folgen des Nationalsozialismus. Köln/Berlin 1969, S. 1–52, 22; K.D. Bracher, geb. 1922, Politikwissenschaftler und Zeithistoriker, seit 1959 Prof. für polit. Wissenschaften und Zeitgeschichte in Bonn; u.a. 1962–1968 Vors. d. Kommission für Geschichte des Parlamentarismus und der politischen Parteien, seit 1972 Wiss. Leiter der Dokumente zur Deutschland-Politik, Vorsitzender des Beitrats des Instituts für Zeitgeschichte und Mitherausgeber der VZG.
53 Vgl. zur Methodik z.B. Andreas Gestrich (Hg.), Biographie – sozialgeschichtlich. Göttingen 1988.

rung/NSDStB' des Staatsarchivs Würzburg mit Ausnahme der Personalakten sowie einen Aktenbestand im Zentrum für die Zeitgeschichte von Bildung und Wissenschaft (ZZBW), Hannover. Der Großteil der Dresdner Akten war mit der Gründung des ‚Reichsstudentenwerks' 1934 nach Berlin und von dort 1939 in das an der Bayerischen Julius-Maximilians-Universität Würzburg gegründete Institut für Hochschulkunde verbracht worden, dessen Bestände 1980 nach einer Zwischenlagerung in der Universitätsbibliothek Würzburg an das Staatsarchiv Würzburg kamen. Einschlägig ist u.a. ferner der Bestand R 149 (Deutsches Studentenwerk/Reichsstudentenwerk) des Bundesarchivs. Zeitgenössische Publikationen der studentischen Presse der Zwischenkriegszeit sowie zeitgenössische bildungs- und hochschulpolitische Publizistik waren einzusehen. Erstmals ausgewertet wurden die im ZZBW Hannover archivierten KMK-Akten zur Frage der Studienförderung in der Bundesrepublik Deutschland. Die Aktengrundlage wird ergänzt durch Dokumente ehemaliger Stipendiatinnen und Stipendiaten, u.a. von Frau Rechtsanwältin Ruth Nettesheim, geb. Bickelhaupt, Berlin, sowie durch eine Vielzahl von Interviews mit Vertretern der Studienstiftung, u.a. mit dem stellvertretenden Generalsekretär Hans Kessler und Generalsekretär Dr. Gerhard Teufel, außerdem durch Materialien aus dem Nachlaß von Dr. Hermann Brügelmann, dem Geschäftsführer der Studienstiftung während der Gleichschaltung 1933/34. Zur Verfügung standen in der Bonner Geschäftsstelle außerdem alle studienstiftungseigenen Publikationen und die des bis 1997 angegliederten Instituts für Test- und Begabungsforschung, eine von dem ehemaligen Studienstiftungs-Mitarbeiter Professor Dr. Dieter Sauberzweig, FU Berlin, besorgte Sammlung von entlegenen Texten des Studienstiftungs-Neugründers Adolf Grimme aus der Frühzeit der Bundesrepublik, ferner der Aktenbestand ‚Erinnerte Geschichte' aus den Jahren 1988/89, in dem auf Betreiben von Rahn erbetene Erinnerungsberichte von Studienstiftlern der ersten Generation gesammelt worden waren,[54] umfangreiche Korrespondenzakten ‚Altstudienstiftler', die gesamte Ehemaligenkartei der Studienstiftung für die Zeit ab 1948 sowie eine Sammlung von Presseartikeln mit dem Thema Studienstiftung. Für die Organisation des Stipendienwesens vor 1918 konnte auf die hervorragend erschlossenen Bestände des Universitätsarchivs Tübingen zurückgegriffen werden. Zugänglich war im Archiv der Studienstiftung auch eine dort aufbewahrte interne soziologische Studie aus dem Jahr 1933 von Robert Ulich und Erich Wohlfahrt „Zur Bildungssoziologie des akademischen Nachwuchses in Deutschland. Zusammenhänge zwischen Herkunft, Schulvorbildung und Studium, nachgewiesen an Mitgliedern der Studienstiftung des Deutschen Volkes 1925–1933", die umfangreiches statistisches Material über die soziale Schichtung der Studienstiftler der alten Studienstiftung enthält.[55]

Die vorliegende Untersuchung zur Geschichte der deutschen ‚Hochbegabten'-Förderung am Beispiel der Studienstiftung versteht sich weder als reine Institutionenkunde noch als Abriß zur Geschichte der Elitendebatte in Deutschland nach 1918 noch als Festschrift anläßlich des 75jährigen Erstgründungs-Jubiläums im Jahr 2000. Es war darüber hinaus von vornherein ausgeschlossen, allen individuell so verschiedenen Stipendiatenerfahrungen zwischen Weltwirt-

---

54 Auszüge dieser Erinnerungsberichte wurden gedruckt in: Studienstiftung Jahresbericht 1989. Hg. v. StSt. Bonn 1990.
55 Biographie von Robert Ulich (1890–1977) in: Bernhard vom Brocke (Hg.), Hochschulpolitik in Föderalismus und Diktatur. Die Protokolle der Hochschulkonferenzen der deutschen Länder, Österreichs und des Reichs. Bd. II: 1919 bis 1941. Teil 2: Anhänge. Im Druck. S. 978. Freundlicherweise zur Verfügung gestellt von Prof. Dr. Bernhard vom Brocke, Kassel.

schaftskrise, ‚Machtergreifung', Krieg, Wiederaufbau, Pluralisierung der westdeutschen Gesellschaft und deutscher Einheit alltagsgeschichtlich auch nur annähernd gerecht zu werden. Das ist ein Defizit, das nicht durch eine Arbeit wie diese, sondern allein durch monographische Einzelstudien zur Studentengeschichte einerseits und das Festhalten von Erinnerungen möglichst vieler ehemaliger Stipendiaten andererseits verringert werden kann, gerade dann, wenn der oder die Betreffende nicht an gesellschaftlich exponierter Stelle stand.

Name dropping lag ebenfalls nicht in der Absicht des Verfassers, auch wenn es sich bisweilen deshalb nicht vermeiden ließ, weil das öffentliche Bild der Studienstiftung leidigerweise oft an einigen wenigen prominenten Ehemaligen festgemacht wird, was ihrer Zielsetzung und ihrem Charakter widerspricht. Ein leitendes Erkenntnisinteresse dieser Arbeit ist darin zu sehen, zu einer weniger vorurteilsbehafteten und offeneren Debatte über das erhebliche individuelle und gesellschaftliche Problem der ‚Hochbegabung' beizutragen und Problemkontinuitäten aufzuzeigen.[56]

Diese Studie möchte am Beispiel der Studienstiftung des deutschen Volkes ferner zeigen, daß, erstens, die Förderung von ‚Hochbegabten' eine normale Funktion einer demokratischen Leistungsgesellschaft und damit keine problematische Form der Elitenbildung ist; daß, zweitens, herausragende Leistung, auf welchem Gebiet auch immer, nicht im gesellschaftlich und sozial leeren Raum stattfindet, andererseits aber auch nicht ausschließlich über ihren gesellschaftlichen Nutzen oder ihren sozial- und gesellschaftspolitischen Effekt definiert werden darf; daß, drittens, ‚Hochbegabten'-Förderung und Breitenbildung nicht gegensätzliche, sondern komplementäre Konzepte von Bildungspolitik sind, die in der Schaffung und Erhaltung von Freiräumen der Emanzipation, der Innovation und Kreativität in einer freien Gesellschaft zusammenwirken müssen.[57]

Wie jede wissenschaftliche Arbeit, findet auch diese Geschichte der ‚Hochbegabten'-Förderung am Beispiel der Studienstiftung des deutschen Volkes ihre Grenzen in den Fragen, die sie u.a. aufgrund eines bestimmten Erkenntnisinteresses stellt. Es gehört daher zu dem, was man mit Pierre Bourdieu unter der Verantwortung des Intellektuellen verstehen kann, sowohl zur Be-

---

56 Hegel hat in exemplarischer Form auf das Ungleichheitsproblem beim mehrschichtigen Begriff ‚Vermögen' hingewiesen: „Die Möglichkeit der Teilnahme an dem allgemeinen Vermögen, ist aber *bedingt*, teils durch eine unmittelbare eigene Grundlage (Kapital), teils durch die Geschicklichkeit, welche ihrerseits wieder selbst durch jenes, dann aber durch die zufälligen Umstände bedingt ist, deren Mannigfaltigkeit die *Verschiedenheit* in der *Entwicklung* der schon *für sich ungleichen* natürlichen körperlichen und geistigen Anlagen hervorbringt,– eine Verschiedenheit, die in dieser Sphäre der Besonderheit nach allen Richtungen und von allen Stufen sich hervortut und mit der übrigen Zufälligkeit und Willkür die *Ungleichheit* des *Vermögens* und der *Geschicklichkeiten* der Individuen zur notwendigen Folge hat." Georg Wilhelm Friedrich Hegel, Grundlinien der Philosophie des Rechts. Hg. v. Johannes Hoffmeister. Hamburg ^{4}1955 (Ausg. 1962), § 200, S. 174 f.
57 Vgl. Bundespräsident Roman Herzog, Rede auf Schloß Eringerfeld/Stadt Geseke zum 40jährigen Jubiläum der Bischöflichen Studienförderung ‚Cusanuswerk', in: Roman Herzog, Reden und Interviews 1. Juli 1995–30. Juni 1996. Bd. 2/2. Hg. v. Presse- und Informationsamt der Bundesregierung. Bonn 1996, S. 607–617; siehe zum Problem Elite und Demokratie Ursula Hoffmann-Lange, Eliten und Demokratie in der Bundesrepubublik Deutschland, in: Max Kaase (Hg.), Politische Wissenschaft und politische Ordnung. Opladen 1986, S. 318–338.

Einleitung

dingtheit und damit: Begrenztheit der eigenen Fragemöglichkeiten als auch zu den jeweils gewählten Grenzen seiner Fragen zu stehen.[58]

Einige kurze Bemerkungen zum Begriff ‚Hochbegabung', zur Textgestalt und zum Umgang mit Personenakten: Trotz intensiver Beschäftigung mit dem Phänomen ‚Hochbegabung' und den sozialwissenschaftlichen und psychologischen Bemühungen, diesen Begriff einzugrenzen und einen Idealtypus des ‚Hochbegabten' zu konstruieren, fand der Verfasser keine Beschreibung oder Definition ‚hochbegabten' Verhaltens so einleuchtend, daß sie die Zweifel an der normativen Sinnhaftigkeit dieses Begriffs, dessen Bedeutungsvielfalt auch bei strenger Reduktion eine Spanne vom ‚überdurchschnittlichen Talent' bis zum ‚Genie'[59] umfaßt, vollständig ausräumen konnten.[60] Daher erscheint ‚Hochbegabung' in diesem Text durchgängig in Anführungszeichen, auch wenn es sich im Kontext der Begabtenförderung um einen gebräuchlichen, vielleicht sogar: allzu gebräuchlichen Begriff handelt. Der Verfasser ist der Ansicht, daß der Begriff der Begabung auch zur Beschreibung des Phänomens der ‚Hochbegabung' ausreicht.[61]

Für dieses Buch waren in erster Linie archivalische Quellen zu berücksichtigen, die zum Teil ausführlich zitiert werden. Diese Praxis soll zum einen die Anschaulichkeit des Beschriebenen erhöhen, da sich die Lebensumstände und Studienbedingungen von Studenten der 1920er, ja selbst der 1950er Jahre ganz erheblich von unserer heutigen Vorstellungswelt abheben. Zum anderen soll die überwältigende Fülle von studenten- und wissenschaftsgeschichtlichem Material, das über die Zusammenhänge einer Geschichte der Studienstiftung weit hinausweist, durch exemplarisch-paradigmatische Behandlung bewältigt werden.[62] Bei der Auswahl von Beispielen war jedenfalls angestrebt, keine Fachkultur und Fachdisziplin zu bevorzugen. Ferner erhebt die Arbeit im Hinblick auf die Studentengeschichte und studentische Alltagsgeschichte, die Bildungs-, Pädagogik- und Universitätsgeschichte[63] keinen Anspruch auf eine in diesem Rahmen nicht zu leistende Vollständigkeit. Auch hinsichtlich der Institutionsgeschichte der Studienstiftung geht es in dieser Arbeit um die Konkretisierung des strukturgeschichtlichen Problems der ‚Hochbegabten'-Förderung am Beispiel der Studienstiftung und nicht um eine aus den Universitätsarchiven zusammengestellte, detaillierte Abhandlung ihres Erscheinungsbilds an allen deutschen Universitäten seit 1925/1948.[64]

---

58 Pierre Bourdieu, Satz und Gegensatz. Über die Verantwortung des Intellektuellen. Berlin 1989 (Kleine kulturwissenschaftliche Bibliothek, Bd. 20).
59 „Genie (...) erweist sich dort, wo etwas Ungeahntes erscheint, etwas wirklich gemacht wird, wovon man vorher keine Ahnung hatte; es bekundet sich in der Ermöglichung von etwas in seiner Art Neuem, das so nur durch Kraft und Reiz der Persönlichkeit haltbar, ja siegreich zu machen war." Thomas Mann, Rede über Lessing (1929), in: ders., GW IX, Reden und Aufsätze Bd. 1. Frankfurt am Main 1990 (zuerst ebd. 1960), S. 229–245, 235.
60 Selbstverständlich wäre es zudem sachlich unmöglich wie menschlich unerträglich, den Begriff hoher Begabung auf die von der Studienstiftung Ausgewählten beschränken zu wollen.
61 Vgl. dazu die Definitionen in Kap. V 1. Zur Abgrenzung von Begabung und Intelligenz aufschlußreich Wilhelm Seeberger, Die menschliche Intelligenz als Entwicklungsproblem. Darmstadt 1968, S. 106 ff.
62 So zum Beispiel beim Fall des Stipendiaten F.J., Kap. II 4.
63 Vgl. für den kultur- und bildungsgeschichtlichen Kontext Hartmut Boockmann, Wissen und Widerstand. Geschichte der deutschen Universität. Berlin 1999.
64 Die Behandlung dieses Spezialthemas muß Einzelarbeiten vorbehalten bleiben, welche sich mit der Organisation der lokalen Studentenwerke beschäftigen, deren Abteilung die alte Studienstiftung war.

Im Mittelpunkt des Interesses dieser Untersuchung und ihrer Fragestellungen steht die Studienstiftung als Ganzes: ihre Motivation, ihre Programmatik, ihre Auswahl- und Förderungspraxis. Die Leitfrage lautet: was verstand die Studienstiftung unter ‚Hochbegabung' und wie setzte sie ihr Verständnis von ‚Hochbegabung' in Auswahl und Förderung um?

Da im Text die Vertreter verschiedenster akademischer Fächer und Disziplinen im Zusammenhang mit der Studienstiftung von den 1920er Jahren bis in die Gegenwart Erwähnung finden, werden im Anmerkungsapparat, wo dies notwendig erschien, Basisinformationen zur Person und zum wissenschaftlichen Werdegang gegeben, die hinter der Vollständigkeit eines biographisch-bibliographischen Abrisses im Anhang einer Festschrift notwendigerweise zurückbleiben müssen: Ziel war hier nicht die erschöpfende Information, sondern eine Handreichung im Sinne des *Who is who* zur Einordnung in eine bestimmte Fakultät und ihre Wissenschaftskultur, zu der neben vielem anderen auch das Lehrer-Schüler-Verhältnis, die wichtigsten Berufungen und die bekanntesten oder wichtigsten Schriften gehören können. Ein kurzer chronologisch-thematischer Abriß im Anhang an den Textteil gibt in Tabellenform über die wesentlichen Linien der Geschichte der Studienstiftung 1925 bis 1933/34 und seit 1948 Auskunft, da in der Darstellung aus systematischen Gründen aufeinanderfolgende Ereignisse und Zusammenhänge bisweilen getrennt und auseinanderliegende zusammen behandelt werden mußten. Datenschutz und historisches Erkenntnisinteresse sind lebenspraktische Gegensätze. Der Verfasser hat, da für ihn auf der Grundlage einer Absprache mit dem Generalsekretär der Studienstiftung keinerlei Sperrklausel galt, sensible persönliche Daten wie Zeugnisse, Gutachten, aber schließlich auch persönliche Briefe und Semesterberichte vertraulich behandelt und sich hinsichtlich der Unterlagen des Auswahlverfahrens um die gebotene Diskretion bemüht. Dies gilt insbesondere für die Studienstiftungsakten nach 1948. Für die Zeit nach 1948 wird aufgrund freiwilliger Selbstbeschränkung nur aus bereits veröffentlichten, der Studienstiftung zu Forschungszwecken überlassenen oder solchen persönlichen Dokumenten zitiert, die dem Verfasser ausdrücklich zur Verwendung übergeben wurden oder die anderweitig allgemein zugänglich sind, auch wenn alle Akten ohne Einschränkung zur Einsicht frei waren. Diese Selbstbeschränkung mag man als Mangel an investigativem Ehrgeiz kritisieren: Der Verfasser ist jedenfalls der Ansicht, daß Vertrauen die Grundlage der Auswahl und Förderung ist und bleibt, und dies auch durch keine wissenschaftliche Untersuchung beschädigt werden darf. Verantwortung des Wissenschaftlers ist in der Zeitgeschichte angesichts lebender Zeitzeugen keine abstrakte, sondern höchstpersönliche Herausforderung.[65] Daher findet sich nicht alles Eingesehene in Belegfußnoten wieder.

Aufgrund der Fülle des archivalischen Materials, vor allem der Vollständigkeit des RSF-Bestandes im Würzburger Staatsarchiv und des Umfangs wissenschaftspolitischer Publizistik, sind anschließende Einzeluntersuchungen zu Fragen der Wissenschaftskultur der Zwischenkriegszeit, zur Großforschungsförderung[66] und, vor allem, zum Vergleich der Studienstiftung mit anderen wissenschaftsfördernden Institutionen wie zum Beispiel dem DAAD im Anschluß an diese Ar-

---

65 Vgl. z. B. Hubert Markl, Freiheit der Wissenschaft, Verantwortung der Forscher, in: Hans Lenk (Hg.), Wissenschaft und Ethik. Stuttgart 1991, S. 40–53.
66 Vgl. dazu vor allem die exemplarische Arbeit von Bernd-A. Rusinek, Das Forschungszentrum. Eine Geschichte der KFA Jülich von ihrer Gründung bis 1980. Frankfurt am Main/New York 1996 (zugl. Habil.-Schrift Düsseldorf 1993); Notker Hammerstein, Die Deutsche Forschungsgemeinschaft in der Weimarer Republik und im Dritten Reich. Wissenschaftspolitik in Republik und Diktatur 1920 bis 1945. München 1999.

Einleitung

beit geplant.[67] Wünschenswert erscheint gerade letzteres: die Bearbeitung der vergleichenden Perspektive der Professionalisierung des Wissenschaftsmanagements in Deutschland seit den 1920er Jahren, wenngleich es sich dabei um eine Themenstellung mit Projektcharakter handelt, die als Forschungsdesiderat der Wissenschaftsgeschichte über den Zusammenhang einer Studienstiftungsgeschichte hinausweist.

---

67 Vgl. DAAD (Hrsg.): Spuren in die Zukunft. Der Deutsche Akademische Austauschdienst 1925–2000. 3 Bde. Bonn 2000.

I Die deutschen Studenten und die Folgen des Ersten Weltkrieges

1. Die Not der Nachkriegszeit

„Die deutsche Hochschule den Besten der Jugend, allen Schichten des Volkes."
Wahlspruch der Wirtschaftshilfe der Deutschen Studentenschaft, 1921.

„Talent, allgemein gesprochen, ist ein heikler, schwieriger Begriff, bei dem es sich weniger darum handelt, ob einer etwas kann, als darum, ob einer etwas ist (...)" Thomas Mann, 1921.[1]

Am Anfang war der Große Krieg. Die Gründung der Studienstiftung des deutschen Volkes im Jahr 1925 war eine Reaktion auf die extreme soziale Notlage derjenigen Vertreter der *lost generation* des Ersten Weltkrieges, die an die Universitäten im besiegten Reich zurückgefunden hatten. Doch die Studienstiftung war als eine soziale Hilfsorganisation für begabte und bedürftige Studenten nicht nur Reaktion auf die vor allem für den deutschen Mittelstand und seine an die Hochschulen strebenden Kinder verheerenden sozialen Folgen des Weltkrieges, sie war in erster Linie Ausdruck der direkten Aktion und Initiative einer studentischen Selbsthilfe, deren Geist von der nationsbildenden Erfahrung der ‚Frontgemeinschaft' geprägt war.[2] Die Geschichte der Studienstiftung ist von der Sozialgeschichte der deutschen Studentenschaft seit dem Ersten Weltkrieg nicht zu trennen.[3] Die Studierenden verschiedener deutscher Universitäten, die 1918 und 1919 die ersten sozialen Einrichtungen für die Versorgung der notleidenden Kommilitonen schufen, gaben selbst den Anstoß für die Entwicklung der ‚Wirtschaftskörper', aus denen heraus wenige Jahre später, wiederum in Eigeninitiative der studentischen Selbstverwaltung in Verbin-

---

1   Thomas Mann, Goethe und Tolstoi (1921), in: ders., GW Bd. 9, Reden und Aufsätze 1. Frankfurt am Main 1990 (zuerst ebd. 1960), S. 58–73, 72.

2   Vgl. die Überhöhung dieser Erfahrung in: Kriegsbriefe gefallener Studenten. Hg. v. Philipp Witkop. München [4]1928 und die Zusammenfassung bei Konrad H. Jarausch, Deutsche Studenten 1800–1970. Frankfurt am Main 1984, S. 117–163; Barbara Feger, Hochbegabungsforschung und Hochbegabtenförderung. Die Situation in Deutschland zwischen 1916 und 1920, in: Empirische Pädagogik 2 (1988), S. 45–52.

3   Das gilt in hohem Maß auch für die Wissenschaftsgeschichte; vgl. Bernhard vom Brocke, Wissenschaft, Stadt und Region. Hochschul- und Wissenschaftspolitik als Mittel politischer Integration: das Beispiel Marburg an der Lahn 1866–1918, in: Horst Kant (Hg.), Fixpunkte. Wissenschaft in Stadt und Region. Festschrift für Hubert Laitko zum 60. Geburtstag. Berlin 1996, S. 54–98.

dung mit sozial engagierten Akademikern – und keineswegs auf staatliche Veranlassung – die Studienstiftung gegründet werden sollte. Das Entstehen der Studienstiftung des deutschen Volkes ist folglich nicht politik- und bildungsgeschichtlich von oben, durch die Betrachtung bildungspolitischer Konzepte und Entscheidungen im Kontext der Innenpolitik der Weimarer Republik zu erklären und zu verstehen. Am Anfang der ersten allgemeinen deutschen Organisation zur systematischen Identifizierung und Förderung von ‚Hochbegabten' stand die Massenerfahrung des Großen Krieges, der Urkatastrophe des 20. Jahrhunderts.[4]

Gegen Ende 1918, Anfang 1919 waren an zahlreichen deutschen Universitäten ‚Wirtschaftsämter' bei den Studentenausschüssen zur Linderung der dringendsten wirtschaftlichen Not der Studierenden gebildet worden.[5] In diesen Wirtschaftskörpern oder Studentenhilfen, die lokal sehr unterschiedlich entwickelt waren,[6] wirkten Studenten, Hochschullehrer und private Förderer in Eigeninitiative zusammen, um die sozialstudentische Fürsorge aufzubauen. Anders als die 1919 auf dem 1. Deutschen Studententag in Würzburg gegründete DSt[7] sahen die zunächst nur lokal organisierten Wirtschaftskörper ihre Aufgabe nicht in der politischen Repräsentation der Studentenschaft.[8] Dies war und blieb eine Quelle dauernder Konflikte[9] bis zum politischen Sieg der von Anfang an stark national-völkischen und antisemitischen, durch die spektakulären Erfolge des NSDStB seit den späten 1920er Jahren, ab Juli 1931 dann endgültig nationalsozialistischen DSt-Leitung.

Dieser politische Sieg der nationalsozialistischen DSt fand seinen Ausdruck in dem gleichschaltungsbedingten, endgültigen Aufgehen beider Teile der studentischen Selbstverwaltung im

---

4   Ausführlich Kurt Sontheimer, Antidemokratisches Denken in der Weimarer Republik. Die politischen Ideen des deutschen Nationalismus zwischen 1918 und 1933. München ³1992 (zuerst ebd. 1962), S. 93–111; Thomas Nipperdey, Die deutsche Studentenschaft in den ersten Jahren der Weimarer Republik, in: Kulturverwaltung der zwanziger Jahre: Alte Dokumente und neue Beiträge. Hg. v. Adolf Grimme. Stuttgart 1961, S. 18–48; Ulrich Linse, Studenten und Politik 1918–1939, in: AfS 17 (1977), S. 567–576.
5   Einen Überblick vermittelt z. B. StA WÜ RSF I 00 p 155. Der Bestand enthält umfangreiche Materialien zur Geschichte der DSt.
6   Führend im Ausbau von Wirtschaftskörpern waren die Universitäten Tübingen, München und die TU Dresden; zu Tübingen vgl. Manfred Schmid, Die Tübinger Studentenschaft nach dem Ersten Weltkrieg 1918–1923. Tübingen o.J.
7   IfH-A WÜ: Allgemeiner Studententag Deutscher Hochschulen 1919. Tagungsbericht des Ersten Allgemeinen Studententages Deutscher Hochschulen in Würzburg vom 17.–19. Juli 1919. Göttingen 1920; Allgemeiner Studententag Deutscher Hochschulen 1919 Würzburg: Anläßlich einer Gedenkstunde an die vor 40 Jahren in Würzburg erfolgte Gründung der DSt am 18. Juli 1959 in Würzburg überreicht der VDS: Tagesordnung und Leitsätze des Ersten Allgemeinen Studententages. Würzburg 1959; Vorstand der DSt (Hg.), Die DSt in ihrem Werden, Wollen und Wirken. Berlin 1927; vgl. auch Wolfgang Zorn, Student Politics in the Weimar Republic, in: JCH 5 (1970), S. 128–143.
8   Dazu Hans Sikorski, Wirken und Werke innerhalb der Deutschen Studentenschaft. Marburg 1925. Sikorski war Mitbegründer des Wirtschaftskörpers Marburg, 1921; im Verwaltungsrat der Wirtschaftshilfe, 1921; 1922 bis 1925 im Beirat, 1925 Vorstand, 1926–1933 Geschäftsführer.
9   Zum Beispiel StA WÜ RSF I 60 p 446: Geheimrat Prof. Dr. Friedrich Carl Duisberg 1922 über die andauernden Konflikte zwischen politisierter DSt und pragmatisch orientierter WiHi der DSt: „Bei der praktischen Betrachtung ergibt sich, die WiHi der DSt soll der Allgemeinheit dienen ohne Rücksicht auf republikanische oder monarchische Gesinnung. Jeder soll teilhaben können."

Reichsstudentenwerk ab 1934, einer zwangskorporativen Gliederung des NS-Staats.[10] Zu den Arbeitsgebieten der örtlichen Wirtschaftskörper der Universitäten gehörte die Einrichtung und Unterhaltung von Mensen, die Vermittlung von Werkarbeit, die Krankenbetreuung und schließlich auch die über alltägliche Notwendigkeiten hinausgehende, längerfristige Studienunterstützung in Form von Sachbeihilfen, Darlehen und Stipendien zur Studienfinanzierung.

Herbert Krippendorff, Jahrgang 1900, von 1920 bis 1924 Maschinenbaustudent an der TH Dresden und später selbst führend im dortigen Studentenwerk, 1923/24 als ehrenamtlicher Geschäftsführer der Hochschul-Wirtschafts-Genossenschafts-GmbH engagiert, beschrieb die Aufbauphase der Wirtschaftskörper als Aufbruchzeit der Frontgeneration: „Der Weltkrieg war 1918 beendet, die Studenten, die in dieser Zeit Universitäten und Hochschulen besuchten, waren größtenteils durch den Krieg geprägt, die Kriegsteilnehmer hatten den Ehrgeiz, ihr Studium schnell abzuschließen und die durch den Krieg verlorenen Jahre aufzuholen. Dem stand aber die allgemeine Wirtschaftslage entgegen (...). So entstand der Gedanke der studentischen Selbsthilfe."[11]

Wie groß die Not war, die idealistische Freiwillige wie Krippendorff durch Selbsthilfe vor Ort zu bekämpfen versuchten, illustrierte ein Memorandum von Franz Holzwarth, zu diesem Zeitpunkt, Beginn des Wintersemesters 1922, Vorsitzender der DSt. Holzwarth belegte seine in einen dramatischen Appell „an die Akademiker der ganzen Welt"[12] mündende, düstere Bilanz, daß „Deutschlands akademische Jugend (...) vor ihrer Vernichtung (stehe)",[13] mit zahlreichen drastischen Beispielen studentischer Armut, unter anderem mit dem Zitat aus einer Notiz der Frankfurter Zeitung: „In einer mitteldeutschen Industriestadt sieht man abends in einem Restaurant einen jungen Invaliden, der Streichhölzer verkauft. (...) Nähere Erkundigungen ergeben, daß er den Verdienst seines Streichholzgeschäftes zum Studium in einer benachbarten Universitätsstadt gebraucht, wo sein Vater Professor ist. Täglich bringt ihn der Morgenzug (...) zur Universitätsstadt."[14]

So dramatisch das klang, so berechtigt war Holzwarths Anliegen, die soziale Sprengkraft der weltkriegsbedingten, gewaltigen Belastung des Mittelstands in Deutschland ins Bewußtsein der politischen Entscheidungsträger zu bringen. Die studierenden Söhne aus bürgerlichen Verhältnissen, deren Eltern verarmt und die selbst im Krieg gewesen waren, seien, so Holzwarth, doppelte Verlierer, da sie nicht nur um den elterlichen Besitz, sondern auch um die Chance gebracht worden seien, ihr Studium zu Ende zu bringen und wirtschaftlich selbständig zu werden. Dies wiederum habe die Studienbedingungen an den deutschen Universitäten innerhalb kürzester Zeit radikal verändert: „Der Durchschnitt unserer Studenten begnügt sich seit 1919 mit dem fünften Teil dessen an Aufwendung für die täglichen Bedürfnisse an Nahrung, Kleidung und Wohnung,

---

10 Zusammenfassend Geoffrey J. Giles, Students and National Socialism in Germany. Princeton/NJ. 1985; zum NSDStB siehe Anselm Faust, Der Nationalsozialistische Deutsche Studentenbund: Studenten und Nationalsozialismus in der Weimarer Republik. 2 Bde. Düsseldorf 1973; aktueller und vor dem Hintergrund der Forschung seit den 1970er Jahren Michael Grüttner, Studenten im Dritten Reich. Paderborn u. a. 1995, S. 19–61.
11 Herbert Krippendorff, Zur Arbeit der studentischen Selbsthilfe in den 20er Jahren, in: Festschrift 70 Jahre Deutsches Studentenwerk. Hg. v. DSW. Bd. 1. Bonn 1993, S. 99–105, 100.
12 StA WÜ RSF I 60 192/1: Franz Holzwarth, Die Notlage der akademischen Jugend in Deutschland. Göttingen 1922, S. 4.
13 Ebd., S. 3.
14 Ebd., S. 4.

was ein 16jähriger ungelernter Arbeiter in derselben Zeit verbraucht."[15] Diese erhebliche Verschlechterung der studentischen Lebensbedingungen im Vergleich zur Vorkriegszeit habe auch durch die Solidarität der Kriegsheimkehrer nicht grundsätzlich abgewendet werden können, so daß die soziale Lage der deutschen Studentenschaft, zusätzlich verschärft durch die Inflation, katastrophal sei. Holzwarths Bericht gipfelte in einem Hinweis auf die politische Brisanz eines Umgangs mit Nachwuchsakademikern, denen jede Zukunftsperspektive genommen werde: „Ein zu Existenzlosigkeit verurteiltes akademisches Proletariat besiegelt den Untergang unseres schwer ringenden Vaterlandes."[16] Damit war ein Problem angesprochen, das die akademische Kultur der Weimarer Republik zutiefst prägen sollte: die Frage des politischen Selbstverständnisses deutscher Akademiker in einer von Nachkriegs- und Modernisierungskrisen und politischer Unübersichtlichkeit gezeichneten Übergangsgesellschaft.[17]

Unter solchen Bedingungen, wie Holzwarth sie schilderte, entstand ein neuer Studententyp mit auffällig selbstbewußten und radikalen Zügen. Leopold Dingräve versuchte sich in seiner 1931 erschienenen Schrift ‚Wo steht die junge Generation?' an einer rückblickenden Charakterisierung dieser so sehr auf sich selbst gestellten jungen Leute der ersten Nachkriegszeit:

„Auch die jüngeren Jahrgänge (...), also die heute 22–26jährigen, (...) haben doch, wenn auch nur wenige von ihnen noch mithandelnd am Krieg und der Revolution teilnahmen, dem Stahlhelm oder dem Bismarckbund angehörten, haben in Winternächten Plakate für die Deutschnationale Volkspartei geklebt, mochte auch der streng national-liberal gesinnte Vater drohend zu Hause warten, oder haben in Dachkammern gesessen und Marx disputiert und haben den Verkehr mit ihrer wohlhabenden Familie aufgegeben, um ‚ins Volk zu gehen.' Diese Jahrgänge sind noch von der Universität oder von der Schule weggelaufen, um Oberschlesien zu beschützen, oder sie haben beim Kapp-Putsch auf beiden Seiten der Barrikade gestanden. Sie haben studiert, als es noch kein Studentenwerk und keine Studienstiftung des deutschen Volkes gab und sie in Elektrizitätswerken schliefen und von Brot und Äpfeln leben mußten. Sie haben Überstunden gemacht, während sie die Gewißheit hatten, daß ihr schmaler Lohn schon in der Stunde der Auszahlung zu einem Nichts zusammengeschrumpft sein würde."[18]

Die hier beschriebenen Eigenschaften: Selbständigkeit, Idealismus, Durchhaltevermögen, mochte man 1920 als direkte Anwendungsbeispiele derjenigen nationaldominanten Charaktermerkmale verstehen, die Oswald Spengler ‚Preußentum und Sozialismus' nannte und zum nationalen Vorbild in der Identitätskrise Deutschlands und der Deutschen nach dem verlorenen Krieg

---

15 Ebd., S. 3.
16 Ebd., S. 4.
17 Vgl. für die Ebene der Spitzenwissenschaftler Gabriele Metzler, ‚Welch ein deutscher Sieg!' Die Nobelpreise von 1919 im Spannungsfeld von Wissenschaft, Politik und Gesellschaft, in: VZG 44 (1996), S. 173–200. Für die Studentenschaft formulierte der Studienstiftungsleiter Paeckelmann das Problem: ZZBW-A: Aktenbestand Haerten, III 1–3/1927: Wolfgang Paeckelmann, Vortrag ohne Titel, 1927 (Studienstiftungspräsentation): „Man muss einmal die bitteren Enttäuschungen eines begabten, willensstarken, schaffensfrohen Arbeitsstudenten selbst erlebt haben (...). Es würde weit den Rahmen (...) überschreiten, alle die hierher gehörenden Erfahrungen zu besprechen, welche mir meine Tätigkeit in der Studienstiftung verschafften. Ich kann sie nur dahin zusammenfassen, dass nicht nur die ‚praktischen' Menschen es sind, die darunter (unter der Verschulung und Entfremdung im Studium, d. Verf.) leiden, sondern gerade die ‚wissenschaftlichen' (...)."
18 Leopold Dingräve, Wo steht die junge Generation? Jena 1931 (Schriften der ‚Tat'), S. 18. Den Hinweis auf dieses Zitat verdanke ich Herrn Prof. Dr. Bernd-A. Rusinek, Universität Düsseldorf.

erhoben hatte:[19] „Preußentum ist ein Lebensgefühl, ein Instinkt, ein Nichtanderskönnen; es ist ein Inbegriff von seelischen, geistigen und deshalb zuletzt doch auch leiblichen Eigenschaften, die längst Merkmale einer Rasse geworden sind, und zwar der besten und bezeichnendsten Exemplare dieser Rasse."[20]

Dies war trotz aller begrifflichen Wolkigkeit eine sehr realitätsnahe praktische Definition von nationaler Elitenrekrutierung. Denn der neue, lebensbewährte Studententypus der Nachkriegszeit verkörperte diese ‚in Stahlgewittern' gehärtete, noch preußisch gedrillte, aber ‚volksgemeinschaftlich' orientierte nationale Elite geradezu exemplarisch.[21] Auf die Universitäten kamen mit diesen harten jungen Männern schwierige Zeiten zu, wie Max Weber in einem Vortrag 1919 voraussah: „Heute ist die Empfindung der Jugend wohl eher die (...): Die Gedankengebilde der Wissenschaft sind ein hinterweltliches Reich von künstlichen Abstraktionen, die mit ihren dürren Händen Blut und Saft des wirklichen Lebens einzufangen trachten, ohne es doch je zu erhaschen."[22] Wissenschaft und Leben, das zeigte Weber, gerieten hier in einen problematischen Gegensatz, der die Wissenschaft und ihre Vertreter unter Rechtfertigungsdruck setzte. Das liberale bürgerliche Zeitalter, Ausdruck und Inbegriff des langen 19. Jahrhunderts, ging auch in der Wissenschaft unwiderruflich zu Ende.[23]

Die gemeinschaftsorientierte studentische Wirtschafts- und Sozialarbeit, die praktische Seite des von der DSt verkörperten ‚Studentenstaats', erschien nun als ein Bereich studentischer Selbstverwaltung, in dem die weltkriegsbedingte „Neuromantik wie einst im Sturm und Drang", von der Ernst Troeltsch distanziert sprach,[24] wirkungsvoll aufgehen könne, ging es doch hier um drän-

---

19 Grundlegend als Überblick Thomas Rohkrämer, Eine andere Moderne? Zivilisationskritik, Natur und Technik in Deutschland, 1880–1933. Paderborn 1999. Zu Spengler S. 285 ff.
20 Oswald Spengler, Preußentum und Sozialismus. München 1920, S. 29. Oswald Spengler (1880–1936), 1908–1911 Gymnasiallehrer in Hamburg, dann als freier Schriftsteller in München. 1918–1922 erschien das Hauptwerk ‚Der Untergang des Abendlandes'; vgl. auch Gustav Steinböhmer, Von der Idee des Preußentums, in: ders., Abtrünnige Bildung. Interregnum und Forderung. Heidelberg 1929, S. 42–53.
21 „Die glänzendste politisch-soziale Schulung der Studentenschaft und der Akademikerschaft bedeutet nichts, wenn nicht gleichzeitig die Erziehung zur Volksgenossenschaft ehrlichst und überzeugt durchgeführt wird."; „Wir wollen ein neues Studententum, das mit seinem Volke Hand in Hand geht. Bei uns selber soll die Reform anfangen." Aus der Rede Dr. Carl Sonnenscheins auf dem Ersten Deutschen Studententag in Würzburg, Juli 1919, in: Studentenwerk 3 (1929), S. 109 f.
22 Max Weber, Wissenschaft als Beruf. Vortrag vor dem Freistudentischen Bund, 1919, in: Max Weber-Gesamtausgabe. Abt. 1: Schriften und Reden, Bd. 17. Hg. v. Wolfgang J. Mommsen, Wolfgang Schluchter. Tübingen 1992, S. 71–111, S. 89.
23 Grundlegend für die mentalitätsgeschichtlichen Hintergründe deutscher Elitensozialisation seit dem Wilhelminismus Fritz Stern, Kulturpessimismus als politische Gefahr. Eine Analyse nationaler Ideologie in Deutschland. Bern u. a. 1963. In Westeuropa gab es den Typus des ‚idealistischen', engagierten Studenten auch, aber gerade ohne den für Deutschland so prägenden Hintergrund der ‚deutschen Ideologie'; vgl. z. B. Rolf-Ulrich Kunze, Willem Adolph Visser't Hooft, in: TRE, im Druck.
24 Ernst Troeltsch, Die Revolution in der Wissenschaft, in: Schmollers Jahrbuch für Gesetzgebung, Verwaltung und Volkswirtschaft 45 (1921), S. 1001–1030, 1007. Ernst Troeltsch (1865–1923); ab 1892 Prof. für evang. syst. Theologie in Bonn, ab 1894 in Heidelberg, ab 1910 auch für Philosophie, ab 1915 Prof. für Philosophie in Berlin, 1918 Mitgründer der DDP, 1919–1921 als Unterstaatssekretär für Fragen der evang. Kirche im Preußischen Ministerium für Erziehung und Unterricht.

gende Probleme, die nahezu jeden Studenten an einer deutschen Universität betrafen. Herbert Krippendorff betonte in seinen Dresdner Erinnerungen, daß es „kennzeichnend für die Haltung der Studenten war, daß wir immer freiwillige Hilfe von Kommilitonen bekamen, wenn wir sie brauchten (...), hier hatte die bittere Kriegs- und Nachkriegszeit eine erfreuliche Haltung des Einzelnen für die Gemeinschaft mit sich gebracht."[25]

Doch auch der große Idealismus der studentischen Solidarität bedurfte der Form. Einen ersten Schritt zur Institutionalisierung der lokalen wirtschaftlichen Selbsthilfe in Eigenregie der Wirtschaftskörper bedeutete die Gründung der Wirtschaftshilfe der Deutschen Studentenschaft am 19.2.1921, die am 7. April 1921 in das Vereinsregister Tübingen aufgenommen wurde. Getragen wurde diese Einrichtung nicht allein von den Vertretern der Studentenschaft, sondern auch von Universitätsprofessoren und Förderern wie dem I.G.-Farben Mitgründer Geheimrat Prof. Dr. Carl Duisberg.[26]

Die in wesentlichen Zügen von dem DSt-Vorsitzenden der Jahre 1920 und 1921, Peter van Aubel,[27] konzipierte Satzung des Vereins, welche noch für die Neugründung der Studienstiftung 1948 Modellcharakter haben sollte, sah folgenden Vereinszweck vor:

„1. Die ‚Wirtschaftshilfe der Deutschen Studentenschaft' vertritt im Auftrage der Deutschen Studentenschaft als wirtschaftliche Spitzenorganisation die Wirtschaftsinteressen der gesamten deutschen Studentenschaft, führt alle hieraus nötig werdenden Verhandlungen mit den Behörden und mit Zentralverbänden und vertritt die studentischen Wirtschaftsfragen in der Öffentlichkeit und der Presse des In- und Auslandes; sie stellt die Verbindung mit den großen Wohlfahrtsorganisationen dar.

2. Wirtschaftliche Maßnahmen der Deutschen Studentenschaft, die einheitlich durchgeführt werden sollen, bereitet sie vor und schafft die dafür notwendigen Einrichtungen. Sie unterstützt die Wirtschaftskörper der einzelnen Hochschulen in ihrer Arbeit, ohne auf ihr Tätigkeitsgebiet selbst überzugreifen. Ferner bemüht sie sich, die zentral benötigten Geldmittel zu beschaffen und die örtlichen Sammlungen in jeder Weise zu unterstützen.

3. Sie bearbeitet das Gebiet der studentischen Wirtschaftsfragen wissenschaftlich, legt die gemeinsamen Erfahrungen fest und sorgt für den Erfahrungsaustausch.

4. Bei ihren gesamten Arbeiten hat sie völlige Neutralität in politischen, konfessionellen oder weltanschaulichen Fragen zu wahren und jeden von innen oder außen kommenden Versuch einer Verletzung dieses Grundsatzes mit allen Mitteln zurückzuweisen."[28]

25　Herbert Krippendorff, Zur Arbeit der studentischen Selbsthilfe in den 20er Jahren, in: Festschrift 70 Jahre DSW, Bd. 1, S. 101.

26　Geheimrat Prof. Dr. Dr. Friedrich Carl Duisberg (1861–1935), seit 1884 bei den Farbenfabriken Bayer in Elberfeld, ab 1912 Generaldirektor des Unternehmens in Wiesdorf (heute zu Leverkusen), Mitgründer der I.G. Farbenindustrie AG 1925, Vorsitz in Verwaltungs- und Aufsichtsrat, ab 1921 Verwaltungsrat der Wirtschaftshilfe, seit 1922 Vorstand, Vorstand der Darlehnskasse der WiHi der DSt ab 1922; vgl. Hans-Joachim Flechtner, Carl Duisberg. Vom Chemiker zum Wirtschaftsführer. Düsseldorf 1959.

27　Zu Peter van Aubel (1894–1964), der bei der Neugründung der Studienstiftung 1948 eine tragende Rolle spielte, vgl. Kapitel IV 1; Robert Tillmanns (Hg.), Ordnung als Ziel. Peter van Aubel zu seinem 60. Geburtstag am 5. Juni 1954. Stuttgart 1954; Rüdiger R. Beer, Peter van Aubel. Stuttgart 1964. Sonderdruck Der Städtetag 6 (1964).

28　Satzung der Wirtschaftshilfe der Deutschen Studentenschaft, Tübingen, 19.2.1921, in: Festschrift 70 Jahre DSW, Bd. 1, S. 83 f.

Dieses umfangreiche soziale Programm, das der 2. Deutsche Studententag vom 22.–24. Mai 1921 in Halle an der Saale bestätigte, ging über die finanziellen Möglichkeiten der studentischen Selbsthilfe weit hinaus und zeichnete den Weg vor für eine umfassende staatliche Bezuschussung, aus der ab 1924 ein ständiger Titel im Haushaltsplan des Reiches werden sollte. Aus der Selbstverwaltung wurde so nach und nach eine Agentur des Sozialstaates[29] – ein nicht unwesentlicher Gesichtspunkt für die Beurteilung der gleichwohl geringen Akzeptanz der Demokratie von Weimar durch den akademischen Nachwuchs.

Zunächst standen jedoch organisatorische Fragen im Vordergrund. Eine Tagung in Dresden Anfang März 1921 diente zur Koordination der Arbeit der sozialen Hilfsorganisationen vom Caritas-Verband über das Zentral-Kommitee des Roten Kreuzes bis zu den bereits vorbildlich organisierten Wirtschaftskörpern einzelner Universitäten wie Göttingen, Tübingen, München und Dresden.

Der Tübinger Wirtschaftskörper entstand unter dem Namen ‚Tübinger Studentenhilfe' auf Betreiben von Theodor Pfizer und eines sozialstudentisch engagierten Kreises um Robert Tillmanns,[30] Rudolf Smend,[31] Walther Gerlach,[32] Hans Hartenstein, Wilhelm Hoffmann, der Ende der 1920er Jahre die Studienstiftung leiten sollte, und Berthold Graf von Stauffenberg[33].

---

29 Vgl. zum Verstaatlichungs- und Bürokratisierungsaspekt der ‚Wohlfahrtspflege' in den 1920er Jahren Jürgen Reulecke, Vorgeschichte und Entstehung des Sozialstaats in Deutschland bis ca. 1930. Ein Überblick, in: Jochen-Christoph Kaiser, Martin Greschat (Hg.), Sozialer Protestantismus und Sozialstaat. Diakonie und Wohlfahrtspflege in Deutschland 1890 bis 1938. Stuttgart 1996, S. 57–71.
30 Er war 1920 Mitbegründer des Tübinger Wirtschaftskörpers; 1921 im Verwaltungsrat der Wirtschaftshilfe; 1921–1930 Geschäftsführer.
31 1882–1975; Staats- und Kirchenrechtler; Prof. in Greifswald, Tübingen, Bonn, Berlin und, seit 1935, Göttingen. Sohn des evang. Theologen Rudolf Smend d.Ä. (1851–1913).
32 1889–1979; Physiker, 1921–1924 Prof. in Frankfurt am Main, Tübingen, seit 1929 in München; u.a. Arbeiten über quantitative Spektralanalyse und den Zusammenhang zwischen Atombau und Magnetismus.
33 Vgl. Peter Hoffmann, Claus Schenk Graf von Stauffenberg und seine Brüder. Stuttgart 1992, u.a. S. 41–43, 46 f. Berthold Graf Schenk von Stauffenberg (1905–1944, hingerichtet); Bruder von Claus Graf Schenk von Stauffenberg; Völkerrechtler, Marine-Oberstabsrichter beim Oberkommando der Marine. Schon früh im Kreisauer Kreis, enge Zusammenarbeit mit seinem Bruder Claus bei der Vorbereitung des 20. Juni 1944. Nach dem Scheitern des Attentats vom Volksgerichtshof zum Tode verurteilt und am selben Tag hingerichtet.

Der 1904 geborene Jurist und spätere bekannte württembergische Kommunalpolitiker Pfizer wirkte ab 1925 im Studienstiftungsausschuß der Tübinger Studentenhilfe und seit den 1950er Jahren in verschiedenen Gremien der wiedererrichteten Studienstiftung.[34]

Nicht ein traditioneller Universitätsort, sondern Dresden wurde zum Sitz der Wirtschaftshilfe der DSt. Ein wesentlicher Grund dafür war „das Anlehnungsbedürfnis an eine gutarbeitende Organisation"[35]: gemeint war die Studentenhilfe an der moderne Technischen Hochschule Dresden. Die dort abgehaltene Tagung vom März 1921 vermittelte eine gute Übersicht zur Arbeitsweise der Studentenhilfen sowie zu den Arbeitsschwerpunkten der verschiedenen Hilfsträger:

> „Prof. Hegler (Tübinger Studentenhilfe)[36] gibt einen Überblick über die Tübinger, den Typus studentischer Selbstverwaltung darstellenden Einrichtungen. (...) Die Einzelarbeit wird grundsätzlich von Studierenden geleistet, die auch allein den Verkehr mit den Studenten ausüben. Die Leiter sind in allen Fällen Studenten, denen ein aus Kommilitonen und Altfreunden gemischtes Kollegium zur Seite steht. Studentenspeisung, Studentenheim, Berufs- und Studienberatung, Arbeitsvermittlung, eigene Werkstätten arbeiten bereits mit gutem Erfolg. Der Grundgedanke (...) ist: eigener Nebenerwerb neben Studium auf Grund einer vollendeten Ausbildung in einem praktischen Berufe und daraus abgeleitete Möglichkeit, alle Einzelfürsorge abzubauen."[37]

Ferner ging es um Fragen der Wirtschaftlichkeit, der Zentralisierung und des Selbstverständnisses: „Aber es ist der Wunsch und die gerechte Forderung der DSt, vor allem auf dem Gebiete der wirtschaftlichen Notlage Selbst- und Mitverwaltung zu erhalten. Dieses ist um so notwendiger, um in jedem Falle auch das geringste Gefühl einer Beschämung zu vermeiden."[38] Einigkeit be-

---

34 Theodor Paul Pfizer (1904–1992); nach dem Studium der Rechtswissenschaften und der Volkswirtschaft in Tübingen, München und Berlin trat Pfizer als Assessor in die Reichsbahnverwaltung ein. Zuletzt war er Abteilungsleiter der Reichsbahndirektion Stuttgart; seit 1946 Ministerialrat im Verkehrsministerium von Württemberg-Baden; 1948–1972 Oberbürgermeister von Ulm; förderte u.a. die Hochschule für Gestaltung und Gründung der Universität Ulm. Pfizer wurde 1978 der Professorentitel verliehen. Vgl. vor allem die Memoiren Theodor Pfizer, Im Schatten der Zeit, 1904–1948. Stuttgart 1979; ders. (Hg.), Baden-Württemberg: Staat, Wirtschaft, Kultur. Stuttgart 1963; ders. (Hg.), Bürger im Staat. Politische Bildung im Wandel. Stuttgart 1971; ders., Reden und Aufsätze zur Kultur- und Kommunalpolitik aus den Jahren 1950–1979. Hg. v. Hans Eugen Specker. Stuttgart 1984. Theodor Pfizer verkörperte durch seinen außerordentlichen Einsatz als südwestdeutsch-liberaler Bildungs- und Kommunalpolitiker die alte und die neue Studienstiftung und stand somit für die über die Zeit des nationalsozialistischen Deutschland zwischen 1933 und 1945 andauernde Kontinuität sozialen Verantwortungsbewußtseins und zivilgesellschaftlicher Selbsthilfe aus dem Geist eines selbstbewußten ‚Bürgerhumanismus'. Das erklärt auch die Entscheidung der Studienstiftung aus dem Jahr 1986, einer Sonderstiftung, deren Aufgabe die Förderung ungewöhnlicher wissenschaftlicher Vorhaben von Nachwuchswissenschaftlerinnen und -wissenschaftlern ist, seinen Namen zu geben; vgl. dazu Hartmut Rahn, Theodor Pfizer 1904–1992, in: Studienstiftung Jahresbericht 1992. Hg. v. StSt. Bonn 1993, S. 6–9.
35 StA WÜ RSF I 60 192/2: Wirtschaftshilfe der DSt, Niederschrift über die Dresdner Tagung der von der DSt geladenen Organisationen, die auf dem Gebiete studentischer Wirtschaftshilfe tätig sind, im Sitzungszimmer des Rektorates der Technischen Hochschule Dresden, am 4. März 1921, S. 2 f. Liste der Organisationen: S. 11.
36 Gemeint ist der Tübinger Jurist August Hegler; vgl. ders. (Hg.), Reden anläßlich der Rektoratsübergabe am 3. Mai 1923 im Festsaal der neuen Aula. Tübingen 1923.
37 StA WÜ RSF I 60 p 192/2: WiHi der DSt, Niederschrift über die Dresdner Tagung., S. 7.
38 Ebd., S. 8 (Fritz Beck, Studentenhaus München).

stand zwischen allen Vertretern, die Wirtschaftsarbeit grundsätzlich auf dem Prinzip der Mitbestimmung, aber formal unter dem organisatorischen Dach der DSt aufzubauen. Reichskanzler a.D. Georg Michaelis,[39] der die Europäische Studentenhilfe des christlichen Studentenweltbundes auf der Dresdner Tagung vertrat, hob abschließend hervor, „die Arbeit am Studenten sei im gegenwärtigen Augenblick um so höher einzuschätzen, als durch sie eine Hebung des ganzen deutschen Volkes erreicht werden kann. Das offene Auge für die Wirklichkeit und die Begeisterungsfähigkeit stelle den Studenten unbedingt über die ältere Generation."[40]

Am 16. März 1921 informierte die provisorisch in Göttingen eingerichtete Hauptgeschäftsstelle der DSt in Verbindung mit dem Vorstand der Wirtschaftshilfe in einem Rundschreiben an die Universitäten über die Neugründung. Wiederum betonte man das Bemühen um eine „zentrale (...) Zusammenfassung aller wirtschaftlichen Maßnahmen zur Behebung der Notlage, wobei der bewährte Grundsatz der Selbst- und Mitverwaltung von vornherein eine Behinderung der bewährten örtlichen Organisationen ausschließ(e)."[41]

Die nach Wirtschaftlichkeitskriterien arbeitende Zentrale der Wirtschaftshilfe in Dresden sei als das Wirtschafts-Ressort der DSt gedacht, das unter einem Verwaltungsrat aus Studenten, Dozenten und Förderern arbeiten solle. Der Verwaltungsrat ernenne einen Vorstand; der Geschäftsführer des Vereins werde von der DSt gewählt. Zur Zusammenarbeit mit der Europäischen Studentenhilfe des Christlichen Studentenweltbundes,[42] vertreten durch Reichskanzler a.D. Michaelis, habe man Richtlinien gemeinsamen Handelns ausgearbeitet:

„A. 1. Die Hilfe wird ohne Rücksicht auf Rasse und Geschlecht, Konfession und politische Parteizugehörigkeit gewährt.

2. Die bedürftigsten Studenten sind in erster Linie zu berücksichtigen.

3. Auch in den Zentral- und Ortsausschüssen muß grundsätzlich die Studentenschaft vertreten sein. (...)

B. (...) Es muß nach geschäftsmäßigen (...) Grundsätzen gearbeitet werden, insbesondere ist daran festzuhalten,

a) daß die Studenten für die ihnen gemachten Zuwendungen, Speisung, Bekleidung usw. nach dem Maße ihrer Kräfte zahlen und nur insoweit beschenkt werden, als es ihre Vermögenslage erfordert.

---

39 1857–1936; 1909 Unterstaatssekretär im Preuß. Finanzministerium, 1915 Leiter der Reichsgetreidestelle, 1917 Preuß. Staatskommissar für Volksernährung; als Nachfolger Theobald von Bethmann Hollwegs vom 14.7. bis 31.10.1917 Reichskanzler und Preuß. Ministerpräsident, 1918/1919 Oberpräsident von Pommern, dann in der evang. Gemeinschaftsbewegung tätig; Michaelis war 1921 im Verwaltungsrat der Wirtschaftshilfe, seit 1922 im Vorstand der Darlehnskasse der WiHi der DSt; 1923 war er Begründer des Wirtschaftskörpers Berlin; vgl. Georg Michaelis, Für Staat und Volk. Eine Lebensgeschichte. Berlin 1922.
40 StA WÜ RSF I 60 192/2: WiHi der DSt, Niederschrift über die Dresdner Tagung, S. 12.
41 StA WÜ RSF I 60 192/2: DSt, Hauptgeschäftsstelle Göttingen, Wirtschaftshilfe der DSt (u.a. gez. Prof. Dr. iur. Wilhelm von Blume, Tübingen, Fritz Beck, München, cand. ing. Karl Schwabach, Berlin) Dresden, An die Rektorate und Studentenschaften der deutschen Hochschulen, Göttingen, 16.3.1921, S. 1.
42 Vgl. Ruth Rouse, The World's Student Christian Federation. A History of the first 30 years. London 1948.

b) (...) Keine der beteiligten Organisationen darf aus der Geschäftsgebahrung Vorteile ziehen, welche nicht als Ersatz entstandener Unkosten (...) erwachsen sind."[43]

Daß dem guten Willen und dem uneigennützigen Idealismus sachliche und finanzielle Grenzen gesetzt waren, zeigte sich in den anschließenden ‚Richtlinien des Vereins für Wirtschaftshilfe der DSt für die Zusammenarbeit mit den örtlichen Studentenschaften'. Sie setzten verbindliche Maßstäbe der Professionalisierung, welche die Betreiber der Studentenhilfen auf Effizienz, Kontinuität und Qualität verpflichten: die Anstellung eines Geschäftsführers sei anzustreben; Ankauf, Verarbeitung und Ausgabe von Lebensmitteln, die Verwertung von Kleidungsstücken etc., „erforder(n) die volle Arbeitskraft von geschickten, tüchtigen Persönlichkeiten und außer idealer Hingabe an die gemeinsame Sache fachkundige Kleinarbeit."[44]

Diese Richtlinien, die zugleich mehrere neue Berufsbilder in der sozialstudentischen Arbeit von der Mensa-Verwaltung bis zum sozialstudentischen Manager bei den Wirtschaftskörpern beschrieben, bildeten die praktische Grundlage des sogenannten ‚Erlanger Programms',[45] das auf dem 4. Deutschen Studententag vom 1. bis 4. Juli 1921 in Erlangen verabschiedet wurde und sich hauptsächlich mit wirtschaftlichen und sozialen Belangen befaßte.[46] Das Programm, das der Hauptgeschäftsführer der Wirtschaftshilfe, Dr. Reinhold Schairer,[47] wie schon die ‚Richtlinien'

---

43 StA WÜ RSF I 60 192/2: DSt/WiHi an die Rektorate und Studentenschaften., S. 2 f.
44 Ebd., S. 4.
45 Die Erlanger Studentenschaft nach 1918 galt als ‚national zuverlässig', da sie sich während des Bürgerkriegs in Bayern 1918/19 geschlossen den rechten Freikorps zur Verfügung gestellt hatte; vgl. dazu Manfred Franze, Die Erlanger Studentenschaft 1918–1945. Würzburg 1972.
46 ZZBW-A: Aktenbestand Haerten, I 1921–25: Vierter Deutscher Studententag, 1.–4 Juli 1921 in Erlangen. WiHi der DSt, Ziele und Richtlinien. Wiedergabe aus den Tagungs-Drucksachen; im Druck erschienen: WiHi der DSt, Wirtschaftsplan, Arbeitsgruppen. Erlangen o.J. (1921); vgl. K.H. Jarausch, Deutsche Studenten 1800–1970, S. 121.
47 Reinhold Schairer, 1887–1971; Studium der Rechts- und Staatswissenschaften in Tübingen, Genf, Berlin; Dr. iur. 1914; als Vertreter des Deutschen Roten Kreuzes Leiter des deutschen Sonderausschusses für Kriegsgefangenenhilfe unter Vorsitz des Deutschen Gesandten Graf Brockdorff-Rantzau 1915 bis 1920 in Kopenhagen; 1919 in der deutschen Delegation in Versailles; 1921–1933 Hauptgeschäftsführer der WiHi/des DSt; zusammen mit Dr. Hans Sikorski am 12.6.1933 auf Druck des NSDStB entlassen; 1933–1934 in u.a. Skandinavien; 1934 Emigration nach Großbritannien, 1935–1940 Mitglied des Lehrkörpers der University of London; 1937–1940 Verbindungsmann Carl Goerdelers; 1940–1942 Rockefeller Research Scholar; 1943–1947 Visiting Professor an der New York University; 1949 Erziehungssachverständiger der US-High Commission; 1950–1954 Mitglied der Deutschen Mission bei der Marshallplanverwaltung in Washington, D.C.; Rückkehr nach Deutschland und Übernahme der Leitung des Deutschen Instituts für Talentforschung in Köln; Mitwirkung bei der Gründung der Carl-Duisberg-Gesellschaft und der Stiftung Volkswagenwerk. Biographie in: Bernhard vom Brocke (Hg.), Hochschulpolitik in Föderalismus und Diktatur. Die Protokolle der Hochschulkonferenz der deutschen Länder, Österreichs und des Reichs. Bd. II: 1919 bis 1941. Teil 2: Anhänge. (Im Druck). Ich danke Herrn Prof. Dr. Bernhard vom Brocke, Kassel, für die Überlassung der Fahnen.

in wesentlichen Zügen konzipiert hatte,[48] formulierte erstmals programmatische Vorstellungen der DSt zur Frage, welche Rolle der wirtschafts- und sozialstudentischen Arbeit in der „Werkgemeinschaft zur Sicherung des jetzigen und späteren Lebens der Studentenschaft" zukomme.[49] Die Wirtschaftshilfe wurde als Antwort der Studentenschaft auf die Verschlechterung der Lebensbedingungen, zugleich aber als „das sichtbare Zeichen des Willens, an der Rettung Deutschlands mitzuarbeiten",[50] verstanden. Dieser Idealismus der sozialen und nationalen Solidarität stand über den einzelnen wirtschaftlichen Nöten: „Das Entscheidende sind nie Satzungen oder Geldmittel, sondern Menschen."[51] Auf der praktischen Ebene wurde die Subsidiarität zum Prinzip erklärt: Hilfe zur Selbsthilfe auf Anforderung und von Fall zu Fall, volle Fürsoge lediglich für Kranke, Kriegsteilnehmer und Prüfungskandidaten, die ihr Studium beenden müssen. Alle anderen Studenten kämen nur dann in den Genuß einer Unterstützung durch die Wirtschaftshilfe, wenn ihre Möglichkeiten zur Selbsthilfe erschöpft und sie zur aktiven Mitarbeit in der studentischen Solidargemeinschaft nach ihrem Vermögen bereit seien.

Der Hauptakzent des Erlanger Programms war in der Formulierung des Konzepts vom Werkstudenten zu sehen.[52] Dieses Konzept verstand sich nicht nur als theoretischer Überbau einer Reaktion auf soziale Not – während der Hyperinflation 1923 stieg der Anteil der neben dem Studium arbeitenden Studenten auf 53% gegenüber 10% im Jahr 1920[53] –, sondern als ein Versuch aktiver Mitgestaltung über die Grenzen der Hochschulpolitik hinaus. Der Werkstudent entsprach exakt dem neuen studentischen Typus der Nachkriegszeit. Der werktätige Student – und das hieß nicht mehr nur der Nachhilfestunden erteilende und im Büro aushelfende Akademiker, sondern der zum Teil körperliche Schwerstarbeit in der Industrie und Landwirtschaft leistende Arbeiter-Student – erwerbe nicht allein „Handfähigkeit", sondern ändere auch sein Bewußtsein: Er „erlebt die Wirtschaft, die kann von ihm fürderhin nicht mehr angesehen werden als ‚couleur- und offiziersunfähiges' Krämerhandwerk. Er wird in ihr erblicken ein Werk, das zu seiner Vollendung aller Energien bedarf, der Befruchtung durch die stärksten inneren Erlebnisse geistiger, religiöser, künstlerischer Art, damit aus ihr geschaffen werde die neue Wirtschaft, die höchste Kunstform."[54]

---

48 StSt-A Bonn: Robert Ulich, Erich Wohlfahrt, Zur Bildungssoziologie des akademischen Nachwuchses in Deutschland. Zusammenhänge zwischen Herkunft, Schulvorbildung und Studium, nachgewiesen an den Mitgliedern der Studienstiftung des Deutschen Volkes 1925–1933. O.O., o.J. (1933), unveröffentlicht, S. 21; HH-A: H. Haerten, Studienstiftung, S. 49: „Schairer sagte genau das, was der Studententag hören wollte, und sagte es, trotz oder wegen der krausen Diktion, vermutlich genau so, wie er es hören wollte. (...) Dazu kam die Heroisierung des Werkstudenten, die aus der Not eine Tugend machte. Da wird ein ‚Neu-Heidelberg' geschaffen, dem Studenten ein neues Standesethos gegeben. Schairers große Stunde. Er wendete den Niedergang des Bürgertums revolutionär ins Positive. Wer jene Jahre nicht erlebt hat, wird schwer begreifen, wie revolutionär das war."
49 Erlanger Programm, in: Festschrift 70 Jahre DSW. Bd. 2. Hg. v. DSW. Bonn 1993, S. 1–3, 1.
50 Ebd.
51 Ebd.
52 Vgl. dazu Johann Hermann Mitgau, Erlebnisse und Erfahrungen Heidelberger Werkstudenten. Eine Sammlung von Berichten. Heidelberg 1925. Dr. J.-H. Mitgau war Leiter der Studentenhilfe Heidelberg und im Vorstand der Wirtschaftshilfe tätig; vgl. zur Werkarbeit auch Michael H. Kater, The Work Student: A Socio-Economic Phenomenon of Early Weimar Germany, in: JCH 10 (1975), S. 71–94.
53 K.H. Jarausch, Deutsche Studenten 1800–1970, S. 143 f.
54 Erlanger Programm, S. 2.

Hier kündigte sich in pathetischer, quasi-religiöser Sprache ein enormer sozialgeschichtlicher Modernisierungsschub an. Gerade aufgrund der neuen Sozialisierung eines erheblichen Teils der Studentenschaft durch Integration in die Arbeitswelt veränderte sich das studentische Selbstverständnis. Aus dem Studenten als ewigem ‚Mulus‘, einer ganz notwendig und vor allem in sozialer Hinsicht vorläufigen Übergangsexistenz mit der Chance zur Bewährung und zum Scheitern, wurde durch die ungewohnte Berührung mit der harten, proletarischen Realität der Arbeitswelt der Eliteangehörige im Wartestand. Dieser elitäre, wenn auch ‚volksgemeinschaftlich‘ verbrämte Wandel im Selbstbild war eine mögliche Antwort auf die Proletarisierungskrise der Studentenschaft und die mit der Verringerung der sozialen Distanz zwischen Student und Arbeiter, zwischen akademischer Welt und Arbeitswelt, einhergehende Infragestellung des traditionellen, letztlich alteuropäisch-ständischen Bilds vom Akademiker als einsamem Gelehrten. Das Verschwinden traditioneller Klassen-Distanz im neuen sozialen Raum der Post-Klassengesellschaft erzeugte neue Identitäten und damit neue Distanzen, indem das Verhältnis von symbolischem und sozialem Kapital neu geordnet wurde.

Dies war nicht nur der Anfang vom Ende der traditionellen Gelehrtenrepublik im ‚akademischen Deutschland‘. Es ging um eine in allen Industriegesellschaften der Zwischenkriegszeit zu beobachtende Entwicklung des Übergangs von der Klassengesellschaft der Industriellen Revolution zu neuen sozialen Topographien.[55] In ihnen stellte Bildung, auch Hochschulbildung, nicht mehr ein wie zuvor streng restriktiv reguliertes soziales Privileg mehr dar – und es existierte aufgrund des wachsenden Konkurrenzdrucks auch kein meritokratischer Automatismus mehr, der den Erfolg jedes länger und besser Ausgebildeten im Erwerbsleben garantierte. Die Freigabe des Marktes für soziales und symbolisches Kapital war eine Entwicklung, welche die konkreten sozialen Bedingungen, unter denen Bildung, Ausbildung und, immer wichtiger: kontinuierliche Weiterbildung, in der Weimarer Republik stattfanden, deutlich verschlechterte. Anders gesagt: Zum ersten Mal gab es unter Studenten als den eigentlichen Protagonisten gesellschaftlicher Modernisierung von unten seit Beginn des 19. Jahrhunderts Modernisierungsverlierer. Das Erlanger Programm belegte den Zusammenhang von Hochschul- und Gesellschaftspolitik, von wirtschaftlicher Selbsthilfe und politischer Analyse in einer Zeit der Neudefinition der Begriffe Bildung und Arbeit: „Das Wort, daß die einzig treibende Wirtschaftskraft der Privatvorteil des Einzelnen sei, gilt ihm als durch den Aufbau aller studentischen Wirtschaftskörper widerlegt."[56] Dem Gedanken des privaten Nutzens in der liberal-kapitalistischen Wirtschaftsform wurde das solidarisch-korporative Modell der studentischen Selbsthilfe gegenübergestellt und daraus die Forderung abgeleitet, „daß der Zugang zu den Hochschulen nicht vom Vermögensstande des Vaters, sondern allein vom geistigen Vermögen des Studenten abhängen soll."[57] Diese zur exklusiven nationalen Solidarität mit dem studentischen Nachwuchs auffordernde Gegenwartsanalyse, dieses nationale und soziale Postulat war in seiner zentralen Forderung zwar nicht identisch, aber auch nicht allzu weit entfernt von einem anderen zeittypischen politischen Konzept: dem nationalsozialistischen. Der Punkt 20 des am 24.2.1920 beschlossenen Programms der NSDAP forderte:

---

55 Vgl. Hans-Jürgen Kersig, Die nivellierte Mittelstandsgesellschaft. Köln 1961. Überzeugender ist allerdings Bourdieus Begriff des sozialen Raums: Pierre Bourdieu, Sozialer Raum und Klassen. Frankfurt am Main 1985.
56 Erlanger Programm, S. 2.
57 Ebd., S. 3.

"Um jedem fähigen und fleißigen Deutschen das Erreichen höherer Bildung und damit das Einrücken in führende Stellungen zu ermöglichen, hat der Staat für einen gründlichen Ausbau unseres gesamten Volksbildungswesens Sorge zu tragen. Die Lehrpläne aller Bildungsanstalten sind dem praktischen Leben anzupassen. Das Erfassen des Staatsgedankens muß bereits mit dem Beginn des Verständnisses durch die Schule (Staatsbürgerkunde) erzielt werden. Wir fordern die Ausbildung besonders veranlagter Kinder armer Eltern ohne Rücksicht auf deren Stand oder Beruf auf Staatskosten."[58]

Der Unterschied lag in der Blickrichtung: das Erlanger Programm argumentierte aus der Position der studentischen Selbstorganisation korporativ von unten nach oben; der Programmpunkt der NSDAP richtete sich direkt an den Staat als Adressaten inhaltlicher und finanzieller Forderungen.[59] Ohne daß man die Übereinstimmung zwischen einer politisierenden Studententagsdeklaration, die einen gruppenintegrativen Zweck verfolgt, und einem Parteiprogramm, das aus der modernisierungsbedingten Statusunsicherheit politisches Kapital schlagen will, überbewerten wird – am nächsten kamen die organisierten Studenten dem NSDAP-Programm in ihrem Antisemitismus –, erscheinen die Forderungen im Ergebnis erstaunlich ähnlich – und wurden vom NSDStB auch so formuliert:[60] die soziale Herkunft sollte nicht mehr über die Befähigung zum Studium entscheiden, und das war Bestandteil einer weithin konsensfähigen Mittelstandsideologie.[61] Diese hatte für das wachsende „akademische Proletariat", von dem der DSt-Vorsitzende Holzwarth in seinem Bericht gesprochen hatte, einen besonderen Klang, denn das Akademikerproblem betraf nicht nur die nachrückende Studentengeneration, sondern auch die Universitätsabsolventen, die unter schlimmsten äußeren Bedingungen ihr Studium beendet hatten. Sie waren nicht nur, wie Holzwarth festhielt, „nach Vollendung ihrer Studien so geschwächt (...), daß sie weder wissenschaftlich noch beruflich Tüchtiges leisten können,"[62] sie fanden oft genug erst gar keine Arbeit.[63] Der erzwungene soziale Wandel, der die soziale Position und das gesellschaftliche Selbstverständnis der deutschen Akademiker innerhalb weniger Jahre radikal veränderte, war eine Modernisierungskrise mit starken Auswirkungen auf die Mentalität des akademischen Deutschland. Nicht nur bei den rechtsgerichteten, habituell antidemokratischen und notorisch antisemitischen Verbindungs-Studenten[64] provozierten sowohl das schlichte Elend der Nachkriegszeit, weithin interpretiert als Konsequenz des ‚Dolchstoßes' und des ‚Versailler Diktats', als auch die im Effekt modernisierenden Herausforderungen und Zumutungen der Pluralisierung

---

58 Abdruck u.a. in: Alfred Rosenberg (Hg.), Das Parteiprogramm des Nationalsozialismus. Grundsätze und Ziele der NSDAP. München ^{21}1941, S. 15 ff.
59 Vgl. z.B. auch Michael H. Kater, Studentenschaft und Rechtsradikalismus in Deutschland 1918–1933: Eine sozialgeschichtliche Studie zur Bildungskrise in der Weimarer Republik. Hamburg 1975.
60 Vgl. Michael H. Kater, Der NS-Studentenbund von 1926 bis 1928: Randgruppe zwischen Hitler und Strasser, in: VZG 22 (1974), S. 148–190.
61 Dazu vor allem Heinrich August Winkler, Mittelstand, Demokratie und Nationalsozialismus. Die politische Entwicklung von Handwerk und Kleinhandel in der Weimarer Republik. Köln 1972 (zugl. Habil.-Schr. Berlin); ders., Mittelstandsbewegung oder Volkspartei? Zur sozialen Basis der NSDAP, in: Wolfgang Schieder (Hg.), Faschismus als soziale Bewegung. Deutschland und Italien im Vergleich. Hamburg 1976, S. 97–118.
62 F. Holzwarth, Die Notlage der akademischen Jugend in Deutschland, S. 3.
63 Vgl. Peter Lewek, Arbeitslosigkeit und Arbeitslosenversicherung in der Weimarer Republik 1918–1927. Stuttgart 1992 (Vierteljahrsschriften für Sozial- und Wirtschaftsgeschichte, 104).
64 K.H. Jarausch, Deutsche Studenten 1800–1970, S. 119.

der Lebenswelten, der individualistischen Lebensgestaltung und des Wandels der Werte eine Gegenreaktion, den politisch formierbaren Wunsch nach Gemeinschaft, Sicherheit, Einheit und Autorität.[65] Und die jungen Leute der 1920er Jahre nahmen die sozialen und politischen Verhältnisse in und außerhalb der Universität nicht mehr hin, wie sie waren, sondern griffen nach einem Grundsatz über die studentische Selbstorganisation hinaus auch in die Politik ein, den Heinrich Mann 1922 in einem Essay formulierte: „Wer als Kriegsteilnehmer nicht zu jung war, das Geschick des Landes mit auf seinen Schultern zu tragen, wird jetzt auch alt genug sein, es mitzubestimmen. Und zweitens, wer zu seiner Rettung immer nur sich selbst hatte – zuerst im Kampf draußen, jetzt im nicht weniger erbitterten Kampf um den Erwerb, was wollen Ältere den noch lehren."[66] Diese radikale Bereitschaft zur direkten Aktion schloß in Verbindung mit einem extremen Antisemitismus die führende Beteiligung am politischen Mord mit ein.[67]

In einer Zwischenbilanz der bisher geleisteten Aufbauarbeit vom Oktober 1921 informierte die Wirtschaftshilfe über die organisatorische Entwicklung seit der Bündelung der wirtschaftlichen Zuständigkeiten und formulierte fünf Aufgabenbereiche für die nächste Zeit:

> „1. Wirtschaftskörper. Durch völligen Ausbau der aus Studenten, Dozenten und Vertretern des Wirtschaftslebens gebildeten Wirtschaftskörper an den einzelnen Hochschulen, deren Arbeitsgebiet Studentenspeisungen, Großbezug von Lebens- und Studienbedarf, Arbeitsvermittlung und Berufsberatung, Beschaffungen von Wohnungen umfaßt, soll eine Ersparnis von etwa 30 % der Studienkosten erzielt werden.
>
> 2. Arbeitsvermittlung. Durch nutzbringende Arbeit während der Ferien (...) und gegebenenfalls auch während einer Unterbrechung des Studiums soll der einzelne Studierende sich die ihm zur Fortsetzung seiner Studien fehlenden Mittel soweit als möglich selbst verdienen.
>
> 3. Darlehnskasse. Da auch mit diesen beiden Mitteln eine Lösung der Frage noch nicht zu erzielen ist, muß durch Ausbau einer Darlehnskasse die Möglichkeit gegeben werden, durch Aufnahme von Darlehen das Studium fortzusetzen. Die Ausgabe von Darlehen soll abhängig gemacht werden von der Höhe der selbstverdienten Ersparnisse.
>
> 4. Bücherversorgung. (...).
>
> 5. Krankenfürsorge. Eigentliche Krankenfürsorge soll nur für Kranke in Frage kommen, die Bearbeitung erfolgt im engsten Zusammenhange mit den bewährten Fürsorgeorganisationen."[68]

---

65   Vgl. einen der Vordenker der Reformpädagogik: Theodor Litt, Individuum und Gemeinschaft. Grundfragen der sozialen Theorie und Ethik. Leipzig 1919; Thomas Nipperdey, Probleme der Modernisierung in Deutschland, in: Saeculum 30 (1979), S. 292–303; ND in: ders., Nachdenken über die deutsche Geschichte. Essays. München ²1991, S. 52–70, 53.

66   Heinrich Mann, Tragische Jugend. Bericht nach Amerika über Europa (1922), in: Heinrich Mann, Politische Essays. Frankfurt am Main 1970 (zuerst Berlin-Ost 1954), S. 58–73, 65.

67   Ausführlich dazu Jürgen Schwarz, Die deutsche Studentenschaft in der Zeit von 1918 bis 1923 und ihre Stellung zur Politik. Freiburg i.Br. 1962 (zugl. Diss. phil.); Donald L. Niewyk, The Jews in Weimar Germany. Baton Rouge, LA 1980.

68   StA WÜ RSF I 60 192/2: WiHi der DSt, Arbeitsbericht der WiHi der DSt bis 1. Oktober 1921, S. 6 f.; auf S. 2 f. Liste der Angehörigen des Verwaltungsrats: u. a. Prof. Dr. iur. Wilhelm von Blume, Tübingen; Geheimrat Prof. Dr. Carl Duisberg, Leverkusen; Verlagsbuchhändler Dr. Kurt Koehler, Leipzig; Reichskanzler a.D. Dr. Michaelis, Berlin; Dr. Emil-Georg von Stauß, Direktor der Deutschen Bank, Berlin; Max M. Warburg, Hamburg; Peter van Aubel, Vorsitzender der DSt 1920/21; cand. phil. Fritz Beck, München, Leiter des Studentenhauses München; cand. ing. Karl Schwabach, Vorsitzender der Hochschul-Wirtschafts-Genossenschafts-GmbH Dresden; cand. rer. pol. Robert Tillmanns, Tübingen.

Mit den in Punkt 3 zusammengefaßten Planungen zur Einrichtung einer studentischen Darlehnskasse begann die unmittelbare institutionelle Vorgeschichte der Studienstiftung des deutschen Volkes.[69]

Die 1922 in Personalunion mit der Dresdner Wirtschaftshilfe als ‚Darlehnskasse der Deutschen Studentenschaft e.V.' gegründete Einrichtung hatte sich zum Ziel gesetzt, Studierenden, die ihr Studium zuvor durch Werkarbeit finanziert hatten, in den letzten Semestern günstige Darlehen zu gewähren, um so eine gute Examensvorbereitung zu ermöglichen.[70] Vom Studiendarlehen war es nur ein weiterer gedanklicher Schritt zur Vergabe von Stipendien nach den Kriterien Leistung und Bedürftigkeit.

Die in Umsetzung des Erlanger Programms erfolgte Gründung der Darlehnskasse war nur möglich geworden, weil schon im Jahr 1922 Reichsregierung, Reichsrat und Reichstag die studentische Wirtschaftsarbeit umfassend unterstützten: Im Sommersemester 1922 stellte das Reichsinnenministerium 15 Millionen Mark,[71] das Reichsernährungsministerium 5 Millionen Mark zur Verfügung; seit 1924 wurde die Unterstützung des Reichs nicht mehr als Darlehen gewährt, sondern direkt in den Reichshaushalt aufgenommen. Bis zum Haushaltsjahr 1930 stieg der Anteil der Förderung durch das Reich auf 24 Millionen Mark.[72] Bis 1931 zahlte die Darlehnskasse 12.257.000 RM in Höhe von bis zu 315 RM im Semester aus; in den Genuß eines Darlehens kam allerdings nur eine verschwindende Minderheit, ca. 3% der Studierenden.[73]

Einerseits wurde die studentische Wirtschafts- und Sozialarbeit immer mehr zur staatlich finanzierten Auftragsverwaltung, nicht anders als bei der 1920 gegründeten Notgemeinschaft der Deutschen Wissenschaft,[74] andererseits reichte die sozialstaatliche Beteiligung an den Aufgaben der sozialstudentischen Fürsorge keineswegs aus, die bestehenden Notlagen effektiv und dauerhaft zu beheben: besonders im Mittelstand war dies keine Werbung für die soziale Demokratie von Weimar.

Zur Vorgeschichte der Studienstiftung gehört neben dieser institutionellen Seite der Wirtschaftshilfe und deren politischen Implikationen im ersten, aber unvollendeten deutschen Sozialstaat[75]

---

69 Heinrich G. Merkel, Die Darlehnskasse der Deutschen Studentenschaft in Zahlen. Fünf Jahre Begabtenförderung an deutschen Hochschulen, in: Studentenwerk 3 (1929), S. 208–226, mit umfangreichem statistischem Material.
70 Vgl. Festschrift 70 Jahre DSW, Bd. 1, S. 85.
71 Zum wirtschaftsgeschichtlichen Hintergrund vgl. Fritz Blaich, Der Schwarze Freitag. Inflation und Wirtschaftskrise. München ²1990, S. 57.
72 StSt-A Bonn: R. Ulich, E. Wohlfahrt, Zur Bildungssoziologie des akademischen Nachwuchses, S. 33; zum Vergleich: laufende Staatsausgaben des Reiches 1930 gesamt: 8,7 Milliarden Mark; Ausgaben im Rechnungsjahr 1930 für Neubau von Straßen, Wegen und Wasserstraßen: 492,3 Mio Reichsmark, Wohnungswesen: 1.040,8 Mio Reichsmark, wertschaffende Arbeitslosenfürsorge: 18,8 Mio Reichsmark; Zahlen nach: F. Blaich, Schwarzer Freitag, S. 165, 168.
73 K.H. Jarausch, Deutsche Studenten 1800-1970, S. 143.
74 Siehe dazu die Studie von Ulrich Marsch, Notgemeinschaft der Deutschen Wissenschaft. Gründung und Geschichte 1920–1925. Frankfurt am Main u.a. 1994; vgl. auch Winfried Schulze, Der Stifterverband für die Deutsche Wissenschaft, 1920–1995. Berlin 1995.
75 Zusammenfassend Volker Hentschel, Die Sozialpolitik der Weimarer Republik, in: Karl Dietrich Bracher, Manfred Funke, Hans-Adolf Jacobsen (Hg.), die Weimarer Republik 1918–1933. Politik, Wirtschaft, Gesellschaft. Bonn ²1988, S. 197–217.

auch ein wesentlicher nationalismusgeschichtlicher Aspekt: die Spätwirkung einer veränderten Jugendbewegung, die sowohl die Gründergeneration der Studienstiftung als auch die Stipendiaten der 1920er Jahre mit ihrem ursprünglich kulturkritischen Impetus gegen die Erstarrungserscheinungen bürgerlicher Konvention und wilhelminisch-autoritärer Erziehung tief beeinflußte:

> „Die einigende Idee, die allen Versuchen von Programmausschüssen spottete, die lebte! wenn sie auch nicht ihre aussprechbare Form fand. Sie lebte wenigstens in einigen Köpfen, in ein paar Herzen, wenn auch die meisten (...) nicht bis zu ihr vordrangen. Freilich war sie erst ein dumpfes Gefühl, mehr trotzige Stimmung als klar erkannte Stellungnahme, mehr Selbstherrlichkeit als Hingabe an das Neue, mehr blindes Wollen als breites Empfangen. Dennoch hätte sich das Gefühl von der tiefen Notwendigkeit einer allergründlichsten Kulturkritik (...) durchgesetzt, wenn nicht das Verhängnis es gewollt hätte, daß diese Entwicklung zu früh unterbrochen wurde (...)."[76]

‚Gemeinschaft' und ‚Idee', Schlüsselbegriffe in der Gedankenwelt der Jugendbewegung und des seit 1919 wieder starken Zulauf findenden studentischen Korporatismus,[77] prägten noch im Oktober 1929 eine Stellungnahme von Wilhelm Hoffmann zu den Zielen der Studienstiftung auf einer Tagung des Deutschen Studentenwerks in Würzburg im Oktober 1929:

> „Es ist ein Bedürfnis unseres Volkes nach besten Kräften vorhanden, und hieraus ist die Studienstiftung entstanden. Hier (...) hat sie einen bescheidenen Teil der Ausleseaufgabe zu erfüllen, denn sie kann nicht das gesamte Problem der Auslese für das ganze deutsche Universitäts- und Hochschulwesen rationalisieren. Das werden aber bloße Worte bleiben, wenn nicht das, was sie meinen, als ein lebendiger Geist die Studienstiftung beseelt, die Studienstiftung als Institution und jedes einzelne Mitglied der Studienstiftung selber. Solcher Geist wächst aus Gemeinschaft und schafft Gemeinschaft, nicht in einem romantischen Sinne der Verbindung schöner Seelen, sondern der sachlichen Verbundenheit in einer Idee. Aus solchem Geist heraus ist die Studienstiftung geschaffen, aus ihm heraus wird auch dem einzelnen die wirtschaftliche Hilfe zuteil."[78]

Doch die idealistische Gemeinschaftsideologie der Jugendbewegung, von der Studienstiftungsmitgründer Wolfgang Paeckelmann in einem Vortragsmanuskript 1925 schrieb, sie habe in den studentischen Selbsthilfegedanken der Nachkriegszeit „ihre letzten und schönsten Kräfte einfließen lassen,"[79] war 1929 längst politisch durch den integralen Nationalismus und seine Institutionalisierung in Multiplikatorenvereinigungen wie dem schon am 22. Juli 1922 gegründeten völkisch-antisemitischen Deutschen Hochschulring[80] vereinnahmt, so daß der Begriff ‚Gemeinschaft' sich

---

76 Bruno Lemke, Jugendbewegung und Junge Generation, in: Freideutsche Jugend 1 (1922), S. 8 f.
77 K. H. Jarausch, Deutsche Studenten 1800–1970, S. 123; vgl. auch Reinhard Preuß, Verlorene Söhne des Bürgertums. Linke Strömungen in der deutschen Jugendbewegung 1913–1919. Köln 1991.
78 IfH-A WÜ: Wilhelm Hoffmann, Wichtige Fragen der Studienstiftung des deutschen Volkes. Sonderdruck des Referates, gehalten auf der Tagung des Deutschen Studentenwerks e.V. in Würzburg (Okt. 1929), o.O., o.J. (1929), S. 4; Dr. Wilhelm Hoffmann kam aus der Tübinger Studentenhilfe.
79 StSt-A Bonn: Wolfgang Paeckelmann, Die Studienstiftung des deutschen Volkes, Manuskript, 3 Seiten, Barmen o.J. (1925), Blatt 1.
80 IfH-A WÜ: Der Deutsche Hochschulring. Reden und Aufsätze aus der Entstehung der Hochschulringbewegung. Hamburg 1920.

exklusiv auf Volk und ‚Deutschtum' bezog.[81] Der Krieg, der in dem zitierten Beitrag von Bruno Lemke in der Zeitschrift ‚Freideutsche Jugend' 1922 noch als Verhängnis der Jugendbewegung bezeichnet wurde, erfuhr in einer anderen, ebenfalls jugendbewegten Perspektive eine entgegengesetzte Interpretation: nicht als Verhängnis, sondern als Bewährungsprobe.[82]

Die Ideale der Gemeinschaftsbindung und der antibürgerliche, jugendkulturelle Stil hatten in Krieg und Revolution eine aggressive, völkische Wendung zur Front- und ‚Volksgemeinschaft' erfahren.[83] In einem von dem intellektuellen Präzeptor des deutsch-völkischen Nationalismus, Arthur Moeller van den Bruck,[84] herausgegebenen Sammelband schrieb 1922 Frank Glatzel über die „Erfüllung des Wandervogeltums und damit der Jugendbewegung" im „jungdeutsche(n) Gedanken": „Nachdem man Jahre hindurch (...) wahllos schwankend oder ernsthaft suchend sich bewegt hatte, entstand gegen Ende des Krieges immer klarer der Volksgedanke als der Richtungspunkt der neuen Jugend."[85]

Aus der jugendlichen Protestbewegung der Vorkriegszeit war eine völkische Elite, aus den Führern der Jugendbewegung waren Prediger der ‚Volksgemeinschaft' hervorgegangen: „Die kulturelle Führung des Volkes liegt in den Händen einer Gesellschaft, die für das ganze Volk Geltung hat und daher nicht als Klasse empfunden wird. (...) Was um uns herum werden will, ist eine neue Gesellschaft. Heute fehlt unserem Volk der Richtungspunkt, nach dem sich die Kräfte ordnen – der Kernpunkt, von dem aus der gesammelte Willensimpuls alle Bewegungen regelt. (...)."[86] Wer konnte für die Aufgabe der ‚kulturellen Führung' der ‚Volksgemeinschaft' besser geeignet sein als der harte Typus des Nachkriegsstudenten, als die charakterfesten und leistungs-

---

81 Vgl. die Zusammenfassung bei Otto Dann, Nation und Nationalismus in Deutschland 1770–1990. München 1993, S. 261–273; zum Gemeinschaftsbegriff K. Sontheimer, Antidemokratisches Denken, S. 250–252; J. Schwarz, Die deutsche Studentenschaft 1918–1923, S. 170–172, 192–198; eine Zusammenfassung des nationalismusgeschichtlichen Forschungsstandes bei Eric J. Hobsbawm, Nationen und Nationalismus. Mythos und Realität seit 1780. München 1996 (zuerst 1990).

82 Vgl. den Abschnitt ‚Generationstheorie und Sozialgeschichte' bei Irmtraud Götz von Olenhusen, Jugendreich, Gottesreich, Deutsches Reich. Junge Generation, Religion und Politik 1928–1933. Köln 1987, S. 11–27.

83 Vgl. z. B. für das Verhältnis von sozialistischem und nationalem Gedankengut Michael Rudloff, Umkehr in die Irrationalität? Religion, Nation und Sozialismus in der Jugendbewegung nach dem Ersten Weltkrieg, in: ders. (Hg.), Sozialdemokratie und Nation. Der Hofgeismarkreis in der Weimarer Republik. Leipzig 1995, S. 77–94.

84 1876–1925; Schriftsteller mit nachhaltigem Einfluß auf die Jungkonservativen und Völkischen: gegen Liberalismus, Parlamentarismus. Hauptvertreter der ‚konservativen Revolution'. Der Titel seines Buches ‚Das dritte Reich' (1923) wurde für manche intellektuellen Nationalsozialisten zum Schlagwort; zusammenfassend Armin Mohler, Die konservative Revolution in Deutschland 1918–1932. Grundriß ihrer Weltanschauungen. Stuttgart 1950; vgl. auch Joachim C. Fest, Hitler. Eine Biographie. Frankfurt am Main/Berlin ²1991 (zuerst 1973), S. 185.

85 Frank Glatzel, Wie die Jugendbewegung ‚geistig' wurde, in: Die Zerstörung der deutschen Politik. Dokumente 1871–1933. Hg. v. Harry Pross. Frankfurt am Main 1959, S. 163–165, 165 (zuerst in: Die Neue Front. Hg. v. Artur Moeller van den Bruck u. a. Berlin 1922, S. 182 f.; vgl. auch Frank Glatzel, Jungdeutsches Wollen. Vortrag, gehalten auf der Gründungstagung des Jungdeutschen Bundes auf Burg Lauenstein vom 9.–12. August 1919. Hg. v. Bundesamt des Jungdeutschen Bundes. Hamburg 1920.

86 F. Glatzel, Wie die Jugendbewegung ‚geistig' wurde, S. 164.

stärksten Werkstudenten, deren überdurchschnittliche Begabung nicht nur ihre Privatangelegenheit, sondern ein Besitz des deutschen Volkes war, in dessen Namen und um dessentwillen diese Begabung förderungswürdig erschien?[87]

---

[87] HH-A: H. Haerten, Studienstiftung, S. 42: „Standesbewußtsein braucht ja nicht Standesdünkel zu sein, und mit dem durch das Privileg eines akademischen Studiums auferlegten Elitepflichten war es jener Generation sehr ernst. Man studierte für die anderen. Das auf der Universität Erworbene mußte in den Dienst der Gesamtheit gestellt werden. Zu dieser Haltung wollte diese Studentengeneration erziehen und erzogen werden, und sie scheuten sich nicht, von sich selbst als von Erziehungsobjekten der Hochschule zu sprechen."

2. Die Gründung der Studienstiftung des deutschen Volkes 1925

a) Der Darmstädter Gründungsbeschluß und der Beginn in Dresden

Am 29. Januar 1925 beschloß der Vorstand der Wirtschaftshilfe in Dresden unter Leitung von Geschäftsführer Dr. Reinhold Schairer,[88] Dr. Robert Tillmanns[89] und Heinrich Merkel[90] die Gründung der Studienstiftung des Deutschen Volkes.[91] Wer der eigentliche Vater der Studienstiftung und ihres Namens ist, kann nicht mehr geklärt werden.[92] Die Idee zur Gründung einer nationalen Begabtenförderung war seit 1917/1918 verschiedentlich von Eduard Spranger,[93] Carl Heinrich Becker,[94] Carl Duisberg, aber auch von Walther Rathenau und dem katholischen Theologen und Mitbegründer der studentischen Sozialarbeit, Carl Sonnenschein,[95] mit jeweils unter-

---

88   HH-A: H. Haerten, Studienstiftung, S. 35, zur Charakterisierung Schairers: „Da ist der charmante, überzeugende, mitreißende Idealist, dem die Wirtschaftshilfe einen einflußreichen Freundeskreis von Politikern und Industriekapitänen verdankte, bei denen er ein- und ausging. Da ist der führende Kopf eines leistungsfähigen Teams, ein Mensch voller Initiative und Einfallsreichtum. Ihm fiel sogar viel zu viel ein, denn das Team lebte in dauernder Angst vor seinen voreiligen Aktionen. Er war der Mann, Geld für die Realisierung der Pläne zu beschaffen, und er war der Mann, es in Form von Spesen auszugeben."
89   Vgl. Robert Tillmanns. Eine Lebensleistung. Hg. v. Hermann Brügelmann. Stuttgart 1956; Hermann Kunst, Trauerfeier für Bundesminister Dr. Robert Tillmanns am 30. November 1955 in der Evang. Friedenskirche, Bonn. O.O. (Bonn) 1956. Tillmanns war Bundesminister für Sonderaufgaben.
90   Heinrich Georg Merkel (1900–1985); Mitbegründer der Studentischen Wirtschaftsgenossenschaft Breslau; 1923 Geschäftsführer der Darlehnskasse der WiHi der DSt; 1933 von den Nationalsozialisten entlassen; seit 1934 Vorstandsassistent bei der Auto-Union Zschopau; 1938 Geschäftsführer eines von Hans Sikorski gegründeten Musikverlags; 1945 Lizenzträger der Würzburger Lokal- und Regionalzeitung ,Mainpost', 1949 Gesellschafter, Verleger und Herausgeber der Nürnberger Nachrichten; 1949–1951 Vorstandsmitglied und 1951–1965 Vorsitzender des Verbandes Bayerischer Zeitungsverleger; vgl. ders., Anmerkungen zum Rundfunkwesen. 4 Bde. Nürnberg 1965–1980.
91   Wilhelm Hoffmann, Studienstiftung des Deutschen Volkes, in: Die Erziehung 9 (1933/34), S. 52–62, 53 f.: „Motive der Gründung".
92   Vgl. z.B. auch den Beitrag des Geheimen Regierungsrates im Ministerium für Wissenschaft, Kunst und Volksbildung Otto Karstädt, Schulen für Begabte. Der Aufstieg der Tüchtigen, in: Handbuch der Politik. Bd. III: Die politische Erneuerung. Hg. v. Gerhard Anschütz u.a. Berlin 1921, S. 242–250.
93   1882–1963; Philosoph, Psychologe, Kulturpädagoge, Bildungspolitiker; ab 1911 Prof. in Leipzig, ab 1920 in Berlin, ab 1946 in Tübingen; Schüler Wilhelm Diltheys (1833–1911). ZZBW-A: Aktenbestand Haerten, I 1921–1925: Eduard Spranger, Bemerkungen zur Frage der Studentenauslese und des Studentenabbaus, Berlin 3.1.1924 (Ms., 4 S.): fordert ausdrücklich eine konzeptionell ausgerichtete Begabtenauslese angesichts der Überfüllung der Universitäten.
94   1876–1933; Orientalist und Politiker; vgl. Kap III 1.
95   1876–1929; Studium der kath. Theologie in Bonn und Rom, wo er entscheidende sozialpolitische Anregungen erhielt; 1906 Mitarbeiter des Volksvereins für das katholische Deutschland in Mönchengladbach; 1908 Gründung des Sekretariats sozialer Studentenarbeit; seit 1918 Leitung eines kath. Kirchenblatts in Berlin, Studentenseelsorger, sozialkaritative Tätigkeit im Rahmen der Großstadtseelsorge.

schiedlichen Akzentsetzungen vorgebracht worden.[96] 1924 hatten Duisberg und Schairer im Verlag des Vereins der Deutschen Ingenieure eine Schrift veröffentlicht, in der sie eine Bilanz der Wirtschaftshilfearbeit zogen und auch auf die Begabtenförderung kamen:

> „Das Wort ‚Auslese der Begabten' oder gar der ‚Hochbegabten' hat mit Recht einen schlechten Klang. Deutschlands Zukunft hängt nicht von einer möglichst großen Steigerung der intellektuellen Kräfte ab, sondern nur von einer alle Gebiete des Menschen umfassenden, möglichst tiefgehenden Steigerung und Entwicklung des Wertes des Einzelnen. Dies sollte hier gemeint sein, wenn von der besonderen Förderung einzelner, besonders wichtiger und wertvoller Studierender durch besondere Einrichtungen und Stiftungen gesprochen wird."[97]

Konkret geworden waren diese Überlegungen allerdings nicht.[98] Im März 1924 hatte die Wirtschaftshilfe Dozenten, Studenten, Schulvertreter, Industrielle sowie Vertreter von Reich und Ländern zu einer Wirtschaftstagung nach Darmstadt eingeladen, um über die Auswirkungen der Inflation auf die studentische Wirtschaftsarbeit zu beraten.[99] Ergebnis der Tagung war die ‚Denkschrift über die Förderung wertvoller, mittelloser Studenten' vom 7. August 1924, in der die Einrichtung einer nationalen Begabtenförderung im Rahmen der Wirtschaftshilfe vorgeschlagen wurde. Dies war die Geburtsurkunde der Studienstiftung: „Es wird empfohlen, dieser Einrichtung durch einen eigenen Namen eine besonders verpflichtende und anspornende Bedeutung zu geben, so daß, in ähnlicher Weise wie bei den Stellen der Rhodes-Scholars, in der Auswahl zugleich eine Auszeichnung und ein Antrieb liegt. Als Name wird z.B. vorgeschlagen: Studienstiftung des Deutschen Volkes."[100]

Die faktische Gründung vom 29. Januar 1925 im Wirtschaftshilfevorstand und in Umsetzung der detaillierten Vorschläge der ‚Denkschrift' hatte ein in Bildungsfragen engagierter Kreis von reformorientierten Akademikern um den Barmener Oberstudiendirektor Wolfgang Paeckelmann

---

96 Die deutsche ‚Hochbegabten'-Forschung begann mit der Programmschrift von Eduard Spranger, Begabung und Studium. Leipzig 1917. Betonte Becker die intellektuelle ‚Wiederaufwuchsfähigkeit' nationaler Eliten nach dem verlorenen Krieg, so stand bei Spranger die Einbindung der Begabtenförderung in die Gesamtreform des deutschen Bildungswesens im Vordergrund. Sonnenschein hob die sozialkaritative Bedeutung der von der Lebenshilfe bis zur Begabtenförderung gestuften sozialstudentischen Arbeit aus dem Geist der katholischen Soziallehre hervor. Rathenau erkannte die zivilgesellschaftliche Bedeutung von Begabung für Wirtschaft und Gesellschaft; vgl. z.B. Walther Rathenau, Die neue Wirtschaft. Berlin 1918 und ders., Der neue Staat. Berlin 1919.

97 Carl Duisberg, Reinhold Schairer, Drei Jahre Wirtschaftshilfe der Deutschen Studentenschaft. Die wesentlichen Aufgaben der studentischen Wirtschaftsarbeit. Berlin 1924, S. 55.

98 HH-A: H. Haerten, Studienstiftung, S. 37: „Wenn aber die Initiatorenschaft gewertet werden soll, dann muß man wohl mit Recht an Carl Sonnenschein und den späteren Reichskanzler Heinrich Brüning denken oder an den Schriftsteller Werner Mahrholz, die mit ihren Reden schon während der ersten Studententage in Würzburg und Göttingen jene Vermengung sozialen und elitären Denkens vorbereiteten, aus der 1925 in der Wirtschaftshilfe ‚die Krönung der Arbeit studentischer Selbstverwaltung' erwuchs. So nannte van Aubel 1948 in einem Aufruf die Studienstiftung." Vgl. dazu das Kapitel IV 1.

99 ZZBW-A: Aktenbestand Haerten, I 1921–25: Deutsche Akademische Rundschau 11. Semesterfolge Nr. 8 vom 24. Juli 1924, S. 8 f.

100 HH-A: WiHi der DSt, Denkschrift über die Förderung wertvoller, mittelloser Studierender, (7. August 1924), in: H. Haerten, Studienstiftung, S. 53–57, 57. ZZBW-A: Aktenbestand Haerten, I 1921–25: Durchschrift der Original-Denkschrift. Der Inhalt der Denkschrift wurde in einer Eingabe vom 7. August 1924 an das Preußische Ministerium für Bildung und Wissenschaft nochmals zusammengefaßt.

Gründung der Studienstiftung 39

durchgesetzt, zu dem u.a. Paeckelmanns ehemaliger Schüler Tillmanns,[101] ferner Schairer, Merkel, van Aubel und Duisberg gehörten. Wolfgang Paeckelmann war 1882 in Elberfeld geboren worden und hatte Mathematik, Physik und Biologie studiert. Im Jahr 1900 wurde er mit erst 18 Jahren der jüngste Oberlehrer in Preußen: ein Kuriosum, denn im Gegensatz zu seinen ältesten Schülern war Paeckelmann zu diesem Zeitpunkt selbst noch nicht wahlberechtigt. Als Direktor des Gymnasiums von Wuppertal-Barmen ging er 1922 mit seinen Abiturienten in den Ruhrbergbau, um ihnen durch diese Werkarbeit das Studium finanziell zu ermöglichen. Die Inflation vernichtete jedoch die Ersparnisse dieser Arbeit. Das war für Paeckelmann das Schlüsselerlebnis für die Beteiligung bei der Gründung der Studienstiftung des deutschen Volkes.[102] Dabei konnte er mit der Unterstützung führender Mitarbeiter der Selbsthilfebewegung in Deutschland rechnen: unter anderem von Fritz Beck, dem Direktor des Münchner Studentenhauses, Wilhelm Hoffmann,[103] Theologiestudent und Leiter der Tübinger Studentenhilfe, Johann Hermann Mitgau, dem Leiter des Vereins Studentenhilfe Heidelberg,[104] Hans Sikorski, dem Leiter des Vereins Studentenheim Marburg und späteren Schriftleiter der Zeitschrift ‚Studentenwerk', und Hanns Streit, dem Leiter des Studentenwerks Berlin.[105] Der in Fragen der Öffentlichkeitsarbeit rührige Paeckelmann[106] hatte aber auch angesehene ehemalige politische Amtsträger für sein Projekt gewinnen können, so den Reichswirtschaftsminister a.D. Dr. Johann Baptist Becker[107] und den ehemaligen Reichskanzler Georg Michaelis. Führend beteiligt war ferner der ‚Vater der Studen-

---

101 Ein weiterer Schüler aus Paeckelmanns Zeit am Gymnasium in Barmen war der evangelische Theologe Helmut Thielicke; vgl. Helmut Thielicke, Zu Gast auf einem schönen Stern. Erinnerungen. Hamburg 1984, S. 143. Helmut Thielicke (1908–1986), 1936 Univ.-Doz. Erlangen, 1936–1940 Vertretung einer Professur in Heidelberg, von den Nationalsozialisten abgesetzt, Pfarrer in Ravensburg und Tätigkeit für die Württembergische Landeskirche unter Bischof D. Theophil Wurm als Leiter des Theologischen Amtes, 1945 Prof. in Tübingen, 1954 in Hamburg.
102 Hier danke ich der freundlichen Auskunft von Prof. Dr. Jürgen Zimmer, FU Berlin.
103 1901–1986; 1931 Referendar an der Württembergischen Landesbibliothek Stuttgart und an der Preußischen Staatsbibliothek Berlin; seit 1933 Referent für Theologie, Philosophie, Pädagogik und Landesgeschichte in Stuttgart; seit 1942 Leiter des Hölderlin-Archivs; 1945 von Theodor Heuss zum Direktor der Landesbibliothek berufen (bis 1969), zusätzlich Leiter der Universitätsbibliothek Tübingen; 1954–1979 Präsident der Deutschen Schillergesellschaft; vgl. ders., Nach der Katastrophe. O.O. 1946; In libro humanitas. Festschrift für Wilhelm Hoffmann zum 60. Geburtstag am 21. April 1961. Stuttgart 1961.
104 Johann Hermann Mitgau (1895–1980); Promotion 1923, Leiter der Studentenhilfe an der Universität Heidelberg; akademischer Berufsberater Baden; 1930 Habilitation, ab 1932 Lehrtätigkeit an der Hochschule für Politik in Berlin, 1939–1941 Professor an Hochschulen für Lehrerbildung in Cottbus und Frankfurt/O., seit 1942 Forschungsbeauftragter des Bayerischen Statistischen Landesamtes in München; ab 1946 an der PH Göttingen.
105 Gisela Zimmer, geb. Paeckelmann, an Verf., Lindau/Bodensee, 2.7.1997.
106 ZZBW-A: Aktenbestand Haerten, I 1921–25: Wilhelm Paeckelmann, Die Studienstiftung des Deutschen Volkes. Referat, gehalten auf der amtlichen Direktoren-Versammlung der Rheinprovinz in Bonn a/Rh., 27. Oktober 1925: hier warb Paeckelmann bei seinen Kollegen um Vorschläge für die Studienstiftung.
107 1869–1951; 1916 Präsident des Ministeriums der Finanzen, 1920–1930 MdR (DVP); 1920–1923 Vorstand der Rheinischen Stahlwerke Duisburg; Reichswirtschaftsminister auf Anregung von Gustav Stresemann, der Beckers Fachkompetenz schätzte; vgl. Friedrich Knöpp, Johann Baptist Becker, in: NDB. Bd. 1. Hg. v. der Histor. Kommission der Bayer. Akademie d. Wiss. Berlin 1953, S. 716 f.

tenhilfe', Carl Duisberg, der wiederum Kontakte zur Industrie und zu Banken knüpfte, so zur Dresdner Bank und zur Deutschen Bank in Berlin. Diese aus den verschiedensten Bereichen kommenden Förderer, so Dr. Emil von Stauß, Direktor der Deutschen Bank,[108] erklärten sich auf Paeckelmanns Drängen auch bereit, dem ersten Zentralen Arbeitsausschuß der Studienstiftung anzugehören, welcher den Aufbau der Organisation bewerkstelligen sollte. Zahlreiche Mitgründer wie Carl Duisberg blieben der Studienstiftungsarbeit noch bis 1933 als Vorprüfer im Auswahlverfahren oder einflußreiche Multiplikatoren in diesem informellen Netzwerk aus Politik, Wirtschaft und Wissenschaft verbunden. Von ihrer Gründung an war die Studienstiftung eine moderne und integrierende Vermittlungsagentur für die Interessen des wissenschaftlichen Nachwuchses im Schnittfeld wirtschaftlicher und politischer Interessen mit ausgezeichneten Kontakten zu den politischen Entscheidungsträgern und Führungskräften in der Wirtschaft und Industrie, und das war hauptsächlich ein Verdienst Paeckelmanns, der es nie versäumte, seine Anliegen bei ihm wichtig erscheinenden Persönlichkeiten mit Verve vorzutragen. Heinz Haerten, der Paeckelmann nach 1945 kennenlernte, charakterisierte die prägende Figur der alten Studienstiftung als charismatischen Pädagogen und Menschenfischer:

> „Er war gütig, allerdings nicht gutmütig. (...) Arroganz und intellektuellem Geschwätz begegnete er mit Schärfe. (...) Paeckelmann, der Mathematik studiert hatte, war ein vielseitig interessierter Mann. Von einem Studienstiftler, der bei Heidegger hörte, ließ er sich die Kolleghefte schicken, um sich mit dieser neuen Philosophie vertraut zu machen. Er wollte wissen, was seine Studienstiftler bewegte. Bei der Auswahl der Stipendiaten hatte er Gespür – er tat sich auf seine Intuition etwas zugute – für wissenschaftliche Qualität, aber er trieb keinen Kult mit der Wissenschaft und wußte sehr wohl, welcher Platz ihr im Leben des einzelnen und der Gesellschaft zukommt. Davon hat die Studienstiftung profitiert, ja es hat ihr auch nicht geschadet, daß er das, was man Charakter nennt, höher schätzte als die Intelligenz." [109]

Die Organisation der ‚Abteilung Studienstiftung' der WiHi war ein Provisorium.[110] Vom 1. Februar 1925 bis zum 20. Juli 1926 wurde die Verwaltungsarbeit der Abteilung in Dresden kollegial von Wilhelm Hoffmann und dem Theologiestudenten G. Maldfeld geleitet, während Auswahl und Förderung durch den von der WiHi eingesetzten Zentralen Arbeitsausschuß aufgebaut und koordiniert werden sollten. Weder die Mitgliedschaft im Zentralen Arbeitsausschuß noch die Zuständigkeiten waren endgültig geklärt: in Zweifelsfällen richtete Wilhelm Hoffmann stets Anfragen an Paeckelmann, wie in Einzelfällen zu verfahren sei. Er war als eigentlicher Gründervater der heimliche Chef vor und nach seiner Amtszeit. Vom 20. Juli 1926 bis 30. September 1926 leitete Hoffmann die Abteilung kommissarisch allein, bevor am 1. Oktober 1926 Paeckelmann durch Beurlaubung von seiner Oberstudiendirektorstelle auch formal zum Leiter wurde. Als er zum 30. April 1928 in den Schuldienst an das Kasseler Wilhelmsgymnasium zurückging – gleichwohl immer noch aus der Ferne intensiv mit der Studienstiftung befaßt – folgte auf ihn vom 1. Oktober 1931 bis zum 30. Juni 1932 Reinhold Schairer, dann vom 1. Juli 1932 bis zum 30. September 1934 Hermann Brügelmann.

---

108 Vgl. Lothar Gall u.a., Die Deutsche Bank 1870–1995. München 1995, passim.
109 HH-A: H. Haerten, Studienstiftung, S. 75.
110 Vgl. H. Streit, Das Deutsche Studentenwerk, S. 106–124 (StSt), 109 ff. (Gründung, Aufbau); siehe auch Kap. I 4.

Gründung der Studienstiftung 41

Die Gründung der Studienstiftung stieß auf vielfältige Resonanz auf den unterschiedlichsten Ebenen. Es war offensichtlich, daß hier etwas entstand, dessen Notwendigkeit gleichsam unausgesprochen dem akademischen Deutschland längst bewußt gewesen war. Die Hannoverschen Hochschulblätter, das Nachrichtenblatt der Studentenschaft der modernen TH Hannover, berichtete in seiner Ausgabe vom WS 1925/26 über die neue Institution:

> „Die Studienstiftung wurde im Winter 1924/25 von der Wirtschaftshilfe der DSt unter Hinzuziehung hervorragender Männer und Vertreter der Reichs- und Staatsbehörden ins Leben gerufen, um jährlich ca. 200–300 Abiturienten das Studium zu ermöglichen. Die Wirtschaftshilfe der DSt glaubte erkannt zu haben, daß der deutschen Wissenschaft infolge der wirtschaftlichen Verhältnisse viel tüchtiges junges Blut verloren ginge. Da nun einerseits die vorhandenen Mittel selbstverständlich beschränkt waren und andererseits auf keinen Fall ein Stipendienunwesen heraufbeschworen werden durfte, wurde eine Organisation geschaffen, durch die eine richtige Auslese wirklich tüchtiger junger Leute gewährleistet wurde."[111]

Weiter hieß es in dem Artikel zum Auswahlverfahren, daß die Bewerbungen um ein Stipendium, die, worauf der Verfasser des Beitrags nicht eigens hinwies, jeder Interessierte selbst einreichen konnte, von dem Zentralen Arbeitsausschuß bearbeitet würden. Dieser setze sich aus „Vertreter(n) der Schule, der Hochschulen, der Studentenschaft und der Wirtschaftskörper"[112] zusammen. Das war ein Novum; denn das alte, weitgehend private Stipendienwesen der Vorkriegszeit hatte eine solche gezielte Zusammenarbeit bei der Auswahl nicht gekannt. Sein Charakter war eher mäzenatisch gewesen.[113] Die Gymnasien bitte man seitens der Studienstiftung um eine Beurteilung der Bewerber, „da es klar ist, daß zuerst die Lehrer der Gesuchssteller über deren Begabung und Persönlichkeit ein deutliches Bild abgeben können."[114]

Die Auswahl in der Studienstiftung solle nach den Kriterien Bedürftigkeit und Leistung erfolgen, die man in der subsidiären studentischen Fürsorgearbeit in der Wirtschaftshilfe entwickelt habe: „Auch die Studienstiftung will ihren Mitgliedern nur die fehlenden Mittel geben; sie restlos zu unterhalten, ist ihr kaum möglich und auch nicht in ihrem Sinne. Der leitende Gedanke ist auch hier: Bedürftigen und wissenschaftlich sehr Befähigten zu helfen, aber nur dann, wenn diese versprechen, nicht nur reine Wissenschaftler, sondern auch tüchtige Menschen und wirkliche Akademiker zu werden."[115] Zusammenfassungen wie diese erschienen zahlreich in der wissenschaftlichen und studentischen Presse um die Jahreswende 1925/26. In der Regel wurde in diesen sachlich ausgerichteten Beiträgen potentiellen Bewerbern zunächst das Wesentliche vermittelt. Noch hatte die Studienstiftung kein Programm. Gerade diesen Akzent setzte Wolfgang

---

111 Hannoversche Hochschulblätter/Nachrichtenblatt der Studentenschaft der TH Hannover, Nr. 4, 2. Jg., WS 1925/26.
112 Ebd.
113 UAT 128/1–128/158: diese Bestände des Universitätsarchivs Tübingen enthalten ausschließlich private Tübinger Stiftungen; zu Tübingen siehe z. B. auch Jürgen Schneider, Die Studienstiftung des Biberacher Bürgermeisters Gottschalk Klock an der Universität Tübingen 1594–1962. Tübingen 1973 (zugl. Diss. phil. Tübingen); vgl. für einen allgemeinen Überblick Konrad H. Jarausch, Universität und Hochschule, in: Handbuch der deutschen Bildungsgeschichte. Bd. IV: Von der Reichsgründung bis zum Ende des Ersten Weltkriegs. Hg. v. Christa Berg. München 1991, S. 313–345.
114 Nachrichtenblatt TH Hannover.
115 Ebd.

Paeckelmann in seiner Beschreibung der Studienstiftung, einer Ausarbeitung für Informationsvorträge in den Gymnasien:

> „Ein kleiner, aber mit Liebe aufgebauter (...) Teil dieser großen Wirtschaftshilfe ist die Studienstiftung des deutschen Volkes, die im Jahre 1925 aus dem Gedanken heraus gegründet wurde, daß man Wege suchen wollte, auf denen man solchen jungen Deutschen das Studium ermöglichen könne, deren Studium unbedingt im Interesse des Volksganzen liegt, die aber selbst die Mittel dazu nicht haben. Der Weg über die Werkarbeit (...) war nach der Stabilisierung der Mark und bei der schweren wirtschaftlichen Krisis nicht mehr möglich. Ein junger Mann mit zähestem Willen und eiserner Gesundheit kann zwar heute noch, wenn er nach Amerika geht,[116] in etwa zwei Jahren die nötigen Studiengelder ersparen. (...). Werkarbeit oder Verdienst durch Privatstunden während der ersten Semester ist nicht verwehrt, später aber ist es erwünscht, daß sich der junge Mann restlos seinem Studium widmet."[117]

Den besten Einblick in die leitenden Gedanken der Entscheidungsträger in der Dresdener WiHi, die bereits mehrere Jahre Erfahrung in der wirtschafts- und sozialstudentischen Fürsorge gesammelt und damit einen Überblick über die soziale Lage der deutschen Studentenschaft sieben Jahre nach Kriegsende hatten, vermittelt eine dort erstellte Sammlung von Kurzlebensläufen der Bewerber des ersten Jahrganges 1925.

Die hier zusammengestellten Angaben über das Elternhaus, den Bildungsgang und die Berufsvorstellungen zeigten die sozialen Verwerfungen, die Krieg und Inflation im Mittelstand bewirkt hatten; und sie zeigten, daß es den überwiegend aus dem unteren Mittelstand kommenden, einzelnen Schulabsolventen oder Studenten im Grundstudium trotz sehr guter Leistungen, sei es in Form eines hervorragenden Abiturs oder durch weit überdurchschnittliche Ergebnisse in den ersten Semestern des Studiums, Mitte der 1920er Jahre häufig schwer wurde, ein Studium an einer deutschen Universität aufzunehmen und abzuschließen, um einen Beruf zu ergreifen, für den ein wissenschaftliches Studium die Voraussetzung darstellte.

Mit Sparsamkeit allein konnten gerade diese Studenten nicht mehr ausgleichen, daß während der Inflationszeit der Monatswechsel bei der Hälfte aller Studenten unter dem Existenzminimum lag. Die Folgen von kriegsbedingter Wirtschaftskrise und strukturbedingter Vermassungskrise an den Hochschulen verstärkten sich wechselseitig; denn es waren gerade die Öffnung der Universitäten und die Veränderung der schichtspezifischen Rekrutierungsmuster für Akademiker in der Weimarer Zeit *zugunsten* des neuen Mittelstands – die mittleren Beamten und Angestellten stell-

---

116 StA WÜ RSF I 60 192/1: Arbeitsbericht der Wirtschaftshilfe der Deutschen Studentenschaft über das Geschäftsjahr 1925/26, S. 7 f.: Amerika-Werkstudentendienst. Paeckelmann bezieht sich wahrscheinlich auf diesen Dienst der DSt: „Im Laufe des Frühjahrs 1926 ist als neues Arbeitsgebiet der Wirtschaftshilfe der DSt der Amerika-Werkstudenten-Dienst entstanden. Seine Tätigkeit beruht auf den Erfahrungen, die die Wirtschaftshilfe während der Inflationszeit durch Studierende der Technischen Hochschulen sammeln konnte, die damals als Werkstudenten nach Amerika gegangen waren. Aus führenden Kreisen der Industrie und der technischen Wissenschaft wurde der Wirtschaftshilfe der dringende Wunsch nahe gelegt, ihre Dienste weiterhin dafür zur Verfügung zu stellen, daß jungen Ingenieuren, die ihr Hochschulexamen abgeschlossen haben, die Möglichkeit gegeben würde, sich durch praktische Arbeit in hoch entwickelten Betrieben Nord-Amerikas einen genauen Einblick in die technischen, organisatorischen und menschlichen Verhältnisse in der amerikanischen Wirtschaft zu verschaffen (...)."
117 StSt-A Bonn: W. Paeckelmann, Die Studienstiftung, Blatt 2.

Gründung der Studienstiftung 43

ten mit bis zu 46,8% die mit Abstand größte Studierendengruppe[118] –, welche den sozialen Druck auf studierende Kinder aus dem Mittelstand enorm, ja unerträglich erhöhten. Konrad H. Jarausch spricht von einem Drittel der Studentenschaft, für das die Verelendung chronisch wurde.[119]

Das hatte weitreichende Folgen. Karl W. Deutsch, Benedict Anderson und Ernest Gellner gehen in ihrem Verständnis vom *nation building* davon aus, daß die zentrale und konstitutive Funktion des modernen Typs des Nationalstaats die Einforderung und Organisation von allgemeiner Bildung als elementarer Grundlage sozialer Kommunikation ist.[120] Vor allem Deutsch und Gellner argumentieren, daß der Nationalstaat als integrativer *Bildungsstaat* die Rahmenbedingungen für die soziale und damit berufliche Mobilität des einzelnen durch die Vermittlung kultureller und dabei vor allem hochsprachlicher Fähigkeiten im Kommunikationsraum des Nationalstaats schaffe.

Schließlich bringen die höchstrangigen Vermittlungsagenturen nationaler Kultur, die Universitäten, die sich nicht nach dem Geburts-, sondern dem modernen Leistungsprinzip rekrutierende nationale Elite hervor. Und ebendieser integrativen Funktion entsprach der deutsche National- als Bildungsstaat nach 1918 nur noch bedingt. Sicherlich hatte sich auch in der wilhelminischen Gesellschaft vor 1914 das vorhandene Begabungspotential im Mittelstand nicht optimal entfalten können, erst recht nicht im unteren Mittelstand und schon gar nicht in der Arbeiterschaft. Es hatte strukturelle, für eine Klassengesellschaft charakteristische soziale Schranken für die höhere Bildung gegeben.[121] Doch ließ sich diese Situation nicht mit der Nachkriegszeit vergleichen.

Die Öffnung der Universitäten für mittlere Beamten- und Angestelltenkinder, in engen Grenzen auch für Arbeiterkinder und zunehmend auch für Frauen,[122] hatte mit der Akademikerfrage, der akademischen Arbeitslosigkeit als Folge des massiven Zustroms zu den Universitäten gerade aus diesen sozialen Schichten, eine völlig neue soziale Problemdimension erzeugt, wie eine Schrift von Reinhold Schairer aus dem Jahr 1932 ausführte.[123]

---

118   K.H. Jarausch, Deutsche Studenten 1800–1970, S. 135.
119   Ebd., S. 142.
120   Diese Perspektive vor allem bei Karl W. Deutsch, Nationalism and Social Communication. An Inquiry into the Foundations of Nationality. Cambridge/MA ²1966 u.ö.; mit dem Akzent des *nation building* Benedict Anderson, Die Erfindung der Nation. Zur Karriere eines folgenreichen Konzepts. Frankfurt am Main 1988 (zuerst London ³1986); zu Kommunikation und Eliteintegration siehe Martina Sauer, Kai-Uwe Schnapp, Eliteintegration durch Kommunikation? Eine Analyse der Kontaktmuster der Positionseliten, in: W. Bürklin, Eliten in Deutschland, S. 239–283.
121   Vgl. Th. Nipperdey, Deutsche Geschichte 1866–1918. Bürgerwelt und starker Staat, S. 470 ff.; siehe auch Franz Schnabel, Deutsche Geschichte im neunzehnten Jahrhundert. Bd. 3: Erfahrungswissenschaften und Technik. München 1987 (zuerst Freiburg i.Br. 1934), S. 133 ff.
122   Anna Schönborn, Zur wirtschaftlichen Lage der deutschen Studentinnen. Nach einer statistischen Erhebung für das WS 1927/28, in: Studentenwerk 3 (1929), S. 77–83; ein alltagsgeschichtlicher Überblick zum Frauenstudium bei Hanna Vollmer-Heitmann, Wir sind von Kopf bis Fuß auf Liebe eingestellt. Die zwanziger Jahre. Hamburg 1993, S. 172–203; als Fallstudie für München siehe Stieftöchter der Alma Mater? 90 Jahre Frauenstudium in Bayern - am Beispiel der Universität München. Katalog zur Ausstellung. Hg. v. Hadumod Bußmann. München 1993.
123   Reinhold Schairer, Die akademische Berufsnot. Jena 1932; Ludwig Nießen, Vom Sinn der akademischen Berufsberatung, in: Studentenwerk 3 (1929), S. 20-26.

Der deutsche Nationalstaat als Arbeitsmarkt für Akademiker funktionierte nach 1918 in einem entscheidenden, weil für die zukünftige wirtschaftliche und soziale Entwicklung zentralen Bereich, dem tertiären Bildungssektor, nicht mehr: er schloß, obwohl Bildungsstaat, nicht nur begabte junge Deutsche aus sozialen Gründen häufig von Studium und Beruf aus, sondern entwickelte, obwohl Sozialstaat, auf der anderen Seite auch keine effektiven Strategien, Studentenzahlen und Arbeitsmarkt in ein sozialpolitisch vertretbares Verhältnis zu bringen.[124]

Besonders Kinder aus dem aufstiegsorientierten neuen Mittelstand,[125] aber auch aus bildungs- und besitzbürgerlichen Verhältnissen konnten nun häufig nicht mehr nach dem höheren Schulabschluß einen Universitätsbesuch finanzieren; und wenn doch, war der Universitätsabschluß für die berufliche Zukunft von zweifelhaftem Wert.

Das war nicht nur ein sozialpolitisches Problem, das mit den deutlich gestiegenen Studentenzahlen an den Universitäten: bis 1921 (ohne Technische Hochschulen) 87.312 gegenüber 60.235 1914; 1925/26: 58.724; 1931: 103.912, zu tun hatte,[126] sondern war zugleich eine Frage der Glaubwürdigkeit des Staates, der, zwischen Hyperinflation und Weltwirtschaftskrise, diese bildungspolitische Entwicklung und ihre sozialen Folgen zu verwalten hatte. Denn die Akzeptanz

---

124 Ein aufschlußreiches Beispiel bietet der Darmstädter Geologe Dr. phil. habil. Hans Jüngst (1901-1944), der sich im Jahr 1929 an der TH Darmstadt im Fach Geologie habilitierte. Der Nachlaß, der unter anderem die privaten Briefwechsel der Familie enthält, spiegelt das Auf und Ab der Berufungshoffnungen zwischen Weltwirtschaftskrise, Brüningschen Notverordnungen und Hitlers Machtergreifung. Nachlaß Hans Jüngst (Dr. Ilse Rabien, Hochheim am Main): Aimée Jüngst, geb. Cauer, an Magdalene Cauer, Darmstadt, 23.12.1930: „Bei dem größeren Schub, der jetzt für die Besetzung mehrerer Ordinariate stattfindet und in den nächsten Jahren weitergeht, wird Hans mit diskutiert. Man spricht auf jeden Fall günstig über ihn. Ob wir auf einer Liste stehen, wissen wir nicht, möglich ist es immerhin, daß wir in ein Extraordinariat hineinschlüpfen. So sehr viele Leute kommen nicht in Frage. Wesentlich ist uns, daß Hans bei dieser Angelegenheit mit genannt wird, die Folgen sind natürlich Luftschlösser." H.J. an Katharina Ribbeck, Darmstadt, 27.9.1931: „Bald ist ein noch in seiner Stellung Befindlicher wie ich eine ganz seltene Ausnahme. Und schließlich ist auch mein Gehalt, ich bin jetzt einer der bestbezahlten Assistenten an der Hochschule, so sehr ist alles gekürzt, immer noch, trotz vorgestriger erneuter Kürzung, einigermaßen auszuhalten. Wie traurig diese Dinge sind, sah ich jetzt bei der Deutschen Geologischen Gesellschaft. Fast ein Dutzend junger Leute waren da, die alle keine Aussicht auf Anstellung haben, teilweise bei sehr guten Zeugnissen. (...)." H. J. an Wilhelm Cauer, Darmstadt, 4.4.1931: „Die vorläufige Regelung meiner Gehaltsfragen ist ja wirklich eine Erlösung aus großen Sorgen gewesen. Die politischen Zustände bei uns werden von Tag zu Tag doller, der Gummiknüppel radiert eifrig die letzte Liebe zur derzeitigen Republik weg. (...)."
125 Vgl. zeitgenössisch dazu Emil van den Boom, Sozialdemokratie und Berufsstände: Lohnarbeiter, Neuer Mittelstand, Beamte, Landwirte, Alter Mittelstand, Geistesarbeiter. Mönchen-Gladbach 1921.
126 Zahlen nach K.H. Jarausch, Deutsche Studenten 1800–1970, S. 129 f.; Jarausch nennt als einen strukturellen Grund für das Ansteigen der Studentenzahlen den erweiterten Hochschulzugang durch moderne Oberschulen.

Gründung der Studienstiftung 45

des Nationalstaats als Bildungsstaat[127] in der Mitte der Gesellschaft und bei den sich von hier rekrutierenden Aufstiegseliten beruhte neben der historisch gewachsenen, aber im jungen deutschen Nationalstaat keineswegs selbstverständlichen Legitimität des nationalen Kulturerwerbs und der Persönlichkeitsbildung als Selbstzweck auf der informellen sozialen Übereinkunft, daß, erstens, der individuelle Erwerb standardisierter hochkultureller Fertigkeiten zur Teilhabe an der nationalen Kommunikationsgemeinschaft qualifiziere und, zweitens, die außerordentliche Leistung im wissenschaftlichen Erwerb, Erhalt und Ausbau des nationalen Kulturguts zu Führungspositionen in der nationalen Elite berechtige. Die Dysfunktionalität des Bildungsstaates, meßbar an der bedrohlich wachsenden ‚akademischen Berufsnot',[128] stellte einen grundlegenden Modernisierungsprozeß[129] in Frage: den bildungsvermittelten, nationsbildenden Zusammenhang von Gesellschaft und Kultur und den wissenschaftszentrierten Mechanismus der Elitenrekrutierung. Die Studienstiftung des deutschen Volkes muß daher wohl auch verstanden werden als eine Selbsthilfeeinrichtung des neuen Mittelstandes, als eine leistungsorientierte und solidarische, nationale und soziale Antwort der dynamischen Teile des deutschen Mittelstands auf eine doppelte Herausforderung: die Krise des traditionellen Bildungsstaates und die grundsätzliche Modernisierungskrise der Zwischenkriegszeit.

Die Bewerbungen um ein Stipendium der Studienstiftung des Gründungsjahres 1925 spiegelten diese gesellschaftlichen Krisen deutlich; einige ausgewählte Beispiele:

„Nr. 1. Frankfurt/O., Gymnasium. Vater Oberlehrer (verstorben), Mutter bezieht Witwengeld. Ein Bruder Referendar ohne Einkünfte, sowie eine unversorgte Schwester. Abitur 1925. Freistelle und Privatstunden. Ostern 1923 bis jetzt vom Verdienst Klavierausbildung bestritten. Höchster zu erwartender Zuschuß der Mutter M 30,-. Besondere Neigungen für: Klassische Philologie, hauptsächlich Plato und die griechische Tragödie, daneben Tacitus und römische Rechtsaltertümer. Berufsziel: Altphilologe. Will als Student auch Nachhilfestunden erteilen. (...).

Nr. 2. Würzburg, Oberrealschule. Vater Bankoberbuchhalter (verstorben), Mutter erhält monatl. Sustentation von M 73,65. Keine Geschwister. Schulgeldbefreiung, Lehrbücher aus Anstaltsbibliothek. Einige Privatstunden. Mütterlicher Zuschuß kaum möglich. Abitur 1925. Heimlicher Wunsch, Ingenieur zu werden. Praktikant bei einer Schnellpressenfabrik (...). Auf Grund Schulzeugnissen ist das Lehrgeld bereits erlassen. Absicht, in den Ferien stets in dieser Fabrik einen Teil der Studienmittel zu verdienen. (...).

---

127 Vgl. z.B. Ernst Krieck, Bildungssysteme der Kulturvölker. Leipzig o.J. (1927): „Organisator des Schulwesens und Begründer der Bildungsverfassung in den neueren Jahrhunderten ist der Staat. Er hat dabei zusammengewirkt mit den politischen Gemeinden, mit Kirchen und Körperschaften und selbst mit privaten Unternehmungen. Die Schulhoheit lag indessen überall bei ihm und folgte schon aus seinem Anspruch der Souveränität. Auch wo er die Schulen nicht unmittelbar in seinen Verwaltungsbereich einbezog, hat er ihnen durch Gesetz und Verordnung die Bahn gewiesen (...). Die allgemeine Entwicklungstendenz ging auf zunehmende positive Teilnahme des Staates am Schulwesen, also in der Richtung auf Verstaatlichung. (...) Die Aufgabe der Bildungspflege ist dem Staat von vielen Seiten her zugewachsen, sie folgt aus dem Prinzip der Wohlfahrtspflege, aus dem Prinzip der Souveränität, aus der Kirchenhoheit, aus der Verbindung des Staates mit dem Bildungssystem von der Zeit der Aufklärung an, wodurch der Bürgerstaat einen eigenen, von der Kirche unabhängigen geistigen Gehalt und ein Mittel der Staatsbürgerbildung erhält." Ebd., S. 372 f.
128 IfH-A WÜ: Wohin? Ein Ratgeber zur Berufswahl der Abiturienten. Hg. v. der Wirtschaftshilfe der DSt, o.O. (Dresden) 1929 (Studentenwerksschriften, Heft 2).
129 Vgl. Hagen Schulze, Staat und Nation in der europäischen Geschichte. München 1994, S. 161–172.

Nr. 3. Templin, Gymnasium. Vater Oberschullehrer, hat noch eine unversorgte Schwester. Alumnat bei ermäßigten Pensionssätzen, im letzten Jahr Stifts-Freistelle. Abitur 1925. Gab in der letzten Zeit Privatunterricht. (...) Will Medizin studieren, um als praktischer Arzt durch sein Wirken Gelegenheit zu geben, sozialen Mißständen im Volksleben zu steuern. (...) Vor Ablegung des Physicums Absicht, das Turn- und Sportlehrerexamen zu machen. (...).

Nr. 4. Braunschweig, Realgymnasium. Vater Oberlandjäger, noch zwei unversorgte Brüder. Schulgelderlaß infolge guter Führung und Leistung. Abitur 1925. Vom Vater zu erwartender Zuschuß M 40,-. (...) Möchte neuere Sprachen studieren, um Philologe zu werden (...). Will durch irgendwelche Nebenverdienste unter allen Umständen auch im Fall keiner Unterstützung sein Studium durchsetzen. Einer der befähigtsten und eifrigsten Schüler (...).
(...)
Nr. 34. Bunzlau, Gymnasium. Vater Schulrat (verstorben), Mutter hat noch drei unversorgte Kinder. Höchster Zuschuß monatl. M 20–30,-. Bewerber erteilte Privatunterricht und leistete Werkarbeit während der Studienzeit. (...) Früher in der Inflationszeit ein Jahr lang ein Stipendium. Vom 1. Mai 1920 bis 11. März 1921 in Notariatsbüro/Registratur tätig. Studium von (19)20–23, zuerst Werkstudent, dann Hauslehrertätigkeit. 1922 Schwerstarbeit während der Ferien in einer Gruschwitzer Fabrik, daneben noch Privatstunden. Wegen englischen Sprachstudiums Auslandsaufenthalt. Ab SS 1923 Studium in Hamburg. Dortselbst zunächst Fabrikarbeit. Fuhr Juli 1923 nach Amerika. Hat dort sein Bakalaureats-Examen abgelegt und verdient teils in praktischer Arbeit seinen Unterhalt. Möchte aber auf die Dauer in amerikanischer Umgebung nicht leben, sondern seine Kraft dem Wiederaufbau des deutschen Vaterlandes, besonders der deutschen Jugend, widmen. Hat stets mit seinem verdienten Geld seine verwitwete Mutter unterstützt. (...) Hat als Student wie keiner alle Schwierigkeiten und Nöte der Zeit, so sehr er unter ihnen litt, überwunden, ohne bitter zu werden (...).
(...)
Nr. 189. Zwickau, Realgymnasium. Vater Lokomotivführer, zwei Geschwister, halbe Freistelle. Privatunterricht, Werkarbeit. Vermögen verloren. Abitur 1925. Will neuere Sprachen studieren. Durch die wirtschaftlichen Verhältnisse mit Obersekundareife 1920 in die kaufmännische Lehre. Nach zweijähriger Lehrzeit Oberprimanerreife 1924, 11.3.1925 Reifezeugnis. Durch die Studienstiftung Studienabsichten wieder aktuell geworden. (...)."[130]

In keinem der 250 dokumentierten Fälle war ein geregeltes Studium ohne wirtschaftliche Schwierigkeiten zu erwarten, in vielen Fällen war jede finanzielle Unterstützung durch die Eltern ausgeschlossen. Auffällig in den Beurteilungen der Akten ist die Betonung des nahezu unbegrenzten Idealismus der Bewerber, der auf Volk und Nation bezogen ist: „Er gehört unbedingt zu den grundtüchtigen Menschen, die zur Mitarbeit am nationalen Aufbau befähigt sind."[131] Oft wurde der Wunsch beschrieben, ein Repräsentant deutscher Kultur und Wissenschaft zu werden: „Hat den festen Willen, seine Lebensaufgabe darin zu suchen, auf seinem Posten an dem Wiederaufbau des Vaterlandes mitzuarbeiten. Außerdem schwebt ihm der Gedanke vor, wenigstens einige Jahre ins Ausland (Orient) zu gehen, um dort als Pionier deutscher Kultur und Technik zu wirken."[132] Inwieweit es sich bei diesen Einschätzungen durch die Schulen um erfolgsorientierte Versuche der argumentativen Annäherung an die angenommenen Absichten des Stipendiengebers handelte, der das „deutsche Volk" – damals übrigens noch mit Großschreibung! - im Namen führte, kann nur vermutet werden. In manchen Schulbeurteilungen des ersten Jahrgangs

---

130 StA WÜ RSF I 60 p 459: StSt 1925 1–250.
131 Ebd.
132 Ebd.

wurde sogar der zu erwartende Wert des Bewerbers für die ‚Volksgemeinschaft' höher angesetzt als die Prognose über die intellektuelle Kompetenz: „Wissenschaftlich und menschlich sehr wertvoll. Man kann für die Zukunft viel von ihm erwarten. Wird ein Gelehrter kaum werden, wohl aber ein wertvoller Berufsmensch und ein tüchtiges Mitglied der Volksgemeinschaft."[133]

Die Abgrenzung vom Materialismus in der Arbeitswelt konnte sogar selbst zur Studienmotivation werden: „Ostern 1922 mit Primarreife wurde er zunächst Banklehrling. Aus Widerwillen gegen zum Teil gewissenlose, zum Teil aber materielle Lebensanschauungen der dort tätigen Menschen Rückkehr zur höheren Schule und Ablegung der Reifeprüfung. (...)."[134]

Die Studienstiftung traf also bei den Bewerbern, abgesehen von dem Bemühen der Schulgutachten um nationale *politcal correctness*, auf einen hochgespannten, bisweilen kämpferischen Idealismus, der ihrem Selbstverständnis durchaus entgegenzukommen schien. Diese Zeitgemäßheit war wesentlich für ihren Erfolg.

b) Die Institutionen der Studienstiftung

Wie definierte sich dieses Selbstverständnis und wie definierte die Studienstiftung ihre Aufgaben? Formal betrachtet, war die Studienstiftung der letzte Baustein der sozialstudentischen Dienste und Einrichtungen, die seit 1918/1919 entstanden waren. Robert Ulich[135] und Erich Wohlfahrt ordneten sie als eine der vier Fürsorgeeinrichtungen in ein Organisationsschema der Wirtschaftshilfe ein:

„I.   Studentische ‚Ämter'
     a) Auskunfterteilung und Berufsberatung,
     b) Wohnungsvermittlung,
     c) Erwerbsbeschaffung.
II. Studentische ‚Betriebe'
     a) Speisungen,
     b) Werkstätten und Verkaufsstellen für Studenten
     c) Werkstudentenbetriebe.
III. Studentenhäuser.
IV. Begabtenfürsorge (Studienstiftung des Deutschen Volkes).
V. Kandidatenfürsorge.
VI. Krankenfürsorge.
VII. Allgemeine Fürsorge für den einzelnen Studenten."[136]

Das erklärt auch, warum Ulich und Wohlfahrt von der Studienstiftung zwar als einer „charitative(n) Einrichtung" sprachen und gleichwohl betonten, daß es „jedoch falsch (sei), ihren Charakter damit als definiert anzusehen."[137] Da das entscheidende Aufnahmekriterium in der Studienstif-

---

133 Ebd.
134 Ebd., Nr. 16.
135 1890–1977; Philosoph und Erziehungswissenschaftler; 1921–1933 Referent im Sächsischen Volksbildungsministerium, ab 1928 Honorarprofessor an der TH Dresden; nach Emigration in die USA 1937 bis 1960 Professor an der Harvard University.
136 StSt-A Bonn: R. Ulich, E. Wohlfahrt, Zur Bildungssoziologie des akademischen Nachwuchses, S. 24.
137 Ebd.

tung die zu erwartende herausragende wissenschaftliche Leistung der Bewerber sei, stehe nicht die Wohltätigkeit, sondern die Auswahl im Vordergrund: „Da außerdem der Geist der Studienstiftung und der Studienstiftler zu ihrer Stiftung und untereinander nicht auf ein passives Hinnehmen von Geldmitteln, sondern auf ein Gefühl aktiver Mitarbeit in einer großen Gemeinschaft und der Verpflichtung, sich dieser Gemeinschaft wert zu erweisen, abzielt, so tritt auch hier vielmehr ein menschlich erzieherischer Charakter (...) hervor."[138] Die Auswahl erwies sich von Anfang an als das Hauptproblem der Arbeit. Denn über den Erfolg oder Mißerfolg der Auswahlarbeit wurde die Effizienz der Stipendienvergabe und damit der zielgenauen Mittelverwendung sichtbar. Hier bedurfte es erst einer ganzen Reihe von Erfahrungen, bis das Auswahlverfahren einen gewissen Standard an Rationalisierung erreichte, der eine hohe Wahrscheinlichkeit der Prognosen garantierte; denn um langfristige Prognosen über den zukünftigen Studienerfolg gerade aus der Schule kommender Bewerber unterschiedlichster Herkunft und von unterschiedlichster Begabungsstruktur ging es. Die Geschichte der Studienstiftung ist somit auch eine Geschichte der Professionalisierung des Auswahlverfahrens, der Bemühung um das Verständnis – nicht die normative Definition – von Begabung und ‚Hochbegabten', des Umgangs mit dem gesellschaftlichen und politischen Problem, Begabtenauswahl zu betreiben und vor der Gesellschaft zu rechtfertigen. Eindringlich bat schon Wolfgang Paeckelmann 1925, „daß jeder, der eine Bewerbung einreicht, sich klar ist darüber, ob es sich wirklich um einen ganz außergewöhnlichen Fall handelt. Nur solche kommen in Betracht und auch unter diesen muß leider noch viel ausgeschieden werden. Leicht ist diese Tätigkeit für die Prüfenden nicht."[139]

Rechtfertigung dieser schwierigen Aufgabe vor der Öffentlichkeit hieß zunächst Offenlegung der Prinzipien und der Organisation. Die ‚Wirtschaftsnummer' des Nachrichtenblatts der Deutschen Studentenschaft vom 1. Dezember 1925 faßte die organisatorische Entwicklung des Gründungsjahres der Studienstiftung unter den Punkten ‚Allgemeines', ‚Gesichtspunkte der Auswahl', ‚Zentraler Arbeitsausschuß', ‚Verbindung mit den Mitgliedern der Studienstiftung', ‚Vertrauensdozent', ‚Endgültige Aufnahme', ‚Festsetzung der Unterstützungen', ‚Mensa', ‚Wohnung' und ‚Honorarerlaß' zusammen:

> „Die Studienstiftung des Deutschen Volkes bei der Wirtschaftshilfe der Deutschen Studentenschaft ist zu Anfang des Jahres 1925 gegründet worden. Es sollen jährlich etwa 100 bis 120 sorgfältig ausgewählte Abiturienten, die das Studium erstmalig beginnen und denen die Mittel hierfür fehlen, Studienunterstützungen erhalten. Durch die von der Studienstiftung geleisteten Unterstützungen wird für den in die Studienstiftung aufgenommenen Studierenden keinerlei Verpflichtung zu finanzieller Gegenleistung begründet, jedoch hofft die Studienstiftung bestimmt erwarten zu dürfen, daß die von ihr Unterstützten sich innerlich verpflichtet fühlen, in späteren Jahren, wenn sie im Berufsleben stehen, nach Maßgabe ihrer Kräfte zur Aufbringung der für die Studienstiftung notwendigen Mittel beitragen werden."[140]

Einen ganz ähnlichen Akzent setzte die allgemeine Zielbestimmung in den ‚Geschäftsberichten der Wirtschaftshilfe der Deutschen Studentenschaft e.V. über das Geschäftsjahr 1925/26': „Aufgabe der ‚Studienstiftung des Deutschen Volkes' (...) ist es, ganz ausnahmsweise wissenschaftlich befähigten, menschlich wertvollen und tüchtigen Abiturienten beiderlei Geschlechts, denen

---

138 Ebd.
139 StSt-A Bonn: W. Paeckelmann, Die Studienstiftung, Blatt 3.
140 Nachrichtenblatt der Deutschen Studentenschaft, 7. Jahr 1925/26, 1. Dezember 1925, Folge 5, Wirtschaftsnummer, S. 67 f., 67.

Gründung der Studienstiftung 49

die Mittel zur alleinigen Durchführung eines Studiums fehlen, unter strengster Ausschaltung aller politischen, konfessionellen und weltanschaulichen Gesichtspunkte das Hochschulstudium wirtschaftlich sicherzustellen."[141] Die tragende Idee, die hier auf unterschiedliche Weise zum Ausdruck gebracht wurde, war in sozialer Hinsicht sensationell progressiv, ja revolutionär: Die Studienstiftung des deutschen Volkes trat an als erste deutsche Förderungsreinrichtung von ‚Hochbegabten' mit einer klaren Sozialbindung. Sie setzte sich damit die Erschließung von Begabungsreserven in den sozialen Schichten zum Ziel, die bislang nur ausnahmsweise Zugang zur Hochschule gefunden hatten. Sie war eine dezidierte Erstakademikerförderung.[142]

Das stellte, wie gesagt, hohe Anforderungen an die Auswahl der Stipendiaten. Das Auswahlverfahren wurde, mangels Erfahrung, zunächst sehr allgemein und formelhaft so umschrieben, daß wissenschaftliche und menschliche Eignung unter Ausschaltung politischer und konfessioneller Gesichtspunkte entscheidend sei:

> „Für die Wertung der Bewerber sind in erster Linie nicht einzelne Leistungen, sondern die Gesamtpersönlichkeit maßgebend. Es sollen Menschen unterstützt werden, deren Hochschulstudium auf Grund dieser Voraussetzungen für die Volksgesamtheit wertvoll erscheint. Allein maßgebend für die Aufnahme ist die Tatsache ausnahmsweiser wissenschaftlicher Begabung und Tüchtigkeit, menschlicher Bewährung, sowie charakterlicher Eignung bei entsprechender wirtschaftlicher Bedürftigkeit. Bei der Beurteilung sollen nicht so sehr die rein intellektuellen Schulleistungen bzw. die durch das Reifezeugnis erfaßten Kenntnisse maßgebend sein, als vielmehr die bisherige Entwicklung und Bewährung des Bewerbers in wissenschaftlicher und geistiger Hinsicht. Außerdem soll Wert gelegt werden auf Interessen und Leistungen außerhalb des Rahmens der üblichen Schulanforderungen."[143]

Die Verbindung dieser beiden Anforderungsbereiche: des unstrittigen, formalisiert quantifizierbaren wissenschaftlichen und des höchst umstrittenen charakterlichen, nicht quantifizierbaren, sollte sich, trotz aller damit verbundenen Probleme der Einschätzung der Gesamtpersönlichkeit als Minimalkonsens im Auswahlverfahren der Studienstiftung durchsetzen und erhalten.[144] Von Anfang an stand in der Programmatik der Studienstiftung fest, daß es bei ihrer Unterstützung von überdurchschnittlich Begabten nicht um die bedingungslose Förderung fachlicher Brillanz ohne

---

141 Die Wirtschaftshilfe der Deutschen Studentenschaft 1925/26. Leipzig 1926: Geschäftsberichte der WiHi der DSt e.V. und der DaKa der DSt e.V., (...), erstattet von der Geschäftsführung Dr. R. Schairer, Hauptgeschäftsführer, Dr. R. Tillmanns, H. Merkel, G. Maldfeld, Dr. G. Smolka, W. Peters), S. 29.

142 Mit weitreichenden Konsequenzen für die historische Interpretation von akademischer Sozialisation und akdademischem Habitus Pierre Bourdieu, Die feinen Unterschiede. Kritik der gesellschaftlichen Urteilskraft. Frankfurt am Main 1982; ders., Homo academicus. Frankfurt am Main 1988.

143 Nachrichtenblatt der DSt 7 (1925/26): Beschlußprotokoll der Sitzung des Zentralen Arbeitsausschusses der ‚Studienstiftung des Deutschen Volkes' – München, 9.–10. Oktober 1925, S. 77–83, 78.

144 In zeitgemäßer Diktion heißt es heute: „Die Studienstiftung fördert Studierende an Universitäten, wissenschaftlichen und technischen Hochschulen, Kunst- und Musikhochschulen sowie an Fachhochschulen, die nach Können, Initiative und Verantwortungsbewußtsein weit über dem Durchschnitt ihrer Altersgruppe stehen. (...) Sie sucht dazu Studierende, die durch ihre bisherigen Leistungen in selbst gewählten Arbeits- und Interessensbereichen bewiesen haben, daß ihre fachliche Kompetenz weit über der Gleichaltriger steht, daß sie mit persönlichem Einsatz etwas aus ihrem Können gemacht haben und daß sie dies mit wacher Verantwortung für Wissenschaft und Beruf, für den Mitmenschen, für die Allgemeinheit und für sich selbst tun." Die Studienstiftung des deutschen Volkes. Aufgabe und Auswahl. Hg. v. der Studienstiftung des deutschen Volkes. Bonn 1992, S. 3.

Ansehen der Person – und damit die effiziente Heranbildung einer staatstragenden, wissenschaftlich-politisch-wirtschaftlichen Kaste einer Funktions- und Funktionärselite[145] – ging. Das war zweifellos ein Sonderweg der Begabtenförderung, der in einem recht erstaunlichen Gegensatz zu der nationalen und sozialen Motivation der studentischen Wirtschaftsarbeit nach 1918 und selbst der praktischen Bedürfnisse nationaler Elitenrekrutierung nach dem verlorenen Krieg stand.

In der funktionalisierungsfeindlichen Eigendynamik des Anspruchs, begabte Persönlichkeiten und nicht angehende Technokraten zu fördern, lag begründet, daß weder der alten Studienstiftung zwischen 1925 und 1933 noch der neugegründeten nach 1948 Leistung um ihrer selbst – oder um übergeordneter Bezugsgrößen wie der Nation – willen als Ausweis von hoher Begabung und Anspruchsbasis für Förderung gelten konnte. Hohe Begabung war stets und in erster Linie ein förderungswürdiger Ausdruck von Persönlichkeit, erst in zweiter Linie dann auf die Gesellschaft bezogen, in deren Dienst sich die ‚Hochbegabten' stellen sollten.[146] Die zeittypisch national und sozial motivierte ‚Hochbegabten'-Förderung der Studienstiftung förderte daher unter den Stipendiaten einen starken Trend zum Individualismus. Das wirkte in der Weimarer Republik nicht weniger provozierend als ein bis in die späten 1960er Jahre dominierender, charismatischer Begriff der begabten Persönlichkeit[147] in der ausgeprägt elitenfeindlichen Mittelstandsgesellschaft der Bundesrepublik.

Für eine Einschätzung, was von einem Bewerber zu erwarten sei, stützten sich die Geschäftsstelle und der Zentrale Arbeitsausschuß der Studienstiftung anfangs noch ausschließlich auf die Beurteilungen der Schulen;[148] aber schon bei der zweiten Auswahlsitzung am 9. und 10. Oktober 1925 in München wurde vorgeschlagen, die Schulunterlagen durch Einzelgespräche der Kandidaten mit Vertretern der Studienstiftung zu ergänzen. Gleichwohl blieben die Schulgutachten die Bewerbungsgrundlage: „Die wichtigste Stelle bei der Einreichung von Gesuchen ist (...) die höhere Schule, die den Bewerber als Abiturienten entläßt. (...) Die Begutachtung seitens der Schule soll in den Gesuchsunterlagen eine lebendige und umfassende Darstellung des ganzen Menschen

---

145 Dies z.B. in Abgrenzung zum französischen Elitebegriff; vgl. Joseph Jurt, ‚Les Grandes Ecoles'. Der französische Sonderweg der Elitenausbildung, in: Forschung & Lehre 9 (1997), S. 454–457.
146 In der festen Verankerung der konstitutiven Aufnahmekriterien Begabung und Persönlichkeit liegt eine interessante Parallele zur Professionalisierung des preußischen Offiziersstandes im Rahmen der Scharnhorstschen Reformen nach 1807. Die Öffnung des Offizierskorps für Bürgerliche war ebenfalls an den Kriterien Begabung und Persönlichkeit orientiert; vgl. z.B. Otto Hintze, Die Hohenzollern und ihr Werk 1415–1915. Berlin 1915 (ND Hamburg/Berlin 1987), S. 453. Beide Kriterien waren als Instrumente sozialer Mobilisierung und gesellschaftlicher Dynamisierung Grundlage defensiver Modernisierung im Übergang von der traditionalen zur modernen Gesellschaft.
147 „(...) ‚Persönlichkeit' ist eine Notbezeichnung für etwas, was sich der Bestimmung und Benennung im Grunde entzieht. Persönlichkeit hat mit Geist nicht unmittelbar zu tun, mit Kultur auch nicht – wir befinden uns mit diesem Begriff außerhalb des Gebietes des Rationalen, wir sind damit eingetreten in die Sphäre des Mystischen und Elementaren, die *natürliche* Sphäre." Th. Mann, Goethe und Tolstoi, S. 76 f.
148 HH-A: H. Haerten, Studienstiftung, S. 60: „Ausgewählt wurde auf Grund schriftlicher Unterlagen, nicht auf Grund persönlicher Begegnung. Dresden war ferne und brachte sich nur durch Rundschreiben und Ermahnungen in Erinnerung. Sein Stipendium holte man sich am Schalter des örtlichen Wirtschaftskörpers (...) ab."

Gründung der Studienstiftung

und aller einzelnen Momente des Bewerbungsfalles geben (...)."[149] Was darunter zu verstehen war, führte Wolfgang Paeckelmann so aus:

> „Wille und Gemütseigenschaften müssen charakterisiert werden, am besten auch durch Mitteilung von tatsächlichen Erfahrungen mit dem Bewerber. Ein gleiches gilt auch von der Umgebung, in der er aufwuchs, von Hemmungen und Förderung hierdurch. Besondere Veranlagungen, vor allem auch schöpferischer Art, müssen gekennzeichnet werden. Sein Verhältnis in der Klassengemeinschaft, seine Interessen außerhalb der Schule, die Frage, ob er zur Spezialisierung neigt oder sich ausbreiten möchte in seinen Interessen (...)."[150]

Mit diesen Anregungen zur ‚Hochbegabten'-Identifizierung nahm der aus dem Schuldienst kommende Paeckelmann zentrale Einsichten späterer ‚Hochbegabungs'-Forschung vorweg, zum Beispiel die komplexe Interessenstruktur ‚Hochbegabter'. Dies war ein wichtiger Schritt hin zu einem differenzierten Begabungsbegriff, der Raum ließ für ganz unterschiedliche Fälle von hoher Begabung.

Dem von der Gründung an tragenden Prinzip der wissenschaftlichen und menschlichen Bewährung entsprach unter anderem die Praxis der vorläufigen Aufnahme in die Studienstiftung, die, wie die ‚Wirtschaftsnummer' des DSt-Nachrichtenblatts weiter berichtete, grundsätzlich zunächst für zwei Studiensemester erfolge. Nach Ablauf dieser Zeit werde aufgrund der benoteten Leistungsnachweise und eines Gutachtens des lokalen Vertrauensdozenten der Studienstiftung am Universitätsort über die weitere Förderung bis zum Studienabschluß entschieden. Die Entscheidungen über vorläufige und endgültige Aufnahme fälle der Zentrale Arbeitsausschuß, zusammengesetzt aus Vertretern der Schulen, der Kultusbürokratie, der Wirtschaft, der Kommunen und des DSt-Vorstandes.[151]

Von der Erstbewerbung bis zur Aufnahme gab es folgendes Verfahren: Die Geschäftsführung der Studienstiftung in Dresden teilte über die Presse mit, bis zu welchem Termin Bewerbungen eingesandt werden konnten und bestimmte Termine für die Sitzungen des Zentralen Arbeitsausschusses. Vordrucke für die Bewerbungen verschickte die Zentrale nur auf Anfrage der höheren Schulen, die auf diese Weise ihre Kandidaten anmelden mußten. Die über die Schulen dorthin eingeschickten Formulare wurden in Dresden registriert, vervielfältigt und zur weiteren Prüfung an regionale Vorprüfer in den einzelnen Landesteilen geschickt. Der Vorprüfer erstellte dann zu jedem Gesuch ein ausführliches Gutachten.

Ferner war er verpflichtet, eventuell erforderliche, weitergehende Informationen über den Bewerber zu beschaffen, möglicherweise in Verbindung mit dem Vertrauensdozenten des nächstgelegenen Hochschulorts. Die Hinzuziehung von Vertrauenspersonen als Unterprüfer zur näheren Begutachtung stand ihm frei. Die Akten des Vorprüfers: Gutachten und Ergänzungen, gingen zurück an die Dresdener Geschäftsführung, wo sich ein Korreferent aus dem Zentralen Arbeitsausschuß als Zweitprüfer mit dem Fall befassen mußte. Dieser konnte, mußte aber nicht vom Gutachten des Vorprüfers Kenntnis nehmen. Der Gutachter, in der Regel Mitglied des Zentralen Arbeitsausschusses, hatte in den Sitzungen seine Fälle vorzutragen, wenn nicht zwei eindeutig positive Bewertungen vorlagen. Dafür galt ein Notensystem:

---

149 Nachrichtenblatt der DSt 7 (1925/26), S. 68.
150 StSt-A Bonn: W. Paeckelmann, Die Studienstiftung, Blatt 3.
151 Liste der Mitglieder des ersten ‚Zentralen Arbeitsausschusses' in: Nachrichtenblatt der DSt (1925/26), S. 59 f.

„a) Menschliche und wissenschaftliche Bewertung:
I = Annahme
II = Annahme in zweiter Linie
III = Ablehnung.

b) Wirtschaftliche Beurteilung:
a = Unterstützung notwendig (schon vorhandene Zuschüsse bis 50.- RM),
b = Unterstützung wünschenswert (schon vorhandene Zuschüsse bis 80.- RM),
c = Unterstützung nicht erforderlich (schon vorhandene Zuschüsse über 80.-RM).

(...) Die Entscheidungen des Zentralen Arbeitsausschusses sind als endgültige zu betrachten. In Frage kommen folgende Entscheidungen:

1. Annahme,
2. Ablehnung,
3. Nichtberücksichtigung (wegen inhaltlicher Unvollständigkeit mit der Möglichkeit nochmaliger Bewerbung bei der nächsten Auswahl).

Bei Ablehnung aus wirtschaftlichen Gründen soll die Möglichkeit bestehen, daß der Gesuchssteller sich wieder bewirbt, falls eine wesentliche Verschlechterung seiner finanziellen Lage eingetreten ist. Diese Möglichkeit wird dem Bewerber nicht bekanntgegeben, es soll vielmehr dem einzelnen Vorprüfer überlassen bleiben, dem Betreffenden von Fall zu Fall einen entsprechenden Hinweis zu geben. Bei Ablehnungen, die nur mit Rücksicht auf die Begrenzung der Mittel erfolgen mußten, besteht die Möglichkeit, auf solche Fälle den zuständigen Wirtschaftskörper aufmerksam zu machen. Ablehnungen werden grundsätzlich nicht begründet."[152]

Die örtlichen Wirtschaftskörper an den Universitäten, so der DSt-Geschäftsbericht 1925/26 weiter, seien die Verbindung zwischen der Zentrale der Studienstiftung und dem Stipendiaten, zuständig auch für die wirtschaftliche Abwicklung des Stipendiums. Der Wirtschaftskörper benachrichtigte auch den Rektor der Hochschule sowie die DSt über die jeweils neu aufgenommenen Stipendiaten. Eine zentrale Stellung in der Organisation der Studienstiftung kam schon damals dem Vertrauensdozenten zu:

„Außer dem Leiter der Abteilung Einzelfürsorge soll ein Vertrauensdozent, der im Einverständnis zwischen Rektorat und Wirtschaftskörper hierfür ernannt wird, die Betreuung der in die Studienstiftung Aufgenommenen übernehmen. Dieser Vertrauensmann soll besonders für die wissenschaftliche Beurteilung der Ausgewählten maßgebend sein, sowie die Wirtschaftskörper bei der menschlichen Beobachtung unterstützen. Es ist dringend erwünscht, daß der betreffende Vertrauensdozent mit dem örtlichen Fürsorgeausschuß des Wirtschaftskörpers in enger Fühlungnahme steht und als Mitglied des Ausschusses bei allen die Studienstiftung betreffenden Fragen an den Beratungen des Ausschusses teilnimmt. Beide, Vertrauensdozent sowie Leiter des Wirtschaftskörpers, geben zu Ende des Semesters einen Bericht über die einzelnen in ihrer Betreuung stehenden Mitglieder der Studienstiftung an die Zentrale ab."[153]

Der Vertrauensdozent sollte aber nicht nur Gutachter und Kontrolleur, sondern auch Mentor seiner Studienstiftler sein, der sich auch außerhalb der Universität um seine Gruppe kümmert, Anregungen bietet und Aktivitäten leitet:

---

152 Ebd., S. 80.
153 Ebd., S. 68.

Gründung der Studienstiftung

> „Hierfür sind verschiedene Möglichkeiten vorhanden (...). Die Anregung muß immer von den örtlichen Stellen ausgehen. Besonders an denjenigen Hochschulen, an denen eine größere Anzahl von Mitgliedern der Studienstiftung studiert, so z.B. in: Berlin, München, Leipzig, Tübingen, Marburg, Dresden, Münster, Bonn, Heidelberg und Göttingen sind gerade auf dem Gebiet des geselligen Verkehrs recht gute Erfahrungen gesammelt worden."[154]

Darunter konnten private Einladungen in die Familie des Vertrauensdozenten einmal pro Semester verstanden werden, aber auch Stadtrundgänge, Wanderungen, gemeinsames Musizieren, Ausflüge in die Umgebung des Hochschulortes, Museums-, Konzert- oder Theaterbesuche, Besichtigungen von Industriebetrieben und außeruniversitären Forschungseinrichtungen, teilweise auch aufwendig vor- und nachbereitete Forschungsreisen im Ausland.[155] Diese als Chance zu zwangloser Begegnung gedachten Veranstaltungen sollten die Stipendiaten untereinander bekannt machen und gleichzeitig Gelegenheit zum Austausch mit einem Hochschullehrer außerhalb des Universitätsbetriebes und seiner Zwänge geben. Zugleich waren sie für ‚Erstakademiker' entscheidende Gelegenheiten, sich im akademischen Milieu erfolgreich zu sozialisieren, diskursive Verhaltensmuster zu erlernen und zu üben, die für ihre Karriere entscheidend waren. Darüber hinaus waren die kleinen Gruppen um den Vertrauensdozenten in ihrer bunten Mischung von verschiedenen Fächern und unterschiedlichen Charakteren ein höchst wirksames Instrument, dem Trend zur anonymen Massenuniversität etwas entgegenzusetzen, was dem Humboldtschen Ideal der Erziehung durch Wissenschaft sehr nahe kam: eine Sonderbehandlung, die sowohl den Vorzug außerordentlicher persönlicher Erfahrungen als auch den Nachteil einer Tendenz zur elitären, realitätsfernen Abschottung enthielt.

Grundlage für die endgültige Aufnahme, so der Bericht weiter, seien das Gutachten des Vertrauensdozenten sowie des Leiters der Fürsorgeabteilung der Wirtschaftshilfe, außerdem Zeugnisse der zuständigen Professoren. Zusätzlich habe jeder Stipendiat am Ende jedes Semesters in einem Semesterbericht an die Zentrale über sein Studium und seine Person ausführlich Rechenschaft abzulegen.[156] Dabei solle nicht nur der rein äußere Semesterablauf, der Besuch von Vorlesungen, Seminaren und Übungen, die Ablegung von Prüfungen und Praktika referiert, sondern ein möglichst lebendiges, aussagekräftiges Bild der Lebenszusammenhänge entworfen werden, in

---

154 Ebd., S. 33 f.
155 HH-A: H. Haerten, Studienstiftung, S. 87: „Für den Vertrauensdozenten ist der Abend mit den Studienstiftlern der einfachste Weg zum persönlichen Kontakt. Ob solche Abende zur Pflichtübung, zur intellektuellen Modeschau oder zum gescheiten Gedankenaustausch werden, liegt an ihm und an den beteiligten Studenten. Der Umgang mit ausgesucht intelligenten Menschen kann sehr anregend sein, und die Möglichkeit, in die von den Fragestellungen fremder Fakultäten bewegten Köpfe hineinzuschauen, ist sonst selten gegeben."
156 HH-A: H. Haerten, Studienstiftung, S. 84: „Wer sich 1925 den Semesterbericht ausdachte, hat etwas für Schreiber und Leser sehr Nützliches erfunden. Ich habe mit so vielen Studienstiftlern um den Semesterbericht gerungen, daß ich seinen Wert einschätzen zu können glaube. Der Zwang zur Selbstkontrolle und Selbstzucht hilft weiter. Man kann alles Mögliche niederschreiben, aber Papier ist gar nicht so geduldig, es decouvriert. Es ist nicht schlimm, daß zu manchem Bericht zehnmal angesetzt werden muß, bevor der Verfasser endlich selbst weiß, was mit dem Semester war. Der Freund bedeutsamer Redewendungen stutzt beim Zwang zur schriftlichen Fixierung, ob die ‚gesellschaftliche Relevanz' wirklich so relevant war. Ich wünschte, die Pflicht zum Semesterbericht wäre allen Studenten auferlegt. Allerdings gehört zum Bericht auch jemand, der ihn lesen kann. Wen die Lektüre der Semesterberichte nicht fesselt, der darf nicht in der Studienstiftung tätig sein."

denen sich der Studienstiftler erlebt; und dies keineswegs beschränkt auf die Universität. Was konkret in den Berichten gefordert wurde, ließ die entsprechende Bestimmung aber offen: „Die Mitglieder der ‚Studienstiftung des Deutschen Volkes' sind gehalten, nach Ablauf jeden Semesters einen Bericht über den Fortgang des Studiums und ihre persönlichen Verhältnisse durch Vermittlung des Wirtschaftskörpers einzureichen (...)."[157]

Der Semesterbericht stellte ohne Zweifel die am meisten charakteristische Quelle für die Innenperspektive der Geschichte der Studienstiftung, ihre Prinzipien und deren Wahrnehmung durch die Studienstiftler dar. Er war und ist eine studienbegleitende, regelmäßige Herausforderung für die Berichterstatter, die ihn am Ende jedes Semesters in der Absicht schreiben, sich durch ihren Rechenschaftsbericht als würdige Stipendiaten zu erweisen, und an die Berichtsempfänger, die aus ihm Schlüsse über die wissenschaftliche und menschliche Entwicklung der Absender ziehen sollen. Er war und ist zugleich ein Instrument der Kontrolle und der Anregung zur Reflexion, der Selbstdarstellung und der Selbsterkenntnis, Tendenzpapier und Besinnungsaufsatz. Bis in die 1930er Jahre gab der Semesterbericht der Zentrale in Dresden auch die Chance, in manchen Fällen den schlimmsten Folgen von Mißständen bei der Unterbringung, aber auch immer wieder dem Mangel an Kleidung und, oft genug, der chronischen Unterernährung, die Stipendiaten aus falschem Stolz selten und dann eher beiläufig zugaben, wenigstens vorübergehend abzuhelfen.[158] In einigen Fällen griffen auch verantwortungsbewußte Vertrauensdozenten vor Ort ein, denen die Notlage eines Studienstiftlers bei einem persönlichen Gespräch aufgefallen oder mitgeteilt worden war; so im Sommer 1930 bei einem Mathematikstudenten in Göttingen. Der Göttinger Pädagoge und Vertrauensdozent Hermann Nohl[159] informierte die Zentrale über die gesundheitliche Gefährdung des Stipendiaten:

> „Herr Prof. Courant teilte mir mit, daß er bei Herrn J. den Eindruck hätte, daß er augenblicklich nicht genügend ernährt sei, und auf Befragen stellte es sich dann auch heraus, daß er ganz mittellos war und durch Fasten die Reste seines Wechsels zu strecken versucht hatte. Herr J. hat für das Semester RM 250,- bekommen. Als er die Mitteilung erhielt, daß er nicht mit dem Wechsel des früheren Semester rechnen dürfe, verfügte er noch über RM 47,-. Das war Ende Juni. Da er für die Ferienfahrt zu seiner Mutter nach Danzig RM 42,- benötigt, so war er plötzlich in schwerer Bedrängnis. Ich frage daher, ob nicht auch diesem besonders wertvollen Menschen durch eine Nachbewilligung in Höhe von RM 75,- geholfen werden könnte (...)."[160]

---

157 Liste der Mitglieder des ZA, S. 82. Gegen das Erfordernis des Semesterberichts gab es auch Widerstand, z. B. von Stipendiaten an Technischen Hochschulen, die argumentierten, daß ihr stark verschulter Studienaufbau einen Semesterbericht erübrige. Die Geschäftsführung hielt gleichwohl am Zwang zum Rechenschaftsbericht für Stipendiaten aller Fachrichtungen fest: ZZBW-A: Aktenbestand Haerten, IV 1927: StSt an cand. rer. electr. Otto Fuhrmann, Dresden, 27.5.1927.
158 Nach Jarausch waren 1918/19 und in den Anfangsjahren der Weimarer Republik ein Drittel bis die Hälfte aller Studenten unterernährt; 1927/28 seien es laut einer Reichsstichprobe immer noch 15 % gewesen; K.H. Jarausch, Deutsche Studenten 1800–1970, S. 142.
159 1879–1960; ab 1919 Professor in Jena, ab 1920 in Göttingen; Begründer einer geisteswissenschaftlichen Pädagogik in Anknüpfung an Wilhelm Dilthey; wichtiger Förderer der reformpädagogischen Bewegung.
160 StA WÜ RSF I 60 p 575: Prof. Dr. (Hermann) Nohl an StSt, Göttingen, 15.7.1930.

Gründung der Studienstiftung

Von Studentenromantik oder übertriebener wohlfahrtsstaatlicher Absicherung einer glücklichen Minderheit konnte angesichts dieser Lebensumstände auch bei den Studienstiftlern nicht die Rede sein.[161] Die finanzielle Seite des Stipendiums gestaltete sich bei der alten Studienstiftung – ein Ausdruck organisatorischer Verbundenheit mit der Wirtschaftshilfe – in enger Zusammenarbeit mit den Wirtschaftskörpern, die für die Auszahlung der Stipendien an die einzelnen Mitglieder verantwortlich waren. Dies, so das ‚Nachrichtenblatt', geschehe nach Maßgabe eines Haushaltsplanes, der von jedem Mitglied aufzustellen sei. Die Geschäftsleitung in Dresden verschickte auch Musterhaushaltspläne:

---

161 Im April 1927 faßte ein Merkblatt die Pflichten der Stipendiaten zusammen: ZZBW-A: Aktenbestand Haerten, IV 1927: Pflichten der Mitglieder der Studienstiftung des Deutschen Volkes, Dresden, 12.4.1927:
„1) Betrachte stets den örtlichen Wirtschaftskörper als die örtliche Stelle der Studienstiftung und wende Dich in allen Dingen zunächst an ihn. Suche sofort nach Beginn des Semesters Fühlung mit ihm und beantworte stets alle seine Anfragen. 2) Übe Pünktlichkeit in der Erledigung aller Angelegenheiten der Studienstiftung. 3) Schreibe überhaupt deutlich und vor allem Deinen Namen. 4) Bei allen Schreiben gib Nummer und Jahrgang an, Anschrift an der Hochschule und Anschrift in der Heimat, vor allem bemerke Anschriftenwechsel. 5) Teile möglichst früh die Hochschule des nächsten Semesters mit. 6) Semesterberichte werden eingereicht zum 1. August bzw. 1. März, vor der endgültigen Aufnahme zum 1. Februar. Sie müssen auf alle Fälle die äusseren Angaben enthalten über Kollegs, Seminare, wirtschaftliche Verhältnisse, Ferienpläne, Absichten für das kommende Semester. Die Studienstiftung ist dankbar, wenn gegebenenfalls auch zu den Fragen des Semesters und zu menschlichen Fragen Stellung genommen und wenn über besondere Kollegs oder Seminare berichtet wird. Besondere Anträge gehören nicht in die Semesterberichte, sondern müssen getrennt gestellt werden. 7) Zeugnisse: Die Studenten der Vorsemester müssen am Schluss des ersten Semesters eingehende Zeugnisse von mindestens zwei Dozenten, und vor der endgültigen Aufnahme bis spätestens zum 1. Februar das Gleiche und ausserdem ein ausführliches Gutachten des Vertrauensdozenten und des Wirtschaftskörpers beibringen. Wie weit bei den endgültig aufgenommenen Mitgliedern der Studienstiftung von weiteren Zeugnissen abgesehen werden kann, wird auf Grund eines Gutachtens des Wirtschaftskörpers und des Vertrauensdozenten im Einzelfall entschieden. 8) Jedes Mitglied der Studienstiftung und alle aus den Mitteln der Stiftung unterstützten Kommilitonen müssen sich sofort nach Semesterbeginn mit dem Wirtschaftskörper und dem führenden Vertrauensdozenten in Verbindung setzen. Nach Rücksprache mit diesen wählen Sie sich aus dem Kreis der Dozenten einen persönlichen Vertrauensdozenten und stellen sich ihm unmittelbar vor. Der Wirtschaftskörper übernimmt es, auch die übrigen Dozenten, bei denen ein Mitglied der Studienstiftung wesentliche Kollegs hört, hiervon zu benachrichtigen. 9) Jedes Mitglied der Studienstiftung und die aus Mitteln der Stiftung Unterstützten sind verpflichtet, Honorar- und Gebührenerlasse zu erbitten, wenn nicht der führende Vertrauensdozent in einem besonderen Ausnahmefall anders bestimmt. 10) Es besteht die Verpflichtung, sich auf Anforderung einer ärztlichen Untersuchung zu unterziehen. 11) Unterstützungen für die Ferien können von der Studienstiftung vor der endgültigen Aufnahme nur in seltenen Ausnahmefällen gewährt werden. Endgültig aufgenommene Mitglieder der Studienstiftung können in solchen Fällen, in denen häusliche Not oder besondere Studien eine Unterstützung während der Ferien geboten erscheinen lassen, diese erhalten, doch muss der Antrag hierzu spätestens einen Monat vor Semesterschluss durch Vertrauensdozent und Wirtschaftskörper an uns gestellt werden. 12) Auslandsstudien können in Zukunft nur dann ermöglicht werden, wenn die Eingabe über sie mindestens ein Semester vor dem beabsichtigten Beginn an uns durch Wirtschaftskörper und Vertrauensdozent eingereicht worden ist. (...)."

"Muster
eines Haushaltsplanes für das Sommersemester 1925 (...) Universität Münster i/W.

A. Ausgaben		B. Einnahmen	
1. Einmalige Ausgaben			
Immatrikulation	12.--	elterlicher Zuschuss monatlich	
allgem. Gebühren	70.--	40.-- M (3 1/2 x)	140.-- M
15 Wochenstunden à 2.50	37.50		
Bücher	20.--	Städtisches Stipendium (...)	150.-- M
Kleidung (z. B. 1 Paar Schuhe, 1 Oberhemd	28.--	eigener Nebenerwerb monatlich 15.-- M (3 1/2 x)	52.50 M
	167.50 M		
2. monatliche Ausgaben			
Zimmer	30.--	erforderliche Beihilfe	<u>122.50</u> M
Mittags- und Abendtisch	25.--		<u>465.--</u> M
Nebenmahlzeiten	15.--		
kleinere Ausgaben	15.--		
	85.--		
im Sommersemester also 3 1/2 x 85.--	<u>297.50</u> M		
	<u>465.--</u> M"[162]		

Der Leiter der Fürsorgeabteilung der Wirtschaftshilfe prüfe dann die im Haushaltsplan als notwendig angegebenen Zuschüsse vor der Weiterleitung des Haushaltsplans an die Zentrale nach Dresden. Dabei finde besondere Berücksichtigung, welche Beihilfen der Student von seinen Eltern oder von Verwandten, welche Einnahmen er aus einem Nebenerwerb oder welche anderen Stipendien, zum Beispiel der Heimatgemeinde, er erwarten könne: ein Vollstipendium zur Deckung der Kosten des Lebensunterhalts wurde nicht gewährt:[163]

> „Sobald die Berechnung der Größe der Einzelunterstützungen durch die Zentrale festgestellt worden ist, werden den Wirtschaftskörpern die monatlich und einmalig auszuzahlenden Beträge überwiesen resp. unter Mitteilung dem Konto des Wirtschaftskörpers bei der Wirtschaftshilfe gutgeschrieben. Unterstützungen, die durch besondere einmalige Ausgaben notwendig werden (Anschaffung von Büchern, von dringend erforderlicher Kleidung usw.) sind stets von Fall zu Fall durch den Wirtschaftskörper bei der Zentrale anzufordern. Diese ist gern bereit, in alle Fällen jedes besondere Bedürfnis, für welches eine Notwendigkeit vorliegt, zu befriedigen. Aus dem Stand seines Kontos Studienstiftung muß der Wirtschaftskörper erkennen können, wieweit er Auszahlungen an die einzelnen Mitglieder der Studienstiftung noch nicht vorgenommen hat, gleichgültig ob die Zentrale den bewilligten Betrag noch schuldig ist oder schon die Überweisung erfolgt ist."[164]

---

162 ZZBW-A: Aktenbestand Haerten, I 1921-25: Nr. 325/25 (ohne Datum: 1925).
163 StA WÜ RSF I 60 p 457: Blanko-Vorsemesterformular Haushaltsplan. Der Haushaltsplan hatte folgendes Grundschema: A Einnahmen, 1. Einmalige Einnahmen, 2. Monatliche Einnahmen, Erbetene Beihilfe, a) monatlich, b) einmal, daraus: Gesamtsemester-Einnahmen; B Ausgaben, 1. Einmalige Ausgaben, 2. Monatliche Ausgaben, daraus: Gesamtsemesterbedarf. Nur die ausgewiesene Differenz wurde von der Studienstiftung übernommen.
164 Nachrichtenblatt der DSt 7 (1925/26), S. 68.

Gründung der Studienstiftung 57

Konkrete finanzielle Erleichterungen zur Senkung der Kosten für Mahlzeiten und Wohnung[165] sollten die Stipendiaten in den Universitätsstädten durch die wachsende Zahl an Mensen und Studentenwohnheimen erfahren, wobei dies, zumal in Großstädten, nicht in vollem Umfang erreicht werden konnte. Zu den einmaligen Ausgaben zählten auch Kosten für die Immatrikulation sowie die Reise zum Hochschulort.

Der Wirtschaftskörper beriet die Studenten bei der Zimmerwahl, „da die Erfahrungen gezeigt haben, daß in zahlreichen Fällen von ersten Semestern zunächst zu teure Zimmer gemietet wurden."[166] Dieses Beratungs- und Betreuungsangebot war für die Zielgruppe der Studienstiftung: Studierende, die nicht auf den Erfahrungsschatz einer langen akademischen Familientradition und damit auch praktische Erfahrungen zurückgreifen konnten, besonders wertvoll. Ein wichtiges Privileg stellte auch die reichsweit angestrebte und bis 1933 an den meisten Universitäten durchgesetzte Kolleggeld- und sonstige Gebührenbefreiung von Stipendiaten dar, auch wenn diese Hörgelder in der Inflationszeit nicht so drückend waren wie andere Ausgaben.

Subsidiarität zeigte sich auch im Bemühen der Studienstiftung, mit anderen Förderungsträgern zusammenzuarbeiten. So wurde allein schon aus finanziellen Gründen zur Vermeidung von Doppelunterstützungen darauf geachtet, die Städte als Träger von individueller Studienförderung über die eigene Stipendienvergabe regelmäßig zu informieren; andererseits wurden Fälle, welche die Studienstiftung aus Mangel an Mitteln nicht übernehmen konnte, an die Städte vermittelt.

Und es gab, wie die erste Bilanz der Studienstiftung auswies, etliche dieser Fälle. Im Frühjahr 1925 hatte es 509 Gesuche gegeben, von denen 150 aufgenommen, 359 abgelehnt und 114 nach einem Jahr endgültig aufgenommen wurden. Im Sommer 1925 hatte es bei 471 Gesuchen nur 69 Aufnahmen und 402 Ablehnungen gegeben: eine deutliche Reaktion auf die sehr großzügige Aufnahmepraxis des ersten Verfahrens und ein erster Versuch der Maßstabsbildung. Im Frühjahr 1926 waren von 1.109 Bewerbern 264 angenommen, 845 abgelehnt worden. Das bedeutete, daß am Ende des Geschäftsjahres 1925/1926 563 Studierende von der Studienstiftung gefördert wurden. Im Jahr 1925 waren von den 881 Bewerbern 219 vorläufig aufgenommen, 199 der Fürsorge der Wirtschaftshilfe überwiesen, 38 zurückgestellt und 425 nicht berücksichtigt worden.[167]

Im Blick auf die programmatische und organisatorische Grundlegung des Jahres 1925 hob die ‚Deutsche Zeitschrift für Wohlfahrtspflege' den karitativen Charakter der Neugründung hervor:

---

165 ZZBW-A: Aktenbestand Haerten, I 1921–25: WiHi/StSt, RS Nr. 19/25, Dresden, 22.4.1925, S. 2 f.: „Es ist sehr zu wünschen, dass sowohl die Mitglieder der ‚Studienstiftung', wie auch die in die Fürsorge der Wirtschaftshilfe Übernommenen regen Gebrauch von sämtlichen Einrichtungen der Wirtschaftskörper machen. In erster Linie haben wir hierbei die Teilnahme an den Mahlzeiten der Mensa im Auge. Wir wissen, dass wir in dieser Hinsicht keinerlei Zwang ausüben können, würden es jedoch sehr begrüssen, wenn sämtliche 327 Studierenden abgesehen von denen, die im elterlichen Hause oder in einem Internat bzw. Stift wohnen und essen, in der Mensa ihre Mahlzeiten einnehmen. (...) Wenn es sich ermöglichen lässt, ist es zu begrüssen, wenn den von uns Ausgewählten Gelegenheit geboten wird, im Studentenwohnheim zu wohnen. Selbstverständlich kommt nur eine Wohngelegenheit in Frage, durch die der Betreffende in die Lage versetzt wird, ungehindert seinen Studien nachgehen zu können. (...)."
166 Nachrichtenblatt der DSt 7 (1925/26), S. 68
167 Ebd., S. 34–36.

„Die akademische Ausbildung ist für Angehörige aus minderbemittelten Kreisen durch den Zusammenbruch der Stipendienfonds in der Inflationszeit nahezu unmöglich geworden, um so mehr, als bei der ungünstigen wirtschaftlichen Lage mit einer Werkarbeit der Studenten oder anderen Erwerbsquellen kaum zu rechnen ist. Die Wirtschaftshilfe der Deutschen Studentenschaft (...) hat, um diesen Schwierigkeiten zu begegnen, eine Studienstiftung geschaffen, aus der etwa 100 bis 120 männliche oder weibliche Abiturienten, die ihr Studium erstmalig beginnen, Studienunterstützungen erhalten sollen (...)."[168]

Weit analytischer behandelte H.G. Wilhelm in einem Artikel des Abendblatts der renommierten Frankfurter Zeitung vom 7. Januar 1926, also ungefähr ein Jahr nach dem Gründungsbeschluß der Wirtschaftshilfe, die Studienstiftung. Nach einer breiten Schilderung der Lebensbedingungen von Studenten und Jungakademikern seit dem Krieg angesichts der Überfüllungskrise an den Universitäten[169] und der nur schleppenden Erholung der deutschen Wirtschaft kam Wilhelm auf den Auslesegedanken zu sprechen, der seiner Ansicht nach in den falschen Bereichen zur Anwendung komme: zunächst in der krisenbedingten, objektiven Aufwertung der praktisch-handwerklichen Berufe, deren Attraktivität in unsicheren Zeiten manchen Geeigneten und Begabten vom Studium durch die subjektive Einschätzung seiner Chancen davon abgehalten habe; dann in finanzieller Hinsicht: „ein akademisches Studium (kostet) mindestens 1000 bis 1200 Mark, bei einigen Wissenschaftszweigen (z.B. Technik, Medizin) sogar 1400 bis 1500 (...), ein vier- bis fünfjähriges Studium (bedeutet) eine Kapitalinvestierung von 4800 bis 7400 Mark (...). (Kosten für Lebensunterhalt während der Ferienmonate und Examensgebühren nicht eingerechnet)."[170]

Diese Art der Auslese durch die sozialen Verhältnisse sei grundsätzlich verfehlt und volkswirtschaftlich ruinös, weil nivellierend: ohne Rücksicht auf den tatsächlichen Bedarf an Akademikern in der Zukunft und ohne Rücksicht auf die Fähigkeiten des einzelnen. Die Initiativen der studentischen Selbsthilfe, zusammengefaßt in der Wirtschaftshilfe der DSt, so der Autor weiter, seien aufgrund ihres karitativen Charakters auch nicht auslese-, sondern notwendigerweise fürsorgeorientiert, trügen somit zur Lösung des Ausleseproblems nicht bei. Anders als in Großbritannien und in den USA habe in Deutschland der Auslesegedanke im Blick auf Jung- und Erstakademiker keine Tradition und nur eine geringe Chance auf Akzeptanz, obwohl gerade die in den angelsächsischen Ländern praktizierten Methoden der Begabtenauswahl außerordentlich er-

---

168 Deutsche Zeitschrift für Wohlfahrtspflege 1 (4/1925–3/1926), S. 364.
169 Vgl. die Studie von Morris Beatus, Academic Proletariat: The Problem of Overcrowding in the Learned Professions and Universities during the Weimar Republic 1918–1933. Madison/WI 1975; Hans Sikorski, Die Zahlen der Studierenden an den deutschen Hochschulen. Entwicklung und Wertung, in: Studentenwerk 3 (1929), S. 26–37.
170 H.G. Wilhelm, Für Hochschule und Jugend. Hochschulstudium und intelligente Armut, in: Abendblatt der Frankfurter Zeitung, 7. Januar 1926.

Gründung der Studienstiftung

folgreich seien.[171] Die Lösung des Problems sah Wilhelm in der Studienstiftung: „So hat die Wirtschaftshilfe der Deutschen Studentenschaft unter dem Gesichtspunkt wissenschaftlicher Eignung zum Studium und menschlicher Bewährung (...) eine ‚Studienstiftung des deutschen Volkes' ins Leben gerufen, die für sich in Anspruch nehmen kann, als Verwirklichung der Idealforderung ‚Freie Bahn dem Tüchtigen' angesehen zu werden."[172] Wilhelm begründete diese optimistische Einschätzung mit dem Verweis auf die in der Studienstiftung verkörperte Umsetzung des Auslesegedankens, der sich unter anderem in der Art der zu wirtschaftlicher Disziplin erziehenden Gewährung der Stipendien als Zuschußbeihilfen zeige: „Der erste und sehr gewichtige Unterschied gegenüber den früheren Stipendien ist die individuelle und planmäßige Behandlung der wirtschaftlichen Frage."[173] Den entscheidenden Fortschritt bei der Gewinnung von Auswahlkriterien fand der Autor in der Einbeziehung von charakterlichen und Umwelteinflüssen verwirklicht:

> „Die geforderte wissenschaftliche Begabung soll nicht ihren Ausdruck und ihre Ausprägung allein finden in rein intellektueller Musterleistung. Der Mensch als Ganzes mit seinen Charaktereigenschaften, seinem Wissen, seinen – auch einseitigen – wertvollen Veranlagungen, das Milieu, dem der Bewerber seine Gestaltung mit Hemmnissen und Förderungen verdankt, seine Beziehungen zu Mitschülern, zur Umwelt, Neigungen und Belange außerhalb der Schule, sein gesundheitliches Befinden – alle diese Momente müssen die durch das Reifezeugnis erfaßten wissenschaftlichen Qualitäten zu einem Gesamtbild der Persönlichkeit des Bewerbers ergänzen."[174]

Zum Abschluß stellte Wilhelm fest, daß es sich bei der Studienstiftung „um den ersten, in große Zusammenhänge gestellten Versuch einer umfassenden, akademischen Auslese (...) handelt, dessen Erfolg allerdings erst die Zukunft beweisen kann, der aber verdient, von weitesten Kreisen sehr eingehend beachtet zu werden."[175] Aber es gab durchaus auch Kritik. Die DSt wählte für ihre durch die starke Schwankung der Aufnahmezahlen bedingte Mahnung, bei der Auswahl

---

171 StA WÜ RSF I 60 192/2: WiHi der DSt, Rundschreiben Nr. 49/25, Dresden, 23.12.1925 (Bericht Dr. Schairer über USA-Reise): „Daneben habe ich die verfügbare Zeit ausgenützt, um verschiedene Erscheinungen und Tatsachen des amerikanischen Lebens, die mit den Aufgaben unseres Arbeitsgebietes in Zusammenhang stehen, zu untersuchen. Es schien mir z.B. die Tatsache wichtig zu sein, daß den wirklich begabten und tüchtigen jungen Menschen aller Volksklassen, ohne jede Rücksicht auf die soziale Lage oder den Vermögensstand der Eltern, der Weg zu den höchsten Formen der Erziehung und zu den ersten leitenden Stellungen offensteht. Die Tatsache des Werkstudententums ist hierbei nur ein Teil des Gesamtsachverhalts, allerdings ein wesentlicher. Seinen Weg durch die Universität sich selbst verdient zu haben, bildet in jedem Lebenslauf irgend eines erfolgreichen Mannes oder Kandidaten den schönsten Ruhmestitel. Die Liste der führenden Persönlichkeiten, die sich aus den ärmsten Ständen in die Höhe gearbeitet haben, ist unbegrenzt. Diese Tatsache wird von der Presse und der ganzen öffentlichen Meinung immer wieder aufs stärkste unterstrichen. Ergänzt wird diese Tatsache des Werkstudententums an einzelnen Orten durch verschiedene Systeme sehr sorgfältiger Auswahl der Studenten und der Arbeitsplätze je nach Eignung und Fähigkeit und sorgfältige Beobachtung und Betreuung der einzelnen Studenten, vor allem im Blick auf seine spätere Berufsverwendung."
172 Abendblatt FZ 7.1.1926.
173 Ebd.
174 Ebd.
175 Ebd.

jedenfalls restriktiver vorzugehen als beim ersten Durchgang im Frühjahr 1925 und generell sparsam zu wirtschaften, die Form der Empfehlung, die sich allerdings mit grundsätzlicher Zustimmung verband:

> „Der Studententag erklärt sich mit den Grundsätzen der Studienstiftung einverstanden. Bei der Auswahl sind strengste Maßstäbe anzulegen, damit die Erreichung des Zieles der Studienstiftung nicht durch eine zu große Anzahl von Mitgliedern gefährdet wird. Außerdem soll darauf geachtet werden, daß durch die in Zukunft wachsenden Aufgaben der Studienstiftung die Wirtschaftskörper, die schon durch den bisherigen hohen Geldbedarf der Studienstiftung in der Durchführung ihrer dringend wichtigen Aufgaben finanziell eingeengt werden, bei der Verwaltung der zentralen Geldmittel nicht in noch höherem Maße benachteiligt werden."[176]

Sehr viel direkter war eine kritische Stimme aus der Schweiz, die sich, pauschal und polemisch, generell gegen jedwede Hilfe für deutsche Studenten und Universitäten wandte:

> „Die deutschen Universitäten sind die schlimmsten geistigen Giftbuden, die auf der ganzen Welt existieren. Von ihnen gehen die seelenzerstörenden Giftgase der verderblichsten Irrtümer aus und so sind nun gerade die deutschen Studenten in ihrer großen Mehrheit die Bannerträger des ‚künftigen Krieges', ein Gemengsel von Abenteurern und mit einer maßlosen Verachtung alles Nichtdeutschen behaftete draufgängerische Werkzeuge alldeutscher ‚Durchdringungspolitik' (...)."[177]

Das war offensichtlich mehr schrill als plausibel, aber dennoch: traf nicht gerade die polemische Zuspitzung einen wunden Punkt der Identität des größten Teils der deutschen Nachkriegsstudentenschaft, ihren leidenschaftlichen Nationalismus, und die Tatsache der Multiplikatorenfunktion deutscher Universitätsangehöriger für den national-völkischen, immer weniger latent, sondern offen antisemitischen Nationalismus? Welchen Weg die Studienstiftung hier gehen würde, als Katalysator oder Korrektiv, mußten die nächsten Stipendiatengenerationen zeigen. Diese Frage war nicht zuletzt deshalb offen, weil es sich bei den Stipendiatinnen und Stipendiaten der Studienstiftung aufgrund der klaren Sozialbindung der Förderung eben nicht um mehr oder weniger berechenbare alte Eliten handeln würde. Ebenso offen war die Frage, ob und inwieweit sich die Studienstiftung von einer sozialstudentischen Fürsorgeeinrichtung zu einem Instrument der Erziehung zur Demokratie, möglicherweise sogar der demokratischen politischen Elitenbildung entwickeln würde.

---

176 StA WÜ RSF I 60 192/1: Studententag 1926.
177 Schweizerische Republikanische Blätter Olten, 25.9.1925.

3. Studienstiftler der ersten Stunde: Beispiele

Obwohl die Gründungs- und Anfangszeit der Studienstiftung zur Zeitgeschichte und gegebenenfalls sogar zu der von noch lebenden Zeitzeugen erinnerten Geschichte gehört, trennen uns Mentalitätsbarrieren und Probleme der historischen Wahrnehmung von diesen Jahren. Das hängt einmal damit zusammen, daß sie vor das Jahr 1933 fallen, also, aus heutiger Sicht, mit den Jahren 1933 bis 1945 häufig in einen Zusammenhang gebracht werden. Nicht allein die Goldhagen-Debatte um ‚Hitlers willige Vollstrecker'[178], aber sie in aller Deutlichkeit, hat einmal mehr gezeigt, daß dies eine nicht statthafte Verkürzung und Verengung der komplexen Zusammenhänge von Ursache und Wirkung ist, vor der Thomas Nipperdey besonders eindringlich gewarnt hat: die deutsche Geschichte ist nicht unmittelbar zum Jahr 1933.[179]

Im Blick auf ein studenten- und bildungsgeschichtliches Thema sind wir darüber hinaus vom Studentenalltag in der Weimarer Republik und der überwiegenden Mehrheit der damaligen Studenten, in deren intellektuell-politisch-moralischem Ordnungsgefüge Begriffen wie Volk und Reich, Pflicht und Vaterland, Ehre und Gemeinsinn eine zentrale, identitätsbildende Bedeutung zukam, mentalitätsgeschichtlich so weit entfernt, daß es erheblicher Vorstellungskraft bedarf, um sich die konkreten Lebensumstände und Verhaltensweisen von Studierenden zwischen Kriegsende 1918 und Hitlers ‚Machtergreifung' zu vergegenwärtigen, und, noch wichtiger: diese Verhaltensweisen als in ihrer Zeit durchaus üblich und nachvollziehbar zu verstehen. Um die Lebensumstände von Studenten aus der Zeit nach dem Großen Krieg anschaulicher zu machen, aus denen heraus die Studienstiftung 1925 entstand, und um einer Antwort auf die Frage näherzukommen, inwieweit Studienstiftler sich in ihrer Zeit zeittypisch verhielten, weitverbreitete Anschauungen teilten oder in Frage stellten, sollen im folgenden einige ausgewählte Passagen aus Erinnerungen von Studienstiftlern der ersten beiden Jahrgänge, 1925 und 1926, wiedergegeben werden.[180] Hier geht es um die Frage, ob die Studienstiftung eine intellektuelle Avantgarde repräsentierte oder eine gebildete Normalität.

Die hier vorgestellten Ausschnitte aus neun Studentenbiographien bieten ein Panorama von Studenten-, Universitäts- und Studienstiftleralltag und von Lebensgeschichten aus den 1920er Jahren: nicht mehr und nicht weniger. Gleichwohl muß deutlich betont werden, daß die hier vorgestellten Fälle aus der Studienstiftung vor 1933 nur eingeschränkt repräsentativ sind. Sämtliche Stipendiaten-Personalakten des Sekretariats der alten Studienstiftung in Dresden, die nicht an die DSt und später an das 1934 gegründete Reichsstudentenwerk in Berlin abgegeben wurden – vor allem die zahlreichen und besonders aussagekräftigen Semesterberichte von Stipendiaten –,

---

178 Daniel Jonah Goldhagen, Hitlers willige Vollstrecker. Ganz gewöhnliche Deutsche und der Holocaust. Berlin 1996 (zuerst New York 1996); Julius H. Schoeps (Hg.), Ein Volk von Mördern? Die Dokumentation zur Goldhagen-Kontroverse um die Rolle der Deutschen im Holocaust. Frankfurt am Main 1996.
179 Thomas Nipperdey, 1933 und die Kontinuität der deutschen Geschichte, in: HZ 227 (1978), S. 86–111.
180 StSt-A Bonn: Akten ‚Erinnerte Geschichte'. Die folgenden biographischen Abrisse stützen sich auf diese Sammlung von biographischen Materialien, die Generalsekretär Dr. Hartmut Rahn seit 1988 betrieben hat. Seine Bemühungen um die Erinnerungen der ersten Studienstiftler anläßlich der Aufbausituation der Studienstiftung in der noch existierenden DDR manifestieren sich in Hartmut Rahn (Hg.), Erinnerte Geschichte. Die ersten Stipendiaten berichten. Bonn 1990. Ein Teil dieser Erinnerungsberichte wurde gedruckt in: Studienstiftung Jahresbericht 1989. Hg. v. StSt. Bonn 1990.

müssen derzeit und bis zum Erweis des Gegenteils als verloren gelten.[181] Daher ist der systematische Vergleich von Fällen anhand der Stipendiatenakten im Augenblick gar nicht, die ausgewählte Darstellung einzelner Fälle von der Aufnahme bis zum Studienabschluß nur in seltenen Ausnahmefällen überhaupt möglich. Abgesehen von diesem grundsätzlichen Problem der Zufälligkeiten der Überlieferung, gibt es auch ein quellenkritisches, handelt es sich doch bei den Darstellungen der ersten Studienstiftlergeneration um Erinnerungsberichte, also um Traditionsquellen, die allerdings durch zeitgenössische Aktenstücke und Schriftverkehr der Studienstiftung sehr weitgehend ergänzt, teilweise korrigiert und damit in einen objektivierenden Zusammenhang gestellt werden können. Angesichts der im Hinblick auf die Personalakten schwierigen Quellenlage und des Vorliegens der empirischen Arbeit von Robert Ulich und Erich Wohlfahrt aus dem Jahr 1933 über die Rekrutierung der Stipendiaten, der gleichsam die Funktion eines soziologischen Korrektivs der subjektiven Einzelfallschilderung zukommt, erscheint die Verwendung der Erinnerungsberichte unter Hinweis auf die strukturellen Grenzen ihrer Aussagekraft aber legitim. Dies gilt unter mentalitätsgeschichtlichem Gesichtspunkt um so mehr, da sich der Studentenalltag in den 1920er Jahren nicht ohne weiteres von selbst, vor allen Dingen nicht als ein persönliches Schicksal erschließt.

a) Wolf-Hartmut Friedrich: Altphilologie

Wolf-Hartmut Friedrich gehörte zum ersten Stipendiatenjahrgang 1925.[182] Geboren 1907 in Frankfurt/Oder als jüngstes von drei Kindern eines 1916 verstorbenen Oberstudienrats und Altphilologen, erlitt Friedrich durch die Mangelernährung im Ersten Weltkrieg körperliche Schäden. Das Gymnasium der Heimatstadt schlug Friedrich nach der ausgezeichnet bestandenen Reifeprüfung 1925 für die neue Studienstiftung vor: seine Leistungen und seine familiären Verhältnisse als wirtschaftlich nicht abgesicherte Halbwaise entsprachen exakt den Kriterien der Förderungswürdigkeit. Das Vorbild des älteren Bruders, der Rechtswissenschaften studiert hatte und mittlerweile Gerichtsassessor war, legte die Entscheidung für ein Jurastudium nahe. Die Wahl des Studienorts fiel nicht auf das näherliegende Berlin, sondern auf München. Wie für alle Stipendiaten, stand am Anfang des Studiums auch für Friedrich dort eine gründliche medizinische Untersuchung mit einem für die damalige Zeit völlig üblichen Ergebnis: die Diagnose lautete chronische Unterernährung. Die Eingewöhnung am bayerischen Studienort fiel nicht leicht; die neue

---

181 Warum die Personalakten der Studienstiftung nicht komplett an die ‚Reichsstudentenführung' abgegeben wurden, ist aus den erhaltenen Akten und Nachlässen derzeit nicht zu klären. Tatsächlich finden sich in dem Würzburger RSF/NSDStB-Bestand nur einzelne und unvollständige Personalakten. Denkbar, wenn auch nicht belegbar, und im Hinblick auf die hinhaltende Taktik der Dresdner Geschäftsführung bis zur Gründung des RSW und der Auflösung der Studienstiftung auch plausibel (siehe die Kapitel III 1. und 2.) wäre die Erklärung, daß man zumindest einige Personalakten ganz bewußt nicht aus der Hand und an nationalsozialistische Stellen gab, um damit die ehemaligen Stipendiaten zu schützen. Denkbar ist auch ein Kriegsverlust. Das bleibt allerdings Spekulation. Zu berücksichtigen ist auch der geringe bürokratische Organisationsgrad der alten Studienstiftung, die bei der Bearbeitung der Personalakten von den Ordinarien und studentischen Hilfsstellen an den Universitäten abhängig war. Derzeit bemüht sich Prof. Dr. Manfred Heinemann, Hannover, in Moskauer Spezialarchiven um den möglichen Verbleib der Akten.
182 Vgl. aus seinen Veröffentlichungen: Wolf-Hartmut Friedrich, Dauer im Wechsel. Aufsätze. Hg. v. C. Joachim Classen, Ulrich Schindel. Göttingen 1977.

Selbständigkeit, auch im Umgang mit den Behörden der studentischen Selbsthilfe an der Universität München, wollte gelernt sein. Einen gewissen Trost bedeutete allerdings die intensive Beschäftigung mit den Kunstschätzen der ‚leuchtenden' Künstlerstadt.

Am Ende des zweiten Semesters, dem Sommersemester 1926, stand für Friedrich die endgültige Aufnahme in die Studienstiftung an, über deren Ablauf er ausführlich berichtet hat.[183] Üblich war damals der Nachweis von insgesamt zwölf Wochenstunden, ähnlich den heute üblichen Semesterwochenstunden, zum Beispiel in Form von Hauptvorlesungen, die mit mündlicher Prüfung abschlossen. Aufgrund eines angesichts des väterlichen altphilologischen Vorbilds nachvollziehbaren Interesses für die alten Sprachen, hatte sich Friedrich auch in der Philosophischen Fakultät eingeschrieben und brachte nun auch historische und altsprachliche Vorlesungen in die Prüfung zur endgültigen Aufnahme ein:

> „Wir waren angewiesen, unsere Dozenten darauf aufmerksam zu machen, daß sie höhere Ansprüche zu stellen hätten als bei einer gewöhnlichen Hörgeldprüfung. Trotzdem verfuhren sie mit mir recht großzügig, überaus gutmütig der Germanist Otto Maußer,[184] kurz angebunden aber gnädig der berühmte Gräzist Eduard Schwartz;[185] sehr viel genauer nahm es der Latinist Johannes Stroux,[186] und bei ihm glaube ich die beste Note am ehesten verdient zu haben. Das war in München kurioserweise nicht die Eins, sondern eine 0,5."[187]

Der Fachwechsel vom wirtschaftlich motivierten Zweckstudium der Rechtswissenschaft zum Neigungsfach Altphilologie bereitete somit – wie übrigens in den überwiegenden Fällen von begründeten Fachwechseln bei Stipendiaten – keinerlei Schwierigkeiten: auch dies war ein Beitrag zur Individualisierung des Studienverhaltens. Hinter dieser Flexibilität der Förderung stand offensichtlich der Gedanke, daß ein Stipendiat, der den Anforderungen der Förderung charakterlich entspricht, durchaus in der Lage ist, eine solche Entscheidung in der Abwägung zwischen Neigung und Notwendigkeit verantwortlich für sich selbst und vor der Studienstiftung zu treffen, die ihn der gröbsten wirtschaftlichen Sorgen nicht zuletzt deshalb enthob, damit er eine solche Entscheidung treffen könne. Friedrich wurde als ‚Nummer 1', als erstes Vollmitglied, in die Studienstiftung aufgenommen. Dies wiederum half erheblich, den Studienfachwechsel gegenüber der eigenen Familie plausibel erscheinen zu lassen. Das private Zusammensein mit den Münchner Vertrauensdozenten hat sich Friedrich tief eingeprägt: diese Begegnungen rückten das akademische Personal in ein anderes, persönlicheres, auch menschlicheres Licht: „Protektor der Stu-

---

183 StA WÜ RSF I 60 192/2: WiHi der DSt/StSt, Rundschreiben Nr. 15/26, Dresden, 29.4.1926: „Zeugnisse und Berichte. Um verschiedene Unklarheiten zu beseitigen, teilen wir nochmals mit, daß am Ende jeden Semesters außer dem eigenen Bericht des Mitglieds der Bericht des Wirtschaftskörpers und Vertrauensdozenten einzusenden ist. Hierbei ist sehr erwünscht die Beifügung von Hochschulzeugnissen. Jedoch möchten wir bitten, daß diese Zeugnisse von den einzelnen Fachdozenten möglichst individuell abgefaßt werden und sich nicht auf Ausfüllung der üblichen Formulare beschränken. Wir glauben, daß durch entsprechende rechtzeitige Fühlungnahme mit den Fachdozenten dies erreicht werden kann."
184 1880–1942; Altgermanist und Dialektforscher des Bayerischen; 1920 ao. Prof. in München, 1938 in Königsberg, ab 1942 in München; u.a. ‚Mittelhochdeutsche Grammatik' (1933).
185 1858–1940; 1887 Prof. in Rostock, 1893 in Gießen, 1897 in Straßburg, 1902 in Göttingen, 1909 in Freiburg i.Br., 1913 in Straßburg, 1919 in München.
186 1886–1954; 1914 Prof. in Basel, 1922 in Kiel, 1923 in Jena, 1924 in München und 1935 in Berlin. Mitherausgeber von ‚Die Antike' und ‚Philologus'.
187 StSt-A Bonn: Wolf-Hartmut Friedrich, Studienstiftung Nr. 1, in: Erinnerte Geschichte, S. 11–16, 13.

dienstiftung war hier Professor v. Beling,[188] ein gütiger und vornehmer Jurist. Damals (...) ermahnte er uns, (...) die deutsche oder doch deutsch gewordene Schrift beizubehalten."[189] Knappheit war der Grundzug der wirtschaftlichen Seite der Förderung, auch wenn Friedrich pro Semester insgesamt durch die mütterliche Unterstützung und die Differenzzahlung der Studienstiftung nach Haushaltsplan[190] über 120,- Mark verfügte: eine für München angemessene, im Vergleich mit anderen Städten hohe Summe. In den Semesterferien erteilte Friedrich Latein-Nachhilfeunterricht zu dem von der Wirtschaftshilfe festgesetzten Tarif von 2,50 Mark die Stunde. Sonderausgaben, zum Beispiel für studienwichtige Bücher, mußten die Dozenten schriftlich bescheinigen. Seine Mittel reichten aus, am kulturellen Leben Münchens teilzunehmen, außerdem für häufige Kinobesuche, für Studienreisen reichten sie nicht: „Meine weiteste Reise war eine Gruppenfahrt nach Weimar gewesen. Der Besuch der klassischen Mittelmeerländer, heute für jeden angehenden Altphilologen eine Selbstverständlichkeit, wurde von mir und allen meinen Bekannten auf die Zeit nach dem Studium vertagt."[191] Studienwechsel waren, anders als heute, eine Selbstverständlichkeit. Friedrich wechselte, angezogen durch die Altphilologen Richard Heinze[192] und Alfred Körte,[193] nach Leipzig, um dann Eduard Fraenkel[194] über Kiel nach Göttingen und Freiburg zu folgen. Diese zahlreichen Wechsel brachten interessante Begegnungen mit sich, so in Göttingen mit dem Literaturhistoriker und Hölderlin-Herausgeber Friedrich Beißner.[195] Die Auseinandersetzung mit Politik habe allerdings, so Friedrich, im studentischen Alltag kaum eine Rolle gespielt, „obwohl man die kultivierte Vossische Zeitung (...) in der Mensa nicht entfalten konnte, ohne Protest hervorzurufen, und obwohl die Nationalsozialisten unter den Studenten und im Stadtbild nicht mehr zu übersehen waren. Daß denen die deutsche Zukunft gehören

---

188 Gemeint ist Ernst von (seit 1912) Beling, (1866–1932) Strafrechtler, 1866–1932, seit 1913 Professor in München. Er gehörte zur klassischen Strafrechtsschule und entwickelte vor allem die Tatbestandslehre und Kriminologie weiter; u.a. ‚Die Lehre vom Verbrechen' (1906), ‚Die Lehre vom Tatbestand' (1930).
189 StSt-A Bonn: W.-H. Friedrich, Studienstiftung Nr. 1, S. 14.
190 StA WÜ RSF I 60 192/2: StSt-Rundschreiben 15/26: „Haushaltspläne. Grundsätzlich sei bemerkt, daß Beträge für Gebühren und Vorlesungen nicht in den Haushaltsplan aufgenommen werden; nach Entscheidung über die von allen Mitgliedern der Studienstiftung einzureichenden Gebühren- und Kolleggelderlaßgesuche bitten wir die Wirtschaftskörper, uns die restlichen Quästurverbindlichkeiten der Mitglieder der Studienstiftung bekanntzugeben unter gleichzeitiger Mitteilung der Höhe des Gebühren- und Kolleggelderlasses im Einzelfall. (...) Desgleichen bitten wir, Mensabeträge nicht in den Haushaltsplan aufzunehmen, so daß monatliche Ausgaben für Mittags- und Abendtisch nur dann im Haushaltsplan erscheinen dürfen, wenn Mitglieder der Studienstiftung nicht in der Mensa essen."
191 StSt-A Bonn: W.-H. Friedrich, Studienstiftung Nr. 1, S. 14.
192 1867–1929; Prof. in Berlin, Königsberg, Leipzig; u.a. Herausgeber von Lucretius, De rerum natura (1897).
193 1866–1946; 1899 Prof. in Greifswald, 1903 in Basel, 1906 in Gießen, 1914 in Freiburg i.Br., 1917 in Leipzig; Direktor der Studentischen Fürsorge Leipzig 1926; Mitglied der Sächsischen Akademie der Wissenschaften.
194 1888–1970; 1923 Prof. in Kiel, 1928 in Göttingen, 1931 in Freiburg i.Br. 1935 in Oxford; u.a. Herausgeber Aeschylus, Agamemnon (1950).
195 1905–1977; 1944 Prof. in Gießen, 1945 in Tübingen; u.a. Hg. der Stuttgarter Hölderlin-Ausgabe (1943–1984).

könnte, ging über unseren schöngeistigen Horizont."¹⁹⁶ Den Sinn der Förderung durch die Studienstiftung hat Friedrich für sich dahingehend zusammengefaßt, „daß ich (...) mich nicht auf einen ungeliebten Beruf verfrüht festzulegen brauchte, sondern Freiheit und Zeit erhielt herauszufinden, welche Betätigung meinen begrenzten Fähigkeiten am ehesten entspräche (...)."¹⁹⁷

Friedrich wurde nach einer Mitarbeit am ‚Thesaurus Linguae Latinae' 1935 Lektor an der Universität Köln, 1937 dort Assistent und 1938 Privatdozent an der Universität Hamburg; 1941 ao. Professor an der Universität Rostock. Nach Wehrdienst und Kriegsgefangenschaft vertrat er 1946 zunächst einen Lehrstuhl für klassische Philologie, 1948 wurde er als o. Professor an die Universität Göttingen berufen, 1972 emeritiert.

b) Hans-Joachim Elster: Biologie

Hans-Joachim Elster, 1908 in Bernburg/Saale geboren,¹⁹⁸ war in seiner Kindheit vor dem Ersten Weltkrieg sowohl durch erste religiöse Eindrücke als auch durch intensive Naturanschauung geprägt worden – aus heutiger Sicht der ‚Hochbegabungs'-Forschung ein ganzes Bündel von *meaningful experience* und wichtiger Faktor in der Formierung von ‚Hochbegabung'.¹⁹⁹ Aus diesen frühen Erfahrungen erwuchs der Wunsch, Pfarrer zu werden. Elsters Vater verstarb 1918. Nach dem Krieg entwickelte sich sein Interesse deutlich in naturwissenschaftlicher Richtung:

> „Mit 14 Jahren, am Vorabend meiner Konfirmation, gründete ich in Bernburg einen Verein der Aquarien- und Terrarienfreunde (...) und organisierte kurz darauf eine Jugendgruppe für Schüler aller Bernburger Schulen von den Volks- und Mittelschulen bis zu den Gymnasien, mit denen ich an schulfreien Tagen ‚Tümpeltouren' bzw. naturkundliche Ausflüge in die Auenwälder des Saaletales und periodischen Gewässer unternahm."²⁰⁰

Elster begeisterte sich für die monistischen Lehren Ernst Haeckels und geriet darüber in Konflikte mit Lehrern seines humanistischen Gymnasiums. Diese intellektuelle Eigenwilligkeit verhinderte nicht, sondern trug möglicherweise sogar dazu bei, daß Elster von seiner Schule schließlich für die Studienstiftung vorgeschlagen wurde. Ohne Unterstützung wäre auch für ihn ein Studium undenkbar gewesen:

---

196 StSt-A Bonn: W.-H. Friedrich, Studienstiftung Nr. 1, S. 16; vgl. dazu das Beispiel Hamburgs bei G.J. Giles, Students and National Socialism, S. 14–43.
197 StSt-A Bonn: W.-H. Friedrich., Studienstiftung Nr. 1, S. 14.
198 Vgl. aus seinen Veröffentlichungen: Hans-Joachim Elster, Der Einzelne und die Gemeinschaft. Vorträge von Arnold Bergstraesser, Hans-Joachim Elster. Freiburg i.Br. 1963; ders., Naturwissenschaft und Technik: Unser Verhältnis zur Dritten Welt. Zwischen Eigennutz, Indifferenz und Verantwortung. Stuttgart 1984; ders., Verantwortung in Wissenschaft, Wirtschaft, Schule und Gesellschaft für zukünftige Generationen. Stuttgart 1991; ders., Humanökologie und Menschenbild: Mythos, Semantik, Grenzen und Bedeutung von Wissenschaft, Freiheit, Verantwortung und Bildung. Stuttgart 1994; Hartmut Kausch (Hg.), Festschrift anläßlich der Vollendung des 70. Lebensjahres von Herrn Prof. Dr. H.-J. Elster. am 6.5.1970 und von Herrn Prof. Dr. W. Ohle am 10.2.1978. Stuttgart 1978.
199 Dazu Hartmut Rahn, Interessenstruktur und Bildungsverhalten. Die Bedeutung außerschulischer Interessen, Erfahrungen und Aktivitäten für die Voraussage des Bildungsverhaltens von Schülern der gymnasialen Oberstufe. Braunschweig 1978, S. 68 ff.
200 StSt-A Bonn: H.-J. Elster., Wunsch und Erfüllung, in: Erinnerte Geschichte, S. 17–26, 18.

> „In der Inflation hatten wir nach dem Tode meines Vaters jede finanzielle Grundlage verloren, meine Mutter mußte ein Konkursverfahren eröffnen und lernte mit mir Latein, damit wir gemeinsam durch Nachhilfestunden unseren Lebensunterhalt und die Arztkosten für meine kranke Schwester verdienen konnten. Ich gab bis 15 Nachhilfestunden wöchentlich und war froh, daß wir trotz galoppierender Inflation zu essen hatten, da ich einen Bäckersohn als Schüler hatte, der jede Nachhilfestunde mit einem Kilo Brot bezahlte!"[201]

Zunächst hatte Elster jedoch damit gerechnet, nach dem Abitur eine nur mühsam errungene Banklehrstelle in Bernburg anzutreten. Die Nachricht der vorläufigen Aufnahme in die Studienstiftung war folglich eine Erlösung vom vorgezeichneten Weg in eine ungeliebte Berufslaufbahn mit engen Grenzen. Zu Beginn des Wintersemester 1925/26 immatrikulierte sich Elster in Leipzig. Auch ihn traf die Erfahrung der Erstsemester-Verlorenheit, da die praktische Studienorganisation noch ganz traditionell, also ohne flankierende Studienberatung, dem einzelnen überlassen blieb. So erlegte er sich einen kaum durchzuhaltenden Stundenplan mit insgesamt 29 Wochenstunden aus Vorlesungen und Kollegs auf:

> „Voller Spannung und Erwartung betrat ich zum ersten Mal das Zoologische Institut zur ersten zoologischen Vorlesung, fand im großen Hörsaal noch einen Sitzplatz (bald waren auch die Treppen, Gänge und Fensterbänke mit Studenten besetzt), und dann wurde die Tür von einem weißhaarigen Diener (...) aufgerissen und herein kam, schon sprechend, der Ordinarius, Prof. Meisenheimer,[202] dessen erste Sätze zu meinem Bedauern im Begrüßungsgetrappel des überfüllten Hörsaales untergingen."[203]

Meisenheimer riet Elster im persönlichen Gespräch von der Hochschullaufbahn ab und verwies ihn auf das Staatsexamen für das Lehramt an höheren Schulen als realistischeres Ziel. Elster ließ sich jedoch nicht beirren. Als Chance erwies sich die Begegnung mit einem jüngeren Leipziger Dozenten in einem Praktikum, der über Verbindungen zu einem Forschungsprojekt des Instituts für Seenforschung in Langenargen am Bodensee verfügte. Elster wechselte im Sommersemester 1927 nach Freiburg, um von dort aus als Gast an der Forschungsarbeit am Bodensee teilnehmen zu können.[204] Zwischendurch bot eine von Paeckelmann organisierte Gemeinschaftsveranstaltung Abwechslung und Erholung:

> „Eine oasenhafte Erholungspause in diesem angestrengten Semester war der Besuch von Oberstudiendirektor Paeckelmann bei seiner Freiburger Studienstiftungsgruppe mit einer gemeinsamen Wanderung im Schwarzwald auf den Feldberg, wo wir am Abend, auf dem Steilhang zum Feldsee sitzend, jugendbewegte Lieder sangen und in der Dämmerung zur Todtnauer Hütte ins Nachtquartier zogen – in meiner Erinnerung weniger eine wissenschaftskritische als eine mit Einschluß unseres Studienstiftungschefs Paeckelmann jugendbewegte, frohe Kameradschaftsgruppe."[205]

---

201 Ebd., S. 19.
202 Gemeint ist Johannes Meisenheimer (1873–1933); 1899 Habilitation in Marburg, 1900 an der Zoologischen Station Neapel, 1910 Prof. in Jena, Kustos am Phyletischen Museum; 1914 Prof. für Zoologie in Leipzig; vgl. ders., Friedrich Czapek, Ratgeber für die Studierenden der Botanik und Zoologie. Halle a.d.S. 1921; ders., Entwicklungsgeschichte der Tiere. Berlin ^{2}1933; siehe Martin Müllerot, Johannes Meisenheimer, in: NDB. Bd. 16. Hg. v. der Histor. Kommission der Bayer. Akademie der Wissenschaften. Berlin 1990, S. 686 f.
203 StSt-A Bonn: H.-J. Elster, Wunsch und Erfüllung, S. 20.
204 Vgl. DFG (Hg.), Bodensee-Projekt der DFG. Bearb. v. H.-J. Elster. Wiesbaden o.J.
205 StSt-A Bonn: H.-J. Elster, Wunsch und Erfüllung, S. 22.

Auch Elster erhielt nun eines jener stets persönlichen Schreiben, mit dem die Dresdner Zentrale der Studienstiftung die Mitteilung der endgültigen Aufnahme bekanntgab und zugleich auf die moralische Verpflichtung des Stipendiums hinwies:

"Wir begrüßen Sie hiermit herzlich in der Gemeinschaft der ‚Studienstiftung des Deutschen Volkes' und hoffen, daß ein enges Vertrauensverhältnis die Grundlage bilden wird für unser Zusammenarbeiten in den nächsten Jahren. Auf dieser Grundlage wird es uns vergönnt sein, Ihnen die äußeren Bedingungen zu gewähren, die Sie benötigen, um in den nächsten Jahren dem hohen Ziele einer wissenschaftlich und menschlich gleich hochstehenden Bildung in Ihrem Studienfach so nahe wie möglich zu kommen.
Wir sind sicher, daß auch Sie der Gemeinschaft der ‚Studienstiftung des Deutschen Volkes' nicht nur als Empfangender angehören wollen, sondern auch als Helfender in dem Sinne, daß Sie mit Ihren ganzen Kräften in Ihren höchsten Ausbildungsformen dem deutschen Volke in den kommenden schweren Jahrzehnten dienen wollen. Eine besondere Freude wird es für uns sein, wenn Sie außerdem gewillt sein werden, in Ihrem späteren Berufsleben an der ‚Studienstiftung des Deutschen Volkes' selbst mitzuwirken, vor allem bei der Aufbringung der Mittel, die nötig sind, um diese Einrichtung zu einem dauernden Werke auszubauen, so daß auch in späteren Jahrzehnten jungen Menschen der gleiche Weg geöffnet werden kann, den wir Ihnen jetzt eröffnen dürfen und auf dem Sie unsere besten Wünsche begleiten."[206]

Elster wurde 1931 promoviert, 1951 in Freiburg habilitiert. Von 1931 bis 1945 war er wissenschaftlicher Leiter des Instituts für Seenforschung in Langenargen/Bodensee, ab 1948 wiss. Leiter der Hydrobiologischen Station Falkau; seit 1951 Privatdozent, 1957 apl., 1962 ao. und schließlich ab 1966 o. Professor in Freiburg, außerdem Direktor des Limnologischen Instituts Konstanz-Egg.

An der hohen wissenschaftlichen, über die Grenzen der eigenen Disziplin und des eigenen Fachs, nicht selten auch, wie Elsters Studienanfänge zeigen, über die Grenzen der Aufnahmefähigkeit hinausgehenden Motivation der ersten Stipendiaten konnte kein Zweifel sein. Hier studierten junge Leute, die ihr Studium als Berufung verstanden und so ernst wie einen Beruf nahmen. Aber war die damalige Studienstiftung deshalb schon, wie das Aufnahmeschreiben programmatisch ankündigte, eine ‚Gemeinschaft'?[207] Anders und weiter gefragt: war die Gemeinschaft der Studienstiftung ein Instrument der Erziehung hin zur größeren Gemeinschaft des deutschen Volkes, so wie es die offizielle Selbstdarstellung mit der Ermunterung zum Dienst am deutschen Volk zum

---

206 StSt-A Bonn: WiHi der DSt/StSt an Rudolf Thomas, Dresden, 29.4.1926.
207 Zur Geschichte des ‚Gemeinschafts'-Begriffs in der deutschen politischen Philosophie vgl. vor allem Hermann Lübbe, Politische Philosophie. Studien zur ihrer Geschichte. München 1974 (zuerst Basel 1963), S. 206. Lübbe betont die Verbindung zu den auch für die deutsche Zwischenkriegszeit das politische Klima prägenden ‚Ideen von 1914'.

Leitbild erklärte?[208] In den Empfehlungsschreiben der Gymnasien, es ist schon davon die Rede gewesen, hatte die idealistisch nationale Motivation zu diesem Dienst eine wichtige Rolle gespielt – ganz anders im Studienalltag der Stipendiaten. Hier zeigte sich vielmehr ein ganz anderes Verhalten, zeigten sich völlig andere Rechtfertigungsmuster, die viel stärker auf persönliche Tüchtigkeit und Bewährung, in Ansätzen sogar auf individuelle Selbstentfaltung abstellten; so zum Beispiel in einem – in seiner Deutlichkeit allerdings seltenen – Semesterbericht aus dem Jahr 1929: „Ich bin nicht nach Wien gegangen, um irgend etwas Besonderes auf der Universität zu hören, was mir auf anderen Universitäten nicht geboten werden kann. Es gibt Studiengebiete, die nicht auf der Universität betrieben werden können, sondern im Leben liegen. Ich halte diese für wichtiger."[209] In Grenzen mochte die idealismusferne Nüchternheit in der Härte der Alltagsanforderungen begründet sein, die von den hehren Zielen auf die konkreten Notwendigkeiten verwies. Aber das schien nicht alles zu sein und vor allem nicht das ausgeprägte Selbstbewußtsein zu erklären, das nicht wenige Studienstiftler kennzeichnete. Der Normaltypus des Studienstiftlers schon der ersten Generation argumentierte, zum Beispiel in den Semesterberichten, im Blick auf seine wissenschaftliche Entwicklung nicht nur hochgradig individualistisch, sondern auch hochgradig zielorientiert. Nicht der Dienst am deutschen Volk, sondern die Erreichung des persönlich gesetzten Ziels stand im Mittelpunkt seines Interesses. Dieser konsequente, die Auswahlkriterien in persönliche Motivation umsetzende Individualismus, ja kühle Rationalismus, war nur sehr begrenzt gemeinschaftsfähig.

Die Gemeinschaftserfahrung in der Studienstiftung blieb, wie auch Elster es charakterisierte, die Ausnahmeerfahrung einer in der Regel hart und kontrovers, zuweilen etwas abgehoben diskutierenden Gemeinschaft von Individualisten, sei es auf einer Bergwanderung oder bei einem Treffen im Haus des Vertrauensdozenten. Insofern hatten die programmatisch gemeinschaftsbezogenen und nationalen Zielbestimmungen der Studienstiftung in ihren Rundschreiben und Veröffentlichungen auch eine pädagogische Korrektivfunktion:[210] die Wirklichkeit, das stellte schon der erste Stipendiatenjahrgang unter Beweis, war anders.

---

208 Auch im liberalen Bürgertum war der Gemeinschaftsbegriff ein zentrales Instrument der Gegenwartskritik; vgl. z.B. Gustav W. Heinemann, Tagebuch 9. Mai 1920: „Das Bürgertum fußt auf dem Individualismus. Das war seine Stärke und ist seine Schwäche. Einst konnte es damit alte Gegebenheiten überwinden und eine großartige wirtschaftliche Entwicklung heraufführen. Heute ist der einst gemeinsame Wille zum Individualismus, zum Liberalismus zur Individualität und zur Liberalität geworden. Das anfänglich solidarische Streben nach allgemeiner Freiheit hat im Endergebnis zur Auflösung der Solidarität seiner Träger geführt (...)." Gustav W. Heinemann, Wir müssen Demokraten sein. Tagebuch der Studienjahre 1919–1922. Hg. v. Brigitte und Helmut Gollwitzer. München 1980, S. 58 f. Zur Bedeutung der Begriffe ‚Gemeinschaft' und ‚Gesellschaft' in den soziologischen Kontroversen Werner Sombarts und Ferdiand Tönnies vgl. Friedrich Lenger, Werner Sombart, 1863–1941. Eine Biographie. München 1994.
209 StA WÜ RSF I 60 p 577: Arnold Leetz, Semesterbericht SS 1929.
210 Mit der Einrichtung der Sommerakademien der Studienstiftung Ende der 1960er Jahre entstand das seither charakteristische Instrument ansatzweiser ‚Gemeinschaftsbildung' in der Studienstiftung. Selbstverständlich erschöpft sich die Zwecksetzung dieser durch ihre wissenschaftliche Qualität und Interdisziplinarität attraktiven Veranstaltungen nicht in dieser pädagogischen Funktion.

Die Förderung von ‚Hochbegabten' zeigte eine erstaunliche Eigendynamik. Nicht der national-solidarische Werkstudent mit starker Einbindung in studentische Gemeinschaftsformen und in das studentische Milieu war in der Studienstiftung die Regel, sondern ein ganz anderer Typus mit Charakteristika, die, oberflächlich betrachtet, widersprüchlich wirken mußten: intelligent, aber intellektuell reflektiert; rational, aber begeisterungsfähig; engagiert, aber zweckgerichtet; diszipliniert, aber flexibel; selbstbewußt, aber nicht elitär; vor allem aber: in hohem Maße mobil und außerordentlich leistungsbereit. Der Studienstiftler war ein Inbegriff des erfolgreichen Aufsteigers aus der Bildungsreserve. Hans-Ulrich Wehler hat diesen Typus in seiner Ambivalenz, ja Widersprüchlichkeit beschrieben: „Moderner Wandel erzeugt einen Persönlichkeitstypus, der an Wandel an sich interessiert ist und ihn in alle Lebenssphären hinein ausdehnt. Tatsächlich ist aber oft eine fast schizophren anmutende Nachbarschaft von Innovationsbereitschaft und Konservatismus in ein und derselben Person oder Gruppe nachweisbar (...)."[211]

Die von Ulich und Wohlfahrt in ihrer soziologischen Studie erstellte Übersicht zur ‚Verschiedene(n) soziale(n) Herkunft der in die Studienstiftung aufgenommenen Männer innerhalb der einzelnen Fakultäten' zeigt, daß bei der Rekrutierung in allen Fächern außer der Medizin die mittlere soziale Schicht gegenüber der oberen und unteren dominierte: am deutlichsten in den mathematisch-naturwissenschaftlichen Fächern mit 47,7% gegenüber 23,2% (obere soziale Schicht) und 29,1% (untere soziale Schicht); in den philosophisch-philologisch-historischen, den traditionellen Aufsteiger-Fächern 45,7% gegenüber 27,3% und 27,0%; in den immer wichtiger werdenden Ingenieurswissenschaften 43,7% gegenüber 33,6% und 22,7%; in der Theologie 43,2% gegenüber 31,9% und 24,9%; in der Rechtswissenschaft 39,7% gegenüber 28,7% und 31,6%. Nur in der Medizin dominierte die obere soziale Schicht mit 42,2% gegenüber der mittleren mit 37,0% und der unteren mit 20,8%. Der Durchschnitt von 43,6% aus der mittleren sozialen Schicht für alle Fakultäten machte den Mittelstandscharakter in der Zusammensetzung der Stipendiatenschaft klar.[212] In diesem sozialen Rekrutierungsprofil dominierten wiederum bestimmte Berufsgruppen der Väter: es führten die mittleren Beamten mit 16,8%[213] vor dem Kleingewerbe mit 15,3%.[214] Den Charakter der Aufsteiger-Förderung machte vor allem der außerordentlich hohe Anteil von 14,1% Arbeiterkindern aus,[215] der selbst den Anteil der Kinder höherer Beamter, 13,9%,[216] leicht übertraf. Hier ließ sich feststellen, daß die Studienstiftung also ihrem emanzipatorischen Programm gerecht wurde.[217]

---

211 Hans-Ulrich Wehler, Modernisierungstheorie und Geschichte (1975), in: ders., Die Gegenwart als Geschichte. Essays. München 1995, S. 13–59, 30.
212 StSt-A Bonn: R. Ulich, E. Wohlfahrt, Zur Bildungssoziologie des akademischen Nachwuchses in Deutschland, Anhang.
213 Vergleichszahl WS 1932/33, Gesamtstudentenschaft: 28,3%; ebd.
214 Vergleichszahl WS 1932/33, Gesamtstudentenschaft: 14,1%; ebd.
215 Vergleichszahl WS 1932/33, Gesamtstudentenschaft: 3,3% (!); ebd.
216 Vergleichszahl WS 1932/33, Gesamtstudentenschaft: 15,6%; ebd.
217 Die mittleren Angestellten kamen auf 9,4% (Gesamtstudentenschaft: 6,1%), die unteren Beamten auf 9,1% (Gesamtstudentenschaft: 3,0%), die freien Berufe auf 6,7% (Gesamtstudentenschaft: 6,5%), die mittleren Gewerbetreibenden auf 6,5% (Gesamtstudentenschaft: 8,9%), die unteren Angestellten auf 3,8% (Gesamtstudentenschaft: 1,5%), die leitenden Angestellten auf 3,2% (Gesamtstudentenschaft: 5,8%), der Großhandel auf 1,2% (Gesamtstudentenschaft: 6,9%); ebd.

Die auffällige Widersprüchlichkeit der Eigenschaften des Studienstiftlers scheint folglich in erster Linie eine wirkungsvolle Strategie zur persönlichen Überwindung der sich im Mittelstandscharakter der Gesamtstudentenschaft manifestierenden Anpassungs- und Strukturkrise des Bildungsstaats gewesen zu sein. Und möglicherweise lag der wesentliche Effekt der Förderung durch die Studienstiftung als einer dezidierten Förderung für Neuakademiker aus dem unteren Mittelstand und aus der Arbeiterschaft, ohne die Wichtigkeit der materiellen Unterstützung zu unterschätzen, in einem Auswahl- und Betreuungsverfahren, welches die Ausbildung einer solchen Strategie bei den Stipendiaten außerordentlich förderte.

c) Walther Hinz: Iranistik

Walther Hinz, geboren 1906 in Stuttgart, war ein in vieler Hinsicht charakteristisches Beispiel dieser Strategie. Als neuntes Kind seiner Eltern hatte nur er eine höhere Schule besuchen können. Beide Eltern verstarben früh. Nach dem 1925 mit ‚sehr gut' bestandenen Abitur, das zugleich auch die Grundlage des Vorschlags bei der Studienstiftung war, trat Hinz vor Studienantritt als Volontär bei einer Stuttgarter Verlagsbuchhandlung an. Das brachte nicht nur praktische Erfahrungen „‚sowohl beim Vertrieb und Versand, wie auch anschließend bei der Buchherstellung'", wie Hinz aus seinem Zeugnis zitiert,[218] sondern auch ein bescheidenes finanzielles Polster für die erste Zeit des Studiums. Er ging nach Leipzig, um an der Handelshochschule Buchhandelslehre zu studieren. Seine wirtschaftliche Situation im Semester war bei einem Stipendium von 135 RM angesichts einer Zimmermiete von 35 RM und eines durch Mithilfe in der Mensa verdienten Freitischs gesichert. In den Semesterferien war auch Hinz, der nicht zu seiner Familie nach Hause fahren konnte, finanziell auf sich selbst gestellt. Seine durch das Stipendium gewonnene Freiheit wollte er in keiner Richtung eingeschränkt sehen, auch nicht durch das für viele Studenten seit 1918 wieder attraktiver werdende Angebot männerbündlerischen Korpsgeists und traditionalistischer, in der Praxis eher recht bierselig-dumpfer Geselligkeit in den rechtslastigen Verbindungen:[219] „Als Abgesandte von studentischen Korporationen mich für ihre Verbindung zu gewinnen suchten, war ich sprachlos: Ich sollte meine so sehnlich errungene Freiheit aufge-

---

218 StSt-A Bonn: Walther Hinz, ‚Nummer 25', in: Erinnerte Geschichte, S. 27–34, 28.
219 Vgl. K.H. Jarausch, Deutsche Studenten, S. 143; Studienstiftler scheinen generell und schon seit den 1920er Jahren die Mitgliedschaft in einer studentischen ‚Verbindung' und die Rolle als Studienstiftler für weitgehend unvereinbar zu halten. Vgl. StSt-A Bonn: Alwin Hinzpeter, Stärkung des Selbstbewußtseins, in: Erinnerte Geschichte, S. 35–40, 37: „Ich wurde mir aber bald klar, daß es für einen normalen Studenten – als solcher fühlte ich mich – nicht möglich war, seine Studienbedingungen übernormal zu erfüllen, wie ich es mußte, und gleichzeitig als ‚Fuchs' einer Korporation anzugehören." Die von Nipperdey referierten, schon im Kaiserreich gängigen Vorwürfe an die ‚Korporierten': „Kastengeist, Waffen- und Ehrmanie, Autoritarismus, Verdummung und Versumpfung, Patronage" waren unter Studienstiftlern verbreitet. Thomas Nipperdey, Deutsche Geschichte 1866–1918. Bd. 1: Arbeitswelt und Bürgergeist. München ^{3}1993, S. 583. Auch zeitgenössisch gab es scharfe Kritik: Gerhard Keßler, Der Student in der neuen deutschen Gesellschaft, in: Studentenwerk 3 (1929), S. 345–357 f.: „Können wir wirklich in Seelenruhe ‚tausend Biere' (...) trinken, während Zehntausende Kinder gewerblich arbeiten müssen (...)? Ich halte nichts von ‚vaterländischer Begeisterung' und ‚völkischen Hochzielen', solange der gedankenlose und verantwortungslose akademische Alkoholismus noch unter uns fortlebt." Zum Vergleich siehe auch die Beschreibung von Oberschüler-‚Kommersen' mit habituellem Antisemitismus bei Victor Klemperer, Curriculum vitae. Erinnerungen 1881–1918. Berlin 1996, S. 231 ff.

Studienstiftler der ersten Stunde   71

ben? Höflich aber entschieden lehnte ich ab."[220] Der Studiengang Buchhandelslehre erfüllte Hinz' Vorstellungen von universitärer Bildung durch Wissenschaft und persönlicher Allgemeinbildung aber nicht in ausreichendem Maß, so daß er begann, sein eigenes *studium generale* zu betreiben:

> „Von acht bis neun Uhr hörte ich eine Einführung ins juristische Denken, von neun bis zehn lernte ich Russisch. Danach kam Volkswirtschaft. Von elf bis zwölf hörte ich bei Wilhelm Pinder[221] Kunstgeschichte, von zwölf bis eins bei Hans Driesch[222] Philosophie, wobei mich seine Abstecher in die Parapsychologie besonders fesselten. Die Nachmittage füllten sich mit Vorlesungen über Musikwissenschaft, englische Literaturgeschichte von Rossetti bis Wilde und anderem. Nach Übungen zur russischen Handelskorrespondenz besuchte ich eine Vorlesung über Sexualkunde für Hörer aller Fakultäten. An Samstagen schlich ich mich sogar in die Kurse des berühmten Chirurgen Erwin Payr[223] und schaute seinen Operationen zu."[224]

Neben diesem umfangreichen, kaum zu bewältigenden Programm nutzte Hinz das großstädtische kulturelle Angebot von Konzerten in der Thomaskirche bis zur Oper: so intensiv, daß sein Leipziger Vertrauensdozent, der Altphilologe Alfred Körte, ihn schließlich ernsthaft ermahnte, sich nicht zu verzetteln. Hinz nahm die Ermahnung ernst und kümmerte sich zur Anwendung seiner außergewöhnlichen Sprachkenntnisse um einen Posten beim Akademischen Übersetzungs- und Dolmetscherbüro, einem von Studenten betriebenen Dienstleistungsbetrieb in der Messestadt. Er übersetzte täglich englisch, französisch und italienisch und erzielte monatliche Zusatzeinkünfte von bis zu 150 RM. In seinem Studium legte er den Schwerpunkt auf Zeitungswissenschaft und osteuropäische Geschichte, so daß er Anfang 1927 problemlos endgültig in die Studienstiftung aufgenommen wurde. In den Semesterferien war immer noch Gelegenheit zu ausgedehnten wie äußerlich bescheidenen Reisen, von denen viele Stipendiaten berichten. Dies waren nicht allein persönlich prägende Erlebnisse aus einer Zeit, die noch keine grenzüberschreitende Massenmobilität und erst recht keinen studentischen Tourismus kannte. Das eigene Erleben europäischer Nachbarländer im Rahmen der beschränkten Möglichkeiten, die Auseinandersetzung mit Land und Leuten war dieser Stipendiatengeneration ein tiefes Bedürfnis: „Im Herbst 1926 unternahm eine Gruppe von uns eine Bahn- und Wanderreise nach Belgien, wo wir die flandrischen Schlachtfelder besichtigten, und nach Frankreich, Paris eingeschlossen. Im Süden wanderten wir durch die Côte d'Azur. Wir lebten von Griesbrei (...) und von Feigen in den Gärten, in denen wir zelteten."[225] Hinz' Studienschwerpunkt Zeitungswissenschaft prädestinierte ihn für die Mitarbeit bei der Leipziger Studentenpresse, doch auch seine ehrenamtliche Tätigkeit hielt ihn nicht dort fest, als der Kunsthistoriker Wilhelm Pinder einem Ruf nach München folgte. Hinz entschloß sich, obwohl gar nicht für Kunstgeschichte eingeschrieben, ihm dorthin zu folgen, und auch dies wurde von der Studienstiftung ohne weiteres toleriert.

---

220 StSt-A Bonn: Walther Hinz, Nummer 25, S. 29.
221 1878–1947, Kunsthistoriker; 1910 Prof. in Darmstadt, 1917 und 1919 in Breslau, 1918 Straßburg, 1920 Leipzig, 1927 München, ab 1936 Berlin. Umstritten wegen seiner Haltung zum Nationalsozialismus.
222 1867–1941; 1891–1900 an der Zoologischen Station in Neapel, ab 1905 Philosoph, PD Naturphilosophie Heidelberg seit 1909, ab 1920 Prof. in Köln, ab 1921 in Leipzig.
223 1871–1946; 1907–1910 Prof. in Greifswald, dann in Königsberg, ab 1911 in Leipzig.
224 StSt-A Bonn: W. Hinz, Nummer 25, S. 29.
225 Ebd.

Auch in München beschränkte sich Hinz keineswegs auf sein eigenes Fach: „Mit großen Erwartungen blickte ich den Pfingstferien entgegen, für die der Theaterwissenschaftler Artur Kutscher[226] eine Exkursion zu den Theatern Österreichs angekündigt hatte. Dazu mußte man allerdings sein Seminar belegen. Das taten mehrere hundert Studenten (...). Während der achttägigen Exkursion erlebten wir Abend um Abend Tanz-, Theater- oder Opernaufführung."[227] Im Wintersemester 1928/29 wechselte Hinz wiederum mit ausdrücklicher Billigung der Studienstiftung an die Sorbonne. Dort entdeckte er auch eher zufällig durch eine Romanlektüre sein Interesse für die persische Sprache, die er erlernte. Da es Schwierigkeiten mit der Leipziger Zeitungswissenschaft hinsichtlich eines Dissertationsthemas gab, wechselte Hinz nun nochmals das Hauptfach und legte sich ganz auf die osteuropäische Geschichte, in der die Promotion mit den Nebenfächern Slawistik und Orientalistik schließlich nach insgesamt nur neun Studiensemestern im Sommer 1930 glückte.

1934 wurde Hinz Dozent an der Universität Berlin, außerdem Regierungsrat im Reichserziehungsministerium; 1937 ao., 1941 o. Professor an der Universität Göttingen. Aufgrund seiner Verstrickungen im ‚Dritten Reich' und seiner Tätigkeit als Abwehroffizier im Zweiten Weltkrieg suspendierten ihn die britischen Besatzungsbehörden 1945.[228] Seit 1951 war Hinz politischer Redakteur der Göttinger Zeitung. Ab 1957 konnte er wieder als Professor tätig sein, erhielt sogar den Lehrstuhl für Orientalische Philologie und war später Direktor des Göttinger Seminars für Iranistik.

d) Alwin Hinzpeter: Physik/Ingenieurwissenschaften

Alwin Hinzpeter, geboren in Berlin, wuchs in Lübeck auf. Dort besuchte er die Oberrealschule zum Dom, deren ‚Realien'-Ausrichtung es ihm erleichterte, früh ein Interesse für Technisch-Naturwissenschaftliches zu entwickeln: „Ich wollte an der Technischen Hochschule Elektrotechnik studieren und als Diplomingenieur in Rußland Elektrizitätswerke bauen, um den Menschen dort ihr primitives Leben zu erleichtern. Werkarbeit in den Semesterferien sollte den Lebensunterhalt für das Studium sicherstellen. Auf der Schule lernte ich Russisch als dritte Fremdsprache."[229] Nach dem Abitur trat Hinzpeter ein Praktikum in einer Fabrik für Schiffssteuermaschinen und Hebezeuge an. Während dieser Zeit erfuhr er von seiner Aufnahme als Vorsemester in die Studienstiftung auf einen Vorschlag des Direktors seiner Schule hin, der ihn bereits zum Besuch der Oberklassen ermutigt hatte. Hinzpeter nahm das Studium der Elektrotechnik an der TH Hannover auf:

---

226 1878–1960; seit 1915 Prof. in München; las als einer der ersten Literaturwissenschaftler auch über Gegenwartsautoren, so z. B. über Frank Wedekind.
227 StSt-A Bonn: W. Hinz, Nummer 25, S. 32.
228 Telefoninterview mit Prof. Dr. Philip G. Kreijenbroek, Leiter des Seminars für Iranistik der Georg-August-Universität Göttingen; 14.10.1998. Vgl. auch die homepage des Seminars für Iranistik der Universität Göttingen www.gwdg.de/iranist/Geschichte.htm, die auf die Verstrickungen Hinzes im ‚Dritten Reich' ausdrücklich hinweist. Vgl. auch Walther Hinz, Iranische Reise. Eine Forschungsfahrt durch das heutige Persien. Berlin 1938 (Deutsche sehen die Welt).
229 StSt-A Bonn: Alwin Hinzpeter, Stärkung des Selbstvertrauens, S. 36.

Studienstiftler der ersten Stunde 73

„Es gab in den zwanziger Jahren noch Originale von Professoren (...). So der alte Wilhelm Kohlrausch,[230] bei dem wir ‚Grundzüge der Elektrotechnik' hörten, ein Mann mit langem weißem Bart. Von Haus aus war er Physiker und hatte schon mit 29 Jahren den ersten Lehrstuhl für Elektrotechnik erhalten. Er hatte noch Werner von Siemens erlebt, war schon seit zwei Jahren emeritiert und vertrat den Lehrstuhl noch bis zur Berufung eines Nachfolgers. Er war an der Gesetzgebung nach den ersten Diebstählen elektrischer Energie beteiligt gewesen. (...) Er hatte die geschichtliche Entwicklung der Elektrotechnik von Anfang an miterlebt."[231]

Der stark verschulte Studiengang mit 36 Vorlesungs- und Übungsstunden für das erste Semester ließ wenig Raum für andere Neigungen und Interessen, bei Hinzpeter das Geigenspiel. Das Stipendium von 125 Mark machte es möglich, daß er sich im weiteren Verlauf des Studiums Violinenunterricht und regelmäßig einen Stehplatz in der Oper leisten konnte. Ein von Hinzpeter geschildertes, tragisches Erlebnis aus seinem Studium an der TH Hannover warf einiges Licht auf die zwar unter völlig anderen Bedingungen als heute, aber dennoch grundsätzlich schon in der zweiten Hälfte der 1920er Jahre erkennbar werdenden Strukturen der modernen Massenuniversität. Ein vom humanistischen Gymnasium kommender Kommilitone, der eigentlich Schauspieler hatte werden wollen, aber nach Ablehnung an der Schauspielschule von seinem Vater trotz fehlender Neigung und Voraussetzungen zum Studium der Elektrotechnik genötigt worden war, nahm sich das Leben. Hinzpeter beschäftigte dieser Vorfall im Rückblick auf seine Studienzeit vor allem unter dem Gesichtspunkt, daß es damals keinerlei Beratungs- oder Anlaufstellen für Studierende mit persönlichen Sorgen gab. Abgesehen davon, war dieser Vorfall auch symptomatisch für die anonyme, leistungsorientierte Arbeitsuniversität, die nicht mehr als Lebensraum einer akademischen Gemeinschaft, sondern im Wortsinn zunehmend als Hochschule für akademisch ausgebildete Funktionsträger verstanden wurde.[232] Am Ende des zweiten Semesters entschloß sich Hinzpeter zum Fachwechsel von der Elektrotechnik zur Physik; ein Fach, das an der TH Hannover auch mit dem Abschluß Diplomingenieur studiert werden konnte.[233] In diese Zeit, den Sommer 1926, fiel der berühmte, für den akademischen radikalen Antisemitismus der Weimarer Zeit so charakteristische Skandal um den in Hannover lehrenden Publizisten, Schrift-

---

230 1855–1936; Prof. in Hannover; Bruder des Physikers Friedrich Wilhelm Georg Kohlrausch (1840–1910).
231 StSt-A Bonn: A. Hinzpeter, Stärkung des Selbstvertrauens, S. 37 f.
232 Erst in den 1960er Jahren wurden an den Universitäten in der Bundesrepublik nach und nach psychotherapeutische Beratungsstellen, z.T. von den Studentenwerken, eingerichtet. Im Beschluß der 37. ordentlichen Mitgliederversammlung des DSW am 30.11.1977 in Regensburg heißt es dazu: „In zunehmendem Maße ist zwar an den Hochschulen der Bundesrepublik Deutschland der Ausbau von Studienberatungssystemen zu beobachten (...). Schwierigkeiten entstehen den Studenten jedoch nicht allein im fachlichen Bereich; persönliche Probleme, die bei Heranwachsenden eigentlich selbstverständlich sind, können beim Zusammentreffen mit den spezifischen Bedingungen des Studiums derartig gewichtig werden, daß massive psychische Störungen ausgelöst werden." In: Festschrift 70 Jahre DSW, Bd. 2, S. 101 f., 102.
233 Vgl. die von Alwin Hinzpeter bearbeitete Ausgabe von Ernst Zimmer, Umsturz im Weltbild der Physik. München ^{13}1968.

steller und Kulturphilosophen Theodor Lessing,[234] wenngleich auch Hinzpeter in Übereinstimmung mit vielen Studienstiftlern der alten Studienstiftung vor 1933 ausdrücklich festgestellt hat, daß er und seine Kommilitonen politisch nicht interessiert waren:

> „Der Philosophiedozent Lessing hatte im Prager Tageblatt Bedenken zur Wahl Hindenburgs zum Reichspräsidenten geäußert. Studenten störten daraufhin seine Vorlesung. (...). Die Studenten riefen einen Streik aus und fuhren mit einem Sonderzug zur TH Braunschweig, kamen am Abend aber durchgeregnet zurück. Der Rektor fuhr mehrfach zu Verhandlungen zu Kultusminister Becker nach Berlin. Es gab aber noch weitere Streiks. Schließlich wurde Lessing der Lehrauftrag entzogen und er bekam einen historischen Forschungsauftrag. 1933 wurde er (...) von Nationalsozialisten ermordet. Ich hielt diesen Skandal für unbegründet und glaubte, Lessing zu verstehen."[235]

Einmal mehr zeigte der Fall Lessing die radikale Entschlossenheit der Studentenschaft, mit direkten Aktionen gegen jede Infragestellung des national-völkischen Konsenses vorzugehen: insbesondere bei dem jüdischen Privatdozenten Lessing, der mit dem Weltkriegshelden Hindenburg die zentrale Integrationsfigur des Weimarer Nachkriegsnationalismus angegriffen hatte.[236] An dem Auszug der Hannoveraner Studenten beteiligten sich 1.200 von insgesamt 1.500 Studenten.[237] Am Ende seines ersten Studienjahrs in Hannover wurde Hinzpeter, nun mit dem Hauptfach Physik, als Vollmitglied in die Studienstiftung aufgenommen und studierte gezielt auf den Studienabschluß hin:

> „Nach planmäßig acht Semestern Studium erhielt ich die Aufgabe meiner Diplomarbeit und wurde – und das war außerplanmäßig frühzeitig – Vorlesungsassistent an dem kleinen physikalischen Institut der Tierärztlichen Hochschule. Das beste Diplomexamen des Jahres 1930 innerhalb der Fakultät brachte mir eine wunderbare Studienreise, auf der ich nicht nur bedeutende wissenschaftliche und technische Einrichtungen besuchte, sondern sie ließ mich auch die moderne Sklaverei an Fertigungsbändern erkennen."[238]

Seine Erinnerungen an das Studium in den zwanziger Jahren setzte Hinzpeter im Rückblick unter den Titel ‚Stärkung des Selbstvertrauens'. Dieses Selbstvertrauen hatte für ihn persönlich und für alle Stipendiaten, denen durch die Studienstiftung der Weg zur Universität geebnet wurde, eine doppelte Bedeutung: die Förderung stärkte sowohl das Vertrauen in die eigene Leistungsfähigkeit als auch das Vertrauen in die individuelle Entscheidung für ein ganz bestimmtes Studienfach, einen bestimmten Studienort und einen bestimmten Berufswunsch, der häufig im wissenschaftlichen Bereich lag. Mit dem elitären Bewußtsein, etwas Besseres zu sein und zu verdienen, hatte das nichts zu tun. Im Gegenteil gab es ein deutliches Bemühen gerade der Studienstiftler um Normalität, um Unauffälligkeit im studentischen Alltag. Das zeigte sich einmal in der Selbst-

---

234 1872–1933, ermordet; 1922–1925 Prof. für Pädagogik und Philosophie an der TH Hannover; vgl. Rainer Marwedel, Theodor Lessing 1872–1933. Eine Biographie. Darmstadt 1987; Henryk M. Broder, „..... nie ein Deutscher gewesen": Über Theodor Lessing, den die Nazis ermorden ließen, in: Die Neue Gesellschaft/Frankfurter Hefte 32 (1985), S. 608–612.
235 StSt-A Bonn: A. Hinzpeter, Stärkung des Selbstvertrauens, S. 39.
236 Vgl. dazu z.B. die völkisch-nationale Inschutznahme Hindenburgs vor seiner Identifizierung mit der Weimarer Demokratie in Dokument 25: ‚Fronterlebnis und Hindenburg', in: H. Pross, Die Zerstörung der deutschen Politik, S. 359–361 (zuerst in: Jungnationaler Ring, Der Niedergang der nationalen Opposition. Ein Warnruf aus den Reihen der Jugend. O.O., o.J., S. 35 f.).
237 K.H. Jarausch, Deutsche Studenten, S. 146 f., 147.
238 StSt-A Bonn: A. Hinzpeter, Stärkung des Selbstvertrauens, S. 40.

Studienstiftler der ersten Stunde 75

einschätzung; zum Beispiel ganz charakteristisch auch bei Hinzpeter: „Ich habe mich nie als besonders begabt gefühlt, sondern war immer unzufrieden mit mir selbst, obwohl mir vieles einfach zufiel."[239] Vor allem aber zeigte sich die Normalität der Studienstiftler-Existenz im Vergleich zu den Kommilitonen in sozialer Hinsicht:

> „Ich (A.H., d. Verf.) hatte mich mit einem hochintelligenten jüdischen Studenten angefreundet. Bei schwierigen Übungsaufgaben halfen wir uns gegenseitig. Dessen Schulkamerad, Fabrikdirektorssohn, ließ sich von uns die fertigen Übungsergebnisse zum ,Abkupfern' geben. Er lud uns zu einer Fahrt ans Steinhuder Meer in seinem Auto ein. Meine soziale Lage mag daraus zu ersehen sein: Für mich war das die erste Autofahrt in meinem Leben."[240]

Auch diese grundsätzliche Frage: wie sich Studienstiftler gegenüber ihren Kommilitoninnen und Kommilitonen an der Universität, aber auch im studentischen Lebensalltag verhalten und verhalten sollten, wurde zum Leitmotiv der kritischen Auseinandersetzung mit dem Selbstverständnis der Studienstiftung. Und dabei stand und steht die interne Kritik der Zentrale,[241] der Vertrauensdozenten und der Stipendiaten kaum hinter der von außen kommenden Kritik an der elitären Bildung abgeschlossener Zirkel zurück.[242]

Hinzpeter wurde 1933 promoviert, 1937 habilitiert. Seit 1935 hatte er einen Lehrauftrag an der Tierärztlichen Hochschule Hannover inne; 1945 wurde er apl., 1952 o. Professor und Institutsdirektor an der Technischen bzw. Universität Hannover. 1974 wurde Hinzpeter emeritiert.

e)   Karl Holzamer: Philosophie

Karl Holzamer, geboren 1906 in Frankfurt am Main als Ältester von vier Geschwistern, wurde von seinem Frankfurter Gymnasium im Herbst 1925 aufgefordert, sich für die Studienstiftung zu bewerben.[243] Einer der Gutachter, die Holzamer zur Bewerbung angab, war der Ingenieur, Biophysiker und Philosoph Professor Dr. Friedrich Dessauer[244] von der Universität Frankfurt, dessen Sohn er Nachhilfe erteilte. Ausgestattet mit einem Stipendium von monatlichen 110 Mark,

---

239 Ebd., S. 36.
240 Ebd., S. 39.
241 Vgl. dazu Kap. IV 1. und 2.
242 Vgl. Gerhard Teufel (Hg.), Dokumentation zur Zukunftswerkstatt der Studienstiftung, 11.–13. Juli 1997, Schloß Seeheim, Konstanz. O.O. (Bonn), o.J. (1997). Der im Rahmen dieser von Stipendiatenseite angeregten ,Zukunftswerkstatt' eingebrachte Vorschlag, Stipendiaten eines Hochschulortes eine Adressenliste der am gleichen Ort studierenden Studienstiftler zukommen zu lassen, wurde von Teilen des Plenums als im Ansatz elitär verworfen und erst nach erheblichen Diskussionen mit knapper Mehrheit angenommen.
243 Vgl. aus seinen Veröffentlichungen: Karl Holzamer, Die Verantwortung des Menschen für seinesgleichen. Hg. v. Richard Wisser. Gütersloh 1966; ders., Anders, als ich dachte: Lebenserinnerungen des ersten ZDF-Intendanten. Freiburg i.Br./Basel/Wien 1983; Die Wirklichkeit übertrifft die Vision: Gespräch mit K.H. über die Frühzeit der Johannes Gutenberg-Universität. Hg. v. Helmut Mathy. Mainz 1996.
244 1881–1963; Ingenieur, Biophysiker und Philosoph; nach Tätigkeit in der Röntgenapparate-Industrie 1921–1923 Prof. für physikalische Grundlagen der Medizin in Frankfurt am Main; 1924–1930 MdR (Zentrum) und wirtschaftspolitischer Berater von Reichskanzler Heinrich Brüning; 1934 zur Aufgabe seines Lehrstuhls gezwungen, ab 1934 an der Universität Istanbul, ab 1937 in Freiburg/Schweiz; 1953 wieder in Frankfurt; Pionier der Röntgenmedizin.

begann Holzamer sein Philosophie-Studium in München, schon damals mit insgesamt 150 Stipendiaten eine Universität mit zahlreichen Studienstiftlern. In München begegnete er auch dem engagierten Leiter des Studentenwerks, Friedrich Beck, der lokale Studienstiftlertreffen organisierte. Dort fand Holzamer unter anderem Kontakt zu den Studienstiftlern und späteren Professoren Max Müller[245] und Friedrich Wilhelm Wentzlaff-Eggebert, außerdem zu Klaus Mehnert.[246] Besonders hebt Holzamer den persönlichen Charakter der Beziehung zum Vertrauensdozenten hervor:

> „Ein wesentliches Moment in der Förderung, das zunächst als einengend und allzu schulmäßig empfunden werden konnte, war die Verpflichtung, sich einen Vertrauensdozenten zu wählen und in einem Fach jeweils eine Semestralprüfung abzulegen. Diese Verpflichtung bescherte mir gleich am Ende des ersten Semesters ein originelles Erlebnis. Bei dem von mir gewählten Vertrauensdozenten, dem Psychologen Erich Becher,[247] legte ich also meine erste Prüfung ab, die offensichtlich gut verlief. Zu meiner höchsten Überraschung händigte er mir mit dem unterschriebenen Zeugnis einen 50-Reichsmarkschein aus, den er aus der Brieftasche zog und dessen Übergabe er mit den Worten begleitete: ‚Das haben mir amerikanische Freunde für meine Studenten gegeben'. Mehr als der materielle Wert – 50 Mark war damals immerhin der gute Wochenlohn eines Facharbeiters – war so eine persönliche Verbindung geschaffen (...)."[248]

Unter anderem ergaben sich auch Kontakte zu Professor Dr. Kurt Huber,[249] der wegen seiner Verbindung zu der studentischen Widerstandsgruppe um Sophie und Hans Scholl am 27. Februar 1943 verhaftet, am 19. April 1943 in München vom ‚Volksgerichtshof' zum Tode verurteilt und im Strafgefängnis München-Stadelheim hingerichtet wurde.

Holzamer verbrachte mit Unterstützung der Studienstiftung ein Semester an der Sorbonne: „Unter den damals etwa 12.000 Studenten an der Pariser Universität befanden sich etwa 400 bis 500 deutsche Studierende, also fast drei Prozent."[250] An ein den Charakter der Studienstiftung prägendes ‚Elitenbewußtsein' allerdings hat auch Holzamer keine Erinnerung: „In Verbindung mit diesem persönlichen Verhältnis Lehrer-Student hatten natürlich auch die (...) Zusammenkünfte (...) einen Zuschnitt, der in das allgemein gesellschaftliche Leben vorstieß, bei dem sich der einzelne *nicht* als besonders erwählter ‚Musterstudent' und Akademiker fühlen und gerieren

---

245 Geb. 1906; seit 1946 Prof. in Freiburg i.Br., Schüler Martin Heideggers.
246 1906–1984; Politikwissenschaftler und Publizist; 1934–1936 als Korrespondent deutscher Zeitungen in Moskau, 1936–1941 Lehrtätigkeit in den USA (Polit. Wiss.), 1941–1945 in China, seit 1946 in Deutschland; 1951–1976 Chefredakteur von ‚Osteuropa', 1961–1972 Prof. für Polit. Wissenschaften in Aachen.
247 1882–1929; seit 1909 o. Prof. für Philosophie in Münster; 1916–1925 in München; Hauptwerk: ‚Die Grundfrage der Ethik' (1907); vgl. Die deutsche Philosophie der Gegenwart in Selbstdarstellungen. hg. v. Raymund Schmidt. Bd. 1: (u. a. Erich Becher). Leipzig 1921.
248 StSt-A Bonn: Karl Holzamer, Eine lebendige Gemeinschaft, in: Erinnerte Geschichte, S. 41–44, 43.
249 1893–1944; seit 1926 Prof. in München (Psychologie); ab 1937 Übernahme der Abteilung Volksmusik am Berliner Institut für Musikforschung; 1938 Lehrauftrag an der Berliner Universität wegen „katholisch-weltanschaulicher Bindung" untersagt, Rückkehr nach München; ao. Prof.; seit 1942 Bekanntschaft mit Hans Scholl und dessen Kreis; Mitwirkung beim Text des 5. Flugblatts der Weißen Rose; vgl. Inge Scholl, Die Weiße Rose. Frankfurt am Main [6]1986 (zuerst ebenda 1982); Christiane Moll, Die Weiße Rose, in: Peter Steinbach, Johannes Tuchel (Hg.), Widerstand gegen den Nationalsozialismus. Bonn 1994, S. 443–467.
250 StSt-A Bonn: K. Holzamer, Eine lebendige Gemeinschaft, S. 44.

Studienstiftler der ersten Stunde 77

durfte."[251] Diese informelle Verhaltensregel sei aber keineswegs nur eine Art interner *Code*, ein gezieltes *understatement* als Erkennungsmerkmal, sondern Ausdruck des Wissens um die aus der Förderung erwachsende Verpflichtung gewesen.

Auf beeindruckende Weise verbanden sich in Holzamer höchst individuellem Studienweg wissenschaftliche und persönliche Bildung. Dies war, ohne Zweifel, Begabtenbildung, verstanden als Bildung für wenige, die derart intensiv und extensiv studieren wollten und konnten. Dies war eine Bildung, die nicht durch Verschulung und Hausaufgaben-Mentalität, sondern ein bemerkenswertes Maß an *Laisser-faire* auf der einen und Freiwilligkeit auf der anderen ihre besondere Prägung erhielt; und diese Bildung ermöglichte durch ihre Offenheit die Entstehung eines Intellektuellennetzwerkes über die deutschen Grenzen hinaus.[252] Indem sie jungen deutschen Studenten die Mittel gab, ihre Freiheit zu nutzen, trug die nationale ‚Hochbegabten'-Förderung des deutschen Volkes in zunehmendem Kontrast zur Radikalisierung des völkischen und, in Teilen, bereits rassistischen Nationalismus in der deutschen Studentenschaft zum Erhalt und Ausbau der internationalen *scientific community* bei.[253] Wenn auf diese Weise eine intellektuelle Elite entstand, dann war sie international.

Holzamer war von 1946 bis 1962 Professor für Philosophie, Psychologie und Pädagogik an der Johannes Gutenberg-Universität Mainz, deren Aufbau er prägte. Von 1962 bis 1977 war er als Intendant maßgeblich am Aufbau des Zweiten Deutschen Fernsehens ZDF in Mainz beteiligt.

f)   Friedrich Wilhelm Wentzlaff-Eggebert: Germanistik

Friedrich Wilhelm Wentzlaff-Eggebert wurde 1905 als siebentes von neun Kindern eines evangelischen Pfarrers in Pommern geboren.[254] Der Vater hatte eigens eine Pfarrstelle in der Nähe von Stettin angenommen, um seinen Kindern eine humanistische Ausbildung zu ermöglichen. So kam Wentzlaff-Eggebert auf das traditionsreiche Marienstiftsgymnasium, das er 1925 in der Absicht abschloß, in Berlin Germanistik zu studieren. Der wirtschaftliche Hintergrund war desolat: drei älteren Schwestern war bereits eine Lehrerinnenausbildung ermöglicht worden, der Vater erkrankte 1924 schwer und verstarb 1926, so daß Wentzlaff-Eggebert einer Zukunft als Werkstudent entgegensah. In dieser schwierigen Situation, das durch Nachhilfe und anderweitig

---

251 Ebd., S. 43.
252 ZZBW-A: Aktenbestand Haerten, III 1-3/1927: Wolfgang Paeckelmann, Vortrag ohne Titel 1927 (Studienstiftungspräsentation), S. 3 f.: „Jeder, der mit unserer studierenden Jugend selbst in engster Berührung war, weiss, wie sehr gerade die Besten darunter leiden, dass unsere Hochschule Fachschule geworden ist, wissenschaftliches Training zur Lösung immer speziellerer Aufgaben in Jahren, in denen man nicht leben kann, ohne fortwährend nach dem Sinne alles Tuns zu fragen."
253 Vgl. zusammenfassend Heinrich August Winkler, Weimar 1918–1933. Die Geschichte der ersten deutschen Demokratie. München 1993, S. 285 ff.; Kurt Sontheimer, Die politische Kultur der Weimarer Republik, in: K.D. Bracher, M. Funke, H.-A. Jacobsen, Die Weimarer Republik, S. 454–464. Zunehmende Auslandskontakte deutscher Studenten machten auch Deutschland als Studienort für Ausländer attraktiver: Herbert Scurla, Umfang und Richtung des Ausländerstudiums. Eine statistische Untersuchung. in: Studentenwerk 3 (1929), S. 311–322.
254 Vgl. aus den Veröffentlichungen: Friedrich Wilhelm Wentzlaff-Eggebert, Belehrung und Verkündigung: Schriften zur deutschen Literatur vom Mittelalter bis zur Neuzeit. Hg. v. Manfred Dick, Gerhard Kaiser. Berlin/New York 1975.

verdiente Geld hätte nicht einmal für die Zimmermiete während des ersten Semesters gereicht, wirkte der Bescheid über vorläufige Aufnahme in die Studienstiftung auf Vorschlag des Heimatgymnasiums erlösend. Die Beschreibung der Studentenbude, die Wentzlaff-Eggebert nunmehr bezahlen konnte, ist ein Stück exemplarischer Sozialgeschichte:

> „Ich konnte in Charlottenburg in der Bayernallee ein ‚Mädchenzimmer' mieten, das als Mobiliar ein Drahtbett, einen Stuhl und einen kleinen rollbaren Krankentisch aufwies. Für das Zimmer mit Badbenutzung zahlte ich monatlich 30 Mark. Diese für meine Verhältnisse hohe Summe wurde von der Verwaltung der Studienstiftung akzeptiert. In der Küche durfte ich mir morgens und abends Tee aufbrühen. Ich mußte sehr leise sein und durfte auch keinen Besuch empfangen. Morgens und abends schlich ich auf Zehenspitzen durch einen langen Flur zur Küche und zum Badezimmer, wo eine Waschschüssel mit Porzellankanne für mich aufgestellt war und wo ich einen Rasierspiegel aufhängen durfte. Mein Leben spielte sich in einer vornehmen Atmosphäre ab, die durch ein Musikzimmer riesigen Ausmaßes unterstrichen wurde. Der große Bechsteinflügel darin wurde mir feierlich geöffnet: Furtwängler hatte einmal darauf gespielt (...). Meine Vermieterinnen waren zwei alte Damen, die von Klavierunterricht lebten und nun auch noch das Mädchenzimmer vermieten mußten. Sie hatten sich einen Pastorensohn als Untermieter gewünscht (...). Meine Unterkunft verteuerte sich noch durch die lange Straßenbahnfahrt zur Universität. Ich mußte für die Monatskarte trotz der Studentenermäßigung etwa 15 RM bezahlen."[255]

Für Großstadtverhältnisse war der Monatswechsel von 120 Mark nicht üppig.[256] Vor allen Dingen die Ernährung war dürftig: „Nach dem Essen wanderte man meistens in die Bibliothek und versuchte zu arbeiten mit Hilfe einer Tafel Fresönischokolade, die damals 20 Pf. kostete. (...) Das Abendessen zu Hause bestand aus zwei Scheiben Brot mit Leberwurst."[257]

Auch Wentzlaff-Eggebert erlebte die Vereinzelung der Studenten an der großen Berliner Universität, die nur von den auf ihre Art der Geselligkeit festgelegten Verbindungsstudenten nicht so empfunden wurde. Für die zahlreichen lockenden Angebote der Kulturweltstadt Berlin reichten die Mittel allerdings kaum.[258] An der Berliner Universität, der repräsentativen Universität des Reiches, kam der angehende Germanist mit der Avantgarde seines Faches in persönlichen Kontakt:

---

255 StSt-A Bonn: Friedrich Wilhelm Wentzlaff-Eggebert, Mein erstes Semester an der Berliner Universität 1925, in: Erinnerte Geschichte, S. 45–50, 47.
256 ZZBW-A: Aktenbestand Haerten, III 1-3/1927: Wolfgang Paeckelmann, Bedeutung der Werkarbeit für die Studienstiftung des Deutschen Volkes, 1927, S. 1 f.: „Die Erfahrungen zeigen weiter, dass es nicht günstig ist, einem jungen Menschen vom 1. Tage seines Studiums an volle Sicherheit für sein weiteres Leben zu geben, ihm bereits die ganzen wirtschaftlichen Sorgen zu nehmen ohne irgendwie auf seine eigene Tatkraft (...) Anspruch zu erheben."
257 StSt-A Bonn: F.W. Wentzlaff-Eggebert, Mein erstes Semester, S. 48.
258 Vgl. z. B. Walter Müller-Seidel, Literarische Moderne und Weimarer Republik., in: K.D. Bracher, M. Funke, H.-A. Jacobsen, Die Weimarer Republik, S. 429–453.

Studienstiftler der ersten Stunde

hier lehrten damals Gustav Roethe[259] und der Lessing-Herausgeber Julius Petersen.[260] Als Wentzlaff-Eggebert in seinem vierten Studiensemester ins Oberseminar von Petersen geladen wurde, begegnete er dort Richard Alewyn,[261] Benno von Wiese,[262] Erich Trunz,[263] Wolfgang Kayser[264] und Fritz Martini.[265] Durch einen Trick erreichte es Wentzlaff-Eggebert, als Erstsemester ein für die endgültige Aufnahme in die Studienstiftung erforderliches Gutachten vom Ordinarius Petersen persönlich zu erhalten. Auch diese Erinnerung an die persönliche Lehrer-Schüler-Beziehung charakterisiert auf eindrucksvolle Weise studentisches Leben in den 1920er Jahren:

> „Die Themen des Proseminars waren mir fremd und schienen mir schwierig. Sehr kühn trug ich mich deshalb in die Liste des erst für dritte Semester vorgesehenen Mittelseminars ein, dessen Thema ‚Hölderlins Dichtungen' hieß. (...) Eifrig schrieb ich nun an meiner Seminararbeit, die ich pünktlich abliefern mußte, weil ich ja die Beurteilung für die Studienstiftung brauchte. Natürlich hatte ich Angst bei dem langen Warten vor Petersens Sprechzimmer. Endlich hörte ich nach zaghaftem Klopfen sein lautes ‚herein'. Da stand ich nun, und er sah mich genau an. Dann fragte er mich nach meiner Semesterzahl, und ich mußte gestehen: ‚Erstes Semester'. Auf seine Frage, wie ich denn in das Mittelseminar käme, erzählte ich ihm alles, fügte aber hinzu, daß ich sein Urteil über meine Arbeit für die Studienstiftung bräuchte, um weiter studieren zu können. Er sah meine kümmerliche Kleidung an, die ich billig beim Althändler erworben hatte. Dann stand er auf, ging auf mich zu und drückte mir die Hand: ‚Ich schreibe Ihnen sofort ein solches Gutachten'."[266]

Wentzlaff-Eggeberts weiterer Studienweg war eine Erfolgsgeschichte: nach der problemlosen endgültigen Aufnahme ging er für ein Semester nach München, kehrte aber wieder nach Berlin und zu seinem Mentor Petersen zurück, der, nach nur sechs Fachsemestern, Wentzlaff-Eggeberts Dissertationsthema zustimmte. 1931 wurde er in Berlin promoviert, 1938 habilitiert. Nach einer Tätigkeit für die Preußische Akademie der Wissenschaften in Berlin wurde er 1938 an der Ber-

---

259 1859–1926; seit 1890 Prof. in Göttingen; Sekretär der Preuß. Akademie der Wissenschaften, Herausgeber der ‚Deutschen Texte des Mittelalters' (1904 ff.), Mitarbeit am Deutschen Wörterbuch.

260 1878–1942; seit 1911 ao. Prof. für neuere deutsche Literaturgeschichte in Berlin, Lehrtätigkeit an der Yale-University, 1913 Prof. in Basel, 1915 in Frankfurt am Main, seit 1920 in Berlin; seit 1922 Mitglied der Preußischen Akademie der Wissenschaften; seit 1926 in der Preußischen Akademie der Künste; 1927–1937 Präsident der Goethe-Gesellschaft; umstritten wegen seiner Rolle als wissenschaftliches ‚Aushängeschild' im nationalsozialistischen Deutschland nach 1933; vgl. Julius Petersen zum Gedächtnis. Leipzig 1942; Friedrich-Wilhelms-Universität zu Berlin (Hg.), Lessingfeier der Friedrich-Wilhelms-Universität zu Berlin zur Erinnerung an den 200jährigen Geburtstag, gehalten in der neuen Aula am 22. Januar 1929. Berlin 1929.

261 1902–1979; 1932 Prof. in Heidelberg, 1933 aus politischen Gründen entlassen, Emigration, Lehrtätigkeit in Paris und New York, 1948–1955 Prof. in Köln, seit 1959 in Bonn.

262 Benno von Wiese und Kaiserswaldau, 1903–1987; 1932 Prof. in Erlangen, 1943 in Münster, ab 1956 in Bonn; u. a. Mitherausgeber der Schiller-Nationalausgabe und der Zeitschrift für deutsche Philologie.

263 Geb. 1905; 1940–1945 Prof. in Prag, 1950–1957 in Münster, 1957–1970 in Kiel; u.a. Herausgeber der Hamburger Goethe-Ausgabe (1948–1960).

264 1906–1960; 1941 Prof. in Lissabon, ab 1950 in Göttingen; u. a. ‚Das sprachliche Kunstwerk' (1948).

265 Geb. 1909; seit 1943 Prof. in Stuttgart; u.a. ‚Deutsche Literaturgeschichte von den Anfängen bis zur Gegenwart' (1949).

266 StSt-A Bonn: F.-W. Wentzlaff-Eggebert, Mein erstes Semester an der Berliner Universität 1925, S. 48 f.

liner Universität Privatdozent. Von 1941 bis 1944 lehrte er als o. Professor an der Reichsuniversität Straßburg, 1950 bis 1955 als apl. Professor an der Universität München, seit 1955 als o. Professor an der Universität Mainz.

g)   Hulda Müller: Germanistik/Theologie

Hulda Göhler, geborene Müller, war als Stipendiatin in der alten Studienstiftung, die sich bei ihrer Gründung die Förderung von begabten Abiturientinnen und Abiturienten bewußt zum Ziel gesetzt hatte, eine Ausnahme. 1925 waren von 423 Erstaufnahmen 25 Frauen, das waren 5,9%. Zum nächsten Jahr stieg diese Zahl an: 1926 waren von 297 Aufgenommenen 31 Frauen, also 10,4%. 1927 waren es 45 von 266, also 16,9%; der Höhepunkt mit fast 20% wurde im Jahr 1928 erreicht: 62 von 314, also 19,7%. Seit 1929 ging der Frauenanteil mit leichten Schwankungen tendenziell, nicht zuletzt infolge massiver Kampagnen gegen das Frauenstudium, die bis zu Forderungen nach Berufsverboten gingen, wieder zurück: 17,4% 1929 standen 18,7% 1930 gegenüber; 1931 waren es 19,1%, 1932 15, 8%, 1933 nur noch 15,5%. Insgesamt ergab sich daraus ein Frauenanteil von 14,5% in der Förderung der Studienstiftung zwischen 1925 und 1933. Angesichts eines Anteils von 6,7%, den die Frauen an der Gesamtstudentenzahl von 1914, 9,5% im Wintersemester 1918/19, 18,5% im Wintersemester 1932/33 ausmachten,[267] waren die Frauen in der Studienstiftung nicht so überdurchschnittlich repräsentiert, wie es die Programmatik hätte erwarten lassen.[268] Die Verteilung der Stipendiatinnen auf die Studienfächer ergab folgendes Bild: am größten war der Frauenanteil in den philosophisch-philologisch-historischen Fächern mit 23,9%, darauf folgte die Medizin mit 23,5%; es schloß sich die traditionelle ‚Männerbastion' der mathematisch-naturwissenschaftlichen Fächer mit erstaunlichen 13,3% an, dann die Rechtswissenschaft mit 6,4%. Schlußlichter waren die Theologie mit 5,5% und die Ingenieurswissenschaften mit lediglich 2,0%.[269] Einen trendsetzend emanzipatorischen Effekt hatte die Frauenförderung durch die Studienstiftung sicherlich nicht, aber sie war ein Akzent in einer dem Frauenstudium und der Berufstätigkeit von akademisch gebildeten Frauen parteiübergreifend kritisch bis fundamental ablehnend gegenüberstehenden Zeit.[270]

Hulda Müller stammte aus einer frommen pietistischen Handwerkerfamilie des Bergischen Landes, in dem es außer der Bibel und religiöser Erbauungsliteratur keine Bücher gab. Der Bildungsweg war für die Bäckerstochter nicht leicht; nur eigenes Interesse, vor allem Lesehunger, brachte sie weiter: „In der Schulbücherei machte ich Entdeckungen, Robinson Crusoe hat mich sehr beeindruckt. Die Lehrer aus der Rektoratsschule rieten zum Weiterlernen. So kam ich auf das Lyzeum in Elberfeld. (...) Obwohl ich Mühe hatte, in Französisch mitzukommen, (...) riet doch der

---

267   Konrad H. Jarausch, The Social Transformation of the University: The Case of Prussia, 1865–1914, in: JCH 12 (1980), S. 609–636; H. Vollmer-Heitmann, Wir sind von Kopf bis Fuß auf Liebe eingestellt, S. 190.
268   Zahlen der Studienstiftung nach StSt-A Bonn: R. Ulich, E. Wohlfahrt, Zur Bildungssoziologie des akademischen Nachwuchses in Deutschland, Anhang: Anteil der Mädchenaufnahmen in die Studienstiftung.
269   Ebd.
270   Vgl. zum allgemeinen Trend Michael H. Kater, Zur Krisis des Frauenstudiums in der Weimarer Republik, in: VSWG 59 (1972), S. 207–255.

Studienstiftler der ersten Stunde

Französischlehrer, der Direktor des Lyzeums, zum Oberlyzeum."[271] Im Rahmen ihrer dort erfolgenden seminaristischen Lehrerinnenausbildung erwies sich der Deutschunterricht als prägend; er vermittelte nicht nur Inhalte, sondern Selbstsicherheit im Auftreten:

> „Ich hatte als Examensarbeit unter dem Thema ‚Die Gebundenheit der Menschen bei Gerhart Hauptmann' einen Aufsatz (...) geschrieben, der wohl mit 1 benotet wurde. In der dem Oberlyzeum anschließenden Seminarklasse sollte ich den Aufsatz den Mitschülerinnen darbieten. Ich arbeitete ihn aus, memorierte ihn und betete ihn herunter. Das Urteil der Lehrerin: ‚Das war nichts!', ‚noch einmal, und dann frei sprechen'. Diesmal schrieb ich eine Disposition an die Wandtafel und sprach dann frei. Diese Radikalkur hat gewirkt."[272]

Von einer Mitseminaristin erfuhr Hulda Müller von der Existenz der Studienstiftung und bewarb sich; dennoch trat sie zunächst nach dem Examen eine Stelle in einer Stettiner Internatsschule an, da sie nicht in den staatlichen Schuldienst übernommen wurde. In Stettin erfuhr sie von ihrer vorläufigen Aufnahme in die Studienstiftung, bei der die Bearbeitung der Bewerbung der Seminaristin offenbar mehr Zeit in Anspruch genommen hatte als bei den Regelfällen der Schulvorschläge. Aber auch bei den Schulvorschlägen erlebte die Studienstiftung aufgrund der Frequenzverlagerung bei den studienberechtigenden Oberschultypen Veränderungen: Kamen von den in die Studienstiftung aufgenommenen Männern 1925 noch 48% vom Humanistischen Gymnasium, 24% vom Realgymnasium, 26% von der Oberrealschule, und 2% von anderen Schultypen oder durch nachträgliche Begabtenprüfung zum Reifezeugnis, so sah das Bild 1933 vor allen Dingen zu Ungunsten des Humanistischen Gymnasiums anders aus: nur noch 30% kamen vom Altsprachlichen Gymnasium, auch nur noch 21% vom Realgymnasium, dafür aber 32% von der Oberrealschule, 13% von der neuen Oberschule und 4% von anderen Schulen.[273] Das war nicht nur Ausdruck einer zunehmenden Bevorzugung der ‚Realien'-Bildung durch studienstiftungswürdige Begabte, sondern auch Ausdruck eines Wandels im Bildungsbegriff. Die Stellung des Bildungshumanismus und seiner Agentur, des Humanistischen Gymnasiums, war zumindest unter den Stipendiaten der Studienstiftung langfristig bedroht, und das keineswegs allein in den technischen und in den Naturwissenschaften: von allen vor 1933 in die Studienstiftung aufgenommenen Männern brachten insgesamt nur noch 42% der philosophisch-philologisch-historische Fächer Studierenden eine klassisch-humanistische Bildung mit.[274]

Hulda Müller nahm das Studium der Germanistik und Theologie auf, als Nebenfach wählte sie Französisch. Die sprachlichen Voraussetzungen des Latinums und Graecums hatte auch sie nebenbei noch zu erwerben. Ihren seit Schulzeiten ausgeprägten theologischen Interessen folgend,

---

271 StSt-A Bonn: H.G., Der Werdegang einer Studienstiftlerin, in: Erinnerte Geschichte, S. 51–61, 52.
272 Ebd., S. 53.
273 StSt-A Bonn: R. Ulich, E. Wohlfahrt, Zur Bildungssoziologie des akademischen Nachwuchses in Deutschland, Anhang: ‚Veränderte Schulvorbildung der in die Studienstiftung aufgenommenen Männer im Laufe der Aufnahmejahrgänge'; zum Vergleich: Studierendenvorbildung nach deutscher Hochschulstatistik 1933: Gymnasium: 31,6%, Realgymnasium: 28,6%, Oberrealschule: 23,4%, neue Schultypen (Deutsche Oberschule, Aufbauschule): 3,2%, Lyzeen: 5,2%, Ergänzungsprüflinge: 2%; K. Jarausch, Deutsche Studenten 1700–1970, S. 133.
274 Allerdings nach wie vor 59% der Theologen, 46% der Juristen, 42% der Mediziner, nur 25% der Ingenieurwissenschaftler und 22% der Naturwissenschaftler; ebd.: ‚Verschiedene Schulvorbildung der in die Studienstiftung aufgenommenen Männer in den einzelnen Fakultäten'.

wurde sie Schülerin von Karl Barth[275] in Münster. Dorthin von einem Ferienkurs in Grenoble und einem sich daraus ergebenden Semester an der Sorbonne zurückgekehrt, lernte sie ihren späteren Mann, den Theologen Alfred Göhler, kennen, der ebenfalls Studienstiftler war:

> „Ich hatte es übernommen, in einem Barth-Seminar über die Rechtfertigungslehre bei Ferdinand Christian Bauer, einem Theologen der Hegel-Schule, ein Referat zu halten. Glücklicherweise verschob sich der Termin, und nachdem ich mit Alfred Göhler ins reine gekommen war, konnte ich im Seminar, nur mit ein paar Zettelchen bewaffnet, über Ferdinand Christian Bauer sprechen. Barth bat sich meine Zettelchen aus: ‚Ich sammle so was wie Käfer'."[276]

Hulda Müller schrieb ihre Examensarbeit in der alten Germanistik. Auf das Angebot, die Zulassungsarbeit zugleich als Dissertation anzuerkennen, ging sie aber im Blick auf die bevorstehende Referendarzeit und Hochzeit mit Alfred Göhler nicht ein. Göhlers familiärer Hintergrund war ein typisches Beispiel der Mittelstandsverarmung: Johannes Göhler, Alfred Göhlers Vater, selbst Lehrerssohn aus dem sächsischen Meerane, hatte aus Mangel an Mitteln keine Universität, sondern nur das Dresdner Technikum besuchen können und unterrichtete später an einer Maschinenbauschule in Dessau. Um seinen beiden Söhnen ein Studium zu ermöglichen, sparte er insgesamt 24.000 Goldmark an. Das Geld, „wohl zum Teil als Kriegsanleihe gezeichnet, zum Teil aufs Sparbuch gebracht, reichte bei seinem Tod 1924 in der (...) Inflation nur noch für die Bezahlung des Arztes und des Begräbnisses."[277] Wie brutal derartige Einbrüche in die private Daseinsfürsorge eingriffen und Lebensläufe veränderten, ja zerstörten, ist heute bestenfalls noch über den späten historischen Reflex deutscher Inflationsangst nachvollziehbar.[278] Der Rektor des Dessauer Gymnasiums schlug Alfred Göhler für die Studienstiftung vor; er nahm das Studium der Theologie in Marburg auf, ging dann aber zu Karl Barth nach Münster, von dessen theologischer Ausstrahlung er tief beeindruckt war. Nach der Hochzeit mit Hulda Müller 1933 erlebten beide den evangelischen Kirchenkampf in seiner ganzen Massivität. Alfred Göhler, nach der Vikarszeit in seiner anhaltinischen Heimatkirche inzwischen Hilfsprediger in der Nähe von Köthen, sollte 1934, mitten in der schärfsten Phase des Kirchenkampfes, als Pfarrer angestellt werden.[279]

Nach seinem klaren Bekenntnis gegen die ‚Reichskirche' und ihren höchsten Repräsentanten, den Reichsbischof Ludwig Müller,[280] war sein Weg in die Bekennende Kirche und Pastor Martin

---

275 1886–1968; 1921 Prof. in Göttingen, 1925 in Münster; 1935 im Zusammenhang mit seiner Haltung im evangelischen Kirchenkampf amtsenthoben, bis 1962 in Basel. Mitbegründer der dialektischen Theologie.
276 StSt-A Bonn: Hulda Göhler, Der Werdegang einer Studienstiftlerin, S. 55.
277 Ebd., S. 57.
278 Vgl. F. Blaich, Der Schwarze Freitag, S. 51–58.
279 Vgl. die Zusammenfassung von Kurt Meier, Kreuz und Hakenkreuz. Die evangelische Kirche im Dritten Reich. München 1992.
280 1883–1945; 1926–1933 Wehrkreispfarrer in Königsberg; am 25.4.1933 von Hitler zu seinem ‚Bevollmächtigten' für die Angelegenheiten der evang. Kirche berufen; am 28.6.1933 Übernahme der Leitung des Deutschen Evangelischen Kirchenbundes, am 4.8.1933 altpreuß. Landesbischof, am 27.9.1933 von der Nationalsynode zum ‚Reichsbischof' gewählt; 1935 durch den Reichskirchenausschuß entmachtet; Hauptgegenspieler der Bekennenden Kirche.

Niemöllers[281] Pfarrernotbund vorgezeichnet, so daß aus der Anstellung nichts wurde. Die junge Familie Göhler wich zunächst nach Magdeburg aus, erst 1937 wurde Alfred Göhler als Pastor einer reformierten Gemeinde in Emden angestellt. Mit Kriegsbeginn 1939 wurde Göhler Soldat, er kam zur Luftwaffe; von 1945 bis 1949 teilte er, mittlerweile Vater von fünf Kindern, das millionenfache Schicksal deutscher Kriegsgefangener in der Sowjetunion.[282] Hulda Göhler kam während des Krieges mit ihren Kindern in Schwaben unter und kehrte erst mit ihrem Mann nach Emden zurück. In den 1960er Jahren entwickelte sich aus einer Vortragsverpflichtung Hulda Göhlers vertieftes Interesse an Studien zu Leben und Werk Franz Kafkas. Eine erste, von Max Brod in Tel Aviv freundlich aufgenommene Arbeit zum Thema ‚Franz Kafkas Prozeß in der Sicht seiner Selbstaussagen', war die Grundlage zu weiteren Untersuchungen. Schließlich ging die Kafka-Arbeit doch noch in den Druck.[283] Nur wenige Biographien von Studienstiftlern zeigen so deutlich wie die von Hulda Göhler, daß die Studienstiftung nicht leistungsüberhöhende Funktionsträgereliten förderte, sondern Menschen, die in der Lage waren, verantwortlich ethische Entscheidungen zu fällen.

h)   Erik Amburger: Osteuropäische Geschichte

Erik Amburger wurde 1907 als Auslandsdeutscher in St. Petersburg geboren.[284] Er wuchs zweisprachig auf. Nach 1918 wich die Familie in das deutsch besetzte Estland aus, Amburgers Vater verstarb 1920; die Mutter ging mit beiden Kindern an den Studienort des Vaters, nach Heidelberg. Dort erhielt Amburger eine Freistelle am Humanistischen Gymnasium. Der Deutsch- und Geschichtslehrer schlug ihn für die Studienstiftung vor, für Amburger die einzige Chance zu studieren, da seine Mutter inflationsbedingt ihr Vermögen verloren hatte. Als Studienfach stand Geschichte fest. Die Heidelberger Stipendiaten wurden in den Anfangsjahren der Studienstiftung von dem Geschäftsführer der Studentenhilfe, Dr. Johann Hermann Mitgau, betreut:

„Bei der ersten von ihm (Hermann Mitgau, d. Verf.) geleiteten Zusammenkunft bekam man untereinander Kontakt (...). Man beschloß, Theater zu spielten, wählte Büchners ‚Leonce und Lena' und führte es vor einem kleineren Publikum auf. Man unternahm Radtouren zu dritt und viert (...). Ich hatte Gelegenheit, Werkstudenten kennenzulernen, so einen Arbeitersohn, der im Berg-

---

281 1892–1984; See-Offizier im Ersten Weltkrieg (u.a. U-Boot-Kommandant); Geschäftsführer der Inneren Mission in Münster; 1931 Pfarrer in Berlin-Dahlem; Mitbegründer der Bekennenden Kirche und des Pfarrernotbundes im evangelischen Kirchenkampf; 1937 verhaftet, 1938 KZ Sachsenhausen, 1941 KZ Dachau; 1947–1965 Kirchenpräsident von Hessen-Nassau; umstritten aufgrund seiner politischen Theologie.

282 Vgl. dazu den Bericht aus sowjetischer Kriegsgefangenschaft: Alfred Göhler, Eine Glaubensbegegnung, in: Und bringen ihre Garben. Aus russischer Kriegsgefangenschaft. Hg. v. Helmut Gollwitzer, Josef Krahe, Karl Rauch. Stuttgart 1956, S. 47–50; siehe auch Rolf-Ulrich Kunze, Das Evangelische Hilfswerk für Internierte und Kriegsgefangene 1945–1955/56. Ein Beitrag zur evangelischen Diakonie- und Seelsorgegeschichte und zur Geschichte der deutschen Kriegsgefangenschaft in der Sowjetunion, in: ZBKG 65 (1996), S. 32–84.

283 Hulda Göhler, Franz Kafka: Das Schloß, ‚Ansturm gegen die Grenze'. Entwurf einer Deutung. Bonn 1982.

284 Vgl. Erik Amburger, Deutsche in Staat, Wirtschaft und Gesellschaft Rußlands: Die Familie Amburger in St. Petersburg 1770–1920. Wiesbaden 1986.

werk gearbeitet hatte (...), oder eine Studentin, die längere Zeit auf einem Gut in Ostpommern als Hauslehrerin gearbeitet hatte und dort zu den ‚Domestiken' gezählt wurde wie zu Zeiten von Reinhold Lenz."[285]

In Heidelberg kam Amburger mit wichtigen Vertretern der Geschichtswissenschaft in persönliche Berührung, unter anderem mit Hajo Holborn,[286] einem Schüler Friedrich Meineckes, dem Neuzeithistoriker Willy Andreas,[287] dessen Lichtbildassistent Amburger wurde. Als Hörer und Seminarteilnehmer erlebte Amburger den brillanten Mediävisten, später auch, anknüpfend an seine Funktion als Herausgeber des Kriegstagebuchs des Oberkommandos der Wehrmacht ab 1943, zeitgeschichtlich arbeitenden Percy Ernst Schramm[288] und den Politikwissenschaftler Arnold Bergstraesser;[289] fachlich und methodisch verdankte er dem Mittelalterhistoriker Friedrich Baethgen[290] entscheidende Orientierungen. Auf Anraten von Willy Andreas ging Amburger nach dem dritten Semester nach Berlin, um dort aufgrund seiner ausgezeichneten Russischkenntnisse osteuropäische Geschichte bei Andreas' Kollegen und Freund Karl Stählin zu studieren.

---

285 StSt-A Bonn: Erik Amburger, In der Studienstiftung 1926–1932, in: Erinnerte Geschichte, S. 63–66.
286 1902–1969; Promotion bei Friedrich Meinecke 1924, Habilitation 1926 in Heidelberg, 1931 Dozent an der Hochschule für Politik, Berlin, Lehrauftrag an der Berliner Universität, 1933 Emigration in die USA, ab 1934 Gastdozent, dann Lehrbeauftragter an der Yale University, ab 1938 Professor für deutsche Geschichte, während des Zweiten Weltkrieges im Dienst des Office of Strategic Services; zahlreiche Preise und Auszeichnungen, 1967 Präsident der American Historical Association, Mitbegründer der ‚Akten zur deutschen auswärtigen Politik'. Vgl. Fritz Stern u.a. (Hg.), The Responsibility of Power. Historical Essays in Honor of Hajo Holborn. New York 1967.
287 1894–1967; Prof. u.a. in Rostock, Heidelberg und Freiburg i.Br. Hauptarbeitsgebiete: Geschichte und Kulturgeschichte Deutschlands und Italiens, frz. Geschichte im 18. und 19. Jahrhundert; zu Willy Andreas und seiner späteren Rolle im nationalsozialistischen Deutschland vgl. Karen Schönwälder, Historiker und Politik. Geschichtswissenschaft und Nationalsozialismus. Frankfurt am Main/New York 1992 (zugl. Diss. phil. Marburg 1990), S. 20 f., passim.
288 1894–1970. 1929 Prof. in Göttingen; seit 1956 Mitglied der Zentralredaktion der ‚Monumenta Germaniae Historica', seit 1963 Kanzler des Ordens Pour le mérite für Wissenschaften und Künste (Ordensverleihung 1958).
289 1896–1964; 1929–1935 Prof. für Staatswissenschaften und Auslandskunde in Heidelberg, 1937 Emigration in die USA, 1937–1934 u.a. Lehrtätigkeit an der Claremont Graduate School, CA, nach Gastprofessuren in Deutschland (1950; 1952/53), 1954/55 Rückkehr nach Deutschland, seit 1954 Prof. für wiss. Politik in Freiburg i.Br., Direktor des Forschungsinstituts der Deutschen Gesellschaft für auswärtige Politik.
290 1890–1972; Promotion 1914 bei Karl Hampe, 1920 Habilitation, PD in Heidelberg, 1925 apl. Prof., 1927 2. Sekretär des Germanischen Historischen Instituts in Rom, ab 1927 Honorarprof. an der Berliner Universität, 1929 Prof. in Königsberg; 1939–1948 Prof. in Berlin, ab 1946 Präsident des Instituts zur Erforschung des Mittelalters und der Monumenta Germaniae Historica, seit 1948 Honorarprof. in München; 1955 Ehrendoktorat der Universität Rom, zahlreiche Auszeichnungen.

In Berlin hatte er nicht nur Kontakt zu Klaus Mehnert, der eine führende Rolle in der Berliner Studienstiftlergruppe innehatte, er lernte auch den Neuzeithistoriker Erich Marcks,[291] Friedrich Meinecke,[292] und den Slavisten Max Vasmer[293] persönlich kennen:

> „Ich erhielt von der Studienstiftung die Genehmigung zur Promotion und für den Sommer 1930 einen Zuschuß zu einem Forschungsaufenthalt in Schweden (...). Im Januar 1933 habe ich meine Prüfungen abgelegt, wenige Tage danach kam für mich auch die persönliche Katastrophe. Ein starker Anteil jüdischer Vorfahren stempelte mich zum ‚jüdischen Mischling 2. Grades', und damit war ich seit dem 1.4.1933[294] vom öffentlichen Dienst ausgeschlossen."[295]

Amburger erhielt Unterstützung von Karl Stählin, der ihn als Privatassistenten bei der Fertigstellung seiner ‚Geschichte Rußlands' beschäftigte:[296] Karl Stählin (1865–1939) war seit 1920 Ordinarius für osteuropäische Geschichte in Berlin und wurde im Frühjahr 1933 emeritiert.[297] In der Weimarer Republik hatte er sich gegen die Hetzkampagnen gegen Reichspräsident Friedrich Ebert gewandt und Vorträge beim ‚Reichsbanner' gehalten.[298] Nach seiner Emeritierung konnte Stählin noch den vierten und fünften Band seiner Geschichte Rußlands fertigstellen. Auch für Amburger stellte sich die Frage der Stipendien-Rückzahlung: „Als ich dann eines Tages von der Studienstiftung gefragt wurde, ob ich nicht mein Darlehn aus den späteren Studienjahren abzahlen könnte, hat meine Mutter einiges aus ihrem Vermögensrest abgestoßen, und ich habe alles in eins getilgt und damit einen Strich unter meine Beziehung zur damaligen Studienstiftung gezogen."[299] Von ähnlichen Fällen wird im Zusammenhang mit der Gleichschaltung der Studienstiftung noch öfter die Rede sein.

Amburger war als Akademischer Oberrat und seit 1968 als Honorarprofessor für Wirtschafts- und Sozialgeschichte Osteuropas an der Philipps-Universität Marburg tätig. Neben der Arbeit an zahlreichen Fachveröffentlichungen war Amburger u.a. für das Zentrum für Kontinentale Agrar- und Wirtschaftsforschung in Gießen tätig.

---

291 1861–1938; Prof. in Heidelberg, Hamburg, München und seit 1922 in Berlin. Marcks gehörte zu den konservativen Gegnern der Weimarer Republik; vgl. z.B. ders., Hindenburg als Mensch und Staatsmann, in: ders. u.a., Paul von Hindenburg als Mensch, Staatsmann, Feldherr. Berlin 1932, S. 39–76.
292 1862–1954. Schüler Johann Gustav Droysens, Heinrich von Sybels und Heinrich von Treitschkes, 1901 Prof. für neuere Geschichte in Straßburg, 1906 in Freiburg i.Br., 1914–1928 in Berlin. 1948 erster Rektor der von ihm mitgegründeten Freien Universität Berlin, 1894–1935 Herausgeber der Historischen Zeitschrift; vgl. auch Kap. III 3.
293 1886–1962; Prof. in Petersburg, Saratow, Dorpat, Leipzig und seit 1925 in Berlin. Er verfaßte u.a. das ‚Russ. etymologische Wörterbuch' (seit 1953) und war 1924 Begründer der Zs. für slavische Philologie.
294 Gemeint ist wohl der 7. April 1933 und das ‚Gesetz zur Wiederherstellung des Berufsbeamtentums'.
295 StSt-A Bonn: E. Amburger, In der Studienstiftung 1926–1932, S. 66.
296 Vgl. auch Hans-Jürgen Krüger (Hg.), Archivalische Fundstücke zu den russisch-deutschen Beziehungen. Erik Amburger zum 65. Geburtstag. Berlin 1973.
297 Vgl. K. Schönwälder, Historiker und Politik, S. 72, 305.
298 So Gerd Voigt, Otto Hoetzsch 1876–1946. Wissenschaft und Politik im Leben eines deutschen Historikers. Berlin (DDR) 1978, S. 164; zur Emeritierung von Stählin vgl. auch Gabriele Camphausen, Die wissenschaftliche historische Rußlandforschung im Dritten Reich 1933–1945. Frankfurt am Main 1990, S. 19 f.
299 StSt-A Bonn: E. Amburger, In der Studienstiftung 1926–1932, S. 66.

i)　　Walter Schlums: Sozialpädagogik

Walter Schlums, Jahrgang 1908, Lehrersohn aus dem schlesischen Reichenbach, nahm 1926 mit der Förderung der Studienstiftung das Studium an der Leipziger Handelshochschule auf. Das väterliche Einkommen von ca. 340 Mark monatlich mußte zur Versorgung von drei Kindern reichen. Trotz Privatstunden, die Schlums erteilte, war der ursprüngliche Wunsch, Kirchenmusiker zu werden, nicht zu verwirklichen. Mit dem Beitrag von 50 Mark von der Studienstiftung erschien ein Studium allerdings möglich: „Mit hundert Mark konnte man auskommen, auch wenn meist an den letzten Tagen des Monats das Mittagessen ausfallen mußte."[300] Anschluß fand Schlums bei den vom Geist der Jugendbewegung noch stark beeinflußten Vertretern der studentischen Selbstverwaltung und der Wirtschaftshilfe in Leipzig:

> „In der Mensa bedienten Studenten und Studentinnen, um die hundert. Ich fand, daß diese Kommilitonen ganz meine Sorte waren, und nach etwa zehn Tagen ging ich hin und meldete mich. Es war einer der bedeutendsten Entschlüsse meines Lebens. Mein Chef an meiner Penne war Arione gewesen und gab sich die größte Mühe, mich zu keilen. Aber das war nicht meine Welt. In Leipzig spielten die Verbindungsstudenten eine geringe Rolle. Leipzig war eine Arbeitsuniversität, und die Bündischen, vor allem die Sächsische Jungenschaft, spielten dabei eine führende Rolle."[301]

Intensiv erlebte Schlums, nach Absolvierung des volks- und betriebswirtschaftlichen Grundprogramms in den ersten beiden Semestern, die studentische Freiheit, ungehindert eigenen Bildungsinteressen nachzugehen. Auch er besuchte die Veranstaltungen des Kunsthistorikers Wilhelm Pinder, hörte bei dem progressiven Pädagogen Theodor Litt[302] und sang im Gewandhauschor unter Wilhelm Furtwängler.[303] Diese Freiheit in der Studiengestaltung hatte, so Schlums, ihren Hintergrund im Fehlen kleinlicher Verschulung und in den persönlichen Kontakten zu den Dozenten in kleinen Seminaren. Noch vor dem Examen für das Handelslehramt hatte Schlums ein Unterrichtspraktikum von einem halben Jahr zu absolvieren, das ihn nach Zittau führte. Die Studienstiftung reagierte auf diese Veränderung des Wohnorts mit einer Kürzung des monatlichen Wechsels um 10 Mark, was für Schlums eine erhebliche Einschränkung bedeutete: „Das billigste Zimmer, das ich in Zittau bekam, kostete 60,-. Also blieben 30 Mark zum Leben. Mittags gab es regelmäßig rohe Haferflocken und Salat. Das war mit zwanzig Pfennigen zu machen. Ich muß aber erzählen, daß die Studienstiftung, als ich im Semesterabschlußbericht darum bat, in Zukunft nicht so hart zu sein, die eingesparten zehn Mark nachlieferte."[304]

300　StSt-A Bonn: Walter Schlums, ‚Wie sah der Jüngling aus, der da in die Welt zog?', in: Erinnerte Geschichte, S. 72–78.
301　Ebd., S. 76.
302　1880–1962, Philosoph und Pädagoge; seit 1919 Prof. in Bonn, 1920–1937 und 1945–1947 in Leipzig, ab 1947 wieder in Bonn; Wissenschaftstheoretiker und Reformpädagoge; vgl. auch Kap. II 3.
303　1886–1954; Kapellmeister in Straßburg, Lübeck, Mannheim, Wien, Berlin und Frankfurt am Main, 1922–1928 Leitung der Gewandhauskonzerte in Leipzig, 1922–1945 und 1947–1954 Leitung der Berliner Philharmoniker, 1931 Musikalische Leitung der Bayreuther Festspiele, 1933 Direktion der Berliner Staatsoper, Vizepräsident der Reichsmusikkammer, Rücktritt 1934 aufgrund der NS-Kulturpolitik.
304　StSt-A Bonn: W.S., Wie sah der Jüngling aus, S. 78.

Studienstiftler der ersten Stunde 87

Auf Anregung von Studienstiftungsleiter Wolfgang Paeckelmann ging Schlums ein weiteres Semester als Erzieher zu der schwedischen Philanthropin Elsa Brandström in deren Kinderheim im sächsischen Neusorge. Elsa Brandström hatte sich als Delegierte des schwedischen Roten Kreuzes 1914 bis 1920 maßgeblich an der Versorgung der Kriegsgefangenen in Rußland und ihrer Rückführung beteiligt; nach dem Krieg hatte sie in Schweden und in den USA Mittel für die Gründung von Arbeitersanatorien und Kinderheimen beschafft. Die Studienstiftung unterstützte ihre Arbeit durch die Vermittlung von freiwilligen Praktikanten und die Abhaltung von Tagungen in Neusorge.[305] Im Januar 1931 legte Schlums nach dieser prägenden Erfahrung in der Sozialpädagogik sein Examen ab und promovierte anschließend.[306]

Der Blick auf die persönlichen Lebensumstände von neun Studienstiftlern zwischen studentischer Freiheit und materieller Beschränkung erlaubt eine vorläufige Antwort auf die Ausgangsfrage, ob Studienstiftler eine Avantgarde oder gebildete Normalität darstellten: in ihrer Neugier, Mobilität, Flexibilität und Begeisterungsfähigkeit waren die Stipendiatinnen und Stipendiaten der ersten Generation sicherlich eine Avantgarde, waren sie *trend setter* bei der Durchsetzung der Arbeits- und Mittelstandsuniversität und in der erfolgreichen Behauptung in der Massenuniversität. In sozialer Hinsicht waren diese Studienstiftler keineswegs eine auf provozierende Weise herausgehobene Elite, ihre wirtschaftlichen Verhältnisse waren gesichert, sie waren vor Verelendung, nicht immer vor Unterversorgung geschützt: nicht mehr und nicht weniger. Eine Luxusförderung war die alte Studienstiftung nicht. In allen geschilderten neun Fällen waren die Empfänger existenziell auf die Förderung angewiesen, um studieren zu können.

In allen diesen Fällen entsprach die Studienstiftung also den von ihr aufgestellten Auswahlkriterien Begabung, Persönlichkeit, Bedürftigkeit, und dies mit offensichtlichem Erfolg, obwohl dieser Erfolg wenig mit einer programmatisch national-sozialen Motivation im Namen des deutschen Volkes, um so mehr mit der Eröffnung individueller Chancen für den einzelnen zu tun hatte. Wenn dies aber zutraf, wenn also Individualisierung, ja Individualismus als ein Effekt der Förderung durch die gemeinwohlverpflichtete Studienstiftung erkennbar wurde, war dann die gesamte Förderung tatsächlich eine sinnvolle Begabtenunterstützung zum Wohl der Allgemeinheit oder nicht doch ein äußerst problematisches Elitenbildungs- und Privilegierungsinstrument, eine elitäre Antwort auf die Zumutungen der Massengesellschaft und ihre Bedrohung des herausragenden, des begabten Individuums? Die Überlegung ist deshalb nicht von der Hand zu weisen, weil diese Bedrohung in der Kulturkritik der Zwischenkriegszeit in Europa deutlich empfunden wurde. Der konservative spanische Philosoph José Ortega y Gasset[307] beschrieb in seinem 1930 erschienenen Buch ‚Der Aufstand der Massen' die aufkommende Massengesellschaft als Vernichtung des Individuums:

„Wir sehen die Menge als solche im Besitz der von der Zivilisation geschaffenen Einrichtungen und Geräte. Doch kaum haben wir uns ein wenig bedacht, so überrascht uns unsere Überraschung. Wie denn? Ist nicht dies der Idealzustand? Die Eisenbahn hat ihre Sitze, das Theater seine Plätze, das Hotel seine Zimmer, damit sie besetzt werden. Zweifellos; dennoch ist es Tatsa-

---

305 Vgl. dazu Kap. II 1.
306 Für eine ähnliche sozialpädagogische Erfahrung vgl. Elisabeth Siegel, Dafür und dagegen. Ein Leben für die Sozialpädagogik. Stuttgart 1981.
307 1883–1955; ab 1910 Prof. für Metaphysik in Madrid, gründete 1923 die Zeitschrift Revista de Occidente, nach Ausbruch des Bürgerkriegs 1936–1946 Emigration u.a. in Frankreich und Argentinien, ab 1949 wieder Lehrtätigkeit in Madrid.

che, daß früher solche Anstalten und Verkehrsmittel nicht voll zu sein pflegten, während sie heute die Fülle nicht fassen und Menschen, die sich gerne ihrer bedienten, umkehren müssen. So folgerichtig und natürlich die Erscheinung aussieht, es läßt sich nicht leugnen, daß sie bisher unbekannt war, daß somit ein Wechsel, eine Veränderung vorgefallen ist, die unser Erstaunen wenigstens im ersten Augenblick rechtfertigt."[308]

Ortega y Gasset bot freilich außer einer so hellsichtigen wie polemischen Situationsbeschreibung der „Sozialisierung des Menschen" keine Lösung, was den Elitarismus und Aristokratismus seiner Position noch verschärfte.[309] Aber ohne Zweifel standen seine Überlegungen für eine zeittypische Form der Gegenwartskritik. War, analog zur Umformung des ‚Führerauswahl'-Gedankens in der Jugendbewegung zur ‚Führer'-Elite in der ‚Volksgemeinschaft', die Ausbildung einer sich von der derart perhorreszierten Masse abhebenden Wissenschafts- und Künstlerelite eine Lösung? John Carey hat in einer Studie über Intellektuelle zwischen 1880 und 1939, also in der entscheidenden Formierungsphase der westlichen Massengesellschaft, am englischen Beispiel nachweisen können, daß wesentliche Züge der Kultur der klassischen literarischen Moderne „als eine feindliche Reaktion auf das von den Bildungsreformen des späten neunzehnten Jahrhunderts geschaffene, historisch beispiellos breite Lesepublikum verstanden werden können."[310] Anders gesagt: ein Teil der britischen Intellektuellen reagierte auf die Zumutungen der Massenkultur der Massengesellschaft durch die Ausbildung exklusiver künstlerischer Elitenbildungsmechanismen, die das Massenpublikum auf Dauer ausgrenzten. Damit war ein Typus des modernen Intellektuellen neu akzentuiert, dessen ‚Massenhaß' fortan seine Weltsicht stark prägte.[311]

Daß die Studienstiftung keine von der von Carey beschriebenen hochmodernen künstlerisch-intellektuellen oder der antimodernen, gleichwohl tiefe alteuropäisch-humane Reserven mitformulierenden Gesellschaftskritik[312] eines Ortega y Gasset beeinflußte ‚Lösung' des Problems der Massengesellschaft anbot,[313] zeigte sich klar in ihrer Programmatik und Praxis. Absicht der Studienstiftung war es weder, eine intellektuelle Gegenelite zur Massengesellschaft heranzubilden, noch einen Kult der genialen intellektuellen oder künstlerischen Persönlichkeit in Anknüpfung

---

308 José Ortega y Gasset, Der Aufstand der Massen. Stuttgart 1958 (zuerst Madrid 1930), S. 71.
309 Ebd., S. 398.
310 John Carey, Haß auf die Massen. Intellektuelle 1880–1939. Göttingen 1996 (zuerst London 1992), S. 9.
311 Ebd., S. 239–260; vgl. auch John Lukacs, Hitler. Geschichte und Geschichtsschreibung. München 1997 (zuerst New York 1997); zu Intellektuellen als „Haßproduzenten" in der Zuspitzung gesellschaftlicher Konflikte vgl. Hans Magnus Enzensberger, Zickzack. Aufsätze. Frankfurt am Main 1997, S. 95–105.
312 Mit Bezug auf Goethe und seine ‚Betrachtungen' formuliert bei Thomas Mann: „Sein (Goethes, d. Verf.) Grauen vor der Revolution war das Grauen vor der Politisierung, das heißt vor der Demokratisierung Europas, die den Nationalismus als geistiges Zubehör mit sich brachte (...)." Thomas Mann, Goethe als Repräsentant des bürgerlichen Zeitalters (1932), in: ders., GW IX, Reden und Aufsätze, Bd. 1. Frankfurt am Main 1990 (zuerst ebd. 1960), S. 297–332, 316.
313 Vgl. z. B. auch Elias Canetti, Masse und Macht. Frankfurt am Main 1980 (zuerst ebd. 1960; entstanden seit 1939), S. 333: „Elemente der Macht".

Studienstiftler der ersten Stunde 89

an die gerade in Deutschland so beliebte elitäre Gesellschaftskritik Friedrich Nietzsches[314] zu institutionalisieren. Ganz im Gegenteil war sie dem Geist der ‚Pädagogischen Provinz' verpflichtet: sie förderte die als Aufgabe verstandene Selbstentfaltung begabter und bedürftiger Persönlichkeiten, die selbst später für diese Gesellschaft an den unterschiedlichsten Stellen Verantwortung übernehmen sollten. Intellektuelle wurden auf diese Weise gerade nicht isoliert und der Gesellschaft als Mandarine oder geniale Visionäre gegenübergestellt, sondern gesellschaftlich sozialisiert.[315] Die Studienstiftung gab dem bürgerlichen Begriff der Selbstbildung eine im Wortsinn sozialdemokratische Ausrichtung.[316]

Im Hinblick auf die Akademikersozialisation mag man die Tätigkeit der Studienstiftung vielleicht sogar noch umfassender sehen: sie trug bei ihren Stipendiaten nicht unerheblich zur Akzeptanz der Massengesellschaft bei, indem sie Intellektuellen-Karrieren ermöglichte und deutlich auf die Gemeinwohlverpflichtung solcher Karrieren hinwies. Das bedeutete aber auch, daß sie sich selbst, vermittelt durch den ständigen Hinweis auf den lohnenden Einsatz für die ‚Gemeinschaft', einen sehr weitgefaßten pädagogischen Auftrag erteilte, daß sie Sinnstiftung betrieb. Dieser Ansatz war nicht allzuweit von einer Definition der Erziehung entfernt, die Karl Jaspers[317] in seiner bekannten Analyse ‚Die geistige Situation der Zeit' von 1931 der Sinnleere der Massengesellschaft entgegenstellte: „die Ermöglichung, in geschichtlicher Kontinuität ein Mensch im Selbstsein zu werden."[318] Ebenso wie Jaspers' Definition einen Kontrapunkt zum Krisenbewußtsein und zur gegenwartsfixierten Orientierungslosigkeit der Zwischenkriegszeit setzte, hatten die allgemeinen erzieherischen Zielsetzungen in der Programmatik der Studienstif-

---

314   Bei Nietzsche gehörten in seiner radikalen Historismus-Kritik ein nicht-antiquarischer Umgang mit der Vergangenheit und die große Persönlichkeit zusammen: „Die Geschichte gehört vor allem den Tätigen und Mächtigen, dem, der einen großen Kampf kämpft, der Vorbilder, Lehrer, Tröster braucht und sie nicht unter seinen Genossen und in der Gegenwart zu finden vermag. (...) Daß der Tätige mitten unter den schwächlichen und hoffnungslosen Müßiggängern, mitten unter den scheinbar tätigen, in Wahrheit nur aufgeregten und zappelnden Genossen nicht verzage und Ekel empfinde, blickt er hinter sich und unterbrich den Lauf zu seinem Ziele, um einmal aufzuatmen." Friedrich Nietzsche, Vom Nutzen und Nachteil der Historie für das Leben (1873). Stuttgart 1977, S. 19 f.

315   Thomas Mann hat, wie stets auch mit Blick auf die eigene gefährdete intellektuelle Existenz, die Problematik einer nicht-sozialisierten und anti-sozialen ‚Hochbegabung' beschrieben: „Ein idealistischer Instinkt in uns will wahrhaben, das Talent, die schöpferische Potenz müsse, als Lebensmacht, notwendig der Idee und Gesinnung des fortschreitenden Lebens, dem humanitären Willen vorbehalten und der Lebenswidrigkeit (...), der gegen Freiheit und Fortschritt gerichteten und also im humanitären Sinn *schlechten* Gesinnung gesetzmäßig versagt sein (...). Wirklich ist das etwas wie ein Gesetz: Die humane Rückschrittlichkeit ist in der Regel mit Talentlosigkeit geschlagen. Allein diese Regel ist nicht unverbrüchlich." Th. Mann, Goethe und Tolstoi, S. 128 f.

316   Das war eine auch von Thomas Mann seit Mitte der 1920er Jahre favorisierte Synthese: „Die neue, die soziale Welt (...), in der die Menschheit von untermenschlichen, unnotwendigen, das Ehrgefühl der Vernunft verletzenden Leiden befreit sein wird, diese Welt wird kommen, und sie wird das Werk jener großen Nüchternheit sein, zu der heute schon alle in Betracht kommenden, alle einem verrotteten und kleinbürgerlich-dumpfen Seelentum abholden Geister sich bekennen." Th. Mann, Goethe als Repräsentant des bürgerlichen Zeitalters, S. 331.

317   1883–1969; seit 1916 Prof. für Psychologie in Heidelberg, seit 1920 für Philosophie, 1933–1945 Lehrverbot, nach Kriegsende wieder Prof. in Heidelberg, 1948–1961 Prof. für Philosophie in Basel; u.a. 1958 Friedenspreis des Deutschen Buchhandels.

318   Karl Jaspers, Die geistige Situation unserer Zeit (1931). Berlin 1955, S. 106.

tung korrigierende Funktion gegenüber dem Individualismus der ‚Hochbegabten'. Ob sich das auch in konkrete Erziehung der einzelnen Stipendiaten umsetzen ließ oder vielmehr das erzieherische Defizit der Hochschule in der Massengesellschaft für sie erst recht spürbar machte, mußte sich erweisen. Denn abgesehen von der Verbreitung einer ‚gemeinschafts'-orientierten Programmatik und der Organisation kleinerer ‚Gemeinschafts'-Veranstaltungen wie Tagungen und Diskussionsrunden, hatte die Studienstiftung gar keine Möglichkeit, erzieherisch auf ihre Stipendiaten einzuwirken.

Hier zeichnete sich eine Differenz zwischen Anspruch und Wirklichkeit ab, die, einmal zu Tage getreten, schon nach wenigen Jahren unter anderem dazu führte, die gezielte Erstakademikerförderung aus der Studienstiftung in eine Aufstiegsförderung des Deutschen Studentenwerks zu überführen. Gerade die Förderung von Stipendiaten aus bildungsfernen Schichten war, wenn sie zu gleichen Ergebnissen für die Förderung von Studenten aus akademisch sozialisierten Schichten führen sollte, besonders erziehungsträchtig. Die Studienstiftung stieß mit diesem Problem an die Grenzen der sozialen Aufstiegsförderung, was eng mit der zunehmenden Durchsetzung der Mittelstands- und Leistungsgesellschaft zusammenhing.

Angesichts dieser Förderungsvoraussetzungen war es auch völlig offen, ob sich die Studienstiftung zu einer ‚Eliteschmiede' der Weimarer Demokratie entwickeln würde. Denn zunächst war, wie die Anfänge der Studienstiftung zeigten, die ‚Hochbegabten'-Förderung demokratieneutral und kam in der Akzentuierung des ‚Gemeinschafts'-Gedankens auch Vorstellungen einer ‚formierten' Gesellschaft nahe. Aber gleichwohl war allein schon die Existenz einer Institution wie der Studienstiftung eine Kampfansage an die Mentalität der ‚deutschen Ideologie' und des ‚Kulturpessimismus': hier sollte eine verantwortungsbewußte akademische Leistungs- und Aufstiegselite entstehen, die ihre Identität nicht mehr aus dem Gegensatz zum Westen, zum Liberalismus und zur Demokratie, dem Gegensatz von ‚Kultur und Zivilisation', bezog.

4. Grundprobleme von Organisation und Finanzierung

Die alte, als Abteilung der WiHi der DSt gegründete Studienstiftung zwischen 1925 und 1933 war eine kleine Institution. Sie hatte weitaus mehr Ähnlichkeit mit einem privaten Verein als mit einem Amt, auch wenn sich seit 1925 mit dem Leiter und dem Zentralen Arbeitsausschuß, schließlich mit den ab 1930 organisierten Vertrauensdozenten feste Organisationsformen entwickelten,[319] die zum Teil von der 1948 neugegründeten Studienstiftung übernommen wurden.[320] Schon auf der Sitzung des Zentralen Arbeitsausschusses in Dresden am 1. und 2. September 1926 wurde beklagt, daß es

> „der Zentrale (...) vollkommen unmöglich (ist), das dauernd eingehende reiche Material (Semesterberichte, Dozentenberichte usw.) so zu verarbeiten, daß es irgendwie individuell ausgewertet werden kann. Bei der augenblicklichen Arbeitsweise sammelt sich vielmehr lediglich ein grosses Archiv an, das in keiner Weise ausgewertet wird. Dieser Zustand verschlimmert sich natürlich von Jahr zu Jahr (...)."[321]

An diesen Problemen änderte sich bis 1933 nichts, obwohl schon 1926 klar erkannt wurde, wie ein effektiv arbeitende Organisation aufgebaut werden müßte:

> „Es müssten dem Leiter der Studienstiftung zur Seite stehen mehrere jüngere akademische Persönlichkeiten (angehende Privatdozenten u. dergl.), deren jedem ein Bezirk mit ungefähr 100 Mitgliedern zugeteilt würde, und die teils in Dresden mit der eingehenden Bearbeitung der Unterlagen beschäftigt wären, teils an den Orten selbst den bisher mit diesen Aufgaben betrauten Stellen helfend zur Seite stehen, indem sie die persönliche Fühlungnahme mit den Mitgliedern herstellen und ihre Berater, Freunde und Vermittler in allen Angelegenheiten sind. Nur auf diese Weise ist es denkbar, daß das Programm der Betreuung planmäßig und einheitlich durchgeführt werden kann."[322]

Das war das Modell der Referenten der Studienstiftung, wie es nach 1948 umgesetzt und zur Grundlage der Studienstiftungsarbeit vor Ort wurde. Im Oktober 1926 reiste Paeckelmann nach Breslau, u.a., um dort mit dem Provinzialschulkollegium über die Zusammenarbeit bei der Auswahl zu sprechen. Aber die personelle Unterbesetzung war bei weitem nicht das einzige oder auch nur das gravierendste organisatorische Problem. Da sich die Beteiligung der höheren Schulen und der Schulaufsichtsgremien nicht nur von Land zu Land, sondern auch innerhalb Preußens stark unterschied, wollte Paeckelmann hier vorführen, wie man die Kooperation einvernehmlich organisieren konnte.[323] Allerdings zeigte sich schnell, daß Breslau kein Modell wurde: nicht überall war die Bereitschaft einer Schulbehörde zur Mitwirkung im Auswahlverfahren so

---

319 Vgl. dazu Kap. II 2. und 3. Die Dresdner Geschäftsführung erließ am 1. Oktober 1925 eine Büroordnung für die Geschäftsstelle in der Kaitzer Str., die u.a. Dienstzeiten (8–16.30) regelte. ZZBW-A: Aktenbestand Haerten, I 1921–25: WiHi, Bericht über die Tätigkeit der Geschäftsführung vom 15.–30. September 1925, Anlage 1, Dresden, 1.10.1925.
320 Vgl. dazu Kap. IV 1.
321 ZZBW-A: Aktenbestand Haerten, II 1926: Sitzung des Zentralen Arbeitsausschusses der Studienstiftung des Deutschen Volkes am 1. und 2. September 1926 in Dresden, zu 3 c).
322 Ebd.
323 ZZBW-A: Aktenbestand Haerten, III 1-3/1927: Wolfgang Paeckelmann, Vortrag über die Studienstiftung des Deutschen Volkes, in: Sonderdruck aus den Verhandlungen der II. Direktoren-Versammlung in der Provinz Hessen-Nassau (einschl. Waldeck), 1927.

groß,[324] und Paeckelmann mußte bald erfahren, daß sie generell nur dort funktionierte, wo er sich persönlich engagierte.[325] Doch dieses Engagement durch persönliche Absprachen hatte Grenzen, obwohl die formelle und die informelle Dienstkorrespondenz sowie die Reisetätigkeit unter Paeckelmann immer mehr zunahm.[326] Nicht selten schrieb er 20 Briefe am Tag, das Netzwerk seiner Kontakte umfaßte das gesamte ‚akademische Deutschland'.

Der Zusammenhang zur sozialstudentischen Bewegung der Nachkriegszeit war deshalb so wichtig und wurde noch von Heinz Haerten in seiner Skizze zur Geschichte der Studienstiftung betont,[327] weil er diesen provisorischen, ja experimentellen Charakter der Studienstiftung erklären hilft. Auch der ansonsten in Formfragen sehr konventionelle Paeckelmann zeichnete alle seine Briefe an Studenten und Studentenvertreter ‚mit studentischen Grüßen'. Auch die Studienstiftungsgründer und -förderer wie Duisberg, Paeckelmann, Schairer und Hoffmann, die selbst aus der studentischen Bewegung kamen oder sich mit ihr identifizierten, wußten nicht, wie man eine in allen weiterführenden deutschen Schulen bekannte, an allen deutschen Universitäten vertretene Einrichtung der Begabungsauswahl und -förderung organisiert. Idealismus und guter Wille mußten oft Geld und Erfahrung ersetzen.[328] Die Studienstiftung der 1920er Jahre war in ihren Anfängen ein Beispiel für angewandtes Subsidiaritätsdenken und sie wurde bis 1933 zum Beispiel für den Prozeß sozialstaatlicher Integration.[329] Schlechthin charakteristisch für die alte Studienstiftung waren ihre gravierenden organisatorischen Mängel.

Da eine dezentralisierte Abwicklung von Auswahl und Förderung bei einer erwarteten Stipendiatenzahl von 300 bis 400 pro Abiturjahrgang durch besondere Ausschüsse bei der WiHi-Darlehnskassen nicht nur aus praktischen Überlegungen – z.B. der damit verbundenen Einschränkung der freien Wahl des Studienorts und des Universitätswechsels –, sondern auch deshalb nicht in Frage kam, weil auf diese Weise kaum eine einheitliche Auswahlpraxis durchzusetzen war, wurde mit der Gründung der Studienstiftung der Zentrale Arbeitsausschuß gegründet.[330] Er stellte das bis 1933 noch mehrfach umgestaltete organisatorische Zentralgremium der Studienstiftung als Abteilung der WiHi der DSt dar. Ihm gehörten ursprünglich gemäß dem Beschluß

---

324 ZZBW-A: Aktenbestand Haerten, II 1926: StSt/Paeckelmann an das Provinzialschulkollegium, Dresden, 30.10.1926 (Dank Paeckelmanns für die Kooperationsbereitschaft).

325 ZZBW-A: Aktenbestand Haerten, II 1926: Wolfgang Paeckelmann, Reisebericht Coblenz-Köln-Aachen-Leverkusen-Elberfeld-Berlin. Dresden, 19.11.1926: auch in Coblenz traf sich Paeckelmann mit Schulvertretern; StSt/Paeckelmann an das Provinzialschulkollegium Schleswig-Holstein, Dresden, 16.11.1926 (Kontaktaufnahme zwecks Vorstellung, analog zu Breslau).

326 ZZBW-A: Aktenbestand Haerten, II 1926: WiHi/StSt an Verein Studentenwohl Aachen e.V., Dresden, 30.10.1926: „Herr Paeckelmann wird Sonntag, den 31. Okt. in Bonn sein, Montag in Coblenz, Dienstag oder Mittwoch in Köln, um dort mit der Dozentenschaft Fühlung zu nehmen. Donnerstag und Freitag sind frei, Samstag bis Montag ist er in Niedeggen in der Eifel mit den Mitgliedern der Studienstiftung aus Köln. Dienstag fährt er nach Berlin und muss am 10. und 11. November dort an Sitzungen teilnehmen, sodass es ausgeschlossen ist, dass er am 11. November in einer Senatssitzung in Aachen spricht." Paeckelmann war ein mobiler moderner Wissenschaftsmanager.

327 HH-A: H. Haerten, Die Studienstiftung des deutschen Volkes, S. 39 ff.

328 Das betonte Paeckelmann auch immer wieder in öffentlichen Selbstdarstellungen der Studienstiftung. ZZBW-A: Wolfgang Paeckelmann, Studienstiftung des Deutschen Volkes, Vortrag, gehalten auf der amtlichen Direktorenversammlung in Oppeln, 26.10.1926.

329 Vgl. dazu Kap. II 4.

330 Mitgliederliste in: Die Wirtschaftshilfe der Deutschen Studentenschaft 1925/26. Leipzig 1926, S. 59 f.

Organisation und Finanzierung 93

der Darmstädter Wirtschaftshilfetagung vom März 1924[331] zwei Vertreter des WiHi-Vorstandes, der DSt-Vorsitzende, ein Vertreter des Verbandes der Deutschen Hochschulen, ein Vertreter des Philologenverbandes, ein Vertreter des RMdI, ein Vertreter der ‚Unterrichtsverwaltung' – also der für die Schulen zuständigen Kultusbürokratie – sowie ein Vertreter des Reichsverbandes der Deutschen Industrie an. Die Berufung in den Zentralen Arbeitsausschuß sollte streng unparteilich erfolgen; und tatsächlich hatten die organisatorischen Träger: DSt und WiHi, keine Stimmenmehrheit, so daß schon die Struktur des Gremiums eine schnelle studentische Politisierung erschwerte, die Kooperation mit Staat, Wirtschaft und Verbänden hingegen förderte. Der Zentrale Arbeitsausschuß sollte alle mit der Auswahl und Förderung zusammenhängenden Fragen verantwortlich entscheiden und gegenüber der WiHi und der Öffentlichkeit vertreten. Der Zentrale Arbeitsausschuß war jedoch zu keinem Zeitpunkt die Zentrale der Studienstiftungsarbeit, er blieb auf die Kooperation mit den lokalen Wirtschaftskörpern für die Abwicklung der Stipendien angewiesen – und das war im Unterschied zur Studienstiftung nach 1948 – eine entscheidende Schwäche.

Der Zentrale Arbeitsausschuß in Dresden hatte stets auf seinen administrativen Unterbau: die Wirtschaftskörper und späteren DSW-Stellen, Rücksicht zu nehmen, er mußte und wollte ihre Erfahrungen im alltäglichen Umgang mit den Stipendiaten berücksichtigen. Immer wieder sollte sich zeigen, daß Programmatik, Organisation und Finanzierung nicht getrennt voneinander gesehen werden konnten. Die Programmatik von Auswahl und Förderung ließ sich stets nur begrenzt organisatorisch umsetzen, ja spiegelte bis hin zu den schweren Konflikten mit den politisierenden DSt-Vertretern immer auch die institutionelle Abhängigkeit von der WiHi bzw. vom DSW.

Vor Ort bildeten die Wirtschaftskörper Vertrauensausschüsse für Studienstiftungsfragen, denen sowohl Professoren als auch Studentenvertreter angehören sollten: das war und blieb vage; in praktischer Hinsicht, weil die Studienstiftung zunächst noch gar keine Vertrauensdozenten an allen deutschen Universitäten hatte, in Hinblick auf die Kompetenzen, weil der lokale Vertrauensausschuß nicht befugt war, über Aufnahme oder Ablehnung zu entscheiden. Erst im Verlauf des Professionalisierungsprozesses der Auswahl unter Paeckelmann[332] sollte sich das Verhältnis von Zentralem Arbeitsausschuß und Vertrauensausschüssen dahingehend klären, daß letztere an den Aufnahmeentscheidungen beratend beteiligt wurden, wobei diese ohnehin schon schwierige, weil mit Stellvertretungsfragen der Gutachter im Zentralen Arbeitsausschuß verbundene Entwicklung bereits von der Selbstorganisation der Vertrauensdozentenschaft ab 1930 überlagert wurde. Alle an Auswahl, Förderung und Stipendiatenbetreuung beteiligten Instanzen konnten mit einem gewissen Recht für sich in Anspruch nehmen, die Studienstiftung zu verkörpern.

---

331 Vgl. dazu Kap. I 2.
332 Paeckelmann war formell bis zum 1. Oktober 1926 nicht ‚Leiter' der StSt, nahm die Leitungsfunktion aber gleichwohl in Organisation und Öffentlichkeitsarbeit informell wahr. Die für die StSt zuständigen WiHi-Stellen in Dresden berieten sich mit Paeckelmann über jeden Schritt: ZZBW-A: Aktenbestand Haerten, I 1921–25: WiHi an Wolfgang Paeckelmann, Dresden, 20.3.1925: Details des Auswahlverfahrens.

Die organisatorische Struktur der alten Studienstiftung war die eines institutionalisierten Dauerkonflikts um Kompetenzen zwischen diesen Instanzen, der von der starken, bisweilen autoritären Leitung Paeckelmanns nur verdeckt, nicht wirklich gelöst wurde.[333] Generell gilt, daß sowohl vor 1933 als auch nach 1948 das Erscheinungsbild der stark konzeptionell ausgerichteten Studienstiftung in hohem Maß von der Persönlichkeit des Leiters bzw. Generalsekretärs und seines Konzepts der Begabtenförderung geprägt wurde. Im Unterschied zur alten Studienstiftung mußte der Leiter in der neugegründeten, in Wissenschaftsförderung und Politik von Anfang an institutionell hochintegrierten Studienstiftung nach 1948 jedoch nicht mehr persönlich fehlende Organisationsstrukturen ersetzen: die neue Satzung sorgte für die Integration, welche in der alten Studienstiftung der in der alten Satzung nicht vorgesehene ‚Faktor Paeckelmann' schuf.[334]

Daß der Kompetenzenstreit nicht allein auf unterschiedliche Vorstellungen von ‚Hochbegabten'-Förderung zurückging, sondern zu einem erheblichen Teil geradezu mit Notwendigkeit aus den Organisationsdefiziten resultierte, die ihrerseits wiederum schwer im gegebenen Rahmen zu beheben waren, läßt sich z.B. an der Frage des Vorschlagswesens zeigen. Anders als in der neuen Studienstiftung seit 1948 war der Selbstvorschlag in der alten Studienstiftung möglich und sogar erwünscht. Andererseits waren die höheren Schulen in Deutschland und wurden – durch Paeckelmanns autoritäre Entscheidung – auch die Vertrauensdozenten der Studienstiftung sowie auch grundsätzlich alle anderen Universitätsprofessoren vorschlagsberechtigt, so daß bis 1933 grundsätzlich verschiedene Zugangswege zur Studienstiftung nebeneinander bestanden. Die Schulvorschläge konnten über die Wirtschaftskörper einer Universität an den Zentralen Arbeitsausschuß weitergereicht werden, aber auch von der vorschlagenden Schule direkt nach Dresden geschickt werden, wenn z.B. ein bestimmtes Gymnasium nicht in einer Universitätstadt lag. Vertrauensdozenten und Professoren konnten über den lokalen Vertrauensausschuß, den auch selbständig vorschlagsberechtigten Wirtschaftskörper,[335] indirekt über die WiHi-Zentrale in Dresden oder direkt bei der Studienstiftung Vorschläge machen.

---

333 Als beurlaubter Oberstudiendirektor war Paeckelmann auch finanziell von der WiHi unabhängig und konnte so sehr selbständig auftreten. Die Bezeichnung des Spitzenamtes in der Studienstiftung wechselte bis 1933 zwischen ‚Geschäftsführer', ‚Vorsitzender', ‚Sprecher', ‚Vertreter' und ‚Leiter'- auch dies ein Ausdruck mangelnder organisatorischer Festlegung. Paeckelmanns Auftreten war sicherlich das eines ‚Leiters'. Ähnlich metaphorisch war der Gebrauch des Begriffes ‚Vorstand' im offiziellen Schriftverkehr und in den Selbstdarstellungen der Studienstiftung. Er konnte vom gesamten Zentralen Arbeitsausschuß bis zum Kreis der Referenten verschiedene Bedeutung haben.
334 Paeckelmann ließ es sich nicht nehmen, auch immer wieder direkt mit Studenten in Kontakt zu treten. ZZBW-A: Aktenbestand Haerten, II 1926: StSt/Paeckelmann an stud. phil. Eugen Honsberg, Dresden, 18.11.1926: „Ich danke Ihnen recht herzlich für die Übersendung der Kolleghefte von Heidegger, in denen ich schon mit wachsendem Verständnis gelesen habe. Es wäre mir aber doch recht lieb, wenn Sie einmal persönlich weitergehend zu diesen ganzen Fragen der philosophischen Behandlung Heideggers Stellung nehmen wollten, denn mir liegt daran, einmal zu sehen, wie unsere heutige Jugend sich zu diesen ganzen Fragen stellt. Sie wissen, dass hinter allen diesen Fragen bei mir weiter nichts steht als nur die Freude an persönlichem Meinungsaustausch und eben der feste Wille, mich, so weit ich das kann, wieder ganz in die gedanklichen und seelischen Zustände unserer heutigen Jugend hinein zu versetzen."
335 Dies sollte sich 1933/34 als effektiver ‚Hebel' der Gleichschaltung erweisen.

Organisation und Finanzierung 95

Wenn es in der Stellungnahme zum Vorschlag nicht erwähnt wurde, war die Frage, ob und inwieweit manche Schul- und Professorenvorschläge kaschierte persönliche Bewerbungen darstellten, kaum zu klären.[336] Für den einzelnen Bewerber konnten solche Umstände aber schlicht aufnahmeentscheidend sein. Leisten durfte sich die Studienstiftung die daraus resultierenden Ungerechtigkeiten nicht, denn jede Ungleichbehandlung von Bewerbern mußte eine Institution als solche in Frage stellen, die das deutsche Volk programmatisch im Namen führte. Paeckelmann hat sich stets für die größtmögliche Offenheit des Vorschlagsverfahrens ausgesprochen, einmal, um die Studienstiftung in den Schulen, an den Universitäten, den Technischen und Künstlerischen Hochschulen bekannt zu machen, dann, um die empirische Basis der Auswahlentscheidungen im Zentralen Arbeitsausschuß zu vergrößern.

So nachvollziehbar das war, so deutlich erschwerte es die klare Kompetenzzuweisung bei der Aufnahmeentscheidung im Zentralen Arbeitsausschuß, der sich nicht nur mit einer wachsenden Zahl, sondern auch sehr unterschiedlichen Qualität von Referenzen zu beschäftigen hatte. Die institutionelle Antwort des Zentralen Arbeitsausschusses auf dieses Problem war die wachsende Reisetätigkeit von Mitarbeitern der Studienstiftung, die nun durch Ansehen der Person entscheiden sollten, was die Gutachten im unklaren ließen: vor allem diese Art der Evaluation empfanden einflußreiche Vertrauensdozenten der Studienstiftung wiederum als Eingriff in ihre Zuständigkeit, ja in ihre Autonomie als Hochschullehrer.[337] Und tatsächlich war die Studienstiftung mit ihrer grundsätzlichen, der Mentalität der studentischen Bewegung nach 1918 Rechnung tragenden Gleichbehandlung von Studentenschaftsvertretern und Dozenten gegen die alte Ordinarienuniversität gerichtet. Man mag es als Ironie der Zeitgeschichte ansehen, daß die alte Studienstiftung, nachdem sie diesem Konflikt ein exklusives Forum geboten hatte, gerade an den Folgen ihrer Einbindung in die politische Universität des ‚Studentenstaats' und an ihrer auf prekäre Weise offenen, Dialog und Kooperation voraussetzenden Organisationsform scheitern sollte: in der Gleichschaltung durch die nationalsozialistische Studentenschaft 1933/34.

Obwohl sich die wirtschaftliche Situation der gesamten sozialstudentischen Arbeit mit der Wirtschaftskrise drastisch verschlechterte, was auch für die finanzielle Ausstattung der Studienstiftung galt, geriet sie doch nicht in unmittelbare Existenznot.[338] Dies ist durch das kontinuierliche Engagement des Reichs zu erklären, das den studentischen Belangen hohen Stellenwert zumaß. Schon bis Jahresmitte 1925 – also vor der Festsetzung eines regelmäßigen Betrages für die Studienstiftung im Reichshaushalt – erhielt die Studienstiftung aus Reichsmitteln zweimal 35.000 RM zur Unkostendeckung.[339] Wenn es im Reichstag später um die soziale Unterstützung der Studenten ging, gab es bis 1933 verläßliche und parteiübergreifende Mehrheiten. So hatte die WiHi z.B. in ihrem Darmstädter Konzept aus Reichsmitteln 70.000 RM für die Studienstiftung vorgesehen, die durch weitere 70.000 RM aus Mitteln der WiHi ergänzt werden sollten.[340]

---

336 Zum Verhältnis der Aufnahmewege zueinander vgl. Kap. II 2. und 3. sowie die regelmäßige Berichterstattung der Zeitschrift ‚Studentenwerk'.
337 Vgl. Kap. II 3.
338 Vgl. die Berichterstattung in ‚Studentenwerk'.
339 ZZBW-A: Aktenbestand Haerten, I 1921–25: Finanzierung der Studienstiftung des Deutschen Volkes, Juli 1925, Zusammenstellung.
340 HH-A: Denkschrift über die Förderung wertvoller, mittloser Studenten, in: H. Haerten, Die Studienstiftung des deutschen Volkes, S. 53–58, 54.

Am 5. Juni hatten u.a. die Reichstagsabgeordneten Prof. Dr. Georg Schreiber (Zentrum),[341] Professor Dr. Paul Moldenhauer (DVP)[342] und Erich Koch-Weser (DDP)[343] folgenden Antrag eingebracht: „Der Reichstag wolle beschließen: die Reichsregierung zu ersuchen, die besonders schwere Notlage des größeren Teils der deutschen Studenten erneut und beschleunigt nachzuprüfen und die Gewährung von Krediten und nachhaltigen Unterstützungen an die wirtschaftlichen Selbsthilfeeinrichtungen zu ermöglichen."[344] Am 24. Juli 1924 berichtete Schreiber aus dem Haushaltsausschuß des Reichstags über die Präzisierung des Antrags: der Reichstag wurde ersucht, bei den einmaligen Ausgaben die für die Studentenhilfe vorgesehenen Ausgaben von 600.000 Goldmark auf 1.200.000 Goldmark zu erhöhen.[345] Die als Lobby studentischer Interessen agierende WiHi hatte versucht, einen Betrag von drei Millionen RM durchzusetzen;[346] auch das wurde vom Haushaltsausschuß schließlich übernommen.[347] Seit 1924 war die studentische Wirtschaftshilfe ein Titel einmaliger Ausgaben im Reichshaushalt, 1930 wurde der Antrag gestellt, den Titel in die ständigen Ausgaben zu übernehmen.[348] Abhängig von der Haushaltslage stiegen die staatlichen Beiträge bis zum Ende des Haushaltsjahres 1930 insgesamt auf 24 Millionen RM.[349] Die Studienstiftung wurde durch die staatliche Unterstützung der studentischen Wirtschafts- und Sozialarbeit zu einer ganz überwiegend staatlich finanzierten Einrichtung. Bemerkenswert war – und dies gilt ebenso für die Studienstiftung nach 1948 –, daß zwischen 1925 und 1933 keine einzige staatliche Stelle einen Versuch unternommen hat, die Auswahl- und Förderungspraxis der Studienstiftung aufgrund ihrer finanziellen Abhängigkeit von öffentlichen Mitteln direkt zu beeinflussen, gar zu lenken. Die Studienstiftung war frei, ihr Konzept der ‚Hochbegabten'-Förderung zu entwickeln und umzusetzen.[350] Von den 253.200 RM, welche die Studienstiftung im SS 1925 und im WS 1925/26 ausgab, entfielen 132.000 RM auf die Mitglieder

---

341   1882–1963; vgl. Martin Schumacher (Hg.), M.d.R. Die Reichstagsabgeordneten der Weimarer Republik in der Zeit des Nationalsozialismus. Politische Verfolgung und Ausbürgerung 1933–1945. Düsseldorf ³1994 (Veröffentlichung der Kommission für Geschichte des Parlamentarismus und der politischen Parteien), S. 1397 f.
342   1876–1947; Reichsfinanzminister 1929/30, o. Prof. für Versicherungswissenschaft, Köln.
343   1875–1944; 1924–28 Vorsitzender der DDP-Reichstagsfraktion, Reichsjustizminister 1919–21, Rechtsanwalt und Notar in Berlin.
344   Antrag Nr. 172, Reichstag II. Wahlperiode 1924, in: Verhandlungen des Reichstags. II. Wahlperiode 1924. Bd. 382. Anlagen zu den Stenographischen Berichten Nr. 1 bis 310. Berlin 1924.
345   Mündlicher Bericht des 5. Ausschusses (Reichshaushalt) über den Antrag D. Dr. Schreiber (...) Nr. 172, betreffend studentische Wirtschaftshilfen, Berichterstatter: D. Dr. Schreiber, Berlin, 24.7.1924, in: Verhandlungen des Reichstags. II. Wahlperiode 1924. Bd. 383. Anlagen zu den Stenographischen Berichten Nr. 311 bis 584. Berlin 1924, Nr. 396.
346   HH-A: Denkschrift über die Förderung, S. 54.
347   Beschlüsse des Ausschusses, Kap. 14 b) Einmalige Ausgaben Bildung und Schule, in: Verhandlungen des Reichstags. III. Wahlperiode 1924. Bd. 401. Anlagen zu den Stenographischen Berichten Nr. 898 bis 1036. Berlin 1925, Nr. 999.
348   Mündlicher Bericht des 5. Ausschusses (Reichshaushalt) für das Rechnungsjahr 1930, Berlin, 23.5.1930, in: Verhandlungen des Reichstags. IV. Wahlperiode 1928. Bd. 442. Anlagen Nr. 2061 bis 2160 zu den Stenographischen Berichten. Berlin 1930, Nr. 2079, A. II.a. k).
349   StSt-A: R. Ulich, E. Wohlfahrt, Zur Bildungssoziologie des akademischen Nachwuchses in Deutschland, S. 22 f., 22.
350   Das schloß ein, daß Vertreter staatlicher Bildungs- und Wissenschaftspolitik, die Ämter in der Studienstiftung wahrnahmen, ihre Ansichten auch in der Studienstiftung vertraten; vgl. Kap. V 1.

Organisation und Finanzierung 97

der Studienstiftung – also auf die in einem der möglichen Verfahren ausgewählten Stipendiaten –, 132.000 RM auf diejenigen nicht in die Studienstiftung Aufgenommenen, welche man der Betreuung durch die WiHi empfohlen hatte.[351] Das zeigte deutlich die hohe sozialstudentische Einbindung der Studienstiftung, ihren Fürsorge-Charakter in Kooperation mit der WiHi.

Bei durchschnittlich 385 Geförderten in diesem Zeitraum ergab sich daraus eine Pro-Kopf-Ausgabe von 658 RM. Um die Mittelverwendung einschätzen zu können, muß man berücksichtigen, daß die Studienstiftung ein heterogenes Dienstleistungsprofil hatte: zwar lag die durchschnittliche jährliche Unterstützungssumme der Stipendiaten im Berichtszeitraum 1926–1928 bei ca. 900 RM,[352] doch sagte das wenig, weil hinter jedem Stipendiaten aufgrund des strikt durchgehaltenen Subsidiaritätsprinzips seines individuellen Haushaltsplanes ein anderer Finanzierungsmix stand. So konnten die ausgezahlten Stipendien zwischen 300 und 1.200 RM schwanken, bei Auslands- oder Studienreisen konnten es bis zu 2.000 RM sein. Hinzu kamen außerplanmäßige Sonderbewilligungen für Heimreisen, Kleidung, Bücher oder besondere Notlagen.

Im SS 1926 und WS 1926/27 gab die Studienstiftung insgesamt 490.000 RM für eine Durchschnittszahl von 628 Stipendiaten aus, pro Kopf durchschnittlich 796 RM. Im SS 1927 und WS 1927/28 waren es 848.000 RM, von denen allerdings 45.912 auf die Darlehnskasse entfielen. Für 870 Stipendiaten wurden pro Kopf 971 RM ausgegeben. Im SS 1928 und WS 1928/29 betrugen die Ausgaben 1.168.443 RM, davon 238.784 RM Darlehnskasse, für 1.107 Stipendiaten, die pro Kopf durchschnittliche 1.160 RM erhielten – so viel wie nie zuvor und bis 1933 nicht mehr. Im SS 1929 und WS 1929/30 beliefen sich die Ausgaben auf 1.179.235 RM, davon 289.413 RM Darlehnskasse, für 1.193 Stipendiaten: 990 RM pro Kopf wurden gezahlt. Im SS 1930 und WS 1930/1931 gab die Studienstiftung für 1.002 Stipendiaten 1.048.134 RM aus, auf die Darlehnskasse entfielen 268.915 RM, pro Kopf 1.046 RM.[353] Trotz aller Sparmaßnahmen bis hin zum Überspringen eines Aufnahmejahrgangs fiel der Spielraum für die Pro-Kopf-Ausgaben bis 1933 tendenziell weiter.[354]

---

351 Die Wirtschaftshilfe der Deutschen Studentenschaft 1925/26, S. 35. ZZBW-A: Aktenbestand Haerten, III 1-3/1927: Finanzlage der Studienstiftung des Deutschen Volkes, 26.2.1927.
352 Die Wirtschaftshilfe der Deutschen Studentenschaft 1925/26, S. 38.
353 Das Deutsche Studentenwerk. Wirtschaftshilfe der Deutschen Studentenschaft 1928–1931. Berlin/Leipzig 1931, S. 59.
354 Vgl. zu den Aufnahmen in die Studienstiftung und zu den Ausgaben der Darlehnskasse auch die Rubrik ‚Das Studentenwerk teilt mit' in: Studentenwerk, Jahrgänge 1929–1933.

II Aufbaujahre und entstehende Krise

1. Studienstiftung und deutsche Republik. Studienstiftler und ihr Selbstverständnis

Seit Mitte der 1920er Jahre konnte die studentische Selbsthilfearbeit in vielen Bereichen bereits auf erste Erfolge zurückblicken.[1] Zwar waren die Universitäten so überfüllt wie noch nie zuvor in der deutschen Universitätsgeschichte und die Lebensverhältnisse der allermeisten Studierenden, die Wohnungs- und Ernährungslage vor allem in den Großstädten nach wie vor schlecht, doch griffen allmählich die langfristig angelegten, vom Reich unterstützten Pläne zur Errichtung von Mensen und Studentenhäusern.[2] Das Erscheinungsbild der meisten deutschen Universitäten, ihre Bedeutung für das Stadtbild, veränderte sich durch diese Initiativen.[3] Aus den vereinzelten Gebäudekomplexen, die in den alten, traditionsreichen Universitätsstädten die Universität beherbergten, wurden durch die auf hohe Studentenzahlen ausgerichteten neuen Zweckbauten Massenbetriebe. Zumal bei den modernen Campus-Universitäten außerhalb der Altstädte oder den meist noch jungen Technischen Hochschulen war die Ähnlichkeit mit einem Industriebetrieb, seinem Produktions- und Versorgungstrakt einschließlich Kantine, rein äußerlich nicht zu übersehen. Studenten traten hier in Massen auf und wurden zunehmend auch als Masse wahrgenom-

---

1 Reinhold Schairer, Sinn und Aufgaben der studentischen Wirtschaftsarbeit, in: Studentenwerk 3 (1929), S. 1–19.
2 StA WÜ RSF I 60 192/1: Arbeitsbericht der Wirtschaftshilfe der DSt über das Geschäftsjahr 1925/26, S. 2: „Finanziell war die Arbeit der Wirtschaftshilfe der DSt mehr als in den Vorjahren von den Beihilfen des Reiches und der öffentlichen Körperschaften getragen. Die Unterstützungen aus dem Ausland haben fast ganz aufgehört, auch die Beiträge der inländischen Wirtschaft und privater Kreise haben angesichts der schwierigen wirtschaftlichen Verhältnisse nachgelassen. Insgesamt sind im Berichtsjahr aus der Wirtschaft, von den Städten, Landgemeinden und Landkreisen Beiträge in Höhe von 60.773.- M eingegangen. Von der Reichsregierung wurden sowohl der Wirtschaftshilfe, als auch der Darlehnskasse 1.350.000.- M zur Verfügung gestellt. Außerdem gewährten die Länder der Darlehnskasse Kredite im Gesamtbetrage von etwa 500.000.- M. (...) Insgesamt gelang es, im Berichtsjahre 1.626.909.- M an Spenden für die Arbeit der Wirtschaftshilfe bereitzustellen (...).‟ Zur Überfüllung vgl. Hartmut Titze, Der Akademikerzyklus. Historische Untersuchungen über die Wiederkehr von Überfüllung und Mangel in akademischen Karrieren. Göttingen 1990.
3 Robert Tillmanns, Das deutsche Studentenhaus, in: Studentenwerk 3 (1929), S. 49–60. Es handelt sich um die Druckfassung eines Vortrages, den Tillmanns auf der Würzburger Tagung zur Gründung des DSW im Oktober 1929 in Würzburg hielt.

men. Das war neu in der deutschen Sozialgeschichte, und es trug nicht nur bei den Studierenden erheblich zu einem weitverbreiteten Gefühl von Verunsicherung bei.[4] Studenten waren in der differenzierten, politisierten Massengesellschaft zugleich Arbeitnehmer und Staatsbürger, sie waren politisch und engagiert, und sie nahmen sich mehr denn je das Recht, sich für ihre Anliegen und ihre Vorstellungen auch außerhalb der Universität Gehör zu verschaffen.[5] Sie partizipierten am politischen Massenmarkt. Aus einer dezidiert kapitalismuskritischen Position, die an Radikalität den konservativen Kritikern der Massengesellschaft kaum nachstand, wies der renommierte Journalist und Publizist Siegfried Kracauer 1928 in der Frankfurter Zeitung auf die humanen Defizite der so vernünftig erscheinenden, arbeitsteiligen, auf betriebliche Effizienz ausgerichteten Rationalisierung aller menschlichen Lebensumstände in der Massengesellschaft hin: deren Folge sei eine Form der abstrakten Existenz, der Aufteilung des menschlichen Lebens in funktionale Rollen: „Je mehr sich aber die Abstraktheit verfestigt, um so unbewältigter durch die Vernunft bleibt der Mensch zurück."[6] Das galt auch für die Studenten, die sich zunehmend als anfällig für politische Appelle erwiesen, die auf das diffuse Unbehagen über die Zumutungen der Moderne setzten und dies politisch zu formieren verstanden, namentlich im NSDStB.[7]

Tübingen war ein typisches Beispiel für eine effizient arbeitende Studentenhilfe.[8] Der Arbeitsbericht über das Geschäftsjahr 1925/26 konnte von einer Stabilisierung der wirtschaftlichen Lage der Studenten nach Behebung des Inflationsnotstands und einer damit einhergehenden Schwerpunktverlagerung der Arbeit von der Massenunterstützung zur Einzelfürsorge berichten. Im Vordergrund standen hier Prozesse der Konzentration und Rationalisierung: „Außer der Druckerei, die sich immer mehr zu einem Überschußbetrieb entwickelt hat und für den Hausgebrauch der Studentenhilfe ganz unentbehrlich ist, und dem Schreibmaschinenbüro, das Lehrzwecken dient und einen kleinen Überschuß abwirft, wurden alle Betriebe des Werkhauses, die Wäscherei, die Schuhmacherei und die Buchbinderei, die sämtlich Zuschüsse erfordert haben,

---

4 Vgl. für das Reich vor 1918: Alf Lüdtke, Lebenswelten und Alltagswissen, in: Handbuch der deutschen Bildungsgeschichte, Bd. IV. Hg. v. Christa Berg. München 1991, S. 7–90.

5 Vgl. z. B. Baldur von Schirach an die Hochschulgruppe Jena, München, 20.11.1928, in: H. Pross, Die Zerstörung der deutschen Politik, S. 367. Baldur von Schirach (1907–1974), seit 1925 Mitglied der NSDAP, seit 1927 Studium der Germanistik und Kunstgeschichte in München, Hochschulgruppenführer des NSDStB an der Münchner Universität, Juli 1928 bis Juli 1932 Bundesführer des NSDStB, seit Nov. 1931 Reichsjugendführer der NSDAP, 1933–40 Jugendführer des Deutschen Reiches, 1940–45 Gauleiter und Reichsstatthalter in Wien, distanziert sich in seinem Schreiben von dem jungkonservativen Theoretiker Dr. Edgar Jung und seinem Erfolgsbuch ‚Die Herrschaft der Minderwertigen' (1931): ein außerordentlich moderner Medienkonflikt um politische Hegemonie; vgl. Hartmut Titze, Hochschulen, in: Handbuch der deutschen Bildungsgeschichte, Bd. V. Hg. v. Dieter Langewiesche, Heinz-Elmar Tenorth. München 1989, S. 209–258, vor allem 212 ff.

6 Siegfried Kracauer, Das Ornament der Masse, in: Ders., Der verbotene Blick. Betrachtungen, Analysen, Kritiken. Hg. v. Johanna Rosenberg. Leipzig 1992 (zuerst FZ 9./10.6.1928), S. 172–184, 180.

7 Vgl. M. Grüttner, Studenten im Dritten Reich, S. 31–43; für Würzburg vgl. Peter Spitznagel, Studentenschaft und Nationalsozialismus in Würzburg 1927–1936, in: Studentenschaft und Korporationswesen an der Universität Würzburg. Hg. v. Institut für Hochschulkunde an der Universität Würzburg. Würzburg 1982, S. 89–138.

8 UAT 289: Tübinger Studentenhilfe/Studentenwerk e.V. 1920–1977, vor allem die Bestände ‚1. Allgemeines', ‚3. Einrichtung des Studentenwerks' und ‚4. Fürsorge und Förderung'; vgl. die Fallstudie von Uwe D. Adam, Hochschule und Nationalsozialismus. Die Universität Tübingen im Dritten Reich. Tübingen 1977.

abgebaut."⁹ Alle diese Betriebe mit ihrem Dienstleistungsangebot hatten immerhin zur Gesamtversorgung der Studentenschaft beigetragen. Diese Rationalisierung in Tübingen war im Zusammenhang mit Grundsatzbeschlüssen der Wirtschaftshilfe der DSt zur Organisation der Wirtschaftsarbeit zu sehen, die, nach weitgehend abgeschlossener und teurer Professionalisierung, nun aus Kostengründen eine Effektivierung der Fürsorgearbeit anmahnten, wie aus dem DSt-Geschäftsbericht 1925/26 hervorging:

> „Auf dieser Grundlage aufbauend, stand die Arbeit (der WiHi der DSt, d. Verf.) unter dem richtunggebenden Grundgedanken: 1. die in den letzten Jahren geschaffenen Wirtschaftseinrichtungen an den Orten (Speisungen, Verkaufsstellen, Werkstätten, Studentenheime), soweit sie sich lebensfähig erwiesen hatten, auszubauen und auf eine sichere finanzielle Grundlage zu stellen und dort, wo die dringende Notwendigkeit und die praktische Möglichkeit vorlag, sie zu vereinigen im Studentenhaus, das der gesamten Studentenschaft als Mittelpunkt dienen soll; 2. die Arbeit der Einzelfürsorge und der Fürsorge für kranke Kommilitonen, die bisher zersplittert und lückenhaft durchgeführt wurde, planmäßig zusammenzufassen und ihr eine organisatorische Form von dauerhaftem Bestand zu geben. Durch die Errichtung der Studienstiftung des Deutschen Volkes und durch den Ausbau der Darlehnskasse wurden die in dieser Richtung liegenden Arbeitsaufgaben durchgeführt, deren Lösung die DSt in dem Bestreben, ihre wirtschaftliche Selbsthilfearbeit selbständig und unabhängig zu erhalten, einen großen Schritt vorwärts gebracht hat."¹⁰

Zur neuen Einzelfürsorge, von welcher der DSt-Geschäftsbericht sprach, gehörte auch die Studienstiftung. Das bedeutete in Tübingen zunächst einmal mehr Arbeit für die Studentenhilfe.¹¹ Der Tübinger Bericht würdigte auch freundlich den ausscheidenden studentischen Geschäftsführer der Studentenhilfe, Wilhelm Hoffmann, den späteren Leiter der Studienstiftung ab 1928. Hoffmann hatte in Tübingen Theologie studiert und nach dem ersten Examen seit dem Herbst 1923 hauptamtlich für die Studentenhilfe gearbeitet, zunächst als Leiter des Berufsamts, das in der Berufsberatung und Arbeitsvermittlung für die Werkstudenten tätig war, dann als Gesamtgeschäftsführer. Diese Erfahrungen brachte Hoffmann in die Arbeit der Studienstiftung ein. Haerten charakterisierte Paeckelmanns Nachfolger als fähigen, von der Reformpädagogik stark geprägten Leiter:

> „Gutachten aus seiner Feder über Neunzehnjährige, mit denen ich dreißig Jahre später zu tun hatte, zeigen einen Künstler der Prognose. Er erkannte die Entwicklungsfähigkeit der Intelligenz, sah aber auch, ob diejenigen Eigenschaften angelegt waren, die Intelligenz zur Leistung führen, und diese Eigenschaften bedeuteten dem Spranger-Schüler mehr als die intellektuelle Substanz. So setzte er sich bei der Auswahl gut begründet auch für Menschen ein, bei denen man in anderer Reihenfolge fragen muß, nämlich ob die Intelligenz ausreicht, um jene anderen Eigenschaften zur Leistung zu führen."¹²

---

9   StA WÜ RSF I 6 p 444: Tübinger Studentenhilfe e.V., Sechster Arbeitsbericht über das Geschäftsjahr 1. April 1925 bis 31. März 1926. Tübingen 1926, S. 4 f.
10 StA WÜ RSF I 60 192/1: Arbeitsbericht der Wirtschaftshilfe der DSt für das Geschäftsjahr 1925/26, S. 1 f.
11 „In Verbindung mit dem Gedanken der Auslese, dem sie (die Einzelfürsorge, d. Verf.) richtig verstanden dienen soll, bildet sie eine besonders schwierige und verantwortungsvolle Aufgabe der Studentenhilfe und ihrer Mitarbeiter. Die ‚Studienstiftung des Deutschen Volkes' hat ihr zwar eine finanzielle Entlastung gebracht, aber mit der persönlichen Fürsorge für die Stipendiaten auch eine neue schwere Arbeit auferlegt." StA WÜ RSF I 60 192/1, S. 5.
12 HH-A: H. Haerten, Studienstiftung, S. 78 f.

Was in Tübingen noch fehlte, war ein Studentenhaus. Anders Göttingen: hier gab es, es ist davon die Rede gewesen, ähnlich wie in Tübingen einen vorbildlich organisierten Wirtschaftskörper, der schon bei der Gründung der Wirtschaftshilfe Vorbildfunktion gehabt hatte und aus dem schon früh Vorschläge für die Einrichtung eines Studentenhauses kamen. 1926 erschien ein Abriß der Entstehungsgeschichte dieses Hauses, der nochmals den Bogen in die unmittelbare Nachkriegszeit und die Anfänge der studentischen Selbsthilfe schlug. Abgedruckt wurde unter anderem eine Ansprache des Göttinger Geologen Professor Dr. Hans Stille, Jahrgang 1876, zur Einweihungsfeier im Oktober 1922.[13] Stilles damaliger sorgenvoller Ausblick in die Zukunft: Bedrohung des kulturtragenden Mittelstandes, Verarmung der deutschen Akademiker, Verlust der Weltgeltung deutscher Wissenschaft,[14] schien vier Jahre später, 1926, wenn nicht widerlegt, so doch in wesentlichen Teilen relativiert: das Göttinger Studentenhaus war ein Erfolg und hatte die Lebensverhältnisse der Studenten verbessert. Was als Studentenspeisung für 300 Studierende in einer von der Stadtverwaltung zur Verfügung gestellten Unterkunftsstätte für Militärtransporte 1918 begonnen hatte, führte dann auf Betreiben zahlreicher ehemaliger Göttinger Studenten, in- und ausländischer Förderer[15] 1921 zum Ankauf und Umbau des Studentenhauses. Stille hatte das in den nationalen Rahmen zu stellen gewußt:

> „Und dann haben wir hier unsere besondere Vornehmheit. Mag der amerikanische und englische Kommilitone in seinem Studentenheim in Ledersesseln sitzen, – wir sind ein armes Volk, das dringendere Bedürfnisse kennt als Ledersessel. Wir sitzen hier auf hölzernen Bänken und essen unser Brot vom blankgescheuerten Tisch; unsere Vornehmheit ist, daß wir die Einfachheit und die Not unserer Verhältnisse mit Würde und unentmutigt in dem Glauben an uns und unsere Zukunft tragen. (...) Der Geist, der die Vornehmheit im blankgescheuerten Tisch versteht, der Geist, dem der reingescheuerte Tisch das Symbol der reinen Gesinnung ist, der Geist, der um so ängstlicher über seiner Vornehmheit wacht, je mehr es dem Kleide vielleicht an Vornehmheit fehlt, der möge in diesem Hause herrschen, und er möge in seinen Trägern (...) weiter wirken in unserem Volke."[16]

---

13 Vgl. Franz Lotze (Hg.), Geotektonisches Symposium zu Ehren von Hans Stille. Als Festschrift zur Vollendung seines 80. Lebensjahres überbracht von der Deutschen Geologischen Gesellschaft u.a. Stuttgart 1956.
14 Prof. Dr. H. Stille, Die Geschichte des Hauses und seiner Erwerbung, in: Das Studentenhaus Göttingen e.V. und seine Arbeit. Göttingen 1926, S. 1–11; Stille ließ keinen Zweifel daran, in welchen Rahmen diese ‚Weltgeltung' einzuordnen war: „Und mit der Verkümmerung des geistigen Lebens droht in noch viel höherem Maße, als sie heute schon da ist, die Verkümmerung unseres Wirtschaftslebens. Unsere auf der Wissenschaftlichkeit beruhende Bildung war unsere Hauptwaffe im wirtschaftlichen Wettstreite der Völker. Diese Waffe müssen wir scharf halten, – um so schärfer, als man uns die physischen Waffen zerschlagen hat. Wir müssen vor allem sorgen, daß die geistigen Waffen auch die rechten Träger finden." Ebd., S. 2.
15 „Große Summen haben auch die deutschen und deutschfreundlichen Kreise Amerikas beigesteuert, (...). Wir gedenken am heutigen Tage auch Prof. Bever von der Columbia-Universität in New York (...); wir gedenken des Herrn Ferdinand Wilkes in New York, des warmherzigen Gönners unserer Göttinger Studenten. (...) Wir haben dem amerikanischen Zentralkomitee für die Linderung der Not in Deutschland und Österreich und insbesondere seinem um die Behebung der Not im Vaterlande so hochverdienten Präsidenten, Herrn Dr. Lieber-New York, aufrichtig zu danken (...)." H. Stille, Die Geschichte des Hauses, S. 6. Um so deplazierter wirkten Stilles in derselben Rede vorgetragenen antiwestlichen Ressentiments.
16 Ebd., S. 10.

Dieser ‚volksgemeinschaftliche' Segensspruch war mehr als ein Stimmungsbild des notorischen Professorennationalismus in der Weimarer Republik,[17] er sagte etwas aus über das Maß an nationalistischer Normalität in der gebildeten deutschen Zwischenkriegsgesellschaft, in deren Kontext auch die studentische Fürsorgearbeit gesehen wurde. Derartiger Nationalismus war die Regel, und das keineswegs nur an den deutschen Universitäten;[18] um so mehr fiel es auf, daß die Studienstiftung zwar von Gemeinschaft, Dienst und Pflicht im Namen des deutschen Volkes sprach, nicht aber von der Wissenschaft als Waffe Deutschlands zur Wiedererlangung seiner Weltgeltung. Selbst von der Betonung gemeinschaftsbildender Zielsetzungen rückte man in der Zentrale zusehends ab, wie ein ausführlicher Bericht des Mannheimer Wirtschaftsrechtlers Prof. Dr. Max Rumpf in Verbindung mit Hans Weß über die Arbeit der Studienstiftung in den ‚Akademischen Nachrichten der Handelshochschule für Wirtschaftswissenschaften Mannheim' von Ende 1926 erkannte. Dies liege einmal, so Rumpf und Weß, an der ganz realitätsfernen politischen Überhöhung des Werkstudenten als Wunschfigur volksgemeinschaftlichen Denkens: die Arbeit als Werkstudent sei für den einzelnen in erster Linie eine schwere zusätzliche Belastung, auch wenn dies in der politischen Öffentlichkeit aus nationalen Motiven und der Wertschätzung der ‚Volksgemeinschaft' ungern zugegeben werde. Andererseits verhindere der Auswahlgedanke jede Gemeinschaftsbildung von vornherein, da der Konkurrenzgedanke sehr ausgeprägt sei, ja noch deutlichere Ausprägung durch Verbesserung des Auswahlverfahrens finden müsse. Hier hielten die Autoren ihre Kritik an der Praxis beim ersten Studienstiftungsjahrgang, vor allen Dingen am Vorschlagsrecht der Schulen, nicht zurück:

> „Auf dem 9. Deutschen Studententag in Bonn fiel eine Bemerkung (...) Dr. (Robert) Tillmanns, daß über die Hälfte der Studienstiftler Philologen seien. Wenn man dieser Tatsache auf den Grund geht und berücksichtigt, wer in einer Mittelschulklasse gewöhnlich die ersten Plätze einnimmt, so weiß man sofort, daß man die Betreffenden in die Kategorie der Musterschüler einreihen kann. Sie sind es (...) die auf der Schulbank in eiferndem Streben für die nächsten Stunden Horaz und Tukydides vorpräparieren und damit das Herz des Ordinarius höher schlagen lassen, daß er im Bedürftigkeitsfall (...) eine Empfehlung für die Studienstiftung abzugeben vermag."[19]

Diese Kritik an der Auswahlpraxis traf zu. Auch Ulich und Wohlfahrt stellten rückblickend 1933 fest, daß innerhalb der Bewerberschaft für die Studienstiftung der Prozentsatz der Studenten in den philosophischen Fakultäten fast um das Doppelte höher war als in der Gesamtstudentenschaft. In der Gesamtstudentenschaft studierten im Wintersemester 1931/32 19,9% der Studierenden, davon 15,9% aller Männer und 41,0% aller Frauen, philosophisch-philologisch-historische Fächer. Innerhalb der Bewerber für ein Stipendium der Studienstiftung aus den Jahrgängen 1930–1933 waren es insgesamt 34,0%, davon 29,4% Männer und 52,2% Frauen. Innerhalb der aufgenommenen Bewerber der Jahrgänge 1930–1933 waren es 32%, davon 28,5% Männer und

---

17 Für das Beispiel Erlangens und den dort herrschenden propreußisch-nationalistischen, antiwestlichen und antidemokratischen Konsens in der Professorenschaft vgl. z.B. Alfred Wendehorst, Geschichte der Friedrich-Alexander-Universität Erlangen-Nürnberg, 1743–1993. München 1993, S. 164.

18 Vgl. z.B. Kurt Nowak, Evangelische Kirche und Weimarer Republik. Zum politischen Weg des deutschen Protestantismus zwischen 1918 und 1932. Göttingen 1988 (zuerst Weimar 1981).

19 Prof. Rumpf, Hans Weß, Studienstiftung und Hochschule, in: Akademische Nachrichten der Handelshochschule für Wirtschaftswissenschaften Mannheim, Wirtschaftsnummer, 2 (1926), Nr. 7, S. 97 f., 97.

52,9% Frauen.[20] Die Ursache für diesen überproportionalen Anstieg sahen Ulich und Wohlfahrt nicht im eher philologisch orientierten Primus-Typ des Gymnasiums, sondern im Auslesekriterium der Bedürftigkeit und dem Aufstiegscharakter des Studiums für den höheren Lehrberuf. Ähnliches gelte grundsätzlich auch für die mathematisch-naturwissenschaftlichen Fächer. Gleichwohl hatten Rumpf und Weß mit ihrer Vermutung, bestimmte Verhaltensmuster bei Oberschülern und, vor allem, ihre verbale Kompetenz, seien oft ursächlich für einen Schulvorschlag, und, wie man später sagen würde: für eine Identifizierung eines Bewerbers als ‚hochbegabt‘, ein wichtiges Problem entdeckt, das die ‚Hochbegabungs‘-Forschung noch lange beschäftigen sollte. Wenn es zutraf, daß sprachliche Versiertheit und die geschickte Präsentation eines bestimmten Lernverhaltens mit großer Wahrscheinlichkeit zur Aufnahme in die Studienstiftung führten, dann war dies nicht nur eine Einseitigkeit im Auswahlverfahren, sondern ein Hinweis auf einen trotz enorm gewachsener Bedeutung des naturwissenschaftlich-technischen Sektors nach wie vor dominierenden, einseitig sprachlich-historischen Bildungsbegriff.[21] Mathematische und naturwissenschaftliche Begabungen wurden nach dem Maßstab einer anderen, diskursiven Fachkultur beurteilt, um nicht zu sagen: diskriminiert. Eine naturwissenschaftliche Allgemeinbildung wurde nicht erwartet. Das war nicht nur einseitig, es war ungerecht und stand im Widerspruch zur Zielsetzung der Studienstiftung. Rumpf und Weß schlugen als Lösung vor, das Urteil der Vertrauensdozenten einzubeziehen, denen regelmäßig mehr Distanz gegenüber den von der Schule kommenden Kandidatinnen und Kandidaten zuzutrauen sei – auch hier wurde eine spätere Erkenntnis der soziologisch und psychologisch orientierten Bildungsforschung vorweggenommen, die Warnung vor zunftähnlichen Kooptationsmustern innerhalb derselben Disziplin:[22]

> „Der Dozent muß Objektivität genug besitzen, um stets, ungetrübt durch seine persönliche Bekanntschaft mit einem bei ihm sich auszeichnenden Schüler, ohne Ansehen der Person, nur dem wahren Verdienst zu einer Krone zu verhelfen. Auf der anderen Seite darf er gar nicht, will er ein Urteil über eine Gesamtpersönlichkeit nach ihrer wissenschaftlichen und nach ihrer menschlichen, charakterlichen Eigenart gewinnen, ganz den immer einigermaßen subjektiven Faktor sympathischen Verstehens ausschalten."[23]

---

20 StSt-A Bonn: R. Ulrich, E. Wohlfahrt, Zur Bildungssoziologie des akademischen Nachwuchses, Anhang ‚Vergleich der Verteilung der Fakultäten‘:

	In der Gesamtstudentenschaft WS 31/32			Bewerber bei der StSt 30–33			Aufnahmen in die StSt 25–33		
	Männer	Frauen	Gesamt	Männer	Frauen	Gesamt	Männer	Frauen	Gesamt
Phil.-hist.	15,9	41,0	19,9	29,4	52,2	34,0	28,5	52,9	32,0
Math.-nat.	11,6	15,5	12,2	19,3	18,5	19,1	19,5	17,6	19,2
Jur.	23,0	12,8	21,4	20,9	8,6	18,4	20,8	8,4	19,0
Med.	23,2	28,4	24,0	10,4	16,6	11,6	9,1	16,4	10,2
Theol.	9,5	1,5	8,3	9,8	3,1	8,5	9,0	3,1	8,2
Ing.-Wiss.	16,8	0,8	14,2	10,2	1,0	8,4	13,1	1,6	11,4
Insgesamt	100,0	100,0	100,0	100,0	100,0	100,0	100,0	100,0	100,0

21 Vgl. z.B. auch die ganz klassisch-humanistischen Ansichten bei Theodor Litt, Geschichte und Leben. Von den Bildungsaufgaben geschichtlichen und sprachlichen Unterrichts. Leipzig 1918.
22 Vgl. z.B. Hochbegabungsdiagnostik. Themenheft der Zeitschrift für Differentielle und Diagnostische Psychologie 8 (1987), H. 3; Ernst A. Hany, Horst Nickel, Positionen und Probleme der Begabungsforschung, in: dies. (Hg.), Begabung und Hochbegabung. Theoretische Konzepte, empirische Befunde, praktische Konsequenzen. Bern/Göttingen/Toronto 1992, S. 1–14.
23 Rumpf, H. Weß, Studienstiftung und Hochschule, 98.

Die Vorschläge liefen auf die stärkere Einbeziehung einer dritten Instanz, zusätzlich zu Schule und Zentrale, im Aufnahmeverfahren hinaus: eine Forderung, der schon im Frühjahr 1926 nachgekommen worden war. Auch in Dresden war man mit der Schulvorschlagspraxis nicht zufrieden gewesen und hatte lokale Vorprüfer eingeschaltet.²⁴ Dies erhöhte selbstverständlich auch den Verwaltungsaufwand und die Kosten, da nun die Bewerbungsunterlagen verschickt werden mußten: bis zum Ende des Geschäftsjahres 1925/26 hatte die Studienstiftung insgesamt 295.742 Mark ausgegeben.²⁵

In einem anschließenden Beitrag präzisierte Hans Weß seine Vorstellungen von den Aufgaben der Studienstiftung in einem ausführlichen Portrait ihrer Tätigkeit. Auch Weß betonte den Unterschied zum Vorkriegsstipendiatenwesen, aber auch, daß die Nachkriegserscheinung der studentischen Werkarbeit lediglich dazu beigetragen habe, noch mehr Abiturienten ins Studium zu treiben und so „ein akademisches Proletariat heranzuzüchten (...)."²⁶ Im Gegensatz dazu wolle die Studienstiftung durch scharfe Auslese gewährleisten, daß „hervorragend begabten und wertvollen Abiturienten, deren Verzicht auf das Studium als ein schwerer Verlust für die Allgemeinheit und für die akademischen Berufe angesehen werden müßte (...),"²⁷ die Möglichkeit zum Studium gegeben werde.

Einmal mehr erklärte Weß – die Studienstiftung war erst knappe zwei Jahre alt –, wie dieses Ausleseverfahren in der Zusammenarbeit von Schule, Geschäftsstelle, Vorprüfern und Vertrauensdozenten funktionierte. Insgesamt entstand, trotz der Kritik an den Mängeln der Schulvorschlagspraxis,²⁸ ein optimistisches Bild einer entwicklungsfähigen Einrichtung:

> „Besonders wertvoll wäre es natürlich, Studienstiftler selbst zu Wort kommen zu lassen. Nach allem aber scheinen sie mit der ganzen Einrichtung in jeder Beziehung einverstanden zu sein. Beabsichtigt doch auch der derzeitige Leiter der Studienstiftung, Herr Oberstudiendirektor Paeckelmann-Barmen, mit ihnen in ein innigeres Verhältnis dadurch zu kommen, daß er in bezirksweisen Zusammenkünften einen gegenseitigen Meinungsaustausch und persönliches Kennenlernen erreichen will."²⁹

Abschließend wies Weß darauf hin, welche Dimensionen die sozialstudentische Arbeit mit der Einrichtung der Studienstiftung nunmehr erhalten habe: vom Abiturienten über den Studenten vom ersten zum letzten Semester bis hin zum deutschen Gaststudenten in den USA im Rahmen

---

24 StA WÜ RSF I 60 192/1: Arbeitsbericht der Wirtschaftshilfe der DSt über das Geschäftsjahr 1925/26, S. 7: „Der Studienstiftung stehen zahlreiche Vertrauensmänner in allen Teilen des Reiches zur Verfügung, die die Vorprüfung der Gesuche übernehmen. Die zweifach vorgeprüften Gesuche werden dann zur Endentscheidung dem Arbeitsausschuß vorgelegt, dem Vertreter der Regierungen, der Dozentenschaft, der Studentenschaft und der Wirtschaft angehören."
25 Ebd.
26 Hans Weß, Die Studienstiftung des Deutschen Volkes, in: ebd., S. 98 f., 98.
27 Ebd.
28 „Es ist ein ehrendes Zeugnis für eine Mittelschule, wenn einer ihrer Absolventen nach strengster Auswahl unter vielen anderen menschlich bewährten und wissenschaftlich fähigen Abiturienten Studienstiftler wird, und es ist daher menschlich leicht begreifbar, daß sich unter den Direktoren ein gewisser Ehrgeiz bemerkbar macht, sich durch ihre Schüler in der Studienstiftung vertreten zu lassen. Bedürftigkeit und der Wunsch zu studieren oder jemand studieren zu lassen, sind keine ausreichenden Gründe für eine Bewerbung um Aufnahme in die Studienstiftung." H. Weß, Die Studienstiftung, S. 98.
29 Ebd.

des Amerika-Werkstudentendienstes[30] betreute die Wirtschaftshilfe der DSt Studierende nicht mehr als eine wohltätige Fürsorgeeinrichtung, sondern als moderner sozialer Dienstleistungsbetrieb mit einem differenzierten Angebot.

Dies war die Praxis. Die politische Rhetorik setzte andere Akzente. In derselben ‚Wirtschaftsnummer' der Mannheimer Handelshochschule äußerte sich Dr. Heinrich Runkel, MdR, über ‚Die kulturelle Bedeutung der Wirtschaftshilfe der Deutschen Studentenschaft'. Runkel, Jahrgang 1862, Mitglied der rechtsliberalen DVP und für sie seit 1919 im Reichstag, Oberschulrat und Geheimer Regierungsrat in Schleswig, pries die Wirtschaftshilfe als „deutsches Kulturdenkmal von größtem Ausmaße."[31]

Die praktische soziale Ebene, die jeden Studenten unmittelbar betraf, der eine Mensa oder ein neu errichtetes Studentenhaus nutzte und darin einen bemerkenswerten Erfolg der Initiativen studentischer Selbstverwaltungsarbeit als praktischer Mitgestaltung der eigenen Lebensverhältnisse sehen konnte, trat bei dieser hochidealistischen Sichtweise in den Hintergrund:

> „Die Sicherung des studentischen Nachwuchses bedeutet zugleich aber auch Sicherung der kulturellen seelischen Kräfte selbst auf dem Gebiet des Denkens, Wollens und Fühlens. Ihr Betätigungsfeld ist die Arbeit, ist jedes geistige Ringen und Kämpfen um Durchsetzung und Vorwärtskommen. Und gerade weil das Leben und Streben der durch die Wirtschaftshilfe gewonnenen Kräfte auf Arbeit traditionell eingestellt ist, tragen sie so unendlich dazu bei, daß dies deutsche Wertkapital in seiner vollen Auswirkung dem deutschen Volke erhalten bleibt. Die zielbewußte geistige Arbeit ohne Selbstzweckeinstellung hat das deutsche Volk zum führenden Kulturvolk gemacht. Sie allein wird ihm die gewaltsam genommene Führerstellung auch zurückgewinnen. (...) So gewinnt die Wirtschaftshilfe eine große nationale Bedeutung (...)."[32]

Runkel war zum Zeitpunkt der Veröffentlichung 62 Jahre alt: Angesichts solcher und ähnlicher Bemühungen, die sich vollkommen anders definierende, außerordentliche Dynamik und Mobilisierungskraft der jungen und oft genug radikalen sozialstudentischen Bewegung mit Begriffen und Wertungen der Vorkriegszeit politisch vermittelbar zu machen, und auch, selbstverständlich, zu funktionalisieren, war es kaum verwunderlich, daß sich in der studentischen Selbstverwaltung tätige, durch und durch nationale Studierende in der Diktion einer anderen Generations-

---

30   StA WÜ RSF I 60 192/1: Arbeitsbericht der Wirtschaftshilfe der DSt für das Geschäftsjahr 1925/26, S. 7 f.: „Im Laufe des Jahres 1926 ist als neues Arbeitsgebiet der Wirtschaftshilfe der Amerika-Werkstudenten-Dienst entstanden. Seine Tätigkeit beruht auf den Erfahrungen, die die Wirtschaftshilfe während der Inflationszeit durch Studierende der Technischen Hochschulen sammeln konnte, die damals als Werkstudenten für längere Zeit nach Nord-Amerika gegangen waren. Aus führenden Kreisen der Industrie und der technischen Wissenschaft wurde der Wirtschaftshilfe der dringende Wunsch nahe gelegt, ihre Dienste weiterhin dafür zur Verfügung zu stellen, daß jungen Ingenieuren, die ihr Hochschulexamen abgeschlossen haben, die Möglichkeit gegeben würde, sich durch praktische Arbeit in hoch entwickelten Betrieben Nord-Amerikas einen genauen Einblick in die technischen, organisatorischen und menschlichen Verhältnisse in der amerikanischen Wirtschaft zu verschaffen. Während seiner Anwesenheit in Nord-Amerika gelang es Dr. Schairer, von der amerikanischen Regierung die Erlaubnis zu erwirken, daß alljährlich 100 von der Wirtschaftshilfe der DSt ausgewählte Ingenieure einreisen, um 2 Jahre in industriellen Betrieben praktisch zu arbeiten."
31   Dr. Runkel, Die kulturelle Bedeutung der Wirtschaftshilfe der Deutschen Studentenschaft, in: Akademische Nachrichten der Handelshochschule Mannheim, S. 99.
32   Ebd.

erfahrung nicht wiederfanden.³³ Es war auch keineswegs erstaunlich, daß der im Februar 1926, etwa ein Jahr nach der Neugründung der NSDAP entstandene NSDStB mit seinem antikapitalistischen, antibürgerlichen, antiparlamentarischen Kurs gerade die aktivsten Vertreter der sozialstudentischen Bewegung ansprach.³⁴ Was sich in der studentischen Fürsorgearbeit an sozialer Modernität entwickelt hatte, ließ sich nicht mit Vorkriegsmaßstäben erfassen, ja es wurde auf eine geradezu provozierende Weise verfehlt.³⁵

Noch lagen diese Spannungen außerhalb der Studienstiftung, deren Tätigkeit von einem breiten Konsens getragen wurde. Aber es war deutlich, woran sich gerade die studentischen Vertreter der jungen und dynamischen nationalsozialistischen Bewegung im Auftreten der Studienstiftung stießen: an ihrer offiziellen weltanschaulichen Neutralität und an ihrer Loyalität gegenüber dem ‚System' von Weimar.³⁶ In der Dresdner Geschäftsführung und im Zentralen Arbeitsausschuß befaßte man sich knapp zwei Jahre nach der Gründung der Studienstiftung mit der Verbesserung der Organisation und der Auswahl. Doch war das politischer als es in einem Bericht in dem Zentralorgan studentischer Selbstverwaltung, der Zeitschrift ‚Studentenwerk', 1927 scheinen mochte, denn die Studienstiftung entfernte sich immer offensichtlicher – ganz analog zur Wirtschaftshilfe, die darüber in Dauerkonflikt mit der politischen DSt geriet – von ihren national-sozialen Zwecksetzungen.

Der Zentrale Arbeitsausschuß der Studienstiftung tagte seit 1925 je nach Bewerberzahl zweimal bis dreimal jährlich, im wesentlichen zur Besprechung der anstehenden Aufnahmen. Grundsätzliches wurde nur bei Bedarf verhandelt. Das war in der Herbst-Sitzung 1927 anders. Diesmal sollten Erfahrungen in der Auswahl und Änderungen im Verfahren diskutiert werden, da, wie gesehen, die Kritik an der Vorschlagspraxis der Gymnasien wuchs. Das legte die Frage nahe, ob nicht auch die Universitätsprofessoren ebenso direkt wie die Oberstudiendirektoren der höheren

---

33 „Vor allem erhält sie (die studentische Wirtschaftsarbeit, d. Verf.) in der deutschen Jugend durch Befreiung von den drückenden Wirtschaftssorgen den schönen emportragenden Idealismus, der immer die Quelle des Fortschritts und zielbewußten Weiterstrebens gewesen ist und gerade heute unserer akademischen Jugend neue Ziele und Wege weist, der aber auch zugleich den Umsatz idealer Werte in Leistungen dem materiellen Wohlstande des Volkes wertvolle Dienste leistet." Dr. Runkel, Die kulturelle Bedeutung der Wirtschaftshilfe, S. 99.

34 Zur Analyse der sozialen Dynamik im Modernisierungskontext David Schoenbaum, Die braune Revolution. Eine Sozialgeschichte des Dritten Reiches. Köln 1980; vgl. auch Michael St. Steinberg, Sabers and Brown Shirts: The German Students' Path to National Socialism 1918–1935. Chicago 1977 (PhD-thesis John Hopkins Univ. 1971).

35 „Hinter ihren sich praktisch auswirkenden Leistungen liegen direkt in die Augen springende ideale Werte: die Wirtschaftshilfe ist eine hervorragende soziale Einrichtung. Sozial in ihrer Einrichtung, weil sie aus der Not geboren und auf Not eingestellt ist, weil sie ferner dartut, was Zusammenschluß und gemeinsame Arbeit auch mit kleinen Mitteln Großes leisten kann; sozial auch in ihrer Auswirkung, weil sie den Betreuten den Wert einer letzten Endes von ethischen Grundsätzen getragenen Arbeitsgemeinschaft täglich in ihrer Arbeit vor Augen führt und ihren Wert für den Einzelnen von sich selbst erleben läßt, so daß sie ihm zu einer sozialen Erziehungsschule wird für eigene spätere Lebensgestaltung; sozial weiter in ihrer Auswirkung auch insofern, als sie in einer materialistisch-egoistischen Zeit weite Kreise unseres Volkes zu solch helfender und opferwilliger sozialer Kulturarbeit heranzieht und sie so ihrer Verpflichtung gegenüber den im Volksganzen ruhenden wertvollen Einzelkräften bewußt macht ohne Selbstzweck (...)." Dr. Runkel, Die kulturelle Bedeutung der Wirtschaftshilfe, S. 99.

36 Vgl. dazu Kap. II 3.

Schulen seitens der Dresdner Geschäftsführung zu Vorschlägen aufgefordert werden müßten; letzteres allein schon deshalb, weil sie als Vertrauensdozenten häufig die Studienstiftung am Universitätsort vertraten. Außerdem stand eine Entscheidung darüber an, ob nicht auch Studierende höherer Semester, bei denen sich vergleichsweise spät außerordentliche Begabung zeigte, noch aufgenommen werden, und wenn ja, wie.

Zu endgültigen Entscheidungen kam man nicht, dafür mußten zu viele Beteiligte auch außerhalb Dresdens gehört werden. Aber es war klar, welche Aufgaben der Zentrale Arbeitsausschuß mit der Geschäftsstelle in nächster Zeit zu lösen hatte. In der Hauptsache wurde von den 108 Gesuchen vorläufiger Mitglieder auf endgültige Aufnahme 78 stattgegeben, 10 wurden abgelehnt und 20 weitere zurückgestellt, weil aussagekräftige Unterlagen fehlten.[37] Von 97 Gesuchen um Aufnahme als Vorsemester wurden 35 angenommen, 43 abgelehnt und 19 bis März 1927 zurückgestellt.[38]

Ferner meldete der Bericht die erneute Übernahme der Geschäftsführung durch den Mitgründer und pädagogischen Mentor, Oberstudiendirektor Wolfgang Paeckelmann:

> „Direktor Paeckelmann hat seit dem 1. Oktober bereits eine große Zahl von Hochschulen besucht: Breslau, Berlin, Dresden, Kiel, Aachen, Köln, Darmstadt und Marburg; Bonn und Münster waren ihm von früher her bekannt. Es fanden in diesen Hochschulen möglichst Besprechungen in größerem oder kleinerem Dozentenkreise statt, in denen über die Studienstiftung in einem kurzen Referat berichtet und dann diskutiert wurde. Außerdem fand in der Umgebung der Hochschule meistens am Wochenende ein persönliches Zusammensein zwischen Oberstudiendirektor Paeckelmann und den Mitgliedern der Studienstiftung in irgendeiner Jugendherberge oder einer anderen geeigneten Örtlichkeit statt, und in diesem etwa 3tägigen Zusammensein hat sich an allen Stellen ein persönlich so erfreulicher Verkehr zwischen der Geschäftsführung und den Mitgliedern der Studienstiftung entwickelt (...), daß diese Zusammenkünfte zu den der Geschäftsführung wertvollsten Einrichtungen gehören."[39]

Die Studienstiftung bekam aufgrund von Paeckelmanns unermüdlicher Vortragstätigkeit bei den deutschen Professoren und Dozenten langsam einen Namen.[40] Daß Studienstiftler auch ohne Besuch aus Dresden aktiv wurden, zeigten im ‚Studentenwerk' abgedruckte Berichte von Teilnehmern eines Studienstiftler-Wochenendes bei Berlin.

Was im einzelnen noch recht burschikos klang und klingen sollte, gab insgesamt doch Aufschluß über das erwünschte Selbstverständnis der Studienstiftler: vor allem über ihr großes Bedürfnis nach Einbindung in die studentische Lebenswelt, deren Wertvorstellungen und Verhaltensmuster:

---

37 StA WÜ RSF I 60192/2: WiHi der DSt/StSt, RS Nr. 15/26, Dresden, 29.4.1926: „Zeugnisse und Berichte. Um verschiedene Unklarheiten zu beseitigen, teilen wir nochmals mit, daß am Ende jedes Semesters außer dem eigenen Bericht des Mitgliedes der Bericht des Wirtschaftskörpers und Vertrauensdozenten einzusenden ist. Hierbei ist sehr erwünscht die Beifügung von Hochschulzeugnissen. (...)." Diese Mahnung zu wiederholen, gab es fast immer Anlaß.
38 Studienstiftung des Deutschen Volkes: Bericht über die September-Sitzung des Zentralen Arbeitsausschusses, in: Studentenwerk 1 (1927), S. 28 f.
39 Ebd., S. 28.
40 Zur Öffentlichkeitsarbeit der Wirtschaftshilfe der DSt gehörte auch die Beteiligung an der ‚Großen Ausstellung für Gesundheitspflege, Soziale Fürsorge und Leibesübungen/GESOLEI' in Düsseldorf 1926.

„Am Samstag mittag waren 77 Teilnehmer pünktlich zur Stelle zur Bahnfahrt nach Fürstenwalde. Ein zweieinhalbstündiger Marsch durch die Rauenschen Berge, eine der schönsten Gegenden unserer Mark, brachte uns nach dem Studentenheim in Saarow am Scharmützelsee. Nach dem Essen zogen wir auf eine in der Nähe liegende Anhöhe, die einen feinen Ausblick auf den See bietet und schritten zu dem Kernpunkt unserer Zusammenkunft, der Frage des Werkstudententums. Die Referate boten genügend Stoff zu einer lebhaften Aussprache, so daß die Fortsetzung derselben auf den nächsten Tag verlegt werden mußte. Am Abend waren wir in einem Saale bei Gesang noch lange zusammen, um dann in unsere Massenquartiere zu gehen." [41]

Sport spielte eine wichtige Rolle, gehörte zum Selbstbild: Waldlauf, Schwimmwettbewerb, Bogenschießen, Faustballspielen, Speerwerfen, Handball, Ringen – man tat alles, um nicht als kraftloser Bücherwurm und ausschließlicher Kopfmensch zu gelten:

„Was mich besonders gefreut hat, war die Anregung zur Erwerbung des deutschen Turn- und Sportabzeichens, wobei man von dem Gedanken ausging, daß Studienstiftler nicht Geistesathleten und Stubenhocker werden sollten, sondern mit Rücksicht auf eine harmonische Ausbildung den Körper nicht vernachlässigen dürfen. (...) Denn der heutige Mensch, besonders der Großstadtmensch, hat Leibesübungen dringend nötig. Sie bilden sowohl das Gegengewicht gegen ausschließliche Geistesarbeit als auch gegen stumpfsinnige, mechanische Körper- und Geistestätigkeit." [42]

Auch hier wirkte sicherlich das Vorbild der bündischen Jugend, die Kameradschaft, Abenteuer, Sport und Heimatverbundenheit zu einer stark prägenden Form der Jugendkultur gemacht hatte,[43] doch war dieser von einem angehenden Sportlehrer vorgebrachte Gedanke kompensatorischer Fitneß für die Elite, die darin zugleich Vorbild zu sein hatte, sehr modern und sehr völkisch. Hier ging es nicht mehr um eine freiere und ganzheitliche Bildung *mens sana in corpore sano* in Abgrenzung zur wilhelminisch-autoritären Frontalpädagogik[44] oder um die Bekämpfung der modernen Vereinseitigung menschlicher Lebensumstände; hier ging es um Führungsqualitäten:

---

41 Ein ‚Wochenende' der Berliner Mitglieder der Studienstiftung, in: Studentenwerk 1 (1927), S. 29–34.
42 Ebd., S. 31.
43 Dies sogar so weitgehend, daß Ende der 1920er Jahre Kritiker vor leerer ‚Jugendbewegtheit', die die persönlichen Entwicklungsfreiräume einschränke, warnten: „Vielleicht kann man schon einen Satz wie den wagen, daß etwa in der höheren Schule heute nicht allzu viele Jungen mehr aufwachsen, denen nicht die Elemente eines freien Jungenlebens in Fahrt, Landheim und Lager gerade von den Instanzen nahegebracht werden, gegen die wir sie uns vor 10 Jahren noch bitterhart erkämpfen mußten. Der Ruf, den Jungen in solcher Freiheit mehr selbst wachsen zu lassen, als ihn wie früher zu drillen, hat so weitgehende Gefolgschaft gefunden, daß bereits die Antithese da ist, die gegen ihn als ein Prinzip der Verweichlichung kämpft. (...) Der deutsche Junge braucht außerhalb aller offiziellen Erziehungsinstitutionen einen Bezirk, der vollständig unabhängig und hinlänglich reich an vorbildlichen Menschen ist, an die er sein Herz hängen kann (...)." Helmuth Kittel, Um den deutschen Jungen, in: Deutsche Freischar 5 (1929), S. 20 f.; vgl. auch Felix Raabe, Die bündische Jugend. Ein Beitrag zur Geschichte der Weimarer Republik. Stuttgart 1961.
44 Aus eigener Anschauung kritisch Elisabeth Siegel, Dafür und dagegen. Ein Leben für die Sozialpädagogik. Stuttgart 1981, S. 11 ff.; zum Charakter wilhelminischer Pädagogik vor allem Thomas Nipperdey, Deutsche Geschichte 1800–1866. Bürgerwelt und starker Staat. München [6]1993 (zuerst ebd. 1983), S. 451–453, 463–470 (Volksschule).

„Mögen recht viele Mitglieder der Studienstiftung durch den Besitz des Abzeichens beweisen, daß sie nicht nur geistig, sondern auch körperlich zur Elite der Studentenschaft gehören."[45]

Körperlich und geistig gesunde Eliten: das war bei allem volkspädagogischen Idealismus und nationalpädagogischer Tradition des Sports seit dem ‚Turnvater' Jahn ein problematisches Konzept, bei dem alles davon abhing, wie man Sport definierte: kompetitiv und charakterbildend, wie im traditionsreichen britischen und amerikanischen College-Sport,[46] oder ersatzmilitärisch wie Jahns Turnerschaft auf der Hasenheide.

Außerdem: von der Leistungsfähigkeit beim Volkssport auf die ‚rassische Volksgesundheit' zurückzuschließen, war nicht ausgeschlossen. Doch neben solchen studentischen Vorstellungen einer Verbindung von Elite, Sport und Begabung gab es allerdings auch die altherkömmliche, stadtkritische, naturschwärmerische Wandervogel-Mentalität unter Studienstiftlern: „Es war eine Wohltat, einmal das hastende Leben der Großstadt für einige Zeit zu vergessen und etwas anderes sehen zu dürfen als die Unendlichkeit grauer Häusermassen, zwischen denen nur spärlich erfrischendes Grün zu finden ist. (...) In dieser freien Natur konnte sich daher freies zwangloses Zusammenleben um so leichter gestalten."[47]

Zwanglos bei aller Freude über den Kontakt zu anderen Stipendiaten war dieses Treffen von Individualisten ohnehin, wie ein anderer Teilnehmer ausdrücklich betonte: „Der Wille des ‚Ich diene' ist allen gemeinsam – die Wege dahin oft allerdings grundverschieden."[48] Einen Zusammenschluß der Studenten wie in der ersten Nachkriegszeit, ein Anknüpfen an den Gründergeist der DSt hielt dieser Stipendiat nicht nur für praktisch ausgeschlossen, sondern für wenig wünschenswert, da das Gefühl des Zusammenhalts fehle. Und selbst diejenigen, die froh waren, im Massenbetrieb der Berliner Universität nun andere Studienstiftler zu kennen, schränkten ein, daß dies „hinsichtlich der Individualität des Studienstiftlers"[49] Grenzen habe. Ihr eigener Weg war den Studienstiftlern wichtig.

Aufschlußreich war auch die Darstellung der Diskussionen um die Rolle der Werkarbeit in Saarow. Sehr schnell hatte, das ging aus dem Bericht hervor, eine geisteswissenschaftliche Behandlung des Themas in einem Referat die Abgehobenheit der gesamten Debatte erwiesen, in der nicht mehr die Werkarbeit beleuchtet wurde, sondern sich eine vorurteilsbehaftete, teils naive, teils gönnerhafte Ahnungslosigkeit von Studenten äußerte:

> „Welchen Nutzen hat das Werkstudententum im allgemeinen, wenn es nicht aus geldlichen, sondern aus rein idealistisch-sozialen innerlichen Begründungen begonnen wird? Was würde es für den Studienstiftler bedeuten? Welche Schädigungen können dabei für den Arbeiter hauptsächlich aber auch für den Studenten entstehen? Wie stark wirkt das Gefühl des geistig niedriger Eingestelltsein beim Arbeiter und wird dadurch jede Annäherung verhindert? Gibt es beim Arbeiter

---

45 Ein ‚Wochenende' der Berliner Mitglieder der Studienstiftung, S. 33.
46 Siehe z.B. Thomas C. Mendenhall, The Harvard-Yale Boat Race 1852–1924 and the coming of sport to the American college. Mystic/Conn. 1993.
47 Ein ‚Wochenende' der Berliner Mitglieder der Studienstiftung, S. 32.
48 Ebd., S. 34.
49 Ebd., S. 32.

überhaupt ein Bewußtsein für ständische Vorteile? Kennt der Arbeiter wirklich bewußt die Unterschiede in den sozialen und gesellschaftlichen Schichten? Ist es ein Vorteil, wenn er durch das Zusammenarbeiten mit Studenten seine niedrigere soziale Stellung erlebt oder nicht?"[50]

Dementsprechend dürftig war der inhaltliche Ertrag dieser Diskussion in den Wolken. Einig war man sich in Saarow, „daß es sich darum handele, überhaupt solche Frage an die tüchtigen Studenten als geistig verantwortungsbewußte Menschen heranzubringen, die nicht an der Idee sich genügen lassen, sondern sie auch nach allen Richtungen hin erwägen, sie sich wirklich innerlich zu eigen machen ...".[51]

Veranstaltungen wie in Saarow oder ein weiteres Berliner Studienstiftlertreffen auf Schloß Löwenberg in der Mark, über das der Jura-Student Ernst Tzschachmann für das ‚Studentenwerk' berichtete, zeigten deutlich die Chancen und Grenzen der Begabtenförderung auf. So erfreulich die Bereitschaft von Stipendiaten war, sich mit grundsätzlichen Fragen von Studium und Gesellschaft, auf Schloß Löwenberg zum Beispiel mit ‚Formen der akademischen Gesellschaft', zu befassen, wurde immer wieder deutlich, daß den hier Diskutierenden trotz großen Interesses und großen Diskursvermögens in erster Linie die Lebenserfahrung für die Vorlage von Lösungen fehlte. Das Selbstbewußtsein, trotzdem mitzureden und mitzugestalten, mochte man noch als die Bestätigung eines erfolgreichen Selbstkonzepts der Studienstiftler des deutschen Volkes verstehen, die sich im Wissen um ihre Begabung und Persönlichkeit als Verantwortungselite sahen. Die Zugehörigkeit zu dieser Elite zeigte sich indessen recht aggressiv in dem Anspruch auf das Definitionsmonopol von Studium, Studieren, Student-Sein, ja von Universität an sich:

„Die Hochschule ist heute für die meisten Studenten lediglich eine Bildungsvermittlungsanstalt. Ein Teil der Studentenschaft sucht gar nicht anderes an der Universität als ein bestimmtes Fachwissen, das ihm dazu verhilft, seine wirtschaftliche Lage zu verbessern. Aber auch der Student, der seinem Drang nach Wissenschaft im höheren Sinn folgen möchte, der forschen und erkennen will, muß sich oft dem Zwange fügen, den die heutige Hochschulform ihm auferlegt, muß sich Examenswissen beschaffen und anderes, das ihn weiterbringen würde, dafür liegen lassen."[52]

Bisweilen war diese Attitüde einfach vorlaut, unreif und altklug, zum Beispiel, wenn die Stipendiaten in Löwenberg *en passant* und weitgehend kenntnisfrei Humboldts Universitäts- und Wissenschaftsmodell der Einheit von Forschung und Lehre und der Erziehung durch Wissenschaft verwarfen:

---

50   Ebd., S. 31. Paeckelmann griff in Fragen der Werkarbeit auch korrigierend ein: ZZBW-A: Aktenbestand Haerten, IV 1927: StSt/Haerten an stud. phil. Karl Stick, Dresden, 13.4.1927: „Ihren Brief über die Werkarbeit haben wir erhalten (...). Sie glauben, dass es einem Grossstädter wohl anstehe, in Werkarbeit zu gehen, der in dem Feudalismus der oberen Zehntausend aufgewachsen ist. Glauben Sie, dass eins von den Mitgliedern der Studienstiftung tatsächlich zu den oberen Zehntausend gehört? Nein, von diesen sind bei weitem die meisten durch schwere Jugend hindurchgegangen und es scheint unbedingt so zu sein, dass ein Grossstadtkind, das nicht in leichten Verhältnissen aufgewachsen ist, die Not der grossen arbeitenden Schichten der Bevölkerung doch bedeutend mehr noch sieht als ein Schüler einer Kleinstadt. (...) Wir wünschen sehr, dass Ihnen während Ihres Studiums die ganz grossen Probleme unseres Volkes aufgehen möchten, die in dieser ungeheuren Zusammenballung in bis in das kleinste hinein rationalisierten, gewaltigen Betrieben entstehen."
51   Ein ‚Wochenende' der Berliner Mitglieder der Studienstiftung, S. 31.
52   Ernst Zschachmann (richtig: Tszachmann), Studienstiftung in Löwenberg, in: Studentenwerk 1 (1927), S. 168–170, 169.

„Der Hochschullehrer sollte weniger eine wissenschaftliche Größe sein als ein guter Pädagoge. Die Forschungsarbeit mag er dem in der reinen Wissenschaft besonders hochstehenden Spezialisten überlassen, der dann getrost trockener Theoretiker sein kann. Andererseits dürfen natürlich die großen Schwierigkeiten äußerer und innerer Art, die sich einer derartig grundlegenden Änderung des Hochschulbetriebes entgegenstellen, nicht unterschätzt werden."[53]

Auffällig war neben diesem Hang zum Aperçu in der Selbstdarstellung das Schwanken zwischen Extremen: zwischen ausgeprägtem Individualismus einerseits und begeisterter Teilnahme am Mannschaftssport andererseits, zwischen der Fähigkeit zu abstraktem Denken einerseits und Indizien für eine nachgerade erschütternd unterentwickelte soziale Sensibilität im Umgang untereinander und mit dem Rest der Welt. War das eine Fortsetzung der Widersprüchlichkeit des modernen Typus des extremen Mittelstandsstudenten? War es ein schlichtes Erziehungsdefizit der durchsetzungsfähigen sozialen Aufsteiger oder brauchten ‚hochbegabte' Studenten wie die Studienstiftler für ihre psychische Normalbefindlichkeit eine breitere intellektuelle und emotionale Amplitude?[54] Hinzu kam schon in den 1920er Jahren bei manchen Stipendiaten ein wenig sympathischer Zug zur Allwissenschaft, zum Alleskönnen, zum Mitredenmüssen, zum Besserwissen. Doch wer für alles Interesse hat, wer alles zu verstehen und intellektuell mit dem auch ungefragt bekundeten Anspruch zu verarbeiten versucht, dies auf höchstem Niveau zu tun, dessen Abstürze in das Ressentiment, in die Asozialität oder auch in die Hypochondrie sind um so tiefer.[55] Aber waren derartige Verhaltensweisen, oder besser: Charakterschwächen, die zwar dadurch zu erklären, wenn auch nicht in jedem Fall zu entschuldigen waren, daß man es nicht mit gereiften Persönlichkeiten zu tun hatte,[56] eine Folge der Förderung durch die Studienstiftung, oder lagen sie als Charaktermerkmale schon lange vor jeder Berührung mit der Studienstiftung fest?[57] Wenn

---

53   Ebd.
54   Geradezu idealtypisch im Löwenberg-Bericht: „Manch einen hat wohl vor Beginn der Tagung ein leises Grauen erfaßt, jetzt eine Woche lang mit 80 ihm zum Teil ganz fremden Leuten zusammen wohnen und leben zu müssen. Aber es dauerte kaum einen Tag, da war das Eis geschmolzen. Schon das ganze Äußere der Tagung war dazu angetan, Freude und Sichwohlfühlen hervorzurufen, ein zur Jugendherberge umgebautes hübsches Schloß mit großen hellen Räumen, ein weiter Schloßplatz, Rasen, ein Sportplatz, sogar ein von Schwarzpappeln umstandener Weiher für Lebensmüde, kurz alles, was das Herz begehrt. Und auch die Kameraden waren ganz anders als mancher anfangs geglaubt hatte, mit den langen Hosen war alles Konventionelle daheim geblieben (...)." E. (T)zschachmann, Studienstiftung in Löwenberg, in: Studentenwerk 1 (1927), S. 170.
55   In seiner Korrespondenz und durch seine Besuche vor Ort versuchte Paeckelmann hier korrigierend einzugreifen: ZZBW-A: Aktenbestand Haerten, IV 1927: StSt/Haerten an stud. phil. Weischedel, Dresden, 27.4.1927: „Sie müssen sich nicht für einen Menschen halten, der mit seinen Nerven oder mit der Ruhelosigkeit seines Innern so ganz anders ist, als andere Menschen es sind. Sie dürfen sich nicht immer wieder aufbäumen gegen die für jeden Menschen gleich schwierigen Dinge des Lebens. Sie empfinden die Schwierigkeit im Zusammenleben mit ihnen im gleichen Zimmer, in der gleichen Banalität der Unterhaltung, andere empfinden sie in den entgegengesetzten Stellen, aber es empfindet sie jeder, und wenn er das nicht sagt, dann liegt darin nicht, dass er sie nicht empfindet."
56   Vgl. z. B. Wilhelm Hansen, Altersstufen, in: H. Groothoff, Pädagogik, S. 11–17, 17 zum Begabungsbegriff.
57   Mit provokativen Ergebnissen der soziologischen pädogischen Milieu-Forschung Judith Rich Harris, The nurture assumption. Why children turn out the way they do. Boston 1998. Harris meint belegen zu können, daß das Umfeld der peer-group von erheblicherer Erziehungskraft sei als das der Eltern; vgl. Malcolm Gladwell, Wie wichtig sind Eltern?, in: SZ-Magazin Nr. 41 vom 9.10.1998, S. 13–22.

die Studienstiftung in der Auswahl auf bestimmte Qualitäten der Persönlichkeit Wert legte, warum kam und kommt es dann immer wieder zu einer bestimmten Art von charakteristischen Negativbeispielen: arrogante, im nicht karriererelevanten zwischenmenschlichen Umgang flegelhafte oder indifferente, ansonsten devote Opportunisten, wortgewaltige Blender mit gering ausgeprägter Selbstwahrnehmung fern aller Selbstkritik, berechnende Fleißarbeiter und menschlich bedauernswerte Monomanen, vereinsamte, unsensible Sonderlinge, depressive *workaholics* und weltscheue *nerds*? Nicht alle Stipendiaten waren und sind in der Lage, mit dem Prädikat der ‚Hochbegabung' menschlich akzeptabel umzugehen, und die Möglichkeiten der Studienstiftung, auf solche Fehlentwicklungen zu reagieren, waren vor 1933 und nach 1948 gering: Eine Erziehungsgemeinschaft konnte und wollte die Studienstiftung nicht sein; außerhalb loser Gemeinschaftsbildung und notwendigerweise sporadischen persönlichen Begegnungen und schriftlichen Ermahnungen sah sie von jedweder Erziehung ab. Einfache, leicht umgängliche, durchweg angenehme Charaktere waren die Studienstiftler schon in den Anfängen nicht.

Selbstdarstellung war aber auch notwendig und wichtig, um der interessierten Öffentlichkeit gegenüber zu vermitteln, was die Studienstiftung leistete. Hier zeigten einige Stipendiaten besonderes Talent, indem sie elegante und sachkundige Artikel ablieferten, die ganz fern aller Überheblichkeit oder Verblasenheit waren, so zum Beispiel Klaus Mehnert in einem Beitrag für das ‚Studentenwerk', in dem er nochmals auf die Löwenberger Tagung, dann aber auf ein Gruppentreffen der Studienstiftler im Sommersemester 1927 in Berlin einging. Sein Artikel bestätigte einmal mehr die Dominanz der Berliner Stipendiaten und Vertrauensdozenten in der an sich dezentral verfaßten Studienstiftung; eine Dominanz, die allerdings durch die Größe und Bedeutung der Berliner Universität in der deutschen Wissenschaftslandschaft verständlich war. Mehnert sah den Effekt von Löwenberg in der Vermittlung von Problembewußtsein für Fragen der Hochschulpolitik. Wichtiger war ihm das Berliner Treffen, das Studienstiftler an die Öffentlichkeit und in Berührung mit Entscheidungsträgern brachte:

> „Im Gespräch mit berufenen Führern aus den verschiedenen Zweigen des öffentlichen Lebens sollte der engere Rahmen der Studienstiftung, ja auch der Hochschule gesprengt und Anschluß an allgemeine Fragen gesucht und gefunden werden. Für die volle Verwirklichung dieser Absicht bürgten die 25 erschienenen Gäste, vor allem der preußische Kultusminister Becker mit seiner Gemahlin und verschiedenen Herren seines Ministeriums, weiterhin die Vertreter des Arbeits- und Wirtschaftsministeriums, die Herren aus der Dozentenschaft (Universität und Technische Hochschule), die Leiter der Wirtschaftshilfe der Deutschen Studentenschaft in Dresden, die Vertreter der Deutschen Studentenschaft und des Studentenwerks."[58]

Die Hauptansprache hielt, nach gemeinsamer Dampferfahrt der kleinen Gesellschaft vom Bahnhof Wannsee zum ‚Pavillon', der wichtigste Entscheidungsträger und Multiplikator in Bildungsangelegenheiten überhaupt, der preußische Kultusminister, Professor Dr. Carl Heinrich Becker. Becker war nicht nur eine Idealbesetzung auf diesem Posten, er war ohne Zweifel selbst ‚hochbegabt'.[59]

---

58 Klaus Mehnert, Aus dem Leben der Berliner Mitglieder der Studienstiftung. Ein Abend in Wannsee, in: Studentenwerk 1 (1927), S. 162 f., 162. Leicht veränderter Abdruck auch in: Student in Berlin. Akademische Zeitung für die Studierenden der Berliner Hochschulen 1 (1927), vom 23.6.1927, S. 1 (diesen Hinweis verdanke ich Dr. Michael Kohlstrunk, Berlin).

59 Vgl. die Darstellung bei Guido Müller, Weltpolitische Bildung und akademische Reform: Carl Heinrich Beckers Wissenschafts- und Hochschulpolitik 1908–1930. Köln 1991 (zugl. Diss. Aachen 1989).

Als Sohn eines Bankiers und Konsuls war er seit 1902 Dozent, seit 1908 Professor für Geschichte und Kultur des Orients in Hamburg, seit 1913 für orientalische Philologie in Bonn. Ab 1916 arbeitete er als Vortragender Rat in der Hochschulabteilung des preußischen Kultusministeriums, wurde 1919 Staatssekretär, 1921 und 1925–30 Kultusminister; dabei lag dem erfolgreichen Islamwissenschaftler nichts ferner als eine Flucht in die Politik. Seine fachwissenschaftlichen Beiträge waren hoch angesehen.[60] Seine Erfolgsbilanz im Bildungs- und Universitätsbereich und darüber hinaus ist lang: Der linksliberale Becker löste in Umsetzung seiner reformpädagogischen Überzeugungen[61] die Lehrerbildungsseminare durch Pädagogische Akademien ab, so in Bonn, Elbing und Kiel, stieß mit seiner Erfolgsschrift „Gedanken zur Hochschulreform" von 1919 den überfälligen institutionellen Wandel an den Universitäten an, gründete die Preußische Dichterakademie und engagierte sich für den Abschluß eines Konkordats zwischen Preußen und dem Vatikan.

Mehrfach hatte Becker schwere politische Konflikte um das Selbstverständnis demokratischer Kultur- und Bildungspolitik auszufechten, in denen er stets auf der Seite der Demokratie, der Freiheit von Forschung und Lehre stand. 1927 setzte er sich gegen die Bedenken von Reichsaußenminister Gustav Stresemann in der Frage der Berufung des Rechtshistorikers Hermann U. Kantorowicz[62] nach Kiel durch. Hermann Kantorowicz war Stresemann aufgrund seiner Stellung zur Kriegsschuldfrage als Ordinarius nicht tragbar erschienen.[63]

Seit Herbst 1927 eskalierte der Konflikt zwischen der völkisch-nationalistischen DSt und Becker um deren großdeutsche Verfassung: Nachdem die DSt auf Beckers Aufforderung von Ende 1926, sich für eine demokratische oder völkisch-,großdeutsche' Verfassung zu entscheiden, zu keinem für Becker annehmbaren, mit der Weimarer Verfassung vereinbaren Ergebnis gekommen war, hatte Becker am 27. September 1927 eine Studentenverordnung als Ersatzverfassung auf der Grundlage des Staatsbürgergrundsatzes – im Gegensatz zu dem von der DSt geforderten ethnisch-,rassischen' Prinzip – erlassen. Sie sollte in Preußen durch Wahlen der preußischen Studentenschaft legitimiert werden, mit dem Ergebnis, daß 77% der Studenten dort aus nationalvölkischen und nicht zuletzt antisemitischen Motiven diese Verfassung ablehnten.[64]

---

60 Vgl. Ludmilla Hanisch (Hg.), Islamkunde und Islamwissenschaft im Deutschen Kaiserreich. Der Briefwechsel zwischen Carl Heinrich Becker und Martin Hartmann 1900–1918. Leiden 1992.
61 Zu den Anfängen vgl. Ulrich Herrmann, Pädagogisches Denken und Anfänge der Reformpädagogik, in: Handbuch der deutschen Bildungsgeschichte, Bd. IV. Hg. v. Christa Berg. München 1991, S. 147–178.
62 1877–1940; das Gutachten Kantorowicz', das den Streit auslöste, liegt gedruckt vor: Hermann Kantorowicz, Gutachten zur Kriegsschuldfrage. Hg. v. Imanuel Geiss. Frankfurt am Main 1967; Biographie: Karlheinz Muscheler, Hermann Ulrich Kantorowicz. Eine Biographie. Berlin 1984 (Freiburger rechtsgeschichtliche Abhandlungen, N.F. Bd. 6).
63 Ausführliche Dokumentation des Briefwechsels Stresemann-Becker bei E. Eyck, Geschichte der Weimarer Republik II, S. 139–141 (Anm.).
64 K.H. Jarausch, Deutsche Studenten 1700–1970, S. 148.

Studienstiftung und deutsche Republik 115

Ab 1930 lehrte Becker als Ordinarius für Islamistik in Berlin.[65] Welches Ansehen Becker in der jüngeren Pädagogengeneration vor 1933 genoß, zeigt seine Charakterisierung durch die spätere Mitbegründerin der wissenschaftlichen Sozialpädagogik in Deutschland nach 1945, Professor Dr. Elisabeth Siegel,[66] die 1930 einige Zeit Gast im Hause Beckers war:

> „Er war aus Überzeugung im Amte staatlicher Wissenschafts-, Kunst- und Volksbildungspolitik (...) nicht parteigebunden, weil er mit dem Stil einer Kulturpolitik Ernst zu machen versuchte, wie sie der werdenden Demokratie entsprach. Eine Hochschulreform für die er klare, der Zeit vorauseilende Vorstellungen hatte (wirkliche Freiheit der Universitäten und ihre Teilhabe an öffentlichen Aufgaben, (...) Formen studentischer Selbstverwaltung, akademische Volksschullehrerbildung) wollte er nicht durch staatliche Macht dekretieren lassen, wie bis vor kurzem im königlichen Preußen üblich. (...) Durch Offenheit gegenüber unterschiedlichen Beurteilungen, etwa durch die Konfessionen, die politischen Parteien, wollte er die Beteiligten nach ehrlicher Auseinandersetzung, wenn nicht zu gemeinsamen Überzeugungen, dann zu bejahenden Kompromissen zusammenführen."[67]

Carl Heinrich Becker gehörte zu den wenigen Integrationsfiguren des Staats von Weimar, die persönliche Kompetenz mit Integrität verbanden und sich ganz in den Dienst der Demokratie stellten.[68] Die Gründung der Studienstiftung hatte er unterstützt, so daß seine Ansprache vor den Berliner Studienstiftlern nicht als Pflichtprogramm, sondern als Ausdruck grundsätzlicher Verbundenheit zu verstehen war. Becker war auch ein guter Redner, so gelang es ihm, den richtigen Ton zu treffen: Hier ließ sich kein Staatsmann zu Studenten herab, sondern hier sprach ein Pädagoge, der zu begeistern verstand. Beckers Anliegen war es, die hinter der Wirtschaftshilfe stehenden Ideen lebendig zu halten:

> „Sie wissen, daß diese Ideen geboren sind aus der sozialen Not der Zeit, aus dem Zusammenbruch unseres Volkes, den wir erlebt haben, und aus dem wir uns langsam wieder emporarbeiten. Dieser Geist der Wirtschaftshilfe führt vom Individuum hinüber zur Gemeinschaft, er ist im Gegensatz zum Autoritätsgedanken der Vergangenheit auf der Selbstverantwortung des einzelnen, sich selbst und der Gemeinschaft gegenüber, aufgebaut."[69]

---

65 Werner Richter, Carl Heinrich Becker. Bildungsminister der ersten deutschen Republik. Hannoversch-Münden 1947.
66 Geb. 1901 in Kassel, Ausbildung zur Sozialpflegerin, Studium in Göttingen und Heidelberg; 1934–1938 an der Staatlichen Fachschule für Frauenberufe in Bremen, 1938–1945 an der Viktoria-Schule in Magdeburg; seit 1946 Lehrtätigkeit an den Pädagogischen Hochschulen Lüneburg und Celle sowie an der PH/Universität Osnabrück. Mitbegründerin der Lehrerbildung in Niedersachsen nach 1945.
67 E. Siegel, Dafür und dagegen, S. 37 f.
68 Vgl. Kurt Düwell, Staat und Wissenschaft in der Weimarer Epoche. Zur Kulturpolitik des Ministers C.H. Becker, in: HZ-Beiheft 1: Beiträge zur Geschichte der Weimarer Republik. hg. v. Theodor Schieder. München 1971, S. 31–74; vor allem Dieter Langewiesche, Heinz-Elmar Tenorth, Bildung, Formierung, Destruktion. Grundzüge der Bildungsgeschichte von 1918–1945, in: Handbuch der deutschen Bildungsgeschichte, Bd. V: Die Weimarer Republik und die nationalsozialistische Diktatur. Hg. v. denselben. München 1989, S. 2–24.
69 Carl Heinrich Becker, Ansprache am 15. Juni 1927 in Wannsee, in: Studentenwerk 1 (1927), S. 163–168, 164.

So hatte wohl in der deutschen Bildungsgeschichte noch nie zuvor ein preußischer Minister mit und nicht: zu Studenten gesprochen: als Staatsbürger zu Staatsbürgern. Das war ernstgemeinte Demokratie, nicht hohle Sonntagsrede, und es lag im Ton auf der Wellenlänge der Adressaten. Der Professor und der Minister Becker setzte auf die geistige Selbständigkeit und Kritikfähigkeit seiner Zuhörer, denen er einräumte, ja, die er aufforderte, auch den studentischen Gemeinschaftsgedanken in der Wirtschaftshilfe kritisch zu prüfen und sich nicht blind von fremden Wertsetzungen beeinflussen zu lassen:

> „Nicht etwa als ‚Reichsstipendiaten' mit aus dieser Bezeichnung sich ergebenden besonderen Verpflichtungen, sondern als freie, selbständige, junge Männer treten Sie in unseren Kreis und damit in die Problematik des geistigen Menschen der Gegenwart; und als geistige Menschen sollen Sie selbst entscheiden, was Sie in diesem Kreise für sich und die Zukunft gewinnen können."[70]

Anspruchsvoll war dieser Stil: der Minister zitierte eher beiläufig Ernst Troeltsch, um mit dessen Begriff des Spannungsverhältnisses die Problematik von Individuum und Gemeinschaft in der gegenwärtigen Gesellschaft, den Konflikt zwischen Differenzierung und Integration zu umreißen, an dem ihm als Rahmen für seine Ausführungen zur Situation der Universitäten lag. Becker wies die Studienstiftler auf die in ihrer Existenz als Studenten begründeten Spannungen hin, welche die Universität bestimmten und zugleich in Frage stellten: vor allem die Spannung zwischen geistigem Erkenntnisdrang und praktischer Notwendigkeit der Berufsvorbereitung. Nur wer diese Spannung fühle und zumindest versuche, für sich zu einer Lösung zu kommen, sei Student im Sinn des Wortes.

Das ändere, so Becker weiter, aber nichts an der grundsätzlichen Unlösbarkeit einer viel tiefer greifenden Spannung, unter welcher die gesamte Wissenschaft stehe, die der Differenzierung und Spezialisierung. Übersicht, das eigentliche Ziel allen Forschungsdrangs, verstanden als Weltsicht aus einem Guß, sei, bei aller Berechtigung der Spezialgebiete, nicht mehr zu erreichen: „Das kann heute kein Professor mehr, weil dieser gemeinschaftliche weltanschauliche Untergrund im Laufe der Entwicklung verlorengegangen ist."[71] Wenn die wissenschaftliche Weltdeutung nicht mehr wie im Zeitalter Fichtes und Schleiermachers auf allgemein akzeptierten Prämissen beruhe, wenn also wissenschaftliche Erkenntnis mit dem Anspruch verbindlicher Weltdeutung überhaupt nicht mehr möglich sei,[72] dann, so Becker, müßten die humanen Kräfte des Individuums gestärkt werden, „daß wir (...) in der Art, wie wir die Wissenschaft betreiben, die Erlösung aus dieser Krise finden können."[73] Das hieß aber auch, daß jeder einzelne, der Wissenschaft betrieb, sich der Herausforderung stellen mußte, individuellen Sinn in seiner Tätigkeit zu finden und zu formulieren. Becker unterschied diese neue, radikale Vereinsamung von der traditionellen Einsamkeit des Erstsemesters, an die er sich aus der eigenen Studienzeit noch gut erin-

---

70 Ebd.
71 Ebd.
72 K. Jaspers, Die geistige Situation unserer Zeit, S. 126 f.: „Die sichere Begrenzung durch ein Ganzes fehlt, das vor aller Arbeit ungewußt die Wege zeigt zu einem in sich zusammenhängenden Erwerb, der reif werden kann. Seit hundert Jahren wurde es immer fühlbarer, daß der geistig Schaffende auf sich selbst zurückgewiesen ist. Zwar war Einsamkeit durch alle Geschichte die Wurzel echten Tuns; aber diese Einsamkeit stand in Relation auf das Volk, dem sie geschichtlich angehörte. Heute wird es Notwendigkeit, ein Leben ganz zu leben, als ob man allein stehe und von vorn anfinge; es scheint niemanden anzugehen."
73 C.H. Becker, Ansprache am 15. Juni 1927 in Wannsee, S. 165.

nern könne.⁷⁴ Doch um diese Einsamkeit ging es ihm nicht. Er meinte die existentielle Einsamkeit des Wissenschaftlers in nach-positivistischer Zeit, die Karl Jaspers in seiner Zeitdiagnose wenige Jahre später in dem Abschnitt ‚Geistiges Schaffen' beschrieb: „Nicht getragen von den früheren und gegenwärtigen Generationen, losgelöst von einer lebenswirklichen Tradition, kann der geistig Schaffende nicht als Glied einer Gemeinschaft möglicher Vollender eines Weges sein. (...) Aus der Welt kommt kein Auftrag, der ihn bindet. Er muß auf sein eigenes Risiko den Auftrag sich selbst geben."⁷⁵ Gemeinschaftsbildung, so Becker weiter, und Gemeinschaftsideologie, seien keine Lösung des Problems der Vereinzelung.⁷⁶ Der Minister meinte zu erkennen, und gerade in der Studienstiftung traf dies ganz besonders zu, daß sich die derzeitige Studentengeneration von den stark gemeinschaftsorientierten Werten der Nachkriegsstudenten abzugrenzen begann:

> „Ich glaube, daß unsere Jugend (...) über die Zeit des reinen Rausches hinweg ist, des Rausches, wie er z.B. noch in den Flandernkämpfen lebendig war, wo, unvergessen und unvergeßbar, unsere akademische Jugend in den Tod ging. Wenn man aber heute die Teilnehmer jener Zeit fragt oder die Tagungen der Jugendbewegung beobachtet, so ist es auffallend, daß gerade die Jugend gegen diesen Rausch (...) protestiert. Die Zeit des Rausches ist für sie vorüber; sie wollen eine reine Sachlichkeit, eine gewisse Nüchternheit."⁷⁷

Für Becker stand fest, daß alle jugendlichen Gemeinschaftsbindungen von den Korporationen bis zur Bündischen Jugend auf den demokratischen Staat bezogen sein müßten, und nicht nur auf ihn, sondern auf die Gesellschaft. Becker gebrauchte den Begriff, was keineswegs selbstverständlich war, in bewußter Abgrenzung von Volk und Staat, ganz gegen den üblichen politischen Konsens weit über national-völkische Kreise hinaus, der Staat und Nation als Funktionen des ‚Volkstums' einordnete.⁷⁸ Becker benutzte sogar den soziologischen Begriff der differenzierten Gesellschaft: das Schreckbild für die Völkischen, die darin das Gegenteil der ‚Volksgemeinschaft' erkannten. Der Beitrag der Jugendbünde in allen ihren Formen müsse in einer verantwortungsbewußten Selbsterziehung ihrer Mitglieder bestehen, die sich dann als einzelne der Lösung drängender gesellschaftlicher Probleme anzunehmen hätten:⁷⁹ „Zuerst muß jeder den Weg zu sich selber finden und von sich selber dann zur Gemeinschaft. Wer diesen Weg gehen will, der muß getragen sein von einer tiefen Ehrfurcht, von der Ehrfurcht im Goetheschen Sinne, die ausgeht von der Selbstachtung, von der eigenen persönlichen Autonomie (...)."⁸⁰

---

74 „Ich erinnere mich noch genau aus meiner Studentenzeit, daß man semesterlang neben einem vielleicht gleichgesinnten Kommilitonen sitzen konnte, und wenn man nicht durch irgendeinen Zufall oder in irgendeinem Bund zusammengekommen war, daß man es unmöglich fand, ein Gespräch mit diesem vielleicht ebenso suchenden Menschen neben sich anzuknüpfen." C.H. Becker, Ansprache am 15. Juni 1927 in Wannsee, S. 165 f.
75 K. Jaspers, Die geistige Situation unserer Zeit, S. 127.
76 HH-A: H. Haerten, Studienstiftung, S. 85: „Für die Stipendiaten einer liberalen Begabtenförderung gibt es nämlich keine gemeinsame Tugend, die nicht jedermanns Tugend wäre. Sie haben lediglich das, was jeder Student tut, besonders gut zu tun."
77 C.H. Becker, Ansprache am 15. Juni 1927 in Wannsee, in: Studentenwerk 1 (1927), S. 166.
78 Vgl. John Lukacs, Hitler. Geschichte und Geschichtsschreibung. München 1997, S. 143 f.
79 „Und wer einmal in proletarische Kreise einen Blick getan hat, wer die tiefe Not in diesen Kreisen erkannt hat, der wird nie wieder vergessen, was seine Aufgabe ist. Aber für diese Aufgabe muß man geschult sein. Ihre Lösung fällt einem nicht von selbst in den Schoß." C.H. Becker, Ansprache am 15. Juni 1927 in Wannsee, in: Studentenwerk 1 (1927), S. 167.
80 Ebd.

Hier, so Becker, müßten die Studienstiftler Vorbilder sein. Dafür gebe es Hilfen: das Christentum, und zwar nicht allein als Korrektiv abstrakter akademischer Existenz, sondern als Menschenbild, das dazu verpflichte, in jedem Gegenüber den Menschen zu sehen; die Neugier als Motor schöpferischer Unzufriedenheit mit den Verhältnissen, wie sie sind; die Fähigkeit zu konstruktiver Kritik an sich selbst und an anderen in wechselseitigem Respekt: „Es gibt viele Wege zum Ziel; wir wissen noch nicht, wie die endgültige Form sein wird. Wir wissen aber, daß wir Diener am Geiste berufen sind, bei dieser geistigen Angelegenheit die Führer zu sein; berufen sind, einmal bei uns selber anzufangen, den Weg zu beschreiten, ohne viel davon zu reden, aber innerlich zu wissen: das ist unser Weg, und das ist unsere Zukunft."[81] Das war nun doch ein wenig sinnstiftende Predigt in Zeiten des Sinnverlusts; eine Argumentation, die wir gewohnt sind, mit Albert Camus' Wort von „Sisyphos als einem glücklichen Menschen" zu verbinden: wenig tröstlich, aber zum eigenverantwortlichen Handeln ermunternd.[82] Carl Heinrich Becker wußte, an wen er sich mit seiner Ansprache wandte, die Appell war: deutlich bestätigte er den Studienstiftlern ihr Mandat zur Mitbestimmung gesellschaftlicher Verhältnisse als zukünftiger Verantwortungselite, ja zur ‚Führerschaft'. Aber würde dieser rationale Appell an die Selbsterziehung zwecks Verantwortungsübernahme in der nach wie vor noch in stark gegeneinander abgegrenzte Sozialmilieus zerklüfteten deutschen Gesellschaft bestehen können gegen weniger rationale Appelle? Becker erwies sich als Sinnstifter der Demokratie, er warb um die begabten jungen Leute, er appellierte an ihre Vernunft und an ihre Humanität; er appellierte nicht an ihr Autoritätsbedürfnis und an den jugendlichen Wunsch, sich in eine Gruppe einzufügen und über die Gruppenzugehörigkeit zu definieren; er appellierte an junge Erwachsene. Doch auch für aufgeschlossene und politisch nicht festgelegte Zuhörer enthielten Beckers Rede und Auftreten außerordentliche Zumutungen: Becker konstruierte die Legitimität der Gesellschaft vom Individuum her, das stand in offenem Widerspruch zum antiindividualistischen und antiwestlichen deutschen Nationsbegriff, dem größten Erfolg des überhaupt erst nationsbildenden deutschen Nationalismus seit Fichte und Arndt. Becker stand kritisch zur Autorität; er verlangte deren Rechtfertigung und Einbindung in Verantwortungsbezüge, was wiederum ein erhebliches Maß an diskursiver Kultur bei seinen Mitbürgern voraussetzte, die überwiegend noch durch eine stark obrigkeitsstaatlich geprägte Schule gegangen waren: auch das war provozierend neu. Becker schreckte schließlich nicht davor zurück, die nationalen Mythen und nationalistischen Überhöhungen der Ideen von 1914 und der Opferwilligkeit der Kriegsgeneration als Geschichte zu behandeln; das war nicht nur *politically incorrect*, sondern ein Angriff auf die Identität der Nachkriegsdeutschen. All das wurde getragen von einem liberalen Glauben an die Vernunft, an den Sinn des Engagements für den demokratischen Staat, an den Sinn einer Pädagogik im Zeichen von Autonomie und Selbstentfaltung in Freiheit.[83] Becker starb 1933. Wie unfaßbar wäre es für ihn gewesen, begeisterte Studienstiftler im Braunhemd in der SA marschieren zu sehen.

---

81 Ebd., S. 168.
82 Albert Camus, Der Mythos von Sisyphos (1942, dt. 1950), in: ders., Der Mythos von Sisyphos. Ein Versuch über das Absurde. Reinbek 1986, S. 98–101, 101; K. Jaspers, Die geistige Situation der Zeit, S. 128: „Daher ist das anonyme Schicksal derer, die es auf sich selbst wagen wollten, im Fragmentarischen und Mißlungenen zu scheitern, wenn sie nicht schon vorher ganz erlahmten."
83 ZZBW-A: Aktenbestand Haerten, IV 1927: StSt/Paeckelmann an den Staatsminister Prof. Dr. Becker, Dresden, 17.6.1927: Paeckelmann bedankte sich herzlich bei Becker für seinen Vortrag und sein Engagement für die Studienstiftung, in dem er eine Wegweisung für die Studienstiftung sah.

2. Die Studienstiftung und ihre Auswahlkriterien: Professionalisierung des Auswahl- und Förderungsmanagements

Mit jedem weiteren Auswahldurchgang betrieb die Studienstiftung in der Dresdner Geschäftsstelle und über ihre regionalen Vorprüfer und Vertrauensdozenten Maßstabsbildung.[84] Mit jeder weiteren Bewerbung sammelte sie Erfahrungen. Die Sitzung des Zentralen Arbeitsausschusses in München am 9. und 10. Oktober 1925 hatte im Rahmen einer Grundsatzdiskussion um die Auswahlmaßstäbe die Auswahlparameter in Frageform zusammengestellt:

„Welche Maßstäbe sollen bei der Beurteilung ausschlaggebend sein? Sollten lediglich hochbegabte Ausnahmefälle oder soll ein tüchtiger Durchschnitt gefördert werden? Bedeutung rein intellektueller bzw. gedächtnismässiger Leistungen? Wie weit kann neben wissenschaftlicher Begabung menschliche Bewährung berücksichtigt werden? (z.B. Betätigung kameradschaftlicher und sozialer Gesinnung.) Wie weit ist Berücksichtigung organisatorischer und Führereigenschaften angebracht? Wie wird in diesem Zusammenhang die Tatsache früherer Werkarbeit bewertet? Wie weit ist die wirtschaftliche Lage massgebend für Beurteilung und Entscheidung? In welchem Umfang ist eine Beurteilung des allgemeinen Gesundheitszustandes erforderlich (...)? Welche Gesichtspunkte sind ausschlaggebend, wenn aus der Familie des Bewerbers schon mehrere Kinder studieren? Wie soll verfahren werden, wenn in einem solchen Falle einige Geschwister des Bewerbers sogar lediglich durch Unterstützung ihr Studium durchführen? Welche Bedeutung haben folgende Gesichtspunkte: Religion, Konfession, Rasse, Politik, Weltanschauung, gewähltes Studienfach, gewählte Hochschule, Landeszugehörigkeit, Geschlecht, soziale Herkunft, Entwicklungsgang, Vorbildung und Alter?"[85]

Der Zentrale Arbeitsausschuß beantwortete alle diese Fragen mit einem Formelkompromiß:

„Die Studienstiftung des Deutschen Volkes wahrt in ihrer gesamten Arbeit unbedingte Neutralität in allen politischen, konfessionellen und weltanschaulichen Fragen. Eine Begrenzung der jährlichen Aufnahmeziffer soll von vornherein nicht erfolgen (...). Für die Wertung der Bewerber sind in erster Linie nicht einzelne Leistungen, sondern die Gesamtpersönlichkeit massgebend. Es sollen Menschen unterstützt werden, deren Hochschulstudium auf Grund dieser Voraussetzungen für die Volksgesamtheit wertvoll erscheint. Allein massgebend für die Aufnahme ist die Tatsache ausnahmsweiser wissenschaftlicher Begabung und Tüchtigkeit, menschlicher Bewährung sowie charakterlicher Eignung bei entsprechender wirtschaftlicher Bedürftigkeit."[86]

Ein andauerndes Problem blieben die Schulgutachten, auf die nicht verzichtet werden konnte, um Erstsemester beurteilen zu können, die noch keine Leistungen an der Universität erbracht haben konnten. Nicht nur hinsichtlich vorliegender Begabung gingen die Meinungen hier oft stark auseinander, auch der Begriff der Bedürftigkeit wurde in Schulempfehlungen häufig weit ausgelegt, und dies oft zugunsten von Beamtenkindern, wie die Rekrutierungsmuster zeigten. Nachdem die Geschäftsstelle gleich im Sommer 1925 die Aufnahmen drastisch reduziert hatte – von

---

84 Eine Zusammenfassung der Auswahlkriterien vor 1933 bei Wilhelm Schlink, Reinhold Schairer, Die Studentische Wirtschaftshilfe, in: Das Akademische Deutschland. Hg. v. Michael Doeberl u.a. Bd. 1. Berlin 1930, S. 451–484, 471–476 (Studienstiftung); zum Auswahlverfahren: 472 f.

85 ZZBW-A: Aktenbestand Haerten, I 1921–25: Tagesordnung der Sitzung des Zentralen Arbeitsausschusses der Studienstiftung des Deutschen Volkes in München, 9. und 10. Oktober 1925, S. 5

86 ZZBW-A: Aktenbestand Haerten, I 1921–25: StSt, Beschlussprotokoll der Sitzung des Zentralen Arbeitsausschusses der Studienstiftung des Deutschen Volkes, München, 9.–10. Oktober 1925, S. 3.

372 Bewerbern wurden nur 69 berücksichtigt –, suchte man nach Lösungen, einigte sich aber nur auf Kompromisse wie die zusätzliche Beibringung von Referenzen:[87] ein Einfallstor für Gefälligkeitsgutachten jeder Art, die besonders dann, wenn ein Bewerber Substanz durch Masse zu ersetzen versuchte, recht skurril ausfallen konnten. Freunde, Geschäftspartner der Eltern oder auch Nachbarn äußerten sich dann in freundlich-ausführlicher Weise:

> „Gutachten für K., (...). K. ist ein Mensch, der mit seltener Energie und Wahrhaftigkeit um wesentliche Fragen von Menschen- und Volksleben kämpft. An einem religiösen Kreise, der aus allen Lagern der Jugendbewegung besteht, nimmt er mit einem für sein Alter ungewöhnlichen Ernste teil. Er machte mit mühsam durch Stundengeben verdientem Geld Fahrten in die Grenzgebiete von Ostpreußen und Schlesien. Einige Briefe aus dieser Zeit zeigen, daß er scharf beobachtet, das Wesentliche erkennt. Ein kleiner, bestimmter Kreis von jüngeren Mitschülern hängt sehr an ihm. (...) Da ich selbst K. gut kenne, kann ich mit bestem Gewissen bestätigen, daß er im ganzen besonders große Fähigkeiten zum Lehrer und Erzieher besitzt und kein anderer Beruf für ihn geeignet ist. Öhmichen, Landwirt."[88]

Der Zentrale Arbeitsausschuß sah sich folglich gezwungen, das persönliche Gespräch mit einem Vertreter der Studienstiftung zur Aufnahmebedingung zu machen. Außerdem öffnete man das Vorschlagsverfahren und den Zentralen Arbeitsausschuß, in dem bis dahin die Vertreter der höheren Schulen überwogen hatten, ab 1927 stärker für die Professoren und Dozenten, um mit den Universitätsgutachten in den Jahren 1927 bis 1930 ganz ähnliche Erfahrungen zu machen wie mit den Schulgutachten vor 1927. Die Studienbedingungen der Massenuniversität verhinderten zunehmend ein enges Lehrer-Schüler-Verhältnis, so daß auch die Professoren ihre Gutachten auf der Grundlage recht flüchtiger Eindrücke in scheinpflichtigen Seminaren und einer vagen Gesamteinschätzung der Bewerberpersönlichkeit schrieben. Ein formales Korrektiv, auf das sich der Zentrale Arbeitsausschuß stützte, waren Fleißzeugnisse: alle Stipendiaten mußten pro Semester zu mindestens zwei mündlichen Privatprüfungen, in der Regel über den Inhalt einer gehörten Vorlesung oder eines besuchten Seminars, bei einem Dozenten antreten, der dies mit einem Leistungsnachweis zu bestätigen hatte. Doch mangels verbindlicher Vorgaben, welche die Studienstiftung auch gar nicht geben konnte, lag die Variationsbreite solcher Fleißprüfungen zwischen einer freundlichen Konversation und einem Vorgriff auf das Rigorosum.[89]

---

87 Der Zentrale Arbeitsausschuß experimentierte auch mit psychologischen und graphologischen Gutachten, gab das aber schon bald wieder auf, da eine systematische Beurteilung aller Bewerber auf diese Weise ohnehin ausgeschlossen war. StA WÜ RSF I 60 p 577: Dr. Margret Hartge, Graphologisches Gutachten über Arnold Leetz, Freiburg i.Br. 1929.
88 StA WÜ RSF I 60 p 457: Gutachten für Helmut Kruggel, Öhmichen, Landwirt (1927).
89 Um der Gutachtenjägerei entgegenzuwirken, experimentierte man im SS 1929/WS 1929/30 mit einer Gesamtbetrachtung des Studienjahres, an dessen Ende Fleißzeugnisse einzuschicken waren. Davon nahm man aber schon im SS 1930 wieder Abstand: StA WÜ RSF I 6 p 498: WiHi der DSt/StSt, Dresden, 10.6.1929: Studienstiftung Nr. 49: „Betr. Zeugnisse und Gutachten. Die Frage der Zeugnisse und Gutachten hat die Studienstiftung in der letzten Zeit wieder besonders eingehend beschäftigt. Es haben sich dabei die Schwierigkeiten immer mehr als besonders groß herausgestellt, schon im ersten Studiensemester, das für viele Kommilitonen noch ganz unter dem Zeichen des Versuches und Sicheinlebens steht. Die Notwendigkeit, sie (die Gutachten, d. Verf.) zu beschaffen, hat vielfach die Folge, daß gerade das erste Semester zu eng und ängstlich angelegt wird und darüber das Wertvollste verloren geht. Die Studienleistungen selber aber, auf Grund deren die Gutachten erfolgen sollen, kommen doch über eine schulmäßige Leistung oft nicht hinaus."

Auswahlkriterien 121

An einigen Universitäten stellten sich seit 1927 auch einzelne Dozenten dem Zentralen Arbeitsausschuß als Ansprechpartner zur Verfügung, so daß Geschäftsstelle und Zentraler Arbeitsausschuß vor Ort neben Vertrauensdozent und regionalem Vorprüfer auf einen weiteren Gutachter zurückgreifen konnten, was sich vor allem bei Problemfällen als wichtig erweisen konnte. Aber solches Engagement beruhte auf Freiwilligkeit, war also nicht zu institutionalisieren. Ulich und Wohlfahrt sahen das vorsichtig kritisch:

> „Aber diese Männer stellten eben doch Ausnahmen dar, eine Tatsache, die nicht nur in der Überlastung des Hochschullehrers, sondern auch in dem System der deutschen akademischen Freiheit ihre Begründung findet. Es ist denkbar, daß ähnliche Einrichtungen wie die Studienstiftung in angelsächsischen Ländern sich sehr viel eher auf die Mitarbeit der Hochschulen in Fragen der Stipendien verlassen können als dies im deutschen System möglich ist. Trotzdem ist gerade im Zentralen Arbeitsausschuß das deutsche Prinzip der akademischen Freiheit nie bekämpft oder kritisiert, sondern immer als eine eminente Förderung für den nach selbständiger Bildung strebenden Studenten anerkannt worden, aber es zeigte sich eben hier, daß es in allem institutionellen Leben neben den Vorteilen immer auch deren Kehrseiten gibt."[90]

Auch das seit dem Frühjahr 1927 praktizierte zweistufige Verfahren einer Unterscheidung der Aufnahmen in Vorsemester und Mitglieder, welches die vorläufige Aufnahme auf Probe ersetzte und seinerseits schließlich Ende 1929 durch eine noch stärker differenzierende Unterteilung in Abteilung A und B mit jeweils erforderlicher kompletter Neubewerbung abgelöst wurde,[91] spiegelte die Problematik des Entscheidungszwangs.[92] War der gesamte für eine vorläufige Aufnahme als Vorsemester im Grundstudium betriebene Aufwand nicht verfehlt, wenn ein ‚Vorsemester' dann nicht endgültig in die Studienstiftung aufgenommen wurde? Besagte eine solche Entscheidung dann ferner, daß alle Beteiligten sich vier Semester lang getäuscht hatten? Oder sollte die Verweigerung der endgültigen Aufnahme, die im Gegensatz zur Ausschließung eines Mitglieds keinen Strafcharakter hatte, bedeuten, daß ein Kandidat nach einem gründlichen Vergleich mit anderen Fällen sein Studium auch ohne Stipendium der Studienstiftung gut abschließen könnte? Wobei letzteres als Ergebnis eines horizontalen Vergleichs dem Individualprinzip der Begabtenförderung nicht gerecht werden konnte. Oft genug wurde auch zurückgestellt, um einem Vorsemester noch Gelegenheit zu geben, sich zu bewähren und relevante Informationen über seinen

---

90 StSt-A Bonn: R. Ulich, E. Wohlfahrt, Zur Bildungssoziologie des akademischen Nachwuchses, S. 41.
91 Wilhelm Hoffmann, Aus der Arbeit der Studienstiftung, in: Studentenwerk 4 (1930), S. 199–204, 203.
92 Studienstiftung des Deutschen Volkes, in: Studentenwerk 2 (1928), S. 42 f., 42: „Der Zentrale Arbeitsausschuß der Studienstiftung befaßte sich in seiner letzten Sitzung am 21. und 22. Oktober 1927 mit 211 Gesuchen, von denen 93 zur Entscheidung kamen, während bei 118 die endgültige Aufnahme zu beschließen war. Es handelte sich bei beiden Gruppen fast durchweg um bereits Studierende, so daß der Zentrale Arbeitsausschuß sich entschloß, bei den zur Erstentscheidung stehenden Gesuchen 35 Bewerber endgültig aufzunehmen, während er 19 als Vorsemester zur vorläufigen Unterstützung für zwei Semester auswählte, bei 21 Gesuchen Zurückstellung der Entscheidung beschloß und bei 28 zur Ablehnung kam. Von den zur Entscheidung über die endgültige Aufnahme stehenden 118 Gesuchen wurden 83 aufgenommen, 24 zurückgestellt und 11 abgelehnt. Zwei Vorsemester sind wegen inzwischen eingetretener Besserung ihrer finanziellen Verhältnisse ausgeschieden. (...)."

Studienerfolg beizubringen.[93] Im Jahr 1926 wurden allein 19% aller Bewerbungen um Aufnahme als Mitglied mit der Folge zurückgestellt, daß einige Kandidaten ohne Klärung ihres Status bis zum Studienabschluß kamen: ein Ausdruck der Entscheidungsschwäche und Nachteil einer Einrichtung, die sich nach wie vor sozial-karitativ definierte. Die Jagd nach Gutachten und ausgezeichneten Zeugnissen hatte auch unschöne Nebeneffekte: die formalen Erfordernisse wie die Fleißzeugnisse schränkten nicht nur die Freiheit der Stipendiaten ein, sie ermunterten auch zu einem Sozialverhalten, bei dem sich nicht notwendigerweise die fachlich und menschlich Besten durchsetzten, sondern die Streber und die Anbiederer.[94] Umstritten war auch die Mitwirkung von Studenten bei der Auswahl. Die Wirtschaftskörper und Studentenhilfen der Universitäten waren ja vor Ort für die Auszahlung des Stipendiums als Anlaufstelle für die Stipendiaten zuständig, forderten also auch Gehör bei der Aufnahme. Die studentische Mitwirkung in der Wirtschaftshilfe war so wesentlich für das studentische Selbstwertgefühl, daß hier die Geschäftsführung der Studienstiftung nicht ohne weiteres jede Beteiligung ausschließen konnte, ohne sich damit auf grundsätzliche Konflikte einzulassen.[95] Aber nicht nur in taktischer Hinsicht, sondern auch grundsätzlich war die *peer*-Beurteilung bedenklich, da gleichaltrige Nicht-Studienstiftler über gleichaltrige Studienstiftler urteilten. Ulich und Wohlfahrt waren diesbezüglich skeptisch:

„Sicher zeigt sich auch im Umgang eines jungen Menschen mit den Altersgenossen der Charakter eines jungen Menschen viel deutlicher als im Umgang mit Älteren, besonders wenn diese einen Vorgesetztencharakter bekleiden. Und wenn solche Urteile jugendlicher Menschen sich wirklich innerhalb der Sprache und der jugendgemäßen Eindrücke halten, dann sind sie oft von

---

93 StA WÜ RSF I 6 p 498: Vordruck Zurückstellung Frühjahr 1929: „Die Entscheidung über Ihre endgültige Aufnahme in die Studienstiftung ist in der Sitzung des Zentralen Arbeitsausschusses vom 12. und 13. März 1929 noch um ein Semester zurückgestellt worden. Wir bitten Sie in Ihrem Interesse, schon bei Beginn des kommenden Semesters die nötigen Schritte zu tun, damit spätestens am 1. August von Ihnen ausreichende Unterlagen beigebracht werden können, um die Entscheidung über Ihre endgültige Aufnahme in der Herbstsitzung fällen zu können. Wir legen besonderen Wert darauf, daß Sie nicht nur Fleißzeugnisse einreichen, sondern daß auch möglichst ausführliche Gutachten der an Ihrer Hochschule in Betracht kommenden Dozenten vorliegen. Außerdem erbitten wir zu demselben Zeitpunkt von Ihnen den üblichen Semesterbericht. Wir werden Sie im nächsten Semester in derselben Weise wie bisher unterstützen. Wir empfehlen Ihnen, sich mit Ihrem Wirtschaftskörper gleich nach Semesterbeginn in Verbindung zu setzen, damit der neue Haushaltsplan aufgestellt werden kann."

94 Das wurde auch durch das im Studienjahr 1929/30 durchgeführte Experiment längerer Beurteilungszeiträume nicht anders, da alle Stipendiaten letztlich wieder durch die Vertrauensdozenten bewertet werden mußten.

95 ZZBW-A: Aktenbestand Haerten, I 1921–25: Wirtschaftsselbsthilfe der Leipziger Studenten e.V. an StSt, Leipzig, den 20.12.1925: „Da wir der Meinung sind, dass jede Charakterisierung der Gefahr ausgesetzt ist, falsch verstanden zu werden, haben wir uns entschlossen, das Fazit unserer Betrachtungen durch Einteilung in Klassen zu ziehen. Dabei sind wir so vorgegangen, dass wir die Kommilitonen, die uns menschlich ganz ausnahmsweise wertvoll erschienen zur Klasse I rechneten. Dabei sind in der Klasse II durchaus noch sehr gute Durchschnitte vertreten. Wir glauben, dass die Anforderungen, die wir an die Herren der Klasse III gestellt haben (guter Durchschnitt) die Mindestanforderungen sind, die die Studienstiftung an ihre Mitglieder stellen muss. Zu Klasse IV haben wir diejenigen gerechnet, bei denen wir entweder inneren Gehalt, menschlichen Reichtum, Aktivität oder Schwungkraft vermissten. (...). Das Hauptleitmotiv war uns die Verantwortung gegenüber der Studienstiftung des Deutschen Volkes."

großem Wert. In häufigen Fällen aber zeigte sich eine Tendenz zu einer pseudo-wissenschaftlichen Charakterologie, die zudem von modernen und nicht immer völlig verstandenen Schulen beeinflußt war."[96]

Außerdem sollte sich gerade die studenteninterne Bewertung als außerordentlich wirkungsvoller Hebel der Gleichschaltung der Studienstiftung nach 1933 erweisen, als die Nationalsozialisten in der DSt für die Ideologisierung der Aufnahmemaßstäbe sorgten.[97] Ein weiterer Versuch des Zentralen Arbeitsausschusses ging in die Richtung, die Bewährung in der Werkarbeit als Beurteilungskriterium heranzuziehen. Man wollte besonders würdigen, wenn Studierende sich in den Semesterferien nicht nur Geld hinzuverdienten, sondern sowohl sinnvolle Arbeit leisten als auch wertvolle Erfahrungen sammeln wollten, wobei die Grenze zum völkisch-korporativ-nationalen Erlanger Konzept des Werkstudententums schwer zu ziehen war. Dies hing auch mit dem Intellektualismusproblem zusammen, mit dem sich die zeitgenössische Pädagogik kritisch befaßte: die Erziehung sollte sich nicht mehr auf die einseitige Förderung von Intelligenz und Intellekt beschränken, die soziale Kompetenz sollte gefördert werden:[98] 1927 schrieb Paeckelmann in einem Vortrag über die Studienstiftung:

„Wir können heute das Lernen junger Menschen nicht mehr aufbauen auf rein intellektuellen Erfahrungen. Auch wenn wir dies theoretisch für möglich oder für richtiger hielten, es geht nicht, weil die Art unserer Zeit anders ist. Das spezifische Gewicht aber erhält jede wirkende Pädagogik aus der Geisteshaltung der Zeit. Wie kann da der Theologe, der Jurist, der Mediziner, der Pädagoge zu seiner Wirksamkeit erzogen werden, wenn er die Probleme, welche ihm das Leben einmal zur Lösung vorlegen wird, in seinen eindrucksfähigsten Jahren nicht dort erlebt hat, wo sie entspringen, in unserem ringenden Volk."[99]

Hier geriet Paeckelmann und hier geriet die Studienstiftung durch den herrschenden Zeitgeist in Widerspruch zu ihrem Auftrag, denn ihr Ziel war es nicht, praktisch und beruflich tüchtige Pragmatiker zu unterstützen.[100] Ulich und Wohlfahrt wiesen darauf hin,

„daß er (der Zentrale Arbeitsausschuß, d. Verf.) in Gefahr stand, aus der Stiftung eine Anstalt für die Förderung von Habilitanden und reinen Theoretikern zu machen. Erstens, weil schon die Schulen und Hochschulen bei ihren Empfehlungen naturgemäß mehr auf die theoretische Begabung hinweisen (...). Zweitens, weil auch die Studienstiftung selbst naturgemäß in Gefahr war, die Intellektseite durchaus nicht einseitig zu betonen, aber doch von ihr besonders angezogen zu werden."[101]

---

96 StSt-A Bonn: R. Ulich, E. Wohlfahrt, Zur Bildungssoziologie des akademischen Nachwuchses, S. 46.
97 Vgl. dazu Kap. III 1.
98 Vgl. E. Siegel, Dafür und dagegen, S. 40–46.
99 ZZBW-A: Aktenbestand Haerten, III 1-3/1927: Wolfgang Paeckelmann, Vortrag ohne Titel (Studienstiftungs-Präsentation), 1927, S. 3.
100 Auch Jaspers sah es kritisch, daß der Jugend in der Erziehung zugemutet werde, sich gleichsam selbst zu erziehen: „Wo aus dem Geiste eines Ganzen die Erziehung substantiell ist, ist Jugend an sich Unreife. Sie verehrt, gehorcht, vertraut und hat als Jugend keine Geltung; denn sie ist in Vorbereitung für ein mögliches Berufensein für eine Zukunft. In der Auflösung aber gewinnt die Jugend Wert an sich selbst. Von ihr wird geradezu erwartet, was in der Welt schon verloren ist. Sie darf sich als Ursprung fühlen. (...) Es ist, als ob an die Jugend der Anspruch gehe, von sich aus zu schaffen, was die Lehrer nicht mehr besitzen." K. Jaspers, Die geistige Situation der Zeit, S. 102.
101 StSt-A Bonn: R. Ulich, E. Wohlfahrt, Zur Bildungssoziologie des akademischen Nachwuchses, S. 49.

Aber besonders schlüssig war dieses Aufbegehren gegen die Moderne nicht, denn es zeichnete sich ab, daß bei fortschreitender Verwissenschaftlichung der Gesellschaft die Bedeutung der Studienstiftung als primäres Wissenschaftsrekrutierungsinstrument zunächst für die Universitäten und Technischen Hochschulen, dann aber auch für die Industrie, steigen würde. Das mußte nicht bedeuten, daß die Förderung von angehenden Pfarrern, Lehrern, Richtern und Ärzten nicht sinnvoll und satzungsgemäß war; nur war die Wahrscheinlichkeit, daß viele ehemalige Studienstiftler die Wissenschaft zum Beruf machen würden, so hoch, daß diese Entwicklung Rückwirkungen auf die Arbeit der Studienstiftung haben mußte. Anders und deutlicher gesagt: eine nichtintellektualistische Begabtenförderung nach der zweiten industriellen Revolution, war, auch wenn man das bedauern mochte,[102] ein Widerspruch in sich, weil sie weder den kollektiven Bedürfnissen des Bildungsstaats noch den individuellen Bedürfnissen der Begabten entsprechen konnte.

Trotz dieser zeitbedingten Unstimmigkeit und mancher Fehlschläge nach dem *trial-and-error*-Prinzip bei der Auswahl war bei der Maßstabsbildung in der Studienstiftung von Anfang an eine Tendenz erkennbar: Man bestand nach dem ersten, nur auf Schulgutachten gestützten Aufnahmejahrgang 1925 auf einem Auswahlverfahren, in dem die Auffindung und Erkennung menschlicher und fachlicher Qualitäten entscheidend von der Begegnung Mensch zu Mensch abhing. Das, was der Oberstudiendirektor und der Professor, der Vorprüfer und Vertrauensmann der Studienstiftung über einen Bewerber zu sagen hatten, gab den Ausschlag, und nicht ein anonymes Testergebnis. Das war eine mutige Entscheidung für die subjektive Einschätzung der Persönlichkeit und gegen objektivierende, formalisierte Testverfahren; eine Entscheidung, deren Vorzüge wie Mängel die Diskussion um die Maßstabsbildung stark beeinflußten. Dennoch wurde der Grundkonsens des persönlichen Aufnahmeverfahrens bis Ende der 1950er Jahre kaum ernsthaft in Frage gestellt, obwohl Probleme unvermeidbar waren. Die nahm man in Kauf. So hieß es in einem Gutachten aus dem Jahr 1928:

> „Nachdem ich (...) bereits 2 Abiturienten der Neuköllner Aufbauschule charakterisiert habe, handelt es sich jetzt um 3 Vorschläge aus der Parallelklasse. Weit im Vordergrund der 3 Bewerber steht Willi Hintze, der, wenn auch etwas älter als die übrigen Aspiranten (20 Jahre), gar nicht mehr den Eindruck eines Schülers macht. Er erinnert mich an einen unserer besten Studienstiftler (...) und ich muß gestehen, daß ich geneigt bin, Hintze die Prognose noch günstiger zu stellen. Er ist von einer Gediegenheit und Selbstverständlichkeit des Denkens, das formale Komplikationen nicht kennt. (...) Hintze (ist) Intellektueller, mehr theoretisch und im Denken um seiner selbst willen betont. Dabei fehlt ihm aber jede dissoziierende Neigung. Ich verspreche mir für die Wissenschaft und das Leben rückhaltlos besondere Leistungen von ihm. Ich stehe nicht an zu sagen, daß ich ihn seiner Intelligenz, seines Wesens, seiner ganzen Persönlichkeit und ihrer Entwicklungsmöglichkeiten (wegen) gern zum Freunde erkiesen würde."[103]

---

102 „Es berührt sich hier aber (...) die Aufgabe und die Gefahr jeder Begabtenunterstützung, mit der Entwicklung und Gefahr des Ausbildungswesens des Nachwuchses in allen theoretisch betonten Kulturen. Je mehr in diesen die teils durch Notwendigkeiten erzeugte, teils aber über das Notwendige hinausgehende Tendenz auftritt, für immer mehr Berufe eine gesteigerte Denk- und Wissensleistung zu verlangen, je mehr dadurch auch Prüfungen und Schulberechtigungen eine Rolle spielen, um so mehr ist ein Volk auf dem Wege, durch Überbetonung der verstandesmäßigen Leistungen die praktischen Begabungen teils zu unterschätzen, teils auch ihre Ausbildung zu vernachlässigen." StSt-A Bonn: R. Ulich, E. Wohlfahrt, Zur Bildungssoziologie des akademischen Nachwuchses, S. 49.

103 StA WÜ RSF I 60 p 575: StSt-Gutachten Willi Hintze, Berlin-Steglitz, 2.2.1925.

Was als einfühlsame menschliche Charakterisierung und als Fallvergleich begann, endete in einer veritablen Grenzüberschreitung, welche die Objektivität des ganzen Gutachtens in Frage stellen mußte. Aber das war, wenn auch selten, so doch unvermeidbar, wenn man bei der Auswahl stark auf die persönliche Begegnung und deren ‚Chemie' setzte. Doch dieser scheinbare Subjektivismus hatte auch gewichtige Vorzüge, und er hatte Methode. Die Auswahlmethode der Studienstiftung stellte nicht auf die quantifizierbare, in Tests unter gleichen Bedingungen für alle Teilnehmer abzufragende, zensierbare Leistung ab, sondern setzte voraus, daß es besonders subtile und höchstpersönliche Qualitäten von Begabung gibt, die sich ausschließlich in der persönlichen Begegnung erschließen.[104] Der Zentrale Arbeitsausschuß und alle am Auswahlverfahren in Beratung und Entscheidung Beteiligten suchten nicht nach prüfungsfester Exzellenz oder belastbarem Talent, sondern, viel problematischer, nach Kreativität und Brillanz.[105] Sentenzhaft formulierte Eduard Spranger, den Haerten als „Chefideologen der alten Studienstiftung"[106] sah, dieses Auswahlziel im Jahr 1930: „aber alle Tests haben ja den Mangel, daß sie immer prüfen, wie weit ein Mensch sich als Mittel eignet für einen vorausgesetzten Zweck. Wir aber wollen Menschen fördern, die fähig sind, sich selber Ziele zu setzen, die persönliche Wertentscheidungen treffen, gerade auch über berechenbare Situationen hinaus."[107] Das war heikel und erforderte von den Prüfern in jedem einzelnen Fall ein Höchstmaß an Menschenkenntnis und pädagogischer Erfahrung, an Einfühlungsvermögen, Lernbereitschaft, Neugier, Geduld, auch Konzentration. Diese Beurteilung zielte gerade nicht auf die Meßbarkeit von besonderen Intelligenzleistungen, sondern suchte etwas bei den Bewerbern, für das ausgezeichnete Schulnoten und herausragende Referenzen bestenfalls Indizien sein konnten: sie suchte das, was die pädagogische, psychologische und sozialwissenschaftliche Forschung später ‚Hochbegabung' nannte. Anders als jedes standardisierte Testverfahren, das statisch ein bestimmtes Können oder Nichtkönnen zu einem bestimmten Zeitpunkt unter beliebig wiederholbaren Bedingungen feststellte und alle Testabsolventen durch Ausschaltung der subjektiven Faktoren gewissermaßen gleich diskriminierte, war die Methode der Studienstiftung dynamisch, indem sie die subjektiven Faktoren in die Bewertung einzubeziehen versuchte.[108] Daraus sprach keineswegs eine Geringschätzung meßbarer

---

104   Die alte Studienstiftung setzte in hohem Maß auf die ‚Vorauswahl' durch das Abitur: eine Methode, die heute angesichts der weit fortgeschrittenen Aushöhlung des Begriffs ‚Allgemeine Hochschulreife' u. a. durch das Gesamtschul-Abitur zumindest fragwürdig geworden ist und die Notwendigkeit des ‚testing' in neuem Licht erscheinen läßt.

105   Foucault beschreibt die Prüfung als ‚Mittel der guten Abrichtung': „Die Prüfung kombiniert die Techniken der überwachenden Hierarchie mit denjenigen der normierenden Sanktion. Sie ist ein normierender Blick, ein qualifizierende, klassifizierende und bestrafende Überwachung. Sie errichtet über den Individuen eine Sichtbarkeit, in der man sie differenzierend behandelt." Michel Foucault, Überwachen und Strafen. Die Geburt des Gefängnisses. Frankfurt am Main 1994 (zuerst Paris 1975), S. 238.

106   HH-A: H. Harten, Studienstiftung, S. 106.

107   Eduard Spranger, Probleme der Begabtenförderung. Referat auf der Vertrauensdozententagung der Studienstiftung des Deutschen Volkes, Berlin, Harnack-Haus, 30./31.5.1930, in: Studentenwerk 4 (1930), S. 165–181, 173.

108   Thomas Mann hat in den ‚Buddenbrooks' einfühlsam und präzise die psychische Dimension des Prüfungsproblems bei ‚Hochbegabten' beschrieben. Das ‚Versagen' des kleinen Hanno Buddenbrook ist ein charakteristisches Fallbeispiel der ‚Hochbegabungs'-Diagnostik: Thomas Mann, Buddenbrooks. Verfall einer Familie. (1900), in: ders., GW Bd. I. Frankfurt am Main 1990 (zuerst ebd. 1960), S. 483–486, 510 f.

Leistungen oder Zensuren, sondern die langjährige pädagogische Erfahrung von Schulleuten wie Wolfgang Paeckelmann, denen bewußt war, daß es nicht die Aufgabe der Studienstiftung sein konnte, aus einer bereits vorhandenen Gruppe von Begabten mit einem objektivierenden Verfahren diejenigen zu ermitteln, die für eine bestimmte Aufgabe ganz besonders geeignet sind, sondern daß die Studienstiftung in der sehr großen Gruppe der Abiturienten und ersten Semester diejenigen finden mußte, auf deren Entwicklung zum verantwortungsbewußten Träger von Spitzenleistungen man mit einiger Sicherheit setzen konnte. Das aber war nur im persönlichen Gespräch mit den Bewerbern zu leisten.[109] So sehr das auf reine Intuition, supervisionslose Unterschätzung der Eigendynamik jeder Gesprächssituation, schlimmstenfalls ungehemmte Kooptation hinauszulaufen schien und in einzelnen Fällen tatsächlich auch hinauslief, so verhältnismäßig simpel waren die Grundannahmen dieser Methode:

> „bei dieser (...) Aufgabe spielen auch rein empirische Gesichtspunkte eine Rolle, bei deren Beachtung über die Zukunft eines jungen Menschen Erhebliches ausgesagt werden kann: seine Art des Benehmens bei einer menschlich bedeutsamen Begegnung, seine Aussagen über sich selbst und seine Berufsziele, seine Haltung zu bestimmten Werten des Lebens, seine bejahende oder ablehnende Stellung zu ihnen und die Begründung dieser Stellung, bis hin zu seiner ganzen Ausdrucksform, seiner körperlichen Erscheinung und seiner Geste. Alle diese Einzelheiten sind es ja, die ein mit sogenannter Menschenkenntnis ausgerüsteter Beurteiler oft unbewußt in sich aufnimmt und zu einem Bilde vereinheitlicht, das (...) das Gesamturteil (...) ermöglicht."[110]

Greift man auf die von Hans-Martin Stimpel 1963 – und damit vor dem pädagogisch-sozialwissenschaftlichen autoritär-antiautoritären Paradigmenwechsel von 1968 – so benannten drei Kritikpunkte der wissenschaftlichen Pädagogik nach 1945 am traditionell-neuhumanistischen Bildungsbegriff – Individualismus, Egozentrik, Rationalismus – zurück, dann war das Auswahlverfahren in allen drei Punkten ein Beispiel des traditionellen bürgerlichen Bildungsbegriffs:[111] Das Verfahren war erstens „individualistisch". Es stellte auf Ausbildung der Individualität jedes Menschen auf der Grundlage seiner Persönlichkeit ab. Bildung war dann, in Anlehnung an die Theorie Gottfried Wilhelm von Leibniz', in letzter Konsequenz Selbstbildung des in einem Menschen Angelegten und eine Persönlichkeit derjenige, dem dies beispielhaft gelang.

---

109 StA WÜ RSF I 6 p 446: Allgemeiner Teil der Sitzung des Zentralen Arbeitsausschusses vom 9./10. Oktober 1928: „(Tillmanns): Aus der Diskussion habe ich den starken Eindruck gewonnen, daß für das Gedeihen der Studienstiftung alles daran hängt, daß sie in der Auswahl der Vorprüfer, ebenso in der Auswahl der Vertrauensdozenten eine glückliche Hand hat. Gerade die Studienstiftung ist ganz auf das Persönliche aufgebaut. Wenn nicht das Persönliche in der stärksten Weise in den Vordergrund tritt, wird die Studienstiftung niemals ihre Ziele erreichen. Ich möchte bei diesem Punkt sagen: bei der Schaffung des Vertrauenskreises (der vom Vertrauensdozenten zu seiner Entlastung zu bestimmenden Mitarbeiter, d. Verf.) muß alles Offizielle der Fakultäten oder des Rektors unbedingt vermieden werden. Es kann nur so kommen, daß diejenigen Kollegen sich zusammenschließen, die aus einem inneren Trieb heraus für unsere Arbeit mitzuwirken gewillt sind. Das muß ganz freiwillig und persönlich sein. (...) Praktisch wäre es gut, wenn man den Vertrauensdozenten sagte, sie möchten in jedem Semester einmal eine Nachversammlung an ihrer Hochschule dazu benützen, um über ihre Erfahrungen der Studienstiftung (...) zu sprechen"; ebd., S. 6.
110 StSt-A Bonn: R. Ulich, E. Wohlfahrt, Zur Bildungssoziologie des akademischen Nachwuchses, S. 33.
111 Hans-Martin Stimpel, Die Bildungstheorie und der Begriff der Sachlichkeit. Wesenszüge des traditionellen Bildungsbegriffs, in: Behauptung der Person. Festschrift für Prof. Hans Bohnenkamp. Hg. v. Helmuth Kittel, Horst Wetterling. Weinheim 1963, S. 309–342.

Und der Studienstiftung war an der Förderung von begabten Persönlichkeiten gelegen. Das Verfahren war zweitens „egozentrisch", was aus dem Anspruch der Selbstbildung und den individualisierenden Wirkungen der Förderung folgte. Nach der Auffassung Wilhelm von Humboldts gab es keinen menschlichen Lebensbereich, der nicht zur Bildung beitrug. Anders gesagt: jede erkennende Welterschließung dient der Selbsterkenntnis. Die Studienstiftung suchte die jungen Leute, die ein solches Höchstmaß an egozentrischer Aufnahmebereitschaft zeigten. Nur bedingt zutreffend war der dritte Kritikpunkt des „Rationalismus". Zwar teilte die Gründergeneration der Studienstiftung um Wolfgang Paeckelmann den im Kern aufklärerisch-zivilisatorischen Optimismus eines Glaubens an die Chancen der Vernunft, daß Bildung nur durch Vernunft, Erkenntnis nur durch Vernunftanwendung möglich sei, doch hatte diese Gründergeneration auch den Ersten Weltkrieg, den Zusammenbruch des alten Europa und seines Fortschrittsglaubens erlebt. Gleichwohl ging die Studienstiftung über den traditionellen bürgerlichen Bildungsbegriff hinaus. Der sozialemanzipatorische und zugleich leistungsorientierte Charakter der Förderung durch die Studienstiftung wies neue Wege zwischen Individualismus und Gemeinschaftsverpflichtung im Namen des deutschen Volkes. Wenn es so etwas wie eine Vision der alten Studienstiftung gab, dann war es nicht eine liberale bildungs- und besitzbürgerliche Eigentümergesellschaft, sondern eine soziale und zivile Leistungs- und Wissensgesellschaft mit Chancen für jede Form von Begabung. Der Verzicht auf einen normativen Begriff von ‚Hochbegabung' war – und ist – das wesentliche Merkmal der Studienstiftung und dieser Art von ‚Hochbegabten'-Förderung. Nur einmal in der Geschichte der Studienstiftung, unmittelbar im Zusammenhang mit Hitlers ‚Machtergreifung', wurden ihr normative Kriterien in der Begabtenauslese auferlegt und allerdings ohne grundsätzlichen Widerspruch auch angewandt: die ‚Rasse'-Kriterien des universalrassistischen und totalitären Unrechtsstaats.

3. Probleme defensiver Modernisierung durch ‚Elitenwechsel':

a) Das Erstakademikerproblem

Helmut Kruggel gehörte zum Aufnahmejahrgang 1927. Sein Fall zeigt den Studienstiftungsalltag im Zusammenspiel von Schule, Geschäftsführung, Zentralem Arbeitsausschuß, Vorprüfern und weiteren Gutachtern; außerdem beleuchtet die Akte Helmut Kruggel ein zentrales Problem der Studienstiftung vor 1933: die gezielte Erstakademikerförderung.[112] Mit Nachdruck machte Eduard Spranger 1930 in der Diktion seiner Zeit – und naturgemäß aus der Perspektive des Bildungsbürgers – auf dieses Problem aufmerksam: „die Kriterien für den zukunftreichen Arbeitersohn (sind) andere als für den zukunftreichen Sohn aus unseren Kreisen, (...) aber auch der Bauernsohn (hat) wieder seine ganz eigentümliche Note (...). Für beide ist ja der Weg der Vergeistigung keineswegs ein reines Glück, sondern verbunden mit einer unsäglichen Not."[113] Dies traf hier jedenfalls zu. Helmut Kruggel, Sohn eines Postbeamten, wurde vom Reform-Realgymnasium Görlitz vorgeschlagen. In seinem Empfehlungsschreiben vom Februar 1927 äußerte sich der Oberstudiendirektor zugleich zur Häufigkeit seiner Vorschläge:

> „In dem Erlaß des Herrn Ministers für Wissenschaft, Kunst und Volksbildung vom 7.1.1927 (...) wird eine Anmeldung von 4 oder 8 Abiturienten zur Studienstiftung durch eine einzelne Schule als ‚verkehrt' bezeichnet. Indem ich noch einmal auf die in meinem Briefe vom 29.11.1926 (...) gegebene Begründung verweise, gestatte ich mir zu bemerken, daß ich auch nach Herausgabe dieses Ministerialerlasses an den von unserer Schule eingereichten 5 Bewerbungen festhalte. Bei der ursprünglichen Zahl von 57 Oberprimanern scheint mir die Zahl der Bewerbungen an sich nicht zu hoch. Es ist ferner zu berücksichtigen, daß unsere Bewerber, wie schon früher ausgeführt, seit 6 Jahren in einer besonderen Begabtenklasse unterrichtet worden sind. Der auch an unserer Anstalt anerkannte Grundsatz schärfster Begabtenauslese scheint mir daher in unserem Falle nicht verletzt worden zu sein."[114]

Da viele Gymnasien nur einen Bewerber hatten, nicht wenige gar nicht vorschlugen, erwuchsen aus dem hier geschilderten Verhalten Probleme der Ausgewogenheit, die allerdings kaum zu beheben waren. Für den Bewerber Kruggel aus Görlitz, der wie jeder andere geprüft wurde, spielte das aber keine Rolle. In der Geschäftsführung in Dresden legte man eine Akte für ihn an, die eine aus der Schulempfehlung, dem Bewerbungsbogen und den Referenzen erstellte Charakteristik enthielt:

> „Auffallend in der Entwicklung ist seine große Selbständigkeit. Gehört mit Begeisterung zur Jugendbewegung – zuerst in naiver Freude, später mit kritischem Sinn –, hat die Schule aber nie vernachlässigt. Will den Stoff innerlich verarbeiten. Seine Beobachtungen und Urteile sind dann ganz persönlich gefärbt, aber nicht extrem subjektiv. Lebendige Sprache. Sinnliche Reinheit und religiöse Bindung. Schon früh haben ihn soziale Probleme ergriffen, weniger als politische Fragen, die auf organisatorischem Wege zu lösen sind, denn als sittliche Forderungen. Zum Jugendbildner berufen."[115]

---

112 Die Erstakademikerförderung wurde in den frühen 1970er Jahren im Zusammenhang mit der Ausweitung der Förderung wieder zum Problem; vgl. Kap. V 1.a).
113 Eduard Spranger, Probleme der Begabtenförderung, in: Studentenwerk 4 (1930), S. 175.
114 StA WÜ RSF I 60 p 457: Reformgymnasium Görlitz/OStD Dr. Ryck an StSt, Görlitz, 10.2.1927.
115 StA WÜ RSF I 60 p 457: Personalbogen Helmut Kruggel, 1927.

Der Berufswunsch und seine Begründung spielten im Aufnahmeverfahren eine große Rolle. Hier sollte der Bewerber zeigen, ob er es verstand, seine eigenen Stärken in eine realistische und sinnvolle Zukunftsperspektive umzusetzen und diese einem Außenstehenden plausibel zu machen. Im April 1927 führte Wolfgang Paeckelmann in der Dresdner Geschäftsstelle ein Auswahlgespräch mit Kruggel, das er zu den Akten gab:

> „Herr Kruggel stellt sich am 10. April persönlich vor und zeigt sich in der Unterhaltung als ein kluger und vor allem von starken frischen Gedanken bewegter Mensch. Er ist von den verschiedensten Zweigen der Jugendbewegung beeinflußt, hat sich nie lange in einer Menschengruppe gehalten, weil er bald innere Widersprüche zwischen seiner eigenen Art und der seiner Kameraden erkannte. In dieser Erscheinung liegt allerdings auch bereits ein Zeichen seiner Schwäche. Er ist kein führender Mensch, der durch seine selbst erwählte Richtung wieder versucht, seine Umwelt zu beeinflussen, so daß er mit ihr leben könne, sondern er zieht sich lieber von ihr zurück. Er ist keine schaffende, sondern mehr zurückgezogene, stille Natur, auch hat er bisher an keiner Stelle gezeigt, daß er dazu imstande ist, junge Menschen um sich zu sammeln, zu beeinflussen oder auch nur, daß er zu so einer Aufgabe bereit wäre. Für eine Aufnahme in die Studienstiftung jetzt unmittelbar kann ich mich nicht aussprechen."[116]

Paeckelmann vermißte Führungsqualitäten und ein persönliches Profil bei dem Kandidaten: ein in Zweifelsfällen oft vorgebrachter Einwand, der aber durch überragende Fachkenntnisse oder besonderen Einsatz in einem selbstgewählten Gebiet wenn nicht entkräftet, so doch relativiert werden konnte. Bei Kruggel war das nicht Fall; auch seine Schulzeugnisse lagen lediglich im oberen guten, nicht durchweg sehr guten Bereich. Daß dennoch in der Studienstiftung der Gedanke der Bewährung ernstgenommen wurde, zeigte Paeckelmanns Votum in der Sitzung des Zentralen Arbeitsausschusses vom 21. Oktober 1927:

> „Helmut Kruggel (Paeckelmann): ,Über diesen Fall kann ich berichten. Es handelt sich um einen der Fälle, die zu Ostern abgelehnt wurden. Kruggel stammt aus Schlesien. Er wurde damals abgelehnt auf Grund der Urteile der Schule. (...) Er war nicht einer der Musterschüler. (...) Ich glaube aber doch, man sollte ihm helfen. Nach der Ablehnung erklärte er sich bereit, in Werkarbeit zu gehen. (...) Menschlich ist er ohne Frage von außerordentlichem Wert. Unsere Überzeugung ist, (...) daß er ein Erzieher von guter und sicher sogar besonders guter Art werden wird. Wir sind der Ansicht, daß wir das Urteil von Ostern nicht gelten lassen sollten und schlagen ihn zur Aufnahme als Vorsemester vor."[117]

Es sprach sehr für die Studienstiftung, daß sie in Zweifelsfällen wie diesem nicht starr schematisch vorging, sondern den Bewerbern gerade dann eine Chance gab, wenn ihr familiärer Bildungshintergrund schwierig erschien. Auch war das nur aufgrund einer persönlichen Einschätzung des Kandidaten im Gespräch und zum Teil gegen die Aktenlage möglich, bestätigte also das Prinzip der persönlichen Auswahl. Am gleichen Tag ging in Dresden der Aufnahmebescheid an Kruggel heraus. Es gab dafür kein Standardformular. Der Text ähnlichen Inhalts konnte zum Teil erheblich variieren. Kruggels Bescheid sei hier stellvertretend für viele andere zitiert:

> „Wir freuen uns herzlich, daß wir Sie damit zum ersten Male als einen in unserem Kreis Eintretenden begrüßen können und hoffen sehr, daß Sie dauernd diesem Kreis angehören werden. Die

---

116 StA WÜ RSF I 60 p 457: Bewertungsbogen für persönliches Gespräch: StSt/Beurteilung (...), Persönliche Vorstellung am 10.4.1927 in Dresden, persönliche Vorstellung bei OStD Paeckelmann/Urteil des persönlichen Prüfers.
117 StA WÜ RSF I 60 p 457: Sitzung des Zentralen Arbeitsausschusses vom 21. Oktober 1927, Protokoll.

,Studienstiftung des Deutschen Volkes' ist auf dem Prinzip aufgebaut, daß jeder, der ihr angehören will, sich den Weg zu ihr erkämpft. Wir hoffen, daß aus diesem Kampf eine Gemeinschaft von Menschen entstehen wird, die eng verbunden ist in dem starken Gefühl der Verantwortung dem Volke gegenüber. Wir wünschen, daß auch von Mensch zu Mensch Beziehungen zwischen Ihnen und den übrigen für die Studienstiftung vorgeschlagenen Studenten entstehen mögen, aber auch zwischen Ihnen und den Kommilitonen, die bereits Mitglieder der Studienstiftung sind, Beziehungen, die Ihnen für die weitere Gestaltung Ihres Studiums und für Ihre innere Entwicklung wertvoll sein werden.– Sie treten mit der Studienstiftung in eine erste Verbindung zur Wirtschaftshilfe der Deutschen Studentenschaft, einer aus dem starken Selbsthilfewillen deutscher Akademiker geschaffenen Einrichtung, der zusammenfassenden Organisation der 51 Wirtschaftskörper an den einzelnen Hochschulen. Wir hegen die Hoffnung, daß auch Sie einst, wie viele Ihrer Kommilitonen, am Ausbau dieser Einrichtung mithelfen werden, als Student durch eigene Mitarbeit und später im Leben, indem Sie auch Ihrerseits durch Aufbringung von Mitteln helfen, daß auch in späteren Jahrzehnten jungen Menschen der gleiche Weg geöffnet werden kann, den wir Ihnen jetzt eröffnen durften und auf den Sie unsere besten Wünsche begleiten."[118]

Das war persönlich und verbindlich im Hinweis auf die Verantwortung, die mit dem Stipendium verbunden war. Im Zusammenhang mit der Wirtschaftsarbeit und um den Kontakt zu den Stipendiaten zu intensivieren, ergriff die Dresdner Geschäftsführung auch unter der Zeit die Initiative durch die Einladung zu Kurztagungen, die sich, wie in Saarow und Löwenberg, mit Problemen der sozialstudentischen Arbeit befaßten.[119] Auch Kruggel, der inzwischen in Freiburg Geschichte studierte, mußte, wie jeder Stipendiat, seine Fleißzeugnisse nach Dresden schicken. Im Sommersemester erhielt er eine sehr gute Beurteilung von dem Freiburger Neuzeitler Professor Dr. Gerhard Ritter:[120]

„Die Semestralprüfung hatte ein durchaus erfreuliches Ergebnis. Herr Kruggel besaß ein präzises und klares Wissen und zeigte ein gutes Verständnis, wenn er auch als Anfängersemester noch nicht zu selbständiger Beschäftigung mit dem Gegenstand meiner Vorlesung (Zeitalter der konfessionellen Kämpfe) gelangt war, so bewiesen mir seine Antworten doch, daß er mit Verständnis, Interesse und großem Fleiß dem Gang der Vorlesung gefolgt war, und ich trage kein Bedenken, ihm die erste Note zu geben. Persönlich macht er einen recht sympathischen, etwas überarbeiteten Eindruck, der mir von meinem Kollegen, Herrn PD Dr. Heimpel, bestätigt wird – offenbar ein Mann, der es sehr ernst nimmt mit sich und seiner Arbeit und den man der Studien-

---

118 StA WÜ RSF I 60 p 457: StSt an Helmut Kruggel, Dresden, 20.10.1927: Aufnahmebescheid.
119 StA WÜ RSF I 60 p 457: WiHi DSt/StSt an Mitglieder und Vorsemester, Nr. 46, Dresden, 6.6.1928: „Die Studienstiftung beabsichtigt, vom 28. Juni bis zum 1. Juli 1928 eine Zusammenkunft zu veranstalten, die uns an einem stillen Ort Südwestdeutschlands zu gemeinsamer Aussprache, zu Geselligkeit und Sport zusammenführen soll. Wir erhoffen davon einen lebendigen Gedankenaustausch und eine Stärkung der persönlichen Fühlung zwischen den Mitgliedern der Studienstiftung und ihren Mitarbeitern. Im Mittelpunkt der Aussprache soll bei dieser Tagung der Gesamtbereich der studentischen Wirtschaftsarbeit stehen und zwar die Fragen der Studienstiftung wie die der Wirtschaftshilfe überhaupt mit den in ihr gegenwärtig besonders lebendigen Problemen. Wir wollen dabei versuchen, mehr Klarheit darüber zu gewinnen, was den heutigen Studenten veranlaßt, an dieser Arbeit tätig mitzuwirken und wie sie seiner Meinung nach aussehen soll. In zwangloser Form sollen ferner Kommilitonen über Erfahrungen bei Auslandsstudien oder in Werkarbeit berichten."
120 1888–1967, Schüler Hermann Onckens; 1924 Professor in Hamburg, 1925–1956 in Freiburg i.Br.; gehörte während der NS-Zeit der Widerstandsgruppe um Carl Friedrich von Goerdeler an und war 1944/1945 in Haft.

stiftung zur Aufnahme nur empfehlen kann. Er scheint eine Erleichterung seiner äußeren Lage dringend nötig zu haben, aber auch zu verdienen."[121]

Ritters Kollege, der Mediävist Hermann Heimpel,[122] gab eine nicht weniger positive, im Ton etwas jugendlichere Würdigung der Qualitäten Kruggels:

> „Herr stud. phil. Helmut Kruggel hat eine Semestralprüfung über meine Vorlesung ‚Deutsche Verfassungsgeschichte im Mittelalter' mit Auszeichnung bestanden. Er hat sich in einem seltenen Umfange in wesentliche Abschnitte der Hauptliteratur eingelesen. Für meine geschichtliche Anfängerübung (Lektüre mittelalterlicher Quellen) hat er eine Semesterarbeit über ‚Das Heiligenleben in Deutschland im 10. und 11. Jahrhundert' geliefert. Sie ist auf der Lektüre von 3 umfangreichen lateinischen Heiligenleben aufgebaut und zeigte in ihrer Art, wie sie auf die seit Lamprecht ja häufig behandelten Fragen individueller und typischer Geschichtsdarstellung eingeht, ein feines Verständnis für den mittelalterlich-lateinischen Stil, sieht Probleme und übt selbständige Kritik. Das weit über den Durchschnitt gehende Eindringen in Spezialfragen muß umso höher bewertet werden, als Helmut Kruggel ein außerordentlich allgemein interessierter Mensch ist, der Kreis seiner Lektüre auch außerhalb des eigentlichen Faches ist für seine Jahre (er ist 2. Semester, eingerechnet ein auf Werkarbeit in einer Fabrik verwandtes Semester) erstaunlich. Mir scheint diese Verbindung von genauer Spezialarbeit und allgemeiner Orientierung zugleich die größte menschliche Empfehlung für Helmut Kruggel; er hält sich von einer nur spezialistisch arbeitenden Streberei ebenso fern wie von dem Zerfließen in allgemeinen Interessen. Daß er für die Studienstiftung in Betracht kommt, scheinen mir seine große Begabung, sein Ernst und seine Zuverlässigkeit über allen Zweifel zu stellen."[123]

Nur wenige Fleißzeugnisse waren so ausführlich um eine Würdigung der Gesamtpersönlichkeit bemüht wie die von Ritter und Heimpel, die Mehrzahl begründete knapp die Benotung der mündlichen Prüfung. Trotz so guter Zeugnisse schien sich Kruggel bei seiner Studienfach- und Berufswahl nicht ganz sicher zu sein. Unzufrieden mit dem Lehramtsstudium, aber auch mit der Universitätsatmosphäre, schien ihm der Beruf des Sozialpflegers attraktiver. Kruggel wechselte zum Sommersemester 1929 von Freiburg nach Berlin und studierte nun Volkswirtschaft, schrieb sich zugleich an der Hochschule für Politik ein, um dort ein Studium der Sozialpolitik zu betreiben. Seine wirtschaftliche Situation war ab Herbst 1929 schlecht, die beginnende Weltwirtschaftskrise wirkte sich aus. Im Semesterhaushaltsplan bat er um eine Zusatzbewilligung, die eigens begründet werden mußte:

> „100 M. für Kleidung: mein einziges Paar feste Straßenschuhe und mein einziger Mantel sind nicht mehr gebrauchsfähig. Ich muß für den Winter neue Sachen anschaffen. Von dem Monatswechsel kann ich sie nicht kaufen, da ich in jedem Semester vor diesem Monatswechsel 30 M. Hörgebühr am sozialpolitischen Seminar der Hochschule für Politik zahlen muß, da ich 1929 von Hause sowieso statt 40 M. nur 30 M. Zuschuß hatte (meine Schwester muß in ihrer Ausbildung von den Eltern unterstützt werden, so daß ich tatsächlich nur 120 M. Monatswechsel zur Verfügung habe. Ich habe bis jetzt noch keine Gelder für Anschaffungen von der Stusti beantragt und erhalten. Ich bitte, die Summe zu bewilligen, da ich die Sachen unbedingt kaufen muß."[124]

---

121 StA WÜ RSF I 60 p 457: Prof. Dr. Gerhard Ritter an Freiburger Studentenhilfe, Freiburg i.Br. 24.7.1928: Zeugnis.
122 1901–1988; 1931 Prof. in Freiburg i.Br., 1934 in Leipzig, 1941 in Straßburg, 1946/1947 in Göttingen; 1956 Direktor des Max-Planck-Instituts für Geschichte in Göttingen.
123 StA WÜ RSF I 60 p 457: PD Dr. Hermann Heimpel, Zeugnis für Helmut Kruggel, SS 1927.
124 StA WÜ RSF I 60 p 457: Semesterhaushaltsplan für Mitglieder: Helmut Kruggel, WS 1929/30, Berlin.

Solchen Bitten verschloß sich die Studienstiftung in der Regel nicht. Kruggel wurden die 100 Reichsmark für Schuhe und Mantel bewilligt und über die Berliner Wirtschaftshilfe ausgezahlt. Größere Anschaffungen waren mit einem Monatswechsel von 120 RM nach 1929/30 kaum möglich. Das machte auch die Studienstiftler trotz sinkender Preise u.a. für Lebensmittel und auch Bekleidung immer wieder, und, wie viele es empfanden, demütigenderweise, zu Bittstellern; so auch Kruggel im Sommersemester 1931:

> „1.) Sommeranzug: Ich besitze 1 warmen Winteranzug, 1 seit mehr als 4 Jahren ‚guten' Anzug, 1 alte blaue Manchesterjacke, 1 alte graue Sommerhose. Faktisch habe ich also für den Sommer 1 Hose und 1 Jacke. Ich bemerke noch, daß ich bis jetzt ein einziges Mal Kleidergeld (...) bekommen habe. 2.) Das SS beginnt in Berlin pünktlich am 15. April. Ist es möglich, dies irgendwie zu berücksichtigen? Ich muß, um arbeiten zu können, wenigstens einen Teil der Ferien in Berlin sein und lebe bis jetzt von dem, was ich aus dem WS gespart habe. Für Bücher konnte ich im WS etwas mehr als drei Mark ausgeben (!!!)."[125]

Diese Garderobenbeschreibung war Lebensalltag im studentischen Proletariat der späten 1920er Jahre und sorgte für ein kaum zu überschätzendes Maß an wachsender Verbitterung: vor allem bei den gar nicht durch ein Stipendium abgesicherten Studenten, aber auch bei den Studienstiftlern. Gerade die aktiven Studenten, die bereit waren, sich über das normale Maß im Studium und in der studentischen Wirtschaftsarbeit zu beteiligen und die der Studienstiftung aufrichtig dankbar für die erhaltene Förderung waren, mußten die dauerhafte, in keinem Verhältnis zu ihrer Leistungsbereitschaft stehende Bittstellerposition als entwürdigend empfinden. Im Oktober 1932 sah sich Kruggel gezwungen, um einen Wintermantel zu bitten: „Ein Wintermantel fehlt mir, mein Sommermantel genügt nicht, so daß ich jetzt schon einige Tage wegen Erkältung im Zimmer bleiben mußte (ganz leichte Mandelentzündung). Meine letzte Sonderanforderung liegt weit über zwei Semester zurück."[126] Selbstverständlich wirkten derart eingeschränkte Lebensumstände auch auf die Leistungsfähigkeit und -bereitschaft zurück. Es ging hier ja nicht um Luxuswünsche, sondern um einfachste Bedürfnisse. Ähnliche Berichte gingen ab 1929 regelmäßig und aus allen Universitätsstädten in der Dresdner Geschäftsstelle ein. Wer in diesen wirtschaftlich schwierigen Zeiten nicht seelisch und gesundheitlich gefestigt an sein Studium heranging, kam leicht in Schwierigkeiten. Das war eine harte, lebenspraktische Form der Auswahl, bei der sich nicht notwendigerweise die begabtesten Stipendiaten bewährten. Kruggels Semesterberichte waren nicht nur ein Beispiel für wachsende Unentschlossenheit in bezug auf ein bestimmtes Studien- und Arbeitsgebiet, sondern auch für einen Mangel an Selbstbewußtsein. Statt sein Studium konzentriert und schnell zu beenden, um mit einem Universitätsabschluß auf Arbeitssuche gehen zu können, verzettelte sich Kruggel immer mehr:

> „Auf Ihre Anfrage hin halte ich es für angebracht, Ihnen einen (...) klaren, knappen Überblick über meine Lage zu geben. In den letzten Jahren der Schule begann ich, mich für Politik zu interessieren, also für Geschichte, Parteien, wirtschaftliche Vorgänge usw. Ich wollte gern Staatswissenschaften und Wirtschaft studieren, glaubte aber immer, dafür nicht befähigt zu sein. Ich habe einfach mehrere Jahre z.T. verloren, weil ich vor lauter Mangel an Selbstvertrauen nichts anfangen konnte. Ein Kompromiß war dann, daß ich Lehrer werden wollte. Nach zwei Semestern gab ich den Versuch auf (...). Ich kam nach Berlin und fing nun ernsthaft und überaus eifrig

---

125 StA WÜ RSF I 60 p 457: Semesterhaushaltsplan für Mitglieder: Helmut Kruggel, SS 1931, Berlin.
126 StA WÜ RSF I 60 p 457: Semesterhaushaltsplan für Mitglieder: Helmut Kruggel, WS 1932/33, Berlin.

an zu lernen, praktisch zu arbeiten und bald darauf die Wohlfahrtsschule zu besuchen (...). Mich interessierte alles, aber im Grunde doch nur eines, und da ich es nicht fertigbrachte, mich ganz darauf zu konzentrieren, blieb es überall bei einer wenig gründlichen Beschäftigung."[127]

Kruggels Entwicklung war nicht ungewöhnlich. In einer gezielten Erstakademikerförderung war damit zu rechnen, daß einige Stipendiaten, die nicht den Hintergrund eines akademisch sozialisierten Elternhauses hatten, im Studium trotz ihrer Begabung Probleme haben würden: keineswegs aus Mangel an intellektueller Kompetenz, wie im Fall von Kruggel die Gutachten von Ritter und Heimpel zeigten, sondern vielmehr aus Mangel an Selbstvertrauen. Offensichtlich war es für den Sohn eines Arztes oder Richters weitaus leichter, zu seinem fachlichen Interesse und Studienwunsch zu stehen, sich ein bestimmtes Studium zuzutrauen und dann auch mit voller Energie unter Zurückstellung anderer Interessen zu Ende zu führen. Für den Erfolg an der Universität mußte man mit Disziplin und Selbstbewußtsein auch die vielfältigen Interessen gegen die einseitigen Notwendigkeiten abwägen, und man mußte ein gewisses akademisches Selbstbewußtsein aus der erfolgreichen Beschäftigung mit seinem Fach gewinnen, um darin kreativ sein zu können – und daran scheiterten nicht wenige Erstakademiker. Der Besuch von Dr. Hermann Brügelmann aus der Geschäftsstelle, der im Dezember 1932 die Stipendiaten der Berliner Universität besuchte, zeigte dieses Problem am Beispiel von Kruggel sehr deutlich:

„Helmut Kruggel benutzt (...), wenn er von seiner Arbeit spricht, konstant den Begriff ‚lernen', wie er sagt, um nicht zu anspruchsvoll zu sein und, wie er mir nach Vorbehalten zugibt, um nicht Ansprüche an ihn zu wecken, denen er nicht gerecht zu werden fürchtet. Als ich ihn auf sein unterernährtes Aussehen hin ansprach, antwortete er mir: ‚Wenn ich nicht krank bin, sind andere Leute krank und da vergeht mir der Appetit.' Es bestätigt sich der Eindruck, daß Helmut Kruggel zu allem von außen gebracht werden muß und daß er sich schwer zu selbständigen Schritten entschließt und gern Widerständen ausweicht."[128]

Kruggels weiterer Studiengang geriet dann, nach mehreren, erschwerend hinzukommenden Erkrankungen, die sogar bescheidene Kuraufenthalte mit Studienunterbrechungen erforderlich machten,[129] und ohne die Klärung der grundsätzlichen Probleme, in den Strudel der Ereignisse des Jahres 1933. Kruggel hatte im Zusammenhang mit seinem diffusen politischen Interesse im Jahr 1931 kurze Zeit die Veranstaltungen einer kommunistischen Studentengruppierung in Berlin besucht, freilich ohne ihr formal anzugehören. Da er aber in ihren Besucherlisten auftauchte, wurde er im Mai 1933 aus politischen Gründen von der Universität relegiert:

„Am 20.7. (1933, d. Verf.) bekam ich ein Schreiben unseres bisherigen Mitglieds Helmut Kruggel, dem ich zu meinem größten Erstaunen entnahm, daß er vor kurzer Zeit von der Universität relegiert worden ist. Mich berührte diese Tatsache und der Grund dafür um so eigenartiger, als Kruggel mir bei den Rücksprachen, die ich anläßlich der Säuberungsaktion zu Anfang des Semesters mit den einzelnen Studienstiftlern führte, all diese Dinge seiner politischen Betätigung

---

127 StA WÜ RSF I 60 p 457: Helmut Kruggel an StSt, Berlin, 24.6.1930.
128 StA WÜ RSF I 60 p 457: Reise Dr. Brügelmann, Berlin, 5.12.1932.
129 Die Wirtschaftshilfe der DSt 1926/28. Leipzig 1928, S. 32: Übersicht über die Erholungsaufenthalte 1926/28; in dieser Zeit gab es insgesamt zu dem Terminen Herbst, Weihnachten und Frühjahr 809 Kuraufenthalte unter ärztlicher Betreuung in Helmstedt, Saarow, Heuberg, Ostseebad Koserow, Tannerhof i.Obb., Schloß Malseneck am Inn, Nordseebad Büsum, Marburg (Carl-Duisberg-Haus), Marienborn-Schmeckwitz und Schloß Lichtenberg, Odw.; zum Gesamtbericht vgl. Kurt Rheindorf, ‚Die Aufgabe hält lebendig'. Zum Geschäftsbericht der Wirtschaftshilfe der DSt für die Jahre 1926/1928, in: Studentenwerk 3 (1929), S. 121–126.

verschwiegen hat und ich Kruggel persönlich auf Grund meiner Eindrücke eher für einen harmlosen und äußerst zurückhaltenden, ja beinahe kindlichen, niemals aber politisch aktiven, noch dazu im negativen Sinne aktiven jungen Menschen gehalten habe. Nach Eingang von Kruggels Schreiben setzte ich mich mit der DSt in Verbindung, von der ich folgende Einzelheiten erfuhr: Der DSt liegen die Listen (...) der kommunistischen Studentenoppositionsgruppe vor. In dieser Liste findet sich Kruggels Name zu der Zeit vom Juni (19)31. Auf Grund des Erlasses (...) des Innenministeriums vom 29. Juni (19)33 (Marxistenerlaß) hat der Rektor der Universität einen Studenten bestellt, der die Angehörigen der Hochschule auf ihre nationale Gesinnung prüft und zweifelhafte Fälle zu melden hat. Die in der eben genannten Liste befindlichen Studenten werden auf Grund dieses Erlasses vom Rektor relegiert. Kruggel ging der Bescheid seiner Relegation am 12. Juli zu. (...) Auf Grund der gegen Kruggel vorliegenden Tatsachen beantrage ich (...) Kruggels sofortigen Ausschluß aus der Studienstiftung und sende Ihnen anbei Kruggels Schreiben und die von ihm bei mir am 20. Mai 33 unterzeichnete ehrenwörtliche Erklärung."[130]

Auch diese ‚ehrenwörtliche Erklärung' seiner nationalen Gesinnung nützte Kruggel, wie das für die Selbstgleichschaltung der Studienstiftung an der Universität Berlin aussagekräftige Schreiben deutlich genug zeigte, nichts.[131] Am 29.8.1933 teilte ihm die Studienstiftung mit, daß seine Mitgliedschaft beendet sei, allerdings hatte Kruggel zu diesem Zeitpunkt sein Volkswirtschaftsstudium bereits abgeschlossen und eine Anstellung in der praktischen Sozialarbeit gefunden.[132] Aus seiner Promotion, für die er auf die Unterstützung der Studienstiftung gerechnet hatte, wurde nichts.

Ein ähnlicher Erstakademikerfall war Arnold Leetz, Sohn eines Berliner Plakatmalers im Kaufhaus Wertheim. Er hatte ein progressives Berliner Reformgymnasium besucht, das den Schülern ein hohes Maß an Selbständigkeit zubilligte, so daß Leetz von diesem freien Unterricht nachhaltig geprägt wurde. Die Schule schlug den vielfach interessierten Schüler unter Verweis auf seine schwierigen häuslichen Verhältnisse für die Studienstiftung vor:

„Arnold Leetz stammt aus einem Haushalt, in dem Vater und Mutter ein gewisses Verständnis für die Eigenart des famosen Jungen gehabt haben (...). Im Vordergrund seines Interesses stand immer das soziale Problem und sein Herz gehörte immer der Arbeiterklasse, deren Leiden er mitfühlte. Überall suchte er Aufklärung und Möglichkeiten, den Bedrängten zu helfen. Er fand daher ebenso seinen Weg zu politischen Versammlungen fast aller Parteien, deren Standpunkt er zu verstehen suchte, und zu Jugendvereinen, in denen er sich zum Teil leitend betätigte, wie zu geschichtlichen und literarischen Werken."[133]

---

130 StA WÜ RSF I 60 p 457: Friedrich-Wilhelm-Universität Berlin/Dr. Kulemeyer an StSt, Berlin, 21.7.1933.
131 StA WÜ RSF I 60 p 457: Ehrenwörtliche Erklärung, Helmut Kruggel, Berlin, 20.5.1933: (Vordruck mit Unterschrift) „Ich erkläre hiermit ehrenwörtlich, von streng nationaler Gesinnung und jederzeit bemüht zu sein, meinen Pflichten als deutscher Staatsbürger im Sinne der Regierung in jeder Weise nachzukommen."
132 StA WÜ RSF I 60 p 457: StSt an Helmut Kruggel, Dresden, 29.8.1933: „Beendigung der Mitgliedschaft. Der kommissarische Vorstand des Deutschen Studentenwerks hat eine Kommission eingesetzt mit dem Auftrag zu prüfen, welche Mitglieder und Vorsemester aus politischen Gründen der Studienstiftung des Deutschen Volkes nicht mehr angehören sollen. In Ihrer Sitzung vom 22. August 1933 hat diese Kommission nach Prüfung der Unterlagen beschlossen, Ihre Mitgliedschaft bei der Studienstiftung zu beenden."
133 StA WÜ RSF I 60 p 577: Beurteilung der wissenschaftlichen und menschlichen Eigenschaften des Oberprimaners Arnold Leetz, Berlin-Neukölln, 22.12.1927.

Von politischer Betätigung las man in Empfehlungsschreiben und Gutachten sehr selten. Das lag nicht nur an der später eintretenden juristischen Volljährigkeit, sondern zunächst am zweifelhaften Bierhallen- oder Hinterzimmercharakter vieler politischer Veranstaltungen, dann auch an der schulischen Sozialisation der meisten Oberschüler, die, trotz aller Bemühungen um die politische Bildung in der Weimarer Republik, politikfern bis politikfeindlich war.[134] Darüber hinaus war die deutsche Gesellschaft der Zwischenkriegszeit trotz des modernisierungsbedingten Trends zur sozialen Mobilität noch bei weitem zu versäult, zu stark in voneinander getrennte sozialmoralische Milieus gegliedert, um es einem Sohn aus bürgerlichem Hause naheliegend erscheinen zu lassen, eine Parteiversammlung der Sozialdemokratie im Nebenraum einer verrauchten Berliner Eckkneipe in Wedding zu besuchen, oder um es dem Arbeitersohn wünschenswert erscheinen zu lassen, die clubähnliche Honoratiorenversammlung von linksliberalen DDP-Mitgliedern im wohlhabenden Berlin-Dahlem zu besuchen.[135]

Die Geschäftsstelle in Dresden legte eine Akte für Arnold Leetz an, der inzwischen in Freiburg ein Lehramtsstudium aufgenommen hatte. Am 10. März 1928 erhielt er nach erfolgreich durchlaufenem Auswahlverfahren sein Aufnahmeschreiben, das ihn über Sinn und Zweck des Stipendiums informierte:

„Die Studienstiftung des Deutschen Volkes ist ein Teil der Wirtschaftshilfe der Deutschen Studentenschaft. Diese Wirtschaftshilfe ist auf dem Prinzip der Selbsthilfe aufgebaut. So erwarten wir auch von Ihnen, daß Sie mit ganzer Kraft versuchen, sich selbst zu helfen, so weit es geht. Bedenken Sie, daß neben Ihnen Tausende deutscher Studenten in schwerer Not sich befinden, denen wir nicht helfen können, und von denen wir überzeugt sind, daß Sie nicht minder wert waren, in die Studienstiftung aufgenommen zu werden als Sie. Wir werden Ihnen nicht die Mittel eines reichen Volkes zur Verfügung stellen können. Sparsamkeit wird dringendste Notwendigkeit sein, und Ehrenpflicht wird es sein, daß Sie sowohl die Mittel Ihrer Familie wie Ihre eigene Kraft auf das äußerste anspannen, um uns im Interesse Ihrer Kommilitonen zu entlasten. Aus diesem Grunde werden Sie für den Fall Ihrer späteren Aufnahme als Mitglied der Studienstiftung auch in den Examenssemestern Ihre Mittel aus der Darlehnskasse der Deutschen Studentenschaft erhalten und hierdurch Mittel der Studienstiftung freimachen, die dann anderen Kommilitonen zur Verfügung gestellt werden (...). Die Wirtschaftshilfe und Studienstiftung sind aber auch in einem weiteren Sinne Selbsthilfeeinrichtungen, in einem Sinne, der über das Wirtschaftliche hinausgeht. Geschaffen worden sind diese Einrichtungen in gemeinschaftlicher Arbeit von Studenten, jungen und alten Akademikern, Männern der Wirtschaft, des öffentlichen Lebens (...). Die ganze Studienstiftung ist für Sie im tiefsten Sinne ein Ehrendarlehn (...). Wir hoffen, daß Sie schon als Student Gelegenheit haben werden, am Ausbau unserer Einrichtungen auch eigene Mitarbeit zu leisten und daß Sie später im Leben, wo auch Ihre Stelle sein mag, sich für diese Arbeit einsetzen werden."[136]

Durch die Verschlechterung der wirtschaftlichen Lage in Folge der Weltwirtschaftskrise trat der wirtschaftliche Aspekt des Stipendiums wieder stärker in den Vordergrund. Existenzängste und die schiere Verzweiflung über die Begleiterscheinungen der Wirtschaftskrise wie Arbeitsplatzverlust oder der Konkurs des eigenen Betriebes, sozialer Abstieg, Verlust des privaten Besitzes

---

134 Ein Überblick bei Heribert Weber, Ratlosigkeit und Rebellion: Jugend und politische Erziehung in der zweiten Hälfte der Weimarer Republik. Tübingen 1972 (zug. Diss. päd. 1971).
135 Vgl. Wolfgang R. Krabbe (Hg.), Politische Jugend in der Weimarer Republik. Bochum 1993.
136 StA WÜ RSF I 60 p 577: StSt an Arnold Leetz., Dresden, 10.3.1928: Entscheidung des Zentralen Arbeitsausschusses.

und aller Sicherheiten für den eigenen Ruhestand oder die Ausbildung der Kinder und bürgerlicher Ansehensverlust, wurden zur Massenerfahrung. Anders als die Hyperinflation von 1923 erschütterten die Auswirkungen der Weltwirtschaftskrise 1929/30 eine Gesellschaft, in der es zaghafte Anzeichen einer wirtschaftlichen Konsolidierung gab: Von *roaring twenties* hatte für die meisten Familien des Mittelstands ohnehin nicht die Rede sein können, das war wenigen vorbehalten geblieben, doch nach Krieg und Hyperinflation brachte die Krise von 1929/30 gerade für viele Mittelstandsfamilien den dritten und endgültig in den finanziellen Ruin treibenden Einbruch.

Die soziale Wirklichkeit hatte Leetz in Form körperlicher Schwerstarbeit schon während der Schulzeit in Berlin erfahren.[137] Insofern verwunderte es nicht, wenn er die Ideologisierung des Werkstudenten durch die Studienstiftung und deren Forderung an die Stipendiaten, selbst Werkarbeit zu leisten, kritisch sah: „Werkarbeit bedeutet für Sie eine ethische Forderung. Ich sehe ihren Hintergrund ebenfalls darin. Wenn ich trotzdem im ersten Semester sehr ungern in Werkarbeit gehen würde, muß ich dafür meine Gründe haben. Ich glaube, daß ich die ethische Forderung der Werkarbeit zum Teil schon erfüllt habe. Ich bin proletarischer Herkunft und kenne den Kampf um das nackte Leben."[138]

Sicherlich mußte die Überhöhung der Werkarbeit als Selbsterfahrung auf diejenigen, die wirtschaftlich auf einen Nebenerwerb angewiesen waren, provozierend wirken. Andererseits zeigte Leetz auch nur geringe Bereitschaft, seine bewußte Außenseiterposition aufzugeben. Er nutzte seine proletarische Herkunft auch als Rechtfertigung für eine im einzelnen recht überzogene Kritik der akademischen Welt:

> „Die Arbeit an der Universität hat mich mächtig enttäuscht. Ich stehe mit dieser Erfahrung sicher nicht alleine da, nur daß meine Enttäuschung andere Ursachen haben wird. Die direkte aktive Mitarbeit, wie sie an unserer Schule gepflegt wurde, mußte ich zum großen Teil aufgeben. Das passive Verhalten in den Vorlesungen war oft eine Qual für mich (...). Eine Befriedigung für aktive Mitarbeit fand ich in den Seminaren, wo ich mich auch hauptsächlich betätigt habe."[139]

In Grenzen war diese Frustration unvermeidlich. Tatsächlich war der akademische Frontalunterricht in vielen Fächern, bei vielen Dozenten in den 1920er Jahren noch eine Selbstverständlichkeit, so daß nicht nur die Absolventen der diskursiv ausgerichteten Reformschulen oder einzelner moderner Gymnasien sich in solchen Veranstaltungen fehl am Platz fühlten. Die Studienstiftung hatte hier durch die Semesterberichte von allen deutschen Universitäten einen recht guten Überblick.

Allerdings war auch das Selbstbewußtsein von jungen Leuten neu, daß eine universitäre Veranstaltung den eigenen Vorstellungen zu entsprechen, daß man auch als Anfänger in einer Wissenschaft ein Mitspracherecht in der Gestaltung des akademischen Unterrichts habe. Das war einmal ein Ergebnis der Jugendbewegung und überhaupt des bisweilen recht weitgehenden Jugendkults der Zwischenkriegszeit, der in diesem Bereich dauerhaft die Maßstäbe des Jugendbegriffs verschob. Kriegs- und Bürgerkriegserfahrung spielten dabei sicherlich eine Rolle, dann aber auch

---

137 Vgl. Detlev K. Peukert, Jugend zwischen Krieg und Krise. Lebenswelten von Arbeiterjungen in der Weimarer Republik. Köln 1987.
138 StA WÜ RSF I 60 p 577: Arnold Leetz an StSt, Berlin-Neukölln, 23.2.1928.
139 StA WÜ RSF I 60 p 577: Semesterbericht Arnold Leetz für das SS 1928, Freiburg i.Br.

der Versuch der pädagogischen Reformbewegung um Spranger, Litt und Nohl, die Dynamik der Jugendbewegung für ihre pädagogisch-gesellschaftlichen Reformvorstellungen nutzbar zu machen.[140]

War Leetz von der Universität zunächst enttäuscht, so befriedigte ihn die Praxis um so mehr. In den Sommersemesterferien 1928 leistete er nun doch Werkarbeit:

> „Drei Monate war ich als ‚Landarbeiter' in Ingelheim am Rhein auf dem Gut der Fürstin Solms beschäftigt. Der Name klingt fürstlich, und doch habe ich selten so ein buntes Durcheinander von – ich darf wohl sagen – heruntergekommenen Menschen gesehen. Ein ehemaliger russischer Offizier, der aus politischen Gründen nicht mehr nach seiner Heimat zurückkonnte. Zwei ehemalige Fremdenlegionäre. Ein Arbeiter stand kurz vor dem Abiturium, jetzt war er 36 Jahre, durch Alkohol und Sinnlichkeit vollkommen heruntergekommen. Aus fast allen Gegenden Deutschlands, aus Österreich und Polen, aus der Schweiz kamen sie, fragten nach Arbeit, blieben kurze Zeit, bis sie es nicht mehr aushielten, verschwanden dann wieder – oft mit einem Krach – um sich wieder auf der Landstraße herumzutreiben (...). Niemand war verheiratet, obwohl fast jeder schon Vater war. Das waren meine Arbeitskollegen."[141]

In diese andere Welt bekamen viele Werkstudenten einen Einblick, der sie in der Regel um so lieber an die Universität zurückkehren ließ. Anders Leetz; bei ihm setzten sich seine Zweifel am Sinn der akademischen Ausbildung dauerhaft fest. Daran konnte auch ein von der Studienstiftung ohne weiteres ermöglichtes Gastsemester an der Universität Wien nichts ändern:

> „Das ist der Grund, warum ich nicht mit anderen Studenten auf der Universität zu einem Kollektiv zusammenschmelzen kann. In Wien wurde mir das ganz klar. Die Universität ist für mich etwas Fremdes, das ich als notwendiges Durchgangsstadium betrachte. Ich meine nicht den Berechtigungsschein, sondern die Möglichkeit, die mir die Universität bietet, sich das notwendige geistige Rüstzeug zu verschaffen."[142]

Hinzu kam bei Leetz, der inzwischen an die Universität Berlin gewechselt hatte, eine immer enger werdende Beziehung zu kommunistischen Studentengruppen und eine völlige, ganz idealistische Hinwendung zum Marxismus, die sich im ohnehin stets schon recht klassenkämpferischen Sprachgebrauch seiner Semesterberichte zunehmend bemerkbar machte. Zum Ende seines Studiums hin, das sich immer mehr in die Länge zog, bestanden seine Berichte vorwiegend aus Pauschalverurteilungen des Universitätsbetriebs: „Je länger ich studiere, je mehr ich für das Examen arbeiten muß, umso stärker fühle ich, daß man auf der Universität genauso der Schuljunge bleibt, der man auf der Schule war. Ich empfinde die Universität sogar als einen Rückschlag in ein noch viel schlimmeres Pennälertum, weil ich von einer immerhin einigermaßen freien Schule komme."[143]
Leetz' weitere Spur verlor sich im April 1933, einen Studienabschluß erreichte er nicht. Mehrere Rückfragen der Dresdner Geschäftsstelle bei Leetz' Vater in Berlin ergaben, dieser sei im Früh-

---

140 Vgl. z.B. Theodor Litt, Möglichkeiten und Grenzen der Pädagogik. Abhandlungen zur gegenwärtigen Lage von Erziehung und Erziehungstheorie. Leipzig 1926; zu Spranger vgl. Werner Sacher, Eduard Spranger: 1902–1933. Ein Erziehungsphilosoph zwischen Dilthey und den Neukantianern. Frankfurt am Main 1988 (zugl. Habil.-Schr. Bamberg 1987).
141 StA WÜ RSF I 60 p 577: Semesterbericht Arnold Leetz für das WS 1928/29, Berlin.
142 StA WÜ RSF I 60 p 577: Semesterbericht Arnold Leetz für das SS 1929, Wien.
143 StA WÜ RSF I 60 p 577: Semesterbericht Arnold Leetz für das SS 1930, Berlin.

jahr 1933 zu einer Reise mit unbekanntem Ziel aufgebrochen: möglicherweise eine Schutzbehauptung aufgrund der Gefährdung durch seine Betätigung in kommunistischen Studentenkreisen. Leetz' Mitgliedschaft in der Studienstiftung wurde am 31. Juli 1933 beendet.

Diese Fälle der Erstakademiker Helmut Kruggel und Arnold Leetz waren keine Ausnahmen in der Studienstiftung vor 1933. Ulich und Wohlfahrt behaupteten einen – aufgrund ihrer recht vagen Definition der sozialen Herkunft allerdings fragwürdigen – Zusammenhang zwischen sozialer Herkunft und Hochschulexamensnoten als allgemeinstem Indikator für Studienerfolg: Während sehr gute Examensnoten zu 47% von Kindern höherer Beamter, aber nur zu 24% von Kindern gelernter und ungelernter Arbeiter erzielt wurden, waren letztere bei den genügenden Abschlußprüfungen mit 26% die drittstärkste Gruppe nach – den allerdings von der Gesamtzahl her sehr kleinen Gruppen – der Offiziere und leitenden Angestellten mit jeweils 29%. Bei den genügenden Leistungen kamen die Kinder höherer Beamter auf 8%.[144] Die Studienstiftung konnte Freiräume zur Selbstbildung schaffen. Das schloß ein, daß einzelne mit diesen Freiräumen schlecht oder gar nicht zurechtkamen. Die Studienstiftung konnte durch Einladung zu Tagungen Gesprächs- und damit auch Sozialisationsangebote machen, aber sie hatte, abgesehen von ihrer pädagogischen Sinnstiftung im Werben für den Dienst an der Gemeinschaft, keinen konkreten erzieherischen Auftrag gegenüber ihren Stipendiaten. Daher gehörte auch das Scheitern als eine in der Studienstiftung mögliche Erfahrung zu ihrer Entwicklung, gegen das die Mitgliedschaft nicht versicherte. Trotzdem hielt die Studienstiftung bis 1930 an ihrer emanzipatorischen Erstakademikerförderung fest.

b) Studienstiftlertreffen und die Probleme akademischer Sozialisation

Kritische Stellungnahmen von Stipendiaten waren Ende der 1920er Jahre nun öfter zu hören, auch in dieser Beziehung waren die beiden geschilderten Fälle keine Ausnahmen. Die Studienstiftung war um Integration bemüht, schuf Foren der Auseinandersetzung und scheute nicht vor heiß umstrittenen Themen zurück, so zum Beispiel auf der Studienstiftlertagung im Oktober 1927 auf Schloß Neusorge, im Haus von Elsa Brandström, wo über ‚Volk und Hochschule' diskutiert werden sollte.[145] Es hatte schon seinen ganz eigenen, nur aus dem Zeitkontext zu erschließenden Charakter, wenn dort die handverlesenen jugendlichen Exponenten des sozialen Aufstiegs und der im Entstehen begriffenen, modernen, flexiblen, bindungslosen, sozial mobilen Mittelstandsgesellschaft sich redlich um den Wert des ‚Volkstumsganzen', von ‚Volkheit' und ‚Volklichkeit' stritten. Bezeichnend für die Umgangsform war auch, daß die Plenumsmehrheit der Teilnehmer, ganz anders als in Löwenberg, gleich zu Beginn der Tagung den Verzicht auf

---

144 StSt-A Bonn: R. Ulich, E. Wohlfahrt, Zur Bildungssoziologie des akademischen Nachwuchses, Anhang; Ulich und Wohlfahrt waren mit der Bewertung dieser Korrelation sehr zurückhaltend: „Unter den Gruppen mit ausreichendem statistischem Material kann es auf den ersten Blick so scheinen, als ob hier ebenfalls die Erbmasse oder der häusliche Einfluß und das soziale Milieu, oder alles zusammen, ganz entschieden durchschlägt. Es wird ja noch längerer wissenschaftlicher Arbeit bedürfen, um festzustellen, welcher der drei Faktoren vor dem anderen prävaliert.", S. 87. WiHi/StSt an die Studienstiftler, Dresden, 7.6.1919: Einladung zum Kennenlernen von Elsa Brandströms Kinderheim auf Schloß Neusorge, Mittweida, Sachsen.

145 Die Verbindung zu Elsa Brandström bestand seit Juni 1926. ZZBW-A: Aktenbestand Haerten, I 1921–25:

eine allgemeine Aussprache erklärte: mit Rücksicht auf die Gegensätze auch unter den Stipendiaten, und besonders bei diesem Thema. Diese Gegensätze konnten auch durch die Wahl des Tagungsorts und das Bekenntnis zum sozial-karitativen Gedanken, das darin steckte, nur mildern, nicht beheben. Und einmal mehr zeigte sich der zum jugendlich-studentischen Stil gehörende Affekt gegen ‚das Akademische', das man in Form und Inhalt unbedingt vermeiden wolle: Praxis war das Stichwort, und daß durch die praktische Behandlung des Themas Volk und Bildungsnot mehr erreicht worden sei, „als je auf dem Wege noch so gründlicher akademischer Erörterung möglich sein wird."[146] Offen blieb freilich, was denn hier praktisch heißen sollte. Verurteilt und beklagt wurde „der überall schmerzhaft spürbare Mangel wirklichen menschlichen Verstehens" und „das Schicksal unserer rationalistischen, mechanisierten Zeit",[147] wobei gerade dieser Zugang zur ‚geistigen Not' aus großer abstrakter Höhe kam und ein Inbegriff von Rationalisierung war. Dies Defizit empfanden die Teilnehmer auch, versuchten es durch Verweis auf die studentische Erfahrung der Werkarbeit zu kompensieren, um sich auf diese Weise den Rückzug auf „de(n) Weg billiger theoretischer Vorschläge"[148] abzuschneiden. Doch in dieser Einsicht in die Relativität der eigenen Sichtweise steckte die andere, beunruhigende Erkenntnis, „daß weniger noch als unsere Hochschule unser Volk dem Bilde entspricht, das wir von ihm in uns tragen, ja, daß wir im eigentlichen Sinne gar kein Volk mehr sind, vielmehr durch die wirtschaftlichen, gesellschaftlichen und kulturellen Schichtungen voneinander getrennt wurden, die innere Einheit im wesentlichen verloren haben."[149] Also war die Debatte doch das, was sie nicht sein sollte: akademisch. Und die Bezugnahme auf „vielleicht in den breiten Massen ruhende Volkskraft", „Aufbau gesunden Volkstums" und den „in diesem Volksboden wurzelnde(n) Formungswillen" war ebenso ideologisch wie die ‚Volkstums'-Wissenschaft eines Max Hildebert Boehm an der Berliner Hochschule für Politik:[150] ein intellektuelles Kompensationsverhalten angesichts einer im Zeichen der europäischen Friedensregelungen der Pariser Vorortverträge subjektiv partei- und schichtübergreifend als unhaltbar empfundenen ‚volkspolitischen' Ausgangssituation. Auch die Studienstiftler beherrschten die kulturpessimistischen Schlüsselbegriffe der ‚deutschen Ideologie'.

In Neusorge gab es keine neuen Ergebnisse zur Frage ‚Volk und Hochschule'. Die Vertreter der Leistungs- und Verantwortungselite konstatierten ihre Skepsis gegenüber der gegenwärtigen ‚volksfernen' Universität, und damit gegenüber ihrer eigenen Stellung zum Volk. Diese Isolierung könne nur durch neue Bindungen überwunden werden, „wenn die Menschen der Hochschule immer stärker ihre Pflicht erkennen, in dieser Zeit der größten Not vor der Wissenschaft dem Volke zu dienen."[151] Ganz sicher machte sich niemand in Neusorge die Tragweite dieser Prioritätensetzung klar: es war der erste Schritt auf dem Weg zu einer ‚deutschen' Physik und einer

---

146 August Rathmann, Bericht über die Tagung der Studienstiftung in Neusorge, in: Studentenwerk 2 (1928), S. 38–41, 40.
147 Ebd.
148 Ebd.
149 Ebd.
150 Zur Charakterisierung der Wirksamkeit von Boehms Theorien siehe auch Rolf-Ulrich Kunze, Theodor Heckel, 1894–1967. Eine Biographie. Stuttgart u. a. 1997 (Diss. phil. Würzburg 1995; Konfession und Gesellschaft, Bd. 13), S. 109–112.
151 A. Rathmann, Bericht über die Tagung in Neusorge, S. 40.

‚arischen' Germanistik, und es war der Weg in die Auflösung der Studienstiftung. Von Bindungen war viel die Rede, dabei störten vor allem die Kirchen mit ihrem Beharren auf nicht-‚völklicher' Bindung des Individuums:

> „Es wurde zugegeben, daß die Kirchen die daraus entstehenden Folgerungen noch nicht zu ziehen verstehen, noch immer fast ausschließlich nur das durch die Vergesellschaftung geschwächte individuelle Gewissen anrufen und damit selbst die ihnen heute mögliche Wirksamkeit in erheblichem Maße verringern. Wie weit die christlichen Kirchen imstande sein werden, in Erkenntnis der Zeit durch die Kraft ihrer Glaubensmacht zu helfen, die jetzt für viele Kirchenangehörige unerträgliche Spannung zwischen kirchlicher Wirklichkeit und Lehre zu überwinden, selber zum Gewissen der Zeit zu werden, mußte offen gelassen werden."[152]

Das war unausgegorener Eliten-*small talk*, der die Wirkungslosigkeit von Kirche und Glauben aufgrund eigener Kirchenferne verallgemeinerte:[153] zwar ebenfalls ein elitentypisches Verhalten in der pluralistischen Gesellschaft, aber sicher nicht Ausdruck geistiger Souveränität und intellektueller Toleranz. Für die Gruppenidentität der Studienstiftler waren Treffen wie in Neusorge förderlich, man übte sich in sozialer Kommunikation, bildete und bestätigte einen gemeinsamen *Code* als Netz von Überzeugungen und Deutungen, der die Zugehörigkeit, die Identität der Überlegenheit, bestätigte:

> „Die geistige Bedeutung der Tagung lag eben zur Hauptsache darin begründet, daß der Wille und die Fähigkeit der Teilnehmer, den Problemen unserer Zeit bis auf den Grund zu gehen und auch ernsthaften Erschütterungen nicht auszuweichen, weit größer als gewohnt waren. Es darf nicht verborgen bleiben, daß nur dem Gang ins Volk, der Bemühung, den überlieferten engen Lebensraum zu durchbrechen, durch Werkarbeit dem Arbeiter und damit der großen Masse unseres Volkes näher zu kommen, diese geistige Aufklärung, tiefere Einsicht, dieses gereifte Verantwortungsgefühl zu danken ist. Es zeigte sich, daß der Werkstudent nicht nur Ehrfurcht vor dem durch furchtbare Lasten gebeugten Menschen im Arbeiter zu gewinnen, daß er auch manche dem Intellektuellen in der Regel eigene Illusionen zu verlieren hat."[154]

Sicherlich hatte dieses Elitenverhalten auch andere, positivere Dimensionen, die Außenstehenden auffielen. Die Hausherrin Elsa Brandström sah in den Diskussionen ihrer Gäste weniger die persönliche und Gruppenprofilierung, sondern das Bemühen junger Leute um Fragen der Zeit: „Der Verlauf der Tagung erinnerte mich unwillkürlich daran, daß jedes Streben, das nicht ein konkretes Ziel vor sich hat, sondern wo das Ziel ‚Weiterentwicklung' heißt, immer zu Anfang ein Tasten im Dunkeln bedeutet, und daß sich erst langsam die positiven Werte herauskristallisieren."[155] Menschlich seien die Studienstiftler „trotz der starken Gegensätze in Lebenseinstellung und Ansichten"[156] darum bemüht, Vorbild zu sein. Gleichwohl war auch Elsa Brandström nicht entgangen, daß „unter der Jugend der Studienstiftung (...) so mancher Kämpfer (war), der daran zu erkennen war, daß er nicht seinen Gleichdenkenden suchte, sondern seinen Gegner, mit dem Wunsch, sich mit ihm zu messen, und in dem Bewußtsein, daß bei ihm die stärkste Anregung zu

---

152 Ebd., S. 40 f.
153 In den vorhandenen Stipendiatenakten des Würzburger RSF-Bestands sind Hinweise auf eine religiöse Bindung und aktive Kirchlichkeit eine Ausnahme.
154 A. Rathmann, Bericht über die Tagung in Neusorge, S. 41.
155 Elsa Brandström, Einige Eindrücke von der Tagung der Studenten in Neusorge vom 25.–29. Oktober 1927, in: Studentenwerk 2 (1928), S. 42.
156 Ebd.

holen war."¹⁵⁷ Neusorge wurde zu einer festen Einrichtung im Programm der Studienstiftung. 1928 fanden zwei Tagungen dort statt, die auch einen ganz praktischen Zweck verfolgten. Unter anderem errichteten Studienstiftler für die Heimkinder einen Spielplatz. Der Bericht von Gerhard Graf über diese Aktion für das ‚Studentenwerk' gehörte zu dem Ende der 1920er, Anfang der 1930er Jahre immer wichtiger werdenden Genre der Werkarbeitsberichte, aus denen im Zusammenhang mit den Überlegungen zur Errichtung eines reichsweit organisierten freiwilligen Arbeitsdienstes ab 1929/30 ‚Berichte aus dem Arbeitsdienst' wurden.¹⁵⁸

Hier zeigte sich ein bemerkenswerter Wandel in der Auffassung des Werkstudenten,¹⁵⁹ der nun nicht mehr als Einzelkämpfer in den Bergbau, die Industrieproduktion oder in die Landwirtschaft ging, sondern sich in eine feste Arbeitsorganisation einreihte, die einen neuen Typ von Gemeinschaftserfahrung vermittelte: das Arbeitslager als organisierte ‚Volksgemeinschaft' auf Zeit.¹⁶⁰ Der Spielplatzbau in Neusorge gehörte zu dieser Bewegung. Die Motivation der Geschäftsführung der Studienstiftung war angesichts des ausgeprägten Individualismus der Stipendiaten naheliegend: man wollte einen Weg aufzeigen, von der Theorie zur Praxis zu kommen, die Theoretiker beim Wort zu nehmen. Gemeinschaftsbildung spielte auch eine Rolle: „eine gemeinsame Idee sollte die Grundlage sein, aus der ein wirkliches Zusammenleben herauswachsen konnte."¹⁶¹ Wenn man schon nicht das Problem von ‚Volk und Hochschule' lösen konnte, dann konnte man doch immerhin selbst zum Spaten greifen; aber nicht jeder für sich, sondern alle in Reih und Glied. Bezeichnend für die zweifellos sinnvolle Betätigung im Spielplatz- oder Wegebau, in der Errichtung von Jugendheimen und bei der Trockenlegung von Sumpfgelände wurde ihre Überhöhung und Ideologisierung, weniger die Betonung der Freude an gemeinschaftlicher kör-

---

157 Ebd.; Elsa Brandström, Selbsthilfe, in: Studentenwerk 3 (1929), S. 201–203. Elsa Brandström hatte bereits schlechte Erfahrungen mit einem Studienstiftler hinter sich. Paeckelmann hatte ihr zur Unterstützung ihrer Kinderbetreuung in Neusorge den Musikwissenschaftler und Stipendiaten Friedel Latsch für die Semesterferien im Frühjahr 1927 zugewiesen. Der ganz und gar von seiner Musik beanspruchte Latsch konnte sich, wie aus einem Schreiben Brandströms an Paeckelmann hervorgeht, nicht in die Neusorger Atmosphäre einfinden, die er als unter seinem Niveau stehend ansah, und zeigte das auch. Paeckelmann war darüber bitter enttäuscht: ZZBW-A: Aktenbestand Haerten, IV 1927: Elsa Brandström an StSt/Paeckelmann, Neusorge, 25.4.1927; StSt/Paeckelmann an Friedel Latsch, Dresden, 27.4.1927. Gleichwohl hielt Elsa Brandström die Verbindung mit Dresden aufrecht.
158 Vgl. Henning Köhler, Arbeitsdienst in Deutschland. Pläne und Verwirklichungsformen bis zur Einführung der Arbeitsdienstpflicht im Jahre 1935. Berlin 1967; zur Programmatik und Praxis vor allem Peter Dudek, Erziehung durch Arbeit. Arbeitslagerbewegung und freiwilliger Arbeitsdienst. Opladen 1988.
159 Im Herbst 1927 verschickte die Dresdner Geschäftsführung den als vorbildlich empfundenen, 18seitigen Bericht eines Werkstudenten: ZZBW-A: Aktenbestand Haerten, IV 1927: Unretuschierte Stimmungsbilder aus dem Leben eines Werkstudenten. Briefauszüge aus dem Sommer 1927 von Robert Gerth, Hoechster Farbwerke.
160 Die NS-Bewegung trat hier nur ein Erbe an; vgl. Wolfgang Benz, Vom freiwilligen Arbeitsdienst zur Arbeitsdienstpflicht, in: VZG 16 (1968), S. 317–346. Die programmatische Parallelität war jedoch deutlich: „Es gibt kein besseres Mittel, die soziale Zerklüftung, den Klassenhaß und den Klassenhochmut zu überwinden, als wenn der Sohn des Fabrikdirektors und der junge Fabrikarbeiter, der junge Akademiker und der Bauernknecht im gleichen Rock bei gleicher Kost den gleichen Dienst tun als Ehrendienst für das ihnen allen gemeinsame Volk und Vaterland." Konstantin Hierl, Der Arbeitsdienst, die Erziehungsschule zum deutschen Sozialismus, in: ders., Ausgewählte Schriften und Reden. Bd. 2. München ²1943, S. 96.
161 G. Graf, Arbeitstagung der Studienstiftung in Neusorge, in: Studentenwerk 2 (1928), S. 185–189, 186.

perlicher Arbeit, sondern vielmehr das Herausstellen der Lust an der Gemeinschaft selbst, am Lagerleben, an der Arbeitsuniform, an der verbindlichen, paramiliärischen Symbolik des ‚Lagers' vom ‚Morgenappell' über das Signal zum ‚Essenfassen' bis zum ‚Zapfenstreich'. Und immer wieder konnte man, zum Beispiel in Semesterberichten oder im ‚Studentenwerk', lesen, wie positiv die Befreiung vom vereinzelnden Individualismus und Intellektualismus durch die Gemeinschaftserfahrung von harter Arbeit und gemeinsam verbrachter Freizeit von nicht wenigen Intellektuellen empfunden wurde, die sich ja, anders als nach 1933, freiwillig gemeldet hatten:

> „Mehr als vierzig Mann stark zogen wir am nächsten Morgen hinaus zu der Stätte unserer Tätigkeit, alle mit Spaten oder Schaufeln versehen. Dieser denkwürdige Augenblick wurde mit allem möglichen und unmöglichen Photoapparaten festgehalten – dann machten wir uns an die Arbeit. Wie doch die Kleidung den Menschen verändert! Jeder hatte mitgebrachte alte Arbeitssachen angezogen (soweit es nicht reichte, hatte die Studienstiftung blaue Arbeitsanzüge, Gamaschen und Stiefel zur Verfügung gestellt) und bald unterschied sich die Arbeitskolonne nicht sehr wesentlich mehr von richtiggehenden Arbeitern. Mit dem steifen Kragen hatte man auch die steife Haltung zurückgelassen. Regen und Schnee, mit denen uns der Wettergott gleich zu Beginn sehr ungnädig überschüttete, taten ihr übriges. (...) Der erste Tag verging und wenn auch am Abend die Glieder ob der ungewohnten Arbeit etwas schmerzten – was schadete das – man sah doch mit Befriedigung, daß man etwas geleistet hatte und zog in gehobener Stimmung nach Hause."[162]

Das war eine höchst eigentümliche Mischung aus bündischem Fahrtengeist, Idealismus und Einordnungsbedürfnis von großer Dynamik, für die in der Gesellschaft der Weimarer Zeit, trotz der politisch motivierten Bemühungen um einen freiwilligen Arbeitsdienst auf breiter Basis seit 1920, kaum Verwendung bestanden hatte, und, wenn man, unabhängig von der symbolischen und ideellen Bedeutung, rein auf die Effektivität dieser punktuellen Arbeitseinsätze sah, auch nicht bestehen konnte.[163] Sicherlich bedeutete das außeralltägliche Lagerleben auch Spaß und Abwechslung für Kopf- und Büchermenschen, doch war der Spaß bisweilen recht rekrutenhaft und die Abwechslung ziemlich derber Art:

> „Auf das Frühstück folgte um 7 1/2 Uhr die Verteilung der Spaten und Werkzeuge, dann ging's an die Arbeit. Größere Gruppen hatten ihre bestimmte Aufgabe: die einen gruben Erde ab und füllten sie in die ‚große Lore', wieder andere mußten die vollen Wagen entleeren und mit dieser Erde auf der anderen Seite den Platz ausfüllen und ebnen. Außerdem gab es noch ausgebildete Facharbeiter, so z. B. die Wagenschieber, die nur leere und volle Wagen transportierten und in der übrigen Zeit, zur maßlosen Erbitterung ‚des kleinen Mannes', sich erholen, oder die Feldmesser, die mit ungeheuren Latten und einem alten Fernrohr ganz gefährlich hantierten (...). Im allgemeinen herrschte bei der Arbeit stets Fröhlichkeit (...). Gefechte mit Lehmbrocken z. B. hinterließen mit Vorliebe blaue Flecken und die Geschichten, die von talentierten Spaßmachern erzählt wurden, sind uns allen noch lebhaft in Erinnerung. (...) Mit um so größerem Eifer wurde dann der Spaten wieder aufgenommen, bis dann das ersehnte Wort ‚Feierabend' ertönte. (...) Man sammelte sich zum Abzählen der Werkzeuge und – ‚Regiment nach Hause zieht' – mit diesem oder einem anderen Lied marschierten wir zurück ins Schloß."[164]

Zum Lagerleben gehörte der ‚bunte Abend' mit Conférencier, Gesang, Gitarrenspiel und Laientheater und die organisierte Gemütlichkeit beim Schach oder sonntäglichen ‚Heimatabend' mit

---

162 Ebd.
163 Vgl. H. Köhler, Arbeitsdienst in Deutschland, S. 263.
164 G. Graf, Arbeitstagung der Studienstiftung in Neusorge, in: Studentenwerk 2 (1928), S. 187.

ausgewählten Gästen aus benachbarten Dörfern.[165] Studienstiftler organisierten untereinander *debating clubs*, wobei das Grenzen hatte: „Es ist vielleicht eine der wertvollsten Erfahrungen der Neusorger Zeit: daß es dem körperlich Arbeitenden überaus schwer fällt, sich abends noch geistig zu beschäftigen oder gar weiterzubilden."[166] Da traten Fragen wie ‚Für oder gegen die Volkshochschule' in den Hintergrund. Natürlich fehlte auch das jugendbewegte Lagerfeuer nicht: „Wir hatten auf dem Arbeitsplatz (...) eine Menge Holz zusammengetragen, und als das Feuer lustig brannte, uns gut in wollene Decken gehüllt und so im Kreise gelagert. Die ganze Romantik vergangener Jugendjahre wurde wieder in uns lebendig und neben den alten Liedern sprach in den Geschichten aus ‚Wallensteins Antlitz' durch Walter Flex echtes, ursprüngliches Volkstum zu uns."[167] Nach zwei weiteren Arbeitseinsätzen im Frühjahr 1928 hatte Neusorge seinen Spielplatz und die Studienstiftung Anschluß an die Arbeitsdienstbewegung gefunden: man feierte, spielte mit den Kindern Völkerball, ließ sich von Elsa Brandström loben, von den Dorfbewohnern bewundern und glaubte, seinen Teil zur ‚Volksgemeinschaft' beigetragen zu haben.

---

165 Aufschlußreich besonders die betont anti-elitäre Sprache: „Für den Schlußabend wurde ein Theaterstück gestellt, damit auch die Kinder, die sich schon tagelang darauf freuten, Zuschauer sein konnten. Wer Luserke und besonders sein Stück ‚Blut und Liebe' kennt, wird sich denken können, daß wir damit einen wirklichen Erfolg erzielen konnten; es hatte aber auch alles, von der Beleuchtung bis zum Souffleur vortrefflich geklappt. Während dann der Theatersaal in einen großen Tanzsaal verwandelt wurde, brannte im Garten ein prächtiges Feuerwerk ab, gegen das die Fackeln, mit denen wir zum Arbeitsplatz zogen, ganz bescheiden wirkten. Im gespenstischen Schein, zu zweien oder dreien gingen wir, eine lange sich windende Schlange auf und ab schwankender Lichter, durch den Park. Enger schloß sich der Kreis um ein Feuer von brennenden Fackeln, dann dankte der Tagungsleiter (...) in schlichten Worten Schwester Elsa Brandström für die herzliche Aufnahme." G. Graf, Arbeitstagung der Studienstiftung in Neusorge, in: Studentenwerk 2 (1928), S. 188.
166 Ebd., S. 187.
167 Ebd., S. 189.

c) Studienstiftung und DSt: Probleme des ‚Studentenstaats'

Nicht nur auf der Ebene der Stipendiaten, sondern auch für den Zentralen Arbeitsausschuß gab es 1928 entscheidende Veränderungen, denn die Studienstiftung geriet in den massiven politischen Konflikt zwischen Kultusminister Becker und der national-völkisch, antidemokratisch und antisemitisch dominierten DSt um die Einführung einer ‚großdeutschen' DSt-Verfassung, von dem schon die Rede gewesen ist. Das war ein Grundsatzkonflikt, an dessen Ende man von einem Scheitern der Demokratisierung der Studentenschaft in der Weimarer Republik und einer Niederlage des Weimarer Staates sprechen konnte.[168] Für die Studienstiftung, die Beckers Unterstützung genoß, verschärfte diese Niederlage die Gegnerschaft zur DSt. Das war ein Anzeichen für den endgültigen Bruch im ‚Studentenstaat' zwischen den Vertretern der sozialstudentischen Selbsthilfe mit denen der Studentenpolitik.

Im Februar 1928 hatte in München der Vorstand der Wirtschaftshilfe der DSt getagt.[169] Hier trafen die Kontrahenten der politisierten DSt und der in wachsender Distanz zur DSt um Neutralität bemühten Wirtschaftshilfe aufeinander. Zunächst war unter Punkt III der Tagesordnung jedoch über die Studienstiftung verhandelt worden. Wolfgang Paeckelmann erstattete als Leiter der Studienstiftung seinen Bericht, der sich durch große Sachlichkeit und Ausklammerung des Konflikts um das Verhältnis von DSt und Wirtschaftshilfe – in dem die Studienstiftung voll auf der Seite der Wirtschaftshilfe stand – auszeichnete. Er berichtete von Initiativen zur Erweiterung des Zentralen Arbeitsausschusses, von positiven Erfahrungen mit einzelnen Studentenhäusern, von Problemen der Studienstiftler an den Technischen Hochschulen, wo die Begutachtung durch die Dozentenschaft zu wünschen übrig ließ, schließlich vom Umgang mit Vorwürfen, Studienstiftler neigten zur Überheblichkeit. Dazu „sei zu sagen, daß die Zahl dieser Erscheinungen nicht größer sei als der normale Durchschnitt und daß sie sich durch die Konkurrenz korrigiere. Die Gefahr der Kleinsucht von Stipendiaten sei eine wesentlich größere. Wir müssen dafür sorgen, daß die Mitglieder der Studienstiftung stolz sein können auf die Unterstützung, die sie erhalten, und daß dieser Stolz in der Studienstiftung ausdrücklich gepflegt wird."[170] Daher, so Paeckelmann weiter, lade man zu geselligen Veranstaltungen und Tagungen ein, bemüht um die Ausbildung von Gemeinschaftsgeist. Die Gefahr liege nicht darin, daß die Studienstiftung zur Korporation werde, sondern vielmehr liege sie im gemeinschaftsfeindlichen Individualismus, wie schon Minister Becker in einer Grundsatzrede festgestellt habe. Das hatte Becker in seiner Wannsee-Rede vom Juni 1927 zwar nicht oder vielmehr: nicht so gesagt, aber Paeckelmann war sichtlich darum bemüht, den DSt-Vertretern keine Angriffsflächen zu bieten. Das erreichte er auch. Dr. Reinhold Schairer von der Geschäftsführung dankte Paeckelmann im Namen der Wirtschaftshilfe für die geleistete Arbeit und schlug Wilhelm Hoffmann von der Tübinger Studentenhilfe als seinen Nachfolger vor, der durch Vorstandsbeschluß mit der Geschäftsführung der Studienstiftung be-

---

168 Vgl. M.S. Steinberg, Sabers and Brown Shirts, S. 61–71; Wolfgang Zorn, Die politische Entwicklung des deutschen Studententums 1918–1931, in: Darstellungen und Quellen zur Geschichte der deutschen Einheitsbewegung im 19. und 20. Jahrhundert. Hg. v. Kurt Stephenson u.a. Bd. 5. Heidelberg 1965, S. 223–307, 295 ff.
169 Studienstiftung des deutschen Volkes, in: Studentenwerk 3 (1929), S. 41 f.: Kurzbericht über Münchner Februar-Tagung.
170 StA WÜ RSF I 6 p 446: Protokoll über die Sitzung des Vorstandes der Wirtschaftshilfe der DSt am 16. und 17. Februar 1928 in München, Luisenstraße 67, Studentenhaus, S. 9.

auftragt wurde. Aus Paeckelmanns Sicht willkommene Kritik übte Dr. Johann Hermann Mitgau vom Wirtschaftskörper Heidelberg an der Überlastung der Mitglieder des Zentralen Arbeitsausschusses, die teilweise bis zu 100 Akten zu prüfen hatten. Der Wirtschaftshilfevorstand einigte sich auf eine Entlastung verheißende Neuzusammensetzung mit dreijähriger Wahlperiode, wobei Wiederwahl zulässig sein sollte.[171] Die Unzufriedenheit mit der Situation der Studienstiftler an den Technischen Hochschulen war allgemein, Carl Duisberg faßte sie zusammen:

> „Wir in der Technik sind mit der Ausbildung an der Technischen Hochschule nicht zufrieden. Wir vermissen die allgemeine Bildung, auf der einen Seite akademisch gebildete Chemiker, auf der anderen Seite die Ingenieure, die auf der TH ausgebildet sind. Die Chemiker harmonieren außerordentlich gut in den Betrieben, die Ingenieure dagegen nie. Einen Ingenieur würde man heute nie zum Direktor machen. Meiner Meinung nach wäre es sehr wichtig, daß die Abiturienten, welche zur Technik wollen, vor allem über Naturbeobachtungsfähigkeit verfügen. Es müßte ein Examen auf Naturbeobachtung eingeschoben werden, denn ein Mensch, der keine Beobachtungsgabe habe, dürfte nicht Chemiker werden bezw. Naturwissenschaften studieren. Ferner muß der Ingenieur Handfertigkeit haben und erst wenn beides (...) zusammenfiele, sei der Mann zu dem technischen Beruf bezw. zu dem naturwissenschaftlichen Beruf geeignet."[172]

Paeckelmann mochte sich durch diese harte Kritik des Fachmanns bestätigt fühlen, da er sich immer wieder an der Kürze und Aussagelosigkeit von TH-Gutachten stieß.[173] Damit war der Punkt Studienstiftung ohne größere Kontroverse erledigt und Paeckelmanns Hauptanliegen, die Neuzusammensetzung des Zentralen Arbeitsausschusses, durchgesetzt.

Der absehbare Konflikt brach mit dem Tagesordnungspunkt ‚Verhältnis zur Deutschen Studentenschaft' aus. Die Fronten waren klar. Aus Protest gegen den Erfolg des völkisch-antisemitischen Nationalismus im studentischen Verfassungskonflikt 1927/28 waren von der DSt unabhängi-

---

171 StA WÜ RSF I 6 p 498: Wirtschaftshilfe/Zentralausschuß der Studienstiftung, 16.7.1929: Gästeliste für künftige Zuwahl in den ZA: „Mitglieder des ZA: StD Apel/Köln, OB Dr. (Bernhard) Blüher/Dresden, Direktor F(ritz) Beck/München, Dr. (W.) Döring/Berlin, RegR Dr. (Hans) Hartenstein/Berlin, Dr. (Helmut) Herbst/Königsberg, Dr. (Wilhelm) Hoffmann/Dresden, ORegR Jesinghaus/Weimar, Dr. (Victor) v. Klemperer/Dresden, Dr. Kreppel/Dresden, GehR Dr. Körte/Leipzig, ORegR Dr. (Erich) Leist/Berlin, MinRat Dr. (E.) Löffler/Stuttgart, Dr. (Johann Hermann) Mitgau/Heidelberg, ORegR Dr. (Ludwig) Niessen/Berlin, Prof. Dr. (Hermann) Nohl/Göttingen, OStD (Wolfgang) Paeckelmann/Kassel, MinRat (Ludwig) Pellengahr/Berlin, Dr.(Reinhold) Schairer/Dresden, Prof. Dr. (Wilhelm) Schlink/Darmstadt, Prälat Prof. Dr. (Georg) Schreiber/Münster, Prof. Dr. (Hans) Frhr. v. Soden/Marburg, Pastor (Gerhard) Stratenwerth/Bethel, Hanns Streit/Berlin, Prof. Dr. (Fritz) Tillmann/Bonn, Dr. (Robert) Tillmanns/Dresden, MinRat Prof. Dr. (Robert) Ulich/Dresden, OberschRat Dr. Tschersig/Breslau, Prof. Dr. Wedemeyer/Kiel, Frau Dr. (Agnes) v. Zahn-Harnack/Berlin; Gäste: Prof. Dr. (Friedrich) Brunstäd/Rostock, Prof. Dr. (Fritz) Drevermann/Frankfurt am Main, Agrarrat Horn/Erfurt, Prof. Dr. Probst/Karlsruhe, Frau Dr. Schauer/Magdeburg, StD (Peter) Zylmann/Aurich, MinR Dr. (Hans) Simons/Berlin, Dr. (Peter) van Aubel/Düsseldorf, cand. phil. Rase/Berlin, Dr. (Arnold) Bergstraesser/Heidelberg, StR Alfred Hoffmann/Beuthen, cand. phil. Thomas/Leipzig, cand. phil. Richter/Berlin, Prof. Dr. (Theodor) Litt/Leipzig."
172 StA WÜ RSF I 6 p 446: Protokoll über die Sitzung des Vorstandes der Wirtschaftshilfe der DSt am 16. und 17. Februar 1928, S. 10 f.
173 Nicht nur an TH-Gutachten; auch die berühmte Mathematische Fakultät in Göttingen benutzte relativ nichtssagende Vordrucke: StA WÜ RSF I 60 p 575: Leistungszeugnis für Gebührenerlaß und Stipendienbewerbung. Hierdurch wird bestätigt, daß der stud. (...) aus (...) meine Vorlesung über (...) regelmäßig besucht und in einer Prüfung, welche er heute vor mir abgelegt hat, die Note (...) erhalten hat. Göttingen, den (...)."

ge demokratische Minderheiten-Freistudentenschaften der republikanischen, sozialistischen und der jüdischen Studierenden entstanden, so daß die DSt ihrem Anspruch nicht mehr gerecht wurde, die Vertretung aller deutschen Studierenden zu sein.[174] Für die Wirtschaftshilfe war genau dies ein Anlaß, sich endgültig von der ungeliebten DSt-Leitung und ihrem politischen Führungsanspruch zu distanzieren, der die praktische sozialstudentische Fürsorgearbeit immer mehr behindert als erleichtert hatte. Die DSt ihrerseits konnte diese Anfechtung ihres Alleinvertretungsanspruchs der deutschen Studenten nicht hinnehmen, außerdem war allen DSt-Vertretern klar, daß man über die Wirtschaftsarbeit in den Mensen und Studentenhäusern viele Kommilitonen erreichen und mobilisieren konnte. Für die Studienstiftung als Abteilung der Wirtschaftshilfe bedeutete eine DSt-unabhängige Wirtschaftsarbeit auch eine bessere Position gegenüber dem Hauptgeldgeber, dem Reich. Nachdem Reinhold Schairer für den Vorstand die Interessen der Wirtschaftshilfe dargelegt hatte, setzte sich der DSt-Vertreter Walter Schmadel gegen diese Anschauung zur Wehr: das Wesen der DSt sei durch die Entwicklung in Preußen keineswegs grundsätzlich geändert. Für die rechtliche Struktur der DSt spiele ihr Verhältnis zur preußischen Regierung keine Rolle. Ferner beschwerte er sich heftigst über die Bestrebungen der Wirtschaftshilfe, die Studentenschaften außerhalb des DSt als Ansprechpartner zu akzeptieren. Dr. Robert Tillmanns von der Wirtschaftshilfegeschäftsführung verteidigte diese Strategie:

> „Es ist Tatsache, daß die DSt bisher unumstritten die Vertreterin der gesamten Studentenschaft war, und es ist ebenso richtig, daß heute dies bestritten wird. Das könnte die Wirtschaftshilfe unberührt lassen, wenn die DSt noch das Staatsrecht hätte. Aber die Frage ist: Kann die Wirtschaftshilfe und können die Wirtschaftskörper eine Organisation als die Vertretung aller deutschen Studenten in ihren Organisationen anerkennen, wenn dieses Recht der Vertretung von einem Teil der Studenten bestritten wird? Es ist eine reine Zweckmäßigkeitsfrage, daß die Minderheiten mit wesentlichen Staatskräften in Verbindung stehen."[175]

Schmadel beharrte auf dem Führungsanspruch der DSt, die älter sei als die Wirtschaftshilfe, zu deren Arbeit sie sich aber bekenne.[176] Schmadels Behauptung, die DSt sei als Gesamtverband und Spitze der Einzelstudentenschaften unabhängig, war angesichts der politischen Mehrheiten hinter der DSt-Leitung und ihrem politischen Gebaren allerdings mehr als zweifelhaft. Tillmanns erwiderte, nun auch auf der politischen Ebene, die Wirtschschaftshilfe habe sich mit dem Erlanger Programm von 1922 von der DSt gelöst und habe später die DSt-Führung nur anerkannt, weil sie in der Studentenschaft unwidersprochen geblieben sei. Carl Duisberg unterstützte das:

---

174 Vgl. auch J. Schwarz, Studenten in der Weimarer Republik, S. 257–303; Hans Peter Bleuel, Ernst Klinnert, Deutsche Studenten auf dem Weg ins Dritte Reich: Ideologien, Programme, Aktionen, 1918–1935. Gütersloh 1967; S. 157 ff.; zu den Hintergründen des studentischen Antisemitismus vgl. M.H. Kater, Studentenschaft und Rechtsradikalismus, S. 145 ff. Zu den Organisationsproblemen republikanischer Studentenvereinigungen Franz Walter, Sozialistische Akademiker- und Intellektuellenorganisationen in der Weimarer Republik. Bonn 1990.
175 StA WÜ RSF I 6 p 446: Protokoll WiHi-Vorstand 16./17.2.1928, S. 16.
176 Schmadel warnte in einem Beitrag für das ‚Studentenwerk' vor „reiner Verwaltungsarbeit" und „unpersönlicher Wohlfahrtspflege" bei der Wirtschaftshilfe, von der sich immer mehr Kommilitonen ohne klare politische Führung zurückzögen. Tatsächlich war das ein Plädoyer für die Führung der Wirtschaftshilfe durch die DSt: Walter Schmadel, Videant commilitones, in: Studentenwerk 3 (1929), S. 249–254.

> „Bei der praktischen Betrachtung ergibt sich, die Wirtschaftshilfe der DSt soll der Allgemeinheit dienen ohne Rücksicht auf republikanische oder monarchische Gesinnung. Jeder soll teilhaben können. Die Österreicher sind bei uns ausgeschlossen, weil wir als Vertreter des Reiches und der Wirtschaft nicht die Möglichkeit haben, Studenten aus Österreich zu unterstützen. Daraus ergibt sich, daß die alte Form der DSt eine andere geworden ist. Dr. Tillmanns hat Recht, wenn er sagt, die erste Frage ist die: ist die DSt die Vertreterin der deutschen Studenten?"[177]

Duisberg hielt es für notwendig, daß auch die kleineren studentischen Gruppen außerhalb der DSt – das waren die republikanischen, jüdischen und sozialistischen Organisationen – in der Wirtschaftshilfe vertreten seien. Das trieb Schmadel in die Fundamentalopposition: „Wenn es Ihnen, meine Herren, nur auf die Rechtslage ankommt, so teile ich Ihnen mit, daß wir gegenüber den Behörden auf dem Standpunkt der Verteidigung der studentischen Selbstverwaltung stehen. Wir kämpfen infolgedessen für das Prinzip, das wir auch als das Ihrige bisher annahmen."[178] An diesem Punkt zeigte die Auseinandersetzung deutlich, daß die in ihren beiden Zweigen der politischen Repräsentation und der wirtschaftlichen Versorgung als Einheit verstandene studentische Selbsthilfearbeit an ein Ende gekommen war. Weder die DSt noch die Wirtschaftshilfe konnte ihren Standpunkt allein durchsetzen. An eine Vermittlung war nicht mehr zu denken. Wiederum war es der im Krisenmanagement der Wirtschaftshilfe erfahrene Carl Duisberg, der die Lage prägnant zusammenfaßte:

> „Studentische Selbsthilfe? Praktisch besteht ja die Selbsthilfe gar nicht mehr. Die Selbsthilfe ist heute Redensart und ohne Staat und Zuschüsse ist alles unmöglich, ebenso wie die Notgemeinschaft und Kaiser-Wilhelm-Gesellschaft vom Staate abhängig ist. Der Wirtschaftskörper ist meines Erachtens überhaupt keine studentische Organisation. Es kommt hinzu, daß alle derartigen Organisationen engstens verkettet sind mit der Wirtschaft. In Preußen geht es nur, indem der Minister seine Zustimmung gibt.[179] Wenn die Organe des Ministers erklären, wir wollen überhaupt keine Selbsthilfe mehr, so sind wir auch hiergegen machtlos. Schließliche Lösung: Jeder Student an der Hochschule hat das Recht der Wahl. Sie, meine Herren, bekommen dadurch von der DSt doch die örtliche Mehrheit. Wir Wirtschaftler machten niemals mit, ein Organ der DSt zu sein."[180]

Nachdem sich der Vorstand eindeutig gegen die DSt solidarisiert und für die Wahl von Vertretern anderer Gruppen auf einem Wirtschaftsstudententag votiert hatte, erklärte sich auch Paeckelmann für diesen Vorschlag. Für Schmadel war das eine unerhörte Provokation:

> „Ich kann mich der vorgebrachten Lösung nicht anschließen aus den grundsätzlichen Gedanken heraus, die ich Ihnen schon wiederholt dargelegt habe. Wenn sie von 2 Lösungen reden (Vertretung mit den anderen Gruppierungen oder ohne DSt, d. Verf.), so ist es nicht so, daß durch einen Kompromiß etwas erreicht werden kann. (...) Es ist zentral völlig untragbar, den Weg zu gehen, die Vertreter zu wählen. Sie bekommen ein Gremium zusammen (...), das sehr verschiedenartig zusammengesetzt sein kann. (...) Irgendwelche Rücksichten kommen für uns nicht in Frage, die DSt ist unitarisch bis ins Letzte. Diesen Kern zu erhalten, ist vielleicht die wichtigste Aufgabe. Jede studentische Organisation, die man schafft, hat diesen Kern. Ihn abzuschwächen, ist un-

---

177 StA WÜ RSF I 6 p 444: Protokoll WiHi-Vorstand 16./17.2.1928, S. 17.
178 Ebd., S. 18.
179 In Beckers Studenten-Verordnung vom 27.9.1927 war die Haushaltsgenehmigung dem Minister vorbehalten. Nach der Ablehnung durch die Studenten in Preußen drohte er mit einer Finanzierungssperre.
180 StA WÜ RSF I 6 p 446: Protokoll WiHi-Vorstand 16./17.2.1928, S. 20.

möglich. Es kommt für uns nicht in Frage anzuerkennen, daß eine Einzelgruppe das Recht hat, mit ihrer Auffassung die Macht der Gemeinschaft zu schwächen."[181]

Zu einer Lösung kam es nicht. Die Sitzung wurde abgebrochen, das Verhältnis von DSt und Wirtschaftshilfe spitzte sich nun so zu, daß die Wirtschaftshilfe der DSt mit der Umbenennung in ‚Deutsches Studentenwerk e.V.' nach ihrer Bilanztagung in Würzburg im Oktober 1929 einen Schlußstrich unter die engen Beziehungen zur DSt setzte.[182] Nicht erst seit diesem Formalakt, sondern schon seit der Münchner Sitzung vom Februar 1928 war das Ziel der völkisch-nationalen Kräfte und des NSDStB klar: Zurückerlangung der politischen Kontrolle über die Wirtschaftshilfe. Ab Januar 1933 wurde daraus die Gleichschaltung aller studentischen Wirtschaftsarbeit.[183]

d) Der Zentrale Arbeitsausschuß und das Problem der Erfolgskontrolle

Zwar richteten sich die Angriffe der DSt direkt gegen die Wirtschaftshilfe als Dachorganisation der Studienstiftung, doch sollte der Gleichschaltungsprozeß des Frühjahrs und Sommers 1933 dann zeigen, daß gerade die Nationalsozialisten in der DSt schon sehr früh an der Studienstiftung Anstoß genommen hatten, vor allem deshalb, weil sie das deutsche Volk im Namen führte, sich gleichwohl aber programmatisch und praktisch einer nationalistischen, völkischen oder antisemitischen Auswahl entzog. Von dieser politischen Polarisierung und Radikalisierung war man trotz Paeckelmanns Anwesenheit auf der Münchner Krisensitzung vom Februar 1928 in der Studienstiftung weit entfernt, das zeigte die Sitzung des Zentralen Arbeitsausschusses vom 9. und 10. Oktober 1928, die ganz im Zeichen schwerer interner Probleme im Zusammenhang mit der Bewertung des Leistungsniveaus der Stipendiaten und dem Vorsemesterstatus stand.[184] Hier waren Entscheidungen nötig, die den Charakter der Studienstiftung verändern konnten. Zunächst diskutierte man offene Fragen der Promotionsförderung. Für viele Stipendiaten hing die Frage der Promotion von der Förderungszusage der Studienstiftung ab, so daß hier das Verfahren dringend der Beschleunigung bedurfte. Dieses Maß an verbindlicher Vorplanung widerstrebte jedoch vielen älteren Ordinarien und Doktorvätern, welche mit einer gewissen Verbindung aus akademischer und sozialer Härte die Promotion auch als wissenschaftlich-lebenspraktische Bewährungsübung ihrer Schüler verstanden wissen wollten. Paeckelmann setzte sich darüber hinweg und einen Beschluß zur Einführung eines unbürokratischen und schnellen Verfahrens mit Voranmeldung der Promotion durch. Entscheiden mußte der Zentrale Arbeitsausschuß auch, wie er sich zu Anträgen auf Förderung eines Zweitstudiums verhalten wollte. Paeckelmann plädierte für eine Unterscheidung zwischen unproblematischen Fachwechslern während des ersten Studiums und nicht zu fördernden Aufbau-Studien, drang aber darauf, auch weiterhin offen für die

---

181 Ebd., S. 24.
182 Hanns Streit, Die Würzburger Tagung, in: Studentenwerk 3 (1929), S. 297–306; Erik Wolf, Auf dem Weg zum Deutschen Studentenwerk. Eindrücke von der Tagung der Wirtschaftshilfe der DSt, in: ebd., S. 307–311.
183 Vgl. Albert von Mutius, Rede des Präsidenten des DSW anläßlich der Festveranstaltung 70 Jahre DSW am 15. April 1991 in Dresden, in: 70 Jahre DSW, Bd. 1, S. 7–15, 10.
184 Der ZA tagte seit Herbst 1926 halbjährlich: 1926 am 11. und 12. September, 1927 vom 11.–13. März und am 21. und 22. Oktober, 1928 am 7. bis 9. März etc. Studienstiftung des deutschen Volkes, in: Studentenwerk 3 (1929), S. 41 f.: Kurzbericht über ZA-Herbsttagung mit Aufnahmezahlen.

Behandlung von Sonderfällen zu sein.[185] Dann umriß Wilhelm Hoffmann das Hauptproblem der Sitzung: von mehreren Universitäten hatten angeblich Vertrauensdozenten und Vorprüfer Beschwerden über mangelnde Leistungen von Studienstiftlern nach Dresden geschickt. Zwar gab es auch in der Geschäftsführung bei Einzelfällen Zweifel an der Aufnahmepraxis, doch war diese Dimension von Kritik, wenn sie zutraf, neu, so daß Paeckelmann dafür plädierte, die Angelegenheit gründlich zu besprechen. Bei näherer Betrachtung zeigte sich, daß weniger Vertrauensdozenten und Vorprüfer, sondern vielmehr bestimmte einzelne Wirtschaftskörper – und damit Kommilitonen – harsche Kritik an den Studienstiftlern übten, und zwar nicht an ihren akademischen Leistungen, sondern an ihrem Sozialverhalten. Paeckelmann warnte davor, dieser Kritik bei Fragen der Aufnahme zu viel Gewicht beizumessen:

> „In solchen Fällen, wo wir zur Ausscheidung von älteren Mitgliedern kommen, müßten wir älteren und mit der Lebensentwicklung vertrauten Männern den entscheidenden Anstoß geben. Es ist ganz ausgeschlossen, daß junge Menschen schon so sehr wissen, wie sehr sie Lebensentwicklungen, auch Hemmungen, ausgesetzt sind und wie oft diese Hemmungen später einmal überwunden werden. Das sind Punkte, die bei dem Urteil eines jungen Menschen nie berücksichtigt werden können. Dabei schätze ich die Arbeit eines Kommilitonen im Wirtschaftskörper."[186]

Gleichwohl zeigte die Diskussion, daß unabhängig von der Rolle der Wirtschaftskörper[187] die Frage des Umgangs mit dem akademischen Versagen von Studienstiftlern aktuell war, da hier der Leistungs- und der Fürsorgegedanke kollidierten. Der Kieler Jurist Werner Wedemeyer er-

---

185 StA WÜ RSF I 6 p 446: Allgemeiner Teil der Sitzung des Zentralen Arbeitsausschusses vom 9./10. Oktober 1928: „Paeckelmann: Wichtig ist, die Abgrenzung zu finden zwischen der Aufgabe der Studienstiftung und der Aufgabe der Notgemeinschaft. Die Notgemeinschaft setzt ein, wo die eigentliche wissenschaftliche Arbeit beginnt und die Ausbildung beendet ist. Die Abgrenzung ist verschieden und wir werden sie finden müssen. Selbstverständlich ist, daß wir in ganz besonders geeigneten Fällen auch über die Promotion hinaus Menschen in ihrer Ausbildungszeit von der Studienstiftung aus noch helfen müssen, wenn es sich um die Ausbildungszeit handelt. Zum Beispiel der Fall eines Archäologen, welcher in Marburg promoviert und zum Herbst in Rom studieren kann. Die wissenschaftliche Vorbereitung für diese Arbeiten ist während des Sommers noch durchzuführen. Wir haben ihn in der Studienstiftung behalten und fördern ihn; (...). Solche Fälle gibt es mehr."; ebd., S. 3 f.

186 StA WÜ RSF I 6 p 446: Allgemeiner Teil der Sitzung des Zentralen Arbeitsausschusses vom 9./10. Oktober 1928, S. 3; StA WÜ RSF I 60 p 498: WiHi/StSt an die Wirtschaftskörper, RS Nr. 42, StSt 87, Dresden, 6.12.1928: „Wir bitten Sie, wie im Vorjahre uns spätestens bis 12. Dezember mitteilen zu wollen, welche Angehörigen der Studienstiftung Weihnachten allein verbringen müssen, bei welchen die häusliche Lage besonders schwierig ist oder wo Krankheit und sonstige Gründe dafür sprechen, daß den Kommilitonen eine besondere Freude gemacht wird.– Wir beabsichtigen, in solchen Fällen wie im Vorjahre durch Ihre Vermittlung ein kleines Weihnachtsgeschenk zu machen und wären Ihnen auch für Vorschläge in dieser Hinsicht dankbar."

187 Vor allem Robert Tillmanns wehrte sich gegen eine Abwertung der Wirtschaftskörper: „Die Wirtschaftskörper haben doch durch die Arbeit der Studienstiftler an den einzelnen Hochschulen eine ganz intensive Fühlung mit den Leuten, die in der Studienstiftung sind. Der ganze tägliche Verkehr, betreffend die Höhe der Unterstützung, geht immer von der Studienstiftung aus über die Wirtschaftskörper an die einzelnen Mitglieder der Studienstiftung. Es ist klar, daß der Wirtschaftskörper einen intensiven Einblick in die Lage und Anhaltspunkte bekommt, auf Grund deren er Urteile abgeben kann. Ich bin daher der Auffassung, daß wir dankbar sein müssen, daß sie auch Urteile über die Studienstiftler abgeben." StA WÜ RSF I 6 p 446: Allgemeiner Teil der Sitzung des Zentralen Arbeitsausschusses am 9./10. Oktober 1928, S. 6.

kannte bei diesem Problem zwei Arten von Fällen: aus der Förderung auszuschließen seien prinzipiell diejenigen, bei denen keine Bedürftigkeit mehr vorliege, außerdem diejenigen, bei denen ein Mangel an Begabung durch ausbleibende Höchstleistung erkennbar sei. Vertrauensdozenten und Vorprüfer müßten so genau wie möglich zu ermitteln bemüht sein, woran dieses Versagen liege. Wedemeyers Folgerungen waren allerdings nicht prinzipiell, sondern pragmatisch. Da es praktisch ausgeschlossen sei, von allen Stipendiaten den Nachweis von Höchstleistungen zu verlangen und zugleich alle auszuschließen, die dazu nicht in der Lage seien, könne die Studienstiftung kaum vermeiden, auch mittelmäßige Stipendiaten in der Förderung zu halten. Allerdings müsse sie sich auch bemühen, ihre Auswahl noch strenger zu handhaben, um den Prozentsatz dieser unvermeidbaren Fälle gering zu halten. Das war Konsens im Zentralen Arbeitsausschuß, doch eine Lösung des Problems war es im Hinblick auf viele begabte Studierende, die nicht von der Studienstiftung profitierten, keineswegs. Mit diesen Unausgewogenheiten hingen auch Probleme der Selbstdarstellung zusammen, die den Zentralen Arbeitsausschuß beschäftigten. Mußten sich Oberstudiendirektoren und Professoren nicht fragen, warum sie überhaupt herausragende Schülerinnen und Schüler vorschlugen und begutachteten, wenn offensichtlich einmal aufgenommenes, gutes Mittelmaß mitgeschleppt wurde? Jedenfalls beklagte Hoffmann ein geringes Interesse der Schul- und Universitätsvertreter an Informationsveranstaltungen der Geschäftsführung:

„Wo ich hinkam, bei einem Besuch beim Rektor und bei allen Dozenten (der Universität Tübingen, d. Verf.), die sich mit der Frage der Studienstiftung beschäftigten, war der Eindruck, wir können uns im allgemeinen für die Mitglieder der Studienstiftung nicht einsetzen, weil sie nicht zur ersten Klasse der Studenten gehören. (...) Es ist so, daß diese verhältnismäßig gewiß kleine Gruppe in jedem Jahrgang doch außerordentlich ungünstig wirkt. (...) Die Dozenten in Preußen sagen, wir sind gezwungen, solchen Leuten Honorarerlaß zu geben, denen wir nie Honorarerlaß geben würden, aber weil sie Mitglieder der Studienstiftung sind."[188]

Dr. Hans Sikorski, ursprünglich vom Wirtschaftskörper Marburg und seit 1925 in der Geschäftsführung der Wirtschaftshilfe und Schriftleiter der Zeitschrift ‚Studentenwerk', bezweifelte die Effizienz von schriftlicher Werbung durch Anschreiben an die Schulen und Rektorate der Universitäten: die Flut von Schriftsätzen, denen jede Institution ausgesetzt werde, sei ohnehin nicht mehr zu bewältigen. Paeckelmann, der mit Informationsvorträgen durch das Land zog, war gegen jede Form der Werbung im engeren Sinn des Wortes: „Ich habe verschiedene Versammlungen von Direktoren gehabt, von denen mir Vorwürfe gemacht worden sind, daß wir an die Presse gegangen sind. Man überliest den Grundgedanken und hat dann falsche Hoffnungen. Ich bin für den Weg der mündlichen Aufklärung."[189] Man einigte sich darauf, zukünftig häufiger Artikel über die Arbeit der Studienstiftung bei der Zeitschrift ‚Studentenwerk' einzureichen. Das war zwar ein Kompromiß, doch führte er dazu, daß man keine neuen Interessentenkreise für die Studienstiftung erschloß. Auch die Überlastung der einzelnen Vorprüfer mit über 100 Akten wurde durch einen anfechtbaren Kompromiß gemildert: die Vorprüfer erhielten das Recht, zusätzliche Unterprüfer auszusuchen, die ihnen zuarbeiteten: das bedeutete die Einführung immer weiterer Instanzen im Auswahlverfahren, die von der Geschäftsführung in Dresden im Gegensatz zu den bis dahin üblichen regionalen Vertrauensleuten überhaupt nicht mehr zu kontrollieren waren. Paeckelmann war im Blick auf die Gestaltung der Aufnahmesitzungen dagegen: wer sollte einen

---

188 Ebd., S. 8.
189 Ebd., S. 11.

Fall vertreten – der Vor- oder Unterprüfer? Der bürokratische Aufwand, Hunderte von Akten zwischen der Geschäftsstelle und den Prüfern hin- und herzusenden, kostete Zeit; außerdem wuchs der mit der Auswahl beschäftigte Personenkreis ständig an. Gar keine Einigung gab es beim Vorsemesterstatus. Hoffmann führte aus, die hohe Aufnahmewahrscheinlichkeit der Vorsemester zu Mitgliedern führe an den Universitäten zu dem Eindruck, daß die Aufnahme als Vorsemester eine Art Garantie für die endgültige Aufnahme darstelle.[190] Das wiederum sei das Gegenteil dessen, was die Einführung des Vorsemesterstatus bezweckt hatte, nämlich eine ernsthafte Bewährungszeit. Ebendies bestritt Wedemeyer, da in vielen Studiengängen zwei Semester als wissenschaftliche Probezeit nicht ausreichten, so daß bei der endgültigen Aufnahme doch wieder auf Schulgutachten zurückgegriffen würde. Paeckelmann schlug vor, die Vorsemester in letzter Konsequenz aus der Studienstiftung auszugliedern. In aller Deutlichkeit zeigte die Sitzung auch, woran es lag, daß so viele Fälle der Mitgliederaufnahme zurückgestellt wurden: die Mehrheit im Zentralen Arbeitsausschuß wehrte sich gegen die verbindliche Einführung einer Zweidrittelmehrheit für Aufnahme. Dr. Hanns Streit, Leiter des Studentenwerks Berlin seit 1925, faßte das zusammen:[191]

> „Wenn es nicht möglich ist, den Fall gleich zu klären, weil die Unterlagen nicht da sind, dann muß die Zurückstellung erfolgen. Gerade in den früheren Sitzungen hat sich als gut erwiesen, daß eine solche Akte nochmals ein oder zwei Herren zugewiesen wird. (...) Jede unklare Zensur bedeutet einen Fehlschlag in der Vorprüfung. Man muß weiterhin unterscheiden zwischen den Schwierigkeiten, die für die Zweitprüfung bestehen. Ich würde gerade in diesem Zusammenhang es anregen, daß wir offiziell die verbleibenden Prüfungen trennen von den ersten Aufnahmen. Überhaupt wäre wohl zu erwägen, ob nicht drei Semester als Vorsemesterzeit gerechnet werden können. Es würde sich ein viel deutlicheres Bild ergeben, wenn die Leute nach drei Semestern entschieden werden könnten."[192]

Das war allerdings nur ein Vorschlag, der darauf zielte, alles beim alten zu lassen: bei der endgültigen Aufnahme zurückzustellen, wo kein spontaner Konsens vorlag, und ansonsten die Option einer Veränderung des Vorsemesterstatus offenzuhalten. Selten zeigte sich so drastisch wie

---

190 Die Aufnahmebescheide waren diesbezüglich deutlich: StA WÜ RSF I 6 p 498: Entscheidung des Zentralen Arbeitsausschusses, Dresden, 22.3.1929 (Vordruck StSt Nr. 31): „Die Aufnahme als Vorsemester gibt kein sicheres Anrecht auf die spätere Mitgliedschaft, d.h. auf die dauernde Unterstützung durch die Studienstiftung. Es können nicht alle Vorsemester als Mitglieder in die Studienstiftung aufgenommen werden. Sie müssen mit der Möglichkeit rechnen, daß nach Ablauf der Probezeit die Unterstützung seitens der Studienstiftung aufhören kann. Wir hoffen aber mit Ihnen, daß sie dauernd dem Kreise der Studienstiftung angehören werden."
191 Hanns Streit, geb. 3.7.1896 in Posen, 1914–1918 Kriegsfreiwilliger, 1918–1920 in französischer Kriegsgefangenschaft, seit 1920 Studium der Staatswissenschaften; 1925 Leiter des Studentenwerks Berlin, 1931 Promotion in Berlin, seit Dez. 1931 Mitglied der NSDAP, 1931–1933 Wirtschaftsberater beim Deutschen Städtetag; 1933–1944 Leiter des Reichsstudentenwerks; seit 1938 Amtsleiter in der Reichsstudentenführung; seit Dez. 1939 Gaustudentenführer Wartheland; 1940–1945 (zunächst kommissarisch) Kurator der Reichsuniversität Posen, 1941 Regierungsdirektor, seit 1941 Gaudozentenführer Wartheland, seit April 1942 Ostbeauftragter des Reichsstudentenführers; 1942 SS-Standartenführer, seit Okt. 1943 Leiter des Volkspolitischen Amtes der Reichsstudentenführung, 1944/45 Mitglied des Führungskreises der Reichsdozentenführung; M. Grüttner, Studenten im Dritten Reich, S. 513.
192 StA WÜ RSF I 6p 446: Allgemeiner Teil der Sitzung des Zentralen Arbeitsausschusses vom 9./10. Oktober 1928, S. 22.

in dieser Sitzung, daß der Zentrale Arbeitsausschuß, ja daß die Studienstiftung keinen Meisterplan zur Begabtenförderung oder gar Elitenbildung hatte. Schon eher konnte man von einem latenten Professionalitätsdefizit sprechen, da die Legitimität, manchmal auch die Rationalität des Verfahrens allzu oft durch persönliche Interventionen in Frage gestellt wurde. Das hatte Gründe: die dezentrale Organisationsform, welche sich durch Einbeziehung immer weiterer Personen tendenziell noch verkomplizierte; die relative Schwäche der Dresdener Geschäftsstelle, die von ihren Vertretern vor Ort abhängig war; schließlich den im Zentralen Arbeitsausschuß institutionalisierten, so produktiven wie prekären Dauerkonflikt um die Kriterien der Aufnahme. War diese Studienstiftung also eine wirklichkeitsferne Institution, befangen im Endlosdiskurs um die Maßstabbildung von Begabung und Persönlichkeit, während sich vor ihrer Tür die Formierung der Studentenschaft gegen die Demokratie vollzog? Mußte man nicht fragen, ob die Probleme der Studienstiftung, ihre Anliegen und ihre Arbeitsweise der akademischen Öffentlichkeit zu vermitteln, auch damit zu tun hatten, daß weite Teile dieser akademischen Öffentlichkeit das auf Individualität, Konsens und soziale Emanzipation abstellende Programm und Auftreten der Studienstiftung nicht mehr billigten? Wer diese Fragen positiv beantwortet und damit einen Versagensvorwurf an die Adresse der damaligen Studienstiftungsleitung formuliert, setzt ein Wissen um den weiteren Gang der Dinge bis 1933 voraus, das die Akteure zu dieser Zeit nicht hatten. Der kometenhafte Aufstieg des NSDStB zwischen 1928 und 1931 und die massiven Wahlerfolge der NSDAP ab 1929/30 standen noch aus.[193] Für Paeckelmann, Hoffmann, Streit und den gesamten Zentralen Arbeitsausschuß war – und das unabhängig von den jeweiligen politischen Anschauungen, vor allem bei dem späteren NSDAP-Mitglied Streit – die Konzentration auf die eigenen Probleme und die Ausklammerung der hochschulpolitischen Zeitlage schon deshalb naheliegend, weil man sich in der Auseinandersetzung mit der DSt nicht zusätzlichen Angriffen aussetzen wollte.

Nach außen drangen weder die internen Probleme noch politische Zuordnungen. In der Abteilung ‚Studienstiftung' des Geschäftsberichts der Wirtschaftshilfe für die Jahre 1926 bis 1928 wurde das Bild einer erfolgreich arbeitenden Institution entworfen, und dies insgesamt sicherlich auch zu Recht. Bis zum Ende des Berichtszeitraums, dem 31. März 1928, betrug die Gesamtzahl der von der Studienstiftung Unterstützten 1.111.[194] Ausdrücklich dankte die Wirtschaftshilfe Wolfgang Paeckelmann, der in seiner Zeit als Leiter zwischen 1926 und 1928 der Studienstiftung ein unverwechselbares Profil zu geben verstanden hatte.[195]

Der Finanzbericht zeigte die Abhängigkeit der Studienstiftung vom Reich und Land Preußen. Entlastend wirkte sich bei den Ausgaben die erstmals zum Wintersemester 1927/28 greifende Regelung einer Übernahme der Examenssemester durch die Darlehnskasse aus. Die durchschnittliche Unterstützung eines Studienstiftlers belief sich in den Jahren 1927 und 1928 auf ca. 900 RM. Auch der Ausbau der Organisation selbst war vorangekommen: Die Auswahlmethoden seien durch möglichst konsequente Anwendung zweier Grundsätze verbessert worden, daß, erstens, über kein Aufnahmegesuch entschieden werden solle, ohne daß ein Vertreter der Studien-

---

193 Vgl. G. Giles, Students and National Socialism in Germany, S. 44 ff.: "How was it that young Nazi students, who seemed more often than not to scandalize most of the university, could bring the national students' union under its control as early as July 1931?"
194 Die Wirtschaftshfilfe der Deutschen Studentenschaft 1926/28, S. 33.
195 Zu Paeckelmanns Rolle bei der Neugründung der Studienstiftung 1948 vgl. Kapitel IV 1.

stiftung die Bewerberin oder den Bewerber persönlich gesprochen habe, und daß, zweitens, alle Vorprüfer möglichst auch Mitglieder des Zentralen Arbeitsausschusses sein sollten, damit sich die Zahl der nicht persönlich verantwortlichen Prüfer nicht zu stark vergrößere. Andererseits habe die Vergrößerung der Prüferkreises auch die Stellung der Studienstiftung an den Universitäten gestärkt. Vor allem die Unterbringung von Stipendiaten in Studentenhäusern müsse noch verbessert werden, da Studienstiftler bislang erst im Münchner Maximilianeum, im Kieler Christian-Albrecht-Haus und im Marburger Carl-Duisberg-Haus wohnen konnten. Ferner hob der Geschäftsbericht die Erfolge der Studienstiftung bei der Organisation von Werkarbeit hervor.[196] Auf Vermittlung von Paeckelmann und durch ein Entgegenkommen der I.G. Farben – Carl Duisberg war hier der Ansprechpartner gewesen[197] – war es im Sommersemester 1927 gelungen, 44 Vorsemester und Mitglieder für jeweils etwa sechs Monate in die praktische Werkarbeit zu vermitteln, 1927/28 waren es schon 53, die in den I.G.-Werken in Ludwigshafen, Frankfurt-Hoechst, Bitterfeld, Leverkusen und in den Leuna-Werken unterkamen. Einen erheblichen Werbeeffekt hatte auch die wachsende Zahl von Studienstiftlern, die ins Ausland ging:

> „Im Jahre 1926/27 (haben) zum ersten Male 15 Mitglieder im Auslande studiert (...), und zwar in der Schweiz, in England, Frankreich und den Vereinigten Staaten. Selbstverständlich herrscht nach Deutsch-Österreich volle Freizügigkeit. Im Jahre 1927/28 studierten 21 Mitglieder in Österreich, 26 im Ausland, davon 11 in Frankreich, 4 in England, 6 in den Vereinigten Staaten, 2 in der Schweiz, je einer in Italien, Lettland und Schweden. Die Studienstiftung wird auch in Zukunft danach streben, Kommilitonen, deren Ausbildung es notwendig erscheinen läßt, den Aufenthalt an einer Universität des Auslandes zu ermöglichen."[198]

Das klang restriktiver, als es in der Geschäftsführung der Studienstiftung gehandhabt wurde. Tatsächlich konnte nahezu jeder Studienstiftler, der es wollte, ins Ausland gehen.[199] Das trug zur positiven Bilanz bei. Drei Jahre nach ihrer Gründung hatte die Studienstiftung sich in der deutschen Wissenschaftslandschaft etabliert. Die Studienstiftung hatte einen Namen, der für einen Paradigmenwechsel in der akademischen Nachwuchsrekrutierung – von der ungezielten mäzenatischen, im Kern noch ständischen Begabtenfürsorge hin zur Begabungspotentiale erschließenden, sozial mobilisierenden Einzelförderung – stand. Sie arbeitete mit Methoden, die einen

---

196 Auch hier mahnten schon die Aufnahmebescheide: StA WÜ RSF I 6 p 498: Entscheidung des ZA, Dresden, 22.3.1929 (StSt Nr. 31): „Wir bitten Sie, sich (...) nicht weniger ernst die Frage der Werkarbeit zu überlegen. Die Studienstiftung ist ein Teil des großen Werkes der Wirtschaftshilfe der DSt, das von den besten Kräften der deutschen Studenten getragen ist. Ein Beweis solchen Mithilfewillens ist die Werkarbeit."
197 Carl Duisberg, Zum Werkstudententum, in: Studentenwerk 3 (1929), S. 160. Es handelte sich um eine ganze Artikelreihe zum ‚Werkstudententum', in der sich u.a. Reichsinnenminister Carl Severing, Reichsaußenminister Gustav Stresemann und ausführlich Wolfgang Paeckelmann äußerten: „Die Werkarbeit als Erlebnisfeld ist nach unserer großen Erfahrung in der Studienstiftung möglich und sinnvoll. Erlebnis ist hier sicher auch äußeres Erlebnis, Wagnis auf Neuland und deshalb reizvoll für jeden ungebrochenen jugendlichen Willen. Aber es ist viel stärker inneres Erlebnis." (W. Paeckelmann), S. 168.
198 Die Wirtschaftshilfe der Deutschen Studentenschaft 1926/28, S. 43.
199 Eine weitere Förderungsmöglichkeit für Studienstiftler, die im Ausland studieren wollten, war ein von Carl Duisberg vorwiegend für Naturwissenschaftler gestiftetes Stipendium; Die Dr. C. Duisberg-Stiftung zur Förderung des Auslandsstudiums, in: Studentenwerk 3 (1929), S. 38–40.

‚Elitenwechsel'

hohen Standard an Professionalisierung – hier soziologisch verstanden als Bereitstellung und Anwendung von sektoralem Professionswissen zur dann übertragbaren Standardisierung von Entscheidungs- und Handlungsabläufen – in der Begabtenförderung darstellten.

Die Studienstiftung hatte sich in bemerkenswert kurzer Zeit im Bereich der akademischen Nachwuchsauswahl und -förderung zu einer Agentur der Modernisierung der deutschen Wissenschaftslandschaft entwickelt, die eine Art von defensiver Modernisierung betrieb.[200] Nicht die deutschen Hochschulen übernahmen in den 1920er Jahren in Eigenregie und so wie im angloamerikanischen College-Modell als Ausdruck wohlverstandenen Eigeninteresses an Spitzenbegabungen die Förderung von ‚Hochbegabten', sondern akzeptierten diese Dienstleistung von einer formal zwar selbständigen und aus dem studentischen Selbsthilfegedanken kommenden, finanziell aber so eng mit Staat und Wirtschaft kooperierenden Einrichtung wie der Studienstiftung, so daß man durchaus von einer Auftragsverwaltung sprechen konnte.

---

200 Vgl. Wolfgang Zapf, Aufsätze zur Wohlfahrtspflege und zur Modernisierungstheorie. Mannheim 1987; siehe auch die Beiträge zur Diskussion neuerer Rezeption der Modernisierungstheorie in Leviathan 24 (1996), S. 8–108.

4. Die Studienstiftung und die Folgen der Weltwirtschaftskrise

a) Der Fall Fritz John

Fritz John, geboren am 14. Juni 1910 in Berlin, gehörte als Aufnahmejahrgang 1929 zu den Studienstiftlern, welche die Studienstiftung von 1933 nicht mehr in ihren Anfängen, sondern als voll entwickelte Institution erlebten, und deren Studienabschluß mit Hitlers Machtübernahme und der Gleichschaltung von Studienstiftung und Wirtschaftshilfe zusammenfiel.[201] Seine Biographie zwischen 1929 und 1933 ist charakteristisch für die Entwicklung der Begabtenförderung in dieser Zeit. John war einer der wenigen Universitätsvorschläge, seine Leistungen in den ersten Semestern des Mathematikstudiums in Göttingen waren so überragend gewesen, daß die renommierte Mathematische Fakultät der Georg-August-Universität, an deren Mathematischem Institut Richard Courant,[202] Gustav Herglotz[203] und Hermann Weyl[204] lehrten, John vorgeschlagen hatte.[205] Da somit an seiner fachlichen Eignung zunächst kein Zweifel bestehen konnte, erhielt er im Juni 1929 den üblichen Personalbogen der Wirtschaftshilfe und der Studienstiftung, um seine Bedürftigkeit festzustellen. Dafür war das Verfahren aufgrund von Erfahrungen und empirischen Erhebungen mittlerweile hochgradig formalisiert.[206] Der Bewerber des Jahres 1929 mußte u.a. folgende Fragen beantworten:

> „Wirtschaftliche Verhältnisse: Wer trug die Kosten der bisherigen Ausbildung? Erhielt der Bewerber Erziehungs-Beihilfe? Welche sonstigen Vergünstigungen hatte er (Schuldgeldbefreiung, Stipendien, Freistelle im Konvikt, o.ä.)? War der Bewerber selbst erwerbstätig? Wie? (Z. B. Privatunterricht, Werkarbeit in Landwirtschaft, Industrie, Bergbau, Büro)? Sind die Eltern bzw. Pflegeeltern oder Erziehungsverpflichteten dauerhaft oder nur vorübergehend (und bis wann) außerstande, die Studienkosten selbst aufzubringen? Wie viel können die Eltern bzw. Pflegeeltern oder Erziehungsverpflichteten oder Angehörigen oder Freunde des Bewerbers monatlich insgesamt für Studium und Studienmittel beisteuern (Barbetrag, Sendungen)? Wer sorgt für Klei-

---

201 Teilabdruck der Fallstudie Fritz John in: Studienstiftung Jahresbericht 1999, Hg. v. StSt. Bonn 2000, S. 11–29.
202 1888–1972; 1919/1920 Prof. in Münster und Göttingen; emigrierte 1933 in die USA; 1934–1958 Prof. an der New York State University (NYU).
203 1881–1953; 1908 Prof. in Wien, 1909–1925 in Leipzig und Göttingen; beschäftige sich auch mit Physik.
204 1885–1955; 1913–30 Prof. an der ETH Zürich, dann in Göttingen; Emigration in die USA, 1933–1951 am Institute for Advanced Study in Princeton/N.J.
205 Zur Mathematik in Göttingen vgl. http://www.math.uni-goettingen.de/fakultaet/geschichte/.
206 Die Wirtschaftshilfe hatte im WS 1927/28 eine statistische Erhebung durchgeführt, in der insgesamt 24.524 Studierende (ca. 81%) im Reich über ihre wirtschaftliche und soziale Lage befragt worden waren; Hans Sikorski, Die wirtschaftliche Lage der deutschen Studierenden, in: Studentenwerk 3 (1929), S. 70–77. Bei einem angesetzten Monatsmittelwert von ca. RM 60 für Ernährung bei voller Nutzung der Studentenspeisung konnten 7,7% der befragten Studierenden bis RM 30; 10,8% bis RM 40; 16,9% bis RM 50; 18,9% bis RM 60; 15,2% bis RM 70; 30,5% mehr als RM 70 ausgeben. Also standen ca. 40% aller Studierenden nicht genügend Mittel für Ernährung zur Verfügung.

dung während des Studiums? Wo können die Ferien zugebracht werden? Wer trägt den Unterhalt in den Ferien? Haben die Eltern bzw. Pflegeeltern noch andere unversorgte Kinder oder Angehörige zu unterhalten?"[207]

Diese Angaben gingen über den Göttinger Wirtschaftskörper an die Dresdner Geschäftsführung, die mittlerweile Johns Unterlagen, darunter seine Zeugnisse, an den persönlichen Vorprüfer geschickt hatte, in diesem Fall an Professor Hermann Nohl in Göttingen. Der traf sich mit John und dokumentierte seinen Eindruck für die nächste Sitzung des Zentralen Arbeitsausschusses:

„Herr John machte mir einen feinen und klugen Eindruck und steht fraglos über dem Niveau der Studenten. Er ist auch nicht bloß der einseitige Mathematiker, sondern vielseitig geistig interessiert. In seinem Urteil, das immer klug und überraschend formuliert ist, war er vorsichtig und taktvoll, mit einem leisen Unterton von Ironie und der Bereitschaft, Negationen mitzumachen. Er hat einen stark aristokratischen Zug und ist sich seines Könnens sehr bewußt, ohne doch dabei unbescheiden zu sein. Die Dekanatszeugnisse, die er vorgelegt hat, sind für ein erstes Semester ungewöhnlich. Ich werde aber auch persönliche Erkundigungen über seine spezifisch mathematische Begabung einziehen. Wenn sie so günstig lauten, wie ich erwarte, so scheint mir Herr John für die Aufnahme zu empfehlen zu sein."[208]

John wurde im Herbst 1929 als Vorsemester aufgenommen. Für das Wintersemester 1929/30 stellte er seinen ersten Semesterhaushaltsplan für Vorsemester auf. Dieser Haushaltsplan mußte zu Beginn des Semester nach Beratung durch einen Vertreter des lokalen Wirtschaftskörpers, in der Praxis sogar meist mit diesem zusammen, aufgestellt und jeweils zum 5. November oder 5. Mai nach Dresden geschickt werden. An den Fachhochschulen, im Ausland oder dort, wo keine Wirtschaftskörper bestanden, hatten die Stipendiaten dafür Sorge zu tragen, daß ihre Angaben vollständig nach Dresden kamen. Auch der Semesterhaushaltsplan betonte, „daß bei der Aufbringung der festgesetzten Summe alle erdenklichen Anstrengungen zunächst vom Vorsemester selbst gemacht werden (...) Jede Erhöhung dieser Summe bedeutet weitere Unterstützungsmöglichkeiten für andere Kommilitonen."[209]

---

207 StA WÜ RSF I 60 p 575: Fragebogen Wirtschaftshilfe der DSt/Studienstiftung, Fritz John, Juni 1929. Im Juli 1929 wurden die Mitglieder- den Vorsemesterhaushaltsplänen angepaßt: StA WÜ RSF I 6 p 498: WiHi der DSt/StSt an WiKö, Dresden, 13.7.1929. Unklarheiten ergaben sich öfters wegen des Pauschalbetrages von RM 25 ‚nicht erlaßbarer Hochschulgebühren'. Dieser Betrag sollte von jedem Mitglied eingesetzt werden und zur Deckung der nicht erlaßbaren allgemeinen Gebühren sowie der Seminargebühren dienen. Wurde er nicht aufgebraucht, stand der Rest dem Mitglied zur Verfügung, allerdings war der Betrag bei Bedarf, z.B. Doppelimmatrikulation an der Universität Berlin und der Hochschule für Politik, auch nicht zu erhöhen.
208 StA WÜ RSF I 60 p 575: Vordruck für den persönlichen Vorprüfer, hier: Prof. Dr. Nohl, Göttingen.
209 StA WÜ RSF I 60 p 575: Vordruck Jahreshaushaltsplan/Semesterhaushaltsplan für Mitglieder/Vorsemester, Fritz John, WS 1929/30. Die Vorsemester füllten Semester-, die Mitglieder Jahreshaushaltspläne aus.

Folgen der Weltwirtschaftskrise

Die Festsetzung des Unterstützungssumme erfolgte mit dem Wirtschaftskörper,[210] sie konnte dann bei der Studienstiftung beantragt werden. Für die Berechnung des eigenen finanziellen Bedarfs gab es Hilfestellungen:

> „Unter den einmaligen Bedarf ist die Reise zum und vom Hochschulort zu Beginn und Schluß des Semesters anzusetzen (je die Hälfte des Fahrpreises 3. Klasse). Reisen während der Pfingst- und Weihnachtsferien dagegen nicht; dafür werden für die betreffenden Monate keine Abzüge vom Monatswechsel gemacht. Gebühren sind nicht einzusetzen, sondern, soweit sie nicht erlassen werden, vom Wirtschaftskörper in einer Sammelanforderung einzureichen. Sonstiger Einzelbedarf muß besonders begründet werden. Der monatliche Bedarf wird im allgemeinen im Sommer für drei, im Winter für vier Monate aufgestellt, für Hochschulen, an denen die Studienzeit länger ist (z. B. Fachhochschulen) tritt eine entsprechende Erhöhung ein. Diejenigen Vorsemester, deren Angehörige am Hochschulort wohnen, setzen keinen Betrag für Wohnung und Ernährung ein. Vorschuß: In den Ferien wird ein Vorschuß von RM 50.- überwiesen. Dieser wird nicht in den Haushaltsplan eingesetzt, sondern bei der 1. Auszahlung vom Wirtschaftskörper abgezogen."[211]

All dies war eher kleinlich und langwierig, zeitaufwendig und bürokratisch.[212] Bei dieser Flut von erforderlichen Angaben, Bestätigungen und Berechnungen war es nicht verwunderlich, daß die Dresdner Geschäftsführung oft mahnen und Nachtermine setzen mußte. Sicherlich erzog dies buchhalterische Vorgehen zur Sparsamkeit, aber sparen konnten nur die, die genug hatten. Daß das für John wie für viele andere Studienstiftler im Sommer 1930 nicht zutraf, zeigte ein besorgter Brief Nohls, in dem er als Vertrauensdozent nach einer Begegnung mit John der Dresdner Geschäftsführung von dessen erheblicher Unterernährung berichtete und um sofortige Abhilfe bat.

---

210 StA RSF I 6 p 453: DSW/StSt, An die Stipendiaten, Dresden, 24.3.1930: „Der ‚Wirtschaftskörper', eine Selbsthilfeeinrichtung der Studentenschaft, dessen genauen Namen Sie dem beiliegenden Hochschulführer entnehmen können, ist die Vertrauensstelle der Studienstiftung an allen Hochschulen. Beim Wirtschaftskörper erfolgen alle Auszahlungen, die Aufstellung der Haushaltspläne, die Regelung aller technischen Dinge, Besprechung der Semesterberichte, des Kolleggelderlasses, usw. Deshalb müssen Sie sich sofort nach Eintreffen am Hochschulort beim Wirtschaftskörper vorstellen. Ihr Name ist dann dort bereits bekannt. Von dem Wirtschaftskörper erfahren Sie auch den Namen des Vertrauensdozenten (...). Er berät Sie in allen Angelegenheiten des Studiums und auch bei der Wahl eines persönlichen Vertrauensdozenten. Es liegt der Studienstiftung ganz besonders am Herzen, daß ihre Schützlinge in möglichst enge Verbindung mit den Dozenten kommen."

211 StA WÜ RSF I 60 p 575: Vordruck Jahreshaushaltsplan/Semesterhaushaltsplan für Mitglieder/Vorsemester, Fritz John, WS 1929/30.

212 Vor allem Paeckelmann wußte um die Wirkung dieser Kleinlichkeit: ZZBW-A: Aktenbestand Haerten, III 1-3/1927: Wolfgang Paeckelmann, Die Studienstiftung des Deutschen Volkes. Ein Aufruf an die deutschen Hochschullehrer, 1927: „Wir sind uns klar darüber, daß gerade die Kleinlichkeit in den Haushaltsplänen, auch in der Einforderung immer wiederkehrender Dozentenzeugnisse die Gefahr der kleinlichen Gesinnung bei den Mitgliedern der Studienstiftung vergrössert, daß gebrochene Charaktere an Stelle freier Menschen entstehen können."

Offensichtlich sparte John an der Ernährung; zu seiner Mutter nach Zoppot kam er auch nur unregelmäßig.[213] Von solchen Problemen schrieb John in seinen Semesterberichten nichts, dafür um so mehr über sein Lektüreprogramm:

> „Ich habe sonst noch in diesem Semester Gelegenheit gehabt, mich mit Philosophie zu beschäftigen und habe einiges von Hobbes, Spinoza, Descartes und Montaigne gelesen. Ich habe sehr viel Interesse für metaphysische Gedankengebäude, wie z. B. bei Spinoza und Descartes, die rein ästhetisch befriedigen (...). Ich würde es auch nicht für richtig halten, zu verlangen, einen Teil der Studienkosten durch Werkarbeit aufzubringen; man hat in den Ferien noch vom Semester her aufzuarbeiten und zu erweitern, daß man nicht nebenbei noch voll arbeiten kann und ich halte es für unvermeidlich, daß man bei voller Werkarbeit im Studium zurückbleibt und es sehr schwer hat, auch nur das nötigste Wissen sich zu erwerben."[214]

Das war deutlich. Aber John ging noch weiter, indem er nicht nur die Werkarbeit,[215] sondern auch die Gemeinschaftsideologie kritisierte, die auch im offiziellen Selbstverständnis der Studienstiftung zentral war:

> „Wenn man meint, ‚wertvoll für die Gemeinschaft', so hat der Verfasser eines Artikel im ‚Studentenwerk' wahrscheinlich recht, wenn er meint, daß man ausschließlich Volkswirtschaftler in die Studienstiftung aufnehmen soll. Ich persönlich will nicht behaupten, daß es das absolut Richtige ist, aber würde es begrüßen, wenn die Studienstiftung wissenschaftlich wertvollen Kräften das Studium ermöglichen wollte; ein direkter Nutzen für die Gesamtheit würde dabei im allgemeinen nicht herausspringen, höchstens für ihr Ansehen. Aber ich glaube, daß jede hochentwickelte Wissenschaft einen Luxus für die Gemeinschaft darstellt, über dessen materiellen Wert zu diskutieren unnötig ist und bei dem es sich nur darum handelt, ob sie sich ihn leisten kann oder nicht."[216]

Im Jahr 1930 war das eine unerhörte Provokation, eine Infragestellung des politischen Elementarkonsenses, es war elitär. Wissenschaft als Luxus, den sich die Gemeinschaft leistet: ausdrücklicher konnte man dem Gemeinschaftsgedanken und der Gemeinwohlverpflichtung als Stipendiat des deutschen Volkes nicht widersprechen; abgesehen davon, entbehrte es ja auch nicht einer gewissen Ironie, daß dies ein unterernährter, auf die Solidarität der Gemeinschaft stark angewiesener, hochbegabter Mathematikstudent in Göttingen tat. Die Geschäftsführung in Dresden fühlte sich auch zu einer pädagogisch motivierten, wenn auch freundlichen Richtigstellung veranlaßt:

---

213 StA WÜ RSF I 60 p 575: Prof. Dr. Hermann Nohl an StSt, Göttingen, 15.7.1930. Schon im Sommer 1929 waren die Mittel für die Ferienbeihilfen knapp geworden: für 325 Gesuche über insgesamt RM 70.000 standen nur RM 50.000 zur Verfügung: StA WÜ RSF I 6 p 498: WiHi der DSt/StSt an die WiKö, Dresden, 13.7.1929, RS Nr. 21, StSt Nr. 63. StA WÜ RSF I 6 p 453: DSW/StSt an WiKö, Dresden, 11.11.1930: „Reisekosten haben wir stets auf die Kosten vom Heimatort zum Hochschulort bei 50 % Ermäßigung für Semesteranfang und -ende berechnet. Eine besondere Bewilligung für die Weihnachtsferien erfolgt nicht, da diese Ersparnis durch die Ferien erreicht werden muß."

214 StA WÜ RSF I 60 p 575: Fritz John, Semesterbericht, 30.7.1930. Zum Vergleich: Nach der WiHi-Erhebung im WS 1927/28 leisteten von 24.524 Studierenden im SS 1927 6.867 Werkarbeit, davon 1.140 als Nebenbeschäftigung im Semester; 4.372 als Werkarbeit während der Ferien; 1.355 als praktische Arbeit während des Semesters und der Ferien.

215 Sie war von der Studienstiftung den Stipendiaten schon 1927 in einem sechsseitigen Schreiben erläutert und empfohlen worden: ZZBW-A: Aktenbestand Haerten, III 1-3/1927: WiHi /StSt, Werkarbeit der deutschen Studenten. Eine grundlegende Frage der Studienstiftung des Deutschen Volkes, 1927. Auch Paeckelmann äußerte sich zur Werkarbeitsfrage in einem zehnseitigen Memorandum.

216 StA WÜ RSF I 60 p 575: Fritz John., Semesterbericht, 30.7.1930.

> „Daß Wissenschaft überhaupt ein Luxus ist, scheint uns nicht recht diskutierbar zu sein, insofern als die kulturellen und geistigen Bedürfnisse ja gerade das Wissen des Menschen ausmachen, und er sich dadurch von den anderen Lebewesen unterscheidet. Die Studienstiftung selbst ist ja sozusagen ein lebendiger Gegenbeweis für die Luxus-Auffassung, und sie wird auf alle Fälle auch durch die schwierigen Zeiten hindurch weitergeführt werden."[217]

Johns Aufnahme als Mitglied wurde durch seine kritische Haltung nicht gefährdet; wie generell kritische Stellungnahmen von Stipendiaten gegenüber der Studienstiftung und ihren Vertretern vom Sekretariat und Zentralen Arbeitsausschuß in der Regel nicht negativ, sondern als Ausdruck offenen Umgangs miteinander aufgefaßt wurden, auch wenn das bisweilen schwerfiel.[218] Das Studentenhaus Göttingen stellte sich Johns endgültiger Aufnahme nicht in den Weg, hielt allerdings auch seinen ausgeprägten Individualismus fest:

> „Fritz John ist durchaus ein Eigener. Wenn man bedenkt, daß Prof. Courant sich sehr für John eingesetzt hat (...), so wird man seine wissenschaftliche Qualität außer Frage stellen. In menschlicher Beziehung kann man nur das ergänzen, was Prof. Courant über ihn gesagt hat, daß seine weitere Entwicklung auch nach dieser Richtungen hin alle Hoffnungen erfülle. Zielbewußt, mit offenem Blick packt John die Gegenstände, wie sie eben sind und arbeitet systematisch in seiner Weiterentwicklung. Wir haben John besonders auf der diesjährigen Weihnachtsfeier näher kennengelernt und den schon bestehenden günstigen Eindruck durchaus nach jeder Richtung bestätigt gefunden. Wir hoffen, daß es möglich ist, Fritz John als Mitglied aufzunehmen."[219]

Trotz aller Freundlichkeit zeigte diese Bewertung die Problematik der studentischen Beurteilung, die sich teils ohne Fachkenntnis einer Professorenmeinung anschloß, teils auf recht oberflächliche Begegnungen persönlicher Art stützte. Bei Johns endgültiger Aufnahme im Jahr 1931 konnte sich das fachwissenschaftliche Urteil noch durchsetzen. John studierte mit voller Energie weiter, und das nicht nur auf mathematischem Gebiet: „Mir ist überhaupt klar geworden, daß eine einseitige Spezialisierung in der Mathematik nicht weit führen kann und daß von der Philosophie

---

217 StA WÜ RSF I 60 p 575: StSt an Fritz John, Dresden, 21.10.1930.
218 StA WÜ RSF I 60 p 575: Vordruck ‚Beurteilung der zur endgültigen Entscheidung stehenden Vorsemester': 1. Prüfer: „Meine Kollegen sprechen mir immer wieder mit einem so besonderen Respekt von Herrn John, und ich selbst habe bei meinen Begegnungen mit ihm durchaus den Eindruck einer sehr hohen Qualität, so daß ich für die endgültige Aufnahme eintrete (Nohl)." Nohl vergab die ‚Aufnahmenote' Ia. Skeptisch war der 2. Prüfer: „Nach seinem (Nohls, d. Verf.) Bericht könnte ich mich nicht ohne weiteres für Aufnahme aussprechen. Hier scheint mir das Urteil des Vertrauensdozenten maßgebend. Bitte Besprechung. (Schlink)." Das Urteil des zuständigen Vertrauensdozenten, Prof. Dr. Hermann Weyl, gab dann auch den Ausschlag für die Aufnahme: StA WÜ RSF I 60 p 575: Prof. Dr. H. Weyl an StSt, Göttingen, 18.1.1931: „Daß Herr John der Bedingung der Bedürftigkeit genügt, muß aus den bei Ihnen liegenden Akten hervorgehen. Was seine wissenschaftlichen Fähigkeiten anlangt, so hat er von Anfang an die Blicke der Mathematiker hier auf sich gelenkt durch seine ungewöhnliche, das mathematische Denken auf die natürlichste Weise meisternde Begabung. Nicht ohne Grund erhoffen wir von ihm, daß er sich zu einer der starken produktiven Kräfte in der heraufkommenden Mathematikergeneration entwickeln wird." Und ein weiteres ZAA-Mitglied kommentierte: „John ist nach der Beurteilung der Fachdozenten etwas ganz Besonderes. Ich selbst habe in längeren Unterhaltungen mit ihm den allerbesten Eindruck. Es ist ein Vergnügen, mit ihm alle möglichen, auch allgemeinen Fragen zu besprechen. Eine ganz klare Intelligenz gepaart mit Zielbewußtsein und doch persönlich bescheidenem Wesen. Ich trete hier für unbedingte Aufnahme ein." StA WÜ RSF I 60 p 575: Aktennotiz v. Wettstein, 1/1931.
219 StA WÜ RST I 60 p 575: Studentenhaus Göttingen an DSW/StSt, Göttingen, 16.1.1931.

bis zur Physik alles in Wechselwirkung steht."[220] Seine wirtschaftliche Lage blieb dauerhaft schlecht, seine vielfachen wissenschaftlichen Interessen ließen nicht viel Zeit für einen einträglichen Nebenerwerb: „Aber die häuslichen Verhältnisse haben sich inzwischen stetig weiter so verschlechtert, daß ich vielleicht noch viel Zeit auf einen Nebenerwerb verschwenden muß, um mich in den Ferien über Wasser zu halten."[221] Das wiederum zwang ihn zur Konzentration auf die Fächer, die ihn schnell zum Examen brachten. Eine Anstellung als Hilfsassistent auf Zeit bei dem für einige Zeit in Göttingen lehrenden amerikanischen Mathematiker Oswald Veblen sicherte ihn für den Sommer 1932 soweit ab, daß die Heimfahrt nach Zoppot gesichert war.[222] Sein Chef schrieb ihm unaufgefordert ein Gutachten: "Mr. Fritz John has been my assistant during the two months that I have been lecturing here in Göttingen. He has helped me substantially in my work and has been both diligent and efficient. It seems to me that he has good mathematical ability and, for his years, a very good knowledge. I have no doubt whatever that he is worthy of whatever help you can give him."[223] Alles sprach dafür, daß John einer glänzenden wissenschaftlichen Karriere entgegensah.[224] Ende 1932 arbeitete er bereits an seiner Dissertation bei Professor Courant. Fraglich und mit der Studienstiftung zu klären war, ob John zuerst promovieren oder erst das Staatsexamen ablegen sollte. Vom 11. bis 13. Januar hatte Dr. Brügelmann aus Dresden die Göttinger Stipendiaten besucht. Zu John hielt Brügelmann in seinem Bericht fest, daß er seine Dissertation bei Courant schon fast abgeschlossen habe. Er habe aus Angst, mit dem schwierigen Thema zu scheitern, niemandem, auch nicht dem Dresdner Sekretariat, von seinem Dissertationsvorhaben erzählt. Die Promotion sei für den Beginn des Sommersemesters 1933 geplant, das Staatsexamen wolle John termingerecht am Ende des Sommersemesters ablegen. Brügelmann zeigte sich von dieser Konsequenz beeindruckt und bot John an, die auslaufende Förderung vom 1. November 1933 an in ein Teildarlehen umzuwandeln, falls sich der Herbst-Staatsexamenstermin hinausschieben sollte.[225] John meldete sich am 6. Februar, da er die 200 Mark Promotionsgebühr nicht aus eigenen Rücklagen zahlen konnte.[226] Eine Antwort erhielt er, auch auf nochmalige Nachfrage, nicht. Am 29. Mai tagte in Göttingen der mittlerweile auf Anweisung des Rektors gegründete ‚Ausschuß für Suspension von Mitgliedern der Studienstiftung': „Es treten zunächst Zweifel darüber auf, wie die Frage der arischen Abstammung zu bewerten ist. Hierüber sollen bis zu der nächsten entscheidenden Sitzung genaue Informationen

---

220 StA WÜ RSF I 60 p 575: Fritz John an StSt, Semesterbericht, Göttingen, 25.1.1931.
221 StA WÜ RSF I 60 p 575: Fritz John an StSt, Göttingen, 8.8.1931.
222 StA WÜ RSF I 60 p 575: Fritz John an StSt, Semesterbericht, Göttingen, 29.7.1932.
223 StA WÜ RSF I 60 p 575: Oswald Veblen an StSt, Göttingen, 29.7.1932. Oswald Veblen (1880–1960); ab 1910 Prof. an der Princeton University; 1929–1932 in Oxford und Oslo, danach Prof. am Institute for Advanced Study in Princeton/N.J. Mit seinen Betrachtungen zur Relativitätstheorie lieferte er wichtige Beiträge zu einer einheitlichen Feldtheorie der relativistischen Physik.
224 StA WÜ RSF I 60 p 575: Prof. Kienle an StSt, Göttingen, 27.2.1933: „Der Fall John ist ganz eindeutig. Nach dem Urteil der Mathematiker (ist) hier ein ganz ungewöhnlich begabter Mann, der, wenn irgend möglich, in die akademische Laufbahn gelenkt werden müsse. Herr Courant hofft, ihn nach dem Examen zunächst noch eine Weile als Mitarbeiter halten zu können, um ihn dann mit einem Rockefeller-Stipendium nach Amerika zu schicken, wo seine Arbeiten mit großem Interesse aufgenommen werden."
225 StA WÜ RSF I 60 p 575: Aktennotiz Reise Dr. Brügelmann, Göttingen, 11.–13.2.1933, Dresden, 23.1.1933.
226 StA WÜ RSF I 60 p 575: Fritz John an StSt, Göttingen, 6.2.1933.

eingezogen werden. Es wird ferner darauf hingewiesen, daß die Frage marxistischer Betätigung in voller Verantwortung des örtlichen Ausschusses zu entscheiden ist."[227] Die Sitzung hatte u. a. drei Fälle ‚nichtarischer' Abstammung zu beraten:

> „Fritz John: John ist Jude, steht unmittelbar vor dem Examen. Es handelt sich darum, ob ihm die bereits bewilligten Examensgebühren noch ausgezahlt werden. Das Gutachten von Prof. Courant ist sehr gut. Es soll Herr Privat.-Doz. Dr. Weber noch befragt werden. (...) Ellen Agricola: Es wird festgestellt, daß Ellen Agricola daher nichtarisch ist, da sie eine tartarische Mutter hat. (...) Peter Süßkand: er hat einen jüdischen Großelternanteil. Die über ihn vorliegenden Gutachten zeichnen ihn als fleißig, nachdenklich, feinsinnig. Süßkand steht in diesem Semester vor dem Examen. Er macht einen durchaus guten Eindruck. Er hat selbst von dem jüdischen Großelternanteil nichts gewußt, da er im übrigen aus einer preußisch-theologischen Familie stammt."[228]

Der Suspensions-Ausschuß trat am 1. Juni wieder zusammen. Die Fälle Ellen Agricola[229] und Peter Süßkand[230] wurden entschieden, nur bei Fritz John wurde eine Entscheidung zurückgestellt: „Fritz John: Nach Ansicht der Studentenschaft muß der Fall John negativ entschieden werden. (...) Doch muß vor einer endgültigen Entscheidung festgestellt werden, ob Herr John Volljude ist und außerdem soll noch ein Gutachten von einem mathematischen Dozenten eingeholt werden."[231] Johns Fall klärte sich Anfang Juli, das Studentenhaus Göttingen teilte dem Deutschen Studentenwerk abschließend mit: „Eine neue Sitzung ist nicht mehr anberaumt worden, da durch die Feststellungen Ihres Rundschreibens[232] die bei der zweiten Sitzung noch strittigen Fragen geklärt sind, so daß also die Mitglieder Süßkand und John infolge Nichtzugehörigkeit zur DSt als suspendiert zu gelten haben."[233] Intern verhängte die Studienstiftung gegenüber John am 6. Juli ein Auszahlungssperre. Am 11. Juli wandte sich die Geschäftsführung direkt an John:

---

227 StA WÜ RSF I 60 p 575: Abschrift Protokoll der Sitzung des örtlichen Ausschusses für Suspension von Mitgliedern der Studienstiftung, Montag, 29.5.1933.
228 StA WÜ RSF I 60 p 575: Abschrift Protokoll der Sitzung des örtlichen Ausschusses für Suspension von Mitgliedern der Studienstiftung, 29.5.1933.
229 StA WÜ RSF I 60 p 575: Abschrift Protokoll über die Sitzung des Ausschusses zur Suspension der Mitglieder der Studienstiftung, Donnerstag, 1.6.1933: „(...). 1. Ellen Agricola: Es wird festgestellt, daß die Mutter von Frl. Agricola Russin und nicht Tartarin ist. Der Vater ist während des Krieges vier Jahre in russischer Gefangenschaft in Sibirien gewesen. Auf Grund dieser Tatsache kommt eine Suspension von Frl. Agricola nicht in Frage. Frl. Agricola soll auch nachträglich in die DSt aufgenommen werden, wie der Vertreter der Studentenschaft zusagt."
230 StA WÜ RSF I 60 p 575: Abschrift Protokoll über die Sitzung des Ausschusses zur Suspension von Mitgliedern der Studienstiftung, 1.6.1933: „Peter Süßkand: Süßkand ist zu einem Viertel Jude. Er verweist auf das Urteil seiner Lehrer, die ihn in jeder Beziehung günstig beurteilen. Herr Roosch weist aber darauf hin, daß Herr Süßkand während seines Studiums nicht an der studentischen Wirtschafts- und Gemeinschaftsarbeit sich beteiligt hat, sondern nach seinen eigenen Äußerungen sein Hauptaugenmerk auf die Beendigung seines Studiums richtete. (...) Süßkand hat gegen die Nichtaufnahme in die DSt Einspruch erhoben. Wenn diesem Einspruch stattgegeben wird, besteht auch keinerlei Bedenken gegen die Zugehörigkeit von Süßkand zur Studienstiftung."
231 StA WÜ RSF I 60 p 575: Abschrift Protokoll über die Sitzung des Ausschusses zur Suspension von Mitgliedern der Studienstiftung.
232 Darin war darauf hingewiesen worden, daß nur DSt-Mitglieder auch Mitglieder der Studienstiftung sein können. ‚Nicht-Arier' waren von der DSt-Mitgliedschaft ausgeschlossen.
233 StA WÜ RSF I 60 p 575: Studentenhaus Göttingen an DSW, Göttingen, 1.7.1933.

„Beendigung der Mitgliedschaft. Der kommissarische Vorstand des Deutschen Studentenwerks hat eine Kommission eingesetzt mit dem Auftrag, zu prüfen, welche Mitglieder und Vorsemester wegen nicht-arischer Abstammung der Studienstiftung nicht mehr angehören sollen. In Ihrer Sitzung am 4. Juli 1933 hat diese Kommission festgestellt, daß Sie wegen Ihrer nicht-arischen Abstammung nicht Mitglied der DSt werden können. Die Kommission hat deshalb beschlossen, Ihre Zugehörigkeit zur Studienstiftung zu beenden. Da Ihnen die Studienstiftung insgesamt RM 3.141.25 zur Verfügung stellte, übermitteln wir Ihnen als Anlage eine Schuldurkunde über RM 1.200,-."[234]

Unmittelbar nach seiner Promotion in Göttingen ging Fritz John auf Vermittlung von Professor Courant auf dem Umweg über Großbritannien in die USA: 1934/35 lehrte er als *Research Scholar* an der *Cambridge University*. 1935 wurde er *Assistant Professor* an der *University of Kentucky*, 1942 *Associate Professor*. Zwischen 1943 und 1945 diente er dem *Ballistic Research Laboratory* des *US War Department*. 1946 wurde er *Associate Professor* an der *New York University*. Von 1951 bis 1980 hatte er den Lehrstuhl seines Lehrers Courant inne. Er wurde mit zahlreichen nationalen und internationalen Stipendien und Ehrungen ausgezeichnet.[235] Das später nach dem 1972 in New Rochelle/N.Y. verstorbenen Courant benannte Mathematische Institut der NYU ist bis heute, und nicht zuletzt aufgrund der wissenschaftlichen Kontinuität zur Göttinger Mathematik der späten 1920er und frühen 1930er Jahre, hoch angesehen.

b)   Das Verhältnis zur Politik: völkisch-nationale Kritik

Fritz John war keine Ausnahme.[236] Was ihm im Frühjahr und Sommer 1933 widerfuhr, hatte sich durch die Radikalisierung an den Universitäten seit 1929/30 angekündigt, an denen die ‚Machtergreifung' von Nationalsozialismus und Nationalsozialisten nicht erst am 30. Januar 1933 begann. Wenn es einen zentralen Anhaltspunkt für Martin Broszats extensiven Begriff von ‚Machtergreifung' gibt,[237] dann war es das Verhalten der deutschen Studenten vor 1933: Radikaler, also ‚rassischer', nicht kulturell oder religiös motivierter Antisemitismus war in der DSt von Beginn an eine Normalerscheinung gewesen. Zwar hatte sich die ‚linkere' Wirtschaftshilfe von der extrem völkisch-antisemitischen DSt distanziert, aber auch ihre studentische Presse war gegen das völkisch-autoritäre Vokabular nicht immun, immer öfter war von ‚Führernachwuchs'

---

234 StA WÜ RSF I 60 p 575: StSt an Fritz John, Dresden, 11.7.1933.
235 Unter anderem Birkhoff Prize in Applied Math 1973, Sr. US Scientist Humboldt Award 1980, Steele Prize of the American Mathematical Society 1982; zahlreiche Ehrendoktorate (Rome, Bath, Heidelberg, Bonn, Berlin); vgl. Notices of the American Mathematical Society 10 (1982), S. 82.
Diesen wertvollen Hinweis verdanke ich Ms. Carol Hutchins von der Bibliothek des Courant Institute of Mathematical Sciences an der New York University; vgl. auch Fritz John, Collected papers. Ed. by Jürgen Moser. Boston/Mass u.a. o.J.
236 Vgl. vor allem Mitchell G. Ash (Ed.), Forced migration and scientific change: emigré German-speaking scientists and scholars after 1933. Cambridge/NJ 1996; Konrad H. Jarausch, Die Vertreibung der jüdischen Studenten und Professoren von der Berliner Universität unter dem NS-Regime, in: Jahrbuch für Universitätsgeschichte 1 (1998), S. 112–133.
237 Martin Broszat, Die Machtergreifung. Der Aufstieg der NSDAP und die Zerstörung der Weimarer Republik. München 1984; anders Karl Dietrich Bracher, Demokratie und Machtergreifung. Der Weg zum 30. Januar 1933, in: ders., Manfred Funke, Hans-Adolf Jacobsen (Hg.), Nationalsozialistische Diktatur 1933–1945. Eine Bilanz. Bonn 1986, S. 17–36.

und ‚Volksgemeinschaft' die Rede. Das hatte es zwar auch schon vorher gegeben, zum Beispiel bei Carl Duisberg,[238] doch Ende der 1920er Jahre bezogen rechts-nationale Autoren der Studentenpresse und rechts-nationale Professoren[239] *ex cathedra* den Begriff der ‚Führerschaft' noch radikaler auf die ‚Volks-' als ‚Blutsgemeinschaft' als das in der ersten Hälfte der 1920er Jahre in der völkischen Variante des Werkstudenten-Konzepts der Fall gewesen war.[240] Die Radikalisierung lag in der antirepublikanischen und antisemitischen Stoßrichtung. Hatten die national-völkischen Vertreter des ‚Studentenstaats' bis 1925 versucht, die nationalen Werte von Front- und ‚Volksgemeinschaft' gegenüber dem neuen demokratischen Staat zu behaupten, so richtete sich der Angriff nun direkt gegen die Demokratie, deren Verächtlichmachung zur rechten politischen Normalität wurde. Dafür gab es rituell genutzte Anlässe wie das Gedenken an die Reichsgründung. Am 18. Januar 1929 hielt der Althistoriker Professor Dr. Joseph Vogt, Jahrgang 1895, die Ansprache bei der Reichsgründungsfeier der Universität Tübingen:[241] sie war eine militante Anklage gegen die demokratische Realität und ein offenes Plädoyer für einen anderen, einen völkisch-autoritären Staat.[242] Vogt begrüßte die Kommilitonen im Zeichen der „Waffenbrüderschaft" von 1870/71 und von 1914; sie allein sei der Maßstab der gedemütigten deutschen Gegenwart, die nicht allein durch „Waffenrüstung und Kriegsruhm", sondern durch völkische Erneuerung verändert werden könne, um wieder mit Recht vom „Reich" zu sprechen.[243] Vogt unterlegte seiner Ansprache den Topos vom ‚Studentenstaat', der *civitas academica*, die sich in der Tradition der Universitätsgeschichte in Europa stets dadurch ausgezeichnet hatte, als autonome Lehr- und Lerngemeinschaft Intellektueller von anderen Gemeinschaften, zum Beispiel dem Staat, verschieden zu sein. Auf diese Autonomie leistete Vogt ausdrücklich Verzicht. Wahrheitserkenntnis durch Forschung und ihre Vermittlung in der Lehre verstand er als Funktionen von Bindung und Bildung der völkischen Gemeinschaft. Doch dabei blieb es nicht: selbst Wahrheit und Sittlichkeit, Selbsterkenntnis und Weltverständnis waren für ihn nicht mehr individuelle

---

238 Hildegard Schmidt, Studienstiftung des Deutschen Volkes. Rückblick, Einblick, Ausblick, in: Vox studentium 6 (1929), S. 82–87. Darin ein Rede Duisbergs vor dem Reichsverband der deutschen Industrie, in der er die Studienstiftung als „produktive Sozialfürsorge" charakterisiert, die zugleich „Führernachwuchs" schaffe.

239 Vgl. als Fallstudie für Heidelberg Christian Jansen, Professoren und Politik. Politisches Denken und Handeln der Heidelberger Hochschullehrer 1914–1935. Göttingen 1992 (zugl. Diss. phil. Heidelberg 1989).

240 Zum Wandel des ‚Führer'-Begriffs von der Jahrhundertwende bis 1933 aufschlußreich auch V. Klemperer, Curriculum Vitae 1881–1918, S. 258.

241 Zu Vogts Rolle im Nationalsozialismus vgl. K. Schönwälder, Historiker und Politik, z. B. S. 216 f., 230; Diethelm Königs, Joseph Vogt. Ein Althistoriker in der Weimarer Republik und im Dritten Reich. Basel 1995 (zugl. Diss. phil. Basel 1994). Vogt (1895–1986) war 1923 in Tübingen habilitiert worden und dann dort ab 1926 als Ordinarius, seit 1929 in Würzburg, seit 1936 in Breslau, seit 1940 wieder in Tübingen, ab 1944 in Freiburg i. Br., dann wiederum ab 1946 in Tübingen tätig. Er war Mitglied der Akademien in Heidelberg und Mainz und Mitherausgeber der Zeitschriften Historia und Saeculum. Vogt, der 1953 bis 1963 stellvertretender Vorsitzender des Verbandes der Historiker Deutschlands war, wurde 1963 mit dem Großen Bundesverdienstkreuz ausgezeichnet.

242 Eine ausgezeichnete Fallstudie bietet Mathias Kotowski, Die öffentliche Universität. Veranstaltungskultur der Eberhard-Karls-Universität Tübingen in der Weimarer Republik. Stuttgart 1999 (Contubernium. Tübinger Beiträge zur Universitäts- und Wissenschaftsgeschichte, Bd. 49).

243 J. Vogt, Vom Sinn der Civitas academica. Rede bei der Reichsgründungsfeier der Universität Tübingen am 18. Januar 1929, in: Studentenwerk 3 (1929), S. 111–120, 111.

Werte, sondern Ergebnisse akademischer Gemeinschaftsidentität, sei es in den Korporationen oder im Lehrer- Schüler-Verhältnis. Drei Ziele habe diese Identität: „ehrenhafte Lebensführung, persönliche Bildung, vaterländische Erziehung."[244] Vor allem die studentischen Verbindungen mit ihrem „Bekenntnis zu Freundschaft, Ehre, Vaterland" seien ein wertvoller „Hort für jenes männliche Ethos, in dem wir eine Säule unserer Kultur erkennen."[245] Das war gegen die weniger militanten Vertreter der bündischen Jugend gerichtet: „Es soll nicht vergessen werden, daß Disputieren zur Einigung, Suchen zum Finden, Exerzieren zum Schlagen dient, und daß – man mag es bedauern – Jugend auch für die Jugendbewegung nicht von ewiger Dauer ist."[246] Bei dieser Burschenherrlichkeit störten Vogt nicht nur die bündische Jugend in ihrem mangelnden Respekt vor der Tradition, sondern auch die Frauen, die zwar „akademisches Bürgerrecht", damit aber keineswegs das Recht zur Ausübung ‚männlicher' Berufe erhalten hätten: „Eine lange und wohlbegründete Tradition hat der Civitas academica einen ausgesprochen männlichen Charakter verliehen, sowohl in Forschung und Lehre der Wissenschaft als auch in der Gestaltung des geselligen Lebens."[247] Die durch das Kriegserlebnis erst möglich gewordene Studentenschaft als verfaßte Körperschaft erinnerte Vogt schließlich an das Ideal der *universitas magistrorum et scolarium*. Ihr Sinn als Deutsche Studentenschaft sei die ‚Deutschtumspflege' „in und außer den Grenzen des gegenwärtigen Reiches," weil „erst durch die Verwirklichung des nationalen Geistes die Persönlichkeit zur Vollendung (gelange)."[248] Das formulierte Vogt abschließend als Auftrag an seine Zuhörerschaft:

> „Als gebildete Menschen werden sie (die ‚Bürger' der *civitas academica*, d. Verf.) ihre Lebensarbeit als einen Dienst am Vaterland leisten, als sittliche Persönlichkeiten durch ihren Wandel vorbildlich wirken in der Volksgemeinschaft. So wird der akademische Staat dem Volksstaat dienen: auf daß dieser erfülle, was er im Namen trägt, die Einheit und Freiheit des deutschen Volkes; auf daß er werde und verbleibe ein Hüter deutschen Wesens in der Gemeinschaft der Völker. Von solchem Vaterland glauben und bekennen wir: Deutschland, Deutschland über alles!"[249]

Der Ton wurde schärfer, auch in der Kritik an der WiHi und an der Studienstiftung. Schon im November 1923 hatte ein DSt-Vertreter, der Diplomingenieur Helmuth Gerloff, anläßlich eines öffentlichen Vortrages über studentische Fragen in Berlin auf der Grundlage älterer Beschuldigungen[250] schwere und pauschale Vorwürfe wegen mangelnder nationaler Zuverlässigkeit gegen die WiHi erhoben:

---

244 Ebd., S. 115.
245 Ebd.
246 Ebd., S. 117.
247 Ebd.
248 Ebd., S. 119.
249 Ebd., S. 120.
250 ZZBW-A: Aktenbestand Haerten, I 1921–25: Aktennotiz Schulungswoche des Deutschen Hochschulrings in Altenau im Harz (3 S. Typoskript o.J., nach 10.–12.7.1923, Altenauer Schulung): „Das einleitende Referat hielt Herr Dipl. Ing. Helmuth Gerloff, Aeltester der DSt. Das Referat war durchzogen von schweren Vorwürfen gegen die WiHi der DSt, deren Arbeit er in der abfälligsten Weise kritisierte. Der grundsätzliche Fehler der WiHi schien dem Referenten zu sein, ihre völlig unpolitische, auf rein kulturelle Zwecke gerichtete sachliche Arbeit. Er äußerte, dass dadurch die WiHi einem flachen Materialismus ‚Schmalzbrotpolitik' verfalle und dass sie die grossen Idealziele der deutschen Studentenschaft verkenne. Er fordert von der WiHi, dass auch sie ihre Arbeit auf völkischer Grundlage und nach völkischen Prinzipien treibe. (...)."

"Eingehend behandelt der Referent und Diskussionsredner die Wirtschaftshilfe in Dresden, deren Leistungen im allgemeinen anerkannt werden musste. Mit besonderer Schärfe und tiefem Misstrauen wird aber die nach Ansicht der Führer der Studentenschaft nicht als durchaus national zu bezeichnende Haltung der massgebenden Persönlichkeiten der Wirtschaftshilfe in Dresden bekämpft und auch die Gefahr angedeutet, dass von dieser Seite her die wirtschaftliche Notlage der Studenten mit Geldmitteln politisch ausgenützt werden könnte ..."[251]

Das daraufhin angerufene Ehrengericht der DSt entschied im April 1924, derartige Äußerungen seien nicht Ausdruck einer „unstudentischen Haltung".[252]

Im Hintergrund dieser sich zunehmend polarisierenden Auseinandersetzung stand die politische Frage der ‚Studentenverfassung': während die völkisch-nationalen Kräfte innerhalb der DSt die politische Hegemonie anstrebten, war die WiHi an der Kontinuität der sozialstudentischen Arbeit interessiert. Der Verfassungskonflikt betraf sie also unmittelbar.[253]

Walter Schmadel, der auf der Münchner Vorstandssitzung der Wirtschaftshilfe vom Februar 1928 die Interessen der DSt vertreten hatte, faßte – immerhin in einem Beitrag für das ‚Studentenwerk', das sich als Zeitschrift der studentischen Selbsthilfearbeit verstand – 1929 den Hauptkritikpunkt der Völkisch-Nationalen an der Studienstiftung eher beiläufig zusammen: „Man (sah) in der Wirtschaftshilfe schon das Instrument der Parteipolitik, das insbesondere auf dem Wege zweier Institutionen, der Studentenhausbauten und der Studienstiftung, das Korporationsstudententum an den Wurzeln seiner Existenz treffen und zerstören wollte."[254] ‚Man' – das waren die DSt und der seit der Übernahme der Führung durch den geschickt taktierenden Baldur von Schirach im Juli 1928 intensiv um den Schulterschluß mit dem antisemitischen ‚Waffenstudententum' bemühte NSDStB.[255] Parteipolitik war für dieses Lager alles, was mit einer Kontaktaufnahme zu den parlamentarischen Repräsentanten der Weimarer Koalition oder mit politischen Repräsentanten des verachteten ‚Systems' zu hatte, so zum Beispiel mit dem bei der

---

251 ZZBW-A: Aktenbestand Haerten, I 1921–25: Entscheidung in der Ehrensache Gerloff, 6. April 1924, S. 1.
252 Ebd.
253 ZZBW-A: Aktenbestand Haerten, I 1921–25: DSt WiHi: Eine kurze Zusammenstellung der wichtigsten Daten (Typoskript, 12 S., u.a. mit Schilderung des Falls Gerlach. o.J. ca. 6/1924): „Nach dem Erlanger Studententag setzten die Verfassungskämpfe innerhalb der DSt ein (...). Da die Notwendigkeit bestand, die Arbeit der WiHi aus den Erschütterungen, die die Auseinandersetzungen mit der DSt mit sich brachten, zu bewahren (sic!), erklärte sie absolute Neutralität. (...) Ferner brachten die völlig unklaren organisatorischen Verhältnisse in der DSt mit sich, die Satzungen der WiHi so abzuändern, dass die Erschütterungen innerhalb der DSt organisatorisch nicht auf die WiHi zurückwirkten. (...) Die Verhandlungen führten zu einer völligen Einigung über die neuen Satzungen der WiHi der DSt, die von der Mitgliederversammlung im Oktober 1922 in Jena endgültig angenommen werden. Diese Satzungen enthalten gegenüber der früheren Satzung folgende wichtige Aenderungen: 1.) Erweiterung des Verwaltungsrates durch Heranziehung vieler führender Persönlichkeiten der deutschen Wirtschaft (insbesondere der Industrie und der Landwirtschaft.) 2.) Enge organisatorische Verknüpfung mit den Wirtschaftskörpern, welche im Verwaltungsrat Sitz und Stimme erhalten. 3.) Lockerung der organisatorischen Verbindung mit dem Vorstand der DSt. Dieser erhält in dem stark vergrösserten Verwaltungsrat 3 Sitze (...)."
254 Walter Schmadel, Videant commilitones, in: Studentenwerk 3 (1929), S. 249–254, 254.
255 K.H. Jarausch, Deutsche Studenten 1800–1970, S. 154 f.; M. Grüttner, Studenten im Dritten Reich, S. 32 ff.

völkischen Rechten und bei den Korporierten verhaßten preußischen Kultusminister Becker. Die Studentenhausbauten brachten die studentischen Verbindungen um eine ihrer zugkräftigsten Attraktionen: das Angebot billiger Unterkunft in den ‚Häusern' oder bei ‚alten Herren'. Außerdem steckte in Schmadels Feststellung die richtige Erkenntnis, daß sich die hinter der Studienstiftung und die hinter den Korporationen stehenden Prinzipien wechselseitig ausschlossen: hier standen Leistungselite, Persönlichkeit und Gemeinwohlverpflichtung gegen Männerbündelei, Gemeinschaftsrituale, Traditionalismus, Seilschaftsgeist, virulenten Extremnationalismus und habituellen Antisemitismus.[256] In bezug auf die Studienstiftung kam es nun zu Prozessen der *self fulfilling prophecy*: Je neutraler sich diese darstellte, desto stärker sah man auf der Rechten in dieser Neutralität eine antivölkische Kampfansage. In einem zusammenfassenden Überblick definierte Wilhelm Hoffmann 1929 ganz klar, was der Bezug auf das deutsche Volk im Stiftungsnamen bedeuten sollte: „So trägt die Studienstiftung mit Recht ihren Namen, in dem ausgedrückt ist, daß sie sich als eine Funktion des deutschen Volkes betrachtet – finanziell von ihm ermöglicht, in ihrer Arbeit von Menschen aus allen seinen Kreisen getragen und in der Zusammensetzung ihrer Schützlinge das ganze Volk umfassend."[257] Sein Rechenschaftsbericht betonte den Mittelstandscharakter und den vergleichsweise hohen Anteil an geförderten Arbeiterkindern, er erläuterte ausführlich die Aufnahmezahlen und Entwicklung der Aufnahmekriterien, den Frauenanteil, die Verteilung der Studienstiftler auf die Fakultäten, die Sozialstatistik, erstmalig auch eine Statistik der Länderzugehörigkeit:[258] die Attribute national, vaterländisch oder ‚völkisch' kamen nicht vor. Um so stärker hob Hoffmann den emanzipatorischen Zweck der Förderung als Mittel des sozialen Aufstiegs hervor: „Ihr Charakter als der einer verpflichtenden und verbindenden geistigen Größe befähigt sie (die Studienstiftung, d. Verf.) in ganz besonderem Maße zu dieser Aufgabe, im Unterschied von bloßen Geldverteilungsstellen (...). Der Anteil der eigentlichen Arbeitersöhne beträgt dabei 15% gegen 2% in der Gesamtstudentenschaft. Unter ihnen befindet sich auch eine Anzahl solcher (...), die selbst jahrelang Arbeiter gewesen waren."[259] In seiner Rede auf der Tagung des DSW in Würzburg im Oktober 1929 ging Hoffmann noch weiter: die Studienstiftung habe eine gerade gegenüber den sozialen Aufsteigern, gegenüber den studierenden Arbeiterkindern eine sozialpädagogische Funktion: „Ich erinnere nur daran, daß die Mitglieder der Studienstiftung sich aus allen Schichten des Volkes zusammensetzen. Vielen von ihnen hieße es Steine statt Brot geben, wenn man sie durch das bloße Geld in die Lage versetzen würde, studieren zu

---

256 Aufgrund ihrer bemerkenswert selektiven Wahrnehmung setzten sich die Beiträge einiger Würzburger Neuzeithistoriker vor 1999 zum ‚Verbindungs'-Studententum stark dem Verdacht der Apologetik aus: charakteristisch für diese extrem-konventionalistische, nicht einmal im Ansatz problembewußte Sichtweise z. B. Matthias Stickler, Zwischen Reich und Republik. Zur Geschichte der studentischen Verbindungen in der Weimarer Republik, in: Harm-Hinrich Brandt, ders., (Hg.), Der Burschen Herrlichkeit (Sic!). Geschichte und Gegenwart des studentischen Korporationswesens. Würzburg 1998, S. 85–108.
257 Wilhelm Hoffmann, Fünf Jahrgänge Studienstiftung, in: Studentenwerk 3 (1929), S. 169–176, 176.
258 Auffällig überrepräsentiert waren die Hansestädte: Bremen 0,6% (StSt 1925–1929) gegenüber 0,34% (der Gesamtstudentenzahl); Lübeck 0,4% (0,24%); Hamburg 2,7% (1,86%); durchschnittlich Preußen 61,3% (62,5%); deutlich unterrepräsentiert Bayern 7,1% (11,2%); W. Hoffmann, Fünf Jahrgänge Studienstiftung, in: Studentenwerk 3 (1929), S. 169–176, 174. Eine Erklärung für die Überrepräsentation der Hansestädte könnte in der ausgesprochen modernen Ausrichtung ihres Oberschulsystems, z.B. in der berühmten Hamburger Lichtwark-Schule, liegen.
259 Ebd., S. 176.

können und sie dann allein ließe."²⁶⁰ Insofern war es nicht verwunderlich, daß sich ein Beitrag in der Zeitschrift ‚Sozialistischer Wille‘, dem ‚Organ der sozialistischen Studentenschaften Deutschlands und Österreichs‘ in seiner Juni-Ausgabe 1930 für die Studienstiftung aussprach. Dabei argumentierte der Verfasser keineswegs ideologisch, sondern führte ganz nüchtern an Beispielen aus der Rechtswissenschaft, der Medizin und den Neuphilologien vor, daß die überfüllungsbedingte Verlängerung der meisten Studiengänge die Studienstiftung dauerhaft vor ein unlösbares Finanzierungsproblem stellte, daß ferner die flexiblen und mobilen Studierenden, die Auslandstudien anstrebten, dafür an den deutschen Universitäten bei der Vergabe von Seminarplätzen benachteiligt würden. Diese unhaltbare Situation ließ den Autor eine Hochschulreform fordern: „Die Hochschulen haben mit der Entwicklung nicht Schritt gehalten, sie sind auf einer den vergangenen Verhältnissen Rechnung tragenden Basis stehengeblieben und werden den erhöhten Anforderungen einer rationalisierten Wirtschaft nicht gerecht."²⁶¹ So sachlich diese Argumentation unter anderem durch ihre direkte Bezugnahme auf ähnliche Schlußfolgerungen von Eduard Spranger auch war: in der Radikalisierung und Polarisierung der politischen Konflikte inner- und außerhalb der Universität seit 1929/30 hatten Veröffentlichungen wie diese Signalwirkung; sie ordneten die Studienstiftung einem politischen Lager zu. Sicherlich war das als Gesamturteil über eine dezentralisierte, von so vielen unterschiedlichen Persönlichkeiten in allen Universitätsstädten des Reichs und einer kleinen Geschäftsführung getragenen Institution ungenau, allerdings tat die Studienstiftung in ihrer Selbstdarstellung auch nichts, die Einordnung als Vereinigung mit sozialdemokratischen Zielen zu entkräften, im Gegenteil. Schon im Dezember 1926 hatte Paeckelmann an den Kieler Professor Werner Wedemeyer geschrieben: „Es sind eine ganze Reihe von Mitgliedern der Studienstiftung Kommunisten und Sozialisten, die ich hochschätze (...)."²⁶² In seiner großen Programmrede zur Begabtenförderung im Mai 1930 in Berlin bekannte sich Eduard Spranger, der geistige Vordenker und Mentor der Studienstiftung, zu den weitgehenden sozialemanzipatorischen Zielen der Studienstiftung:

> „Wenn sie auch nicht einzelne Stände ausdrücklich zu bevorzugen hat, so muß sie doch ein Interesse daran haben, aus denjenigen Kreisen die Begabungen herauszuholen, die sonst ihrer allgemeinen sozialen Lage nach nicht so leicht mit der Universität und dem geistigen Leben in Verbindung kommen. Sie sucht zu ihrem Teil den Aufstieg zu organisieren. Nach liberaler Theorie sollte sich der Aufstieg von selbst machen; es entspricht einer mehr sozialistischen Auffassung, frei emporstrebenden Kräften durch ausdrückliche gesellschaftliche Maßnahmen zu Hilfe zu kommen."²⁶³

Sprangers politische Ortsbestimmung der Begabtenförderung lag durchaus im Trend der Zeit. Avantgardistischer waren schon verschiedene Themen, die auch in der Studienstiftung diskutiert wurden und sich im Programm ihrer Veranstaltungen ausdrückten. Im Juni 1929 hatte die Geschäftsführung zu einer Informationsveranstaltung nach Neusorge zum Thema ‚Rußland‘ mit

---

260 IfH-A WÜ: Wilhelm Hoffmann, Wichtige Fragen der Studienstiftung des Deutschen Volkes. Sonderdruck des Referates, gehalten auf der Tagung des DSW in Würzburg (Okt. 1929), S. 5.
261 Wilhelm Tietgens, Die Notlage der Studienstiftung – ein Fehler der Hochschule, in: Sozialistischer Wille in Politik, Wissenschaft und Hochschule 1 (1930), H. 2, S. 28–30, 29.
262 ZZBW-A: StSt/Paeckelmann an Prof. Dr. Werner Wedemeyer, Dresden, 21.6.1926.
263 Eduard Spranger, Probleme der Begabtenförderung. Referat auf der Vertrauensdozententagung der Studienstiftung des Deutschen Volkes, Berlin, Harnack-Haus, 3./31. Mai 1930, in: Studentenwerk 4 (1930), S. 165–181, 172 f.

Referaten u. a. über das sowjetische Hochschulwesen, sowjetische Literatur und Pädagogik eingeladen: eine antikommunistische, dem bis in die deutsche Sozialdemokratie reichenden antibolschewistischen Konsens Rechnung tragende Veranstaltung war dies nicht.[264] In einer Gesellschaft, die sich mehrheitlich von der Dynamik des unberechenbaren, aus Revolution und blutigem Bürgerkrieg hervorgegangenen Moskauer Regimes bedroht fühlte, war im rechtsnationalen Normalempfinden ein akademisches Interesse an der Sowjetunion keineswegs politisch neutral. Damit nicht genug: nicht anders als der preußische Kultusminister Becker verstieß auch Eduard Spranger offen gegen den völkisch-nationalen Konsens:

> „Ich weiche vielleicht in meiner Auffassung insofern ein wenig von dieser Betonung des Sozialen ab, als es mir nicht das Höchste erscheint, sich gegenüber einer vorhandenen Gesellschaft oder Gemeinschaft verantwortlich zu fühlen; die eigentliche Verantwortung ist doch immer die Verantwortung auch vor dem Göttlichen oder Guten, und insofern ein Volk Gefäß dieser Werte ist, insofern besteht diese Verantwortung auch vor dem Volk. Aber die Bindungen liegen in einer höheren Schicht, sie erwachsen nicht aus der gegebenen Wirklichkeit."[265]

---

264 StA WÜ RSF I 6 p 498: WiHi der DSt/StSt, Dresden, 7.6.1929: Zusammenkunft von Mitgliedern der Studienstiftung in Schloß Neusorge bei Mittweida vom 21.–24.6.1929.
265 Eduard Spranger, Probleme der Begabtenförderung, in: Studentenwerk 4 (1930), S. 167.

c) Die Position ‚starker' Vertrauensdozenten

Der wachsenden Kritik von außen konnte die Studienstiftung nicht durch innere Geschlossenheit begegnen. Der Sommer 1929 hatte, auch dies schon eine eingespielte Regelmäßigkeit zwischen den konflikträchtigen Aufnahmesitzungen des Zentralen Arbeitsausschusses von Frühjahr und Herbst, wiederum internen Krach gebracht. Auf einem informellen Treffen mehrerer Vertrauensdozenten bei Wolfgang Paeckelmann in Kassel hatte sich der sehr aktive Marburger Vertrauensdozent Prof. Dr. Hans Freiherr von Soden,[266] evangelischer Theologe, Schüler Adolf von Harnacks, Herausgeber von dessen Schriften und späterer Mitbegründer der Bekennenden Kirche in Kurhessen,[267] für die Einführung eines verbindlichen Leistungsstandards bei Studienstiftlern eingesetzt. Ihm schwebte vor, eine ungerechtfertigte Privilegierung von Stipendiaten durch den verpflichtenden regelmäßigen Nachweis eines Leistungsniveaus zu verhindern, das für den Gebührenerlaß Voraussetzung war.[268] Damit hatte er sich nicht durchsetzen können, wohl auch deshalb, weil der Gebührenerlaß nicht an allen Universitäten, Fakultäten und Instituten auf gleiche Weise gehandhabt wurde.[269] Vor allen anderen hatte Paeckelmann eine derartige Verschulung des Stipendiums als Einschränkung der Studienfreiheit rundheraus – und wohl auch etwas schroff –

---

266 1881–1945; 1918–1921 Prof. für Kirchengeschichte in Breslau, ab 1924 für Kirchengeschichte und Neues Testament, Dogmengeschichte und altchristliche Kunst in Marburg; vgl. auch Jochen-Christoph Kaiser, Andreas Lippmann, Martin Schindel (Hg.), Marburger Theologie im Nationalsozialismus. Texte zur Geschichte der Evangelisch-Theologischen Fakultät im Dritten Reich. Neukirchen-Vluyn 1998.

267 Vgl. Aus Theologie und Kirche: Beiträge kurhessischer Pfarrer als Festgabe zum 60. Geburtstag von Hans Freiherr von Soden. München 1941; Erich Dinkler, Erika Dinkler-von Schubert (Hg.), Theologie und Kirche im Wirken Hans von Sodens: Briefe und Dokumente aus der Zeit des Kirchenkampfes, 1933–1945. Göttingen 1984; Feldpost: Zeugnis und Vermächtnis. Briefe und Texte aus dem Kreis der Evangelischen Studentengemeinde Marburg/Lahn und ihrer Lehrer 1939–1945. Hg. v. Erika Dinkler-von Schubert. Göttingen 1993.

268 Hintergrund war u.a. folgendes Schreiben: StA WÜ RSF I 6 p 453: DSW/StSt an die Vertrauensdozenten, Dresden, 8.2.1930: „Von vielen Seiten hören wir Klagen, daß manche Mitglieder der Studienstiftung im Studium den Erwartungen nicht entsprechen, ja, daß einzelne in ihren wissenschaftlichen Leistungen in offenem Widerspruch zu den an die Mitglieder der Studienstiftung zu stellenden Anforderungen stehen. Das Ansehen und der Ruf der Studienstiftung werden dadurch ernstlich gefährdet. Es liegt uns sehr viel daran, von Ihnen streng vertraulich eine offene Stellungnahme zu dieser Frage zu erhalten. Wir wären Ihnen zu Dank verpflichtet, wenn Sie, ggf. in Verbindung mit den Herren Fachdozenten, uns folgende Fragen beantworten würden: Welche Mitglieder Ihrer Hochschule sind offensichtliche Versager im obigen Sinne? Welche Mitglieder können zwar nicht als Versager angesprochen werden, ragen aber über den guten Durchschnitt nicht wesentlich hinaus? (...) Wir sind uns bewußt, daß wir Ihnen mit dieser Bitte keine leichte Aufgabe zumuten, hoffen aber auf Ihre freundliche Hilfe. Es bestimmt uns dabei vor allem auch die Verantwortung für die uns anvertrauten öffentlichen Mittel, deren Verwendung nur gerechtfertigt ist, wenn die Studienstiftung mehr und mehr ausschließlich für die wirklich sich bewährenden, tüchtigen und begabten Studenten sorgt. Es kommt hinzu, daß die Mittelknappheit eine außerordentliche ist und infolgedessen die Maßstäbe bei den Neuaufnahmen weiterhin mit besonderer Strenge und Sorgfalt gehandhabt werden müssen."

269 Daß gerade auch in der evangelischen Theologie die Fleißprüfungen auf eine humane – wenn auch nicht lockere – Weise gehandhabt werden konnten, berichtet z.B. Helmut Thielicke aus seinem Theologiestudium in Erlangen; H. Thielicke, Zu Gast auf einem schönen Stern, S. 66.

abgelehnt. Im Hintergrund stand der Grundsatzkonflikt um Kompetenzen zwischen Leiter und Vertrauensdozent in der Studienstiftung, wie Haerten zusammenfaßt: „In der alten Studienstiftung zeigte sich der Vertrauensdozent mehr als Gehilfe bei der Auswahl und der Bewährungskontrolle. Das hat Paeckelmann so gelenkt, der gar nicht auf den Gedanken gekommen wäre, ein anderer als er selbst könne die Studienstiftler erziehen. Dazu hatte er ja das Amt übernommen."[270]

Dabei war von Sodens Position keineswegs extrem. Manche seiner Vorschläge zur Leistungskontrolle nahmen vorweg, was in der 1948 neugegründeten Studienstiftung selbstverständlich sein sollte, zum Beispiel die Einsendung aller benoteten Scheine und Zeugnisse, die im Studium erworben werden. Andererseits setzte sich von Soden souverän über das Konsensprinzip im Zentralen Arbeitsausschuß hinweg und versuchte gleichsam im Alleingang und mit der Drohung, seinen Posten als Vertrauensdozent zur Verfügung zu stellen, Maßstäbe zu diktieren, für die sich keine Mehrheit finden ließ.

Mit einer siebenseitigen Invektive wandte sich von Soden am 12. August 1929 an Hoffmann in Dresden: Er habe von Anfang an Semesterprüfungen nach Maßstäben der Gebührenerlaßprüfung in dem Glauben durchgeführt, im Sinne der Geschäftsführung und des Zentralen Arbeitsausschusses zu handeln. Da die Geschäftsführung, insbesondere Paeckelmann, aber Semestralprüfungen über die Fleißprüfungen hinaus ablehne, er sie aber als konstitutiv für sein Urteil über die Stipendiaten ansehe, müsse, so von Sodens nicht unbedingt zwingender Schluß, entweder seine Praxis für allgemeinverbindlich erklärt werden oder er als Vertrauensdozent ausscheiden. Auch wenn sich von Soden in der Begründung seiner Konsequenz und harten Haltung nicht zuletzt in recht unfairer Abgrenzung von dem ‚weichen' Pädagogen Paeckelmann profilierte, trafen einige seiner Kritikpunkte durchaus zu: „1. (...) die durchaus überwiegende Mehrheit unserer Mitglieder (ist) nur gutes, nicht ganz selten auch schwächeres Mittelgut (...), 2. (...) nicht so wenige Versager (finden) Aufnahme – auch endgültige."[271]

Schärfste Auslese sei aber das Prinzip der Studienstiftung, dies allein schon aus Gründen der Gleichbehandlung gegenüber Nicht-Studienstiftlern, die oft besser qualifiziert seien. Dann wurde von Soden grundsätzlich: natürlich stehe er auf dem Boden der deutschen akademischen Freiheit; die werde jedoch zur Farce, wenn die Tatsache – nicht der Inhalt – der Anwendung dieser Freiheit unüberprüft bliebe, was um so mehr für einen Empfänger hauptsächlich staatlicher Mittel gelte. Kontrolle sei ein nicht wegzudenkendes Moment jeder Pädagogik, ja ein Gebot der Fürsorgepflicht gegenüber den Stipendiaten. Der Einwand, Semestralprüfungen hätten verschulende Wirkung, sei irrelevant, da derjenige, der ordentlich arbeite, das auch nachweisen könne: das konnte man, je nach Fachzusammenhang und Arbeitsform, durchaus bestreiten. Zugkräftiger war von Sodens Argument, daß es zur Leistungskontrolle bislang kaum bessere Instrumente als die Semesterprüfung gebe. Am Ende ging es um unterschiedliche Begabungs- und Erziehungskonzepte. Von Soden setzte nicht auf Vertrauen und Freiheit, sondern auf Autorität und Kontrolle: „serienweises und satzungsmäßiges Vertrauen ist für mich Unsinn."[272]

---

270 HH-A: H. Haerten, Studienstiftung, S. 81; „Paeckelmann und Schairer hätten wohl am liebsten mit einer Universität ohne Professoren zu tun gehabt." Ebd., S. 96.
271 StA WÜ RSF I 6 p 498: Prof. Dr. Frhr. Hans von Soden an StSt/Dr. Wilhelm Hoffmann, Marburg, 12.8.1929, S. 3.
272 Ebd., S. 5.

Folgen der Weltwirtschaftskrise 173

Dagegen erklärte Hoffmann in seiner Würzburger Rede auf der DSW-Tagung 1929 Vertrauen zur Grundlage aller Stiftungsarbeit: „Die Studienstiftung ist aufgebaut auf Vertrauen, vor allem auf Vertrauen zwischen den Mitgliedern und der Stiftung. Vertrauen kann man nicht geben und nicht verlangen ins Unbekannte hinein. Vertrauen ist an die menschliche Persönlichkeit gebunden und an den Zusammenhang der menschlichen Persönlichkeiten untereinander."[273] Aus von Sodens Argumentation sprach eine deutlich persönlich gefärbte Abneigung gegen die stark freiheitsbetonende, bisweilen auch recht emotionale Reformpädagogik, welche den Stil der Studienstiftung, vermittelt vor allem durch Paeckelmann und Hoffmann, so nachhaltig prägte:[274] „Ich halte es aber immer noch für einen falschen Ausweg aus der schweren inneren Not, in der wir jetzt als Erzieher stehen, daß uns Älteren die Jugend vorschreibt, wie wir sie erziehen sollen. So sehr ich mich bemühe, sie zu verstehen und sie aus diesem Verstehen zu behandeln, so müssen doch eben Ziele und Wege der Erziehung aus unserer Erfahrung gesucht (...) werden."[275]

Von Soden bat abschließend darum, dieses Schreiben als Scheidebrief zu verstehen, wenn seinen Forderungen nach Leistungskontrolle nicht nachgekommen werde. Der Fall trat nicht ein. Der Zentrale Arbeitsausschuß entschied sich für einen Kompromiß und stellte den Vertrauensdozenten frei, zusätzliche Prüfungen abzuhalten: das war keine Lösung des Problems, aber das war vielleicht gar nicht möglich, denn hier ging es auch um einen Generationenkonflikt. Von Soden war Jahrgang 1881. Seine Vorstellungen von Erziehung und Bildung waren im Wilhelminismus geprägt worden; seine mit professoralem und evangelisch-theologischem Impetus vorgetragene kategorische Pflichtethik – in seinem Schreiben wies er darauf hin, daß, wenn er es nicht als Last empfinde, Steuern zu zahlen, Studienstiftler es auch nicht als Last empfinden dürften, Leistungsprüfungen abzulegen – war letztlich mit dem reformpädagogischen Ansatz der Studienstiftung unvereinbar, der die formalisierte und immer auch bevormundende Kontrolle durch ein dialogisches und gemeinschaftliches Prinzip ersetzen wollte. Semesterbericht und Semestertreffen, Werkarbeit und Tagungsbesuch sollten für den Stipendiaten Anlaß zur Selbsterziehung durch Selbstreflexion sein, was auch bedeutete, ein mögliches Versagen in Kauf zu nehmen, da dieser Prozeß nicht zu erzwingen war.

Nicht beantworten konnte von Soden auch die Frage, ob mit seiner konventionellen Methode die Studienstiftung überhaupt die Stipendiaten erreichen konnte, die sie erreichen, fördern und bilden wollte, nämlich mündige Staatsbürger und nicht fleißige Untertanen.[276]

---

273 IfH-A WÜ: W. Hoffmann, Wichtige Fragen der Studienstiftung, S. 5
274 Vgl. z.B. Theodor Litt, ‚Führen oder Wachsenlassen'. Eine Erörterung des pädagogischen Grundproblems. Leipzig 1927; Heinz-Elmar Tenorth, Pädagogisches Denken, in: Handbuch der deutschen Bildungsgeschichte, Bd. V. Hg. von Dieter Langewiesche, dems. München 1989, S. 111–153.
275 StA WÜ RSF I 6 p 498: Prof. Dr. Frhr. Hans von Soden an StSt/Dr. Wilhelm Hoffmann, Marburg, 12.8.1929, S. 6.
276 Prof. D. Dr. Werner Richter, Staat und Student, in: Studentenwerk 4 (1930), S. 1–5: „Mit Freuden hat sich der Staat der Dresdener Einrichtungen bedient, deren vorbildliche Organisation im letzten Jahrzehnt bleibende Erfolge gezeigt hat. Die Fürsorge für die aus arbeitenden Schichten des Volkes zur Hochschule kommende Jugend wird in den nächsten Zeiten weiter auszubauen sein." IfH-A WÜ: Wilhelm Hoffmann, Die Studienstiftung des Deutschen Volkes, in: Mitteilungen des Verbandes der deutschen Hochschulen 10 (1930), H. 3/4, S. 30–32.

Hoffmann drückte das in Würzburg so aus: „Durch diesen ‚öffentlichen Geist' des Stipendiums wird es zu einer Ehrengabe gemacht, zu etwas, das den Empfänger nicht drückt, sondern adelt, nicht hemmt, sondern anspornt, und was ihm gegeben wird um des sozialen Wertes willen, der dadurch geschaffen wird."[277] Die Studienstiftung mußte sich, das ging aus von Sodens Protest hervor, gleichzeitig gegen alte autoritäre und gegen neue völkische Auffassungen von Erziehung, Bildung und Elite behaupten. Am 30. und 31. Mai 1930 tagten im Harnack-Haus in Berlin-Dahlem zum ersten Mal die Vertrauensdozenten der Studienstiftung, um ihre Rolle in der Organisation zu bestimmen und ihre Interessen in der Weiterentwicklung von Auswahl und Förderung zu benennen. Keineswegs zufällig war es der kritische Professor Hans von Soden, der das Referat über ‚Die Aufgaben des Vertrauensdozenten' hielt. Die Vertrauensdozenten Spranger, Berlin, und Litt, Leipzig, hielten große Programmreden. Die Vertrauensdozententagung, die bewußt am wichtigsten Universitätsstandort im Reich und nicht am Verwaltungssitz der Studienstiftung stattfand, stand in einem offenen Konkurrenzverhältnis zum Zentralen Arbeitsausschuß und zur Dresdner Geschäftsführung in der Formulierung der Stiftungsziele. Von Sodens Anliegen in Berlin war es, seine Kollegen auf strengste Maßstäbe zu verpflichten und die Rolle des Vertrauensdozenten im Auswahlverfahren aufzuwerten. Vertrauensdozent sei man in dreierlei Hinsicht: als Vertreter der Studienstiftung gegenüber der Universität, als Vertreter der Dozenten gegenüber der Geschäftsführung, als Vertreter der Stipendiaten gegenüber der Studienstiftung. In erster Linie aber sei der Vertrauensdozent verlängerte Hand der Kollegenschaft: eine durchaus eigenwillige Interpretation dieses Amtes, welche die Studienstiftung indirekt zum Projektionsraum professoraler Interessen erklärte.[278] Drei Aufgaben des Vertrauensdozenten erkannte von Soden: Vorprüfung der Vorsemester und Prüfung bei Aufnahme um Mitgliedschaft, Mitgliederbetreuung und Aufklärung über die Arbeit der Studienstiftung.[279]

---

277 IfH-A WÜ: W. Hoffmann, Wichtige Fragen der Studienstiftung, S. 5. Zwar lagen 1930 nur Analysen für die DaKa der DSt vor, die aber zeigten, daß zumindest die Vergabe der DaKa-Darlehen nicht nur ‚um des sozialen Wertes' willen sinnvoll, sondern für den beruflichen Aufstieg zentral war: Heinrich G. Merkel, Die berufliche Entwicklung der Darlehnsnehmer, in: Studentenwerk 4 (1930), S. 190–197: Von 1.663 Darlehnsnehmern des Jahres 1924 machten 931 (ca. 56%) 1930 Angaben zum Beruf; darunter waren 65 selbständige Ärzte, 52 Geistliche, 91 Studienräte, 11 Hochschuldozenten, 17 Hochschulassistenten, 28 leitende Direktoren, 87 höhere Staatsbeamte, mehrere Legationssekretäre, Amtsrichter, Oberförster u. ä. Hier hatte eine massive, erfolgreiche soziale Mobilisierung stattgefunden.
278 BAK R 149/238: Prof. Dr. Hans von Soden, Die Aufgaben des Vertrauensdozenten, in: Tagung der Vertrauens-Dozenten der Studienstiftung des Deutschen Volkes, Berlin-Dahlem, Harnack-Haus, 30./31. Mai 1930, StSt Nr. 180/769, S. 5–10, 5.
279 Zum Teil gab es bei den Aufnahmen gravierende Konflikte zwischen Vertrauensdozenten und Geschäftsführung, wie ein Mediziner-Fall aus einer Problemfallsammlung von 1930 zeigt: DSW/DSt/StSt, Fallberichte, Dresden, 4.11.1930: „Bei X ist die Lage insofern klarer als die Anatomie mit ihrem ungünstigen Urteil nicht allein steht, es wird auch von Prof. A. im ganzen geteilt. Der Grund der Kritik liegt bei X nicht in der Befürchtung mangelnden Niveaus, sondern darin, daß X keinerlei besondere Leistung aufzuweisen hatte, so daß der Eindruck von Unfleiß entstand. Auf Grund der Lektüre eines Teils der Semesterberichte versteht Prof. A die Haltung von X, der stark in eigener Entwicklung steht und die sekundären Wissenschaften des Vorklinikums als Hemmung empfindet, besser. Allerdings glaubt er, daß X bei dieser subjektivistischen Haltung es niemals zu guter ärztlicher Leistung bringen werde. Darauf aufmerksam gemacht, daß X erst 18 Jahre alt ist und die Möglichkeit der Entwicklung noch vollständig offenstehe, erklärt Prof. A, daß ihm diese jugendpsychologische Vorstellung vollständig fremd sei."

Dies könne nur von einem einzigen Vertrauensdozenten pro Universität geleistet werden, dem in den Fakultäten Fachvertrauensdozenten als Fachgutachter beratend zur Seite stehen könnten. Der Vertrauensdozent müsse ferner auch Einfluß auf die personelle Besetzung der Stelle für Einzelfürsorge im lokalen Wirtschaftskörper haben. Das war ein Bild des Super-Vertrauensdozenten als ämterschwerem Statthalter, der von der Höhe seines Lehrstuhls aus alle studienstiftungsrelevanten Entscheidungen an seine Person band, weit entfernt vom Konsens-, ja sogar vom Kollegialprinzip, und der die Dresdner Geschäftsstelle bestenfalls als externes Sekretariat für eigene Amtsgeschäfte betrachtete.

Dann kam von Soden zu den Auswahlmaßstäben. Ziel der Studienstiftung sei ‚Hochbegabten'-Förderung, daher müsse man auch ‚Hochbegabte' auswählen, was nur durch unablässig wiederholte Prüfungen möglich sei. Ohne dem emanzipatorischen Programm der Studienstiftung explizit zu widersprechen, setzte er den Akzent stärker auf die Elitenbildung: „Eine hundertprozentige Auslese ist nicht möglich, so viel Hochbegabte gibt es nicht (...). Wir müssen unter diesen 100% einen nicht ganz geringen Prozentsatz mitnehmen, der nicht zur Hochbegabung im schärfsten Sinne des Wortes gehört (...). Die absolute gute Tüchtigkeit hat (...) auch einen Anspruch auf Förderung, es ist kein Unglück, wenn wir diese Menschen mitnehmen."[280]

Anschließend kam von Soden zu den Prüfungen, seinem Hauptanliegen. Diesbezüglich stellte er die vom Zentralen Arbeitsausschuß als Kompromiß angebotene Kann-Regelung zusätzlicher Semestralprüfungen als Regelfall vor: „Man kann wohl sagen, daß die Maßstäbe des Gebührenerlasses, zwei Zeugnisse verschiedener Dozenten, unbedingte Mindestforderungen für die Mitglieder der Studienstiftung sind (...): einmal mit Rücksicht auf die anderen Studenten (...), dann mit Rücksicht auf die Dozenten, die irgendwie wissen müssen, wie man die Sache macht."[281] Seine Pressionspolitik vom Sommer 1929 hatte also Erfolg gehabt: Die Studienstiftler „sind schon durch die Aufnahme (...) bevorrechtigt, bevorrechtigt in dem schönen Recht, von den Dozenten etwas mehr geprüft zu werden."[282] Angesichts solcher Strenge gegenüber den Stipendiaten konnte es nicht verwundern, daß der auf Distanz und Förmlichkeit bedachte von Soden skeptisch gegenüber jeder Form der Gemeinschaftsbildung unter Studienstiftlern war: „meines Erachtens (kann) die Erziehung im Sinne eines bestimmten Gemeinschaftstyps nicht Aufgabe der Studienstiftung sein. Diese Hochbegabten sind so differenziert, daß man sie nicht auf einen Gemeinschaftstyp bringen kann."[283] So Recht von Soden mit dieser Feststellung des stipendiatentypischen Individualismus hatte, so vollkommen ignorierte er das auch unter Studienstiftlern weit verbreitete Bedürfnis nach Anschluß an die jugendtypischen Gemeinschaftsformen, wie es sich in Löwenberg, Saarow und Neusorge gezeigt hatte. Von Soden argumentierte mit Begriffen und Maßstäben der Vorkriegszeit: „Von höchstem Wert erscheint es mir, daß dies (die Auswahl, d. Verf.) nicht in irgendwelchem Parteiwesen geschieht. Es ist der Studienstiftung möglich gewesen, bis jetzt streng unpolitisch zu arbeiten; es wird nicht sehr viele Stellen in Deutschland mehr geben, wo das möglich ist."[284]

---

280 BAK R 149/238: Prof. Dr. Hans von Soden, Die Aufgaben des Vertrauensdozenten, S. 6.
281 Ebd., S. 7.
282 Ebd.
283 Ebd., S. 8.
284 Ebd., S. 10. Auch aus dieser Abneigung gegen ‚das Politische' resultierte eine Motivation zur Widerständigkeit von Akademikern wie von Soden gegen Nationalsozialismus und Nationalsozialisten.

Konsens war das auch unter von Sodens Kollegen nicht: teilweise wehrte man sich in der folgenden Diskussion gegen die aus so exzessiven Prüfungen resultierende Mehrarbeit, teilweise widersprachen vor allem jüngere Kollegen der Tendenz einer Trennung von Studienstiftung und Gesellschaft.[285] Am Ende blieb es jedem Vertrauensdozenten selbst überlassen, seine Stellung und das Maß seines Engagements zu definieren.

Von anderer Qualität waren die Grundsatzreden von Spranger und Litt. Sprangers Problemaufriß stand in der Kontinuität eigener Beschäftigung mit dem Thema seit seiner Schrift über ‚Begabung und Studium' aus dem Jahr 1917, die erstmalig Begabungsformen und -typen analysiert hatte. Zunächst versuchte Spranger, das Förderungsziel der Studienstiftung durch Abgrenzung von herkömmlichen Stiftungen zu umreißen: „nicht der gute Examenskandidat, nicht der Mann, der gute Universitätszeugnisse erringt, ist das Ideal, sondern es handelt sich um ein wesentlich Unbestimmteres."[286]

Diese Unbestimmtheit sei die Signatur der gesellschaftlichen und wissenschaftlichen Situation der Gegenwart. Daher müsse die Studienstiftung an der Förderung von leistungsfähigen Persönlichkeiten interessiert sein, die verantwortungsbewußt dieser Herausforderung begegnen können, sich selbst lohnende Ziele zu setzen: „Wir meinen erstens den sich verantwortlich fühlenden Menschen, zweitens einen geistig produktiven Menschen (...) und wir erwarten drittens einen Menschen, der einen Beruf in sich fühlt, nicht nur vor sich oder gar außer sich fühlt."[287]

Verantwortung war für Spranger nicht allein kollektive Verantwortung gegenüber Volk und ‚Volkstum', sondern individuelle Verantwortung vor dem sittlichen Gewissen. Geistige Produktivität sei zwar in erster Linie, aber nicht allein wissenschaftlich-intellektuell. Spranger wünschte sich Raum für Lebensoffenheit und -kenntnis. Dann bekäme die Begabtenförderung Sinn, wenn ein Kandidat glaubhaft machen könne, was er mit seiner Begabung anfangen wollte. Begabtenförderung sei immer eine Pflicht der Öffentlichkeit gegenüber dem Individuum, daraus lasse sich aber kein Anspruch ableiten. Das war, abgesehen von dem Verzicht auf das Volk als Schöpfungsordnung und Daseinszweck, unstrittig, zu den Problemen der Begabtenförderung kam Spranger im Zusammenhang mit Diagnostik und Prognostik:

> „Malen wir uns aus, daß uns die Aufgabe gestellt worden wäre, im Jahre 1769 über Goethe eine durchaus sichere Prognose abzugeben oder im Jahre 1835 über Otto von Bismarck. Ich glaube, die Studienstiftung hätte sich trotz ihrer glänzenden Methoden irren müssen, vielleicht gerade deswegen, weil in diesen Naturen ein solcher Reichtum war, daß sie sich in kein Zensurenschema hineinfügen konnten."[288]

Rationalisierung des Verfahrens sei notwendig, aber stets eine vom *common sense* und der Erfahrung geleitete, die nicht in Psychotechnik und Volkspädagogik abgleite. Spranger nannte vier Typen von ‚Hochbegabten': die durch Begabtenprüfungen an die Universität gekommenen Erstakademiker, die stark einseitig Veranlagten, die Lebenspraktischen und diejenigen mit geniehaften Zügen. Bei jedem Typus gleiche Maßstäbe anlegen zu wollen, empfand Spranger als eine Form höherer Ungerechtigkeit. Die Erstakademiker seien führungsbedürftiger als alle anderen,

---

285 BAK R 149/238: Prof. Dr. Hans von Soden, Die Aufgaben des Vertrauensdozenten, S. 11 ff.: Aussprache.
286 Eduard Spranger, Probleme der Begabtenförderung, in: Studentenwerk 4 (1930), S. 165–181, 166.
287 Ebd., S. 167.
288 Ebd., S. 170 f.

die Einseitigen bedürften der Anregung zu einer Verbreiterung ihrer Interessen, die Praktiker der theoretischen Schulung, die Genies der Einbindung zur Verhinderung von Isolation. Was Spranger hier skizzierte, war keine Kontroll-, sondern eine Erziehungsaufgabe:

> „Die fortlaufende Kontrolle während des Studiums ist mir (...) eine höchst unsympathische Sache. Man versetze sich in diese Jahre zurück. Wir, die wir größtenteils mit innerer Anteilnahme studiert haben, hätten am Schluß jedes Semesters etwas in der Hand haben sollen, was uns über den Erfolg dieses Semesters ausweisen konnte. Ich wäre dazu nicht in der Lage gewesen, und diejenigen Semester, wo ich es gekonnt hätte, waren die monotonsten Semester, in denen man tat, was man mußte, und innerlich nicht viel weiterkam."[289]

Das war so großzügig wie praktisch undurchführbar angesichts knapper werdender Mittel.[290] Dem Referenten war das auch klar, es ging ihm aber um die Akzentsetzung einer betont freiheitlichen Pädagogik, in der Begriffe wie Reifung und Erfahrung eine wichtige Rolle spielten. Gemeinschaftsbildung in der Studienstiftung lehnte auch Spranger ab, sie war ihm elitenverdächtig: „Denn ich frage: worin sollen sie (die Studienstiftler, d. Verf.) sich eigentlich als Gemeinschaft fühlen? Dabei ist mir schon verdächtig das ‚sollen'; denn wenn sich ein Kreis als Gemeinschaft fühlen soll, so ist das eine gefährliche Sache."[291]

Daß hier Fragen offen blieben, machte das Korreferat von Theodor Litt klar. Was Spranger überzeugend und bezüglich seiner auf Lebenserfahrung beruhenden Typologie sogar wegweisend vorgebracht hatte, war ein organisches, ganzheitliches Bildungsideal, das Goethes ‚Wilhelm Meister' näherstand als der Bildungswirklichkeit von 1930. Daher betonte Litt in großem Respekt vor Sprangers Motiven die Notwendigkeit eines „Mut(s) zur Entscheidung, und zwar, was besonders hervorzuheben ist, auch zur negativen Entscheidung, d.h. zur eventuellen Ablehnung des Anwärters."[292] Litt konnte hier auf seine eigene Schul- und Hochschulerfahrung verweisen, wenn er angesichts der Vermassungskrise an den Universitäten vor Entscheidungsschwäche gegenüber schwachen Kandidaten in Schule und Universität warnte: „Ich brauche hier nicht anzuführen, wie viele Mächte unseres öffentlichen Lebens die Umwandlung der Universität in eine Bildungsstätte des Durchschnittlichen und Unterdurchschnittlichen (...) Vorschub leisten. Eben weil ihrer so viele sind, tut die gesammelte Abwehr aller derer Not, die die Gefahren dieser Trivialisierung des Hochschulunterrichts sehen."[293]

---

289 Ebd., S. 177 f.
290 StA WÜ RSF I 6 p 453: DSW/StSt an WiKö, Dresden, 11.11.1930: „Die einzige Möglichkeit, auf der einen Seite bei unseren Bewilligungen den Rahmen unserer Etatverhältnisse nicht zu überschreiten, auf der anderen Seite aber dem oft gerade von Seiten der Wirtschaftskörper geäußerten Wunsche, unsere Bewilligungssätze nicht noch weiter herunterzusetzen, entgegenzukommen, schien uns darin zu liegen, daß wir in jedem einzelnen Falle noch einmal strengstens prüften, ob den Eltern nicht ein erhöhter Zuschuß zugemutet werden kann. Wir haben diese Prüfung durchgeführt und glauben, an die Grenze des Möglichen gegangen zu sein. Gerade in dieser Frage wenden wir uns an Sie mit der Bitte, auf die Mitglieder zu wirken, daß sie nichts unversucht lassen, ihre häuslichen Zuschüsse möglichst hoch zu halten. Wir betonen ausdrücklich, daß wir wissen, daß unsere Mitglieder nicht mit weniger Geld auskommen können, als sie jetzt erhalten und daß es bei der Herabsetzung der häuslichen Zuschüsse darum geht, daß die veränderte Finanzlage der Studienstiftung uns nur noch den Ausweg läßt, den Angehörigen unserer Mitglieder eine erhöhte wirtschaftliche Belastung zuzumuten."
291 E. Spranger, Probleme der Begabtenförderung, S. 179.
292 Theodor Litt, Zur Auslese der Begabten, in: Studentenwerk 4 (1930), S. 181–185, 181.
293 Ebd., S. 183.

Das sagte der Vertreter einer emanzipatorischen Reformpädagogik, der zugleich seine Kollegen vor Abgehobenheit und Betriebsblindheit warnte: „Der Weg über Promotion und Habilitation zur Professur verläuft vielfach allzu weit abseits von der Wirklichkeit des tätigen Lebens."[294] Von den Vertrauensdozenten der Studienstiftung sei mehr Interesse für die Lebensumstände ihrer Stipendiaten zu erwarten, dann bekämen Semesterprüfungen, die in Gesprächsform abgehalten würden, auch einen völlig anderen Charakter: „diese gelöste Form der ‚Prüfung' lernt sich nicht von heute auf morgen, keinesfalls aber in der ausschließlichen Beschäftigung mit Gegenständen von gelehrtem Charakter."[295]

Diesen Ordnungsruf zurück zur Realität unterstützen die Ausführungen von Hans Sikorski im ‚Studentenwerk' zum Thema ‚Überfüllung der Hochschulen und Begabtenförderung'. Er wehrte sich gegen die durch eine Mittelkürzung bei der Begabtenförderung sich verschärfende soziale Ungleichheit in der Zusammensetzung der Studentenschaft. Nach der Entwicklung komplizierter Auswahlverfahren das Auswahlproblem einfach auf finanzielle Weise zu lösen, sei nicht nur ungerecht gegenüber jedem einzelnen betroffenen Studenten, sondern auch volkswirtschaftlich und bildungspolitisch kurzsichtig, weil man sich auf diese Weise um zukünftige gesellschaftliche Führungskräfte bringe: „Die Forderung (...) kann nur lauten: trotz Überfüllung und wegen Überfüllung der Hochschulen Förderung charakterlich und wissenschaftlich wirklich tüchtiger junger Menschen auch aus unbemittelten Volksschichten."[296] In seltener Deutlichkeit formulierte Sikorski auch den Zusammenhang zwischen Arbeitsmarktlage und Überfüllungskrise an den Universitäten: „Sicherlich befinden sich unter den 125.000 deutschen Studierenden viele, die nicht Neigung und Eignung, sondern falsche Motive zum Hochschulstudium getrieben haben. Trotzdem muß einmal mit aller Deutlichkeit festgestellt werden, daß die Kategorie derjenigen Studierenden wesentlich größer ist, die aus reiner Verlegenheit ein Studium begonnen haben."[297]

---

294 Ebd., S. 184.
295 Ebd., S. 185.
296 Hans Sikorski, Überfüllung der Hochschulen und Begabtenförderung, in: Studentenwerk 4 (1930), S. 185–189, 189.
297 Ebd., S. 186. Bestreitbar war die politische Forderung, die er daraus ableitete: „Die wachsende Einengung des Lebensraumes des deutschen Volkes, durch außenpolitische Tatsachen hervorgerufen, durch innenpolitische und wirtschaftspolitische Momente verstärkt, macht sich auf diesem Gebiet (der akademischen Berufschancen, d. Verf.) verhängnisvoll bemerkbar. Es muß mit Entschiedenheit gefordert werden, daß die Reichsregierung bei allen außenpolitischen Verhandlungen stärker als bei den bisherigen Reparationsverhandlungen auf diese verzweifelte Situation der jungen Generation hinweist." Ebd., S. 187.

d) Sparzwänge, Selbstdarstellung und die ‚Aufstiegsförderung' des DSW

Wilhelm Hoffmanns Rechenschaftsbericht für das Jahr 1930, weitgehend identisch mit dem Bericht der Wirtschaftshilfe 1928–1931, der nun unter dem Titel ‚Das Deutsche Studentenwerk' erschien,[298] hatte mehr mit Sikorskis Teilanalyse studentischer sozialer Realität als mit der Programmatik von Spranger zu tun.

Zu einem Zeitpunkt, zu dem mit den Examen der ersten Stipendiatengeneration die ersten Erfolge der Förderung erkennbar wurden, geriet die Studienstiftung in Zusammenhang mit den Auswirkungen der Weltwirtschaftskrise zunehmend in Finanznot.[299] Zusätzlich verschärften sich die latent schon seit 1925 vorhandenen Spannungen mit einigen Wirtschaftskörpern, die für die lokale Abwicklung der Stipendien zuständig waren, dies aber als Eingriff in ihre Selbstbestimmung sahen, teilweise auch Vorbehalte gegen die vermeintliche Privilegierung der Studienstiftler hatten.[300]

Im August 1930 war ein Rundschreiben an alle Stipendiaten herausgegangen, welches auf die einschneidenden Sparbeschlüsse der Reichsregierung, die Brüningschen Notverordnungen, verwies, die sich auch auf die Studienstiftung auswirkten:[301]

> „Sie werden wissen, daß die Studienstiftung durch die Notverordnung der Reichsregierung außerordentlich hart betroffen wurde. Wir haben uns daher genötigt gesehen, unsere Mitglieder zu bitten, mehr als bisher alle zur Verfügung stehenden Mittel zur Finanzierung des Studiums heranzuziehen und vor allem die elterlichen Zuschüsse weitgehend zu erhöhen. Wir sind uns dabei wohl bewußt, daß sich die Finanznot auch in den Familien der Studienstiftler sehr fühlbar macht. Wenn wir uns dennoch dazu entschlossen haben, an unsere Mitglieder diese Bitte zu richten, so geschieht das in der Erwartung, daß Sie unserer außergewöhnlich schwierigen Lage Verständnis entgegenbringen und zum Mittragen der gemeinsamen Not sich nach Kräften bereitfinden werden."[302]

---

298 Das Deutsche Studentenwerk. Wirtschaftshilfe der Deutschen Studentenschaft 1928–1931. Berlin/Leipzig 1931, S. 52–68, 101–102. Hier auch ein Bericht über die Neuzusammensetzung des ZA, S. 54.
299 Vgl. H.A. Winkler, Weimar, S. 374 ff., F. Blaich, Der Schwarze Freitag, S. 91 ff.; Harold James, Deutschland in der Weltwirtschaftskrise 1929–1936. Stuttgart 1988.
300 Wolfgang Paeckelmann an Wilhelm Schlink, Kassel, Pfingsten 1930, zit. nach HH-A: H. Haerten, Studienstiftung, S. 103 f.: „Ich habe bald (...) gefunden, daß diese Liebe (zur Studienstiftung, d. Verf.), die wir alle hatten, Feinde heraufrief. Immer größer wurde die Eifersucht in den Wirtschaftskörpern, besonders bei vielen Geschäftsführern. Hier entstand ein Werk, das zum großen Teil ihrem Einfluß entzogen war, und Einfluß zu haben, erfordert schon die äußere, die wirtschaftliche Stellung dieser Herren. Wie oft ist (...) gespöttelt worden über (...) Professoren, die Stipendien verteilen und sich so als Mäzene vorgekommen seien. Viel schlimmer ist es bei diesen (...), die gar nichts anderes zur Hebung ihres Selbstgefühls haben als diese Einbildung, daß so viele Studenten zu ihnen kommen und um eine Unterstützung bitten müssen."
301 Zur Notverordnungspolitik Brünings im Sommer 1930 E. Kolb, Die Weimarer Republik, S. 125–128.
302 StA WÜ RSF I 6 p 453: StSt, RS 144/155, Dresden, 19.8.1930.

Konkret hieß das: Reduzierung der Beihilfen, von Stipendien konnte schon längst keine Rede mehr sein, auf zwei Drittel bei Vorsemestern, schärfere Auswahl und Ausscheidung. Durchschnittlich hatte sich schon 1928/29 gegenüber 1929/30 die für das einzelne Mitglied aufgewandte Jahresbeihilfe um mehr als RM 150 verringert.[303]

Wiederum wurde die Grundversorgung der Stipendiaten in Frage gestellt, wie die bis Ende 1930 rasant ansteigende Zahl von Bitten um Sonderbewilligungen zeigte:[304]

> „Sonderanforderungen: sehr schwierig gestaltete sich auch die Bearbeitung der Mitglieder-Haushaltspläne. Von den Sonderanforderungen haben wir Wintermäntel nur bewilligen können, wenn außer der allgemeinen Dringlichkeit noch eine besondere Notlage gegeben war, wie z.B. schlechter Gesundheitszustand (...). Hinsichtlich dieser Bewilligungen waren wir bei den Studentinnen etwas weniger streng. Anzüge haben wir nur in den Fällen bewilligt, wo die Dringlichkeit sich aus unseren Unterlagen einwandfrei ergab. Wo es uns irgend möglich erschien, daß der Betreffende auch ohne diese Anschaffungen auskommen oder anderweit Mittel aufbringen könnte, haben wir diesen Betrag gestrichen."[305]

---

[303] StA WÜ RSF I 6 p 453: DSW/StSt, Sitzung des ZA vom 11.–13. März 1930: Übersicht über die Ausgaben der Studienstiftung in den Jahren 195/26–30/31. Durchschnittsbetrag für einen Unterstützten: SS 1925/WS 1925/26: RM 658; SS 1926/WS 1926/27: RM 796; SS 1927/WS 1927/28: RM 971; SS 1928/WS 1928/29: RM 1.160; SS 1929/WS 1929/30: RM 990 (zum WS 1929/30 hatte eine pauschale Kürzung des Monatswechsels um RM 10 stattgefunden). Der Gesamtbetrag aufgewendeter Mittel betrug RM 5.083.500, davon entfielen RM 895.760 auf die Darlehnskasse.

[304] Andererseits bemühte man sich, die sozialen Härten gerade in den Ferien aufzufangen: StA WÜ RSF I p 453: DSW/DSt/StSt an die WiKö, Dresden, 19.7.1930: „Der Wirtschaftskörper Marburg teilt uns mit, daß er in den Ferien Plätze im Carl-Duisberg-Haus für Mitglieder der Studienstiftung zur Verfügung stellen kann. Es handelt sich hauptsächlich um die Monate September und Oktober, in denen Mitglieder der Studienstiftung zu einem Vorzugspreise von monatl. RM 25 für Wohnung, Wäsche, Bedienung und Licht, aufgenommen werden können. Die Lage Marburgs, insbesondere des Carl-Duisberg-Hauses, ist so günstig, daß ein Aufenthalt dort wie ein Erholungsaufenthalt betrachtet werden kann."

[305] StA WÜ RSF I 6 p 453: DSW/StSt an die WiKö, Dresden, 11.11.1930.

Auch die ab April 1930 eintretende, stärkere Unterscheidung zwischen einer Abteilung A und einer Abteilung B, welche die Vorsemester-Mitglieder-Einteilung ablöste, diente der Einsparung, da die Ausscheidungsquote im Übergang von der Grund- zur Hauptförderung auf diese Weise drastisch heraufgesetzt wurde.[306]

Ferner sah sich die Geschäftsführung gezwungen, die Examenskandidaten der neuen Abteilung B zur Eile anzuhalten[307] und einen ganzen Aufnahmetermin im Herbst 1930 zu überspringen.[308] Damit war ein großer Teil des Abiturjahrgangs 1930 um die Aufnahmechance gebracht worden. Das war angesichts der Erfolgsbilanz des ersten Abschlußjahrgangs, zu dem auch Klaus Mehnert (phil.) und Günther Bornkamm (theol.) gehörten,[309] um so schmerzlicher: trotz unterschiedlicher Benotungsarten in den Fächern schlossen in absoluten Zahlen in der ‚Gruppe 1' der ausgezeichneten und sehr guten Bewertungen 176 Studienstiftler ab, davon 40 mit ausgezeichnet, in der ‚Gruppe 2' mit gutem Abschluß waren es 136; in der ‚Gruppe 3' der befriedigenden Leistungen 28, nur 14 gehörten mit der ‚Gruppe 4' zu den Absolventen mit genügenden Abschlüssen. Hoffmann verstand das vor allem als Herausforderung für die Zukunft, einen so hohen Standard

---

306 StA WÜ RSF I 6 p 453: DSW/StSt an die WiKö, Dresden, 26.4.1930: „Die wesentliche Neuerung der Abteilung A liegt darin, daß die Aufnahme nur für höchstens 3 Semester erfolgt und daß jedes Vorsemester nach dieser Zeit gänzlich ausscheidet. Für eine Bewerbung um Aufnahme in die Abteilung B, die Abteilung der Mitglieder, steht der früher als Vorsemester Aufgenommene jedem anderen Studenten gleich. Es muß also eine völlig neue Bewerbung eingereicht werden. Die Angehörigen der Abteilung A, die weiter unter der Bezeichnung Vorsemester geführt werden, erhalten in Zukunft nicht mehr einen Monatswechsel, sondern ein ‚Semesterstipendium', das je nach der Vermögenslage des Betreffenden auf einen Bruchteil in Fünfteln festgesetzt wird. Die Höhe dieses Stipendiums soll erheblich unter dem bisherigen Semesterzuschuß liegen. Diese Maßnahme soll die Vorsemester einesteils zur größtmöglichen Anspannung ihrer eigenen Selbsthilfekräfte und zur weiten Heranziehung ihrer häuslichen Zuschüsse zwingen, andererseits der außerordentlich schwierigen Wirtschaftslage der Studienstiftung gerecht werden. Die Bewilligung der Beihilfen erfolgt in der Weise, daß jedes Vorsemester (...) einen Wirtschaftsplan in zwei Exemplaren ausfüllt, worin er seine Wirtschaftslage darlegt. Einen Antrag der Höhe nach stellt er nicht. Der Wirtschaftskörper behält das andere. Daraufhin wird von der Zentrale das Semesterstipendium festgesetzt und vom Wirtschaftskörper in einem mit dem einzelnen Vorsemester zu vereinbarenden Plane ausgezahlt. Es soll dabei möglichst an der monatlichen Auszahlung festgehalten werden, da sonst am Ende des Semesters erhebliche Finanzschwierigkeiten auftreten können." Das war nicht nur restriktiver und komplizierter, sondern beschleunigte auch nochmals das ‚Gutachtenkarussell'.

307 StSt-A Bonn: Merkblatt der Studienstiftung ‚Studiendauer', Dresden, 5/1931: „Es wird (...) im Laufe des ersten Semesters nach der Aufnahme als Mitglied – nicht auch als Vorsemester – im Einvernehmen mit den Mitgliedern, mit den Vertrauensdozenten und dem Wirtschaftskörper ein Termin festgesetzt, bis zu dem das Studium voraussichtlich beendet sein kann. Dabei wird von der an den betreffenden Hochschulen normalen – nicht kürzesten – Studienzeit ausgegangen, die für die jeweils vorliegenden Studienfächer gilt. Die Besonderheiten des Einzelfalles werden berücksichtigt. (...) Die Studienverlängerung bedarf (...) der Zustimmung der Studienstiftung. Diese ist durch einen ausreichend begründeten Antrag so rechtzeitig bei der Studienstiftung anzufordern, daß im Falle der Ablehnung noch die Möglichkeit besteht, das Studium auch ohne Verlängerung zu Ende zu führen."

308 StA WÜ RSF I 6 p 453: Aktennotiz ‚ZA-Herbstsitzung 1930'. Die ZA-Sitzung fand nur in verkleinerter Runde statt; u. a. wurde über den Aktengang vom Vorprüfer zur Geschäftsstelle zum Vertrauensdozenten beraten.

309 StA WÜ RSF I 6 p 453: Liste ‚Abschlüsse aus den Jgg. 1925/26'.

zu halten. Im August 1930 hatte die Dresdner Geschäftsführung erstmalig in einem Rundschreiben an die ehemaligen Stipendiaten darum gebeten, doch den Kontakt aufrechtzuerhalten. Das war ein wichtiger Schritt zu einer Traditionsbildung der Studienstiftung:

> „Zum ersten Male seit Bestehen der Studienstiftung geht ein Rundschreiben an Sie, die Sie Ihr Hochschulstudium abgeschlossen haben. Mit besonderer Freude lesen wir die immer wieder eintreffenden Berichte des einen oder anderen von Ihnen, der uns vom Ergehen nach dem Studium, vom Beruf und seiner sonstigen Lage erzählt. Der Kreis der Mitglieder, die ihr Studium abgeschlossen haben, beginnt, innerhalb unserer Arbeit mehr und mehr eine selbständige Gruppe zu werden. Die Verbundenheit mit dem Werke der Studienstiftung gibt allen ein Gemeinsames, welcher Art es letzten Endes auch sein mag. Wir erleben das in unserer täglichen Arbeit immer wieder. Es ist aber wohl jetzt noch nicht an der Zeit, Pläne über die Form einer Zusammenfassung für diesen Kreis zu schmieden. Dazu ist schon die Anzahl dieser Mitglieder noch nicht groß genug (...). Wollen Sie uns bitte – soweit das nicht in einzelnen Fällen schon geschehen ist – schreiben, wo Sie in Ihrem Berufe stehen, welche Pläne und Aussichten Sie haben und wo Sie neben Ihrem Berufe noch arbeiten. Interessieren würde uns auch zu erfahren, wie sich Ihre wirtschaftliche Lage jetzt gestaltet."[310]

In der Selbstdarstellung nach außen übte man sich in Streitkultur. Kurt Hirche, cand. rer. pol. in Berlin, sprach sich in seinen widersprüchlichen ‚Gedanken über die Studienstiftung' aus der Stipendiatenperspektive einerseits gegen gemeinschaftsbildende und ‚volksgemeinschaftliche' Funktionalisierungen der Stiftung aus.[311] Einerseits plädierte Hirche für eine nochmalige Ausweitung der gezielten Förderung eines breiteren Hochschulzugangs,[312] was angesichts der Finanzlage nicht nur der Studienstiftung und der Vermassungskrise an den Universitäten recht unrealistisch erschien; andererseits lehnte er eine stärkere Einbindung der Studienstiftler in die praktische Sozialarbeit ab. Einerseits verwahrte sich Hirche gegen eine Ideologie der Studienstiftung, andererseits vermißte er sie. Einerseits forderte er Unmögliches, andererseits rannte er offene Türen ein: „Darum besteht auch für mich kein Zweifel, daß diese soziale Verpflichtung zu einer an den Einzelnen gerichteten Organisationsforderung zu machen ist! Die innere, doppelte Verpflichtung des Studienstiftlers (...) genügt nicht. Sie ist durch bewußte soziale Erziehungspolitik seitens der Leitung und durch Herantragen konkreter Forderungen äußerlich sichtbar zu machen."[313]

---

310 StA WÜ RSF I 6 p 453: DSW/DSt/StSt an Ehemalige, Dresden, 21.8.1930.
311 Kurt Hirche, Gedanken über die Studienstiftung, in: Studentenwerk 4 (1930), S. 132–138: „Aber man sagt, die Studienstiftung sei heute ‚eine Chance zur Volksgemeinschaft'. Illusionen! Man sei sich doch im klaren: die Voraussetzungen einer Arbeit für dieses Ziel sind für sie nicht vorhanden." S. 133.
312 Kurt Hirche, Gedanken über die Studienstiftung, in: Studentenwerk 4 (1930), S. 134: „Die ‚Studienstiftung des Deutschen Volkes' hat ihre vornehmste Aufgabe darin zu suchen, in erster Linie die Angehörigen der breiten Volksschichten auf die Hochschule zu bringen!"
313 Ebd., S. 137.

Möglicherweise zeigte Hirches Artikel deutlicher, als das den Vertretern der Studienstiftungsleitung bewußt war, daß jedenfalls dieser Stipendiat in der Studienstiftung ein erzieherisches Defizit empfand.[314] Eventuell waren die liberalen und reformerischen Prämissen von Spranger, Becker, Litt, Nohl und Paeckelmann insofern zu hoch angesetzt, als sie dem einzelnen, mit der Universität und seinen persönlichen sozialen Verhältnissen kämpfenden Stipendiaten zu viel Selbsterziehung zumuteten und zu wenig praktische Orientierungshilfe gaben. Vielleicht war es ja das, was Hirche wollte: keine Ideologie, welche eintönig die hehren Ziele der studentischen Selbsthilfe kanonisierte, sondern eine praktische, erzieherische Handreichung bei der schweren Aufgabe, sich selbst Ziele zu setzen, für die der Einsatz lohnt, zum Beispiel die Mitarbeit bei der Bildungsemanzipation traditionell bildungsferner Schichten.

Die Jugendbewegung hatte erreicht, daß Jugendliche ihr Anrecht auf eine eigene, vom Habitus der Erwachsenen verschiedene Sphäre erhielten und ausleben konnten. Doch gerade die Spielart liberaler Reformpädagogik, die sich in der Studienstiftung auswirkte, setzte im Gegensatz zur alten autoritären Pädagogik nicht nur formal-äußerlich, sondern grundsätzlich selbständig und kritisch Denkende und Entscheidende voraus: Menschen, die sich, in Karl Jaspers Begriffen, selbst einen Lebensauftrag erteilten, und das mit knapp zwanzig Jahren. Anders gesagt: immerhin für einige grenzte es an Überforderung, zu dieser Elite zu gehören, die sich selbst erst erfinden mußte. Da hatten es die in Gesellschaft, Politik und Wirtschaft, in Kultur und Wissenschaft ja noch keineswegs verdrängten alten Eliten wesentlich leichter, da ihre Legitimation in der Vergangenheit, nicht in der Zukunft lag. Der Elitenwechsel zum Bruch der Elitenkontinuität bürdete hier seinen Protagonisten ein Höchstmaß an sozialem Streß auf, und zwar materiell wie ideell.[315]

Aufschlußreich waren auch die im ‚Studentenwerk' gedruckten Erwiderungen auf Hirche. Neben einer sehr abgewogenen Kritik an Hirches Widersprüchen, deren schon älterer Verfasser aber Hirches sozialen Idealismus durchaus zu würdigen wußte,[316] bekam Hirche auch eine intellektuelle ‚Retourkutsche' von einem Mitstipendiaten:

> „es (muß) auch abgelehnt werden, aus der Zugehörigkeit zur Studienstiftung eine höhere Verantwortung ihrer Mitglieder zu folgern. Die Verantwortung dem Volk gegenüber ist für alle Studenten die gleiche, sie bemißt sich bei niemandem nach der Höhe der Mittel, die direkt von den Organen des Volkes zugeführt werden. Die logische Folgerung des diesbezüglichen Gedankenganges in dem Aufsatz Hirche hieße: jeder, der außerhalb der Stiftung steht, trägt unserem Volk gegenüber geringere Verantwortung und Verpflichtung. Ich würde es merkwürdig empfinden,

---

314 Wilhelm Hoffmann erkannte das Problem durchaus, doch hielt auch er die erzieherische Wirkung von Vertrauensdozent, Semesterbericht und Tagung für ausreichend: Staatsbibliothek Preußischer Kulturbesitz: Wilhelm Hoffmann, Aus der Arbeit der Studienstiftung des Deutschen Volkes, in: Zehn Jahre Markelstiftung 1920–1930. Hg. v. Vorstand. Stuttgart 1931, S. 85–93, 92 f.: „Man könnte sich ja denken, daß eine Einrichtung, der so viel freier Geist eigen ist wie der Studienstiftung, in liberalster Weise sich auf Auswahl und Geldhingabe beschränkt und sich im übrigen nicht ihrer Schützlinge annimmt. Aber das widerspräche dem Geist der Studienstiftung, wie ich ihn darzustellen suchte, ebenso wie der Tatsache, daß Aufgaben pädagogischer Natur einfach an sie herantreten. Man denke an die Zusammensetzung der Studienstiftung und an die Lage der heutigen Studenten, man denke aber auch daran, daß die Studienstiftung immer wieder Rechenschaft ablegen muß über ihre Arbeit."
315 Hans Sikorski, Bemerkungen zur Entwicklung des Hochschulstudiums, in: Studentenwerk 4 (1930), S. 280–287, mit Zahlen zur Überfüllungs- als Mittelstandskrise.
316 Dr. Johannes Klein, (Zu K. Hirche), in: Studentenwerk 4 (1930), S. 245–247.

wenn mir jemand nach Ausscheiden aus der Studienstiftung erklären würde, ich sei jetzt um ein gut Teil Verantwortung dem Volk gegenüber leichter geworden."[317]

Das war verbale Florettfechterei, zwar gescheit, aber auch ein wenig schäbig, was einmal mehr auf die in der Studienstiftung zu Tage tretenden Erziehungsdefizite schließen ließ. Der menschliche Umgang unter Stipendiaten war nicht nur wenig gemeinschaftlich, sondern häufig indifferent, manchmal geradezu feindselig.[318] Der durch die Auswahl- und Förderungspraxis auch noch verstärkte, kompetitive Individualismus mochte das erklären; zu entschuldigen war es bei jungen Erwachsenen, denen man im Hinblick auf den Dienst an der Gemeinschaft ein hohes Maß an Selbstentscheidungsfähigkeit zugestand, kaum. Paeckelmann und Hoffmann entging das nicht, um so mehr versuchten sie, durch die Betonung der Gemeinschaftsverpflichtung vorsichtig erzieherisch auf die Stipendiaten einzuwirken.[319] Auch Professor Dr. Wilhelm Schlink, Vertrauensdozent an der TH Darmstadt, und Reinhold Schairer von der Dresdner Geschäftsführung betonten in der Selbstdarstellung der Studienstiftung in der 1930 erscheinenden Großdokumentation ‚Das Akademische Deutschland' die gemeinschaftlichen Grundgedanken:

> „Das primäre Motiv der Studienstiftung ist nicht das bloße Helfenwollen (caritas), auch nicht einmal die bloße Förderung individueller Begabung, sondern die Auslese. Wenn man vielleicht die These aufstellen kann, daß die Hochschule auch Begabung um der Begabung willen fördern soll, so darf dabei die Studienstiftung nicht stehen bleiben, sondern sie fördert die Begabung um des Volkes willen."[320]

Aber das blieb für den Stipendiaten vor Ort zu abstrakt, und nicht nur das. Es gefährdete mehr und mehr auch die Glaubwürdigkeit der Institution, und das erzeugte Unbehagen bei den Studienstiftlern und der Organisation selbst. Man diskutierte es im Jahr 1930 nicht in solchen Kategorien, betonte vielmehr immer wieder die Offenheit des Begabungsproblems, doch unübersehbar war: der Abstand zwischen Gemeinschaftsprogrammatik einerseits und der Praxis erzieherischer Einwirkungsmöglichkeiten gegenüber einem wachsenden Individualismus andererseits wuchs. Daher konnte man fragen, ob die Studienstiftung nur diejenigen förderte, die sich ohnehin entschlossen hatten, in die Elite aufzusteigen. So gesehen, kam der Studienstiftung dann gleichsam eine notarielle Funktion in der Beglaubigung erfolgversprechender sozialer Aufstiegsmentalität zu, die sie in der Gesellschaft, sei es bei Kindern aus dem neuen Mittelstand, bei Arbeiter- oder Akademikerkindern, vorfand. Und die Grundlage dieser Aufstiegsmentalität war notwendigerweise hochgradig kompetitiv und individualistisch. Ihre Vertreter fragten nicht da-

---

317 W. Erxleben, (Zu K. Hirche), in: Studentenwerk 4 (1930), S. 247–249, 248.
318 HH-A: H. Haerten, Studienstiftung, S. 81: „Es sind so viele höchst leistungsfähige und erfolgreiche Menschen unter den ehemaligen Studienstiftlern und auch so viele Prediger des Ethos vom Dienst an der Allgemeinheit – aber es ist wohl nun einmal charakteristisch für den Intellektuellen, daß er dazu neigt, sittliche Forderungen nur an andere zu stellen."
319 Die ältere Generation, zu der Carl Duisberg zählte, setzte Hoffnungen auf den erzieherischen Effekt des Studentenhauses; Carl Duisberg, Aufgaben des Studentenhauses. Rede anläßlich der Eröffnung des Karlsruher Studentenhauses, in: Studentenwerk 4 (1930), S. 278–280. Die ‚Gemeinschaftsfrage' spielte auf der Berliner Vertrauensdozententagung im Mai 1930 auch eine zentrale Rolle: BAK 149/238: Protokoll 30./31.5.1930.
320 Wilhelm Schlink, Reinhold Schairer, Die Studentische Wirtschaftshilfe. VI. Die Studienstiftung des deutschen Volkes, in: Das Akademische Deutschland. Hg. v. Michael Doeberl u.a. Bd. 1. Berlin 1930, S. 451–484, 471–476 (Studienstiftung), 471.

Folgen der Weltwirtschaftskrise

nach, warum dieser oder jener Student benachteiligt, ob seine Eltern durch Krieg und Inflation verarmt oder aus der bildungsfernen Arbeiterschaft kamen, sondern wie man diese soziale Ausgangslage durch eigene Tüchtigkeit überwinden würde. Hier lagen offensichtlich Grenzen der Solidarität. Denn falls die Studienstiftung vornehmlich der Verstärkung einer vorfindlichen sozialen Strategie diente, warum sollte sie dann durch ‚weiche' erzieherische Angebote zur Bewältigung von Aufstiegsstreß das kompensieren, was diesen sozialen Streß ausmachte: die harte Konkurrenz? Aus anderer Perspektive gesagt: in der Studienstiftung selbst wurde ein Konflikt zwischen dem gesellschaftlichen Konsens- und Konfliktmodell ausgetragen, der mit der Pluralisierung der Lebenswelten und dem sozialem Wandel zu tun hatte und ein exemplarischer Modernisierungskonflikt war.

Er läßt sich für die Betrachtungsebene der Studienstiftler als Modernisierungsträger am besten mit Talcott Parsons als handlungsbezogene Rationalisierung beschreiben.[321] Die Stipendiaten hatten internalisiert, welches Maß an sozialer Anpassung von ihnen erwartet und verlangt wurde. Dieses Anpassungsverhalten sozialen Aufstiegs war Bestandteil von Handlungsrationalisierung als Voraussetzung verstärkter sozialer Mobilität. Nach Parsons ist die Entwicklung moderner Gesellschaften durch vier evolutionäre Prozesse gekennzeichnet: Differenzierung, die Erweiterung adaptiver Fähigkeiten, die Verallgemeinerung von Mitgliedschaften, die Generalisierung von Werten.[322] Zwar ist Parsons Modell der Systemtheorie der Gesellschaft makroorientiert, also auf ganze Gesellschaften ausgerichtet, abgeleitet daraus auch auf die Probleme der Steigerung von Komplexität und Steuerungsfähigkeit für soziale Systeme bezogen, doch hilft sein Ansatz, die alte Studienstiftung und ihre Ambivalenz zwischen sozialer Emanzipation und Affirmation zu verstehen.[323]

In exemplarischer Weise trug die Studienstiftung vor 1933 dazu bei, die akademische Gesellschaft durch Erstakademikeraufnahme und somit durch die Belohnung adaptiver sozialer Aufsteigerfähigkeiten zu differenzieren; auf diese Weise verallgemeinerte und verbreitete sie den Zugang zur deutschen *scientific community* und trug zur sozialen Entzauberung des wissenschaftlichen Standesbewußtseins erheblich bei: sie generalisierte den Wert Wissenschaft, indem sie Wissenschaft zugänglich machte. Auf diese Weise wurden keine Revolutionäre gefördert, sondern erfolgreiche Aufsteiger, die das System keineswegs in Frage stellten, sondern es trugen: auch im Nationalsozialismus.

Einen Abriß zur Studienstiftung aus Sicht der bürgerlichen Frauenbewegung veröffentlichte 1930 die Schriftstellerin Agnes von Zahn-Harnack. Die Tochter Adolf von Harnacks war eine Mentorin der Frauenbewegung, 1919 bis 1930 Vorsitzende des Deutschen Akademikerinnenbundes, 1931–1933 des Bundes Deutscher Frauenvereine.[324] Ihre Sicht auf die Studienstiftung war, was die Auswahl und Förderung von Frauen betraf, kritisch, allerdings aus einem bemer-

---

321 Vgl. Talcott Parsons, Das Problem des Strukturwandels. Eine theoretische Skizze, in: Wolfgang Zapf (Hg.), Theorien des sozialen Wandels. Köln/Berlin 1969, S. 35–54.
322 Talcott Parsons, Societies. Englewood Cliffs 1966, S. 21 ff.
323 Talcott Parsons, The System of Modern Societies. Englewood Cliffs 1971, S. 114 ff.
324 Agnes von Zahn-Harnack (1884–1950); Schriftstellerin, gründete 1945 den Berliner Frauenbund e.V. Vgl. Agnes von Zahn-Harnack, Die Frauenbewegung: Geschichte, Probleme, Ziele. Berlin 1928; Die Frauenfrage in Deutschland. Strömungen und Gegenströmungen 1790–1930. Hg. v. Agnes von Zahn-Harnack, Hans Sveistrup. Tübingen 1961.

kenswerten Grund. Motivation, Prinzipien und Praxis der Studienstiftung fanden ihre Billigung, vor allem die Tatsache, daß im Wintersemester 1929/30 von 1.294 Geförderten 180 Studentinnen waren, der Anteil der Frauen damit in der Studienstiftung um 2% höher lag als in der Gesamtstudentenschaft. Ihre Kritik bezog sich vielmehr auf die Auswahl der zu fördernden Frauen. Während bestimmte Probleme der Auswahl nicht geschlechtsspezifisch seien, zum Beispiel die Unbestimmtheit des Begriffes ,Hochbegabung', die Einschätzbarkeit von persönlichen Eindrükken, der Leistungsdruck an den Schulen, so liege ein wesentliches Problem darin, daß Oberschülerinnen nach wie vor mehrheitlich von Lehrern unterrichtet, möglicherweise für die Studienstiftung vorgeschlagen und begutachtet wurden:

> „Und man hat den Eindruck, daß dabei die überraschend schnelle Entwicklung der Mädchen in diesen Jahren überschätzt wird, weil der Lehrer sie von Knaben nicht kennt. Schnelligkeit der Auffassung, Gewandtheit der Sprache, Beweglichkeit der inneren Anteilnahme, intuitive Erkenntnis seelischer Vorgänge, die dieses Alter bei den Mädchen noch vor den Knaben auszeichnet, wird mit Tiefe des Verständnisses, mit echter Originalität, mit wissenschaftlichem Geist verwechselt. Diese Werte können auch vorhanden sein; aber sie sind es durchaus nicht immer."[325]

Die erstaunlich wirkende Schlußfolgerung von Agnes von Zahn-Harnack war, daß bei einer Erhöhung der Zahl weiblicher höherer Lehrkräfte die Zahl der Frauen-Vorschläge für die Studienstiftung tendenziell eher sinken als steigen würde.

Der Akzent dieser Betrachtungsweise lag auf einem der ältesten Ziele der Frauenbewegung überhaupt: der Gleichbehandlung:[326] „Immer wieder tritt bei den Besprechungen der Gedanke hervor, man müsse an die Mädchen einen anderen Maßstab anlegen, als an die jungen Männer, die wissenschaftliche Begabung wäre hier nicht in die allererste Linie zu stellen, sondern der Wert der Persönlichkeit (...). Die wissenschaftliche Minderwertigkeit der Frau wird gewissermaßen prästabiliert und die gesamte Studienstiftung dementsprechend herabgedrückt."[327]

Das war eine harte, schon in der damaligen Frauenbewegung alles andere als unumstrittene Position,[328] der man vorhalten konnte, daß sie das Recht auf Gleichheit über das Recht auf Differenz stelle. Zudem wurde diese direkt antiemanzipatorisch wirkende Einschätzung mit einer gewissen Schroffheit vorgetragen: „Wir bekommen dann – und es scheint fast, als wäre es schon jetzt so – in die Studienstiftung eine Menge von sympathischen, ganz tüchtigen und braven Mädchen, bei denen aber absolut nicht einzusehen ist, warum das deutsche Volk ihnen ein Hochschulstudium bezahlen soll."[329]

Wilhelm Hoffmann sprach in Artikeln über die Studienstiftung ausdrücklich, und das war für die 1920er Jahre durchaus ungewöhnlich, nicht von akademischen ,Männern', sondern von ,Menschen': „Im tiefsten Grunde wurzelt die Studienstiftung in einem Bedürfnis unseres Volkes nach

---

325 Agnes von Zahn-Harnack, Die Studienstiftung des deutschen Volkes, in: Die Frau 37 (1930), H. 6, S. 321–326, 325.
326 Vgl. z. B. Agnes von Zahn-Harnack, Die arbeitende Frau. Breslau 1924.
327 A. v. Zahn-Harnack, Die Studienstiftung des deutschen Volkes, S. 326.
328 Das zeigen besonders deutlich die Konflikte innerhalb der konfessionellen Frauenbewegung; dazu Ursula Baumann, Religion und Emanzipation. Konfessionelle Frauenbewegung in Deutschland 1900–1933, in: Irmtraud Götz von Olenhusen u. a., Frauen unter dem Patriarchat der Kirchen Katholikinnen und Protestantinnen im 19. und 20. Jahrhundert. Stuttgart 1995, S. 89–119.
329 A. von Zahn-Harnack, Die Studienstiftung des deutschen Volkes, S. 326.

akademischen Menschen, die besser und tiefer ausgebildet sind, ernster gesinnt und mit den Nöten und Aufgaben der Zeit und des Volkes tiefer verbunden sind als der Durchschnitt; Menschen, deren akademischen Bildung von besonderer Bedeutung für die Allgemeinheit ist."[330]

Doch auf die Verfolgung dieser Förderungsziele hatte die Studienstiftung keinen exklusiven Anspruch. Seit Herbst 1930 bekam sie, so konnte es auf den ersten Blick scheinen, Konkurrenz im eigenen Haus: das Deutsche Studentenwerk führte, im Rückgriff auf ältere Überlegungen und vereinzelte Praktiken mancher Wirtschaftskörper, eigene Leistungsstipendien ein, die nicht an die Studienstiftung gebunden waren. Was als Verteilung der Förderungslast auf mehrere Institutionen einerseits sinnvoll erscheinen mochte, stellte andererseits die kaum fünf Jahre alte Zentralisierung der Begabtenförderung in Deutschland wiederum in Frage. Wobei man sich durchaus auch fragen konnte, ob der Sonderweg einer zentralen nationalen Begabtenförderung nicht mit einer ganzen Reihe von ideellen und materiellen Problemen belastet war, die es als sinnvoll erscheinen ließen, die Förderung wieder zu pluralisieren. Im DSW bezog man sich auf Beschlüsse der Würzburger Tagung vom Oktober 1929 zur studentischen Einzelfürsorge, präsentierte das eigene Vorhaben allerdings nicht als Studienstiftungskonkurrenz, sondern vielmehr als Möglichkeit, die zahlreichen lokalen, teilweise traditionsreichen Klein-Stipendien unter die Verwaltung des DSW zu bringen. Man wollte auch, abgesehen von einzelnen Notfällen, weg von den punktuellen Bücherbeihilfen, herkunftsbezogenen milden Gaben und rein fachbezogenen Stipendien, wie sie vor allem bei der Theologie üblich waren, und hin zu einer laufenden Förderung zur Sicherung des ganzen Studiums, welche über die Wirtschaftskörper ähnlich wie bei der Studienstiftung abgewickelt werden sollte. Mehrere Studienstiftungselemente wurden einfach übernommen, so die Probezeit von zwei Semestern, die Verpflichtung auf Selbsthilfe, die Einrichtung eines zentralen Auswahlausschusses durch Vermittlung des DSW. Zweck der DSW-Einzelförderung war ganz ausdrücklich die Aufstiegsförderung:

> „Aufstieg liegt in allen denjenigen Fällen vor, in denen sich durch ganz besondere menschliche und wissenschaftliche Eignung junge Menschen den Weg der Hochschulbildung erstreben, die aus Familienschichten und Kreisen stammen, denen in der Regel generell der Weg der Hochschulbildung verschlossen ist. Die Verpflichtung zur Förderung des Aufstiegs liegt in dem Grundgedanken der deutschen Hochschulen, die die Besten aller Schichten zur Gemeinschaft des akademischen Wollens und Handelns vereinigen muß. Sie ist ferner ausdrücklich in den Grundregeln unserer Arbeit bestätigt."[331]

Das machte nun eine Abgrenzung vom Aufgabenbereich der Studienstiftung erforderlich, obwohl die Akzentsetzung auf Erstakademiker- und Spätberufenen-Förderung erkennbar war:

> „Es handelt sich bei diesen Gedankengängen nicht um grundsätzliche Veränderungen, sondern um eine natürliche Weiterentwicklung der Einzelfürsorgearbeit. Eine Überschneidung mit der Studienstiftung findet hierdurch nicht statt, da es sich bei dieser nur um wenige Studenten von ungewöhnlich-wissenschaftlicher Begabung und zu einem großen Teil um Abiturientenbewer-

---

330 Staatsbibliothek Preußischer Kulturbesitz: Wilhelm Hoffmann, Aus der Arbeit der Studienstiftung des Deutschen Volkes, in: Zehn Jahre Markelstiftung 1920–1930. Hg. v. Vorstand. Stuttgart 1931, S. 85–93, 90. Zur Frauenförderung vgl. auch die interessante Kontroverse um das Frauenstudium: E. Weller, Gegen Studium und Beruf der Frau, in: Studentenwerk 6 (1932), S. 18–23; ORegRat (Wilhelm?) Franziskét, Wesenseigene Berufe der Frau, in: ebd., S. 23–26; Gertrud Bäumer, Frauenberufe und Hochschulstudium. Eine Erwiderung, in: ebd., S. 72–80.
331 StA WÜ RSF I 6 p 443: DSW, RS Nr. 25/30, Dresden, 30.10.1930 (gez. Sikorski, Streit), S. 5.

> bungen handelt, während von der örtlichen Fürsorge viel mehr die Fälle praktischer Begabung und sozialer Funktion erfaßt zu werden vermögen. Darüber hinaus wird hierdurch eine noch engere Zusammenarbeit zwischen Einzelfürsorge und Studienstiftung verwirklicht werden können. So gewinnt z.B. die Studienstiftung durch den Kreis der örtlich Betreuten ein Becken gründlich vorgeprüfter Studierender, die durch die gute Bekanntschaft zum Wirtschaftskörper eindeutiger beurteilt zu werden vermögen als die erstmalig fremd an die Studienstiftung herankommenden Bewerber."[332]

Letzteres war nicht so recht überzeugend, sogar problematisch, weil die Studienstiftung auf ihren eigenen Mechanismen der Vorprüfung bei gleichzeitiger Verantwortlichkeit auch der Vorprüfer gegenüber dem Zentralen Arbeitsausschuß bestand. Sollte diese Initiative, da sie zudem von den Geschäftsführungsvertretern Sikorski und Streit vorangetrieben wurde, der Studienstiftung das lästige Problem der Erstakademiker abnehmen, sie also deutlicher zum Rekrutierungsinstrument ‚wissenschaftlicher Begabung' machen?[333] Tatsächlich gingen die Zahlen der nach 1930 von der Studienstiftung geförderten Arbeiterkinder tendenziell zurück; doch mag dies nicht nur mit dem Vorhandensein anderer Stipendienmöglichkeiten, sondern vor allen Dingen mit der Verschlechterung der wirtschaftlichen Gesamtsituation nach 1929 zusammenhängen. Ein DSW-Rundschreiben vom Dezember 1930 ließ dann keinen Zweifel mehr daran, daß die neue Förderung, wenn nicht zur Entlastung der Studienstiftung gedacht, sich doch immerhin so auswirken würde:

> „Wir bitten ferner, den Begriff ‚Aufstiegsfälle' nicht zu eng zu fassen. Um eine zu enge Auslegung zu vermeiden, werden wir in unserem Schriftverkehr mit den Wirtschaftskörpern künftig von Studienförderungs-Fällen sprechen. Für diese Hilfsmaßnahmen kommen nicht allein junge Arbeiter und Arbeitersöhne in Frage, sondern auch Angehörige der bürgerlichen und kleinbürgerlichen Schichten, die aus ihren Lebensumständen heraus ohne eine planmäßige Unterstützung keine Möglichkeit zur Durchführung eines Hochschulstudiums trotz vorhandener hervorragender Begabung dafür hätten. (...) Während bei den allgemeinen Einzelfürsorgemaßnahmen und auch bei der Vergebung von Freitischen stärker die akute wirtschaftliche Not des Bewerbers ausschlaggebend ist, soll für die planmäßige Studienförderung neben der persönlichen Würdigkeit die soziale Lage des Bewerbers, insbesondere aber der Familie, im ganzen in die Wertung einbezogen werden."[334]

Das war das vorläufige Ende eines bildungs- und sozialpolitischen Experiments, das zwischen 1925 und 1930 möglich gewesen war und isoliert in der deutschen Sozialgeschichte steht. Von nun an würde ein Bewerber aus der Arbeiterschicht, der nicht das Glück hatte, gleich von der Schule bei der Studienstiftung vorgeschlagen zu werden, zunächst von dem lokalen Wirtschaftskörper versorgt und nur in seltenen Ausnahmefällen an die Studienstiftung vermittelt werden. Eine Reihe von Tatsachen stehen erkennbar im Hintergrund, welche diese Entwicklung verständlich machen: die Problematik und Beratungsintensität der Erstakademiker aus der Arbeiterschicht bei gleichzeitigem Fehlen pädagogischer Eingriffsmöglichkeiten der Studienstiftung, die sich verschärfende Überfüllungskrise und der wachsende Konkurrenzdruck auch unter akademisch vorsozialisierten Studierenden aus dem Mittelstand, schließlich die bedrohliche Mittelknappheit seit 1929/30 mit dem Zwang, stets exzellent abschneidende Stipendiaten als

---

332 Ebd., S. 4.
333 IfH-A WÜ: Heinrich G. Merkel, Darlehnskassen für Studierende in aller Welt. Hg. v. Weltstudentenwerk. Berlin/Leipzig 1932. Die kleine Schrift zeigt, daß auch die DaKa eine eigene Begabtenförderung anstrebte.
334 StA WÜ RSF I 6 p 443: DSW, RS betr. Studienförderung, Dresden, 19.12.1930, S. 1.

Folgen der Weltwirtschaftskrise 189

Effizienzbeweis zu produzieren.[335] Zwar stellte der DSW-Bericht für die Jahre 1928–1931 diese Entwicklung als „außerordentlich bedeutsame(n) Schritt für den Ausbau der Studienstiftung"[336] vor, doch war auch klar, daß sich der Charakter der Studienstiftung durch diesen Schritt verändern würde. War die Studienstiftung vorher eine Institution gewesen, die Begabung förderte, die aus allen Schichten der Gesellschaft kam, wurde ihr Sozialprofil jetzt einheitlicher. Zugleich war diese für alle professionellen sozialstaatlichen Agenturen charakteristische, letztlich auf Prozesse des Strukturwandels in der Industriegesellschaft reagierende Spezialisierung auch der endgültige Abschied vom Geist der studentischen Selbsthilfe der Nachkriegszeit.[337]

e)   Die frühe studentische ‚Machtergreifung'

Unterdessen vollzog sich die studentische ‚Machtergreifung' des Nationalsozialismus in der DSt. Hans Ahle, Referent für studentische Wirtschaftsarbeit bei NSDStB in München, kommentierte in einer Aktennotiz die Berliner Hauptausschußsitzung des DSW im März 1931:

> „1. Nachdem ich die Mitglieder des Verwaltungsrates und des Vorstandes in längeren Sitzungen kennengelernt hatte, kann ich behaupten, daß von all den leitenden Persönlichkeiten weit über 3/4 Demokraten sind. Von diesen 75 % sind vielleicht ca. 50 % reinrassige Juden oder zum wenigsten Judenabkömmlinge. Das restliche Viertel setzt sich aus Anhängern der Deutschen Volkspartei zusammen, wie das in ihren Reden zum Ausdruck kam. (...) 3. Meiner Ansicht nach ist es unbedingt erforderlich, daß der Nat.-soz. D.St.B. bei den nächsten Astawahlen sich überall die studentische Vertretung in den örtlichen Wirtschaftskörpern sichert u(nd) z(war) so, daß es niemandem auffällt. Das Studentenwerk hat nämlich seine Spitzel überall. Gerade Beck-München[338] war es, der mich unter keinen Umständen mit in Berlin haben wollte."[339]

Abschließend mahnte Ahle, der die an die NSDStB-Leitung geschickte Teilnehmerliste der Mitgliederversammlung des DSW am 9. März 1931 in Berlin mit Randglossen wie „Jude", „Demokrat", „Pazifist" oder „kath." versehen hatte,[340] nochmals, daß der NSDStB sich unbedingt den Zu-

---

335   Das zeigte auch der DSW-Bericht 1928–31: Das Deutsche Studentenwerk 1928–31, S. 62. In der Frühjahrssitzung 1931 nahm der ZA von 904 Bewerbern 154 auf und empfahl 106 weiter, davon 55 an die DSW-Einzelfürsorge, 33 an die Wirtschaftskörper, 18 an die Darlehnskasse.
336   Ebd., S. 63.
337   Eine Zusammenfassung bei Christoph Sachße, Vom demokratischen zum autoritären Wohlfahrtsstaat. Sozialpolitische Entwicklungslinien 1929–1938, in: J.-Chr. Kaiser, M. Greschat, Sozialer Protestantismus und Sozialstaat, S. 89–103. Die Professionalisierung des Bürobetriebes in Dresden spiegelte sich in einem Arbeitsplan ‚Geschäftsverkehr' für die Stipendiaten: StSt-A Bonn: Merkblatt der Studienstiftung ‚Geschäftsverkehr', Dresden, 10.7.1931: „1. Hefter anlegen für Rundschreiben und Schriftwechsel (...), 2. Bewerbungsnummer bei allen Zuschriften in der rechten oberen Ecke angeben (...), 3. Alle Schreiben in DIN-Format (...), (...) 6. Schreiben an die Studienstiftung sind grundsätzlich über den Wirtschaftskörper zu leiten (...), (...) 10. In Semesterberichten dürfen keine Fragen enthalten sein, die einer baldigen Entscheidung bedürfen. Wir können 1000 Berichte nicht sofort hintereinander lesen."
338   Friedrich Beck, Direktor des Studentenhauses München e.V., zu diesem Zeitpunkt ‚Ältester' im DSW-Vorstand.
339   StA WÜ RSF I 6 p 357/2: (Hans Ahle), Die Hauptausschußsitzung des DSW Berlin, im März (19)31, S. 1 f.
340   StA WÜ RSF I 6 p 357/2: Teilnehmerliste der Verwaltungsratssitzung und Mitgliederversammlung des DSW, Berlin, 9.3.1931, Anlage zur Aktennotiz von Hans Ahle.

griff auf die lokalen Wirtschaftskörper sichern müsse, um in Kontakt zu den Studenten zu kommen. Die NSDStB-Reichsleitung griff das in einem Rundschreiben im Mai 1931 auf und forderte die NSDStB-Kreisleiter auf, in ihrem Kreis Ermittlungen anzustellen: „Kopfzahl der Hochschulen des Kreises, Satzungen der örtlichen Wirtschaftskörper des Kreises, Erfolgt die Wahl des studentischen Vertreters in die einzelnen Wirtschaftskörper politisch durch den Asta oder unpolitisch durch sog. ‚ehrenamtliche Mitarbeit'?, Name und genaue Anschrift der studentischen Vertreter in den einzelnen Wirtschaftskörpern, (...) politische Stellung."[341] Was sich hier ankündigte, wurde auf dem 14. Studententag im Juli 1931 in Graz vollendet.[342] Ernst Forsthoff[343] stellte später rückblickend zu den Beschlüssen von Graz fest: „Hierdurch wurde der Tatsache Rechnung getragen, daß sich bereits 1931 mehr als die Hälfte der deutschen Studenten zum Nationalsozialismus bekannte."[344] Forsthoffs Zitate aus den Grazer Verhandlungen des Studententages zeigten an, wie sich das politische Klima an den Universitäten veränderte:

> „Wenn es richtig ist, daß der Nationalsozialist durch seine Einstellung zu den Fragen des Volkstums vornehmlich befähigt ist, alle persönlichen Interessen einer großen gemeinsamen Sache unterzuordnen, dann wird er sich auch mit ganzer Kraft für die Gemeinschaft der DSt einsetzen können. Die Ziele in hochschulpolitischer Hinsicht sind klar, Kampf gegen das Preußische Kultusministerium, Kampf gegen alle, die versuchen, die DSt von ihrer großdeutschen Einstellung abzubringen."[345]

Wenige nahmen diese ‚Machtergreifung' als Bedrohung der Freiheit wahr, noch seltener war öffentlich geäußerte Ablehnung.[346] Am 7. September 1931 hielt Thomas Mann seine ‚Ansprache an die Jugend', die Festrede zum 400-jährigen Bestehen des altehrwürdigen Lübecker Katharineums. Thomas Mann rühmte zunächst die lebensalltäglichen Veränderungen im Schulalltag, die durch die Jugendbewegung möglich geworden waren und das Schülerdasein im Vergleich zu seiner eigenen Schulzeit aus formaler Strenge und Erstarrung gelöst hatten. Doch schon der Kon-

---

341 StA WÜ RSF I 6 p 357/2: Reichsleitung NSDStB an die NSDStB-Kreisleiter, RS, München, 28.5.1931.
342 G. Giles, Students and National Socialism, S. 70–72; vgl. auch Baldur von Schirach, Ich glaubte an Hitler. Hamburg 1967, S. 94 ff.
343 1902–1974; ab 1933 Prof. in Frankfurt am Main, danach in Hamburg, Königsberg, Wien und ab 1943 in Heidelberg; 1960–1963 Präsident des Obersten Verfassungsgerichts der Republik Zypern; vgl. Florian Herrmann, Ernst Forsthoff (1902–1974), in: Juristen. Ein biographisches Lexikon. Von der Antike bis zum 20. Jahrhundert. Hg. v. Michael Stolleis. München 1995, S. 212 f.
344 rnst Forsthoff, Deutsche Geschichte 1918–1938 in Dokumenten. Berlin 1943, S. 462 f., 462.
345 Ebd., S. 463. Aufschlußreich auch der abwägende Bericht eines Hamburger Studenten über die außerordentlich schlechten Lebensverhältnisse von politisch formierten Studierenden im faschistischen Italien: W. Phieler, Das Studentenleben im neuen Italien, in: Studentenwerk 5 (1931), S. 170–174: „Aber eben diese Staatsdoktrin, dieses Herauswachsen geistigen Prätorianertums an Stelle ersehnter und erstrebter ‚geistiger Aristokratie', das scheint die Gefahr und ist ein Faktor, der nicht kritisch genug beleuchtet werden kann. Daß der faschistische Staat jedoch vieles für Kunst und Wissenschaft Wertvolle zu schaffen bemüht ist (...), daß er im ganzen gesehen seine Studenten zum Vorwärts- und Aufwärtsstreben anleitet, für einen gesunden Volkskörper durch verbesserte Hygieneverhältnisse (...), auch durch Förderung von Sport und Spiel (...) Sorge zu tragen bemüht ist, verdient rühmendste Erwähnung und soll unsere neid- und vorbehaltlose Anerkennung finden." S. 174.
346 Vgl. Frühe Warnungen vor dem Nationalsozialismus. Ein historisches Lesebuch. Hg. v. Klaus Schönhoven, Hans-Jochen Vogel. Bonn 1998.

trast zwischen selbstbewußter Jugend und der alten Lübecker Lateinschule erschien dem Autor deutschen Bürgertums, der sich selbst vom geistigen Wilhelministen zum ‚Wanderprediger der Demokratie' gewandelt hatte, als Sinnbild der geistigen Zerrissenheit der Gegenwart, des provokativen Nebeneinanders von ganz Altem und ganz Neuem, daraus erwachsend der destruktiven intellektuellen Lust am ‚Untergang des Abendlandes': „Der europäische Mensch kann die Aufgaben, die ihm das Leben stellt, unmöglich erfüllen, er kann auch seinen Weg aus der Krisis der bürgerlichen Kultur nicht finden, wenn er sich des Maßes von Optimismus entschlägt, das zum Handeln gehört, und seinen Untergang für besiegelt hält."[347]

Europa brauche zur Überwindung dieser Identitätskrise über ein Jahrzehnt nach der Katastrophe des Großen Krieges eine demokratische Elite: „Es sind nicht mehr nur ganz vereinzelte Europäer (...) die dafür halten, daß es an der Zeit ist, dem Begriff der Elite zu neuen Ehren und neuer Geltung zu verhelfen gegen den weltbedrohenden Geist oder Ungeist der Masse, welcher nämlich mit Demokratie in des Wortes respektablem Verstande längst nicht mehr das geringste zu tun hat."[348] Verantwortliche Wissenschaft könne diese geistige Elite hervorbringen, die nicht nur eine Elite gegen die Masse, sondern für die Demokratie sei, doch reiche das allein nicht aus: „Wozu aber wissenschaftliche Bildung, wozu ein Jugendjahrzehnt der Schulung in methodischem und kritischem Denken, wenn es nicht einmal soviel unterscheidende Widerstandskraft verleiht, um zu verhüten, daß man (...) irgendeinem fanatischen Gaukler ins Garn läuft?"[349]

Der ‚Gemeinschaftsgedanke' enthalte bei aller jugendlichen Legitimität die gefährliche Selbsttäuschung, Vereinzelung sei ein schlimmerer Zustand für das Individuum als Kollektivismus: „Der modische Hohn auf die Freiheit ist Massenunfug, von dem eine Jugend, die sich als Elite fühlt, kritischen Abstand nehmen sollte. Und eben diesen Abstand sollte sie nehmen von dem Ideenhaß der Zeit überhaupt, der nur schlecht seinen Charakter als Kultursabotage, sein heimliches Liebäugeln mit der Barbarei zu verbergen weiß."[350]

Davon war die Studienstiftung als Institution zwar weit entfernt. Doch inwieweit die einzelnen Studienstiftler sich über ihren Individualismus hinaus als resistent gegen das erweisen würden, was Thomas Mann warnend ‚Massenunfug' nannte, stand dahin.

Noch vor dem Grazer Studententag hatte am 7. und 8. März 1931 im Reichstag eine Feierstunde zum zehnjährigen Bestehen des DSW, der ehemaligen Wirtschaftshilfe, stattgefunden. Reichspräsident von Hindenburg übermittelte seine Grüße:

> „Dem Deutschen Studentenwerk, das heute auf ein zehnjähriges Bestehen zurückblicken kann, spreche ich aus diesem Anlaß meine besten Wünsche für weitere erfolgreiche Arbeit aus. Ich verbinde damit meine Anerkennung und meinen Dank an diejenigen, die diese so wertvolle Wirtschaftshilfe der Deutschen Studentenschaft seinerzeit geschaffen und die langen Jahre hindurch gefördert haben. Das Deutsche Studentenwerk hat durch kameradschaftlichen Gemeinschaftsdienst und tatkräftige Selbsthilfe die schwere Notlage, die auch unsere akademische Jugend hart bedrückt, gelindert und so vielen Studierenden den Weg durch das Studium erleichtert. Möge

---

347 Thomas Mann, Ansprache an die Jugend. Gehalten bei der 400-Jahr-Feier des Katharineums zu Lübeck am 7. September 1931, in: Thomas Mann, Reden und Aufsätze. Bd. 2. Frankfurt am Main 1965 u.ö. (zuerst Vossische Zeitung 8.9.1931), S. 316–327, 320 f.
348 Ebd., S. 322.
349 Ebd., S. 324.
350 Ebd., S. 325.

auch in den kommenden Jahren dieses Werk, über dem Streit der Parteien stehend und von allen einträchtig gefördert, seine Aufgabe an der deutschen akademischen Jugend erfüllen!"[351]

Und nachdem die DSW-Führung, darunter die gesamte Geschäftsführung der Studienstiftung, auf der Ministerbank im Reichstag Platz genommen hatte, hielt Reichskanzler Dr. Heinrich Brüning die Festansprache. Er nutzte den Gedenkanlaß zu einer hellsichtigen Warnung vor der massiven Bedrohung der Demokratie gerade durch die Radikalisierungstendenzen innerhalb der Studentenschaft. Brüning legitimierte diese Kritik durch Anknüpfen an die studentische Selbsthilfebewegung: Amerika-Werkstudentendienst, Darlehnskasse, Studienstiftung und Studentenhäuser lobte er als beispielhaften Ausdruck sozialer Dienstbereitschaft und zukunftsweisenden subsidiären Gemeinsinns, den der Staat daher auch von Anfang an im Rahmen beschränkter Möglichkeiten unterstützt hatte. Gerade das DSW stehe aber auch in der Verantwortung, die widersprüchlichen Aufgaben Fürsorge, Begabtenauswahl und Bekämpfung der Hochschulüberfüllung zu lösen. Das ‚Berechtigungswesen', die zunehmende, bedarfsunabhängige Akademisierungstendenz in der deutschen Gesellschaft, sei ein Grundübel, welches die negativen Wirkungen der Wirtschaftskrise sowohl zum Ausdruck bringe als auch selbst verstärke. Und darin sah Brüning den Ansatzpunkt für studentisch-politische Radikalisierung:

> „So sehr ich Verständnis für die tieferen Gründe habe, so glaube ich doch (...), Ihnen ein offenes Wort zur Kennzeichnung der radikalen Agitation, die heute an den Hochschulen getrieben wird, schuldig zu sein: wo ist das positive Programm, mit dem von radikaler Seite aus man den Bedürfnissen der Schicht der Gebildeten begegnen will? Man kann nicht helfen, wenn man nur die Not, die Sorge für das spätere Leben, die heute in breiten Kreisen der nachwachsenden Generation herrscht, für politische Zwecke ausnutzt. Die deutschen Hochschulen (...) brauchen das Einfühlungsvermögen in den Geist anderer und nicht die willkürliche Abgeschlossenheit. Wer nur behaupten und nicht beweisen will, der denkt unakademisch. Wer nur urteilen, aber nicht Entwicklungen begreifen will, der hat in Wirklichkeit keinen akademischen Geist."[352]

Der oft in seinen demokratischen Überzeugungen verkannte, nicht mit den nachfolgenden beiden Präsidialkanzlern von Papen und von Schleicher gleichzusetzende Zentrumspolitiker wurde aber noch deutlicher.[353] Er appellierte an das Verantwortungsbewußtsein der Akademiker in Deutschland, politischen Radikalismus abzuwehren: „Jedesmal, wenn scheinbar im Augenblicke unlösbare Schwierigkeiten vorhanden sind, sucht man eine Rettung in dem vagen Begriff der Diktatur. Das ist nichts Neues."[354] Brüning zitierte ein Wort Bismarcks aus dem Jahr 1892 zur Verteidigung des Reichstags gegen ‚absolutistische Ideen und Velleitäten', und er, der Zentrums-Politiker aus einer anderen geistigen Tradition, zitierte Hegel mit seiner Unterscheidung von falschem und echtem Patriotismus. Brüning wollte die Studierenden auf ‚echten' Patriotismus verpflichten, den er im Studentenwerk verwirklicht sah: aktive Mitgestaltung, soziale Einsatzbereitschaft und politisches Verantwortungsbewußtsein: „Die Jugend soll die Überzeugung haben, daß ihre Not auch als Not des Reiches und des Volkes empfunden wird. Deutschland wird in aller Not

---

351 Reichspräsident Paul von Hindenburg, Grußwort zum zehnjährigen Bestehen des DSW, in: Studentenwerk 5 (1931), S. 49.
352 Reichskanzler Dr. Heinrich Brüning, Not und Dienst. Ein Wort an die akademische Jugend Deutschlands. Wörtliche Wiedergabe der anläßlich des zehnjährigen Bestehens des DSW am 8. März im Reichstag gehaltenen Rede, in: Studentenwerk 5 (1931); S. 50–56, 54.
353 Zur Diskussion um die Rolle Brünings siehe E. Kolb, Die Weimarer Republik, S. 199–206.
354 H. Brüning, Not und Dienst, S. 54.

nicht vergessen, daß durch den akademischen Nachwuchs ein wesentlicher Teil der deutschen Leistungen auf allen Gebieten gesichert wird. Es fühlt die Verantwortung für die Forterbung der geistigen Güter unserer Nation."³⁵⁵

Reinhold Schairers Ansprache für das DSW lag auf ganz anderer Ebene. Sie verglich, was das ‚Erlanger Programm' von 1921 gefordert hatte mit dem, was davon 1931 verwirklicht war: „So ist die Not, die damals herrschte, heute nicht behoben, sie ist vielmehr in ein schlimmeres, schleichendes Stadium eingetreten. Aus der harten Sichtbarkeit ist sie in die feinere Form des lähmenden Nebels übergegangen, (...) der für Millionen deutscher Volksgenossen, vor allem für die Jugend, die Zukunftsaussichten aller bunten und frohen Farben beraubt."³⁵⁶ Das war als sozialpolitische Feststellung nicht nur ‚betriebsblind' auf den Sektor der studentischen Fürsorge bezogen, sondern auch demokratieneutral: ein Grundproblem der Wohlfahrtspflege in der Weimarer Republik.³⁵⁷ Schairers Rede enthielt auch nicht ein einziges Wort des Dankes an Reich und Reichsregierung für die seit 1924 in wachsendem Maß und auch in wirtschaftlichen Krisenzeiten gewährte Unterstützung.

Im ‚Studentenwerk' brach eine intensive Debatte um den ‚Lebensraum' für Akademiker aus, in der die soziale Wirklichkeit der Republik auf den Prüfstand geriet. Die Arbeitslagerbewegung für Studenten, Arbeiter und Bauern boomte,³⁵⁸ das Für und Wider der Auswanderung wurde an Einzelbeispielen erwogen.³⁵⁹ Selbst werkbündische Vorstellungen von genossenschaftsähnlichen Krediten für Arbeitsleistungen³⁶⁰ und Pläne für das Ausweichen von Akademikern in die Landwirtschaft erhielten ein Forum.³⁶¹ Das Mitglied des Zentralen Arbeitsausschusses, der Berliner Ministerialrat im Reichsinnenministerium Dr. Ludwig Nießen, stellte Thesen seines Buches über den ‚Lebensraum für den geistigen Arbeiter' vor, kritisierte an der Tendenz zur Rationalisierung die „Verachtung des Transzendenten" und appellierte an die „Solidarität der Geistesarbeiter" innerhalb und außerhalb Deutschlands.³⁶² Reinhold Schairer machte den weitreichenden Vorschlag eines obligatorischen studentischen Werkjahres, dem ein ‚Freijahr' von bereits berufstätigen Akademikern gegenüberstehen sollte, die ihre Stellung auf Zeit einem arbeitslosen Jungakademiker zur Verfügung stellen sollten: „Wenn so die jungen Jahrgänge das Opfer eines Jahres der Verzögerung ihres eigenen Berufsweges auf sich nehmen, so muß von den in den

---

355 Ebd., S. 55.
356 Reinhold Schairer, Allen Gewalten zum Trotz sich erhalten, in: Studentenwerk 5 (1931), S. 56–65, 64.
357 Ch. Sachße, Sozialpolitische Entwicklungslinien 1929–1938, S. 9.
358 Richard Gothe, Eindrücke von zwei Arbeitslagern und Gedanken über ihre Weiterentwicklung, in: Studentenwerk 5 (1931), S. 114–119. „Für uns liegt der Wert der Lager in ihrer pädagogischen Leistung, in der Begegnung und dem Zusammenleben von sonst einander entfremdeten Volksgruppen. Wir würden uns freuen, wenn wir mit der nicht geringen Summe unserer Erfahrungen diesen neuen Versuchen nützen könnten." S. 119. Im Jahresband 1931 des ‚Studentenwerks' fanden sich zehn Arbeitslagerberichte aus allen Teilen Deutschlands.
359 W. Mohr, Lebensraum in Brasilien, in: Studentenwerk 5 (1931), S. 15–20; W. Lütge, Argentinien als Auswanderungsziel?, in: ebd., S. 78–81.
360 Fritz Meier, Arbeitskraft auf Kredit, in: Studentenwerk 5 (1931), S. 253–255.
361 Gerhard Strathenwerth, Akademische Landleute?, in: Studentenwerk 5 (1931), S. 250–253.
362 Ludwig Nießen, Der Lebensraum für den geistigen Arbeiter, in: Studentenwerk 5 (1931), S. 167–170; ders., Der Lebensraum für den geistigen Arbeiter. Ein Beitrag zur akademischen Berufsnot und zur studentischen Weltsolidarität. Münster 1931.

akademischen Berufen Stehenden ein gleiches Opfer gebracht werden."[363] Das war zwar ein hochidealistischer, ganz dem korporativen Denken der studentischen Selbsthilfe verpflichteter Vorschlag, aber durchsetzbar war ein so harter Eingriff in die Selbstbestimmung einer ganzen Bevölkerungsschicht und gegen das Beamtenrecht in einem Rechtsstaat und in einer pluralistisch-parlamentarisch-demokratischen Gesellschaft natürlich nicht. Ähnlich antiindividualistisch argumentierte Hans Sikorski gegen die Doppelverdiener: Akademiker mit Nebenverdienst zum Beispiel durch öffentliche oder private Lehraufträge an Handels- oder Maschinenbauschulen: „Darüber hinaus gibt es noch eine große Zahl von Nebenverdiensten bei Berufstätigen mit festen und gesicherten Einkünften, die nicht unbedingt darauf angewiesen sind. Auch hier kann durch Opferbringen der beati possidentes viel Not unter den stellungslosen Akademikern gelindert werden."[364] Das waren soziale Bedingungen, die den Prozeß akademischer Proletarisierung illustrierten und die Frage offen ließen, ob in dieser Gesellschaft überhaupt noch Bedarf an akademischen Eliten bestand. Vom Weimarer Staat erwarteten die Verfasser dieser Beiträge nichts mehr.

---

363 Reinhold Schairer, Werkjahr und Freijahr als Ausweg aus der Lebensraum-Krise des deutschen Akademikers, in: Studentenwerk 5 (1931), S. 244–149, 246.
364 Hans Sikorski, Doppelverdienertum in Notzeiten gerechtfertigt?, in: Studentenwerk 5 (1931), S. 199–201.

5. Das Ende von Weimar: Demokratische Elite oder politische Indifferenz?

„Die ‚unpolitische Führung' dieses Amtes, die mir zur Pflicht gemacht ist, anerkenne ich in dem selbstverständlichen Sinn, daß ich mich ebenso wie bisher von parteipolitischer Bindung freihalte."
Hermann Brügelmann an Arnold Bergstraesser, Juni 1932.[365]

Es gab demokratische akademische Eliten in der Weimarer Republik; doch war ihr Einfluß zu gering, um den unter deutschen Akademikern der Zwischenkriegszeit herrschenden antidemokratischen, antiwestlichen und antiindividualistischen Konsens erfolgreich aufbrechen und traditionsbildend wirken zu können.[366] So bekannte sich der an der Technischen Universität Karlsruhe lehrende Historiker Franz Schnabel in seiner Ansprache ‚Zehn Jahre nach dem Kriege', gehalten anläßlich der Neujahrsfeier der badischen Staatsregierung am 1. Januar 1929, ausdrücklich zur Demokratie als Staats- und Lebensform. Schnabel forderte im Rückgriff auf die alte demokratische und bürgerhumanistische Tradition des Liberalismus im deutschen Südwesten dazu auf,[367] eine geistige Elite heranzubilden, die, auf der Grundlage der deutschen kulturellen Überlieferung stehend und ihrer eingedenk, politisch fest in der demokratischen Realität verwurzelt sei.[368]

Aber solche Bekenntnisse, die zugleich den Versuch einer demokratischen Traditionsgründung unternehmen, blieben eine seltene Ausnahme in der unvollendeten Demokratie von Weimar.[369] Dieser Mangel an Ausstrahlung der partizipatorisch-republikanischen Traditionen deutscher Geschichte auf die politische Kultur der Zwischenkriegszeit war nicht allein durch die ungebrochene kulturelle Hegemonie obrigkeitsstaatlicher Sozialisation bedingt,[370] sondern auch durch einen Mangel an politischer Bildung, an Erziehung zur Demokratie.

---

365 Hermann Brügelmann an Arnold Bergstraesser, Ende Juni 1932, in: Nachlaß Brügelmann: Hermann Brügelmann, S. 29.
366 Zur Orientierung und Problemstellung siehe Manfred Heinemann (Hg.), Sozialisation und Bildungswesen in der Weimarer Republik. Stuttgart 1976, Reinhart Blomert, Intellektuelle im Aufbruch. Karl Mannheim, Alfred Weber, Norbert Elias und die Heidelberger Sozialwissenschaften der Zwischenkriegszeit. Carl Hanser, München 1999; Georg Bollenbeck, Tradition, Avantgarde, Reaktion. Deutsche Kontroversen um die kulturelle Moderne, 1890–1945. Frankfurt am Main 1999.
367 Franz Schnabel (1887–1966); ab 1922 Prof. in Karlsruhe, 1936 aus politischen Gründen entlassen; 1947–1962 in München; 1951–1969 Präsident der Historischen Kommission bei der Bayerischen Akademie der Wissenschaften; vgl. Lothar Gall, Franz Schnabel, 1887–1966, in: Ders. (Hg.), Die großen Deutschen unserer Epoche. Berlin 1985, S. 143–155; Eberhard Weis, Einleitung (1987), in: Franz Schnabel, Deutsche Geschichte im 19. Jahrhundert, Bd. 1, S. XI–XXXII
368 Franz Schnabel, Zehn Jahre nach dem Kriege, in: ders., Abhandlungen und Vorträge 1914–1965. Hg. v. Heinrich Lutz u. a. Freiburg i. Br. 1970, S. 94–105.
369 Vgl. auch Emil Stutzer, Staatsbürgerliche Bildung. Deutsche Staatsbürgerkunde, in: Handbuch der Politik. Bd. III: Die politische Erneuerung. Hg. v. Gerhard Anschütz u. a. Berlin 1921, S. 227–232. Hier auch umfangreiche Angaben zur zeitgenössischen Literatur.
370 So kann man z. B. von einer ausgeprägten Scheu der Repräsentanten der Weimarer Demokratie sprechen, die Symbole der wilhelministisch-preußischen Vergangenheit in der Reichshauptstadt demokratisch zu besetzen: Erst im Herbst 1930 wurde das Berliner Stadtschloß, mittlerweile Museum, für eine offizielle Feier anläßlich der Neubauten auf der Museumsinsel genutzt.

Der Sozialdemokrat Adolf Grimme,[371] Nachfolger Carl Heinrich Beckers als Preußischer Minister für Wissenschaft, Kunst und Volksbildung und Protagonist einer demokratischen Erziehung, hielt am 2. Mai 1931 in Frankfurt am Main die Festansprache zum zehnjährigen Bestehen der dortigen Akademie der Arbeit, einer von der Unterrichtsverwaltung des Landes Preußen eingerichteten Muster-Volkshochschule für akademisch nicht Vorgebildete, vornehmlich aus der Arbeiterschaft.[372] Grimme rechtfertigte daher auch die Legitimität der Feier eines erst zehnjährigen Jubiläums, das immer noch im Zeichen der Traditionsbildung, nicht der Traditionspflege, stand: „Und es sollte kein Streitens unter den Menschen sein, und es sollten die Einsicht und der Wille ein Gemeingut der Nation sein, daß es Nationalverbrechen ist, wenn man nicht alles tut, daß Werte, wo immer sie auch keimhaft angelegt sein mögen, auch zur Entfaltung kommen, und daß die Kräfte, die ein Volk gebiert, sich da entfalten können, wo ihr Platz ist."[373] Grimme verwahrte sich – ganz im Gegensatz zu seiner Partei, die aufgrund der Erfahrungen der Arbeiterbewegung die große Bedeutung von aufstiegsrelevanter Arbeiterbildung propagierte[374] – gegen die vollständige Funktionalisierung der Bildung für den sozialen Aufstieg: „Den Wert des Menschen macht nicht, daß er ewig klettert, sondern daß er einen Standort hat, einen gesicherten Standort im Raum der Wirtschaft, im Bereich der Ethik und in der Welt des Geistes. Und daß es nicht sein ein und alles ist, über den Beruf, in dem er steht, hinauszudringen, sondern diesen mit seinem Menschsein zu durchdringen."[375] Soziale Realität war aber der subjektive Wunsch nach sozialem Aufstieg und der objektive Zwang zu sozialer Mobilität.[376] In der Reichstagsdebatte vom 10. Juni 1929 hatte der Abgeordnete Dr. Kurt Löwenstein (SPD)[377] in klarer Abgrenzung von Vorstellungen der bürgerlichen Parteien die sozialdemokratische Bildungs- und Gesellschaftspolitik umrissen:

> „Es ist hier schon wiederholt durchgeklungen, welch ein unerträgliches Mißverhältnis es ist, daß nur ein ganz geringer Prozentsatz unserer Studenten und Studentinnen aus der Arbeiterklasse, aus den arbeitenden Schichten stammen. Der Prozentsatz von 1,2 oder 1,6 steht in keinem Verhältnis zu der politischen und kulturellen Bedeutung, die die Arbeiterklasse im allgemeinen in

---

371 1889–1963; 1930–1933 preuß. Kultusminister (SPD); Schulreformer und religiöser Sozialist; 1942–1945 in Haft; 1946–1948 Kultusminister in Niedersachsen; 1948–1956 Generaldirektor des Norddeutschen Rundfunks. Ausführliche Biographie in: Bernhard vom Brocke, Hochschulpolitik II, Teil 2, S. 1013 f.
372 Vgl. Kurt Meissner, Zwischen Politik und Religion – Adolf Grimme. Leben, Werk und geistige Gestalt. Berlin 1993; zur Institution Otto Antrick, Die Akademie der Arbeit in der Universität Frankfurt am Main. Idee, Werden, Gestalt. Darmstadt 1966.
373 Adolf Grimme, Ansprache bei der Feier des zehnjährigen Bestehens der Akademie der Arbeit in Frankfurt am Main am 2. Mai 1931, in: ders., Auf freiem Grund mit freiem Volk. Ansprache und Aufsätze. Berlin 1932, S. 41–43, 42.
374 Vgl. z. B. Wilfried van der Will, Rob Burns (Hg.), Arbeiterkulturbewegung in der Weimarer Republik. Texte, Dokumente, Bilder. Frankfurt am Main/Berlin/Wien 1982; zum Stellenwert der Bildung im sozialdemokratischen Elternhaus Annemarie Renger, Ein politisches Leben. Stuttgart 1993, S. 11 ff.; zum Milieu in der Zwischenkriegszeit Klaus Schönhoven, Reformismus und Radikalismus. Gespaltene Arbeiterbewegung im Weimarer Sozialstaat. München 1989.
375 Adolf Grimme, Ansprache 10 Jahre Akademie der Arbeit Frankfurt a.M., S. 42 f.
376 Vgl. Karl Martin Bolte, Mobilität, in: Wörterbuch der Soziologie, S. 709–716.
377 1885–1939; 1920–24 MdR (USPD), 1924–12.4.1933 (SPD), Schulrat, im März 1933 suspendiert, Emigration in die Tschechoslowakei, später nach Paris; M. Schumacher, MdR, S. 941. Nachlaß: Archiv der sozialen Demokratie, Bonn.

Das Ende von Weimar 197

der deutschen Republik hat. Schließlich ist es doch in hervorragendem Maße das Verdienst der deutschen Arbeiterklasse gewesen, daß wir die Republik haben, und der Hauptträger dieser Republik und ihrer Entwicklung, ihrer bewußten Entwicklung zu einer sozialen Republik ist die Arbeiterklasse. Wir können in diesem Zusammenhange nicht auf die Forderung verzichten, daß an den Universitäten und Hochschulen der Prozentsatz der Kinder aus der Arbeiterklasse in dem Maße gesteigert werde, wie die politische und wirtschaftliche Bedeutung der Arbeiterklasse überhaupt zunimmt. Es ist für uns absolut unerträglich, daß die großen sozialen Funktionen, zu denen eine akademische Vorbildung gehört, auch heute noch den privilegierten, den besitzenden Ständen vorbehalten sind. Es ist für uns unerträglich, daß sich die Richter, die Lehrer, die Ärzte, eine große Anzahl von höheren Beamten im wesentlichen nicht aus der großen Masse der arbeitenden Schichten rekrutieren, sondern aus den oberen Schichten und einigen Bevorzugten der Mittelschicht. Das ist für uns staatspolitisch ein unerträglicher Gedanke."[378]

Wenn Grimme im Rekurs auf den deutsch-idealistischen Bildungsbegriff seit Herder und Goethe Bildung als Selbstvollendung definierte – „hier lernt man nicht, damit man ‚mehr' wird, sondern daß man wesentlicher werde"[379] – dann umschrieb das recht genau die Gebrochenheit seines Verständnisses von bildungsvermittelter demokratischer Traditionsgründung, in dem demokratische Erziehung und die Ablehnung bestimmter Erscheinungen der Moderne wie der sozialen Mobilität nebeneinanderstanden. Grimme reagierte auf die wachsende Dynamik der sozialen Wirklichkeit und die wachsende politische Polarisierung mit einem konsensorientierten Konzept von Selbstbildung. Und darin lag ein Rückzug aus der Politik und damit eben auch aus der Demokratie. So sah er zum Beispiel anläßlich einer Verfassungsfeier mit republikanischen Studenten in der Proletarisierungskrise der deutschen Studentenschaft ein Instrument der proletariatsadäquaten Bewußtseinsbildung: „Ein Positives dieser Katastrophenstimmung jedenfalls liegt in der Möglichkeit, daß der Student das Los des Proletariats begreifen lernt, und daß so die Voraussetzung sich anbahnt für ein Zusammenfinden von Student und Proletariat, damit aus Klassen und Ständen ein Volk wird."[380] Dem ‚Radaustudenten', der „statt mit Kopf und mit Kollegheft mit Tränengas und Fäusten seiner seltsam mißverstandenen Arbeit obliegt,"[381] stellte Grimme den wünschenswerten Studententypus des geistigen Suchers gegenüber: „Studieren heißt den Weg von Vorurteil zum Urteil gehen, Studieren heißt klarwerden wollen. Und da nun ist es schmerzlich zu sehen, wie es Studenten gibt, die einfach stehenbleiben, noch ehe sie begonnen haben, die, statt das Dasein zu entdogmatisieren, Begriffe, die ihnen zugeflogen sind, zum Dogma umabsolutieren."[382] Grimme betonte in seiner defensiven Auseinandersetzung mit der Bedrohung durch die Diktatur lediglich einen von vielen Aspekten, wenn er davor warnte, daß es „in einem Diktaturstaat (...) nicht die Freiheit (gibt), daß jeder werden kann, worauf sein Wesen angelegt ist, eine Freiheit, wie sie die soziale Demokratie erstrebt."[383] So trugen solche auf Dialog, Konsens und Verständigung zielende Ausführungen, so honorig die dahinterstehenden idealistischen Überzeugungen auch waren, nicht wenig zur Schwächung der ohnehin von rechts und von links

---

378 Reichstag 81. und 82. Sitzung, Montag, den 10. Juni 1929, in: Verhandlungen des Reichstags. IV. Wahlperiode 1928. Stenographische Berichte. Berlin 1929, S. 2249.
379 A. Grimme, Ansprache 10 Jahre Akademie der Arbeit Frankfurt a.M., S. 43.
380 Adolf Grimme, Der Student im Volksstaat. Rede bei der Verfassungsfeier der republikanischen Studenten in Berlin am 23. Juli 1931, in: ders., Auf freiem Grund mit freiem Volk, S. 46–54, 48.
381 Ebd., S. 47.
382 Ebd., S. 49.
383 Ebd., S. 51.

bedrohten Republik bei, wie der wehrhafte Republikaner und Sozialdemokrat Kurt Schumacher und die Gruppe der ‚militanten Sozialisten' um ihn, Julius Leber und Carlo Mierendorff, in anderen, harten Politikfeldern zu betonen nicht müde wurden.[384] Wenn man die Republik erhalten wollte, mußte man ihre erklärten Feinde beim Namen nennen und unnachgiebig, rechtzeitig und, wie Schumacher es im ‚Reichsbanner' vorführte, nötigenfalls handgreiflich bekämpfen. Das war ein Gebot demokratischer Selbsterhaltung.

Die Studienstiftung betraf dies alles genauso direkt wie die Frankfurter Akademie der Arbeit. Beider Existenz war eng mit dem Staat von Weimar verbunden. Beide Institutionen leisteten auf ihre Weise einen Beitrag zur bildungsvermittelten sozialen Mobilisierung, zur Individualisierung, zur Demokratisierung. Beide waren durch ein gebrochenes Verhältnis zur gesellschaftlichen Modernisierung geprägt, die sie gleichzeitig in Teilen ablehnten und andererseits beförderten. Und mehr als es Wolfgang Paeckelmann und Wilhelm Hoffmann explizit zum Ausdruck brachten, war die Studienstiftung auch der Demokratie von Weimar verpflichtet. Sie war ein Teil des deutschen Sozialstaats geworden. Indessen mag man bezweifeln, ob die alte Studienstiftung vor 1933 tatsächlich als eine Antwort auf den Befund zu verstehen war, daß die Revolution von 1918/1919 die gesellschaftlichen Strukturen der wihelminischen Gesellschaft keineswegs behoben, sondern eher noch verfestigt hatte. Zwar hatte ein Elitenwechsel bei den Vertretern des alten Regimes in Militär, Justiz und Beamtenschaft nicht stattgefunden, ihre Meinungsführerschaft war ungebrochen. Doch die Studienstiftung war keineswegs in erster Linie ein Instrument zur Heranbildung dieser neuen, demokratischen Elite entstanden, die sich, rekrutiert aus allen Schichten des Volkes unter dem Gesichtspunkt sozialer Emanzipation und persönlicher Leistung, mit dem Staat von Weimar und mit der Demokratie als Lebensform identifizieren würde. Sie war weniger Ausdruck eines pädagogischen Aufbruchs in die demokratische Gesellschaft als eines weit über die Studentenschaft hinausgehenden nationalen und sozialen Selbsterhaltungskonsenses im bedrohten Mittelstand der Nachkriegszeit. Das schloß die Demokratie nicht aus, war aber keineswegs gleichbedeutend mit der Traditionsgründung einer selbstbewußten und wehrhaften akademischen republikanischen Elite, die in der Krise fest zu Verfassung und Rechtsstaat, zu ‚ihrer' Demokratie, stand.

Intern gab es 1931 nochmals Veränderungen. In einer Sitzung des Zentralen Arbeitsausschusses im Rahmen eines DSW-Vorstandstreffens im Juli 1931 in Bonn wurde die Einrichtung eines Kleinen Studienstiftungsausschusses berichtet, der zur Entlastung des Zentralen Arbeitsausschusses, grundsätzliche Fragen der Förderung beraten und ein Vorschlagsrecht gegenüber diesem haben sollte. Ferner einigte man sich darauf, künftig über Aufnahmen nur noch einmal jährlich, jeweils im Januar, im Zentralen Arbeitsausschuß zu entscheiden. Der Kleine Ausschuß drückte die Anbindung an das DSW durch die Mitgliedschaft ihres Vorsitzenden, des Bonner katholischen Moraltheologen Prof. Dr. Fritz Tillmann,[385] aus; ferner gehörten ihm zwei vom Zen-

---

384 Peter Merseburger, Der schwierige Deutsche. Kurt Schumacher. Eine Biographie. Stuttgart 1995, S. 102 ff.
385 1874–1953; vgl. Theodor Steinbüchel (Hg.), Aus Theologie und Philosophie: Festschrift für Fritz Tillmann zu seinem 75. Geburtstag Düsseldorf 1950; Werner Richter u.a., In memoriam Fritz Tillmann. Reden, gehalten am 20. Juli 1953 bei der Gedächtnisfeier der Rheinischen Friedrich-Wilhelms-Universität Bonn. Bonn 1953; Emil Piront, Fritz Tillmann (1874–1953) und sein Beitrag zur Erneuerung der Moraltheologie im 20. Jahrhundert. Mainz 1996 (zugl. Diss. theol. Mainz 1996).

tralen Arbeitsausschuß vorzuschlagende Mitglieder, ein Vertrauensdozent, ein Altmitglied, der Geschäftsführer der Studienstiftung und ein Vertreter der Wirtschaftskörper an.[386] Im Oktober schied Wilhelm Hoffmann regulär aus der Leitung der Studienstiftung aus.[387]

Die Studienstiftung siebte bei den Aufnahmen so stark wie noch nie zuvor. Am 16. und 17. März 1932 fand im Dresdner Studentenhaus unter dem Vorsitz von Prof. Dr. Fritz Tillmann eine Sitzung des Kleinen Studienstiftungsausschusses statt, der über die im Januar zurückgestellten Fälle und die Mitgliederaufnahmen der Vorsemester entschied: Aufgenommen wurden lediglich 28 Neubewerber, 21 als Vorsemester, 7 als Mitglied. Abgelehnt wurden 1932 518 Fälle, das waren nicht weniger als 69 % aller Bewerbungen, der Rest wurde zurückgestellt.[388] Bis zum 15. August 1932 konnten sich Abiturienten und Studenten bewerben, die Oberschulen konnten Anträge bis zum 1. Oktober stellen, welche erst in der Sitzung des Zentralen Arbeitsausschusses im Januar 1933 zur Entscheidung kommen sollten. Am 1. Juli 1932 übernahm Dr. Hermann Brügelmann, bislang Vorprüfer in Düsseldorf, die Geschäftsführung der Studienstiftung.[389] Nach der Oktobersitzung des Kleinen Studienstiftungsausschusses betrug die Zahl die geförderten Vorsemester und Mitglieder nur noch 790, dazu kamen weitere 146, die, trotz Mitgliedschaft, keine finanzielle Unterstützung mehr erhielten.[390] In einem ‚Studentenwerks'-Beitrag erläuterte Robert Ulich die Hintergründe für das Jahr 1932: „Es werden in diesem Jahre ungefähr 45.000 Abiturienten die höheren Schulen Deutschlands verlassen. Durchschnittlich haben in den letzten Jahren 85% der Abiturienten studiert. Wenn aber einmal von dem Jahrgang 1932 viele Anwärter in akademischen Berufen unterkommen sollten, so sind es vielleicht 5.000, mehr sicher nicht."[391] Sich der

---

386 StA WÜ RSF I 6 p 357/3: Protokoll der Sitzung des Vorstandes des DSW vom 2./3. Juli 1931 in Bonn, Hotel Königshof, S. 9–14, 10; Das DSW teilt mit: Studienstiftung des Deutschen Volkes, in: Studentenwerk 5 (1931), S. 186 f.
387 Das DSW teilt mit: Studienstiftung des Deutschen Volkes, in: Studentenwerk 5 (1931), S. 235.
388 Das DSW teilt mit: Studienstiftung des Deutschen Volkes, in: Studentenwerk 6 (1932), S. 100.
389 Hermann Brügelmann wurde am 5.11.1899 in Porto Allegre, Brasilien, als Auslandsdeutscher geboren. Die Mutter, Hedy Iracema-Brügelmann, war Kammersängerin an den Opern in Stuttgart, Wien und Karlsruhe. Nach dem Abitur 1917 nahm Brügelmann noch kurz am Ersten Weltkrieg teil, 1919–23 studierte er in Stuttgart und München Musik. Nach publizistischer Tätigkeit studierte er 1925–28 u.a. in Basel Nationalökonomie und promovierte bei Edgar Salin zum Dr. phil. 1928/29 war er Assistent bei Arnold Bergstraesser in Heidelberg, 1932–34 Leiter der Studienstiftung. 1936 war er für die Wirtschaftsberatung der Deutschen Gemeinden AG tätig, 1936–42 als Abteilungsleiter bei der Wirtschaftsgruppe Gas- und Wasserversorgung der Reichsgruppe Energiewirtschaft Berlin, 1942 eingezogen als Kriegsverwaltungsrat zur Eignungsprüfstelle des Heeres, später der Luftwaffe, Berlin, nach verschiedenen Tätigkeiten 1945 Abteilungsleiter im Reichsministerium für Rüstung und Kriegsproduktion, 1945–49 Hauptgeschäftsführer beim Hilfswerk der Evangelischen Kirchen in Deutschland, Zentralbüro Ost, Berlin; 1949-56 Hauptgeschäftsführer des Verbandes kommunaler Unternehmen der Orts- und Kreisstufe, Köln; 1956-1965 Beigeordneter des Deutschen Städtetages, Köln; gestorben 1972 in Köln. Daten nach: Nachlaß Hermann Brügelmann: Hermann Brügelmann. Bonn 1974 (Privatdruck), S. 66 f.: dort auch Schriftenverzeichnis; HH-A: H. Haerten, Studienstiftung, S. 79: „Er (Brügelmann, d. Verf.) hatte in München Musik studiert, aber die Absicht, Dirigent zu werden, aufgegeben (...). Die Nationalökonomie wurde sein Studienfach (...). Außerdem studierte er Psychologie." Haerten, der Brügelmann aus der Zeit nach 1945 gut kannte, betont auch: „Brügelmann suchte sie (die Studienstiftler, d. Verf.) vor dem Zugriff der Nationalsozialisten zu schützen." Ebd., S. 80.
390 Das DSW teilt mit: Studienstiftung des Deutschen Volkes, in: Studentenwerk 6 (1932), S. 244.
391 Robert Ulich, Zum Problem der Auslese, in: Studentenwerk 6 (1932), S. 26–34, 26 f.

Auswahl zu verweigern bedeute, so Ulich warnend, den Zusammenbruch der höheren und Hochschulbildung, nicht zuletzt des Arbeitsmarkts.[392] Das ‚Studentenwerk' druckte einen dramatischen Appell von Rektor und Senat der Universität Göttingen ab:

> „Die Überfüllung fast aller akademischen Berufe hat für die studierende Jugend eine geradezu hoffnungslose Lage geschaffen (...). Der Staat zieht so selbst ein staatsfeindliches gebildetes Proletariat heran (...). Die aus (den) Schulen hervorgehende Generation kann nicht mehr jene allgemeine Höhe der Bildung und sittlichen Kraft haben, in der die Leistungsfähigkeit des deutschen Volkes auf allen Gebieten beruht."[393]

In den letzten Jahren der Weimarer Republik zog sich die Studienstiftung aus der akademischen Öffentlichkeit zurück. Im ‚Studentenwerk' erschien nach 1930 kein großer Beitrag mehr über die Studienstiftung, die wirtschaftlichen und sozialen Probleme dominierten. Sicherlich mußte sich auch die Studienstiftung in finanzieller und organisatorischer Hinsicht anpassen, doch fiel auf, daß das in der Studienstiftung versammelte Fach- und Erfahrungswissen zum Problemkomplex der Auswahl und Förderung nicht in die allgemeine Debatte um die akademische Berufsnot eingebracht wurde. Die Geschäftsführung der Studienstiftung, ihre ehemaligen Leiter Paeckelmann und Hoffmann, die Vertrauensdozenten und Prüfer im Zentralen Arbeitsausschuß und Kleinen Studienstiftungsausschuß verfügten zu diesem Zeitpunkt reichsweit über den besten Überblick und die mit Abstand größte Professionalität in Auswahlfragen, außerdem über eine einmalige Datensammlung von Stipendiaten an allen Universitäten im Reich.[394] Grundsätzlich entsprach diese Zurückhaltung, wie gerade Paeckelmann immer wieder betont hatte, der Satzung von 1925, welche die Studienstiftung auf weltanschauliche Neutralität verpflichtete. In den Anfangsjahren der Studienstiftung war diese Neutralität auch eine sinnvolle Strategie gewesen, um sich in einem politisch stark überformten Tätigkeitsfeld Freiräume autonomen Handelns zu sichern. Doch konnte man angesichts der krisenhaften Zuspitzung der Lage an den Universitäten seit 1929/30, der politischen Radikalisierung der Studentenschaft in Form wachsender Identifizierung mit dem Nationalsozialismus, der weitgehenden Hilflosigkeit der Länder- und Reichsbehörden demge-

---

392 Mit aufschlußreichem statistischem Material Adolf Kromer, Zur Frage des Akademiker-Nachwuchses, in: Studentenwerk 6 (1932), S. 261–270.
393 Notruf von Rektor und Senat der Universität Göttingen, in: Studentenwerk 6 (1932), S. 2 f., 2.
394 Allerdings muß man bedenken, daß schon das Angebot der Studienstiftung an andere Stipendienträger, professionelle Beratung bei der Optimierung des Auswahlverfahrens zu leisten, erst recht die Stipendienzentralisierung des DSW oft brüsk als Einmischung abgewiesen wurde: StA WÜ RSF I 6 p 508: Evang. Konsistorium des Landesteiles Birkenfeld an DSW, Birkenfeld/Nahe, 21.9.192: „Das Konsistorium beabsichtigt nicht, weitere Mitteilungen über Stipendiengewährung an Studenten der Theologie (...) der Birkenfelder Landeskirche zu machen."; Evang.-Luth. Landeskirchenrat an DSW, München, 20.7.1932: „So sehr es erwünscht sein muß, über die Theologie Studierenden, die sich bei uns um kirchliche Stipendien bewerben können, möglichst genaue Auskunft zu erhalten, so haben wir doch Bedenken, ob die von Ihnen zur Erziehung eines tüchtigen theologischen Nachwuchses geplante Zentralisierung dieser Auskunft notwendig ist und sich als durchführbar und erfolgreich erweisen wird. Jedenfalls haben wir bisher nicht empfunden, daß unser seitheriges Verfahren der Auslese unter den einlaufenden Gesuchen unbedingt einer Verbesserung bedürfte, auch würde der von Ihnen vorgeschlagene Weg nur für die Feststellung der Würdigkeit der Bewerber dienlich sein, dagegen für die Abwägung ihrer Bedürftigkeit, die eigentlich die größere Schwierigkeit bedeutet, bedeutungslos bleiben (...). (Wir) bitten daher um Verständnis dafür, daß wir die uns vorgetragene Bitte zu erfüllen, uns vorerst nicht entschließen können."

Das Ende von Weimar 201

genüber nicht den Eindruck bekommen, hier handele es sich – nicht bei den abhängigen Stipendiaten, sondern bei den professionellen Förderungsmanagern – weniger um Neutralität als um Indifferenz? In der Krise der Republik kapselte sich diejenige Institution ab, die im Bereich der Begabtenförderung ihren Beitrag zur sozialen Integration von Jungakademikern geleistet hatte.

Was 1928 während der Auseinandersetzungen zwischen Wirtschaftshilfe und DSt um den Primat des Politischen in der Wirtschaftsarbeit noch als Neutralität betrachtet werden konnte, wurde nach 1930 zum Neutralismus. Dabei ähnelten sich die Konflikte: Im Herbst 1932 hatte die DSt in ihrer Presse das DSW massiv angegriffen: das DSW habe im Zuge seiner Verselbständigung den studentischen Einfluß auf die Wirtschaftsarbeit – also den der DSt und damit des NSDStB – zurückgedrängt.[395] Dazu verabschiedete das DSW auf seiner Bonner Tagung im September eine Grundsatzerklärung:

> „Der Vorstand des DSW stellt mit allem Ernst die völlige Haltlosigkeit dieser Vorwürfe fest, die eine Schädigung der studentischen Wirtschaftsarbeit darstellen können. Ebenso entschieden weist der Vorstand die Angriffe zurück, die ohne jede Grundlage gegen die örtlich oder zentral arbeitenden Geschäftsführer gerichtet werden. Es ist davon überzeugt, daß Hochschullehrer und Studenten mit ihm in der Zurückweisung dieser unsachlichen Angriffe auf das akademische Gemeinschaftswerk einig sind."[396]

Gerhard Krüger,[397] DSt-Vorsitzender, seit 1927 Mitglied des NSDStB, nahm der im Tenor nationalsozialistischen Polemik aus der ‚DSt-Akademischen Correspondenz' in einer Erwiderung zwar die Spitze,[398] doch zeigte sich an einem Vermittlungsversuch von Carl Duisberg vom Herbst 1932,[399] daß der Nationalsozialist Krüger in der Sache – der langfristig angestrebten Zurückgewinnung der politischen Kontrolle über das DSW – absolut unnachgiebig blieb. Duisberg

---

395 DSt-Akademische Correspondenz 18 (1932) vom 20.9.1932.
396 Das DSW teilt mit: Vorstandssitzung, in: Studentenwerk 6 (1932), S. 242.
397 Gerhard Krüger war einer der renitentesten akademischen Nationalsozialisten: geb. 1908 in Danzig, Studium der Geschichte, Germanistik und Zeitungskunde in Greifswald und Leipzig, 1927 Mitglied des NSDStB, 1929/30 Hochschulgruppenführer des NSDStB in Leipzig, 1930/31 Kreisleiter IV (Mitteldeutschland), Sept. 1931–Sept. 1933 DSt-Vositzender, 1933–36 Schriftleiter der NS-Parteikorrespondenz, 1937 Vortragender Legationsrat im Auswärtigen Amt, 1942 Kulturattaché an der deutschen Botschaft in Paris, 1943 Kreisleiter der NSDAP in Bendsburg/Oss. und Olpe/Westf. 1949 Mitbegründer und erster Geschäftsführer der SRP, nach Parteiverbot Gründung eines ‚Nationalen Bücherdienstes'; M. Grüttner, Studenten im Dritten Reich, S. 509.
398 Das DSW teilt mit: Erklärung des Vorsitzers der DSt, in: Studentenwerk 6 (1932), S. 291: „Die DSt bedauert, daß die in Nr. 18 der ‚DSt Akademischen Korrespondenz' erschienene Notiz ‚Studentische Selbsthilfe' zu Auslegungen und Verallgemeinerungen Anlaß gegeben hat, die von der DSt nicht beabsichtigt waren. Die geübte Kritik sollte sich nur auf die nach Ansicht des Vorstandes der DSt ungenügende Vertretung der DSt im Studentenwerk und in einigen Wirtschaftskörpern, sowie auf eine sachliche Kritik an einzelnen Punkten der Wirtschaftsarbeit richten. Vorwürfe persönlicher Art waren nach keiner Richtung beabsichtigt."
399 StA WÜ RSF I 60 p 357/4: Prof. Dr. Carl Duisberg an Gerhard Krüger, Leverkusen (10/1932): „Bei der Vorstandssitzung des DSW, die am Freitag, den 23. September in Rhöndorf bei Bonn stattfand, wurde mir der Auftrag zuteil, den Versuch zu unternehmen, die Differenzen, die zwischen Ihnen und dem DSW im Laufe des letzten Semesters sich herausgestellt haben, beizulegen." Natürlich wußte niemand besser als Duisberg, daß diese ‚Differenzen' strukturell bedingt und schon einige Jahre alt waren.

lud Krüger freundlich zu einem klärenden Gespräch nach Berlin in das Hotel Adlon ein, aber nur in Krügers Sicht war das Gespräch ein Erfolg.[400] Duisberg verwahrte sich gegen Krügers nachträgliche schriftliche Zusammenfassung der Gesprächsergebnisse:

> „Soeben von einer längeren Reise (...) zurückgekehrt, finde ich Ihr geehrtes Schreiben vom 14. d. Mts. vor. In diesem Briefe schreiben Sie, daß die Gegensätze zwischen der Geschäftsführung des DSW und dem Vorstand der DSt, wie Sie hoffen, nach unserem Gespräch soweit bereinigt seien, daß nunmehr eine sachliche Zusammenarbeit zwischen den beiden Körperschaften bei aller gegensätzlichen Auffassung möglich ist. Zu meinem Bedauern war dies aber nicht das Ergebnis unserer Unterhaltung. Ich stellte vielmehr fest, daß Sie zwar bereit seien, die angesprochenen und gedruckten Beleidigungen gegenüber den Geschäftsführern des DSW und dem DSW selbst zurückzunehmen, daß dies aber nicht öffentlich geschehen kann, weil Sie sonst Ihre Stellung als Vorsitzer der DSt einbüßen würden. (...) Ich stelle ausdrücklich fest, daß die Gegensätze zur Zeit weiterbestehen, da die Beleidigungen ja nicht zurückgenommen sind."[401]

Krügers Antwort ließ an Deutlichkeit nichts zu wünschen übrig, zeigte zugleich die Sinnlosigkeit von Vermittlungsversuchen mit studentischen Vertretern der ‚Bewegung':

> „Ich lehne es grundsätzlich ab, einen an sich für richtig gehaltenen Gedanken nicht zu verwirklichen oder zu vertreten, weil meine Stellung als Vorsitzer der DSt irgendwie dadurch gefährdet werden könnte. Ich habe vielmehr in der Unterredung betont, daß ich, falls ich wirklich davon überzeugt wäre, daß die Äußerung über das DSW in der ursprünglich geforderten Form zurückgenommen werden könnte, ich gleichzeitig meinen Posten als Vorsitzer der DSt zur Verfügung stellen würde. Auf Grund der Haltung der DSt würde aber ein neuer Vorsitzer die gleiche Haltung zur Geschäftsführung des DSW einnehmen."[402]

Erfahrungen wie diese machte nicht nur Carl Duisberg für das DSW: der radikalen Entschlossenheit der NS-Vertreter und ihrem Willen zur Macht war durch Verfahrenslegitimität, Einbindungsstrategie und Kompromißtaktik nicht zu begegnen.[403] Aus einer solchen Strategie allerdings aus heutiger Sicht Sympathie, gar passive Unterstützung für den Nationalsozialismus herauszulesen, wäre vollkommen verfehlt. Vielmehr kann man – keineswegs nur *ex post*, sondern *a priori* – der Ansicht sein, daß es hier um den Sachverhalt mangelnder demokratischer Willensbildung und Entschlußkraft in der Abwehr des nationalsozialistischen Herrschaftsanspruchs nicht in der ganzen Gesellschaft, sondern zunächst im eigenen, überschaubaren Einflußbereich ging.

Auf einer Tagung des DSW in Jena im Oktober 1932 faßte Professor Fritz Tillmann die ethische Verpflichtung der Stipendiaten – und damit ihren persönlichen Einflußbereich – zusammen:

> „Was wir brauchen, sind Persönlichkeiten unter der Studentenschaft, die sich ihrer Verantwortung gegenüber der Generation, gegenüber ihrer Zeit und gegenüber ihrem Volk in Wahrheit bewußt sind. Was wir nicht brauchen, sind Menschen, die nach Verantwortung rufen, aber nicht die innere Freiheit und Kraft haben, eine Verantwortung wirkliche in Treue und mit Opfern Tag

---

400 StA WÜ RSF I 60 p 357/4: Gerhard Krüger an Carl Duisberg, Berlin, 14.10.1932: „Die Gegensätze zwischen der Geschäftsführung des DSW und dem Vorstand der DSt sind, wie ich hoffe, nach unserem Gespräch soweit bereinigt, daß eine sachliche Zusammenarbeit zwischen den beiden Körperschaften bei aller gegensätzlichen Auffassung nunmehr möglich ist."
401 StA WÜ RSF I 60 p 357/4: Carl Duisberg an Gerhard Krüger, Leverkusen, 20.10.1932.
402 StA WÜ RSF I 60 p 357/4: Gerhard Krüger an Carl Duisberg, Berlin, 23.10.1932.
403 Erhellend immer noch Sebastian Haffner, Anmerkungen zu Hitler. München 1978, S. 62–94 : „Erfolge".

Das Ende von Weimar

für Tag zu tragen. Tätiger Einsatz solcher Art braucht nicht bis zum Examen, bis zur bezahlten Stellung zu warten. Wir kennen zu unserer Freude viele Mitglieder, die ihr Studium erfolgreich durchführen und doch Zeit für andere Aufgaben finden, die wir Ihnen kaum nennen müssen und die heute zu Dutzenden am Wege liegen – für den, der sie sehen will. Wenn wir hier noch einmal auf eine Aufgabe hinweisen, die als nächste und selbstverständliche zu nennen überflüssig sein sollte, so geschieht es deshalb, weil manche Beobachtung uns gezeigt hat, daß nicht immer und überall der Geist lebendig ist, der Studentenwerk und Studienstiftung aufgebaut hat: in der örtlichen Wirtschaftsarbeit der einzelnen Hochschulen an erster Stelle sich zur Verfügung zu stellen."404

Das war die Ebene, auf der man eine Auseinandersetzung von Studienstiftlern mit dem Nationalsozialismus und mit Nationalsozialisten erwarten konnte, denn hier handelte es sich um einen in ihre Verantwortung gestellten Bereich des ‚Studentenstaats', in den der Nationalsozialismus von außen eindrang und politischen Boden zu gewinnen versuchte. Nur auf dieser Ebene, und dann im Einzelfall, wäre es möglich, von einem Versagen von Studienstiftlern gegenüber der Machtergreifung des Nationalsozialismus zu sprechen. Im konkreten Einzelfall verhielten sich die Dinge ambivalenter: Dr. Hermann Brügelmann, Vorprüfer in Düsseldorf und von 1932 bis 1934 Leiter der Studienstiftung, wurde von dem mit ihm befreundeten Prof. Dr. Arnold Bergstraesser über die Einrichtung einer ‚politischen Arbeitsstelle' zur Bekämpfung des Parteienstaats und ‚Vorbereitung autoritärer Herrschaft' informiert. Es handelte sich um einen Bund des DAAD-Leiters, Dr. Adolf Morsbach, der zu demjenigen Teil des bürgerlich-nationalkonservativen Umfelds der ‚konservativen Revolution' gehörte, welcher der ‚proletarischen' NSDAP gegenüber skeptisch war. Brügelmann antwortete auf die Zusendung eines Rundbriefes im November 1931. In geradezu klassischer Weise formulierte er dabei das auf einer fundamentalen Unterschätzung der ‚Hitler-Bewegung' und auch Hitlers beruhende bürgerlich-nationalkonservative Konzept der Umlenkung und ‚Zähmung', das 1932/33 dann die wesentliche Voraussetzung für Hitlers vermeintlich ‚eingerahmte' Machtübernahme werden sollte:

„Sie wollen daraus entnehmen, daß ich Absicht und Inhalt Ihres Rundbriefes voll billige; sie liegen auf der Linie meiner eigenen Gedanken und sicher auch sehr vieler Anderer, die das Gleiche wollen, aber gewissermaßen in der Diaspora leben, und die nur darauf warten, herangezogen und eingesetzt zu werden. Es gilt also, dieser Zerstreuten habhaft zu werden, die Meinungen zu klären und zu handeln. Dabei scheint es mir, daß, wenn auch ohne Übereilung, rasch gehandelt werden muß, um zu vermeiden, daß das ungeheure geistig-politische Vacuum, als welches die nationale Bewegung in ihrer Gesamtheit heute anzusprechen ist, bei seiner Offenbarwerdung Anlaß eines Zusammenbruchs wird, der schlimmere Folgen haben würde als die Katastrophe von 1918, die ja auch in erster Linie eine ‚Vacuum-Katastrophe' war. Konkret gesprochen: die Ziellosigkeit (oder richtiger: Tausendzieligkeit) z.B. der NSDAP und ihr Mangel an Führern wird an einem nicht voraus zu berechnenden Zeitpunkt, sehr rasch aber dann, falls sie sichtbar an der Macht beteiligt wird, die Ursache von Spaltungen werden, denen der Zerfall folgen muß. Die Massen dann zu hindern, daß sie in unzähligen Kanälen zerrinnen, wird per se unmöglich sein. Dagegen muß erreicht werden, daß die dort noch schlummernden zahllosen positiven Einzelkräfte aus der Dumpfheit des Wünschens zu einsichtigem politischem Wollen geweckt werden. In solchem Sinne betrachte ich die zu leistende Arbeit: einmal Sammlung der Zerstreuten, dann aber Schaffung eines Auffangbeckens für die Enttäuschten."405

---
404 StSt-A Bonn: DSW/StSt an die Mitglieder und Vorsemester, RS, Dresden, 4.1.1933.
405 Hermann Brügelmann an Adolf Morsbach, Düsseldorf, 13.11.1931, Bl. 1 f

Für Fritz Fischer[406] und seine kontinuitätsbetonende Deutung Hitlers und des Nationalsozialismus war stets die Betonung langfristig-struktureller Ursachen zentral.[407] Demgegenüber hat Eberhard Jäckel das am Verhalten ganz bestimmter Personen zu einem bestimmten Zeitpunkt festzumachende Elitenversagen in der politischen Entscheidungssituation der frühen 1930er Jahre stärker betont, in dem sich dann strukturelle Defizite und persönliches Versagen auf fatale Weise potenzierten.[408]

Die Geschichte der Studienstiftung 1932/33 ist ein Beispiel für die Notwendigkeit der Integration beider Interpretionsansätze zum tieferen Verständnis der Situation von 1933. Auch die Studienstiftung hatte u.a. aufgrund langfristiger Mentalitätsprägungen, von denen auch das akademische Reformmilieu nicht frei war, ihren Anteil am Elitenversagen in der Endphase der Weimarer Republik, indem sie aus ihrem moralischen Verantwortungsprinzip im Namen des deutschen Volkes nicht die Pflicht ableitete, das Vordringen des Nationalsozialismus im eigenen Einflußbereich frühzeitig wirkungsvoll zu bekämpfen. Oder, wie Heinz Haerten es formulierte: „Die liberale Geschäftsführung räumte den höchst illiberalen neuen Kräften kampflos das Feld."[409] Am Ende stand, jedenfalls beim Studienstiftungs-Gründer Wolfgang Paeckelmann, die von Zweifeln nicht freie Anpassung. Im September 1933 schrieb er an Hermann Brügelmann: „Ich kann und will es auch nicht glauben, daß der heutige Staat nicht Platz haben soll für Menschen, die ganz schwer sich zu ihm durchringen, die niemals von ihm scheiden werden und die reinsten Willens sind. So bleibt es für mich die Aufgabe, zu warten und mit Gedanken und vielen Wünschen auch aus der Ferne das Werk zu begleiten, das in mir und in dem ich auch im neuen Staat verwurzelt bin."[410]

---

406 Geb. 1908; seit 1942 Prof. für neuere Geschichte in Hamburg. Anfang der 1960er Jahre löste der ursprünglich auf dem Gebiet der evangelischen Kirchengeschichte bekannt gewordene Fischer mit seinem Buch ‚Griff nach der Weltmacht' (1961) den ersten deutschen Historikerstreit, die Fischer-Kontroverse, um den deutschen Schuldanteil am Ausbruch des Ersten Weltkrieges aus.

407 Fritz Fischer, Hitler war kein Betriebsunfall, in: Ders., Hitler war kein Betriebsunfall. Aufsätze. München 1992, S. 174–181, 181; vgl. auch Heinrich August Winkler, Weimar, S. 557–594; zum Forschungsstand und zur Interpretationsgeschichte Weimars vgl. dens., Von Weimar zu Hitler. Die gespaltene Arbeiterbewegung und das Scheitern der ersten deutschen Demokratie (1992), in: ders., Streitfragen deutscher Geschichte. Essays zum 19. und 20. Jahrhundert. München 1997, S. 71–92.

408 Eberhard Jäckel, Das deutsche Jahrhundert. Eine historische Bilanz. Stuttgart 1996, S. 153–182; vgl. auch K. Hildebrand, Das Dritte Reich, S. 20–23; Geoffrey J. Giles, National Socialism and the Educated Elite in the Weimar Republic, in: The Nazi Machtergreifung. Ed. by Peter D. Stachura. London 1983, S. 49–67.

409 HH-A: H. Haerten, Studienstiftung, S. 51.

410 Wolfgang Paeckelmann an Hermann Brügelmann, Kassel, 15.9.1933, in: Nachlaß Hermann Brügelmann, Akte Korrespondenz, Bl. 1.

III Die nationalsozialistische Herrschaft und das Ende der Studienstiftung

1. Gleichschaltung: „Ein brauchbares Hilfsmittel des nationalsozialistischen Staates"

„Die Voraussetzungen schaffen, daß jedem Volksgenossen, der kämpfen und opfern kann, der Zutritt zu der Führerschicht des Volkes möglich ist, ist oberster Auslesegrundsatz im nationalsozialistischen Staat. Vorwärtskommen, an die Führung kommen, soll jeder sich selber, seinem eigenen Kampfgeist zu verdanken haben. Auslese wird nicht mehr gemacht, sie geschieht. Aufgabe ist es, dieses Geschehen im neuen deutschen Staate für alle Zukunft unverrückbar zu machen."

Herbert Sohlig.[1]

Im Januar 1933 stellte die Geschäftsführung der Studienstiftung in Dresden für den internen Gebrauch Ausschnitte aus Semesterberichten von Stipendiaten zusammen. Das diente weniger als Materialsammlung für öffentliche Veranstaltungen oder für Veröffentlichungen, sondern als Information über Ansichten, Einschätzungen und Meinungen der Stipendiaten für die Geschäftsführung und die Ausschüsse. Unter anderem wurde ein Abschnitt aus dem Bericht eines 19jährigen Pfarrersohns zitiert, eines Theologiestudenten im ersten Semester, der sich ausführlich dazu äußerte, warum er nie einer Studentenverbindung, dafür aber einer anderen Gruppierung beigetreten sei:

„Dagegen habe ich mich einer mir wichtigeren Gemeinschaft angeschlossen, der SA. Schon länger sehe ich im Nationalsozialismus die Bewegung, die allein Deutschland innerlich und äußerlich wieder zur Gesundung bringen kann. Doch meinte ich bisher, mich als Theologe von der aktiven politischen Betätigung fernhalten zu sollen. Nun hielt vor einiger Zeit Herr Studentenpfarrer NN. einen Vortrag über ‚Völkische Religiosität', in dem er u.a. die starke Gefahr zum Ausdruck brachte, daß die ganze Bewegung in die Richtung eines germanischen Heidentums gerät und sich damit von der Kraft entfernt. Dieser Vortrag, sowie einige anschließende Unterhaltungen, haben mich zu der Überzeugung gebracht, daß es Pflicht gerade auch der Theologen ist, (...) sich an der Auseinandersetzung zu beteiligen. (...) Außerdem ist für uns Akademiker, einmal nicht mehr zu gelten als der Arbeiter und Bauer und mit ihm Seite an Seite zu gehen, ein

---

1 Herbert Sohlig, Das Förderungswerk, in: Umschau in der Arbeit der studentischen Selbsthilfe, Nr. 9, 10/1933, Nachdruck für die Studentenwerke Dresden 1934.

ganz gesunder Ausgleich und gibt eine Grundlage für gegenseitiges Verstehen, besonders, da die Kameradschaft in der SA infolge der gemeinsamen Idee sehr fest ist."[2]

Das, was Fritz Stern die ‚Versuchung' des Nationalsozialismus genannt hat:[3] idealistische Begeisterung für die ‚Volksgemeinschaft' und der Wunsch, bestimmte Auswüchse des Nationalsozialismus wie das ‚Neuheidentum' am Rande der ‚Volksgemeinschafts'-Ideologie durch eigenes Mitmachen zu verhindern:[4] das waren, bei grundsätzlicher politischer Übereinstimmung, geradezu klassische Motive für das Engagement in einem der beiden Arme der nationalsozialistischen Bewegung, der NSDAP und der SA.[5] Häufiger als in diesem idealistisch-offenen Bekenntnis zu dem, was der Verfasser dieses Berichtes unter Nationalsozialismus verstand, konnte man Anzeichen für eine diffuse Aufbruchstimmung, eine vage Erwartungshaltung unter den Studienstiftlern finden, so zum Beispiel bei einem anderen, schon älteren evangelischen Theologen im 4. Semester, der vor dem Studium eine Bankausbildung absolviert hatte: „Auch die soziale Gesinnung, wie sie sich in der an vielen Stellen neu einsetzenden Aktivität (...) zeigt, ist noch nicht der genügend gründliche Ansatz zu einer Lösung. Denn die Verantwortung ist umfassender (...). Sie muß sich auf die Neugestaltung des gesamten Lebens aller Menschengruppen des Volkes (...) richten."[6] Auch Studienstiftler bekamen den Druck, der von der akademischen Berufsnot ausging, zu spüren, wie ein 21jähriger Student des Bauingenieurwesens schilderte: „Geradezu peinlich wird die Situation, wenn man sie sich als Studienstiftler ansehen muß.– Ich glaube nicht, daß die Leute heute noch recht haben, die einem freundlich auf die Schulter klopfen: ‚Lieber junger Freund, der Tüchtige setzt sich immer durch!' Die allerwenigsten haben doch heute die Chance, nach der Hochschule irgendwo einen Platz zu finden."[7] Für manche Studienstiftler war das freiwillige Arbeitslager eine Schlüsselerfahrung, eine vorübergehende Ablenkung von der oft als zukunftslos empfundenen Lebensform des Studenten: „Das vollkommen durchorganisierte Leben im Lager erfordert die Konzentration aller Kräfte. An die harte Arbeit habe ich mich vollkommen gewöhnt, ich habe ausgezeichneten Hunger und guten Schlaf. Die Einförmigkeit

---

2 BAK R 149/18: Mitgliederberichte aus der Studienstiftung, Januar 1933, S. 6. Im Original ohne Namensangaben.
3 Fritz Stern, Der Nationalsozialismus als Versuchung, in: ders., Der Traum vom Frieden und die Versuchung der Macht. Deutsche Geschichte im 20. Jahrhundert. Berlin 1999 (zuerst ebd. 1988, tw. New York 1987), S. 169–216.
4 Vgl. z.B. die exemplarischen Abwägungen bei Jochen-Christoph Kaiser, Das Frauenwerk der Deutschen Evangelischen Kirche. Zum Problem des Verbandsprotestantismus im Dritten Reich, in: Irmtraud Götz von Olenhusen u.a., Frauen unter dem Patriarchat der Kirchen. Katholikinnen und Protestantinnen im 19. und 20. Jahrhundert. Stuttgart u.a. 1995, S. 189–211. Zur evangelischen Auseinandersetzung mit dem Neuheidentum siehe die Zusammenfassung bei Kurt Meier, Kreuz und Hakenkreuz. Die evangelische Kirche im Dritten Reich. München 1992, S. 79 ff.
5 Vgl. zur SA vor allem Peter Longerich, Die braunen Bataillone. Geschichte der SA. München 1989; für die Stellung im NS-Machtgefüge siehe Martin Broszat, Der Staat Hitlers. Grundlegung und Entwicklung seiner inneren Verfassung. München ^{12}1989 (zuerst 1969), S. 53–60; in diesem Zusammenhang auch Albrecht Lehmann, Militär und Militanz zwischen den Weltkriegen, in: Handbuch der deutschen Bildungsgeschichte, Bd. V. Hg. v. Dieter Langewiesche, Heinz-Elmar Tenorth. München 1989, S. 407–429.
6 BAK R 149/18: Mitgliederberichte aus der Studienstiftung, Januar 1933, S. 1.
7 Ebd., S. 3; vgl. auch Heinrich-August Winkler, German Society, Hitler, and the Illusion of Restoration 1930–33, in: JCH 11 (1976), S. 1–16.

Gleichschaltung

der (...) Arbeitsbewegungen: Schlag mit dem Pickel und Wurf mit der Schaufel, ist eine Dauerübung der Geduld. (...) Die eiserne Lagerdisziplin ist mir zweite Natur geworden."[8] Ein aus Oldenburg stammender Germanistikstudent berichtete über seinen Arbeitsdienst in Ostpreußen, von der Bedrohung des ‚Deutschtums', dem Wert der Aufbauarbeit am ‚Volkstum' im ‚deutschen Osten', der militärischen Disziplin: „Es handelt sich nicht um romantische Kriegsbegeisterung und Soldatenschwärmerei, sondern um die praktische Umsetzung der mir in Ostpreußen (...) entgegentretenden Not unseres Vaterlandes und der daraus entspringenden Forderung an jeden einzelnen."[9] Aus diesen Äußerungen sprach ein großes, vorpolitisches Orientierungsbedürfnis und der Wunsch, Lösungen zu finden für eine individuell und kollektiv als unhaltbar empfundene Situation. Wie reagierte die Studienstiftung auf dieses Bedürfnis? In ihrem Neujahrsrundschreiben an die Stipendiaten ging die Geschäftsführung nach Verweis auf die intensivierte Reisetätigkeit von Ausschußmitgliedern zu Stipendiatensprechstunden in die Universitätsstädte nur mit einem Satz auf die wirtschaftliche, staatliche und kulturelle Krise ein, um dann, in bislang ungekannter Deutlichkeit, den Trägern der Studienstiftung für ihre Unterstützung zu danken:

> „Die Schöpfer und Erhalter dieses Werkes stehen ihm ebenso wie die zahlreichen Mitarbeiter und Freunde mit unvermindertem Vertrauen gegenüber, ohne über der erforderlichen langen Zeit der Bewährung die Geduld zu verlieren. Sie stellen großzügig die Mittel und unermüdlich die Kräfte zur Verfügung, auf die unsere Arbeit sich stützt und von denen sie zehrt. Es ist uns ein aufrichtiges Anliegen, der Gesinnung und des Handelns, die unsere Existenz gewährleisten, heute dankbar zu gedenken."[10]

Der Hauptträger der Studienstiftung war das Reich, waren die Parlamentarier, die seit 1924 für die Berücksichtigung von Wirtschaftshilfe und Studienstiftung im Reichsetat gestimmt hatten und stimmten, auch wenn in diesen Dank sicherlich die lokalen Wirtschaftskörper als Träger der Studienstiftung in den Universitätsstädten einbezogen waren. Diese Adresse richtete sich also an die parlamentarischen Vertreter der Weimarer Demokratie: nach der institutionalisierten Umgehung des Reichstages unter den Präsidialkabinetten von Papens und von Schleichers, dem Bestehen einer nationalsozialistischen Mehrheit im Reichstag seit der Reichstagswahl vom 31.7.1932 und etwa einen Monat vor der Ernennung Hitlers zum Reichskanzler am 30. Januar 1933. Das war eine späte Danksagung. Ein Bekenntnis zum Parlamentarismus, gar eine Aufforderung zur Verteidigung der Institution, der man so viel verdankte, war es nicht. Die Stipendiaten wurden ermahnt, die aus ihrer Unterstützung resultierende Verpflichtung nicht zu vergessen:

> „Jeder von Ihnen weiß, daß seine Aufnahme in die Studienstiftung nicht erfolgt ist, weil seine Eigenschaften ihn zu einem Anspruch auf ein gesichertes (...) Studium berechtigen, oder weil das deutsche Volk ihm als ‚Elitemenschen' zur Erhöhung seines persönlichen Glückes verhelfen will. Wer einen solchen auf die eigene Person gerichteten Anspruch prätendiert, ist in der Studienstiftung fehl am Ort. Wer seine Zugehörigkeit zu ihr recht betrachtet, wird darin einen Wechsel sehen, der auf seine Zukunft gezogen ist: er muß ihn einlösen wie ein ordentlicher Kaufmann, wenn er nicht zum offenen oder heimlichen Bankrotteur werden will. Die Einlösung kann nur geschehen durch ein Denken und Handeln, das über die eigene Person hinausgeht, das sie als wirkendes und dienendes Glied in ein Ganzes einordnet."[11]

---

8   Ebd., S. 5.
9   Ebd., S. 8.
10 DSW/StSt an Mitglieder und Vorsemester, RS, Dresden, 4.1.1933.
11 Ebd.

Aber auch von einer Aufforderung zur Einordnung in den nationalsozialistischen Staat waren diese auf der Normallinie von Studienstiftungsprogrammatik liegenden Allgemeinheiten noch weit entfernt. Was dieser mitten in der ‚nationalen Revolution' in hohem moralischem Ton vorgetragene Appell für den einzelnen Stipendiaten vor Ort bedeutete, der sich für oder gegen den freiwilligen Arbeitsdienst, für oder gegen SA-Mitgliedschaft entscheiden konnte, wurde den Studienstiftlern selbst überlassen. Auch die Vorstandssitzung des DSW am 10. Februar 1933 in Berlin unter Vorsitz des Bonner katholischen Theologen Professor Dr. Fritz Tillmann[12] war zunächst von alltäglichen Vorgängen beherrscht: Brügelmann berichtete über die Arbeit des letzten halben Jahres, unter anderem die verbesserte Betreuung der Stipendiaten durch Besuche von Geschäftsführungsvertretern – ein Gesichtspunkt der Betreuung, der von der Studienstiftungsneugründung von 1948 übernommen und ausgebaut wurde – und die Absicht, künftig Vertreter der Wirtschaftskörper mit Mitarbeitern der Geschäftsführung zeitweilig auszutauschen, um die Zusammenarbeit von Dresdner Geschäftsführung und Wirtschaftskörpern zu verbessern. Dann ging Brügelmann in die Offensive:

> „Eine Ergänzung der Beurteilung der wissenschaftlichen Leistung durch Prüfung der charakterlichen Eigenschaften sei von jeher in der Studienstiftung angestrebt. Eine solche Prüfung sei in der Teilnahme am Werkhalbjahr gegeben, deshalb, zugleich aber im eigenen Interesse der jungen Menschen, schlage die Geschäftsführung vor, den neuaufgenommenen Abiturienten Teilnahme am freiwilligen Werkjahr zur Pflicht zu machen."[13]

Dieser im Widerspruch zu über sieben Jahren Auswahlpraxis stehende Vorschlag zielte auf die in der DSW-Satzung nicht vorgesehen Gäste der Vorstandssitzung, unter anderem den Nationalsozialisten cand. phil. Andreas Feickert.[14] Dieses taktische Entgegenkommen in der Vorwegnahme eventueller nationalsozialistischer Ansprüche an die Studienstiftung mochte im Moment Schlimmeres verhüten,[15] doch war die – nur in weltanschaulicher Hinsicht auflösbare – Widersprüchlichkeit der Forderung, zumal aus dem Mund eines Vertreters der Studienstiftung, offensichtlich: ein verpflichtendes Werkhalbjahr war nicht freiwillig und konnte insofern auch nichts über den Charakter und die Motivation der derart Verpflichteten aussagen, es sei denn, man akzeptierte bereits den ‚Geist des Arbeitsdiensts', die Integration in ein Arbeitslager, als charakterliches Auswahlkriterium. Außerdem war diese Selbstbehauptungsstrategie im Umgang mit Nationalsozialisten von der Illusion des Kompromisses geleitet, die darüber hinwegtäuschte, daß

---

12 Prof. Dr. Fritz Tillmann, Bonn, hatte im März 1931 neben seinem Amt als Vorsitzender des Verbandes der deutschen Hochschulen auch den Vorsitz des DSW übernommen. In der Sitzung vom 10.2.1933 wurde Prof. Dr. Enno Heidebroek, Dresden, als sein Nachfolger bestimmt. Tillmann gehörte weiterhin dem DSW-Vorstand an.

13 StA WÜ RSF I 60 p 357/3: Protokoll der Sitzung des Vorstandes des DSW vom 10. Februar 1933 in Berlin, Dresdner Bank, Behrensstraße, S. 15.

14 Andreas Feickert, geb. 7.7.1910 in Hamburg, Studium der Geschichte und Volkswirtschaft in Berlin, Hamburg und Heidelberg; seit 1931 NSDAP-Mitglied, 1931 Hochschulgruppenführer NSDStB Hamburg, 1932/33 Amtsleiter für Arbeitslager in der DSt, 1934–36 Reichsschaftsführer der Studierenden an deutschen Hochschulen, 1936 amtsenthoben, 1937 zu 7 Monaten Gefängnis verurteilt; lebte seit 1938 in Königsberg; Kriegsteilnahme als Unteroffizier; nach 1945 SPD-Mitglied. M. Grüttner, Studenten im Dritten Reich, S. 507; vgl. auch G. Giles, Students and National Socialism, S. 83–88.

15 Die Kritik am DSW wuchs ständig und rückte nun auch das Finanzgebaren des DSW in den Mittelpunkt: Gustav Beyrodt, Die Geschäftsberichte des DSW. Eine kritische Betrachtung, in: Deutsches Philologenblatt 41 (1933), Nr. 5, vom 1.2.1933, S. 53–55.

man es mit machtbewußten Vertretern einer totalitären Hochideologie zu tun hatte, denen es zunächst um Herrschaft, erst dann um sachdienliche Lösungen ging. Doch im Februar 1933 ging die Kompromißtaktik der Studienstiftung noch einmal auf: auch die nationalsozialistischen Studentenvertreter um Feickert stimmten, und zwar ganz offensichtlich mangels klarer eigener Forderungen und Vorstellungen, nach Einwänden von Mitgliedern des Zentralen Arbeitsausschusses, daß durch das Werkhalbjahr „Angehörige der Studienstiftung, von denen besondere Leistungen im Studium verlangt werden, gegenüber anderen Studenten benachteiligt (...) werden,"[16] einer Empfehlung zur Teilnahme am Werkhalbjahr zu: „Die Reichsregierung, die DSt und das DSW empfehlen allen Abiturienten die Teilnahme an dem Werkhalbjahr. Sofern aus der Teilnahme den Vorsemestern der Studienstiftung Mehrkosten erwachsen, ist die Studienstiftung bereit, diese Mehrkosten zu übernehmen."[17] Daß diese Taktik vorauseilender Anpassung in unsensiblen Bereichen unter Sicherung der sensiblen vor ideologischer Durchdringung nicht dauerhaft vor einer Gleichschaltung von oben schützen würde, erwies eine Hauptausschuß-Sitzung der DSt am 20. März 1933 in Berlin unter Leitung von DSt-Führer Krüger, der in knappen Worten das DSt-Programm zur ‚Machtergreifung' im DSW umriß: die schnelle Eingliederung des DSW in die DSt sei zu vermeiden, da für die Wirtschaftsarbeit kein geeignetes Personal zur Verfügung stehe. Vielmehr solle man sich darum bemühen, das DSW finanziell nach und nach auszutrocknen, indem man die Mittelbewilligung an die Zustimmung der DSt binde. Generell müsse man große Vorsicht walten lassen bei der Übernahme „von Ämtern (...), die seit langem nicht unter Einfluß der DSt gestanden hätten."[18] Hier überkreuzten sich gewissermaßen zwei Varianten der Selbstunterschätzung: die der grundsätzlich und überwiegend antinationalsozialistischen DSW-Gliederungen und die der studentischen Nationalsozialisten, die mit weitaus mehr Widerständigkeit rechneten, als sie vorfanden und ihren politischen Spielraum erst austesten mußten. Am Rande ging es auch um die Studienstiftung: ein Teilnehmer der Sitzung gab zu Protokoll, „ihm sei bekannt, daß sogar durchs Examen Gefallene weitere Unterstützung erhielten." Ein anderer wußte von Fällen zu erzählen, in denen die Studienstiftung „ohne ersichtlichen Grund" Gelder vergeben habe.[19] Das waren reine Gerüchte, deren Verbreitung nur deutlich machte, wie wenig man sich auf nationalsozialistischer Seite über die Stimmungsmache hinaus offenbar darüber im klaren war, auf welche Weise man den entscheidenden Schritt zur Gleichschaltung der Studienstiftung durchsetzen konnte: die Neudefinition von nationalsozialistischen Auswahlkriterien. Dieses Taktieren entsprach ganz der unübersichtlichen Lage in dieser Phase der ‚nationalen Revolution'. Das aktuelle Geschehen an den Universitäten wurde bestimmt von sich überlagernden Verhaltensweisen: auf der einen Seite standen die nationalsozialistischen Initiativen zur Machtgewinnung und Machtetablierung mittels Durchdringung aller Institutionen; auf der anderen Seite fanden sich Abwarten, Selbstgleichschaltung und der Versuch, auf der richtigen Seite zu stehen, nebeneinander, zum Teil in derselben Institution.[20] Am 6. März, einen Tag nach der

---

16　StA WÜ RSF I 60 p 357/3: Protokoll Vorstandssitzung DSW 10.2.1933, Berlin: Prof. Dr. Enno Heidebroek, S. 16.
17　Ebd; vgl. Werkhalbjahr 1933. Merkblatt für Abiturienten (28.1.1933), in: Studentenwerk 7 (1933), S. 27–29.
18　StA WÜ RSF I 60 p 357/3: Niederschrift der Hauptausschuß-Sitzung der DSt, Berlin, 20./21. März 1933, Punkt 2: Die allgemeine politische Lage.
19　Ebd.
20　M. Grüttner, Studenten im Dritten Reich, S. 62 ff.

letzten, noch eingeschränkt freien Reichstagswahl, in der die NSDAP 43,9% der Stimmen erhielt, druckten die ‚Burschenschaftlichen Blätter' den Aufruf „Burschenschaftler!": „Was wir seit Jahren ersehnt und erstrebt, und wofür wir im Geiste der Burschenschaft von 1817 (...) gearbeitet haben, ist Tatsache geworden. Das deutsche Volk hat bei der soeben abgeschlossenen Wahl (...) zum erstenmal seit der Schmach von 1918 bekannt, daß höchstes und oberstes Gut nationale Einheit und nationaler Freiheitswille sind."[21] Doch ob solche Bekenntnisse, von Michael Grüttner treffend als Ausdruck eines „Wettlaufs ins Lager der Sieger" charakterisiert,[22] geeignet waren, die Dynamik der ‚nationalen Revolution' für eigene Zwecke nutzbar zu machen, und für wen sie sprachen, war im Frühjahr 1933 noch offen.

Nicht mehr offen war ab Anfang April, welchen Weg die Studienstiftung gehen würde. Ein Schreiben von Reichsinnenminister Wilhelm Frick, das bei der DSW am 4. April einging und sofort von dort an die Wirtschaftskörper weitergeleitet wurde, gab den zukünftigen Handlungsspielraum der Studienstiftung verbindlich vor:

> „Ich halte es nicht für vereinbar mit der Aufgabe des DSW, daß aus seinen, im wesentlichen vom Reiche stammenden Mitteln, Studierende unterstützt werden, die sich kommunistisch betätigen und damit außerhalb der Volksgemeinschaft stehen. Ich ersuche in geeigneter Weise dafür Sorge zu tragen, daß solche Studierende vom Genuß von Studienvergünstigungen, insbesondere der Aufnahme in die Studienstiftung des Deutschen Volkes, ausgeschlossen bleiben."[23]

Und die DSW-Geschäftsführung ergänzte: „Wir erwarten, daß die Wirtschaftskörper aller deutschen Hochschulen diese Regelung strengstens beachten."[24] Die Frage der Studienstiftung war Frick immerhin so wichtig, daß er sie noch vor dem ‚Reichsgesetz über die Bildung von Studentenschaften an wissenschaftlichen Hochschulen' vom 22. April regelte, mit dem die DSt als alleinige Gesamtvertretung der ‚arischen' Studenten anerkannt und jüdische Studierende aus der DSt ausgeschlossen wurden.[25] Noch bevor die eigentliche nationalsozialistische Revolution an den Universitäten mit Bücherverbrennung, Terror gegen politisch mißliebige und jüdische Professoren und Studenten und Einführung des ‚Führerprinzips' einen ersten Höhepunkt erreichte, war die Studienstiftung von oben gleichgeschaltet.[26]

Innenminister Frick war nicht von sich aus tätig geworden, sondern reagierte auf eine Initiative des DSt-Vorsitzers Gerhard Krüger, der Frick am 4. April umfassend über die nationalsozialistische Sichtweise der Situation im DSW und die Forderungen der DSt informiert hatte: Krüger wies einleitend auf die Finanzierung des DSW durch Fricks Ministerium hin, schilderte dann die Distanzierung des DSW von der DSt: „Das DSW hat eine Entwicklung genommen, die in der Studentenschaft aufs schärfste kritisiert wird. Durch die politische Entwicklung und den Kampf

---

21 Burschenschaftliche Blätter vom 6.3.1933, in: H. Pross, Die Zerstörung der deutschen Politik, S. 101. Vgl. z. B. auch Otto Schwab (Hg.), Die deutsche Burschenschaft. Wollen und Wirken in Vergangenheit und Gegenwart. Berlin 1932.
22 M. Grüttner, Studenten im Dritten Reich, S. 287 ff.
23 StA WÜ RSF I 60 p 357/3: RMdI/Wilhelm Frick an DSW, Berlin, 4/1933, DSW an WiKö, Nr. 163, Dresden, 4/1933.
24 StA WÜ RSF I 60 p 357/3: DSW an WiKö, Nr. 163, Dresden, 4/1933.
25 Text: Joachim Haupt, Neuordnung im Schulwesen und Hochschulwesen. Berlin 1933, S. 17.
26 Im Sinne nationalsozialistischer Traditionsbildung der ‚nationalen Revolution' beschrieben z.B. in der Kampfschrift von Andreas Feickert, Studenten greifen an. Nationalsozialistische Hochschulrevolution. Hamburg 1934.

der marxistischen Regierung gegen die DSt glaubte sich das DSW genötigt zu sehen, von der DSt abzurücken."[27] Die DSW-Geschäftsführung habe nichts unterlassen, den DSt-Einfluß auszuschalten, die DSt in ihrer eigenen Presse zu verleumden und schließlich sogar den Arbeitsdienstgedanken für die eigenen politischen Zwecke zu mißbrauchen. Dann attackierte Krüger den angeblich aufgeblähten Verwaltungsapparat des DSW, bezichtigte mit dem die Glaubwürdigkeit dieser Einschätzung zumindest relativierenden Hinweis, daß dies noch der internen Untersuchung bedürfe, Mitglieder der DSW-Geschäftsführung des Betruges und der Unterschlagung. Schließlich kam er zur Studienstiftung:

> „Wohin die Arbeit des DSW führt, zeigt am deutlichsten die ‚Studienstiftung des deutschen Volkes', die vom DSW verwaltet wird. In Berlin sind mindestens 50% der Mitglieder der Studienstiftung Marxisten oder Juden. Ähnlich sind die Zustände bei der Darlehnskasse und überhaupt bei den Fürsorge-Einrichtungen. Die Lage der Studienstiftung, der Darlehnskasse und aller anderen Fürsorge-Einrichtungen im gesamten Reich läßt sich natürlich nur durch eingehende Arbeit in der Zentrale des DSW in Dresden herbeiführen."[28]

Krüger drohte zur Bekräftigung seiner Anspruchsbasis offen mit der NS-studentischen Revolution in Permanenz: „Die Stimmung in der Studentenschaft ist so, daß (...) bei Semesterbeginn mit Einzelaktionen örtlicher Studentenschaftsgruppen zu rechnen ist, falls die Mißstände durch eine Säuberungsaktion vor Semesterbeginn nicht abgestellt worden sind."[29] Im folgenden nannte der DSt-Chef dem Reichsinnenminister seine Maximalforderungen:

> „Dem Unterzeichneten wird durch das Reichsministerium des Innern auf Grund des Aufsichtsrechtes des Staates Vollmacht zu einer grundlegenden Revision des DSW und der örtlichen Wirtschaftskörper erteilt, mit dem Ziele, alle notwendigen Maßnahmen zu ergreifen, die eine zweckentsprechende Verwendung der Mittel des Reichs garantieren. Mit dieser Vollmacht ist zugleich eine Vollmacht auf personelle Umgestaltung in der Geschäftsführung zu verbinden, ohne Rücksichtnahme auf die bestehenden Verträge."[30]

Frick reagierte prompt mit dem Schreiben an das DSW. Ganz anders als bei der Gründung des Reichsstudentenwerks 1934, das auf einer formalen Rechtsgrundlage gesetzlichen Unrechts beruhte, waren die radikalen nationalsozialistischen Revolutionäre in dieser Phase der ‚Machtergreifung' noch nahezu ungebremst.[31] Die Nationalsozialisten in der Regierung und Verwaltung konnten sich einerseits ihren ‚Parteigenossen' gegenüber um die Einbindung dieser Dynamik durch weitgehende Durchsetzung ihrer Forderungen bemüht zeigen, andererseits zugleich auch nach außen drohend auf den Druck von unten verweisen:[32] am 22. April 1933 trat das ‚Reichsgesetz gegen die Überfüllung der deutschen Schulen und Hochschulen' zur gesetzlichen Ausgrenzung von ‚Nicht-Ariern' in Kraft. Wie schnell einige Wirtschaftskörper Fricks DSW-An-

---

27 StA WÜ RSF I 60 p 357/3: Gerhard Krüger an RMdI Frick, Berlin, 4.4.1933.
28 Ebd.
29 Ebd.; vgl. dazu z.B. die Tabelle ‚Nach der ‚Machtergreifung' bis April 1936 entlassenes Hochschulpersonal', in: Handbuch der deutschen Bildungsgeschichte, Bd. V. Hg. von Dieter Langewiesche, Heinz-Elmar Tenorth. München 1989, S. 226.
30 StA WÜ RSF I 60 p 357/3: Gerhard Krüger an RMdI Frick, Berlin 4.4.1933.
31 Vgl. M. Grüttner, Studenten im Dritten Reich, S. 68–70; Ludolf Herbst, Das nationalsozialistische Deutschland 1933–1945. Die Entfesselung der Gewalt: Rassismus und Krieg. Frankfurt am Main 1996, S. 62 ff.
32 Vgl. M. Broszat, Der Staat Hitlers, S. 108–117.

weisung umsetzten, zeigte die Aktennotiz ‚Neuordnung des Fürsorgewesens' vom Verein Studentenhaus Charlottenburg e.V. vom 26. April 1933: „1) Jüdische und marxistische Studenten sind von allen Unterstützungen der Abteilung Fürsorge des Vereins Studentenhaus ausgeschlossen. 2) Außerdem wird bei der Beurteilung der persönlichen Würdigkeit der Gesichtspunkt berücksichtigt werden, daß der Gesuchsteller sich zur akademischen Gemeinschaft auf nationaler Grundlage bekennen muß."[33] Bestimmungen dieser Art führten zunächst bei den entscheidungsbefugten Stellen zu einem Chaos, und zwar vom lokalen Wirtschaftskörper bis hin zur DSW-Geschäftsführung in Dresden: Welche Maßstäbe galten? Wer genau war betroffen? Welche Nachweise wurden gefordert und akzeptiert? Welche Ausnahmen galten? Wer entschied in Zweifelsfällen? In einem Rundschreiben an die Wirtschaftskörper vom 2. Mai 1933 unternahm es die DSW-Geschäftsführung, Richtlinien der Gleichschaltung auszugeben: „Grundsätzlich sind zunächst alle derartigen Unterstützungen an nicht-arische Studierende und an solche, die in Verdacht stehen, sich marxistisch oder staatsfeindlich zu betätigen, zu suspendieren."[34] Die volle Verantwortung der Entscheidung liege allein beim Wirtschaftskörper, der die Begründung jeweils dem DSW zu melden habe: eine Entscheidungshilfe war das nicht. Für die Studienstiftung machte die DSW-Geschäftsführung genauere Angaben. Die Prüfung der ‚Nicht-Arier', Marxisten und Staatsfeinde solle durch drei vom Rektor der jeweiligen Universität zu ernennende Prüfer erfolgen: einen Dozenten, der Vertrauensdozent sein konnte, den Geschäftsführer des Wirtschaftskörpers sowie einen Vertreter der Studentenschaft. Das war dann die ‚Suspensionskommission', wie sie im Fall Fritz John in Göttingen zusammengetreten war.[35]

Wie chaotisch die Lage auch bei den Wirtschaftskörpern war, machte der Hinweis deutlich, daß für den Fall des Rücktritts von Vertrauensdozent oder Geschäftsführer des Wirtschaftskörpers der jeweils übrig gebliebene Funktionsträger nach eigenem Ermessen zu suspendieren habe:[36] „Die Suspendierung bedeutet in diesem Zusammenhange, daß die bisherigen Bezüge vorläufig nicht weitergezahlt werden."[37] Für die ‚nicht-arische Abstammung' seien die Bestimmungen des ‚Reichsgesetzes gegen die Überfüllung der deutschen Schulen und Hochschulen' maßgeblich; was als marxistische oder staatsfeindliche Betätigung anzusehen sei, sollte vor Ort entschieden werden. Das DSW behielt sich die letzte Entscheidung in allen Fällen vor und verwies auf angekündigte, nähere Ausführungsbestimmungen aus dem Reichsinnenministerium. Die Wirtschaftskörper wurden mit der Generalklausel ermächtigt, im Geist der „vorstehend erörterten Gesichtspunkte"[38] zu handeln. Auch die Geschäftsführung der Studienstiftung setzte nun die neuen Be-

---

33 StA WÜ RSF I 60 p 357/3: Neuordnung des Fürsorgewesens an der TH Charlottenburg, Berlin, 26. April 1933.
34 StA WÜ RSF I 60 p 357/3: DSW an die WiKö, RS Nr. 167, Dresden, 2.5.1933.
35 Siehe dazu Kapitel II 4.
36 Das DSW teilt mit: Studienstiftung, in: Studentenwerk 7 (1933), S. 95: „Studienstiftung: Der Kleine Studienstiftungsausschuß hatte in seiner Sitzung vom 13./14. März 1933 in Dresden über die Mitgliedsaufnahme von 63 Vorsemestern und über die Gesuche von 39 Neubewerbern zu entscheiden, die ihm vom Zentralen Arbeitsausschuß überwiesen worden waren. Von den Vorsemestern wurden 34 als Mitglied aufgenommen, 18 zurückgestellt. Von den Neubewerbern wurden 3 als Mitglied, 9 als Vorsemester aufgenommen und 12 zurückgestellt. Die übrigen wurden abgelehnt. In einer Reihe von Fällen mußte der Ausschuß über Suspension und Beendigung der Mitgliedschaft beschließen."
37 StA WÜ RSF I 60 p 357/3: DSW an die WiKö, RS Nr. 167, Dresden, 2.5.1933.
38 Ebd.

stimmungen bei der Auswahl um, ohne daß es dabei Anzeichen für Widerspruch oder auch nur Zweifel gab. Im Mai informierte sie die Vorsemester, deren Förderungszeit ablief, und die sich um Aufnahme als Mitglied neu bewerben mußten, über die Erfordernisse:

„Es entspricht dem Wesen und den Aufgaben der Studienstiftung, daß wir besonderen Wert darauf legen, neben den Gutachten über Ihre wissenschaftlichen Leistungen solche über Ihre Tätigkeit in Werkarbeit und studentischer Selbstverwaltung, in Arbeitsdienst und Wehrsport, in Verbänden und Bünden, zu erhalten. Von den Vorsemestern, die sich auf diesen Gebieten noch nicht betätigt haben, erwarten wir, daß sie sich spätestens für die Ferien nach dem Sommersemester dazu melden. Die Meldungen sind uns rechtzeitig vor Semesterschluß mit Angabe der Arbeitsstelle bzw. des Lagerortes und des Arbeitgebers bzw. Lagerführers über den Wirtschaftskörper bekanntzugeben."[39]

Wie radikal der Verein Studentenhaus der TH Charlottenburg, von dessen frühzeitiger Neuordnung des Förderungswesens schon die Rede war, auch bei Studienstiftlern vorging, hat Karl Wenner, zu diesem Zeitpunkt Maschinenbaustudent in Berlin, in einem Gedächtnisprotokoll vom 18. Mai 1933 festgehalten. Die Abteilung Studienstiftung dieses Wirtschaftskörpers hatte Wenner zu einem Gespräch einbestellt, da er sich an der letzten studentischen Wahl an der TH, der ‚Kammerwahl der Großdeutschen Studentenschaft' vom Februar 1933, welche der Verein als Maßstab nationalsozialistischer Gesinnung ansah, nicht beteiligt hatte:

„Herr M.: Warum haben Sie nicht gewählt?
Ich (Karl Wenner, d. Verf.): Erstens war ich nicht interessiert, zweitens war die Kammer rechtlich nicht anerkannt.
M.: Die Anerkennung wurde durch den sozialdemokratischen Minister Becker entzogen. Sie sind also Sozialdemokrat?
Ich: Ich habe keiner politischen, privaten oder sportlichen Organisation angehört.
M.: Sie wollen also darüber nichts sagen? Wer kann über Sie Auskunft geben?
Ich: Die Studienstiftung in Dresden. Vor Aufnahme in die Studienstiftung war ich im freiwilligen Arbeitsdienst bei Hamburg. Ein Professor der Uni Hamburg hat ein Gutachten über mich erstellt.
M.: So, Sie waren im Arbeitsdienst? Na, sehen Sie, die Sache sieht für Sie schon viel besser aus (notiert). 2 Monate? (notiert). Wie war die Einstellung der Leute dort im Lager?
Ich: Zum größten Teil, 85% Nationalsozialisten.
M.: Gehörten Sie dazu?
Ich: Ich glaube, daß ich diese Frage weder beantworten kann, noch soll, noch muß.
M.: Spöttisch: ‚kann, soll, muß'. Sie weisen die Frage also zurück. Dann muß ich Ihnen erklären, daß Sie in meinen Augen die persönlichen Qualitäten, die Ihre Unterstützung rechtfertigen, nicht besitzen. Ich weiß, daß für Sie als Studienstiftler das Studium auf dem Spiel steht. Wollen Sie mir nicht mehr sagen? (...) Wir müssen auf einem Vertrauensverhältnis zur Studentenschaft bestehen.
Ich: Das Vertrauensverhältnis kommt nicht dadurch zum Ausdruck, daß man sich den einzelnen Studenten vornimmt und ihn auf Herz und Nieren politisch ausquetscht. Ich hätte ja einen leeren Zettel in die Urne werfen können.
M.: Das ist auch tatsächlich in 6 Fällen vorgekommen; aber wir haben herausbekommen, wer das war. Da Sie mir nichts sagen wollen, werde ich (...) über Sie Rücksprache nehmen."[40]

---

39 StSt-A Bonn: DSW/StSt an Georg-Heinz Meyer, Dresden, 15.5.1933.
40 StSt-A Bonn: Karl Wenner, Gedächtnisprotokoll 18.5.1933, in: Akten Erinnerte Geschichte, Teilabdruck in: Erinnerte Geschichte, S. 53 f.

Durch einen Hinweis des Vertrauensdozenten, des Mathematikers Prof. Dr. Rudolf Rothe, wechselte Wenner schnellstmöglich an die aus politischen Gründen stark geförderte ‚Grenzlandhochschule' TH Danzig,[41] um sich den nationalsozialistischen Radikalen in Charlottenburg zu entziehen, was zunächst auch gelang. Am 7.6.1935 wurde Wenner dann aus der ‚Reichsförderung' doch noch ausgeschlossen, da er sich aus rechtsstaatlicher Überzeugung strikt geweigert hatte, nach einer Probezeit in der SA zu bleiben und den Eid auf Hitler abzulegen:[42]

> „Die Beendigung Ihrer Zugehörigkeit zur Reichsförderung erfolgte zum wesentlichen aus der Ablehnung des Eides auf den Führer durch Sie. Das Studentenwerk Danzig teilte mit, daß Sie kurz vor Ihrer Vereidigung in der SA zum Sturmführer gegangen sind und ihm mitgeteilt haben, daß Sie nicht SA-Mann werden könnten, da das nicht mit ihrer Weltanschauung vereinbart werden könne. (...) Da wir in der Reichsförderung Menschen haben müssen, von denen wir erwarten können, daß sie sich jederzeit rückhaltlos hinter den Führer und den nationalsozialistischen Staat stellen, glauben wir, daß Sie einsehen, wenn wir Sie aus diesen Gründen aus der Reichsförderung ausgeschieden haben."[43]

Mit der Studienstiftung vor 1933 hatte diese ‚Reichsförderung', die nationalsozialistische Begabtenförderung des ‚Reichsstudentenwerks' ab 1934, ihrem Selbstverständnis und ihrer Auswahlpraxis nach nichts mehr zu tun.

Anfang Mai demonstrierten die nationalsozialistischen Studenten ihre Macht in einer symbolischen Aktion, die zu einem Symbol der ‚Machtergreifung' und der nationalsozialistischen geistigen Barbarei schlechthin wurde: den Bücherverbrennungen. Die Versammlungen waren zentral von der DSt gelenkt: es war, wie Michael Grüttner betont, keine direkte Lancierung durch das Reichspropagandaministerium und Joseph Goebbels erkennbar.[44]

---

41 Aufruf der Gesellschaft von Freunden der Danziger Hochschule, in: Studentenwerk 7 (1933), S. 49 f.; Der deutsche Student 1 (1934), S. 57: „Die Leitung der Studienstiftung hat die Vorsemester und Mitglieder erneut darauf hingewiesen, daß es eine selbstverständliche und von vielen Angehörigen der Studienstiftung schon freudig aufgenommene Pflicht aller Vorsemester und Mitglieder ist, bei der Wahl des Hochschulortes wenigstens für einige Semester die Grenzhochschulen zu bevorzugen. Der ausschließliche Besuch der Heimathochschule wird ausdrücklich als unerwünscht bezeichnet."
42 StSt-A Bonn: Karl Wenner, Gedächtnisprotokoll/Der Ausschluß, S. 55. W. berichtet u.a. von dem Gespräch mit einem anderen Studienstiftler im Jahr 1935, dessen Aussage gegenüber dem Studentenwerk Danzig Wenners Ausschluß aus der Reichsförderung ermöglichte: „Es ging um die Frage: wieso keine Beteiligung am Nationalsozialismus? Ich sagte unter anderem: ‚Im vorigen Jahr wurden bei der Röhm-Affäre bei Nacht und Nebel hunderte Menschen erschossen, ohne einen Prozeß. So etwas kann ich nicht mitmachen." In Wenners Ausschlußbescheid fand sich der Hinweis: „Durch das Reichsförderungsmitglied Liebe wurden Sie auf die Tragweite Ihrer Entscheidung aufmerksam gemacht. Hierauf sollen Sie erwidert haben, Sie könnten daran nichts ändern." Ebd., S. 56.
43 StSt-A Bonn: Karl Wenner, Gedächtnisprotokoll/Der Ausschluß 18.5.1933, S. 55 f. Ähnliches berichtet aus Heidelberg H. Thielicke, Zu Gast, S. 98; dort auch eine eindrucksvolle Darstellung der Akademikerschikanierung in SA-Lagern.
44 M. Grüttner, Studenten im Dritten Reich, S. 77.

Gleichschaltung 215

Diese Aktion stand am Ende der ersten wilden Phase studentisch-nationalsozialistischer Machtergreifung.[45]

Der Auflösung des DSW kam die DSt mit der Einrichtung eines ‚Hauptamtes für Wirtschaftsfragen' in der DSt mit dem Beginn des Sommersemesters 1933 näher. Gedacht war dabei an eine vollständige Gegenorganisation zum DSW mit DSt-Wirtschaftsämtern in Konkurrenz zu den DSW-Wirtschaftskörpern, welche schließlich inkorporiert werden sollten. Die DSt-Wirtschaftsämter sollten nach und nach alle Gremien zur Bewilligung von Vergünstigungen, Freitischen und Stipendien an sich ziehen. Dann folgte ein offener Aufruf zur Denunziation: das DSt-Wirtschaftsamt verschickte an jedes Unteramt Studienstiftlerlisten mit dem ausdrücklichen Verbot, über Herkunft und Zweck dieser Listen zu sprechen:

„Ich bitte Sie, mir bis zum 30. Juni eine kurze Charakteristik der einzelnen Studienstiftler, deren Name Sie aus der beiliegenden Liste ersehen können, zu übersenden. Sie dürfen sich selbstverständlich dabei anderer Hilfskräfte bedienen, falls die Zahl der Studienstiftler so groß ist. Ich würde Ihnen aber empfehlen, falls Sie Auskünfte durch Dritte einholen, diesen nicht mitzuteilen, wozu Sie diese Auskünfte brauchen und daß die Betreffenden Studienstiftler sind."[46]

So groß war immerhin die Sorge der DSt-Nationalsozialisten, allein der Name der Studienstiftung könne potentielle Auskunftgeber von einer Denunziation abhalten, daß ihnen diese Klausel erforderlich erschien.[47] Inzwischen schritt die Selbstgleichschaltung der deutschen Universitäten

---

45 „Bei den mitternächtlichen Feiern an den deutschen Hochschulorten, in deren Mittelpunkt die Verbrennung volkszersetzenden Schrifttums stand, wurden die Bücher mit folgenden Feuersprüchen den Flammen übergeben: 1. Rufer: Gegen Klassenkampf und Materialismus, für Volksgemeinschaft und idealistische Lebenshaltung! Ich übergebe der Flamme die Schriften von Marx und Kautsky. 2. Rufer: Gegen Dekadenz und moralischen Verfall! Für Zucht und Sitte in Familie und Staat! Ich übergebe der Flamme die Schriften von Heinrich Mann, Ernst Gläser und Erich Kästner. 3. Rufer: Gegen Gesinnungslumperei und politischen Verrat! Für Hingabe an Volk und Staat! Ich übergebe der Flamme die Schriften von Friedrich Wilhelm Förster. 4. Rufer: Gegen seelenzerfasernde Überschätzung des Trieblebens, für den Adel der menschlichen Seele! Ich übergebe der Flamme die Schriften des Sigmund Freud. 5. Rufer: Gegen Verfälschung unserer Geschichte und Herabwürdigung ihrer großen Gestalten, für Ehrfurcht ihrer großen Vergangenheit! Ich übergebe der Flamme die Schriften von Emil Ludwig und Walter Hegemann. 6. Rufer: Gegen volksfremden Journalismus demokratisch-jüdischer Prägung, für verantwortungsbewußte Mitarbeit am Werk des nationalen Aufbaus! Ich übergebe der Flamme die Schriften von Theodor Wolff und Georg Bernhard. 7. Rufer: Gegen literarischen Verrat am Soldaten des Weltkrieges, für Erziehung des Volkes im Geist der Wehrhaftigkeit! Ich übergebe der Flamme die Schriften von Erich Maria Remarque. 8. Rufer: Gegen dunkelhafte Verhunzung der deutschen Sprache, für Pflege des kostbarsten Gutes unseres Volkes! Ich übergebe der Flamme die Schriften von Alfred Kerr. 9. Rufer: Gegen Frechheit und Anmaßung, für Achtung und Ehrfurcht vor dem unsterblichen deutschen Volksgeist! Verschlinge, Flamme, auch die Schriften der Tucholsky und Ossietzky!" IfH-A WÜ: Fränkischer Kurier vom 12.5.1933. Erich Kästner, der die Bücherverbrennung vor der Berliner Wilhelms-Universität miterlebte, beschrieb im Rückblick ausdrücklich die Präsenz von Studenten: Erich Kästner, Vorwort zu: Bei Durchsicht meiner Bücher (1946), in: ders., Werke. Bd. 1. München/Wien 1998, S. 370 f.
46 StA WÜ RSF I 60 p 357/3: DSt/Amt für Wirtschaftsfragen an die Führer der Studentenschaften und an die Wirtschaftsamtsleiter, Berlin, 24.5.1933.
47 Vgl. die Studie von Gisela Diewald-Kerkmann, Politische Denunziation im NS-Regime oder Die kleine Macht der ‚Volksgenossen'. Bonn 1995 (zugl. Diss. phil., Bielefeld 1994).

voran.[48] Martin Heidegger hielt seine berüchtigte Antrittsrede als Rektor der Universität Freiburg: „Aber *eines* freilich wissen wir aus dem angezeigten Wesen der Wissenschaft, daß die deutsche Universität nur dann zu Gestalt und Macht kommt, wenn die drei Dienste – Arbeits-, Wehr- und Wissensdienst – ursprünglich zu *einer* prägenden Kraft sich zusammenfinden."[49] Das ‚Studentenwerk' reagierte in der März/April-Ausgabe in einem Beitrag ‚Rückschau und Ausblick' im Vergleich zu einem solch tönenden Bekenntnis moderat auf die neuen Machtverhältnisse, indem die Redaktion auf antimarixistische und antisemitische Tiraden verzichtete, dafür den national-solidarischen Selbsthilfegedanken in den Vordergrund stellte: „Das Ringen um Deutschlands Zukunft hat sich durch den Durchbruch der nationalen Bewegung freie Bahn geschaffen. Es ist in den verflossenen 14 Jahren in vielerlei Gestalt geführt worden: Auf dem Boden der Politik durch den Kampf um die Macht, im Lebensbereich des Kulturellen durch die unbeirrbare und stille Aufbauarbeit von Gruppen und Körperschaften."[50] Der Redaktion des DSW-Blattes ging es um den Versuch, sich in die Front der ‚nationalen Revolution' zu stellen. Doch nützte das wenig. Schon Mitte Juni 1933 – der nationalsozialistische Kommissar für das preußische Kultusministerium und spätere Reichsminister für Wissenschaft, Erziehung und Volksbildung, Bernhard Rust, hatte am 16. Juni auf dem Berliner Opernplatz auf einer DSt-Kundgebung die zwangsweise Einberufung aller 4. Studiensemester zum Arbeitsdienst verkündet[51] – konnte, schneller als bei der DSt erwartet, die formelle Gleichschaltung des DSW abgeschlossen werden. Am 19. Juni berichtete Karl Blume, Leiter des neuen DSt-Hauptamts für Wirtschaftsfragen, in einem Schreiben an die Studentenschaften und Unteramtsleiter, wie man dabei vorgegangen war:[52] Nach einer internen Revision des DSW-Geschäftsgebarens im Zusammenhang mit Krügers Betrugsvorwürfen gegenüber dem Vorstand unter Leitung von diesem selbst und von Blume sei ein geheimer Abschlußbericht erstellt und Reichsinnenminister Frick mit Vorschlägen zur vorläufigen Umgestaltung des DSW vorgelegt worden. Diese Vorschläge: neuer Vorstand mit nationalsozialistischer Mehrheit einschließlich Krügers und Blumes, sofortiges Ausscheiden von

---

48 Vgl. die Zusammenfassung bei Michael Grüttner, Wissenschaft, in: Enzyklopädie des Nationalsozialismus. Hg. v. Wolfgang Benz, Hermann Graml, Hermann Weiß. Stuttgart 1997, S. 135–153; Helmut Heiber, Universität unterm Hakenkreuz. Teil 1: Der Professor im Dritten Reich. München 1991; Teil 2: Die Kapitulation der Hohen Schulen. 2 Bde. München 1992/94.
49 Martin Heidegger, Die Selbstbehauptung der deutschen Universität. Breslau 1933, S. 20; vgl. Hans D. Sluga, Heidegger's crisis. Philosophy and politics in Nazi Germany. Cambridge/Mass. 1993; zum Einfluß Heideggers auf die badische Hochschulpolitik Katja Schrecke, Otto Walcker. Badischer Minister des Kultus, des Unterrichts und der Justiz, in: Michael Kißener, Joachim Scholtyseck (Hg.), Die Führer der Provinz. NS-Biographien aus Baden und Württemberg. Konstanz 1997, S. 705–732; Bernd Martin, Die Universität Freiburg im Breisgau im Jahre 1933. Eine Nachlese zur Heideggers Rektorat, in: Zeitschrift für die Geschichte des Oberrheins 136 (N.F. 97) (1988), S. 445–477.
50 Rückschau und Ausblick, in: Studentenwerk 7 (1933), S. 51–56.
51 „Eines muß ich hier feststellen: die wahre große praktische Schule liegt nicht drüben (in der Berliner Universität, d. Verf.) und liegt nicht in den Gymnasien, sie liegt im Arbeitsdienstlager, denn hier hört die Belehrung durch das Wort auf und die Tat beginnt (...). Wer im Arbeitslager versagt, der hat das Recht verwirkt, Deutschland als Akademiker führen zu wollen." Zit. nach Karl Dietrich Bracher, Die Gleichschaltung der deutschen Universität, in: Universitätstage 1966. Hg. v. der Freien Universität Berlin. Berlin 1966, S. 126–142, 138.
52 StA WÜ RSF I 60 p 357/3: DSt/Amt für Wirtschaftsfragen an die Führer der Studentenschaften und an die Hauptamtsleiter für Wirtschaftsfragen, Berlin, 19.6.1933.

Gleichschaltung

Dr. Hans Sikorski und Dr. Reinhold Schairer,[53] setzte Frick am 14. Juni in einer Verordnung zur Bildung eines kommissarischen DSW-Vorstands um.[54] Damit war auch der letzte Rest an Eigenständigkeit genommen, den die Studienstiftung unter dem Dach der DSW genossen hatte. Am 17. Juni 1933 trat der kommissarische Vorstand des DSW, bestehend u.a. aus dem Dresdner Ingenieurwissenschaftler Prof. Dr. Enno Heidebroek,[55] Krüger und Blume, erstmalig in Dresden zusammen. Punkt 2 der Tagesordnung war die Studienstiftung. Ein Problem bereitete dem Vorstand die Institutionalisierung des Antisemitismus.[56] Das Rundschreiben 167 vom 2. Mai 1933 hatte „für die Prüfung der Nicht-Arier-Frage"[57] auf das ‚Reichsgesetz gegen die Überfüllung der deutschen Schulen und Hochschulen' und Ausführungsbestimmungen verwiesen. Das nützte dem ebenso selbstverständlich antisemitisch wie verwaltungsmäßig korrekt vorgehenden Vorstand wenig, da es hier um die Frage der Zulassung zu deutschen Schulen und Universitäten, nicht um die Maßstäbe der Gewährung von Stipendien ging. Daher einigte man sich auf die analoge Anwendung der strengeren Maßstäbe der §§ 3,1 und 3,2 des ‚Reichsgesetzes zur Wiederherstellung des Berufsbeamtentums' vom 7. April 1933 in Verbindung mit der ‚Ersten Verordnung zur Durchführung' dieses Gesetzes vom 11. April, derzufolge

> „als nicht arisch gilt, wer von nicht arischen, insbesondere jüdischen Eltern oder Großeltern abstammt. Es genügt, wenn ein Elternteil oder ein Großelternteil nicht arisch ist. Dies ist insbesondere dann anzunehmen, wenn ein Elternteil oder ein Großelternteil der jüdischen Religion angehört. (...) Ist die arische Abstammung zweifelhaft, so ist ein Gutachten des beim Reichsministerium des Innern bestellten Sachverständigen für Rasseforschung einzuholen."[58]

Ausnahmen sollten nach einer weiteren Durchführungsbestimmung vom 6. Mai 1933 möglich sein, die sich auf die nicht zu entlassenden Söhne von Weltkriegsfrontkämpfern im § 2,1 des ‚Gesetzes zur Wiederherstellung des Berufsbeamtentums' bezog.[59] Übertragen auf die Verhältnisse der Studienstiftung machte der Vortand daraus folgende Regelung: „Der Studienstiftung des Deutschen Volkes angehören oder andere Vergünstigungen an deutschen Hochschulen erhalten können nur die Mitglieder der Deutschen Studentenschaft; ausgenommen sind hiervon solche Nichtmitglieder der Deutschen Studentenschaft, deren Väter im Felde gefallen oder infolge einer an der Front erhaltenen Verwundung gefallen sind."[60] Das war ein eklatanter Bruch der Studienstiftungssatzung von 1925 und ihrer Festlegung auf weltanschauliche Neutralität, sofern

---

53 Schairer arbeitete einige Zeit als Korrespondent der Frankfurter Zeitung in Großbritannien, wo er aus politischen Gründen blieb und schließlich in die USA emigrierte; Sikorski gründete einen Musikverlag; HH-A: H. Haerten, Studienstiftung, S. 36.
54 StA WÜ RSF I 60 p 357/3: Entwurf zur Veröffentlichung in der Presse, Berlin, 14.6.1933.
55 Enno Wilhelm Tielko Heidebroek (1876–1955); 1901 Dr.-Ing., 1903–1911 als Ing. in der Pumpenfabrik Weise & Monski in Halle a.d.S., 1915 Technischer Leiter der Fahrzeugwerke Eisenach, 1923 Rektor der TH Darmstadt; seit 1931 Inhaber des Lehrstuhls für Maschinenkunde und Fördertechnik an der TH Dresden, 1931–1934 Leiter des DSW, 1939/40 Betriebsleiter der Heeresversuchsanstalt Peenemünde.
56 Die mit weitem Abstand beste Gesamtdarstellung des Antisemistismus unter Hitlers Herrschaft 1933 bis 1938 bei Saul Friedländer, Das Dritte Reich und die Juden. Die Jahre der Verfolgung 1933–1939. München 1998 (zuerst New York 1997).
57 StA WÜ RSF I 60 p 357/3: Vorstandssitzung des DSW, Dresden, 17.6.1933, „betr. Richtlinien für den Abbruch der Förderung von Studierenden nicht-arischer Abstammung durch die Studienstiftung."
58 Zit. nach: ebd., S. 2.
59 Ebd.
60 Ebd.

man überhaupt den gleichgeschalteten kommissarischen Vorstand des DSW als entscheidungsbefugt akzeptieren konnte. Ferner setzte dieser, wie ebenfalls angekündigt, eine Zentrale Kommission zur Entscheidung der strittigen Suspensionsfälle ein. Sie konnte die Mitgliedschaft beenden, die Unterstützung kürzen oder streichen, die Entscheidung vertagen und schließlich, als weitestgehenden Eingriff in die Selbstbestimmung des Stipendiaten, „die Geschäftsführung mit anderen Maßnahmen (...) beauftragen, die der Kommission angemessen erscheinen". In der Praxis ließ das einen breiten Spielraum von verordnetem Arbeitsdienst bis zum nahegelegten Eintritt in die SA. Ihr Vorgehen sollte die Kommission dokumentieren, um Richtlinien zu schaffen. In der Kommission saß nur noch ein potentieller Vertreter der Studienstiftung, ein Dozent, außerdem der ‚Führer' der DSt sowie der Hauptgeschäftsführer des gleichgeschalteten DSW. Jeweils ein ehemaliges Mitglied des Kleinen Studienstiftungsausschusses und ein Vertreter der Geschäftsführung der Studienstiftung nahmen in beratender Funktion teil, beide waren nicht stimmberechtigt. Daß diese Kommissionen Tribunalcharakter haben würden, machte Blumes Gleichschaltungsbilanz vom 19. Juni 1933 deutlich: „Damit die Arbeit möglichst schnell erledigt wird, haben die einzelnen Studentenschaften, falls diese Kommissionen noch nicht gebildet sind oder zu langsam arbeiten, immer wieder dafür zu sorgen, daß die Entscheidungen beschleunigt werden."[61] Das DSW gab diese Beschlußlage sofort an seine Wirtschaftskörper zur Umsetzung weiter; lediglich die Betonung war etwas anders, weil die Geschäftsführung eigenmächtig den Ausnahmefall der ‚Nicht-Arier', deren Väter im Weltkrieg gefallenen waren, weit auslegte:

> „Der kommissarische Vorstand hat (...) für den gesamten Arbeitsbereich des DSW beschlossen, daß Vergünstigungen irgendwelcher Art nur an solche Studierende gegeben werden dürfen, die Mitglieder der DSt sind. Für den Übergang werden von dieser Regelung nur solche nicht-arische Studenten ausgenommen, die sich in laufender Unterstützung befinden und deren Väter im Weltkriege gefallen sind. Als nicht-arisch gelten in dieser Regelung die Bestimmungen des Gesetzes zur Wiederherstellung des Berufsbeamtentums."[62]

Angesichts so vieler Veränderungen in kürzester Zeit mußte sich die DSW-Geschäftsführung bemühen, die Kontinuität der sozialstudentischen Arbeit vor Ort zu gewährleisten. Am 22. Juni 1933 wandte sie sich mit einer vorläufigen Bilanz an die Wirtschaftskörper. Der von der ‚nationalen Revolution' geschaffene neue Staat habe die Studentenschaft als Vertretungskörperschaft anerkannt und beauftragt, die Einordnung der Universitäten in den völkischen Staat voranzubringen. Im Zusammenhang damit stehe auch die Benennung des kommissarischen Vorstandes durch den Reichsinnenminister, der drei Aufgaben habe: Entwurf neuer Satzungen für die DSW-Zentrale sowie die Wirtschaftskörper, Entwicklung von Richtlinien für die Arbeit des studentischen Selbsthilfewerks, den Austausch von Personal.[63] Nebenbei wurde mitgeteilt, daß die DSW-Zeitschrift ‚Studentenwerk' aufgelöst worden war: somit verfügte das DSW auch über kein eigenes Publikationsorgan und keine eigene Stimme mehr. Wichtig sei auch die Erhöhung der Effizienz in den studentischen Betrieben, für die man sich in dem Bestreben einsetzen wolle, alle Bereiche der Arbeit wie Begabtenförderung, Studentenhäuser und Gesundheitsdienst zu erhalten. Abschließend faßte das Rundschreiben zusammen, worin kommissarischer Vorstand und das DSt-Hauptamt für Wirtschaftsfragen ihre Ziele sahen:

61　StA WÜ RSF I 60 p 357/3: DSt/Amt für Wirtschaftsfragen an die Führer der Studentenschaften und an die Hauptamtsleiter für Wirtschaftsfragen, S. 2.
62　StA WÜ RSF I 60 p 357/3: DSW an die WiKö, RS Nr. 178/33, Dresden, 22.6.1933.
63　StA WÜ RSF I 60 p 357/3: DSW an die WiKö, RS Nr. 179/33, Dresden, 22.6.1933.

„gemeinsam mit DSt, Hochschulen und Unterrichtsverwaltungen die Zielsetzungen des Führers und Reichskanzlers Adolf Hitler auf akademischem Gebiet durch wirtschaftliche und soziale Maßnahmen mit verwirklichen zu helfen. In Weiterführung des Bestehenden wird sie die allgemeinen wirtschaftlichen Einrichtungen und Maßnahmen zur Begabtenförderung für eine planmäßige Heranbildung menschlich und geistig hochstehenden akademischen Nachwuchses von nationaler Zuverlässigkeit und sozialem Verantwortungsbewußtsein ausbauen."[64]

Im Bereich der Studienstiftung ging es nicht um die Weiterführung des Bestehenden, sondern um etwas qualitativ Neues: eine nationalsozialistische Begabtenförderung nach Maßstäben und im Herrschaftsrahmen einer universalrassistisch-totalitären Hochideologie. Hier, auf dem inhaltlichem Gebiet der Neudefinition von Auswahlkriterien, brach die Kontinuität zur alten Studienstiftung schon vor ihrem Aufgehen im ‚Reichsstudentenwerk' ab, obwohl Alt-Studienstiftler, sofern sie nachweislich ‚arischer Abstammung', Nicht-Marxisten und nach außen loyal zum nationalsozialistischen Staat waren, weiterhin bis zu ihrem Studienabschluß gefördert wurden und auch das Personal der Dresdner Geschäftsführung bis zur Gründung des Berliner RSW mit einigen Ausnahmen wie Schairer und Sikorski dasselbe blieb.

Nationalsozialistische Begabtenförderung an den traditionellen Bildungseinrichtungen, also außerhalb der ausschließlich begabte Linientreue fördernden NAPOLA,[65] Adolf-Hitler-Schulen und ‚NS-Ordensburgen',[66] hatte ein deutliches Ziel: die Heranbildung einer multifunktionalen ‚braunen Elite'[67] für Partei und Staat, für Wirtschaft und Kultur, Wissenschaft und Wehrmacht.[68]

Unter dem Gesichtspunkt einer bis 1933 auch durch den tertiären Bildungssektor vermittelten und getragenen Modernisierung der deutschen Gesellschaft war die nationalsozialistische Begabtenförderung ein klarer Rückschritt in der akademischen Nachwuchsförderung gegenüber der Weimarer Republik bis 1930. Schon Ende 1933 betrug, wenn man die soziale Zusammensetzung der drei Förderungszweige Darlehnskasse, DSW-Studienförderung und Studienstiftung verglich, der Anteil der Herkunftsgruppe Großhandel/Freie Berufe/Höhere Beamte/Leitende Angestellte bei der Studienstiftung 27% gegenüber 17% bei der Studienförderung und 15% bei der Darlehnskasse, der Anteil der Herkunftsgruppe Kleinhandel/Unterbeamte/Untere Angestellte 27% gegenüber 40% und 30%, der Anteil der Arbeiterkinder 13% gegenüber 16% und 10%.[69] Zum Vergleich: für die gesamte Förderungszeit der alten Studienstiftung zwischen 1925 und 1933 hatten Ulich und Wohlfahrt einen Anteil der Arbeiterkinder von 14,1% und einen klaren Zuwachs aus der Schicht der unteren und mittleren, keineswegs der höheren Beamten und Ange-

---

64 Ebd., S. 3.
65 Vgl. Hermann Weiß, Nationalpolitische Erziehungsanstalten, in: Enzyklopädie des Nationalsozialismus, S. 597–599; Christian Schneider, Das Erbe der Napola. Versuch einer Generationengeschichte des Nationalsozialismus. Hamburg 1996.
66 Harald Scholtz, Die ‚NS-Ordensburgen', in: VZG 15 (1967), S. 269–298.
67 Vgl. Die braune Elite. 22 biographische Skizzen. Hg. v. Ronald Smelser u.a. Darmstadt 1989.
68 In diesem Zusammenhang ist auch der Interpretationsansatz der ‚kumulativen Radikalisierung' von Interesse: Hans Mommsen, Die Realisierung des Utopischen: Die ‚Endlösung der Judenfrage' im ‚Dritten Reich', in: ders., Der Nationalsozialismus und die deutsche Gesellschaft. Ausgewählte Aufsätze. Hg. v. Lutz Niethammer, Bernd Weisbrod. Reinbek 1991, S. 184–232 (zuerst: GuG 9 (1983), S. 381–420).
69 Erich Wohlfahrt, Zahlen und Erfahrungen aus den Hauptförderungszweigen, in: Umschau in der studentischen Selbsthilfe-Arbeit Nr. 9 10/1933, Nachdruck Dresden 1934.

stellten, ermittelt.[70] Die eigentliche Aufstiegsförderung war, wie seit 1930 planmäßig betrieben und durch die NS-Auswahlpolitik und ‚Säuberungen' verschärft, die DSW-Studienförderung geworden. Diese Entwicklung zu einer in den letzten Jahren der Weimarer Republik bereits sozial homogeneren ‚Hochbegabten'-, ab 1933 dann weltanschaulich angepaßten, sozial affirmativen Funktionselitenförderung bestätigt an einem Fallbeispiel Jarauschs Skepsis gegenüber der Übertragung der These vom modernisierenden Effekt der ‚braunen Revolution' auf die gesellschaftliche Gruppe der Universitätsstudenten.[71] In dem affirmativen Charakter der nationalsozialistischen Begabtenförderung, die einen bereits bestehenden Trend zur Re-Elitisierung verschärfte, liegt ein wesentlicher Unterschied der NS-Begabtenförderung zur emanzipatorischen Förderung der alten Studienstiftung bis 1930. Welche Gesichtspunkte zukünftig bei der nationalsozialistischen Begabtenauswahl und Studienförderung gelten sollten, legte das DSW-Rundschreiben vom Juni 1933 klar fest:

> „1. arische Abstammung,
> 2. charakterliche und menschliche Eigenschaften, die ihn einer Förderung würdig erscheinen lassen. Insbesondere ist zu berücksichtigen: Bewährung in der nationalsozialistischen Arbeit (SA-Dienst, SS-Dienst, Arbeitsdienst, Stahlhelm-Arbeit, Führertätigkeit oder Bewährung bei der Hitlerjugend oder im Jungvolk. Bei Arbeiter-Studenten ist zu berücksichtigen: Tätigkeit in der Arbeitsfront oder in der NSBO.
> 3. Es kommen ab 1934 nur noch junge Studenten zur Förderung in Betracht, die gemäß den Bestimmungen der DSt ihr Werkhalbjahr abgeleistet haben. (...).
> 4. Die Auslese soll einen hochqualifizierten geistigen Nachwuchs erfassen. Deshalb ist auf geistige Fähigkeiten und Eignung gleichfalls Wert zu legen. Nur einseitige Begabungen, geistiger oder charakterlicher Wert sind nicht zu fördern. Die Studienstiftung verpflichtet ihre Mitglieder zum Dienst in Kameradschaftshäusern nach den von der DSt herausgegebenen Richtlinien.[72] Für die endgültige Aufnahme der Vorsemester ist die Bewährung im Kameradschaftshaus und im Wehrsport ebenso wichtig wie geistige Eignung."[73]

Die Einrichtung dieser ‚Kameradschaftshäuser', ursprünglich tatsächlich gedacht als flächendeckende, zwangsweise Studentenkasernierung zwecks effektiver Nazifizierung, führte zu einer schweren Auseinandersetzung zwischen DSt und NSDStB um Kompetenzen. Oskar Stäbel, seit Februar 1933 Reichsführer des NSDStB und ab September 1933 im Zusammenhang mit dieser Affäre Nachfolger Krügers als DSt-Vorsitzer, wollte die ‚Kameradschaftshäuser' nur unter NSDStB-Regie verwirklicht sehen.[74] Das scheiterte an der Dimension der Aufgabe und an der

---

70 StSt-A Bonn: R. Ulich, E. Wohlfahrt, Zur Bildungssoziologie des akademischen Nachwuchses in Deutschland, S. 58 f.
71 K.H. Jarausch, Deutsche Studenten 1800–1970, S. 186; ähnlich kritisch Marie-Luise Recker, Sozialpolitik, in: Enzyklopädie des Nationalsozialismus, S. 123–134, hier 131 ff.; mit anderem Akzent Grüttner, der bei der Bewertung zwischen minder- und unbemittelten Studenten unterscheidet, gleichwohl aber betont, daß das „Stipendienwesen (...) auf die Kinder des Mittelstandes zugeschnitten (war), nicht auf Studierende aus der Arbeiterschaft, deren Anteil deshalb entsprechend gering blieb." M. Grüttner, Studenten im Dritten Reich, S. 146.
72 Vgl. dazu M. Grüttner, Studenten im Dritten Reich, S. 80, der sich hier auf Funde aus dem StA WÜ RSF/NSDStB-Bestand stützt.
73 StA WÜ RSF I 60 p 357/3: DSW an die WiKö, RS 179/33, Dresden, 22.6.1933.
74 Vgl. K.H. Jarausch, Deutsche Studenten 1800–1970, S. 169; zu Oskar Stäbel M. Grüttner, Studenten im Dritten Reich, S. 512.

persönlichen Integrität Stäbels, der im Februar 1934 zurücktreten mußte.[75] Die Geschäftsführung der Studienstiftung machte jetzt Druck, die ‚Säuberungen' abzuschließen, um in den Prozeß der aktiven Nazifizierung durch die Anwendung der nationalsozialistischen Auswahlkriterien bei Neubewerbern eintreten zu können: Ende Juni wurden Wirtschaftskörper und Vertrauensdozenten aufgefordert, die „Ausscheidung von nicht-arischen und marxistischen Studierenden" zu beschleunigen und über die Erfolge bis zum 30. Juni Bericht zu erstatten.[76] Wo noch keine Suspensionsausschüsse gebildet waren, sollte dies schleunigst nachgeholt werden.

Probleme bereitete die Vorbereitung der Neuaufnahmen, da es noch keine NS-konformen Bewerbungsunterlagen zum Versand gab. Auch die Kontinuität in der Verwaltung der Jahreshaushaltspläne der Stipendiaten war durch den erheblichen Personalaustausch in den meisten Wirtschaftskörpern gefährdet, so daß die Geschäftsführung immer wieder mahnte, Form und Fristen zu wahren: eine Vorgehensweise, die jedem nationalsozialistischen Revolutionär tief verhaßt war. Grüttner zitiert dazu einen Berliner DSt-Amtsleiter: „Solange ich in der nationalsozialistischen und studentischen Arbeit stehe, haben wir uns, wenn es die Bewegung galt, niemals auf gesetzliche Handhaben verlassen, sondern haben einfach durch unsere Propaganda, durch die Schaffung einer entsprechenden Stimmung und, wenn es sein mußte, durch Terror dafür gesorgt, daß unsere Meinung sich durchsetzte."[77] Das zeigte zugleich die Gefährlichkeit und die Grenzen des revolutionär-studentischen Nationalsozialismus, ganz analog zum revolutionären ‚Bewegungs'- Nationalsozialismus der SA.[78]

Diese straßenkämpferische Kampagneaggressivität und Radaumentalität, die jeder geordneten Verwaltung, und sei es einer nationalsozialistischen, feindlich gegenüberstand, schlug immer wieder durch, so in einem Schreiben Krügers an die bayerische Kreisleitung der DSt von Ende Juni 1933, in dem er schärferes Durchgreifen bei den ‚Säuberungen' forderte: „Wie Du weißt, ist unser Ziel, die Studienstiftung vollkommen umzubauen und in der Übergangszeit solche Studienstiftler auszuschließen, die nach dem alten System ausgewählt worden sind und aus diesem Grunde für uns nicht mehr unterstützenswürdig erscheinen."[79] Im folgenden beschwerte sich Krüger über die Gutachten des Münchner Vertrauensdozenten, Friedrich von Ammon, die vor allem bei ‚Nicht-Ariern' zu günstig ausfielen: „Wir erleben also, daß durch diese Art und Weise der Behandlung von Studentenschaftsangelegenheiten (...) unter völlig falschen Gesichtspunkten eine Prüfung der Studienstiftler durch einen Vertrauensdozenten erfolgt (...). Auf diesem Wege ist eine Säuberung der Studienstiftung absolut unmöglich."[80]

Inzwischen schritt die Institutionalisierung der ‚nationalen Revolution' voran: am 29. Juni 1933 gab die DSW-Geschäftsführung die Umbenennung der Wirtschaftskörper in Studentenwerke bekannt.[81]

---

75 Vgl. G. Giles, Students and National Socialism, S. 145 f.
76 StA WÜ RSF I 60 p 357/3: DSW/StSt an die WiKö und an die Herren Vertrauensdozenten, RS, 180/31/33, Dresden, 24.6.1933.
77 Gerhard Pallmann, DSt Berlin, an die Studentenschaft der Universität Würzburg, Berlin, 1.6.1934, (StA WÜ RSF/NSDStB IV 2* 60/3), zit. nach: M. Grüttner, Studenten im Dritten Reich, S. 80.
78 Vgl. G. Giles, Students and National Socialism, S. 139–142.
79 RSF I 60 p 192,2: Gerhard Krüger an Pg. Karl Gengenbach, Kreisleiter Bayern der DSt, Berlin, 29.6.1933.
80 Ebd.
81 StA WÜ RSF I 60 p 357/3: DSW an die WiKö, RS Nr. 182, Dresden, 29.6.1933.

Damit war auch nach außen die politische Zentralisierung der Studentenwerksarbeit erkennbar abgeschlossen: zum ersten Mal gab es im gesamten Reichsgebiet an allen Universitäten zentral gelenkte und politisch gleichgeschaltete Studentenwerke.[82]

Dem Mangel an Vordrucken für die Bewerbung bei der Studienstiftung ist schon Anfang Juli 1933 abgeholfen worden. Jeder Bewerber erhielt nun ein Set von Unterlagen, das aus einem Merkblatt, einem Gesuch, einem Fragebogen für den Bewerber, einer Erklärung der Angehörigen über Studienunterstützung, einem Zeugnis über wirtschaftliche Verhältnisse und diversen Erläuterungen bestand. Bei den meisten Vordrucken griff man auf DSW-Vorbilder und -Erfahrungen zurück, ergänzt durch ideologisch relevante Punkte. Das Merkblatt definierte die Anforderungen an den Bewerber:

> „Für die Wertung (...) sind nicht einzelne Anlagen und Fähigkeiten maßgebend, sondern die Gesamtpersönlichkeit. Neben wirtschaftlicher Bedürftigkeit müssen vor allem die folgenden Vorbedingungen erfüllt sein (...): vollständige körperliche und geistige Gesundheit, hervorragende Begabung für das gewählte wissenschaftliche Studium und vorzügliche Eignung für den künftigen Beruf, ein bildungsfähiger Charakter, der sich schon bewährt haben muß in Selbstzucht und Gehorsam, in Sauberkeit des Denkens und Handelns, in menschlicher Treue und sachlicher Zuverlässigkeit, in Willensstärke und Bereitschaft zum Einsatz für Ehre und Wehr."[83]

Das war ein unmißverständlicher Bruch mit nahezu jedem Prinzip der alten Studienstiftung. Gefragt waren nicht mehr bedürftige und begabte Persönlichkeiten, sondern einordnungsfreudige, zuverlässige Befehlsempfänger, die durchaus auch begabt sein konnten, Anpassung statt Individualismus, Dienen statt Denken, Gleichschritt statt persönlichem Sonderweg.[84] Keiner dieser Stipendiaten würde sich im Sinne Sprangers selbst ein lohnendes Arbeits- und Lebensziel setzen müssen: das übernahm für ihn der nationalsozialistische Staat. Der Kreis der Bewerber umfaßte alle Abiturienten und Studenten außer „Bewerbern, die die Voraussetzungen für die Mitgliedschaft bei der DSt nicht erfüllen, also insbesondere (...) Nichtarier und solche, deren politische Haltung zu begründeten Zweifeln Anlaß gibt (...)."[85]

---

82 Um so merkwürdiger ist es, daß man nach 1945/49 an dieser Bezeichnung, die sich nicht aus der Umbennennung der Wirtschaftshilfe der DSt in DSW 1929, sondern aus der Gleichschaltung der studentischen Wirtschaftsarbeit erklärt, festgehalten hat und bis zum heutigen Tag festhält.
83 StA WÜ RSF I 6 p 498: DSW/StSt-Merkblatt 7/1933, S. 1.
84 Immer noch vergleichsweise differenziert waren die Vorstellungen bei Hanns Streit, der zwar seit 1931 NSDAP-Mitglied war, dennoch aber an einer Wissenschaftsförderung neben einer politisch-praktischen festhalten wollte: Hanns Streit, Begabtenförderung durch Zusammenarbeit, in: Studentenwerk 7 (1933), S. 17–24; interessant ist eine die noch bestehenden Freiräume illustrierende Zielbestimmung der neuen Studienstiftung, die das DSW im ‚Deutschen Philologen-Blatt' drucken ließ, welche die NS-Ziele unerwähnt ließ: sehr wahrscheinlich, um die hauptsächlich vorschlagenden Schulvertreter nicht zu verschrecken: Die Studienstiftung des deutschen Volkes im neuen Staate, in: Deutsches Philologen-Blatt 4 (1933), S. 358 f., 358: „In Zukunft wird der Studienstiftung des Deutschen Volkes die Aufgabe zufallen, Vorbild der gesamten deutschen Hochschulauslese zu sein. Sie wird mit Hilfe möglichst vollkommen durchgebildeter Methoden diejenigen Abiturienten und jüngeren Studenten herauszufinden haben, die der deutschen Forschung und Lehre, der Verwaltung und dem Rechtswesen, der philologischen und theologischen, der medizinischen und technischen Theorie und Praxis führend dienen sollen. Es gilt, sie in allen Schichten des Volkes zu suchen, denen der Weg zur Hochschule aus wirtschaftlichen Gründen versperrt ist."
85 StA WÜ RSF I 6 p 498: DSW-Merkblatt 7/1933, S. 2.

Gleichschaltung 223

Am Auswahlverfahren wurde, abgesehen von der veränderten Zusammensetzung des DSW-Vorstands, zunächst noch nichts geändert. Das hieß auch, daß NS-Gliederungen wie NSDAP, SA, SS und HJ noch nicht selbständig vorschlags- und auswahlberechtigt waren, obwohl ausdrücklich darauf hingewiesen wurde, daß ihre Gutachten besonders erwünscht seien,[86] also ein Minimalspielraum an institutioneller Unabhängigkeit vorerst erhalten blieb. Daß dieser Spielraum noch bestand, erkannten vor allem die Nationalsozialisten in der Zentralen Kommission, die vorrangig daran interessiert waren, nun schnell positive Auswahlkriterien zu entwickeln und Träger für diese Auswahl zu finden. Das erforderte Zeit, denn noch war man auf wesentliche Teile des Apparats der alten Studienstiftung, die örtlichen Vorprüfer und Vertrauensdozenten, angewiesen.[87] Anfang Juli rief die Geschäftsführung der Studienstiftung die Stipendiaten dazu auf, einen Aufsatz zu schreiben und einzusenden, in dem sie ihr Verhältnis zum völkischen Staat und zur ‚nationalen Revolution' darlegten.[88] Intern firmierte diese organisierte Aushorchaktion unter dem Begriff ‚Juli-Bericht'. Hintergrund war die Einführung einer verpflichtenden Teilnahme an dem von SA, SS und HJ organisierten ‚Wehrsport' oder am Arbeitslagerdienst, die gleichzeitig bekannt gegeben wurde. Als Mindestleistung mußten von allen Stipendiaten, die nicht im Examen standen, bis zum 1. Oktober 1933 sechs Wochen solcher Ausbildung nachgewiesen werden. Das war aber nicht alles:

> „Es würde nicht dem Sinn der Neugestaltung unseres Volkslebens entsprechen, wenn die Beteiligung am Wehrsport und Arbeitsdienst nur auf äußeren Zwang hin erfolgte. Es ist unerläßlich, die innere Bereitschaft hierzu mitzubringen oder zu gewinnen. (...) Ihnen als Stipendiat des deutschen Volkes stellen wir hiermit die Aufgabe, diese Gedanken schriftlich niederzulegen und sich dabei der Aufgabe bewußt zu werden, die Ihnen im neuen Deutschland vorerst als Student und Mitglied der Studienstiftung des Deutschen Volkes, hernach im Beruf zufällt. Es liegt uns daran, daß Sie diese Gedankengänge unverzüglich niederschreiben und uns als Antwort (...) bis Dienstag, den 18. Juli mit dem Vermerk ‚Juli-Bericht' zugehen lassen."[89]

Günter Pickert,[90] von seiner Schule in Eisenach 1932 der Studienstiftung vorgeschlagen und im Juli 1933 Mathematik-Student und Stipendiat in Göttingen, hat seinen ‚Juli-Bericht' in einem Erinnerungsbericht auf der Grundlage seiner eigenen damaligen Aufzeichnungen kommentiert. Der Bericht war lediglich die erste in einer ganzen Reihe von Kontrollmaßnahmen und Studienunterbrechungen, die den Studienstiftlern nun auferlegt wurden:

---

86 StA WÜ RSF I 6 p 498: DSW/StSt-Gesuch 7/1933, Punkt 9: Weitere Gesuchsunterlagen; die Geschäftsführung gab dies sofort an die jetzt so benannten Studentenwerke weiter: StA WÜ RSF I 6 p 498: DSW/StSt an die örtlichen Studentenwerke, RS 185/33, Dresden, 10.7.1933: die Informationspolitik der Geschäftsführung lief, im Vergleich zur alten Studienstiftung, mit geradezu propagandistischem Elan.
87 StA WÜ RSF I 60 p 357/3: DSW/StSt an die örtlichen Studentenwerke, RS 185/33, Dresden, 10.7.1933.
88 StSt-A Bonn: DSW/StSt an die Mitglieder und Vorsemester, RS, Dresden, 10.7.1933.
89 Ebd. S. 2 f.
90 Geb. 23.6.1917 in Eisenach/Thüringen; Promotion 1938 in Göttingen, Habilitation 1948, 1946–1949 Assistent und 1949–1962 Dozent, seit 1953 als apl. Prof. für Mathematik, in Tübingen; seit 1962 Prof. an der Universität Gießen. Zahlreiche Einzelveröffentlichungen u.a. zur analytischen Geometrie.

"Meinen Juli-Bericht begann ich nun folgendermaßen: ‚Prinzipiell gibt es bei einem solchen Bericht zwei Ausführungsmöglichkeiten: Entweder man bringt das zum Ausdruck, was man nun eben (manchmal kann man auch nur ‚leider' hinzufügen) denkt, oder man heuchelt mehr oder weniger bewußt. Ohne es anders als eine Selbstverständlichkeit zu empfinden, wähle ich die erste'. Ich setzte dann auseinander, daß meine Auffassung von Christentum mich zu politischer Abstinenz zwänge und stellte dementsprechend fest: ‚Weder besitze ich die unerläßliche innere Bereitschaft, von der oben die Rede war, noch kann ich sie nachträglich gewinnen'."[91]

Dieses mutige Bekenntnis hatte für Pickert keine direkte Sanktion zur Folge. Die im Oktober 1933 erfolgte Aufforderung, das DSt-Kameradschaftshaus zu beziehen, betraf nicht nur ihn.[92] Unangenehm war diese Aufhebung jedweden persönlichen Freiraums so oder so: „Die Schlafräume dort waren mit je vier zweistöckigen Betten möbliert, also für jeweils 8 Studenten bestimmt. (...) Zudem gab es zum Studieren nur einen gemeinsamen Wohnraum, in dem man seine eigenen Bücher in einem offenen Regal aufstellte."[93] Das gesamte ‚Kameradschaftshaus' wurde in einen SA-Sturm eingegliedert, so daß Pickert am Exerzieren, Marschieren und Wehrsport teilnehmen mußte. Im Frühjahr 1934 wurde von Pickert im Verlauf des Sommersemesters 1934 die Ableistung der halbjährigen Arbeitsdienstzeit verlangt.[94]

Am 24. Juli 1933 forderte Blume alle NSDStB-Kreisleiter auf, bei der Auflösung des letzten institutionellen Rests der alten Studienstiftung, der Vorprüfer und Vertrauensdozenten, zu helfen. Sämtliche alten Vorprüfer und Vertrauensdozenten seien aufgefordert worden, ihre Ämter zur Verfügung zu stellen. Blume bat um Mitteilung von weltanschaulich zuverlässigen Kandidaten nach folgendem Schema: 1. Vorschläge für Vor- und Gegenprüfer nicht aus einem Hochschulort, sondern aus dem gesamten NSDStB-Kreis, also auch aus den Reihen der nationalsozialistischen Altakademiker; 2. Vorschläge für nationalsozialistische Vertreter aus den örtlichen Studentenwerken; 3. Vorschläge für nationalsozialistische Professoren, die als Vetrauensdozenten, Vor- oder Gegenprüfer in Frage kommen.[95]

Die nationalsozialistische DSt-Zeitschrift ‚Der deutsche Student' faßte all diese Veränderungen in ihrer Augustausgabe zusammen und wies ferner darauf hin, daß bis zum Herbst die angekündigten neuen Auswahlrichtlinien für die Studienstiftung vorliegen würden.[96] Der Kontinuitätsbruch betraf auch die ‚Erlanger Grundsätze' von 1921, deren Ablösung durch nationalsozialisti-

---

91 StSt-A Bonn: Günter Pickert, Der ‚Juli-Bericht': Erinnerungen 1933–1938, in: Erinnerte Geschichte, S. 31–42, 35.
92 StA WÜ RSF I 60 p 359: Kameradschaftshäuser im Werden, in: Umschau in der Arbeit der studentischen Selbsthilfe-Arbeit Nr. 9, 10/1933 Nachdruck Dresden 1934, Blatt 16–21, 17: „In Halle gibt es das Haus des früheren Verlages der kommunistischen Zeitung ‚Der Klassenkampf' mit den Verwaltungsräumen der KPD, es ist natürlich längst beschlagnahmt und (...) für das Kameradschaftshaus der Halleschen Studenten erobert. Neben dem vierstöckigen Steinbau liegen kleinere Nebengebäude sowie eine grüne Fläche, die zum Frühsport ausreicht. Wiesen und Anlagen in einiger Entfernung sowie Badeanstalten bieten Gelegenheit zu sportlicher Betätigung. Das Haus beherbergt gut 120 Mann. Im zweiten Obergeschoß wird ein Heim für 38 Auslandsdeutsche eingerichtet und sichert eine enge Berührung zwischen den auslandsdeutschen Volksgenossen und dem neuen reichsdeutschen Studententum."
93 StSt-A Bonn: Günter Pickert, Der ‚Juli-Bericht', S. 36.
94 Vgl. auch M. Grüttner, Studenten im Dritten Reich, S. 260 ff., zum ‚Kameradschaftshaus', S. 245 ff., zum SA-Dienst.
95 StA WÜ RSF I 60 p 357/3: Karl Blume an alle Kreisleiter, RS, Berlin, 24.7.1933.
96 Das DSW teilt mit, in: Der deutsche Student 1 (1933), Heft 8/33, S. 62 f., 63.

Gleichschaltung 225

sche Zielbestimmungen Dr. Hanns Streit, nun Leiter des DSW, über den hauseigenen Nachrichtendienst im August 1933 bekanntgab. Sehr deutlich wurde dabei seine Zugehörigkeit zum linken, sozialrevolutionären Flügel der NSDAP: „Studentenwerk ist Wollen und Leistung für die neue Aufgabe der Hochschule im Volk: Wissenschaft, Forschung und akademische Berufserziehung sind nicht Vorrecht des Besitzes, sondern des Charakters und des Geistes."[97] Insofern verwundert es nicht, wenn Streit seine nationalsozialistischen Grundsätze unter Ausklammerung des fundamentalen Unterschiedes zwischen studentischer Selbsthilfe und einer staatstragenden Agentur nationalsozialistischer Herrschaft als Vollendung der ‚Erlanger Grundsätze' verstanden wissen wollte. Ausführlich nahm Streit zur Auswahl Stellung:

> „Die Förderung sichert der Hochschule den berufenen Nachwuchs aus allen Ständen des Volkes ohne Rücksicht auf Einkommen oder Vermögen. Die Auslese hierfür ist eine staatspolitische Aufgabe, bei der das Einzelschicksal nicht für sich zu werten ist, sondern in seiner Beziehung zum Volksganzen. Der akademische Nachwuchs muß fest im deutschen Volkstum verwurzelt und auch nach seiner politischen Haltung und Reife befähigt sein, zur Erneuerung der Nation und der Wissenschaft beizutragen und dem Staate zu dienen. Nur wer lebendigen und tätigen Anteil an den Schicksalen und Aufgaben des eigenen Volkes nimmt, kann zu den Besten gerechnet werden und öffentliche Förderung erwarten. Wer abseits vom politischen Geschehen einseitig seinen wissenschaftlichen Liebhabereien lebt und auch sonst nur ein privates Dasein verbringt, kann nicht erwarten, aus Mitteln der Allgemeinheit unterstützt zu werden."[98]

Konkret hieß das: Arbeitsdienstpflicht, SA-Dienst, Wehrsport. Ausdrücklich kündigte Streit an, die ‚mechanischen Fleißzeugnisse' der Vergangenheit würden durch persönliche Gutachten ersetzt werden:[99] das stieß eine Tür in Richtung der ‚Pg.'-Gutachten auf, welche die Auswahl der ‚Reichsförderung' wesentlich prägen würden. „Charakter, politischer Einsatz und Wehrwille müssen die entscheidenden Merkmale der Mitglieder der Studienstiftung sein."[100] Von Begabung, gar ‚Hochbegabung', war nicht mehr die Rede. Die Studienstiftler seien fest einzubinden in die ‚kameradschaftliche Selbsterziehung', politische Schulung und sportliche Ausbildung. Damit war die Studienstiftung von 1925 nicht nur vollständig gleichgeschaltet, sondern *de facto* – wenn auch noch nicht *de jure* – aufgelöst. Was von nun an in ihrem Namen als nationalsozialistische ‚Reichsförderung' betrieben wurde, der Begriff Begabtenförderung tauchte im offiziellen, dem tiefsitzenden nationalsozialistischen Anti-Intellektualismus Rechnung tragenden Sprachgebrauch kaum noch auf, war nicht mehr Studienstiftungsarbeit, sondern ein Kapitel nationalsozialistischer Herrschaft.

Etwas mehr als ein halbes Jahr hatte dieser Prozeß in Anspruch genommen, gegen den, mit bemerkenswerten individuellen Ausnahmen wie bei Pickert auf Stipendiatenseite, kein substantiel-

---

97 StA WÜ RSF I 60 p 357/3: DSW/Nachrichtendienst, Die Grundsätze für die Arbeit der Studentenwerke im nationalsozialistischen Staate, Dresden, 10.8.1933, S. 1.
98 Ebd.
99 Gleichwohl setzte sich der Verzicht auf Fleißzeugnisse erst allmählich durch; noch im Oktober 1933 mahnte die Studienstiftungsgeschäftsführung fehlende Zeugnisse an: StSt-A Bonn: DSW/StSt an Georg Heinz Meyer, Dresden, 3.10.1933: „Wir bitten Sie, uns umgehend noch eine Erklärung, die in Ihrem Semesterbericht leider fehlt, darüber zu geben, weshalb Sie in Ihrem 2. Betheler Semester außer der Ergänzungsprüfung in Latein, nicht, wie Sie ursprünglich beabsichtigten, auch die Prüfung in Hebräisch abgelegt haben."
100 StA WÜ RSF I 60 p 357/3: DSW/Nachrichtendienst, Die Grundsätze für die Arbeit der Studentenwerke im nationalsozialistischen Staate, Dresden, 10.8.1933, S. 2.

ler Widerstand geleistet wurde: weder gegen die Einführung des ‚Arierparagraphen' und gegen die Ausschließung der ‚politisch Unzuverlässigen', noch gegen die Aufstellung und Anwendung neuer, nationalsozialistischer Auswahlkriterien.[101]

Die neue Studienstiftung wurde zu einer Stütze von Hitlers Herrschaft, wie es die Zeitschrift ‚Umschau in der Arbeit der studentischen Selbsthilfe-Arbeit' in ihrer Oktoberausgabe formulierte: „Aus einer politisch neutralen Einrichtung zur Förderung wissenschaftlich befähigter und menschlich hervorragender Persönlichkeiten muß ein brauchbares Hilfsmittel des nationalsozialistischen Staates werden."[102]

Im August 1933 gab das DSW ein Merkblatt zum Aufbau der neuen ‚Reichsförderung' heraus: „Jede planmäßige Förderung von Studenten erfolgt künftig nur in 4 Förderungsabteilungen. Die erstmalige Aufnahme in die Unterstützung wird nur nach eingehender Prüfung der Gesamtpersönlichkeit vollzogen (...).

	Voraussetzungen	Beteiligung der Zentrale an der Mittelaufbringung	Zum allgemeinen Förderungsausschuß (1 Dozent, 1 Student) (...) werden hinzugezogen:
Kameradschaftsförderung	1. 1. u. 2. Studiensemester 2. Einweisung in Kameradschaftshaus 3. Nur männliche Studierende	bis 75% des örtlich gezahlten Zuschusses	Abteilungsleiter oder Vertrauensmann für Kameradschaftshaus oder Führer des Kameradschaftshauses
Studienförderung	1. 1. u. 2. Studiensemester, die nicht ins Kameradschaftshaus eingewiesen werden können, in Ausnahmefällen 2. vom 3. Semester bis zur Darlehnskasse, auch wenn Einweisung ins Kameradschaftshaus erfolgt ist	bis 50% des örtlich gezahlten Zuschusses	Abteilungsleiter, Fachdozent oder Fachschaftsvertreter
Darlehnskasse	1. Beginn 2. Semester vor Studienabschluß (bei langen Studien 3 Semester)	voll im Rahmen der Quote	Abteilungsleiter, Geschäftsführer, Persönlichkeiten aus Wirtschaftskreisen (...)
Studienstiftung	1. auf Grund eines besonderen Antrages, der für Abiturienten und Studenten aller Semester gestellt werden kann."[103]	voll	Zentraler Ausschuß

---

101 Sicherlich muß bei einer Bewertung berücksichtigt werden, daß widerständiges Verhalten bei der Nazifizierung der Studienstiftung für einen wirtschaftlich abhängigen Stipendiaten etwas anderes bedeutet als für einen Ordinarius, der schlimmstenfalls nicht mehr Vertrauensdozent oder Prüfer der Studienstiftung sein konnte.
102 Der Neue Weg der Studienstiftung, in: Umschau in der Arbeit der studentischen Selbsthilfe-Arbeit Nr. 9, Okt. 1933, S. 1.
103 StA WÜ RSF I 60 p 357/3: DSW-Merkblatt zum Aufbau der Förderung, 8/1933.

Gleichschaltung 227

Die Septemberausgabe des ‚Deutschen Studenten' meldete die Suspension von 44 Mitgliedern der Studienstiftung wegen ‚nicht-arischer Abstammung', im Oktober waren es nochmals 24: „Die durch die Ausscheidungen freigewordenen Plätze werden zum Teil schon für das kommende Winter-Semester wieder besetzt werden."[104] ‚Arische' Studenten profitierten also unmittelbar von der Suspension ihrer jüdischen Kommilitonen. Bewerben konnten sich nur Abiturienten, die nach der Schule ins Werkhalbjahr gegangen und zum Einzug ins ‚Kameradschaftshaus' bereit waren.

Die Arbeitsdienst-Verpflichtungen verschärften sich. Am 13. September 1933 erhielten alle Vorsemester und Mitglieder die Mitteilung, daß derjenige vor Rusts allgemeiner Arbeitsdienstverpflichtung vom Sommer bereits abgeleistete Dienst nur dann anzurechnen sei, wenn er zehn Wochen gedauert habe: „Es empfiehlt sich deshalb, daß die ersten bis vierten Semester der Studienstiftung, die gegenwärtig im Arbeitsdienst stehen, bereits jetzt die Forderung einer zehnwöchigen Teilnahme am Arbeitsdienst bis zum Beginn des Wintersemesters erfüllen. Das hat für sie selbst den Vorteil, daß ihnen dann die kommenden Ferien für die Teilnahme an Wehrsportlagern zur Verfügung stehen."[105] Am 9. Oktober 1933 kam der Kleine Studienstiftungsausschuß in Dresden zusammen, um über Neuaufnahmen und endgültige Aufnahmen zu beschließen sowie den ‚Säuberungsprozeß' zu Ende zu bringen: „Der Ausschuß ging von dem Auslesewillen des nationalsozialistischen Staates aus und legte besonders strenge Maßstäbe an."[106] Zwischen der Einsetzung des ‚Kommissarischen Vorstands' beim DSW durch Reichsinnenminister Wilhelm Frick und dem November 1933 wurden insgesamt 22,05% der Stipendiaten aus rassistischen und politischen Gründen von der Förderung ausgeschlossen.[107] Anfang November konnte die DSW die angekündigten, vom Reichsinnenministerium gebilligten ‚Richtlinien für die Förderung von Studenten aus öffentlichen Mitteln' bekanntgeben:

---

104 Studienstiftung des Deutschen Volkes, in: Der deutsche Student 1 (1933), 9/33, S. 56; ebd. 1 (1933), 10/33, S. 54, vgl. dazu M. Grüttner, Studenten im Dritten Reich, S. 212 ff.
105 StSt-A Bonn: DSW/StSt an die Vorsemester und Mitglieder der Jahrgänge 1932 und 1933, RS, Dresden, 13.9.1933.
106 Der deutsche Student 1 (1933), 11/33, S. 60 f., 60.
107 Vgl. Der Deutsche Student 1 (1933), Ausg. 11/1933, S. 60 f.: „Die Lösung der Aufgabe, den Bestand der Studienstiftung des Deutschen Volkes von solchen Studenten zu befreien, deren Zugehörigkeit zur Studienstiftung wegen nichtarischer Abstammung, wegen politischer Unzuverlässigkeit oder aus anderen Gründen in Zukunft nicht mehr verantwortet werden kann, ist nunmehr, von Einzelfällen abgesehen, als abgeschlossen zu betrachten: nach dem Einsatz der neuen Leitung des Deutschen Studentenwerks sind insgesamt annähernd 200 Mitglieder und Vorsemester ausgeschieden worden. Gegenwärtig gehören der Studienstiftung 532 Mitglieder und 175 Vorsemester an." Von insgesamt 907 Mitgliedern und Vorsemestern wurden also ca. 200 ausgeschieden, das sind 22,05%. Die in Theodor Pfizer, Die Studienstiftung 1925–1975, in: Studienstiftung Jahresbericht 1975. Hg. v. der StSt. Bonn 1976, S. 25–40, S. 29 genannte Zahl von 42 Stipendiaten, die „als Juden oder Marxisten ausgeschieden" wurden, beruht offensichtlich auf einem Irrtum: der Deutsche Student 1 (1933), Ausg. 9/1933, S. 56 spricht von 44 Ausgeschlossenen, die Ausg. 10/1933 nennt weitere 24. Seit Winter 1999/2000 ist Dr. Thomas Ludwig, Referent der Studienstiftung, offiziell mit der Ermittlung der Namen der Ausgeschlossenen beschäftigt, was sich aufgrund des – bislang – vollständigen Fehlens der Personalakten der alten Studienstiftung nur durch punktuelle Parallelüberlieferung erreichen läßt. Ludwigs Ermittlungen zufolge sind unter der Gesamtzahl von 200 auch die nicht aus „rassischen" oder politischen Gründen aus der Förderung Ausgeschiedenen zu verstehen. Ludwigs Ergebnisse werden in einem künftigen Jahresbericht der Studienstiftung präsentiert werden.

„Die Förderung ermöglicht dem bedürftigen Teil des jungen Führernachwuchses, der durch eigene Kraft bewiesen hat, daß er geistig und körperlich für ein Studium berufen ist, den Besuch der Hochschule. Bei der Auswahl sind folgende Gesichtspunkte leitend:
1. arische Abstammung, die durch die Mitgliedschaft zur Studentenschaft festgestellt ist;
2. körperliche und geistige Vollwertigkeit unter Zurückstellung einseitiger Veranlagung;
3. die Eignung zur wissenschaftlichen Ausbildung und zum akademischen Beruf zeigt sich in charaktervoller Lebensführung und geistiger Leistungsfähigkeit, wie sie innerhalb SA, SS, Hitler-Jugend, aber auch in Arbeitsdienst, Schule, Arbeitsfront, Bauernfront oder durch wirtschaftliche und geistige Selbsthilfe zutage getreten sein kann;
4. Von 1934 an wird die Teilnahme am Werkhalbjahr und der Eintritt in die Erziehungsform der Kameradschaftshäuser für jede Förderung als verbindlich angesehen werden;
5. Studentinnen[108] werden nur in den Studiengängen gefördert, deren Berufsziel Frauen zugänglich ist, und nur in dem Ausmaße, wie es dem Anteil der Frau an den akademischen Berufsplätzen entspricht."[109]

Die ‚Kameradschaftsförderung', Studienförderung und Darlehnskassenmittel – in dieser Reihenfolge auch gestuft nach nationalsozialistischer Würdigkeit – sollten in lokaler Regie der Studentenwerke durch einen weltanschaulich zuverlässigen Förderungsausschuß vergeben, nur über die Studienstiftungsförderung sollte weiterhin zentral durch den Kleinen Ausschuß entschieden werden. Fleißzeugnisse sollten durch persönliche Gutachten ersetzt werden. Neu war in dieser Form auch das Prinzip der Einmal-Auswahl: „Die einmal begonnene Förderung eines Studenten soll zwar von Semester zu Semester auf ihre Berechtigung nachgeprüft werden, im Fall erwiesener Würdigkeit jedoch bis zum Studienabschluß durchgeführt werden."[110]

Zu regeln blieb noch die Rückerstattung des Stipendiums, bei einem Ausschluß aus politischen oder rassistischen Gründen eine besonders perfide Frage, die nach Verwaltungsgrundsätzen differenziert beantwortet wurde. Der DSW-Vorstand beschloß am 23. November 1933, ‚nichtarische' Studenten in der laufenden Unterstützung, die wegen Nichtmitgliedschaft in der DSt ausgeschlossen wurden, deren Väter aber im Weltkrieg gefallen waren, nicht sofort zur Rückzahlung zu verpflichten.[111] Vorsemester, die wegen politischer Unzuverlässigkeit aus der Studienstiftung ausgeschlossen wurden, seien von der Rückzahlungspflicht zu befreien. Die Darlehnsverpflichtung von ‚nicht-arischen' Stipendiaten bleibe von ihrer Ausscheidung unberührt: sie mußten zahlen: „Fälligkeit und Verzinsung beginnen mit dem Zeitpunkt, der sich (...) ergeben hätte, wenn das Mitglied sein Studium unter normalen Umständen zu Ende geführt hätte."[112]

Auch die Möglichkeit einer strafweisen Erhöhung der Rückerstattungspflicht behielt sich der Vorstand vor. Dies war eine Ermächtigung zum Diebstahl, von der auch, wie Rückmeldungen von Ehemaligen aus der Zeit nach 1948 zeigen, Gebrauch gemacht wurde. Die ‚arischen' Stipendiaten hatten andere Sorgen, zum Beispiel die Finanzierung ihrer SA-Uniform und -ausrüstung

---

108 Vgl. M. Grüttner, Studenten im Dritten Reich, S. 276 ff. und Jacques R. Pauwels, Women, Nazis, and Universities. Female University Students in the Third Reich, 1933–1945. London/Westport, Conn. 1984.
109 StA WÜ RSF I 60 p 357/3: DSW-Richtlinien für die Förderung von Studenten aus öffentlichen Mitteln, S. 1.
110 Ebd., S. 2.
111 StA WÜ RSF I 60 p 357/1: Niederschrift der Beschlüsse der DSW-Vorstandssitzung vom 23.11.1933, Berlin, Studentenhaus.
112 Ebd.

Gleichschaltung 229

durch die Studienstiftung: „Die Kosten für die SA-Rüstung müssen von den Mitgliedern und Vorsemestern grundsätzlich selbst getragen werden, weil die Leistung des SA-Dienstes auch wirtschaftlich in einem Opfer zum Ausdruck kommen soll. Die Aufbringung der Kosten im einzelnen Fall ist fast immer dann möglich, wenn von der Zahlungsweise in Monatsraten (...) Gebrauch gemacht wird."[113] Den ‚Volksgenossen' in der Studienstiftung war also das ‚Abstottern' der SA-Uniform zuzumuten, ebenso ein Zwangsbeitrag für die ‚Winterhilfe' von RM 1 monatlich, „um die tätige Anteilnahme der Studienstiftung des Deutschen Volkes und ihrer Angehörigen am Notstand unseres Volkes deutlich zu machen."[114]

Statt zu inhaltlichen Tagungen wie die alte Studienstiftung lud die DSt am 7. Dezember 1933 zum ‚Ersten Reichsführerschulungslager der DSt und des NSDStB' vom 18.–21. Dezember nach Schloß Salem ein. Das Lager mit seiner festen Tageseinteilung von Vorträgen, ‚Flaggenaufzügen', ‚Abendlied', ‚Zapfenstreich', ‚Frühsport' und ‚Kameradschaftsabend' bot Beiträge zur nationalsozialistischen Sozialisation studentischer Funktionsträger: u.a. sprach Hanns Streit über ‚Erziehung durch Selbsthilfe', Andreas Feickert über ‚Kameradschaft aus dem Arbeitsdienst', Oskar Stäbel über ‚Wille und Weg der DSt' und schließlich kein Geringerer als der Rektor der Universität Freiburg, Prof. Dr. Martin Heidegger, über ‚Die Hochschule als politische Erziehungsgemeinschaft'.[115]

Am 22. Dezember informierte Prof. Heidebroek vom DSW in einem Rundschreiben über das zum Jahresende erfolgende Ausscheiden von DSW-Hauptgeschäftsführer Schairer und seinem Stellvertreter Sikorski: Beide hatten sich durch ihr Beharren auf der Selbständigkeit des DSW den Haß der studentischen Nationalsozialisten zugezogen.[116] Zum Jahreswechsel erinnerte Streit alle Stipendiaten nochmals daran, daß die Studienstiftung in das Jahr 1934 mit Auslesezielen eintrete, „die klar auf den nationalsozialistischen Staat ausgerichtet sind."[117] Streit kündigte auch eine im Februar erfolgende Senkung des Monatswechsels um 10 bis 20% an.

Am Abend des 28. Dezember hielt Hans Erich Schrade im Deutschlandsender einen Vortrag über „Das Studentenwerk als Selbsthilfe": eine öffentliche Bilanz der Gleichschaltung der DSW-Wirtschaftsarbeit. Nach einem Abriß zur Geschichte der studentischen Selbsthilfe kam Schrade auf die nationalsozialistischen Auswahlkriterien zu sprechen: in der ‚Systemzeit' sei die Auslese rein intellektbestimmt gewesen, die Frage nach der Haltung zu Gemeinschaft, Volk und Nation sei nicht auswahlrelevant gewesen:

„Wir lebten in einer Zeit der Umwertung. Was dem einen heilig, zogen die anderen in den Schmutz. (...) Die reine Wissenschaft als solche, die Wissenschaft in Welt und Leben, ohne echte Bindung und Wahrheit, ohne Beziehung zur Wirklichkeit (...) wurde demnach ganz folgerichtig

---

113 StA WÜ RSF I 60 p 357/4: DSW/StSt an die Mitglieder und Vorsemester, RS, Dresden, 1.12.1933.
114 Ebd.
115 StA WÜ RSF I 60 p 455: DSt-Tagungsplan für das erste Reichsführerschulungslager der DSt und des NSDStB in Schloß Salem am Bodensee vom 18.–21.12.1933.
116 StA WÜ RSF I 60 p 357/4: DSW/Prof. Dr. Enno Heidebroek an alle Organe, RS, Dresden, 22.12.1933.
117 StA WÜ RSF I 60 p 457/4: DSW/Hanns Streit an die Mitglieder und Vorsemester der Studienstiftung des Deutschen Volkes, RS, Dresden, 28.12.1933: „Von dieser eindeutigen Stellung aus, die jeder einzelne sich selbst erkämpfen muß, sollen unsere Mitglieder und Vorsemester ihren Einsatzpunkt in der Bewegung suchen, die unser ganzes Volk ergriffen hat. Von hier aus wird jeder auch in den kommenden Jahren an der Lösung aller hochschulpolitischen Fragen mitzuarbeiten und die Schaffung des neuen Wissenschaftsdienstes und der neuen Hochschule mit vorzubereiten haben."

meistenteils der Typ des studierenden Privatmanns. Ich wüßte keinen Ausdruck, der ihn besser kennzeichnen könnte, diesen blassen Intellektuellen, der so überheblich und rasch sein Urteil fällt, oder diesen Bücherwurm, der alles ängstlich von sich fern hält, was außerhalb seiner Wissenschaft nach Entscheidung und Einsatz verlangt."[118]

Demgegenüber fördere der Nationalsozialismus akademische Führerauswahl nach den Grundsätzen Kampf-, Opfer- und Leistungsbereitschaft für die völkische Gemeinschaft: Werte, die ihre reinste Verkörperung in der SA fänden. Charakter und Persönlichkeiten seien nur in der Gemeinschaft, also im Arbeitsdienst oder der SA, bewährungsfähig, akademische Leistung an sich zähle nicht. So seien auch die neuen Auswahlkriterien für die Studienförderung wie ‚arische' Abstammung, ‚körperliche Vollwertigkeit' und Dienstbereitschaft zu verstehen, zur Erziehung „junge(r) Menschen, die nach ihrer Auslese und ihrer Erziehung und ihrer inneren Haltung die Gewähr dafür geben, daß sie nie ein anderes Ziel haben werden als dies eine: Diener zu sein am großen Werk unseres nationalsozialistischen Staates."[119]

In einem Beitrag für die von Litt, Nohl und Spranger herausgegebene Zeitschrift ‚Die Erziehung' unternahm es Wilhelm Hoffmann gegen Ende 1933, die alte Studienstiftung einer in Einzelheiten recht hellsichtigen Kritik zu unterziehen, die zu diesem Zeitpunkt nach außen gleichschaltungskonform wirken mußte.

Hoffmann monierte das erzieherische Defizit der alten Studienstiftung, die Differenz zwischen Anspruch und Förderungspraxis. Es sei ihr nicht gelungen, über die Verfeinerung ihrer Auswahlmaßstäbe zur gezielten Elitenbildung zu kommen. Hoffmann brachte das Problem der Spannung zwischen Gemeinschaftsbindung und Individualismus auf den Punkt: einerseits habe man den Stipendiaten durch die materielle und ideelle Förderung Perspektiven eröffnet, sei andererseits aber stets davor zurückgeschreckt, die vielbeschworene Verantwortung des Stipendiaten gegenüber dem deutschen Volk als erzieherisches Element auszugestalten. Im Kern war damit gesagt, daß die alte Studienstiftung nach Sprangers Ideal der Selbsterziehung die Förderung von begabten Individuen und nicht Begabtenförderung als Elitenbildung betrieben hatte: „Man kann sagen, daß auf der einen Seite eine viel zu starke Gängelung, auf der anderen aber zu viel ‚laissez faire' in der Studienstiftung geherrscht hat."[120] Was Hoffmann vermißte, waren also Erziehung und Führung, waren Leitlinien der ‚Hochbegabten'-Förderung, obwohl er durchaus nicht übersah, daß „auch in dieser ‚Lebensluft der Freiheit' (viele) zu großen Leistungen heranreiften."[121]

Hoffmanns Vorstellungen gingen in die Richtung, die Begabtenförderung stärker zu formieren und planvolle Elitenbildung zu betreiben. Die doppelte Sozialbindung der alten Studienstiftung durch emanzipatorische Förderung und moralische Verpflichtung der Geförderten zur Teilnahme an der studentischen Gemeinschaftsarbeit hielt er für ethisch wertvoll, aber sachlich verfehlt, da „die Aufgabe der Studienstiftung auf einem anderen Gebiet, nämlich dem des Studiums selbst, (liege)."[122] Sie müsse alle Kräfte für die wissenschaftliche Elitenrekrutierung bündeln.

---

118 StA WÜ RSF I 6 p 455: Vortrag von Hans Erich Schrade, Das Studentenwerk als Selbsthilfe, Donnerstag, den 28.12.1933, 18 Uhr 05, Deutschlandsender, S. 3.
119 Ebd., S. 4.
120 Wilhelm Hoffmann, Studienstiftung des Deutschen Volkes, in: Die Erziehung 9 (1933/34), S. 52–62, 58.
121 Ebd.
122 Ebd., S. 59.

Für die Umsetzung dieser Absicht machte Hoffmann weitgehende konkrete Vorschläge: verbindliche Studienpläne „insbesondere des Studienerstjahres, der Arbeitslagerzeit, des Hochschulwechsels, eventuell Auslandsaufenthalts, des Kennenlernens deutscher Landschaft, der wissenschaftlichen Vollendung,"[123] die Einschiebung ‚politischer Semester', in denen die Studierenden vorwiegend über deutsche Geschichte und Politik informiert würden, schließlich Fachsemesterpläne für die optimale Organisation der fachlichen Wissensaneignung.

Das war ein Programm zur Abschaffung der deutschen akademischen Freiheit durch Einführung einer formierten akademischen Lebensgemeinschaft, für die es zwar nicht in Deutschland, aber in Großbritannien und den USA Vorbilder in einem allerdings fundamental verschiedenen gesellschaftlichen Kontext gab.[124] An Radikalität übertrafen diese Vorstellungen die der studentischen Nationalsozialisten bei weitem, sie waren eine ganz eigene, autoritär-idealistische Antwort auf die Modernisierungskrise der deutschen Universität, die in vielem noch Züge der zweiten Hälfte des 19. Jahrhunderts trug:

> „Die Welt und Deutschland braucht Menschen, in denen durch Zucht und Bildung diese beiden Grundkräfte der menschlichen Natur, Ratio und Seele, Wissen und Können, Geist und Blut, Bildung und Kraft in einem großen Schmelzprozeß zusammengeschweißt werden. Für diejenigen, die dem Volk vor allem mit ihrem Geist zu dienen haben werden, geschieht das durch eine Bildung, die die deutsche Geschichte in allen ihren Formen, das deutsche Kulturgut und das Erbe seiner Denker und Sänger mit den für das Wirken in Staat und Volk erforderlichen Kenntnissen und Fertigkeiten zu einer Einheit verschmilzt, und so die wahrhaft gebildeten Persönlichkeiten (nicht im Sinne ästhetischen Genießertums, sondern bestimmt vom Ganzen her!) schafft."[125]

Zugleich war dies bei aller Berechtigung einzelner Punkte ein Grad gedanklicher Radikalität in der Universitäts- und Akademikerkritik, welcher die ‚Machtergreifung' des Nationalsozialismus an den deutschen Universitäten ungemein erleichterte: zwar waren die nationalsozialistischen Ziele in bezug auf Universität und Akademiker unvergleichlich schlichter, doch war der Gedanke nicht vollkommen abwegig, daß darin nur der erste Schritt auf dem Weg zu einem vollständigen Umbau der deutschen Universität zu sehen war, in dem dann auch ganz andere, anspruchsvollere Konzepte Berücksichtigung finden würden. Das setzte aber das Engagement für die ‚nationale Revolution' voraus, denn nur wer mitmachte, konnte auch mitgestalten. Nur wer sich auf die Bedingungen des nationalsozialistischen Staates einließ, konnte damit rechnen, seine eigenen Konzepte einzubringen, was um so leichter fiel, je demokratieferner diese Konzepte waren.

Gleichwohl wird man jenseits aller programmatischen Einlassungen auch bei der Gleichschaltung und Auflösung der Studienstiftung den Blick auf die menschliche und institutionelle Normalität in hochgradig personenabhängigen, auf persönlichen Beziehungen und Vertrauensverhältnissen in menschlichen Netzwerken beruhenden Einrichtungen wie einer Begabtenförderung richten müssen, auch wenn sich diese Ebene nur äußerst schwer quellenmäßig erfassen läßt.

Der Weg der Studienstiftung als Bestandteil des nationalen Innovationssystems in der Gleichschaltung verlief nicht linear und stringent, sondern wies nahezu so viele Brüche und Wendungen auf, wie sie höchst individuelle Mitarbeiter und Stipendiaten hatte – was den Befund grund-

---

123 Ebd., S. 60.
124 Vgl. Reba N. Soffer, Discipline and power: the university, history, and the making of an English elite, 1870–1930. Stanford/CA 1994.
125 Wilhelm Hoffmann, Studienstiftung des Deutschen Volkes, in: Die Erziehung 9 (1933/34), S. 62.

sätzlich zeitgenössisch-struktureller Politik- und Demokratieferne in der Zeit der Weimarer Republik nicht relativiert, sondern ergänzt. So richtig die Feststellung sein mag, daß das Fehlen einer republikanischen Identität der Studienstiftung den institutionellen Selbstbehauptungswillens schwächte, so wenig sagt sie aus über das menschlich anständige Verhalten zum Beispiel des Berliner Vertrauensdozenten, der den politisch auffällig gewordenen Stipendiaten Karl Wenner zu seiner Sicherheit von Berlin nach Danzig schickte.

2. Widerstand gegen die Gleichschaltung der Studienstiftung 1933: Hans Rothfels, Hans von Soden, Eugen Gerstenmaier

Für eine Gesamtwürdigung der Vertrauensdozentenschaft und Mitarbeiter der Studienstiftung in der entscheidenden Phase zwischen Frühjahr 1933 und Herbst 1934 ist die Quellengrundlage derzeit zu diffus. In der Korrespondenz mit dem Leiter Brügelmann sowie in den Sachakten finden sich lediglich einzelne Hinweise, denen zumindest dann Indiziencharakter zugesprochen werden kann, wenn es sich wie bei dem Historiker Hans Rothfels und den evangelischen Theologen Hans von Soden und Eugen Gerstenmaier um Personen handelt, die auch in anderen Zusammenhängen mit widerständigem Verhalten gegenüber dem Nationalsozialismus und Hitlers Herrschaft in Verbindung gebracht werden.

Im April 1933 legte Hans Rothfels, Neuzeit-Historiker an der Universität Königsberg, nach dreijähriger Tätigkeit sein Amt als Vertrauensdozent nieder. In einem ausführlichen vertraulichen Schreiben an Brügelmann begründete er seinen Schritt. Schairer hatte über seinen Kopf hinweg Verhandlungen mit der Königsberger Fakultät in Studienstiftungsdingen und um seine prospektive Ablösung als Vertrauensdozent geführt,[126] was ihn tief traf:

> „Ich will hinzufügen, dass ich Schairers Taktik ganz gut ‚verstehe'. Er paktiert mit der Macht, was ich auch um der Stusti willen durchaus erwünscht finde. Ich bin nicht weltfremd, und wenn ich noch Illusionen hätte, würden die letzten Tage sie mir ausgetrieben haben. Aber allerdings hätte ich mir die Formen, in denen man sich mit den gegebenen Tatsachen abfindet, etwas anders gewünscht. Ich habe für viele Menschen Zeit und Kraft daran gesetzt und nie etwas für mich erbeten (...).“[127]

---

[126] Rothfels wurde daraufhin im Vorlesungsverzeichnis bereits nicht mehr als Vertrauensdozent der Studienstiftung geführt, wogegen er gegenüber der Redaktion Protest einlegte: Nachlaß Brügelmann: Akte Korrespondenz, Hans Rothfels an Redaktion Vorlesungsverzeichnis, Königsberg, 2.3.1933: „In jedem Falle muss ich mich dagegen verwahren, dass ein Kollege ohne Fühlungnahme mit mir meinen Namen im Vorlesungsverzeichnis streicht. Im speziellen Falle und angesichts einer Tätigkeit, die ich seit Jahren mit grossem Zeitaufwand im Interesse von Studenten und Kollegen ausübe, empfinde ich das als besonders befremdend."

[127] Nachlaß Hermann Brügelmann: Akte Korrespondenz, Hans Rothfels an Hermann Brügelmann, Königsberg, 5.4.1933, Blatt 2.

Noch deutlicher als Rothfels wurde Hans von Soden, der in den 1920er Jahren einer der profiliertesten Programmatiker und auch internen Kritiker der Studienstiftung gewesen war. Im November 1933 legte er seinen Vertrauensdozentenposten in Marburg aus Protest gegen die Behandlung der ‚nichtarischen' und marxistischen Studenten nieder.[128] Brügelmann war betroffen:

> „Die Bestürzung über Ihren Brief, in dem Sie der Studienstiftung die Mitarbeit entsagen, war in meiner engeren Geschäftsführung gross, obwohl wir mit einer solchen Möglichkeit hatten rechnen müssen. Für mich insbesondere enthält es viel Bitterkeit, einen der alten Mitarbeiter nach dem anderen, an denen ich aus sachlichen Gründen und persönlich mit dem Herzen hänge, teils gegangen, teils aus eigenem Willen gehend zu erleben. Die von Ihnen aufgeworfenen Gewissensfragen sind mein tägliches Brot und die bisher gegebene Antwort, nämlich auszuhalten, geht auf Gründe zurück, von denen ich glaube, dass auch Sie sie billigen. Dass die Antwort eines Tages anders lauten wird und dann auch darf, möchte ich Ihnen persönlich einmal gesagt haben."[129]

Von Soden erwiderte darauf in einem langen Begründungsschreiben, das keinerlei Zweifel an den Gründen seines Schritts ließ:

> „Vielleicht finden wir uns ja auch einmal wieder in einem nationalen oder akademischen Dienst zusammen. Ich kann – leider – noch nicht die Zuversicht gewinnen, dass wir da nie mehr gebraucht werden sollten, weil neue Männer es ebenso gut oder besser machen. Ich habe volles Verständnis dafür, dass man in Lagen, wie wir sie durchmachen, auch mit moralischen Opfern auf seinem Posten aushält; das ist Beamtenpflicht. Es gibt auch für mich Situationen, in denen ich so handle. Es gibt aber auch andere Situationen, wo man den Machthabern eine Verantwortung deutlich allein überlassen muss, und dies liegt jetzt für mich bei der StuSti vor. Soviel ich bisher höre, sehen es auch die hiesigen Stellen so an. Der Rektor verstand durchaus meinen Entschluss und ebenso einige ältere hiesige Mitglieder der StuSti. Vom Studentenheim hörte ich noch nichts; man stilisiert dort wohl noch an dem Bedauern, das die Genugtuung zugleich verhehlt und verrät. (...) Ich bin schon immer ein Vertreter des Führerprinzips gewesen und ertrage es nicht leicht, wenn mir in meine Verantwortung von sog. Studentenschaftsführern, die durch

---

128 Von Soden hatte schon im Juni über seine Handhabung des ‚Selektionserlasses' an Brügelmann berichtet: Nachlaß Hermann Brügelmann: Akte Korrespondenz, Hans von Soden an Hermann Brügelmann, Marburg, 2.6.1933: „Ich möchte Ihnen vertraulich über die Ausführung des Ministerialerlasses, nach welchem nichtarische und marxistische Studierende nicht mehr unterstützt werden dürfen, berichten. Die erste Bestimmung betrifft das Vorsemester Ingeborg Gurland, die einen jüdischen Grossvater hat. Sie fand infolgedessen nicht Aufnahme in die amtliche Studentenschaft und muss somit aus der Unterstützung ausscheiden. Sie genoss übrigens nur die Befreiung von den Gebühren. Ich bin mir nicht klar darüber, ob sie auch als Mitglied der StuSti auszuscheiden hat; persönlich behandele ich sie zunächst weiter als solches. Sie ist gut begabt, sehr fleissig, tüchtig, ernst und durchaus deutsch gesinnt. Als ‚Marxist' wurde aufgrund von Angaben von Kommilitonen unser Mitglied Erich Rohsa math. bezeichnet; er musste das C. Duisberghaus verlassen und die Zahlungen an ihn wurden suspendiert, was mir kurz und förmlich zur Kenntnis gegeben wurde. Ich habe daraufhin nachdrücklich gefordert, dass in meiner Gegenwart der Fall untersucht werde, und habe dies auch erreicht. Rohsa bestritt mündlich und schriftlich jede marxistische Einstellung und Betätigung und konnte einen Vorgang, aus dem sie wesentlich geschlossen war, einwandfrei aufklären. Irgend ein Beweis gegen ihn konnte nicht erbracht werden und die Zeugnisse hatten überhaupt keine eigentliche Substanz. Die Zahlungen an ihn sind deshalb wieder aufgenommen; eine Rückkehr ins Duisberghaus kommt natürlich auch von seiner Seite aus nicht in Betracht. (...)."
129 Nachlaß Hermann Brügelmann: Akte Korrespondenz, Hermann Brügelmann an Hans von Soden, 4.11.1933.

Anmassung ersetzen, was ihnen an Sachkunde und Gewissenhaftigkeit abgeht, und von Leuten, die sich durch Angst bestimmen lassen, hineingeredet wird. Ich habe eine stundenlange Verhandlung gebraucht, um einen ungerecht und leichtfertig beschuldigten ‚Marxisten' freizumachen und war unsicher über den Ausgang, als es mir gelang, im Verhör festzustellen, dass dieselben Lieder, deren Singen dem Angeklagten den Hals brechen sollte, von SA-Leuten auch gesungen waren; in weniger als 5 Minuten war der Angeklagte ‚ein anständiger Mensch' und behielt sein Stipendium. Dass man mir dergleichen hier nicht ganz gern verzeiht, verstehe ich. Der Studentenschaftsvertreter wurde dabei von mir gebeten zu sagen, was er unter ‚Marxisten' verstehe, und definierte nach wiederholtem Drängen: ‚Ein Marxist ist ein Mensch, der nur an sich denkt, wie es auch die Liberalen tun; beide haben ja dieselbe Quelle (die Juden).' Und da muss man dann höflich bleiben und darf nicht sagen, was man im Seminar bei einer solchen Antwort sagen würde."[130]

Eugen Gerstenmaier, ehemaliger Stipendiat, 1933 Doktorand an der Evangelisch-Theologischen Fakultät der Universität Rostock und zugleich Vorprüfer im Aufnahmeverfahren, gab Brügelmann im Dezember einen ausführlichen Bericht zum Stand des evangelischen Kirchenkampfs seit März 1933: eine fundamentale Kritik der NS-Kirchenpolitik. Vor diesem Hintergrund berichtete er über die Situation an seiner Hochschule:

„Hier in Rostock beherrschen wir vorläufig noch die Lage. Der Betrieb ist zwar so, dass ich froh bin, wenn Weihnachten ist. Man muss Tag und Nacht sozusagen auf dem Posten sein. Je unbeirrter und entschiedener man in allen Dingen vorgeht, desto besser setzt man sich durch. Ich baue eben alle Fachschaften um. Die wissenschaftliche Verlebendigung ist ganz fraglos nur durch die Intensivierung der fachschaftlichen Arbeit möglich. Das soll mit Hilfe von Arbeitsgemeinschaften und Ähnlichem durchgesetzt werden. Vorläufig stehen wir freilich dabei noch in einem sehr stillen, aber deshalb nicht minder starken Machtkampf mit dem SA-Hochschulamt. (...) Indessen ist man sich doch sehr klar, dass die wissenschaftliche Verluderung der Studentenschaft so nicht weiter gehen kann und man bemüht sich deshalb nach Kräften, die wissenschaftlichen Belange zu fördern. Wie weit das möglich ist, hängt total von dem jeweiligen Führer der Einzelstudentenschaft ab, und wie weit der SA-Oberführer geneigt ist Wissenschaft anzuerkennen oder sie für einen höchst überflüssigen Luxus zu halten. (...)."[131]

Gerstenmaier, der im Zusammenhang mit seinem Kampf gegen die Deutschen Christen in Rostock kurzfristig von der Gestapo inhaftiert wurde, schrieb Brügelmann dann im Winter 1933/34 über Intrigen zur Ablösung seines Doktorvaters und Vertrauensdozenten, Prof. Dr. Friedrich Brunstäd,[132] der dann, ähnlich wie Rothfels, sein Amt zur Verfügung stellte.

Hans von Soden wurde zu einer Integrationsfigur des evangelischen kirchlichen Widerstands in Kurhessen. Hans Rothfels wurde 1934 aus dem Amt entfernt und emigrierte nach dem Pogrom von 1938. Von 1939 bis 1940 war er Reserch Fellow in Oxford, 1940–45 Professor in Chicago, Ill. Eugen Gerstenmaier gehörte später zum Kreisauer Kreis und zu den Beteiligten des 20. Juli 1944.

---

130   Nachlaß Hermann Brügelmann: Akte Korrespondenz, Hans von Soden an Hermann Brügelmann, Marburg, 6.11.1933.
131   Nachlaß Hermann Brügelmann: Akte Korrespondenz, Eugen Gerstenmaier an Hermann Brügelmann, Rostock, 6.12.1933.
132   1883–1944; PD Erlangen 1917, ao. Prof. für systematische Theologie Rostock.

3. Studienstiftler und die Gleichschaltung: zwei Beispiele

Was für die Ebene der Vertrauensdozenten und Vorprüfer gilt, trifft erst recht für die Stipendiatenschaft zu: abschließende Bewertungen, gar Quantifizierungen, zum Verhalten der Studienstiftler in der entscheidenden Phase 1933/34 sind aufgrund fehlender Quellen, insbesondere der umfangreichen Personalakten, derzeit nicht möglich. Begrenzte Rückschlüsse erlauben die Korrespondenzen des Studienstiftungsleiters Brügelmann, der von wichtigen Fällen stets informiert wurde. Das traf auch bei dem Tübinger Stipendiaten Rudolf Schneider zu. Schneider gab im Mai 1933 sein Studium aus persönlichen und politischen Gründen auf. In einem Schreiben nach Dresden begründete er seinen Schritt:

> „Nach ernsthaftem Überlegen (...) habe ich mich entschlossen, das Studium abzubrechen. Als ich in die Studienstiftung aufgenommen wurde, habe ich Ihnen (...) keinen Zweifel über meine Weltanschauung und über meine politischen Ansichten gelassen. Freilich hielt ich es für möglich, eine Beziehung zu der herrschenden Meinung zu finden. Heute muss ich gestehen, dass ich sie weder gefunden habe, noch in absehbarer Zeit finden werde. Damit ist für mich das Berufsziel wie überhaupt das Studium illusorisch geworden. Ich kann und will nicht eine Arbeit leisten, zu der ich keine innere Beziehung habe, und ich kann und will nicht etwas scheinen, was ich nicht wirklich bin. Verstehen sie mich recht. Die Erfordernisse des Studiums stehen in derartigem krassen Widerspruch zu meinen Anschauungen, dass ich dadurch in einen schweren Gewissenskonflikt gestürzt worden bin. Die Lösung dieses Konfliktes sehe ich nur in dem Abbruch meines Studiums. Ich danke Ihnen für die Bereitwilligkeit, mit der Sie mich unterstützen wollten. Leider kann ich diese Unterstützung nicht mehr in Anspruch nehmen, eben weil ich sie nicht als Selbstzweck, sondern als Mittel zum Zweck aufgefaßt habe. Ferner bitte ich Sie, mir die Rückzahlung der mir bisher gediehenen Unterstützung zu erlassen, da ich dazu auch nicht die geringste Möglichkeit habe."[133]

Aus den Begleitschreiben des Tübinger Studentenwerks ging hervor, daß sich Schneider unter keinen Umständen und Ermunterung zu unauffälliger ‚Einordnung' in den Staat der ‚nationalen Revolution' mehr im Studium halten ließ. Nach einem klärenden Gespräch kehrte er in seine Heimatstadt Leipzig zurück. In Brügelmanns Korrespondenzakte der Jahre 1933/34 ist dies der einzige Fall dieser Art. Brügelmann seinerseits bemühte sich, Konflikte zwischen nicht-nationalsozialistischen Stipendiaten und ihrem gleichgeschalteten oder nationalsozialistisch aktiven Umfeld möglichst im Vorfeld zu verhindern, z.B. durch die ‚Umlenkung' von Stipendiaten an andere Universitäten:

> „Wie ich vor zwei Tagen (...) hörte, beabsichtigt Herr Wolfgang Schmid möglicherweise wieder in Heidelberg zu studieren. Wenn Sie es gut mit ihm meinen, bitte ich Sie, rasch einen Weg zu finden, um ihm davon abzuraten. Schmid ist am 9. Oktober als Mitglied aufgenommen worden und die hiesige Geschäftsführung steht durchaus zu diesem Beschluss, der jedoch in Heidelberg in Kreisen der DSt so stark angefochten wurde, dass ich meinen ganzen Einfluss geltend machen musste, um zu verhindern, dass die Frage der Zugehörigkeit von Herrn Schmid zur Studienstiftung jetzt sofort neu aufgerollt wurde. (...) Was ihm vorgeworfen wird, ist ‚typisches Rotstudium', ‚fehlendes Interesse an der Geistigkeit des Altertums über den Nutzzweck eines Staatsex-

---

133 Rudolf Schneider an das Studentenwerk Dresden, Tübingen, 15.5.1933.

amens hinaus', ‚kritikloses Hinnehmen der herrschenden Art philologischer Interpretation' (...) und ähnliches."[134]

Auf ganz andere Weise beschäftigte Brügelmann der Fall A. und Elfriede B.[135] AB war Studienreferendar in Stuttgart, Elfriede B. stand im Herbst 1933 als Stipendiatin vor dem Staatsexamen und hatte bereits die Promotion in Tübingen geplant. Die beiden hatten, ohne die Studienstiftung über die Veränderung ihrer wirtschaftlichen Verhältnisse zu informieren, geheiratet, Elfriede B. erwartete ein Kind. Statt nun die Situation mit dem örtlichen Tübinger Wirtschaftskörper und mit Dresden offen zu klären, verwahrte sich Elfriede B. in einem Schreiben vom November 1933 gegen die zur weiteren Berechnung des Stipendiums notwendige Frage nach den Einkommensverhältnissen ihres Mannes und vor allem das Drängen der Studienstiftung, das Staatsexamen abzulegen:

> „Nach allem könnte ich wirklich den Spiess umdrehen und fragen: warum soll ich denn unbedingt das Staatsexamen machen? Die Promotion ist doch auch ein Studienabschluss, und für mich der einzig sinnvolle. Ausserdem weiss ich, dass Dresden gerade auch Frauen schon die Promotion als Studienabschluss bewilligt hat. Schliesslich ist vor allem dieser Grund, weshalb ich das Staatsexamen nicht machen kann: ich kriege ein Kind (aus diesem Grund auch haben wir mit der Heirat nicht bis nach dem Staatsexamen warten können) und ich kann schlechterdings in diesem Zustand mich nicht mehr dem ganzen schriftlichen und mündlichen Examen unterziehen."[136]

Und ihr Mann, der Studienreferendar und selbst ehemaliger Stipendiat, lieferte zunächst eine offensiv hochideologische Begründung der Familienplanung für die Studienstiftung nach:

> „Sie schreiben, dass ich in den letzten Briefen unbilligerweise persönliche Dinge mit allgemeinen Notwendigkeiten verquickte. Wenn ich Sie recht verstehe, meinen Sie, wir hätten einem Pech, in das wir zufällig gerieten, nachträglich ein heroisches Mäntelchen umgehängt. (...) Die Verquickung mit dem allgemeinen Überpersönlichen ergibt sich daraus, dass wir (wir manche anderen) in bewusster Ablehnung des ökonomischen Lebensprimates, von dem bisher die Gesellschaft war, dem sittlich-religiösen Forderungen den Vorrang gaben und dabei auf das Verständnis des Neuen Staates hofften, dem wir uns darin eins fühlten. Wir sind so romantisch zu glauben, dass die Zukunft der Deutschen davon abhängt, ob sie sich allgemein mehr und mehr von der Rechenhaftigkeit und Bequemlichkeit abwenden und aus den unbedingten Forderungen des Blutes und des Gewissens herausleben."[137]

Altstipendiat AB war ‚romantisch' und ‚unrechenhaft' genug, die Studienstiftung mit dem Hinweis auf den ‚Neuen Staat' unter Druck zu setzen. Die Studienstiftung brachte für den Fall B gleichwohl sehr viel menschliches Verständnis auf, wie aus den Antwortschreiben an Elfriede B. hervorgeht. Weitere Schreiben von AB waren auch weniger ideologisch als vielmehr kleinlaut. Die Studienstiftung erklärte sich zur Finanzierung der Promotion bereit. AB wurde nach 1945 ein bekannter Germanist und Lehrstuhlinhaber.

---

134 Nachlaß Hermann Brügelmann: Akte Korrespondenz: Hermann Brügelmann an Dr. Ellenbeck, Dresden, 24.10.1933, Bl. 1.
135 Die Namen sind dem Verfasser bekannt.
136 Elfriede B. (Namen vom Verf. geändert) an den Tübinger Wirtschaftskörper/Paul Collmer, (November 1933), Bl. 1, in: Nachlaß Hermann Brügelmann: Akte Korrespondenz.
137 AB (Namen vom Verf. geändert) an den Tübinger Wirtschaftsköper, Stuttgart 14.11.1933, in: Nachlaß Hermann Brügelmann, Akte Korrespondenz.

4. Die Gründung des ‚Reichsstudentenwerks' 1934 und die nationalsozialistische Begabtenförderung

Das Jahr 1934 begann für die Studienstiftung mit sinkenden Bewerberzahlen: im gesamten Jahr bewarben sich nur noch 520 Studierende um Aufnahme, davon waren 252 Schul-, 228 Universitätsvorschläge und 41 sonstige, bei denen es sich überwiegend um Vorschläge von Altakademikern, aber auch vereinzelte ‚Pg'-Vorschläge handelte.[138] Dies ist vor dem Hintergrund eines Trends zur Re-Elitisierung und Reakademisierung im sozialen Rekrutierungsprofil der Studierenden und der Geförderten bei gleichzeitig und bis zum Akademikermangel ab 1936 sinkenden Studentenzahlen im ‚Dritten Reich' zu sehen: Jarausch zitiert in diesem Zusammenhang eine Göttinger Studie aus dem WS 1935/36, derzufolge dort von 176 gewährten Förderungen zwar 11,4% an Arbeiterkinder, aber 13% an Akademikerkinder, 23,3% an Kinder des neuen und 51,1% an Kinder des alten Mittelstandes gingen.[139] Abgesehen von den ohnehin nominell geringen Förderungszahlen, lag es nahe, daß unter den Herrschaftsbedingungen des Nationalsozialismus Arbeiterstudenten aus politischen Gründen ohnehin sehr viel weniger wahrscheinlich in den Genuß einer Förderung kamen.

Die Auswahl für die Studienstiftung fand Mitte März 1934 statt, allerdings nicht mehr im Zentralen Arbeitsausschuß, der, wohl wegen der Beteiligung zu vieler Nicht-Nationalsozialisten, im Frühjahr 1934 aufgelöst wurde. Damit war die Studienstiftung ihres zentralen Leitungsorgans beraubt. Aufnahmeentscheidungen traf nun nur noch der gleichgeschaltete Kleine Ausschuß, dem von neu zu bildenden, regionalen Kreisausschüssen unter DSW-Kontrolle zugearbeitet werden sollte.[140] Im Januar und Februar 1934 arbeitete man im DSW unter Führung von Hanns Streit an einer neuen Satzung nach dem ‚Führerprinzip'; gleichwohl begleitete die nationalsozialistische DSt diesen Prozeß aus Sorge um ihren Einfluß mit andauernd scharfer Kritik.[141]

Diese Kritik fand ein Echo in der Aufnahme des Entwurfs im Reichsinnenministerium, dessen zuständiger Referent ihn zu demokratisch fand und Änderungen verlangte.[142] Auch die Erwiderung des DSW, daß, abgesehen von der praktischen Unmöglichkeit, eine dezentrale, integrative Dachorganisation wie das DSW vollständig nach dem ‚Führerprinzip' zu leiten, mit Streit ein ‚alter

---

138 StA WÜ RSF I 60 p 359: Statistik der Neubewerber 1934. Der Anteil der Universitätsvorschläge war seit 1925 von unter einem Viertel auf über die Hälfte aller Vorschläge gestiegen, damit stieg auch das Erstaufnahmealter an: StA WÜ RSF I 60 p 357/4: DSW/StSt, Zusammensetzung der Aufnahmejahrgänge der Stusti.
139 K.H. Jarausch, Deutsche Studenten 1800–1970, S. 182.
140 Studienstiftung, in: Der deutsche Student 3 (1934), S. 183 f., 183.
141 StA WÜ RSF I 60 p 455: DSt/Hauptamt für Wirtschaftsfragen an DSW, Berlin, 14.2.1934.
142 StA WÜ RSF I 60 p 357/1: RMdI/Oberregierungsrat Fabricius an DSW, Berlin, 12.2.1934: „Der Satzungsentwurf mutet vollkommen demokratisch an. Immer wieder sind Mehrheitsbeschlüsse vorgesehen. Vom Führergedanken merkt man nichts (...). M.E. braucht der Verein in erster Linie einen Führer oder Leiter, der dem Reichsministerium des Innern für das gesamte Vereinsgebaren verantwortlich ist und am besten unmittelbar vom RMdI ernannt und berufen wird (...). Das Studentenwerk sollte den Entwurf durch einen tüchtigen, auch im Nationalsozialismus bewanderten Juristen in eine leidliche Form bringen lassen."

Kämpfer' die Satzung erstellt habe,[143] änderte an der Skepsis der Nationalsozialisten in Verwaltung und DSt nichts: wenn schon Beibehaltung des ungeliebten Verwaltungsrats, dann aber ‚unmittelbare Verantwortung' des Vorsitzenden gegenüber dem Ministerium![144]

Im März bemühte sich Prof. Heidebroek vom kommissarischen DSW-Vorstand in einem Memorandum ‚Zur Frage der Verlegung des Sitzes des DSW' der DSt und dem Reichsinnenministerium auszureden, vom DSW den Umzug von Dresden nach Berlin zu verlangen: die Arbeit des DSW als zentraler Organisation der 50 Studentenwerke sei nicht mit der einer zentralen Oberbehörde vergleichbar, die in die Reichshauptstadt – und damit unter direkte politische Aufsicht – gehöre: „Es würde der größte Fehler sein, wenn die Zentrale zu einem starren bürokratischen Verwaltungsmechanismus einschrumpfen (...) wollte. Sie kann ihre Autorität auf die Dauer nicht allein aus einer ihr von höchster Regierungsstelle verliehenen Vollmacht ableiten, sondern nur aus eigener hochstehender ideeller Leistung."[145] Eben deshalb war und blieb das DSW für die Nationalsozialisten ein Ärgernis, das sie mit der Gründung des Berliner ‚Reichsstudentenwerks' endgültig behoben.

Mittlerweile entdeckte der NSDStB die Studienstiftung als Versorgungseinrichtung für verdiente ‚alte Kämpfer'. So ersuchte NSDStB-Reichsführer Stäbel Ende März 1934 bei Hanns Streit um Förderung eines ‚Parteigenossen':

> „In der Anlage übersende ich Ihnen ein Gesuch des Pg. Rolf Kröger aus Stuttgart (...). Pg. Kröger ist seit mehreren Jahren Pg. und SA-Mann und seit dem Jahre 1929 Hochschulgruppenführer des NSDStB in Stuttgart. Ich habe selten einen so treuen und aufopferungsfähigen Parteigenossen kennengelernt, wie es Pg. Kröger ist, und ich bitte Sie, (...) dem Pg. Kröger den Abschluß seines Hochschulstudiums zu ermöglichen."[146]

Die Auswahlentscheidungen des Frühjahrs, teilweise verlagert auf die neuen Kreisausschüsse, waren Ausdruck der immer deutlicher werdenden Auflösung verbindlicher Auswahlmaßstäbe und damit eines konkreten Verlusts an Professionalität in der Begabtenauswahl.[147] Das zeigte die Unzahl von Entscheidungsmöglichkeiten, welche die dezentralen Gremien hatte: Aufnahme als Vorsemester und Mitglied, Zurückstellung um ein oder zwei Semester, Verlängerung der Vorsemesterzeit um ein oder zwei Semester, Kameradschaftsförderung, Empfehlung an Kameradschaftsförderung nach Bewährung im Werkhalbjahr, Ablehnung wegen mangelnder Bedürftigkeit, Ablehnung mit Empfehlung an die örtliche Studienförderung, Ablehnung mit Empfehlung an die Darlehnskasse, Ablehnung mit Empfehlung an die örtliche Kameradschaftsförderung, und schließlich, mit Betonung des politischen Bewährungscharakters, Ablehnung mit der Empfehlung der Wiederbewer-

---

143 StA WÜ RSF I 60 p 357/1: DSW/Niessen an RMdI/Fabricius, Dresden, 19.2.1934: „Das DSW kann nicht ganz auf sich selbst gestellt werden. Es ist ein Werk, das seine Arbeit nur in engstem Einvernehmen mit der DSt einerseits, den Hochschulen andererseits durchführen kann. Studentenschaft und Dozentenschaft sind daher an der Bestimmung der Grundlinien der Arbeit des Werkes zu beteiligen, ohne daß durch die Bestellung eines Führers einer der beiden Teile allein bestimmend gemacht werden könnte."
144 StA WÜ RSF I 60 p 357/1: RMdI/Fabricius an DSW/Niessen, Berlin, 20.2.1934.
145 StA WÜ RSF I 60 p 357/4: DSW/Prof. Dr. Enno Heidebroek, Zur Frage der Verlegung des Sitzes des DSW, S. 2.
146 StA WÜ RSF I 60 p 357/4: NSDStB/Stäbel an DSW/Streit, Berlin, 23.3.1934.
147 StA WÜ RSF I 60 p 459: DSW an die Studentenwerke, RS Nr. 262/34, Dresden, 4.5.1934.

Die Gründung des ‚Reichsstudentenwerks'

bung.[148] Hinzu kamen die schier unübersehbaren Auflagen vom Werkhalbjahr, SA- und Arbeitsdienst bis zum Studienortwechsel in eine ‚Grenzlandhochschule'. Das DSt-Organ berichtete in seiner Aprilausgabe erstmals von einem Berliner Auswahllager, das von der SA organisiert worden war.[149]

Eine Erhebung für das WS 1933/34 ergab, daß die Darlehnskasse zu 35%, die Studienförderung zu 40%, die Studienstiftung sogar zu 45% von Kriegs-, Voll- und Halbwaisen in Anspruch genommen wurde.[150] Die Entscheidungen der Märzauswahl waren extrem restriktiv: von 80 Vorsemester-Fällen, die nicht von den Kreisausschüssen entschieden worden waren, wurden nur 25 als Mitglieder aufgenommen, 41 abgelehnt. Das hieß, daß damit nun auch erfolgreich versucht wurde, die vor 1933 aufgenommenen Stipendiaten auszuschließen. Darüber hinaus schaffte der kommissarische DSW-Vorstand den Vorsemesterstatus ab. Politisch zuverlässige Studenten der ersten Semester sollten auf diese Weise gezielt in die ‚Kameradschaftsförderung' gebracht werden.[151] Aber auch für nationalsozialistische Studenten wurde das Studieren aufgrund der wachsenden politischen Dienstanforderungen immer schwieriger. Das DSt-Amt für Arbeitsdienst teilte im Mai 1934 mit, daß jeder deutsche Student als DSt-Mitglied für die Einschreibung eine Belegkarte dieses Amtes zum Nachweis über geleisteten, mindestens zehnwöchigen Arbeitsdienst benötige.[152] Ein Versuch zur Koordinierung der nationalsozialistischen Durchdringung der deutschen Wissenschaft war die Gründung des Reichsministeriums für Wissenschaft, Erziehung und Volksbildung am 1. Mai 1934 unter Führung des politisch schwachen Bernhard Rust.[153] Auch wenn Rusts Ministerium von Anfang an Schwierigkeiten hatte, den eigenen Amtsanspruch auf Monopolisierung der Hochschulpolitik gegen den NSDStB und gegen den ‚Stellvertreter des Führers' Rudolf Heß und dessen späteren Protegé Gustav Adolf Scheel durchzusetzen,[154] so gelang es ihm zunächst, durch die Gründung des ‚Reichsstudentenwerks' im No-

---

148 StA WÜ RSF I 60 p 359: Liste der Entscheidungen des Auswahlausschusses in seiner Sitzung vom 23./24.3.1934.
149 Studienstiftung des Deutschen Volkes, in: Der deutsche Student 4 (1934), S. 243: „Unter besonders günstigen Bedingungen arbeitete der Berliner Kreisausschuß. Dank dem Verständnis und der Tatkraft des SA-Ausbildungsstabes konnte die Mehrzahl der Berliner Bewerber für acht Tage in einem SA-Ausbildungslager (...) unter besonders ausgewählten Führern zusammengefaßt werden. Die Vorprüfer fanden sich in den letzten Tages des Lagers dort ein und hatten Gelegenheit, die Bewerber noch in der Ausbildung selbst kennen zu lernen."
150 Der deutsche Student 7 (1934), S. 422 f., 422.
151 Der deutsche Student 5 (1934), S. 309 f., 309.
152 Ebd., S. 312–314; zahlreiche Ausnahmen galten für höhere als 7. Semester, Studenten über 25 oder bei sechsmonatigem SA-, SS- oder HJ-Dienst. Befreit waren auch Lehramtsanwärter an der Preußischen Hochschule für Lehrerbildung: „Die DSt tut dies (...) aus nationalsozialistischer Pflichterfüllung gegenüber dem Staat, der zur Erziehung der deutschen Jugend in kürzester Zeit eines nationalsozialistischen Lehrernachwuchses bedarf."
153 Vgl. M. Grüttner, Studenten im Dritten Reich, S. 83 ff. und Helmut Heiber, Walter Frank und sein Reichsinstitut für Geschichte des neuen Deutschlands. Stuttgart 1966, S. 641 f.; zeitgenössisch Otto zu Rantzau, Das Reichsministerium für Wissenschaft, Erziehung und Volksbildung. Berlin 1939.
154 Vgl. Peter Longerich, Hitlers Stellvertreter. Führung der Partei und Kontrolle des Staatsapparates durch den Stab Heß und die Partei-Kanzlei Bormann. München 1992, S. 68 ff. Der Stab Heß sorgte 1938 dafür, daß Rusts Ministerium die Verfügung über das RSW entzogen und dem Reichsstudentenführer Gustav Adolf Scheel übertragen wurde; dazu M. Grüttner, Studenten im Dritten Reich, S. 95 f.

vember 1934 an Einfluß zu gewinnen. Aufgrund der Zuständigkeit des Ministeriums auch in Fragen der Studienförderung war daher mit einer Neuordnung des Stipendienwesens zu rechnen. Als ersten Schritt zur Vereinheitlichung trat Rust die vom preußischen Ministerium für Wissenschaft, Kunst und Volksbildung vergebenen Staatsstipendien – im WS 1933/34 immerhin noch 66 Anträge, von denen 43 positiv entschieden wurden – an die Studentenwerke zur Vermittlung an die Studienstiftung, Studienförderung, Kameradschaftsförderung und Darlehnskasse ab.[155]

Anfang 1934 verschickte die Dresdner DSW-Zentrale einen Nachdruck der ‚Umschau in der Arbeit der studentischen Selbsthilfe' zur ideologischen Maßstabsbildung an die Studentenwerke. Prof. Heidebroek vom kommissarischen Vorstand hatte ein relativ ideologiefreies Vorwort verfaßt, das lediglich die Notwendigkeit hervorhob, das DSW dem neuen Staat anzupassen. Ferner legte Heidebroek Wert auf die Kontinuität zum DSW vor 1933.[156] Die weltanschaulichen Schlüsselbegriffe lieferte dagegen Herbert Sohlig vom Studentenwerk der Pädagogischen Hochschule Elbing:

> „Führertum ist Sache der Persönlichkeit und Persönlichkeit wächst im Kampf. Die deutsche Hochschule wird demgemäß an der Führerauslese nur soweit teilhaben, als sie, ohne ihrem Wesen untreu zu werden, Kampfgelegenheiten bietet. Das ist dort, wo selbständige Forschung, harter Kampf um Erkenntnis ist, das ist dort, wo und soweit politische und soldatische Erziehung und Bewährungsmöglichkeiten in ihren studentischen Bereich einbezogen werden."[157]

Unübersehbar war der Gegensatz zwischen derartigen hochideologischen Verstiegenheiten und der ganz praktisch ausgerichteten DSW-Arbeit in Studentenhäusern und Mensen, aber auch die tiefe Verachtung überzeugter Nationalsozialisten gegenüber Wissenschaft und Wissenschaftlern: „Wer gut kämpft und planvoll, überlegt, damit der Rahmen des Ganzen nicht verletzt wird, der bedarf kaum mehr wissenschaftlicher Zeugnisse zur Dokumentierung seiner geistigen Fähigkeiten."[158] Wesentlich praktischer waren Vorschläge von Dr. W. Rühberg zum ‚Studentischen Gesundheitsdienst', die aus dem Programm ‚rassischer' Volksgesundheit abgeleitet waren: „Das vom Vorkriegsstudententum übernommene eingebildete Recht auf das Sichausleben während der Studentenzeit ist auch heute noch erschreckend weit verbreitet. Das freie Verfügungsrecht über seinen Körper, das der Student durchweg zu haben glaubt, äußert sich z.B. in der hohen Zahl der Geschlechtskrankheiten, die dieser Stand, der die Führer des Volkes hervorbringen soll, immer noch aufweist."[159] In einem ausführlichen Bericht über den ‚Neuen Weg der Studienstiftung' dokumentierte der Jurist Prof. Dr. Georg Dahm, Kiel, Mitglied der Zentralen Suspensionskommission, daß die Studienstiftung im nationalsozialistischen Staat angekommen war: „Vollständige Gesundheit und biologisch einwandfreies Erbgut wurden als selbstverständliche Voraussetzungen jeglicher Förderung herausgestellt. Stärke und Klarheit des Charakters in einer soldatischen Persönlichkeit werden künftig in Verbindung mit Fähigkeit zu wirksamer wissenschaftlicher Arbeit allein noch eine Förderung rechtfertigen."[160] Von allen Beiträgen des Heftes

---

155 Zur Vereinheitlichung der Förderung, in: Der deutsche Student 6 (1934), S. 145.
156 StA WÜ RSF I 60 p 359: Prof. Dr. Enno Heidebroek, Zur Neuordnung des Studentenwerkes, in: Umschau in der Arbeit der studentischen Selbsthilfe-Arbeit Nr. 9, 10/1933, Nachdruck Dresden 1934, (ohne Seitenzählung), Blatt 3–5.
157 Herbert Sohlig, Das Förderungswerk, in: ebd., Blatt 5 f., 5.
158 Ebd., Blatt 6.
159 Dr. W. Rühberg, Studentischer Gesundheitsdienst, in: ebd., Blatt 23–25, 23.
160 Prof. Dr. Dahm, Der neue Weg der Studienstiftung, in: ebd., Blatt 26–32, 32.

war Dahms Artikel der mit Abstand am schärften ideologisch argumentierende.[161] Im ‚Stürmer'-Ton referierte Dahm, der mit Ernst Rudolf Huber und Karl Larenz in Kiel den inneren Kreis der sogenannten ‚Kieler Schule' bildete, zu deren Zielen die juristische Fundierung des völkisch-autoritären Staates gehörte,[162] die Ausscheidung der ‚Nicht-Arier' und Marxisten und kam dann ausführlich zu den nationalsozialistischen Auswahlkriterien: Wie jeder ‚Volksgenosse' werde auch der Akademiker allein nach seinem Wert für die ‚Volksgemeinschaft' beurteilt; meßbar sei dieser Wert an der Bereitschaft zu ‚Kampf' und ‚Dienst': „Wer diesem Staate feindlich oder gleichgültig gegenübersteht, kann nicht Mitglied der Studienstiftung sein. Das gilt ebenso für den internationalen Sozialisten und Marxisten wie für den Reaktionär und den liberalen Individualisten."[163] Aufschlußreich war auch Dahms Einschätzung zur Verwandtschaft der hochideologischen Totalitarismen: „In manchen Fällen – dieser Eindruck hat sich der Kommission wiederholt aufgedrängt – führen sogar von einer scheinbar marxistisch-sozialistischen Einstellung eher Verbindungswege zum Nationalsozialismus (...) als (...) etwa vom demokratischen Pazifismus und vom bürgerlichen Liberalismus."[164] Ein überzeugter Marxist zeige im Gegensatz zum politisch indifferenten Individualisten immerhin Einsatzbereitschaft für eine Weltanschauung und könne in der Studienstiftung durchaus zum guten Nationalsozialisten werden. Auswahl heiße von nun an Bewährung in den Lagern und in den Gliederungen der ‚Bewegung', Betreuung bedeute von nun an auch ständige politische Kontrolle durch Aktionen wie den ‚Juli-Bericht'. Die Studienstiftung sei somit ein Vorbild nationalsozialistischer Auslese: weltanschaulich gefestigt, kämpferisch bewährt und radikal entschlossen zum Einsatz für den nationalsozialistischen Staat. Sicherlich waren dies zunächst Absichtsbekundungen, doch rein äußerlich paßte sich die Mehrheit der Stipendiaten diesen Forderungen an. Spürbar wurde das zum Beispiel schon bei der Wahl des Studienorts: viele Studienstiftler leisteten der aggressiven nationalsozialistischen Werbung für die ‚Grenzlandhochschulen' Folge, so daß im Sommer 1934 in Königsberg 38 Mitglieder und 8 Vorsemester, in Danzig 9 Mitglieder und 3 Vorsemester, in Breslau 18 Mitglieder und 3 Vorsemester studierten. Damit war Königsberg nach Berlin zur stärksten Studienstiftungsuniversität geworden.[165] Im Sommer 1934 gab es einen Wechsel in der Leitung der Studienstiftung. Dr. Hermann Brügelmann, Nachfolger Hoffmanns, war zum 31. Juli 1934 nicht allein aus persönlichen Gründen, sondern als Reaktion auf die anstehende Neuorganisation des gesamten sozialstudentischen Fürsorge- und Studentenwesens im ‚RSW' ausgeschieden. Schon im November hatte er an den befreundeten Professor Arnold Bergstraesser in Heidelberg unmißverständlich über seine Rolle Rechenschaft abgelegt:

---

161 Vgl. z.B. auch Georg Dahm, Grundfragen der neuen Rechtswissenschaft. Berlin 1935; ders., Gemeinschaft und Strafrecht. Hamburg 1935 (Kieler Universitäts-Reden, NF 5); ders., Nationalsozialistisches und faschistisches Strafrecht. Berlin 1935. Zu Dahm begrenzt informativ Ingo Müller, Furchtbare Juristen. Die unbewältigte Vergangenheit unserer Justiz. München 1987 u.ö, z.B. S. 86 (Diebstahl als ‚Treuebruch gegen den ‚Führer''). Grundlegend zur nationalsozialistischen Umgestaltung der Rechtsordnung Bernd Rüthers, Die unbegrenzte Auslegung. Zum Wandel der Privatrechtsordnung im Nationalsozialismus. Heidelberg ^{5}1997, S. 476–494 (Zusammenfassung).
162 Vgl. Schleswig-Holsteinische Universitätsgesellschaft (Hg.), Georg Dahm: Reden zu seinem Gedächtnis. Kiel 1964; Florian Herrmann, Ernst Rudolf Huber (1903–1990), in: Juristen. Ein biographisches Lexikon, S. 297 f.
163 G. Dahm, Der neue Weg der Studienstiftung, Blatt 27 f.
164 Ebd., Blatt 28.
165 Der deutsche Student 8 (1934), S. 491 f., 491.

„Was die Fruchtbarkeit der Arbeit betrifft, so hat sie seit einiger Zeit im wesentlichen einen negativen Charakter (Verhütung von Unheil), was soviel bedeutet, als dass im Frühjahr auch dieser Grad von Fruchtbarkeit aufhören wird. In der Personalpolitik (Vorprüfer und Vertrauensdozenten, dem A und O der Studienstiftungsarbeit) ist mir die Selbständigkeit der Entscheidung genommen und ebenso steht es in den grundsätzlichen Fragen. Schliesslich darf nicht übersehen werden, dass ich auf diesem Wege eine Arbeit mit meinem Namen decke, für die ich die volle Verantwortung nicht mehr übernehmen kann, während ich gleichzeitig nach aussen damit belastet bleibe. Es wird also, wenn Gottlob nicht aus wirtschaftlichen Gründen, Zeit Ausschau nach einer möglichen Veränderung zu halten, ohne dass ich mich dabei auf den 1. April versteifen möchte."[166]

Brügelmann erlitt 1934 einen gesundheitlichen Zusammenbruch, der eine nervliche Reaktion auf den äußeren Druck der Umstände der Studienstiftungsgleichschaltung gewesen zu sein scheint.[167] Im Mai 1933 hatte Brügelmann an einen örtlichen Vertreter der Studienstiftung – wahrscheinlich einen federführenden Vertrauensdozenten – geschrieben:

„Die ganze Studienstiftung stand (...) auf dem Prinzip geistiger Freizügigkeit, das allen Beeinflussungsversuchen von amtlicher, parteilicher, konfessioneller und gewerkschaftlicher Art gegenüber mit Charakter durchgehalten wurde. Daß diese Freizügigkeit jetzt nicht mehr erhalten bleiben kann, ergibt sich aus dem neuen Staatswillen. Man sollte deshalb, wenn man von nationalsozialistischer Seite die Struktur der Studienstiftung angreifen will, nicht mit der Behauptung arbeiten, es sei früher ebenso wie heute gewesen, nur mit einer Linkstendenz, sondern man sollte bewußt den Gegensatz zwischen den bisherigen humanistisch-liberalen Haltung und der heutigen herausarbeiten und ihn als Notwendigkeit ehrlich bejahen. Wenn es Ihnen gelingt, in Aussprachen diesen Gesichtspunkten Geltung zu verschaffen, so werden Sie der Studienstiftung, aber auch dem Nationalsozialismus einen wirklichen Dienst erweisen."[168]

Der Posten wurde kommissarisch durch Studienassessor Rudolf Thomas von der DSW-Zentrale übernommen.[169]

Zu welchen Problemen in der professionellen Begabtenauswahl die radikale Ideologisierung der Auswahlkriterien führte, wurde in der Herbst-Auswahlsitzung am 22. September 1934 im Dresdner Studienhaus deutlich.[170] Der NSDStB ging so weit, grundsätzlich die Auswahlkompetenz jedes Gremiums zu bestreiten, das nicht zugleich Parteigliederung war. Streit erwiderte darauf in einer längeren, rechtfertigenden Grundsatzrede zu Aufgaben und Zielen nationalsozialistischer Auslese, ohne jedoch die praktisch gar nicht durchsetzbare NSDStB-Fundamentalposition beeinflussen zu können: die Studienstiftung sei den nationalsozialistischen Anforderungen bereits in umfassender Weise nachgekommen und die Haltung des NSDStB sei allein durch seine mangelnde Auswahlerfahrung zu erklären. Die nationalsozialistische Umgestaltung der Studienstiftung sei mustergültig: ‚rassische' und Erbgesundheit, charakterliche Tauglichkeit, nationalsozia-

---

166 Hermann Brügelmann an Arnold Bergstraesser, Dresden, 8.11.1933, Bl. 1 f., in: Nachlaß Hermann Brügelmann: Akte Korrespondenz.
167 Hermann Brügelmann an Hans Zehntner, 30.6.1935, in: Nachlaß Hermann Brügelmann: Hermann Brügelmann, S. 30.
168 Nachlaß Hermann Brügelmann: An einen örtlichen Studienstiftungsleiter, 11.5.1933, Abdruck in: Hermann Brügelmann, S. 30.
169 Der deutsche Student 9 (1934), S. 552; zu Rudolf Thomas, später Stabsführer der Reichsstudentenführung, M. Grüttner, Studenten im Dritten Reich, S. 407 f.
170 Der deutsche Student 11 (1934), S. 666.

Die Gründung des ‚Reichsstudentenwerks'

listische Gesinnung würden in vorbildlicher Weise gefordert und streng geprüft: „Wir haben hier die Aufgabe, eindeutige junge Menschen zu erkennen und herauszustellen, die für Deutschland und für seine nationalsozialistische Entwicklung wichtig und unentbehrlich sind."[171] Wenn eine Institution zur Schaffung einer ‚deutsch nationalsozialistischen Wissenschaft' in der Lage sei, dann die Studienstiftung. Das werde sich nach dem Umzug nach Berlin im neuen ‚Reichsstudentenwerk' zeigen. Das war zugleich das letzte öffentliche Wort zur Studienstiftung vor ihrer Auflösung und der Gründung des ‚Reichsstudentenwerks'. Das ‚Reichsstudentenwerk' mit Sitz in Berlin-Charlottenburg, Tannenbergallee 30, entstand als öffentlich-rechtliche Anstalt durch eine Verordnung Rusts am 2. November 1934, woraus sich zahlreiche juristische Probleme ergaben, da fraglich war, ob eine Verordnung die Grundlage für eine öffentlich-rechtliche Anstalt nach Reichsrecht sein konnte.[172] Rust ernannte Streit zum Leiter; dieser war zugleich für die Abwicklung des DSW und der Darlehnskasse zuständig. Die vorläufige Satzung nach dem ‚Führerprinzip' war äußerst knapp gehalten: „Das Reichs-Studentenwerk hat die Aufgabe, jeder volksdeutschen Begabung ohne Rücksicht auf Herkommen und wirtschaftliche Kraft den Zugang zur deutschen Hochschule zu ermöglichen. Sein Ziel ist die Auslese der Tüchtigsten im Sinne nationalsozialistischer Forderungen."[173] Das Reichswissenschaftsministerium blieb weisungsbefugt. Alle bestehenden Studentenwerke gingen im ‚Reichsstudentenwerk' auf. Die Finanzierung übernahmen Reich und Länder. Die Studienstiftung erhielt den Rang einer ‚Abteilung', als deren Leiter Streit den ‚Pg.' Gerhard Adam, vormals DSt-Verbindungsmann beim DSW, ernannte: „Er übertrug zugleich Pg. Adam die Verantwortung für eine einheitliche Auslesepolitik sämtlicher Förderungszweige."[174] Die Studienstiftung von 1925 war damit liquidiert.[175]

---

171 StA WÜ RSF I 60 p 459: Herbst-Auswahlsitzung der Studienstiftung am 22. September 1934, Studentenhaus Dresden, S. 3.
172 Text: Zentralblatt für die gesamte Unterrichtsverwaltung in Preußen, Jahrgang 1934, S. 355.
173 Der deutsche Student 12 (1934), S. 716 f., 716.
174 Ebd., S. 717. Gerhard Adam, geb. 1907 in Hillen, Kreis Heinsberg, war Zahnmediziner, er hatte in Greifswald und Heidelberg studiert und wurde dort 1936 zum Dr. med. dent. promoviert, ab 1930 gehörte er der SA, ab 1933 dem NSDStB an, seit ihrer Gründung Mitglied der Waffen-SS.
175 Die Studienstiftung förderte zu diesem Zeitpunkt 99 Vorsemester und 393 Stipendiaten; die Zahl der Ehemaligen betrug 1.063; Der deutsche Student 1 (1935), S. 57 f., 58.

5. Von der Studienstiftung zur ‚Reichsförderung': Elite, Rassismus, Krieg und *finis Germaniae*

„Eure Schule war die Schule des Kampfes. Sie hat Euch Alte ausgebildet, die deutsche Jugend aber muß in die Schule der Alten gehen. Sie kann dabei etwas lernen: die Bedeutung des Menschen nach einem höheren Gesichtspunkt zu messen als dem seiner Herkunft, seines Berufes, seines Standes. Es gibt nur eine einzige Berufung, die nur im Kampfe selbst sichtbar wird. Zieht das Banner auf des Mutes, der Opferwilligkeit, der Hingabe und paßt auf, wer sich um dieses Banner schart. Und die, die von dem Banner angezogen werden, die sind berufen, ein Volk zu führen, und sonst niemand."

Adolf Hitler, zu den Politischen Leitern, Nürnberg 1935.[176]

Nach dem Abschluß des institutionellen Aufbaus und der ideologischen Grundlegung nationalsozialistischer Studentenwerksarbeit unter Einschluß der Studienförderung nahm das ‚Reichsstudentenwerk' 1935 seine Arbeit auf.[177] Streit unterrichtete als neuer Chef im Amtsblatt von Rusts Ministerium über die Ziele seiner Behörde: Umsetzung des nationalsozialistischen Auslesegedankens, Erziehung von ‚Führer'-Nachwuchs, soziale Flankierung einer nationalsozialistischen Wissenschaft. Ein Instrument zur Durchsetzung dieser Ziele sei die neue ‚Reichsförderung' des ‚Reichsstudentenwerks':

> „Eine Sonderstellung nimmt die ‚Reichsförderung' ein, die nur einen kleinen Kreis von Studenten nach besonders gründlicher Auslese planmäßig zum Zweck bester wissenschaftlicher Ausbildung unterstützt. In dieser Reichsförderung stehen rund 100 Studenten in vorläufiger und rund 300 in endgültiger Betreuung. Die Reichsförderung ist die Fortsetzung der in ihren Methoden als überholt anzusehenden ‚Studienstiftung des Deutschen Volkes', die in der Zeit ihres Bestehens seit 1925 über 1000 Akademikern die vollständige Durchführung ihres Studiums ermöglicht hat."[178]

Damit verschwand, zehn Jahre nach Gründung der Studienstiftung, auch ihr Name.[179] Eine Fortsetzung selbst der gleichgeschalteten Studienstiftung war die ‚Reichsförderung' allerdings nicht. Sie war von Anfang an eine rein ideologisch begründete und nach ideologischen Maßstäben arbeitende Agentur des nationalsozialistischen Staates, die bewußt nicht an die gesammelte professionelle Erfahrung der Studienstiftung in der Begabtenauswahl anknüpfte: „Die Bewerber müssen Nationalsozialisten sein und das in Gliederungen der Bewegung, der HJ, SA, SS, PO, NSDStB,

---

176 Politische Haltung und Auslese, in: Umschau der Studentenwerke. Erfahrungen, Versuche, Ratschläge. Hg. v. Reichsstudentenwerk. Nr. 16, Berlin 12/1935, Blatt 8.
177 Dazu umfangreiches Material in BAB R 4901, R 21, R 38, R 8088; vgl. M. Grüttner, Studenten im Dritten Reich, S. 140–154.
178 Hanns Streit, Das Reichsstudentenwerk, in: Deutsche Wissenschaft, Erziehung und Volksbildung. Amtsblatt des Reichsministeriums für Wissenschaft, Erziehung und Volksbildung und der Unterrichtsverwaltungen der Länder 1 (1935), S. 167–169, 168.
179 In Einzelfällen erhielten Stipendiaten noch Anschreiben mit dem Kopf ‚Deutsches Studentenwerk/Studienstiftung des Deutschen Volkes'; so z.B. Georg-Heinz Meyer, s.u. Auch verwendeten einzelne Studentenwerke den Begriff teilweise noch weiter. Amtlich korrekt war jedoch ab Anfang 1935 der Kopf ‚Reichsstudentenwerk, Abteilung Reichsförderung'.

dem Arbeitsdienst und der Studentenschaft, unter Beweis gestellt haben."[180] Die Entprofessionalisierung zeigte sich unter anderem in der nahezu beliebigen Ausweitung der Zugangsmöglichkeiten. Streit gab Anfang 1935 bekannt, daß zukünftig für HJ- und Arbeitsdienstangehörige eine besondere Vorstudienförderung[181] möglich sei und daß ferner unter dem Titel ‚Oststudienförderung' aus Österreich geflüchtete Nationalsozialisten eine besondere Förderung erhalten könnten. SA, SS, Reichswehr und NSDStB sollten in Auswahllagern direkt an der Auslese beteiligt werden: bis zu welchem Grad und wie genau, das ließ das ‚Reichsstudentenwerk' offen.[182] Das ‚Merkblatt Studienförderung' hielt dazu lediglich fest: „Die Aufnahme in die Reichsförderung erfolgt durch das Reichsstudentenwerk auf Grund der Auslese im Arbeitsdienst. Außerdem werden die Bewerber in einem Auseleselager zusammengefaßt, an dem außer den Sachbearbeitern (...), Dozenten und Führer der Gliederungen der NSDAP (...) teilnehmen."[183]

Die Selbstbewerbung war abgeschafft; Vorschläge mußten über Dozenten oder NSDStB-Dienststellen eingereicht werden. Außerdem wurde die kontinuierliche, niemals abgeschlossene Auswahl durch Gesinnungstest eingeführt: „In Zusammenarbeit mit den örtlichen Studentenwerken und Dienststellen von Parteigliederungen wird dauernd überprüft werden, wer die Voraussetzungen für die Reichsförderung nicht mehr besitzt. Ein Wechsel in andere Förderungszweige ist jederzeit möglich."[184] Praktisch bedeutete dies, daß unter dem Schlagwort einer Auslese nach Gesundheit, Persönlichkeit und Begabung die Auswahl unter dem Primat absoluter politischer Kontrolle soweit entsystematisiert und in das Belieben von Parteigliederungen der NSDAP gestellt wurde, daß selbst das unübersichtliche mäzenatische Förderungssystem vor 1914 mit seiner Bindung an Herkunft, Konfession oder Studienfach im Vergleich dazu rational und fortschrittlich wirkt. Die ‚Reichsförderung' unterstützte, orientiert am ‚Führerprinzip' eines Personenverbandsstaats ‚erbgesunde', sportliche und kampferprobte Nationalsozialisten: „Ihr (der ‚Reichsförderung', d. Verf.) werden in Zukunft Kameraden aus dem Vortrupp politischen Studententums mit besonders ausgebildeten Kräften für den zukünftigen akademischen Beruf ange-

---

180 StA WÜ RSF I 6 p 369: Reichsstudentenwerk, Merkblatt für die Studienförderung, Berlin 3/1935. Dieser immer noch zunehmenden Einbindung in die NS-Gliederungen entsprach auch die von Rust am 18.12.1934 bekanntgegebene neue Semestereinteilung. Das WS 1934/35 schloß am 15.2.1935, das SoSe 1935 ging vom 1. April bis 29.6.1935, dadurch entstanden verlängerte Sommerferien mit der Möglichkeit zur Teilnahme an Parteiveranstaltungen. Allerdings wurde auch der Unterstützungsbetrag für das WS um ein Drittel gekürzt: StA WÜ RSF I 6 p 369: RSW an die örtlichen Studentenwerke, RS B Nr. 27/35, Berlin, 10.1.1935.
181 Umschau der Studentenwerke. Erfahrungen, Versuche, Ratschläge. Hg. v. Reichsstudentenwerk. Nr. 16, Berlin 12/1935, Blatt 7: „Und hier sitzt ein junger Mensch, der zwar das Abitur nicht gemacht hat, weil seine Eltern nicht allzu sehr mit Glücksgütern gesegnet sind, der aber tatsächlich hochschulreif ist, weil er ein Kerl ist, der weiß, was er will, weil er begabt, aufnahmefähig und aufnahmebereit ist, mag sein Wissen auch noch Lücken aufweisen."
182 RSF I 6 p 369: RSW an die örtlichen Studentenwerke, RS B Nr. 30/35, Berlin, 23.1.1935: „Das Ausleselager für Vorsemester, Zurückgestellte und Neubewerber findet vom 17.2.–1.3. in der Führerschule Neustrelitz statt. Wir bitten, alle für die Frühjahrsentscheidung infrage kommenden Bewerber, sowie die örtlichen Vertrauensstudenten davon zu unterrichten, damit sie nach der Einberufung sofort ins Lager fahren können." Dieses Auswahllager fiel aufgrund organisatorischer Probleme mit der SA dann aus.
183 StA WÜ RSF I 6 p 369: Reichsstudentenwerk, Merkblatt für die Studienförderung, Berlin 3/1935.
184 Studienstiftung, in: Der deutsche Student 4 (1935), S. 277 f., 278.

hören."[185] Grüttner geht anhand einer Stichprobe aus der Kartei des ‚Reichsstudentenwerks' davon aus, daß von 566 studentischen Darlehnsnehmern, die zwischen 1933 und 1945 ein Darlehen erhielten, 456 (80,6%) Mitglieder einer NS-Organisation waren.[186]

Diese Art der Förderung schloß eine autoritäre nationalsozialistische Fürsorge für die Stipendiaten ein; so wurden im Februar 1935 15 Vorsemester und Mitglieder der ‚Reichsförderung', die mit dem Berufsziel des Lehramts an höheren Schulen studierten, in verschiedene NAPOLA im Reich ‚einberufen', um praktische Lehrerfahrung zu gewinnen.[187] Schon bei der Auswahl im Frühjahr 1935 wurde die ‚rassebiologische' Bewertung eingeführt, wie der ‚Deutsche Student' berichtete: „Zwanzig junge nationalsozialistische Ärzte, die sich z.Z. besonders auf dem Gebiete der Rassenbiologie und Eugenik in der Ausbildung beim Reichsgesundheitsamt befinden, werden (...) sich als Sachverständige bei der erbbiologischen Auslese der Studienstiftung zur Verfügung stellen."[188]

Bewerberinnen und Bewerber für die ‚Reichsförderung' mußten einen umfangreichen ‚Fragebogen zur Erbgesundheit' ausfüllen, der u.a. nach „Stammart der väterlichen Sippe" und danach fragte, ob die Bewerber „als Kind gesund, kräftig oder schwächlich" gewesen waren. In den Erläuterungen hieß es weiter: „Der Erbgesundheitsbogen muß sehr gewissenhaft ausgefüllt werden! Sein Antragsteller braucht sich keine Sorge zu machen, wenn der eine oder andere Verwandte als ‚belastet' angesehen werden muß. Die Angaben dienen nur zur Feststellung der allgemeinen Verhältnisse. Eine Bewertung erfolgt erst nach genauer Prüfung der Angaben."[189] Die Anwendung der Prüfung auf ‚Erbgesundheit' wurde jedoch so streng gehandhabt, daß mit der Begründung mangelnder ‚Erbgesundheit' sogar Studienverbote verhängt wurden.[190]

Das intellektuelle Niveau der Programmatik der neuen ‚Reichsförderung' sank unter ihrem neuen Leiter auf SA-Standard: der 1936 in Heidelberg promovierte Zahnmediziner Gerhard Adam präsentierte sich als radikaler, betont antiintellektueller, wissenschaftsfeindlicher Nationalsozialist, für den die schärfste Auslese unter den ‚Studierten' gleichbedeutend mit einer harten, niemals abzuschließenden Erziehung dieser unsicheren ‚Volksgenossen' zum Nationalsozialismus war: „Ein ganzes Volk wird von uns Rechenschaft fordern. Man wird fragen: was habt Ihr getan, als das Reich erkämpft war? Warum habt Ihr Sie nicht ausgerottet mit Stumpf und Stiel, jene

---

185 Studienstiftung, in: Der deutsche Student 4 (1935), S. 277 f., 277 f. Die juristische Grundlage des ‚Reichsstudentenwerks' war so zweifelhaft, daß sich die von unterschiedlichen Interessen geleiteten Beratungen über einen RSW-Gesetz zwischen den Parteigliederungen und Reichsstellen: Reichserziehungsministerium, Reichsfinanzministerium, Reichsinnenministerium, Reichsjustizministerium, noch bis 1936/37 hinzogen; StA WÜ RSF I 6 p 357/1: Niederschrift über die Sitzung vom 4.11.1935 im Kleinen Sitzungssaal des Reichserziehungsministeriums, betr.: Gesetz über das Reichsstudentenwerk. Zur Bedeutung des Sports StA WÜ RSF I 60 p 499: RSW-Notizen: „Es wird also in Zukunft keinen Studenten mehr geben, der in der Lage ist, seine Studien nach dem dritten Semester fortzusetzen, wenn er die sportliche Ausübung vernachlässigt und nicht die vorgeschriebenen Mindestleistungen erfüllt hat."
186 M. Grüttner, Studenten im Dritten Reich, S. 147. Dort auch Angaben über die Effizienz der ‚Führer'-Förderung.
187 StA WÜ RSF I 6 p 369: RSW an die örtlichen Studentenwerke, RS B Nr. 38/35, Berlin, 11.2.1935.
188 Das Reichsstudentenwerk teilt mit, in: Der deutsche Student 2 (1935), S. 148.
189 StA WÜ RSF I 60 p 499: Reichsstudentenwerk, Abt. Reichsförderung: Erbgesundheitsbogen 1935.
190 K.H. Jarausch, Deutsche Studenten 1800–1970, S, 180.

Kreise, die keine Erzieher, die nur ‚Schulmänner' sind; ... Ihr hattet die Macht, aber Ihr hattet keine Kraft, (...) Ihr habt haltgemacht vor dem Thron der ‚Wissenschaft'."[191] Adams Affekt richtete sich gegen die ‚Individualauslese', gegen ‚Psychologie', ‚Wissen', ‚Intelligenz', ‚Schule': „Wir streiten jedem das Recht ab, Auslese zu treiben, der nicht seine Bewährung als Kämpfer für den Nationalsozialismus erbracht hat. Hierher gehört das Führerwort: ‚Wir leiden heute an einer Überbildung. Man schätzt nur das Wissen. Die Neunmalweisen sind Feinde der Tat. Was wir brauchen, ist Instinkt und Wille!'"[192] Adam fand für die Umsetzung dieses ‚Führer'-Worts eine einprägsame Formel: „Unsere Aufgabe ist es nicht, aus den ewiggestrigen Wissenschaftlern Nationalsozialisten zu machen, sondern aus Nationalsozialisten Wissenschaftler."[193] Selten wurde die Widersprüchlichkeit der NS-Hochschulpolitik zwischen Notwendigkeit und Weltanschauung, auf die Jarausch hingewiesen hat, so deutlich wie hier.[194] Zugleich dokumentierten Adams Tiraden einen beispiellosen Niveauverfall des akademischen Milieus. Überhaupt war die nationalsozialistische Popularisierung des Auslesegedankens eine Einladung an alle möglichen sektiererischen ‚völkischen' Gruppen, ihre Vorstellungen in die Auswahl wertvollen ‚nationalsozialistischen Menschentums' einzubringen. So sorgte sich zum Beispiel die ‚Akademische Selbsthilfe Sachsen' wegen der Kinderarmut ‚erbbiologisch' wertvoller ‚arischer' Akademiker:

> „Es kann davon ausgegangen werden, daß nach übereinstimmender Ansicht der führenden Erbbiologen und Rassenhygieniker der deutsche Geistesarbeiter regelmäßig besonders wertvolles Erbgut weiterzugeben hat. Die Möglichkeit hierzu ist in den meisten akademischen Berufen dem Nachwuchs jedoch dadurch verschlossen, daß entweder nur ein geringer Bruchteil Berufsstellungen findet oder daß diese Berufsgruppen mit einem völlig unzureichenden Einkommen verbunden sind. Durch die fortschreitende Proletarisierung des jungakademischen Nachwuchses (...) entsteht die Gefahr politischer und moralischer Zersetzung und die wesentlich ernstere Gefahr, daß durch das mangelnde Gefühl der Vollwertigkeit, das nur eine Familie geben kann, der jungakademische Nachwuchs den Schwung verliert, der notwendig ist, um an die nationalsozialistische Durchdringung aller Bereiche geistiger Arbeit heranzugehen."[195]

---

191 Gerhard Adam, Auslese und Förderung, in: Der deutsche Student 3 (1935), S. 84–87, 84.
192 Ebd., S. 85; in den Grenzen der Quellenart aufschlußreich für Beispiele subjektiver Befindlichkeit von nicht-konformen Akademikern angesichts solcher NS-Radikalität sind die Kategorien ‚Die Stimmung unter den Gebildeten' und ‚Die Stimmung unter den Jugendlichen' der Sopade-Berichte; hier vor allem Deutschland-Berichte der Sozialdemokratischen Partei Deutschlands (Sopade) 1934–1940. Erster Jg. 1934. ND Frankfurt am Main 1980.
193 G. Adam, Auslese und Förderung, S. 87.
194 K.H. Jarausch, Deutsche Studenten 1800–1970, S. 176. In der Stipendiatenbetreuung gab es, anders als in der ideologienahen Auswahl, starke Kontinuitäten: StSt-A Bonn: RSW/Reichsförderung an Georg-Heinz Meyer, Berlin, 19.8.1935: „Bei der Durchsicht Ihrer Akte stellen wir fest, daß Sie nach Ihrem 10. theologischen Semester abschließen wollen. Da ein Studium von 10 Semestern für einen Theologen ziemlich lange ist, bitten wir Sie um Auskunft, ob nicht ein früherer Studienabschluß möglich ist."
195 StA WÜ RSF I 60 p 498: Mitteilungen der Akademischen Selbsthilfe Sachsen e.V. Nr. 7, 1.8.1935. Das lag ganz auf der Welle des ‚Zuchtgedankens' in der NS-Eheliteratur; repräsentativ z.B. Hanns Martin Elster, Liebe und Ehe. Natur und Glück der Liebe und Ehe. Dresden 1939, S. 147 ff. zur Ehe und ‚Rassehygiene'.

Am 25. März 1935, wenige Tage nach Einführung der allgemeinen Wehrpflicht am 16. März, die auch zur Entlastung des akademischen Arbeitsmarktes beitrug, wählte die ‚Reichsförderung' erstmals aus: von 181 Anträgen wurden 64 angenommen, 95 abgelehnt und 26 an die Studentenwerke verwiesen, 21 wurden zurückgestellt.[196] Im August brachte der ‚Deutsche Student' eine erste nationalsozialistische Erfolgsbilanz der weltanschaulichen Umgestaltung der Studienstiftung zur ‚Reichsförderung': „Die frühere Studienstiftung des Deutschen Volkes bot ein wenig einheitliches Bild. Dies war begründet in der Art der Auslese, die in der Hand von Vorprüfern war, die – selbst verschiedener Weltanschauung – verschieden auswählten und so das bunte Bild schufen, das die Studienstiftung mit ihren ‚Individualitäten' zeigte."[197] Individualität unterstützte die ‚Reichsförderung' nicht, dafür NS-Funktionsträger. Am 14.7.1935 gehörten ihr 395 Studenten an, von denen waren 33 SA-‚Führer' und -‚Unterführer', 5 SS-‚Führer' und -‚Unterführer', 2 Politische Leiter, 2 ‚Führer' im Deutschen Luftsport-Verband, 13 ‚Führer' in HJ und BDM, 18 Ehemalige ‚Führer' und ‚Unterführer' im Arbeitsdienst, 26 Führende Mitarbeiter im NSDStB und ANSt, 78 Studentenschaftsführer und Amtsleiter, 29 ‚Führer' in NSDStB-Kameradschaftshäusern, 120 Örtliche Mitarbeiter in den Studentenwerken, 52 Leiter von Fachschaften und Arbeitsgemeinschaften.[198] Das heißt, daß 69,9% der zu diesem Zeitpunkt Geförderten unmittelbare NS- oder Studentenschafts-Funktionsträger waren: ein angesichts der radikalen NS-Rhetorik sogar erstaunlich niedriger Organisationsgrad, der auch auf die praktischen Grenzen der Einbindung NS-konformer Studenten in die NS-Gliederungen und damit auf die Grenzen totalitärer Durchdringung und Mobilisierung verweist.[199]

Daß die ‚Reichsförderung' keinesfalls eine Aufstiegsförderung war, konnte auch ein Beitrag unter dem Titel ‚Sozialistische Auslese in der Reichsförderung' nicht kaschieren. Durch mangelnde Ausdifferenzierung der Berufsgruppen und summarische Einkommenserfassung versuchte der Artikel, die ‚Aufstiegs'-Förderung zu belegen. Über den hier auch zu berücksichtigenden generellen, teilweise dramatischen Frequenzeinbruch an allen deutschen Universitäten und Technischen Hochschulen fiel kein Wort: im Vergleich der WS 1932/33 und 1934/35 hatte Erlangen 51,3%, Frankfurt am Main 44%, Kiel 41%, Greifswald 39%, Leipzig 38%, Marburg 37% an Studierenden verloren, die TH Dresden 46,1%, TH Berlin 41%.[200] Die Gesamtzahl der Studierenden im Reich, die 1931/32 noch bei 128.000 gelegen hatte, fiel bis 1937/38 auf 57.500.[201] Da von 183 Bewerbern um ‚Reichsförderung' im Herbst 1935 real 53 Söhne von Arbeitern und Bauern, 19 Söhne von unteren Beamten und Angestellten waren, zeigte sich an den über 60% Prozent, die nicht aus dieser Schicht stammten, eine klare Verschiebung des Sozialprofils der Geförderten zu Ungunsten der traditionell bildungsfernen Schichten.[202]

---

196 Der deutsche Student 5 (1935), S. 340.
197 Der deutsche Student 8 (1935), S. 519 f., 519.
198 Ebd.
199 Von den Stipendiaten der ‚Reichsförderung' wurde Teilnahme am ‚DSt-Reichsleistungswettkampf' erwartet; z.B. StSt-A Bonn: Studentenwerk Marburg an Georg-Heinz Meyer, Marburg, 27.9.1935.
200 Umschau der Studentenwerke. Erfahrungen, Versuche, Ratschläge. Hg. v. Reichsstudentenwerk. Nr. 16, Berlin 12/1935, Blatt 37.
201 K.H. Jarausch, Deutsche Studenten 1800–1970, S. 178.
202 Sozialistische Auslese in der Reichsförderung, in: Der deutsche Student 9 (1935), S. 572 f.

Im Oktober 1935, die antisemitischen Nürnberger Gesetze zur gesetzlichen Entrechtung und Diskriminierung der jüdischen Bevölkerung Deutschlands waren noch keinen Monat in Kraft, ordnete Streit das Ausfüllen von Ahnentafeln bis zum Jahr 1800 für alle Stipendiaten der ‚Reichsförderung' an.[203] Die Tafel entsprach den Anforderungen der SS, mit deren ‚Rasse- und Siedlungshauptamt' Streit ein Ausleseabkommen schloß: „In Anerkennung der Übereinstimmung der scharfen Auslesebestimmungen für die Angehörigen der SS-Mannschaftshäuser mit der Auffassung des Reichsstudentenwerks über die Auslese der zu fördernden Studenten räumt das Reichsstudentenwerk dem Rasse- und Siedlungshauptamt der SS das Vorschlagsrecht ein."[204]

Mit den Ahnentafeln nahm es die ‚Reichsförderung' äußerst genau; sie wurden bis ins Detail überprüft, wie eine Mahnung an einen Marburger Theologiestudenten Georg-Heinz Meyer vom März 1936 zeigt: „Aus den Urkunden geht leider nicht hervor, daß der Georg Friedrich Orth, geb. 11.10.1842, tatsächlich der Vater von Georg Meyer, geb. 1.10.1874, ist. Existiert darüber nicht ein Protokoll beim Vormundschaftsgericht oder eine genauere Eintragung in den Kirchenbüchern (...)? Bis zur Klärung dieser Angelegenheit müssen wir den Nachweis als nicht erbracht ansehen."[205]

Ab November 1935 fand die Auswahl ausschließlich in Lagern statt.[206] Neuaufgenommene Erst- oder Zweitsemester wurden verpflichtet, in einem NSDStB-‚Kameradschaftshaus' oder SS-Mannschaftshaus zu wohnen. Im Dezember 1935 verschickte das ‚Reichsstudentenwerk' wieder eine ‚Umschau der Studentenwerke' zwecks ideologischer Formierung. Aufschlußreich waren nicht nur die Sachbeiträge, sondern auch die ‚Glossen': anonymisierte Beiträge, in denen studentische Mitarbeiter der Studentenwerke und NS-Funktionsträger auf aggressive und zynische Weise ihre Enttäuschung über das Ende der nationalsozialistischen Revolution in schärfste ideologische Anforderungen an die Kommilitonen umsetzten:

> „Was kannst Du, deutscher Student, opfern? Denn hierin liegt doch ein Maß dafür, wie weit Du über Worte hinaus zur nationalsozialistischen Tat vorgedrungen bist. Kein Opfer ist es, daß Du Deine müdeste und langweiligste Stunde des Tages (...) zur Verfügung stellst. Kein Opfer ist es, daß Du mit bitterböser Miene einen winzigen Bruchteil des Deines Dir (...) zur Verfügung stehenden Geldes spendest. Kein Opfer ist es, daß Du angelernte Brocken der Kollegs Deiner Lehrer gelegentlich als Schulungsvortrag widerschnarrst. Diese Opfer begeistern niemand, (...) sondern machen Dich nur verächtlich. Nein, wenn Du die Ehre haben willst, als Student dieselbe Achtung zu erfahren, die der Arbeiter und Bauer erfahren, und mit ihnen um den Ruhm des vollkommenen Einsatzes für das Volk streiten willst, so muß Dir das Opfer von vielem, was Dir bis-

---

203 StSt-A Bonn: Ahnentafel-Anleitung für Antragsteller auf Reichsförderung, Berlin 8/1935: „Die Ahnentafel muß alle Vorfahren des Antragstellers bzw. seiner Ehefrau enthalten, soweit sie am 1. Januar 1800 oder später gelebt haben. Es werden daher immer die Angaben über die Vorfahren bis zu den Urgroßeltern zurück erforderlich sein." Zum Beleg wurde für den Antragsteller und für alle Vorfahren einschließlich der Großeltern die Beschaffung und Einsendung von Geburts- und Trauschein und Heiratsurkunde verlangt; die Sterbeurkunde war erwünscht.
204 Erbgesundheitliche Anforderungen der Reichsförderung, in: Der deutsche Student 10 (1935), S. 619 f., 620.
205 StSt-A Bonn: RSW/Reichsförderung an Georg-Heinz Meyer, Berlin, 25.3.1936.
206 Reichsförderung, in: Der deutsche Student 11 (1935), S. 680; Herbstauswahl 1935: 407 Gesuche, 106 Aufnahmen, 133 Ablehnungen, 96 Überweisungen, 72 Zurückstellungen; Auslesekager der Reichsförderung, in: Der deutsche Student 12 (1935), S. 727.

her als unaufgebbar erschien, zum selbstverständlichen Bestandteil Deines Lebens werden! Du darfst einem solchen Opfer nicht mehr tagelang nachhängen und Deine Eitelkeit darin spiegeln, sondern darfst immer nur den weiteren Weg und das entfernte Ziel im Auge haben."[207]

Die pseudoreligiöse Überhöhung der nationalsozialistischen Auslese als Vollstreckung des ‚Führer'-Willens lieferte Minister Rust, der in Hitler die Erlösung vom Widerspruch zwischen ‚Lebenskampf' und Gemeinschaft gekommen sah: „Er gab dem Staate das Zentrum dieser großen neuen politischen Offenbarung."[208] Worin diese genau bestand, das konnte auch Rust nicht sagen. Der ‚Referent für Rassefragen' in Rusts Ministerium, Dr. Rudolf Frercks,[209] versuchte über den ‚Führer'-Kult hinaus konkreter zu sein, indem er die ‚rassischen' Auswahlprinzipien des Nationalsozialismus umriß: „Und gerade dies ist das Neue (...) des Nationalsozialismus, daß er (...) sich von dem Fehler freihält, allein nach äußeren Merkmalen auszulesen, sondern stets die Leistung des einzelnen als eine Äußerung seiner rassischen Anlagen voranzusetzen."[210] Noch konkreter wurde der in der Reichsleitung des Arbeitsdiensts tätige Dr. Paul Seipp mit einer Definition der ‚völkischen Erziehung' im Reichsarbeitsdienst. Sie stammte aus Seipps Gießener Dissertation zum Thema der Erziehung und Auslese im RAD, welche die ‚Umschau' freundlich würdigte und ausführlich zitierte:[211]

„Der Arbeitsdienst ist die Front, in der die körperlichen und seelischen Anlagen des jungen Menschen in umfassender Weise auf die Probe gestellt werden. Auf die Dauer kann man hier auch nicht blenden; monatelang kann man nicht Theater spielen; die Meinung der Lagergemeinschaft, unter deren Augen man sich immer befindet und der man nicht ausweichen kann, läßt sich schließlich nicht erkaufen. Am Ende der Arbeitsdienstzeit, in der Regel aber schon viel früher, wird der Einzelne durch das unbestechliche Urteil von Führung und Mannschaft entweder als ‚Kerl' anerkannt oder als ‚Scheißkerl' abgelehnt. Für den Abiturienten trifft das in besonderer Weise zu; denn für ihn treten Schwierigkeiten eigener Art auf, dazu wird er mit schärferen Augen als die Nichtabiturienten beobachtet."[212]

Nochmals, hierbei handelte es sich um Zitate aus einer als Dissertation angenommenen Arbeit: „Diese Gemeinschaft ist Blutsgemeinschaft ihren Bildungs- und Lebensgesetzen nach. (...) Diese Gemeinschaft leistet Arbeit auf dem Boden, auf dem sie lebt, sie leistet Arbeit für die Heimat, der sie entstammt und sie leistet Arbeit für das Volk, zu dessen Blute sie gehört und das aus ihrem Blute neu gezeugt werden soll."[213]

---

207 Umschau der Studentenwerke. Erfahrungen, Versuche, Ratschläge. Nr. 16. Hg. v. Reichsstudentenwerk. Berlin 12/1935, Blatt 4.
208 Ebd., Blatt 9.
209 Siehe z.B. Rudolf Frercks, Deutsche Rassenpolitik. Leipzig 1937 (Reclams Universalbibliothek!); Edgar H. Schulz, Rudolf Frercks, Warum Arierparagraph? Ein Beitrag zur Judenfrage. Berlin 1935 (Rassenpolitisches Amt der NSDAP).
210 Umschau der Studentenwerke Nr. 16, 12/1935, Blatt 10.
211 Paul Seipp, Formung und Auslese im Reichs-Arbeitsdienst. Berlin 1935 (zugl. Diss. Gießen 1934); vgl. auch ders., Spaten und Ähre. Das Handbuch der deutschen Jugend im Reichsarbeitsdienst. Heidelberg 1938.
212 Umschau der Studentenwerke. Erfahrungen, Versuche, Ratschläge. Nr. 16. Hg. v. Reichsstudentenwerk. Berlin 12/1935, Blatt 12–18, 14.
213 Ebd., Blatt 16.

Wie derartige Ausleseprinzipien zur Anwendung kamen, zeigte ein Bericht über das ‚Reichsförderungs'-Auswahllager im Thüringischen Tännich bei Rudolstadt im Oktober 1935:[214] Die ‚Belegschaft' von 120 Bewerbern wurde in drei ‚Züge' aufgeteilt, die jeweils auf einer ‚Stube' wohnten. Als ‚Stubenälteste' und Prüfer wurden Mitarbeiter der ‚Reichsförderung' eingesetzt, die ihrerseits ‚Unterführer' aus dem Personal des ‚Reichsstudentenwerks' beriefen. ‚Führer' und ‚Unterführer' sollten genau beobachten, welche Antworten die Bewerber im ‚lebensnahen Zusammensein' des Geländesports, des Exerzierens, der ‚Kameradschaftsrunden', Märsche und Nachtübungen auf die drei Schlüsselfragen geben: „1. Wie vermagst Du in einer Gemeinschaft, in die Du hineingestellt wirst, zu wirken und zwar führend zu wirken? 2. Welche Möglichkeiten hast Du, zu aufgeworfenen Fragen Stellung zu nehmen und mit welcher Eindringlichkeit tust Du das? 3. Wie vermagst Du eine Lage zu meistern, in die hinein Du versetzt wirst?"[215] Ausschlaggebend für das Aufnahmevotum blieb aber die ‚erbbiologische' Qualifizierung durch einen SS-Biologen, der sich alle Bewerber unterziehen mußten. Von den 120 Bewerbern ordnete der ‚Rassebiologe' 16 der ‚Gruppe I' („relativ bester rassischer Bestand"), 33 der ‚Gruppe II', 17 der ‚Gruppe III' und 51 der ‚Gruppe IV' zu.[216] Aufgenommen wurden in Tännich 17 Bewerber. Dennoch gab es auch in der ‚Reichsförderung' trotz aller ideologischen Zumutungen für die Studenten höherer Semester Normalität im Studien- und Ferienalltag, wie es ein Architekturstudent und Studienstiftler, Jahrgang 1913, der im Sommer 1932 das Studium aufgenommen hatte, beschrieben hat: „Im Sommer 1936 – während der Olympischen Spiele in Berlin – war ich auf der Insel Rügen mit Entwurf und Bauleitung einer Wohnsiedlung beschäftigt. Ich bearbeitete einen Bebauungsplan und zeichnete Einfamilienhäuser in der dort üblichen Ziegelbauweise mit Strohdächern. In meiner Freizeit durchstreifte ich die Insel mit dem Fahrrad. Es war für mich eine schöne Zeit."[217] Die Alltagserfahrung der Stipendiaten im Studium teilte sich immer stärker zwischen offiziellem und inoffiziellem Alltag auf, doch auch davon gab es Ausnahmen:

> „Ich (berief) mich auf den Göring-Spruch ‚Das Deutsche Volk muß ein Volk von Fliegern werden' und trat in den Deutschen Luftsport-Verband ein, womit ich mir einen langgehegten Wunsch erfüllte und wirklich auch die Anfangsgründe des Segelfliegens erlernte. Der Uniform und dem Exerzieren entging ich freilich damit doch nicht ganz, als einige Monate später auch dieser Verband ‚gleichgeschaltet' und in ‚NS-Fliegerkorps' umgetauft wurde. Aber das Bauen, Reparieren und (selten genug) das Fliegen blieb das Wichtigste, weil die alten Segelflieger nicht so schnell ausgeschaltet werden konnten."[218]

---

214 Vgl. zur nationalsozialistischen Überformung der völkischen ‚Blut-und-Boden'-Ästhetik in Verbindung mit dem Auswahlgedanken im Lager vor allem Gustav von Estorff, Wir Arbeitsmaiden. Berlin 1940.
215 Umschau der Studentenwerke Nr. 16, 12/1935., Blatt 39.
216 Ähnliche, wenngleich freiwillig akzeptierte rassistische Selektionsmechanismen zitiert Bernhard vom Brocke aus zeitgenössischen Heiratsanzeigen der MNN von 1940: Bernhard vom Brocke, Bevölkerungswissenschaft – Quo vadis? Möglichkeiten und Probleme einer Geschichte der Bevölkerungswissenschaft in Deutschland. Opladen 1998, S. 3. Dies bedeutet aber auch, daß ein derartiges Vorgehen in den Kategorien einer hochideologisch motivierten, aber gleichwohl Alltagsnormalität verstanden werden muß.
217 StSt-A Bonn: Hans Koch, München, Berlin, Rügen – Stationen eines Architekturstudenten, in: Erinnerte Geschichte II, S. 67–73, 73.
218 StSt-A Bonn: Johannes Weissinger, Als Mathematik-Student in Jena und Hamburg, in: Erinnerte Geschichte II, S. 25–30, 30.

Von der Studienstiftung zur ‚Reichsförderung'

Im März 1936 wurde den NS-Gliederungen offiziell die ‚Vorauslese' für die Studienförderung des ‚Reichsstudentenwerks' übertragen.[219] In den Semesterberichten der ‚Reichsförderungs'-Stipendiaten las man nun stereotyp von Lageraufenthalten, SA-Dienst und der Beteiligung am ‚Reichsberufswettkampf der deutschen Jugend'.[220] Der individuelle Aussagegehalt solcher Berichte, die immer offensichtlicher der äußeren Befriedigung eines ideologischen Anspruchs zum Erhalt des Stipendiums dienten, wurde immer geringer.[221] Aus ihnen pauschal auf den ‚Nazifizierungsgrad' aller ‚Reichsstipendiaten', also auch derjenigen 30%, die keine NS-Funktionsträger waren, oder gar der deutschen Studentenschaft zurückzuschließen, wäre daher verfehlt.[222]

Der wachsenden äußeren Konformität auf Stipendiatenseite entsprach ein unübersehbarer Machtverfall des ‚Reichsstudentenwerks'. Streits Hausmacht wurde, angesichts der immer noch ungeklärten juristischen Grundlage seiner Behörde und Rusts Einflußlosigkeit, von Jahr zu Jahr schwächer. Anfang 1937 beklagte er sich bitter bei ‚Reichsstudentenführer' Gustav Adolf Scheel über die mangelnde nationalsozialistische Solidarität der Reichs- und Parteibehörden, die bis zu der Absicht ging, 425.000 RM aus den Mitteln der ihm unterstellten Darlehnskasse zur Reduzierung des Reichszuschusses für das ‚Reichsstudentenwerk' zu entnehmen.[223] Scheel wandte sich am 17. Februar 1937 mit gleichlautenden Schreiben an Rust und an Reichsfinanzminister Graf Schwerin von Krosigk,[224] die auch die erwünschte Wirkung hatten: die eigentliche Bestimmung über das ‚Reichsstudentenwerk' lag bei Scheel, dem Streits Bitte um Hilfe machtpolitisch sehr recht war. Am 1. Februar hatte er an Werner Trumpf, seit 1937 Gaustudentenführer Kurmark,[225] geschrieben: „Mir scheint die Zeit gekommen, daß in der Frage ‚Studentenwerk' Fraktur gearbeitet werden muß. Ich denke daran, das Studentenwerk für meine Person zu verlangen. Man

---

219 Die Meldungen für die Studienförderung des Reichsstudentenwerkes, in: Deutsche Wiss., Erz. und Volksbildung. Amtsblatt des Reichsministeriums für Wiss., Erz. u. Volksbildung u. der Unterrichtsverwaltungen der Länder 2 (1936), S. 157 f.

220 Dazu Michael H. Kater, The Reich Vocational Contest and Students of Higher Learning in Nazi Germany, in: CEH 7 (1974), S. 225–261; M. Grüttner, Studenten im Dritten Reich, S. 336–340; StSt-A Bonn: Georg-Heinz Meyer, Semesterbericht SoSe 1936, Göttingen, 20.6.1936: „Die vorausgehenden Semesterferien waren wesentlich durch die Arbeit für den Reichsleistungswettkampf bestimmt, in dem ich ein Referat über ‚Die Bedeutung der Kirche und ihrer Sitte für die Gestaltung der dörflichen Lebensgemeinschaft' lieferte. Das Referat stand im Zusammenhang einer Arbeit ‚Kirchliche Sitte und religiöses Brauchtum im deutschen Dorf'".

221 Über die persönlichen Freiräume schrieben die Stipendiaten nicht. Die Erinnerungsberichte zeigen gleichwohl, daß es diese Freiräume gab: StSt-A Bonn: Hans Koch, München, Berlin, Rügen – Stationen eines Architekturstudenten, in: Erinnerte Geschichte II, S. 67–73, 67: „Einige Male sind wir (...) am Sonntag mit dem Frühzug nach Fischhausen-Neuhaus bei Schliersee gefahren. Damals gab es noch keine Schilifte. Wir trugen unsere Eschenholzbretter auf den Schultern zur Firstalm hinauf und stiegen mit Fellen weiter auf den Stümpfling. Die Abfahrt im Tiefschnee war höchstes Vergnügen. Der anschließende Langlauf zum Bahnhof wurde trotz Übermüdung gerade noch geschafft."

222 Allerdings liegt angesichts der 70% von geförderten NS-Funktionsträgern die Beweislast für Distanz zum NS trotz Förderung eindeutig bei den Stipendiaten der ‚Reichsförderung' als einer exemplarischen NS-Gliederung.

223 StA WÜ RSF I 6 p 357/1: RSW/Streit an Gustav Adolf Scheel, Berlin, 12.2.1937.

224 StA WÜ RSF I 6 p 357/1: Reichsstudentenführer Scheel an den Reichs- und Preußischen Minister für Wiss., Erz. u. Volksbildung Rust, München, 17.2.1937; Reichsstudentenführer Scheel an den Reichsfinanzminister Graf Schwerin von Krosigk, München, 17.2.1937.

225 Biographie M. Grüttner, Studenten im Dritten Reich, S. 513.

wird nicht nachweisen können, daß Streit geeigneter ist als ich."[226] 1938 schließlich trat nach vierjährigen Verhandlungen das Reichsstudentenwerksgesetz in Kraft und Scheel löste Streit in der Leitung ab.[227]

Auch andere Initiativen in der studentischen Wirtschaftsversorgung kamen damit an ein Ende, so auch die Arbeit der ‚völkischen' Extremisten in der Akademischen Selbsthilfe Sachsen, die Ende März 1938 ihren Abschlußbericht vom ‚Wissenschaftlichen Notdienst' bis ‚Heilpflanzenanbau und Siedlung' vorlegte, in dem sie zu dokumentieren versuchte, welchen führenden Einfluß sie auf die Aufdeckung des Zusammenhangs von ‚rassischer' Auslese, Arbeitsmarkt- und Hochschulpolitik gehabt habe: „Es ging nicht um die Erhaltung des einzelnen Jungakademikers, sondern darum, diesen Volksgenossen als Träger wertvollen Erbgutes einzureihen in die ewige Geschlechterfolge unseres Volkes."[228] Das war, angesichts der realen Machtkonflikte in den NS-Gliederungen, geradezu naiv. Aber auch sonst trat die Hochschulpolitik und damit die Begabtenförderung angesichts der Aufrüstung und systematischen Kriegsvorbereitungen des Regimes nur insofern nicht in den Hintergrund, als ‚Großdeutschland' für eine schlagkräftige, technisch überlegen ausgestattete Wehrmacht akademisch ausgebildete Spezialisten benötigte.[229]

Hitlers Überfall auf Polen im September 1939 machte den weiteren Ausbau der nationalsozialistischen Studienförderung hinfällig. War nach den erfolgreichen ‚Blitzkriegs'-Feldzügen bis 1941 noch ein Kriegsstudium unter extrem erschwerten Bedingungen möglich, so sorgten der Kriegsverlauf nach Stalingrad, die Zunahme der Bombenangriffe und die totale Mobilisierung im totalen Krieg dafür, daß ein geordnetes Studium nur noch in Ausnahmefällen möglich war.[230] Im zweiten Trimester 1939 – Rust hatte diese im Winter 1939 eingeführt, sie waren bis 1941 üblich – sank die Studierendenzahl auf 29.934, um sich, nicht zuletzt durch ein ausgeweitetes Frauenstudium, bis zum WS 1943/44 von diesem bildungsgeschichtlichen Tiefststand im 20. Jahrhundert wieder zu verdoppeln.[231] Die Erinnerungsberichte der ersten Studienstiftlergenerationen dokumentieren verschiedene Grade der Beteiligung an den deutschen Soldatenmassenerfahrungen des Krieges von unten in der Wehrmacht und in Kriegsgefangenschaft.[232]

---

226 StA W RSF I 6 p 357/1: Reichsstudentenführer Scheel an SA-Obersturmbannführer Trumpf, o.O., 1. Februar 1937.
227 G.J. Giles, Students and National Socialism, S. 243.
228 StA WÜ RSF I 60 p 499: Schlußbericht der Akademischen Selbsthilfe Sachsen, Mitteilungen Nr. 11, 21.3.1938, S. 10.
229 Zusammenfassend Bernd-Jürgen Wendt, Großdeutschland. Außenpolitik und Kriegsvorbereitung des Hitler-Regimes. München 1987, S. 134 ff.; M. Grüttner, Wissenschaft, in: Enzyklopädie des Nationalsozialismus, S. 148–151.
230 M. Grüttner, Studenten im Dritten Reich, S. 361 ff.
231 K.H. Jarausch, Deutsche Studenten 1800–1970, S. 201.
232 Zum Vergleich: Klaus Latzel, Deutsche Soldaten – nationalsozialistischer Krieg? Kriegserlebnis – Kriegserfahrung 1939–1945. Paderborn u.a. 1998.

Von der Studienstiftung zur ‚Reichsförderung'

Ganz anders als die deutschen Akademiker im Ersten Weltkrieg deutete kaum ein Erlebniszeuge Hitlers Krieg, vor allem den rassistisch motivierten und mit äußerster Brutalität durchgeführten ‚Lebensraum'-Krieg im Osten,[233] als nationale Bewährungsprobe.[234]

Von Interesse ist die Frage, ob ehemalige Studienstiftler der Jahre 1925 bis 1933 oder solche, die von der Studienstiftung aufgenommen, von der ‚Reichsförderung' weiterhin unterstützt worden waren und die bei Kriegsbeginn schon im Berufsleben standen, regimetreu, äußerlich konform oder vielmehr am Widerstand gegen den Nationalsozialismus und die nationalsozialistische Herrschaft beteiligt waren.[235] Sie befriedigend zu beantworten, ist im Rahmen dieser Arbeit nicht möglich, da sie Gegenstand einer eigenen Arbeit zur biographischen Entwicklung der Stipendiaten der ‚Reichsförderung' und ehemaliger Studienstiftler ist.[236] Die Quellen zur Studienstiftung geben zu dieser Frage bislang nur vereinzelte Hinweise, die keine verallgemeinerungsfähige Aussage über die zahlenmäßige Bedeutung dieses Widerstandes und einen Vergleich mit dem NS-konformen Verhalten erlauben, wobei grundsätzlich gilt, daß jeder einzelne Entschluß zum Widerstand eine Würdigung als „einsame Entscheidung" verdient. Grundsätzlich muß also bis zum Erweis des Gegenteils durch systematisch-vergleichende Nachlaßerfassung und -erforschung wohl davon ausgegangen werden, daß widerständiges Verhalten unter Studienstiftlern im Verhältnis zur herrschenden Konformität ebenso die Ausnahme war wie in anderen vergleichbaren Gruppen,[237] daß also, anders formuliert, systemkonformes Verhalten die Normalität war.

---

233 Vgl. Hermann Graml, Die Wehrmacht im Dritten Reich, in: VZG 45 (1997), S. 365–384.

234 Charakteristisch für diese Haltung sind z.B. auch die Feldpostbriefe von Dr. phil. habil. Hans Jüngst; Nachlaß Hans Jüngst: H.J. an Aimée Jüngst. o.O., 8.7.1941: „Das Erleben des Krieges – und wieviel weißt Du denn von meinen letzten Eindrücken, von dem täglichen Beisammensein mit leichtfertig gutgläubigen oder größenwahnsinnigen Leuten oder jener besonders geschätzten Menschengruppe – hat mich zutiefst verstört. Ich ersehne den deutschen Sieg und fürchte ihn doch."

235 Vgl. dazu auch Kap. IV 2. a) und die dort zitierten Rückmeldungen u.a. von Hanna Wolf, Ernst Blumenthal und Franz Swoboda mit rückblickenden Beschreibungen ihrer Erlebnisse im ‚Dritten Reich', ferner Kap. III 2.

236 Den Maßstab für die zeitgeschichtliche Untersuchung biographischer Kontinuität hat Ulrich Herbert gesetzt: siehe Ulrich Herbert, Best. Biographische Studien über Radikalismus, Weltanschauung und Vernunft, 1903–1989. Bonn 1996; als Zusammenfassung der Kriterien ders., Werner Best – Radikalismus, Weltanschauung und Vernunft, in: Jahrbuch des Vereins Gegen Vergessen – Für Demokratie, Bd. 2/1998: Mahnung und Erinnerung S. 39–54.

237 Vgl. Christiane Moll, Die Weiße Rose, in: Peter Steinbach, Johannes Tuchel (Hg.), Widerstand gegen den Nationalsozialismus. Bonn 1994, S. 443–467.

Das Projekt der Erinnerungsberichte ist Ende der 1980er Jahre auch auf einige Stipendiaten der ‚Reichsförderung' unter dem Titel ‚Studienstiftler zwischen 1927 und 1938' ausgedehnt worden, von denen im Archiv der Studienstiftung elf Zeitzeugenberichte von unterschiedlicher Ausführlichkeit vorliegen.[238] Sie können aufgrund der Quellenart, der relativen Zufälligkeit des gewählten Erhebungszeitpunkts, der vertretenen Fachdisziplinen und natürlich auch der Bereitschaft der Zeitzeugen, sich zu ihrer Stipendiatenzeit unter Hitlers Herrschaft zu äußern, nur als bedingt repräsentativ angesehen werden.[239] Sie zeigen gleichwohl zumindest ein Spektrum individueller Verhaltensweisen von Studienstiftlern und Angehörigen der nationalsozialistischen ‚Reichsförderung' zwischen Konformität, Anpassung, punktuellem Nonkonformismus und Dissens. Die Frage, ob sich eine besonders geförderte Akademikergruppe wie die der Studienstiftler gegenüber dem Nationalsozialismus und der nationalsozialistischen Herrschaft anders als die Mehrheit der deutschen Studenten und Akademiker verhalten hat, muß einer eigenen vergleichend-biographischen Längsschnittuntersuchung vorbehalten bleiben, die in diesem Zusammenhang individuelle Karrieremuster, aber auch die Grenzen der Einflußnahme einer Begabtenförderung kritisch zu betrachten hätte.[240]

Blickt man auf die formale Mitgliedschaft in NS-Gliederungen der am Anfang der Arbeit vorgestellten Studienstiftler der ersten Generation zurück,[241] ergibt sich ein Bild, das sich von den mit ihrer Tendenz zum Bericht über widerständiges Verhalten nicht repräsentativen Erinnerungsberichten abhebt. Nur für den Biologen Hans-Joachim Elster ist keine Mitgliedschaft in einer Parteigliederung oder einem nationalsozialistischen Verband nachweisbar. Der Altphilologe Wolf-Hartmut Friedrich war seit dem 1. Mai 1937 Mitglied der NSDAP, seit dem 20. März 1935 Mitglied des NSLB und seit 1936 des NSV. ‚Politisch betätigt' war Friedrich ausweislich der

---

238 Die Motivation des Erhebungsjahres 1989 hängt unmittelbar mit der Erfahrung des ‚Mauerfalls' und den Herausforderungen einer andersartigen Diktaturerfahrung für den Wiederaufbau der Studienstiftung auf dem Gebiet der ehemaligen DDR zusammen, wie Generalsekretär Rahn in einer Einleitung festhielt: „Wer genau zu lesen versteht, dem begegnen sie in den folgenden Seiten alle: Der Idealist, der an die Verbesserlichkeit der Welt glaubt und in Zustimmung und Hoffnung dem Ruf der ‚Neuen Zeit' erliegt. Der engagierte Wissenschaftler, der die unvermeidbar scheinende Parteiarbeit in Kauf nimmt, um weiter Wissenschaftler bleiben zu dürfen. Der Widerstand Leistende und der kirchlich, politisch oder familiär Gebundene, der sich der Anpassung widersetzt und der die ganze Skala der Vorladungen, Gewissenserforschungen, Bespitzelungen, Befehle und Verhöre – oft bis zum Ausschluß aus der Gesellschaft und zum Verlust der Existenzgrundlage – zu spüren bekommt."
239 Zur Fächerverteilung zwischen 1933–1939/45 vgl. K.H. Jarausch, Deutsche Studenten, S. 178; M. Grüttner, Studenten im Dritten Reich, S. 126–135: „Die fachliche Gliederung der Studentenschaft"; die elf Erinnerungsberichte aus der Zeit 1927 bis 1938 stammen aus folgenden Fakultäten: 3 Math., 2 Phil.-hist., 2 Ing.-Wiss., 2 Nat.-Wiss., 1 Architektur, 1 Theologie. Dies wäre zudem noch ins Verhältnis zu setzen zum Anteil der Stipendiaten der Studienstiftung/‚Reichsförderung' im Verhältnis zur Gesamtstudentenschaft, siehe dazu Kap. III 2. und 3.
240 Eine quantifizierende Betrachtung käme hier notwendigerweise zu der Bewertungsfrage, von welchem Prozentsatz von ehemaligen, in die nationalsozialistische Herrschaft verstrickten Studienstiftlern an man von einem Versagen der Studienstiftung sprechen muß. Jede hier mögliche Antwort auf diese Frage, welche letztlich ganz notwendigerweise komplexe historische Verstrickung auf ein Zahlenverhältnis reduziert, lenkt allerdings davon ab, daß Schuld und Verstrickung stets individuell verantwortet werden müssen.
241 Kap. I 3.

Von der Studienstiftung zur ‚Reichsförderung'

‚Kartei aller Hochschullehrer' des Reichsministeriums für Wissenschaft, Erziehung und Volksbildung von Januar 1938 bis Februar 1939 in der Hamburger ‚Gaulehrabteilung', außerdem gelegentlich als ‚Blockhelfer'.[242] Der Orientalist Walther Hinz war seit dem 1. Mai 1937 Mitglied der NSDAP und Mitglied des NSD-Dozentenbundes. Vom 1. Juli 1933 bis zum 1. Juli 1934 gehörte er der SA an. Seit dem 1. April 1932 war Hinz „auf wehrwissenschaftlichem Gebiet" im Reichswehrministerium beschäftigt gewesen.[243] Am 1. Januar 1934 war er dort als Referent für Wehrwissenschaften an Hochschulen Reichsangestellter geworden und wurde am 1. August 1935 zum Regierungsrat im Reichswissenschaftsministerium ernannt. Auch der Ingenieur Alwin Hinzpeter gehörte seit dem 1. Mai 1937 der NSDAP an. In der SA war er bereits seit dem 1. November 1933. Der Sozialpädagoge Walter Schlums war ‚Pg.' seit dem 1. Mai 1933 und Mitglied des NSLB seit dem 16. April 1934, darüber hinaus fungierte er als ‚Bannschulungsleiter' in der HJ.[244] Der Germanist Friedrich Wilhelm Wentzlaff-Eggebert gehörte der NSDAP seit dem 1. Mai 1933 an, ferner war er ‚Blockleiter' in seinem Wohnort Berlin-Lichterfelde-West, im NSD-Dozentenbund, NSV, Reichsluftschutzbund, NS-Reichskriegerbund sowie in der Reichskulturkammer.[245] Dies war die Normalität.

Indessen gab es auch andere biographische Entwicklungen jenseits der systemkonformen bis stark systemidentifizierten Normalität an deutschen Universitäten zwischen 1933 und 1945, die, wie Grüttner bilanziert hat, dadurch gekennzeichnet war, daß bis zur Endphase des ‚Dritten Reichs' wahrscheinlich insgesamt mehr als zwei Drittel aller Hochschullehrer, und dabei vorwiegend jüngere Vertreter der Dozentenschaft wie die ehemaligen Stipendiaten der Studienstiftung aus den 1920er Jahren, der NSDAP und ihren Gliederungen angehört haben.[246] Der evangelische Theologe Hans Thimme[247] entwickelte ein enges Verhältnis zu seinem Marburger Vertrauensdozenten Professor Hans von Soden, das ihn später in Berührung mit der Bekennenden Kirche brachte. Thimme, der nach dem Krieg führend am Aufbau des Evangelischen Studienwerks Villigst nach dem Modell der Studienstiftung beteiligt war,[248] sah für sich selbst einen Zusammenhang zwischen Studienstiftung und seiner Tätigkeit in der Bekennenden Kirche:

> „Ich (wurde) Pfarrer in der Evangelischen Kirche von Westfalen, nachdem ich (...) sehr intensiv in die Auseinandersetzungen der Bekennenden Kirche mit dem Nationalsozialismus und der Glaubensbewegung Deutsche Christen einbezogen wurde. Ich erwähne das deshalb, weil sich daraus nach dem Zusammenbruch 1945 und nach meiner Rückkehr aus der Kriegsgefangenschaft in die Gemeindearbeit noch einmal eine ganz neue Beziehung zur Studienstiftung des deutschen Volkes ergab."[249]

---

242 BAB R 4901: RMWEV/Kartei aller Hochschullehrer, Wolf-Hartmut Friedrich.
243 BAB R 4901: RMWEV/Kartei aller Hochschullehrer, Walther Hinz.
244 BAB R 4901: RMWEV/Kartei aller Hochschullehrer, Walter Schlums.
245 BAB R 4901: RMWEV/Kartei aller Hochschullehrer, Friedrich Wilhelm Wentzlaff-Eggebert.
246 M. Grüttner, Wissenschaft, in: Enzyklopädie des NS, S. 147.
247 Geb. 6.6.1909; Präses der Evangelischen Kirche von Westfalen 1968–77; Pastor in Bad Oeynhausen und Spenge; 1957–1968 Oberkirchenrat und Vizepräsident der Evangelischen Kirche von Westfalen; Mitbegründer des Evangelischen Studienwerks Villigst.
248 Vgl. Dreißig Jahre Evangelisches Studienwerk, 1948–1978. Hg. v. demselben. Schwerte 1978; Heinrich Reiß, Das Evangelische Studienwerk e.V., Haus Villigst. Schwerte 1984.
249 StSt-A Bonn: Hans Thimme, Prägende Erinnerungen, in: Erinnerte Geschichte II, S. 11–15, 13 f.

Daß ein Zusammenhang von Studienstiftung und widerständigem Verhalten von ehemaligen Stipendiaten formuliert wurde, blieb die Ausnahme.[250] Andererseits gab es zumindest einen Studienstiftler, der zum engsten Kreis des ‚20. Juli' gehört hatte: den evangelischen Theologen und späteren Bundestagspräsidenten Eugen Gerstenmaier,[251] der sich am 20. Juli 1944 zusammen mit Peter Graf York von Wartenburg im Bendlerblock in Berlin aufgehalten hatte, um den Umsturzversuch aktiv zu unterstützen, und dafür am 11. Januar 1945 vom Volksgerichtshof zu sieben Jahren Zuchthaus verurteilt wurde.[252] Auch finden sich unabhängig von tatsächlich geleistetem Widerstand in den Erinnerungsberichten Anzeichen für eine zumindest nachträgliche Bereitschaft, das eigene Verhalten im Nationalsozialismus und im Krieg kritisch in Frage zu stellen:

> „War es falsch, mich von politischer Tätigkeit so konsequent ins Fachliche zurückzuziehen, wie ich es tat? Erst im Januar 1939 erkannte ich durch ein langes Gespräch mit meinem Onkel Piet van Asselt, einem niederländischen aktiven Major, auf welche Gefahr für Europa der Nationalsozialismus zusteuerte. Im übrigen beglückwünschte er mich zu meiner vielseitigen Ausbildung in der noch jungen Ökologie. In meiner Lage hätte er sich kaum anders verhalten als ich. Was hätte der Leser, an meiner Stelle, Wirksames gegen die politische Entwicklung getan?"[253]

Mit der bedingungslosen Kapitulation des nationalsozialistischen Deutschland am 8. Mai 1945 verschwand der deutsche Nationalstaat und, zumindest *de facto*, bis auf weiteres jede deutsche Staatlichkeit. Das ‚akademische Deutschland', dessen Rahmen dieser Nationalstaat gewesen war, teilte die Folgen des totalen Zusammenbruchs nach dem totalen Krieg: fünfeinhalb Millionen Kriegsopfer, die weitgehende Zerstörung deutscher Städte, allein 3,2 Millionen deutsche Kriegsgefangene im Gewahrsam der Sowjetunion, Flucht und Vertreibung von insgesamt 12 Millionen Menschen aus den deutschen Ostgebieten in der unmittelbaren Nachkriegszeit. „Der deutsche Siedlungsraum war auf seine Grenzen im späten Mittelalter zurückgeworfen, die halbtausendjährige Kultur des deutschen Ostens war ausgelöscht, das Sozialgefüge in den verbleibenden Gebieten durcheinandergewürfelt, atomisiert, die herkömmlichen gesellschaftlichen

---

250 Daneben gab es kleinere Alltagskonflikte mit NS-Funktionsträgern, z.B. im RAD, die auf eine gewisse latente Resistenz deuten, ohne Widerstand im engeren Sinn des Wortes zu sein: StSt-A Bonn: Max Pollermann, Meine Erlebnisse als Studienstiftler von 1927 bis 1936, in: Erinnerte Geschichte II, S. 79–86, 85: „Ein prahlerischer SA-Mann hatte Unruhe in unsere Gruppe gebracht. Wir Studenten beschlossen einhellig, ihm den Heiligen Geist erscheinen zu lassen. Als er danach unserem Theologen Vorwürfe machte, erhielt er von ihm noch eine kräftige Ohrfeige. Mit diesem Abschluß hatten wir Studenten uns bewährt und wurden von unseren Kameraden herzlich verabschiedet."
251 1906–1986; Promotion 1935; Vikariat 1935/1936; Habilitation; schloß sich der Bekennenden Kirche an; 1936 bis 1940 unter Bischof Dr. D. Theodor Heckel im Kirchlichen Außenamt der Deutschen Evangelischen Kirche in Berlin; seit 1940 dienstverpflichtet im Auswärtigen Amt; in der Widerstandsgruppe des Kreisauer Kreises; aktive Beteiligung am 20. Juli 1944, verhaftet und vom ‚Volksgerichtshof' verurteilt; nach 1945 CDU-Politiker; 1945–1951 Leitung des von ihm gegründeten Hilfswerks der Evangelischen Kirche in Deutschland; 1949–1969 MdB (CDU); 1954–1969 Bundestagspräsident.
252 Vgl. Eugen von Schlabrendorff (Hg.), Eugen Gerstenmaier im Dritten Reich. Eine Dokumentation. Stuttgart 1965; Eugen Gerstenmaier, Streit und Friede hat seine Zeit. Ein Lebensbericht. Frankfurt am Main/Berlin/Wien 1986, S. 149 ff.; Eugen Gerstenmaier, Widerstandsrecht und Widerstandspflicht, in: Evangelisches Staatslexikon. Hg. v. Hermann Kunst u.a. 1. Aufl., Stuttgart/Berlin 1966, Sp. 2497–2501.
253 StSt-A Bonn: Heinz Ellenberg, Studienstiftler von 1933 bis 1938, in: Erinnerte Geschichte II, S. 62–66, 66.

Von der Studienstiftung zur ‚Reichsförderung'

Milieus zerstört.", wie Hagen Schulze zusammenfaßt.[254] Hinzu kam der moralische Zusammenbruch einer Kulturnation, der nach und nach zu Bewußtsein kam, daß nicht, wie die spätere, offiziöse Formel der Adenauerzeit besagte, ‚Schreckliches in deutschem Namen geschehen ist', sondern kaum beschreibbare, in ihrer völkermörderischen Dimension und ‚industriellen' Durchführung einzigartige Verbrechen begangen worden waren. Deutsche akademische Eliten waren, abgesehen von wenigen Ausnahmen, auf die schon der konservative Historiker Hans Rothfels in seiner frühen Widerstandsgeschichte hingewiesen hat,[255] tief in die hinter diesen Verbrechen stehende nationalsozialistische Weltanschauung, in Hitlers Herrschaft und Hitlers Krieg verstrickt:[256] deutsche Ärzte hatten die ‚Rassemedizin' durchgesetzt und greuliche Humanexperimente durchgeführt,[257] deutsche Juristen hatten sich als Systemträger in der Schaffung und Anwendung gesetzlichen Unrechts im nationalsozialistischen ‚Doppelstaat' erwiesen,[258] deutsche Ingenieure hatten ihr Fachwissen für die deutsche Aufrüstung, Kriegführung und NS-‚Rassepolitik' im eroberten Ostraum zur Verfügung gestellt,[259] deutsche Historiker hatten ihre Wissenschaft zur Rechtfertigung von Rassismus und Krieg mißbraucht.[260] Studienstiftler waren, diese Aussage läßt die bisherige Quellenbasis jedenfalls zu, sei es aus politischen, sei es aus beruflichen Gründen, jedenfalls wohl nicht in geringerem Maß voll integrierte Systemträger, Parteigänger und damit: Mittäter im nationalsozialistischen Staat und in Hitlers Krieg gewesen als andere deutsche Akademiker.

Welche zukünftige Rolle der deutschen akademischen Elite zunächst von den Siegermächten der Anti-Hitler-Koalition zugewiesen würde angesichts dieser ‚deutschen Katastrophe', von der Friedrich Meinecke 1946 sprach, ja ob es sie in der Zukunft geben würde, war offen.[261] Selbst der zutiefst nationale liberalkonservative Historiker und NS-Gegner Meinecke, der nicht nur für mehrere Generationen deutscher Historiker geistiger Mentor gewesen war, sondern selbst wie kaum ein anderer die Problemgeschichte intellektueller Kontinuität aus dem Wilhelminismus bis in die Gegenwart des Jahres 1945 verkörperte,[262] sah Wege zur Erneuerung keineswegs in einer neuen deutschen Elitenbildung, welche die Konsequenzen aus der Erfahrung des Nationalsozialismus zog, sondern sehr pessimistisch in Goethe-Lesegesellschaften und einem bekennenden Christentum, für das nach seiner Auffassung die Bekennende Kirche stand. Meinecke, Jahrgang

---

254 Hagen Schulze, Kleine deutsche Geschichte. München 1996, S. 227.
255 Hans Rothfels, Die deutsche Opposition gegen Hitler. Eine Würdigung. (1947) Frankfurt am Main 1957, S. 38–50.
256 Vgl. z.B. Symposion Die Elite der Nation im Dritten Reich: Das Verhältnis von Akademien und ihrem Wissenschaftlichen Umfeld zum Nationalsozialismus. Leipzig 1995.
257 Vgl. die Fallstudie von Ute Felbor, Rassenbiologie und Vererbungswissenschaft in der medizinischen Fakultät der Universität Würzburg 1937–1945. Würzburg 1994 (zugl. Diss. med. 1994).
258 Grundlegend Michael Stolleis, Recht im Unrecht: Studien zur Rechtsgeschichte des Nationalsozialismus. Frankfurt am Main 1994.
259 Karl-Heinz Ludwig, Technik, in: Enzyklopädie des Nationalsozialismus, S. 257–274.
260 Vgl. Wolfgang Wippermann, Der konsequente Wahn. Ideologie und Politik Adolf Hitlers. Gütersloh 1989, S. 98–105; vgl. demgegenüber zu dem Widerstandskreis um den Historiker Gerhard Ritter Hugo Ott, Der Freiburger Kreis, in: 20. Juli in Baden und Württemberg. Hg. v. Rudolf Lill, Michael Kißener. Konstanz 1994, S. 125–153.
261 Friedrich Meinecke, Die deutsche Katastrophe. Wiesbaden 1946.
262 Vgl. Michael Matthiesen, Gerhard Ritter: Studien zu Leben und Werk bis 1933. Egelsbach 1993 (zugl. Diss. phil. Kiel 1992).

1864, also noch vor Gründung des Deutschen Reiches von 1871 geboren, auf das seine gesamte intellektuelle Identität und wissenschaftliche Existenz bezogen war, wäre menschlich daran zerbrochen, eine mitursächliche Kontinuität deutscher Elitengeschichte von den möglichen Fehlentwicklungen des autoritär verformten Nationalstaats des Kaiserreichs über den Ersten Weltkrieg und die Weimarer Republik zum Nationalsozialismus und Hitlers Herrschaft einzuräumen.[263] Aber war nicht angesichts der selbst nach den Erfahrungen von 1933 bis 1945 noch zutiefst nationalen Argumentation Meineckes die provozierende, aus dem ersten deutschen Historikerstreit der 1960er Jahre um die Verantwortung Deutschlands beim Ausbruch des Ersten Weltkrieges und die Bedeutung seiner Kriegszielpolitik[264] abgeleitete Frage des Hamburger Historikers Fritz Fischer nachvollziehbar, inwieweit ein ‚Bündnis der Eliten' für die ‚deutsche Katastrophe' im 20. Jahrhundert führend mitverantwortlich war?[265] Doch das, was Fischer in den 1960er Jahren erstmals ausdrücklich in Deutschland formulierte und popularisierte, hatte sich im Ansatz schon bald nach dem totalen Zusammenbruch des Jahres 1945 abgezeichnet: deutsche Eliten würden sich nicht mehr von selbst verstehen, ihre Rekrutierung, ihr Verhalten und ihre Verpflichtung auf bestimmte Werte waren nicht mehr selbstverständlich als Ausdruck nationaler Interessen, sondern standen unter kritischer Bewährungsaufsicht und starkem Rechtfertigungsdruck. Ein Neuanfang in Deutschland verlangte auch von seinen Eliten Selbstkritik, von der sich die bekannteste Stimme des ‚anderen Deutschland', Thomas Mann, in seiner Rede ‚Deutschland und die Deutschen' in Washington, D.C., Ende Mai 1945 nicht ausnahm: „Man *hat* zu tun mit dem deutschen Schicksal und deutscher Schuld, wenn man als Deutscher geboren ist. Die kritische Distanzierung davon sollte nicht als Untreue gedeutet werden. Wahrheiten, die man über sein Volk zu sagen versucht, können nur das Produkt der Selbstprüfung sein."[266]

---

263 Vgl. auch Walter Bußmann, Zum Gedenken an den 100. Geburtstag Friedrich Meineckes, in: APZ B 3/63 vom 16. Januar 1963 (Sonderheft); Stefan Meineke, Friedrich Meinecke: Persönlichkeit und politisches Denken bis zum Ende des Ersten Weltkrieges. Berlin 1995.
264 Kritisch Gregor Schöllgen, ‚Griff nach der Weltmacht'? 25 Jahre Fischer-Kontroverse, in: HJB 106 (1986), S. 386–406.
265 Fritz Fischer, Bündnis der Eliten. Zur Kontinuität der Machtstrukturen in Deutschland 1871–1945. Düsseldorf 1979. Fischers These ist u.a., daß sich Hitler und die NS-Bewegung nach der ‚Machtergreifung' mit folgenden alten Eliten verbündete: der Preußisch-deutschen Armee, der Schwerindustrie, dem ostelbischen Großgrundbesitz, der Beamtenschaft und der Justiz. Soziologisch unterschätzt diese problematische, von einem traditionellen Elitenbegriff (Elite = Einfluß und Prestige in der stark gegliederten Gesellschaft) ausgehende These die außerordentliche Dynamik und Radikalität der neuen mittel- und untermittelständischen Eliten in Deutschland seit 1900, deren Besonderheit nicht im Bündnis mit, sondern in der Durchsetzung der ‚Mittelstandsgesellschaft' liegt.
266 Thomas Mann, Deutschland und die Deutschen (1945), in: ders., GW XI, Reden und Aufsätze, Bd. 3. Frankfurt am Main 1990 (zuerst ebd. 1960), S. 1126–1148, 1128.

IV ‚Hochbegabten'-Förderung von der Gründung der Bundesrepublik Deutschland bis zu den gesellschaftlichen Krisen und Reformen der 1960er Jahre

1. Die Neugründung der Studienstiftung 1948: Hintergründe, Akteure, Konzepte

> *„Das größte Politikon der Zukunft ist die Erziehung."*
> Adolf Grimme, 1946.[1]

Die Sozialgeschichte der ersten deutschen Nachkriegszeit wiederholte sich nicht: die wirtschaftliche und soziale Lage der deutschen Studierenden zwischen Reich und Bundesrepublik, die aus Krieg und Kriegsgefangenschaft in die Zusammenbruchsgesellschaft heimkehrten,[2] war mit der ersten deutschen Nachkriegszeit nicht zu vergleichen. Dafür war das Ausmaß der materiellen und immateriellen Zerstörungen in Deutschland selbst zu groß. 1951 beschrieb Heinz Haerten rückblickend die Not der unmittelbaren Nachkriegszeit:

> „1946, als sich in den Trümmern der deutschen Universitäten wieder Leben zu regen begann, bot die Studentenschaft in ihrer geistigen Not und in ihrer wirtschaftlichen Verelendung ein erschreckendes Bild. Wie sollten die hungernden, frierenden und (...) in Lumpen herumlaufenden jungen Akademiker etwas anderes werden als halbgebildete und tief unzufriedene Radikalisten? Sie sind es nicht geworden. Unsere Studenten sind mit dem ihnen zugefallenen Anteil am allgemeinen Schicksal großartig fertig geworden. Wenn wir ihre Schwächen kritisieren, sollten wir nicht vergessen, daß keiner von uns Alten einer studentischen Generation angehört hat, der die Verhältnisse auch nur entfernt Ähnliches an Bewältigung weltanschaulicher und politischer Spannung, sozusagen an Verarbeitungsvermögen und außerdem an Energie, Opfermut und physischer Anstrengung abforderten."[3]

---

1 Adolf Grimme, Das Problem des Nachwuchses an den deutschen Hochschulen, in: ders., Selbstbesinnung. Reden und Aufsätze aus dem ersten Jahr des Wiederaufbaus. Braunschweig o.J. (1946), S. 169–198, 190.
2 Vgl. Wolfgang Benz, Zwischen Hitler und Adenauer. Studien zur deutschen Nachkriegsgesellschaft. Frankfurt am Main 1991; zu den Universitäten Hermann Glaser, Deutsche Kultur 1945–2000. München/Wien 1997, S. 73 ff.
3 ZZBW-A: Aktenbestand Haerten, I 1949–1959: Heinz Haerten, Studienstiftung des deutschen Volkes, Vortragstext für den NWDR Hamburg, Hochschulfunk, 5.10.1951, 18.50–19 Uhr, S. 2 f.

Zwölf Universitäten waren fast vollständig zerstört.[4] Dennoch nahmen die meisten deutschen Hochschulen schon Ende 1945, Anfang 1946 den Lehrbetrieb eingeschränkt und unter Aufsicht der zuständigen alliierten Besatzungsmacht wieder auf.[5]

Dahinter standen grundverschiedene politische und kulturpolitische Absichten, einerseits der Westalliierten, vor allem der Amerikaner und Briten, in deren Besatzungskonzept die Universitäten ein Instrument der *reeducation* werden sollten, und der sowjetischen Besatzungsmacht andererseits,[6] für die die Universität ein Instrument der ideologischen Durchdringung und sozialistischen Umgestaltung des von ihr beherrschten Teils der deutschen Gesellschaft war.

Die französische Besatzungsmacht eröffnete bereits im Herbst 1945 wieder die Universitäten Tübingen und Freiburg i.Br.[7] In der Sowjetischen Besatzungszone wurden parallel zur frühen Wiedereröffnung der Universitäten im Rahmen der stalinistischen Machtetablierung ab Herbst 1945 parteistrategisch motivierte und ‚antifaschistisch' begründete Vorstudienanstalten als Teile der Volkshochschulen gegründet, aus denen dann 1947/1949 die sogenannten ‚Arbeiter- und Bauernfakultäten' hervorgingen.[8] Im Hinblick auf die Zulassung zum Studium ging man in der Amerikanischen und in der Britischen Zone streng restriktiv vor.[9]

---

4   Vgl. Waldemar Krönig, Klaus-Dieter Müller, Nachkriegs-Semester. Studium in Kriegs- und Nachkriegszeit. Stuttgart 1990.

5   Eröffnungsdaten und Studentenzahlen für alle Universitäten in: Keesings Archiv der Gegenwart 15 (1945) und 16/17 (1946/47); zur Hochschulpolitik der Besatzungsmächte vgl. die folgenden neueren Arbeiten: America and the shaping of German society, 1945–1955. Hg. v. Michael Ermath. Providence/NJ. 1993; Hans-Uwe Feige, Aspekte der Hochschulpolitik der Sowjetischen Militäradministration in Deutschland 1945–1948, in: DA 25 (1992), S. 1169–1180; ders., Vor dem Abzug: Brain drain. Die Zwangsevakuierung von Angehörigen der Universität Leipzig durch die US-Army im Juni 1945 und ihre Folgen, in: DA 24 (1991), S. 1302–1313; David Philips, Pragmatismus und Idealismus. Das ‚Blaue Gutachten' und die britische Hochschulpolitik in Deutschland 1948. Köln 1995; Stefan Zauner, Erziehung und Kulturmission. Frankreichs Bildungspolitik in Deutschland 1945–1949. München 1994; Hochschuloffiziere und Wiederaufbau des Hochschulwesens in Westdeutschland 1945–1952. Hg. v. Manfred Heinemann. Bd. 1: Britische Zone. Hildesheim 1990; Bd. 2: US-Zone. Ebd. 1990; Bd. 3: Französische Zone. Ebd. 1991.

6   Ein Gesamtüberblick bei Manfred Heinemann (Hg.), Umerziehung und Wiederaufbau. Die Bildungspolitik der Besatzungsmächte in Deutschland und Österreich. Stuttgart 1981.

7   Aufschlußreich für Tübingen und die Entwicklung im deutschen Südwesten Petra Weber, Carlo Schmid 1896–1979. Eine Biographie. München 1996, S. 230 ff.

8   Vgl. Marianne Müller, „... stürmt die Festung Wissenschaft!" Die Sowjetisierung der mitteldeutschen Universitäten seit 1945 (1953). ND Berlin 1993. Die ‚ABFs' wurden in der Bundesrepublik bekannt durch den extrem apologetischen Roman des langjährigen Präsidenten des DDR-Schriftstellerverbandes und ZK-Mitglieds Hermann Kant, Die Aula. Berlin 1965 u.ö., der erheblich zur ‚antifaschistischen' Legendenbildung um die vermeintliche Radikalität der Entnazifizierung in der DDR beitrug; vgl. auch Ein Kernstück sozialistischer Tradition: Reden zum 30. Jahrestags der Gründung der Arbeiter- und Bauernfakultät an der Karl-Marx-Universität. Begrüßungsansprache von Lothar Rathmann, Festvortrag von Heinz Heitzer, Rede von Günter Koppelmann. Leipzig 1980.

9   Eine gute Fallstudie bietet Heiner Wember, Internierung und Bestrafung von Nationalsozialisten in der britischen Besatzungszone Deutschlands. Essen 1991 (zugl. Diss. phil. Münster 1990).

Die Zulassung blieb an ein formales Zulassungsverfahren gebunden, in dem NS-Funktionäre gemäß dem – bei aller Mitläufer-Problematik[10] – rechtsstaatlich allein möglichen Individualprinzip des anglo-amerikanischen Entnazifizierungskonzepts vom Studium ferngehalten werden sollten.[11] Der Erfolg dieser Bemühungen war zumindest in Einzelfällen zweifelhaft, wie der spektakuläre Fall Hans Schwerte/Hans Ernst Schneider gezeigt hat. Der SS-‚Hauptsturmführer' Hans Ernst Schneider, bis 1945 tätig in der SS-Dienststelle ‚Deutsches Ahnenerbe' in Berlin, hatte im WS 1945/46 als Hans Schwerte in Hamburg das Studium der Germanistik aufgenommen und war zu einem bekannten Germanisten der Nachkriegszeit, zum Ordinarius und, vielfach ausgezeichnet und geehrt, zum Rektor der RWTH Aachen avanciert.[12]

Kaum eine Universitätsstadt, von den Großstädten mit ihren Zerstörungsgraden zwischen 80% und 90% ganz abgesehen, glich nicht einem Ruinenfeld. Die Wiederherstellung des Universitätsbetriebes hatte angesichts dramatischer Versorgungsprobleme und der alliierten Kontrolle jeder Form organisierter Öffentlichkeit nicht erste Priorität, ja geriet zum Teil, wie Alfred Döblin es für die Neugründung der Universität Mainz in der Französischen Zone im September 1946 berichtete, zumindest vorübergehend in Konkurrenz zur dringlicheren Grundversorgung der Bevölkerung:

> „Der Bürgermeister kann nicht umhin, zu gestehen, er hätte, als man ihn dazu drängte, eine Studienkommission für die Neuerrichtung der Universität zu bilden, nicht an ein greifbares Resultat dieser Studien geglaubt. Zu groß wäre die Zerstörung der Stadt und die Niedergeschlagenheit der Bevölkerung gewesen. Und die Sorge um die tägliche Nahrung, um Kleidung und Unterkunft waren so vordringlich, daß alles, wie es ihm schien, für lange dahinter zurücktreten mußte."[13]

Karl Barth setzte sich in einem langen, stark universitätskritischen Artikel Ende 1947 mit der Situation von Studenten in Deutschland auseinander. Er forderte die angehenden Akademiker zu Realismus und Verantwortung nicht nur bei der Aneignung von Wissen, sondern vor allem bei der Prüfung akademischer Traditionen und Mentalitäten auf. Das war viel verlangt, denn Barth entwarf zugleich eine trostlose Perspektive: die Studenten könnten ihre Identität als Elite weder

---

10 Dazu vor allem Lutz Niethammer, Die Mitläuferfabrik. Die Entnazifizierung am Beispiel Bayerns. Berlin/Bonn 1982; zur deutschen Verkennung des anglo-amerikanischen Rechtsdenkens vgl. auch Ingo Müller, Nürnberg und die deutschen Juristen, in: ders. (Hg.), Der Nürnberger Prozeß. Die Anklagereden des Hauptanklagevertreters der Vereinigten Staaten von Amerika Robert H. Jackson. Weinheim 1995, S. 165–185.

11 Vgl. auch die Überlegungen bei Winfried Schulze, Doppelte Entnazifizierung. Geisteswissenschaften nach 1945, in: Helmut König u.a. (Hg.), Vertuschte Vergangenheit. Der Fall Schwerte und die NS-Vergangenheit der deutschen Hochschulen. München 1997, S. 257–286.

12 Klaus Weimar, Der Germanist Hans Schwerte, in: ebd., S. 46–59. Der Erfolg Schwertes sagt allerdings weniger über die Richtigkeit des angloamerikanischen *reeducation*-Konzepts als vielmehr über die Gleichgültigkeit deutscher Behörden und Institutionen nach 1945/49 aus; siehe auch Axel Schildt, NS-Eliten in der Bundesrepublik, in: Geschichte, Politik und ihre Didaktik 24 (1996), S. 20–32. Immerhin war der öffentliche Druck groß genug, um Schneider zur Kaschierung seiner NS-Identität zu zwingen.

13 Alfred Döblin, Reise zur Mainzer Universität, in: Das Goldene Tor 9 (1946), S. 100–102, 101; vgl. auch Helmut Mathy, Leo Just als erster Historiker und Dekan an der neuen Universität Mainz, in: 50 Jahre historisches Seminar und Lehrstuhl für allgemeine und neuere Geschichte der Universität Mainz. Hg. v. Peter Claus Hartmann. Mainz 1996, S. 7–18; zur Neugründung der Universität Mainz vgl. Helmut Mathy, Die Geschichte der Mainzer Universität 1477 bis 1977. Mainz 1977, S. 291–336.

auf die weitgehend diskreditierte deutsche Geschichte noch auf die politisch-gesellschaftliche Mitgestaltung in der Gegenwart stützen, noch hätten sie besonders gute Aussichten auf führende Stellungen in einem wirtschaftlich abhängigen, besetzten Land. Außerdem sorgte sich der Theologe um das wissenschaftliche Niveau der Nachkriegsstudenten unter provisorischen Studienbedingungen, die ungenügende Entnazifizierung der deutschen Professorenschaft und die Degradierung des Studiums zum Brotstudium: das war insgesamt recht pauschal und beschrieb die Situation an den deutschen Universitäten nur ausschnitthaft und aus der Distanz.[14] Dennoch traf besonders Barths Hinweis auf die weitgehende geistig-politisch-moralische Orientierungslosigkeit der Heimkehrer-Studenten zu. Die *reeducation* der Westalliierten war allerdings keineswegs der einzige Versuch, diese Lücke zu schließen; deutsche Vorstellungen kamen ihr entgegen. Erzieherische Impulse versuchte zum Beispiel Adolf Grimme auf einem Vortrag zur Eröffnung der ‚Pädagogischen Woche' zu geben, die von der Hamburger Oberschulbehörde im August 1945 zur Zweck der Lehrerbildung veranstaltet wurde. Grimme bemühte sich um eine wegweisende Antwort auf die Frage, ob Erziehung der Kriegsjugend angesichts der ‚deutschen Katastrophe' überhaupt noch einen Sinne habe: „Bekanntlich ist Erzieher nur der, der sich selbst erzogen hat, und wenn die Selbsterziehung einen Sinn hat heute, dann (...), daß wir Erwachsenen um dieser Jugend willen dies Nichts ins Schöpferische wenden."[15] Grimme holte im Bewußtsein der Diskreditierung aller überlieferten deutschen Werte geistesgeschichtlich und theologisch weit aus, um sein Plädoyer für die Notwendigkeit der Erziehung und gegen die Resignation des Erziehers zu begründen, aber das verlieh seinen Ausführungen aus dem Geist des christlichen Humanismus auch eine besondere Glaubwürdigkeit. Dies vor allem, weil Grimme selbst die Konsequenzen aus seiner eigenen Haltung in der Spätphase der Weimarer Republik zog, wenn er Erziehung zur Selbst- und Mitverantwortung als Befähigung zum Handeln in der zu schaffenden Demokratie der Zukunft verstand: „Zwar muß die Jugend achten lernen, daß wir in allem Guten auch der Vergangenheit verpflichtet sind, um vieles mehr jedoch der Zukunft, damit das, was noch nicht war und noch so gar nicht ist, aus diesem Dunkel um uns eines Tages gleichwohl ans Licht tritt und das Entsetzliche, was wir erlebten, nie, niemals wieder über uns hereinbricht."[16] Damit trat Grimme, wenn auch mit einem deutlich christlichen, evangelischen Akzent,[17] in der Formulierung von pädagogisch weitreichenden Konzepten der Gesellschaftsreform die Nachfolge von Spranger und Becker an, so in einer Ansprache an Studenten vom Sommer 1946:

---

14 Karl Barth, Der deutsche Student, in: Neue Zeitung vom 8.12.1947.
15 Adolf Grimme, Vom Sinn der Erziehung heute, in: Adolf Grimme, Otto Haase, Befreiter Geist. Vorträge der kulturpädagogischen Woche in Hannover vom 25.–27. September 1945. Hannover 1946, S. 7–23, 8.
16 Ebd., S. 13.
17 Wenn Hermann Glaser kritisiert, daß der christliche Humanismus der „Bildungspläne, die nach dem Zusammenbruch für die höhere Schule entwickelt wurden, (...) im wesentlichen Ausdruck eines idealistischen Höhenfluges (ist), der die Realitäten wie Realien von Erziehung weitgehend aus dem Auge verliert," unterschätzt er die Bedeutung dieser Motivation für die unmittelbare Nachkriegszeit im Rahmen eines europäischen Rechristianisierungsgedankens; Hermann Glaser, Die Kulturgeschichte der Bundesrepublik Deutschland. Bd. 1: Zwischen Kapitulation und Währungsreform 1945–1948. Frankfurt am Main 1990, S. 154, 162; vgl. Martin Greschat, ‚Rechristianisierung' und ‚Säkularisierung'. Anmerkungen zu einem europäischen interkonfessionellen Interpretationsmodell, in: Jochen-Christoph Kaiser, Anselm Doering-Manteuffel (Hg.), Christentum und politische Verantwortung. Kirchen im Nachkriegsdeutschland. Stuttgart u.a. 1990, S. 1–24.

Die Neugründung der Studienstiftung 1948

„Und niemals sollten wir vergessen, daß ein Deutschland des Geistes und des freien Willens nicht heraufgeführt wird durch irgendwelche äußeren Gebärden oder laute Reden, ausschließlich vielmehr durch die Klärung der Begriffe und den Willen zur Idee, durch stille Arbeit an der eigenen Person, damit sie von der bloßen Individualität aufsteige zur Persönlichkeit (...). In all diesem Tun setze der Student seine Ehre darein, voranzugehen auf dem harten Weg, der durch Hunger, Not und Kälte einer Zukunft entgegenführt, in der dann Deutschland nicht mehr ein Land von Sklaven der Phrase, sondern von Dienern der Idee ist. Die deutsche Nationalmission liegt in dem opfervollen Dienst am Geist und an der Wahrheit. Wir wollen nicht länger ein Volk serviler Knechte und bloßer Untertanen bleiben. Deutschland muß endlich eine Heimstatt freier Selbstentscheidungsmenschen werden."[18]

Dieser ‚Selbstentscheidungsmensch', den Grimme vom Untertanen abgrenzte, bedurfte der Förderung und der Erziehung, damit er selbst in die Lage käme, andere zu erziehen: das war ein bildungsvermitteltes Erziehungsprogramm zur Heranbildung einer verantwortungsbewußten demokratischen Zivilgesellschaft, in der auch Raum für eine demokratische Verantwortungselite war: „Wir brauchen Menschen aus eigenem Wuchs, die nicht Verantwortung auf fremde Schultern laden und nicht andere für sich denken und entscheiden lassen, Menschen, die wissen, daß Anerkennung der Diktatur nichts anderes ist als feige Flucht vor jeder eigenen Verantwortung. Die Menschen, die wir brauchen, wollen nicht länger Werkzeug eines fremden Willens sein."[19] Zurück zur Weimarer Demokratie wollte Grimme aber keineswegs. In aller Deutlichkeit gab er zu, daß die erste deutsche Demokratie ein „noch herzlich unzulänglicher Versuch (war), zu einer Form des staatlichen Zusammenlebens in Richtung auf ein freies Deutschland zu gelangen."[20] Grimmes zentrale Nachkriegseinsicht war, daß man sofort beginnen mußte, die Jugend durch Überzeugung und Erziehung für den Gedanken der Demokratie zu gewinnen. Und für die eigene Generation sprach Grimme von einer „zweiten Chance", Deutschland unter Anwendung der Lehren der Vergangenheit demokratisch zu gestalten:[21] Das sollte sich als ein Schlüsselwort nicht nur für den Bereich der Erziehung,[22] sondern auch als Leitgedanke bei der Entstehung des Grundgesetzes im Rahmen der Weststaatsgründung erweisen. Es war der grundlegende antitotalitäre, demokratische Konsens, der als parteiübergreifende Mentalität den Entstehungsprozeß und die Frühgeschichte der Bundesrepublik Deutschland tragen und ihr den Charakter einer Antwort auf die totalitären Erfahrungen der Vergangenheit und Bedrohungen der Gegenwart geben würde:[23] „Nie noch ist einer Generation wie der unseren im Ablauf der Geschichte zum zweiten Male dieselbe Chance gegeben worden, Deutschland als freien Volksstaat aufzubauen. Kameraden, nutzt diese Chance und mauert das Gebot der Toleranz in diesen neuen Staat als Grundstein ein! Nur dann, dann aber auch wirklich, hat unser Heimatland noch Existenzberechtigung und

---

18   Adolf Grimme, Was heißt Student sein heute?, in: ders., Selbstbesinnung. Reden und Aufsätze aus dem ersten Jahr des Wiederaufbaus. Braunschweig o.J. (1946), S. 79–92, 92.
19   Ebd., S. 90 f.
20   Adolf Grimme, Jugend und Demokratie (Hannover, 7. Mai 1946), in: ebd., S. 93–113, 98.
21   Dies auch eine häufig von Kurt Schumacher benutzte Formulierung; vgl. P. Merseburger, S. 195 ff.
22   Dazu E. Siegel, Dafür und dagegen, S. 142 ff. Elisabeth Siegel setzte sich im Auftrag Grimmes in Niedersachsen für die Einrichtung der Pädagogischen Hochschulen ein und ging 1946 an die neugegründete PH Celle.
23   Vgl. Ernst Nolte, Deutschland und der Kalte Krieg. Stuttgart ^{2}1895 (zuerst München 1974); Rudolf Morsey, Die Bundesrepublik Deutschland. Entstehung und Entwicklung bis 1969. München ^{2}1990, S. 22 ff.

eine Zukunft."[24] In dieses Denken floß nicht nur bei Grimme viel von dem überall im Nachkriegseuropa zu beobachtenden Bemühen um Rechristianisierung und Humanität auf der Grundlage eines ‚abendländischen' Selbstverständnisses ein: es war die erste große Interpretation der Erfahrungen von Nationalsozialismus und Krieg.[25]

Ganz ähnlich argumentierte auch der 72jährige Thomas Mann in seiner Ansprache an die Zürcher Studentenschaft am 10.6.1947:

> „Ich glaube, daß unterhalb und oberhalb der blutigen Kämpfe und Umwälzungen dieser Zeit, in den Tiefen der Herzen und in den Höhen des Geistes, eine neue Liebe, ein neuer Glaube sich vorbereitet, ein neues Humanitätsgefühl, ja ein neuer Humanismus, (...) keineswegs ein Humanismus der Naivität und Empfindsamkeit. (...) Notwendig zunächst ist eine Wandlung des geistigen Klimas, ein neues Gefühl für die Schwierigkeit und den Adel des Menschseins, eine alles durchdringende, wenn Sie wollen religiöse Grundgesinnung, der niemand sich entzieht und die jeder im Innersten als Richter anerkennt. Dies ist es, was ich den neuen Humanismus nenne."[26]

Diesen ‚neuen Humanismus' anzuwenden, bedeutete für den universitären Bereich auch, daß Grimme sich ab 1946, inzwischen Kultusminister im Land Niedersachsen, Gedanken über ‚Das Problem des Nachwuchses an den deutschen Hochschulen' machte, so der Titel einer Ansprache aus dem Jahr 1946, die er in gekürzter Form auf einem privaten Treffen ehemaliger Mitarbeiter der Studienstiftung im August 1947 in Stuttgart hielt, an dem u.a. die ehemaligen Studienstiftungs-Chefs Wolfgang Paeckelmann, Kassel, Dr. Wilhelm Hoffmann, Stuttgart, Dr. Hermann Brügelmann, Berlin, ferner Prof. Dr. Theodor Litt, Bonn, Prof. Dr. Fritz Tillmann, Rhöndorf, und Dr. Robert Tillmanns, Berlin, auf Einladung Dr. Peter van Aubels teilnahmen:[27]

> „Es gibt ein Gruppenbild von diesem Treffen mit lauter zeitgemäß schlanken, aber strahlenden Menschen. Der Wohlstand hatte uns noch nicht erreicht. Wohl aber nach jahrelangem Stillschweigen und abseits Stehen die Lust des Neubeginns jener Pionier- und Gründerepoche. Es waren Tage grenzenloser Euphorie, über denen in der Gloriole der schönsten gemeinsamen Jugenderinnerung das Bild der alten Studienstiftung schwebte. Man berichtete, wie es früher gewesen war, wie man ausgewählt und gefördert hatte."[28]

Grimme lieferte die Programmatik einer neuen, demokratischen Erziehung und Begabtenförderung und gab den entscheidenden Anstoß, die ‚Hochbegabten'-Förderung wieder zu organisieren, allerdings mit ganz anderen Akzenten als 1925: nicht mehr national-solidarisch-korporativ,

---

24 A. Grimme, Jugend und Demokratie, S. 113.
25 Vgl. M. Greschat, Rechristianisierung und Säkularisierung, in: J.-Chr. Kaiser, A. Doering-Manteuffel, Christentum und politische Verantwortung, S. 6–8.
26 Thomas Mann, Ansprache an die Zürcher Studentenschaft, Eidgenössische Technische Hochschule Zürich, 10.6.1947, in: ders., GW X, Reden und Aufsätze. Bd. 2. Frankfurt am Main 1990 (zuerst ebd. 1960), S. 367–371, 370; vgl. z.B. auch Martin Buber, Die Forderung des Geistes und die geschichtliche Wirklichkeit, in: Frankfurter Hefte 3 (1948), H. 3, S. 209–216.
27 StSt-A Bonn: StSt, Liste der ehemaligen Mitarbeiter der Studienstiftung des deutschen Volkes, Bad Godesberg, 2.8.1948. Weitere Mitarbeiter: Friedrich von Ammon, München, Dr. Otto Bennecke, Bad Godesberg, Dr. Paul Collmer, Stuttgart, Ministerialrat Dr. Löffler, Stuttgart, Heinrich G. Merkel, Würzburg, Prof. Dr. Werner Philipp, Mainz, Dr. Gertrud Philipp, Alchen bei Siegen, Dr. Peter Stockhausen, Bonn, Prof. Dr. Wilhelm Weischedel, Tübingen, Dr. Käthe Weischedel, Tübingen, Dr. Erich Wohlfahrt, Berlin.
28 HH-A: H. Haerten, Studienstiftung, S. 152.

sondern sozial, staatsbürgerlich und demokratisch: „Was nützt uns die idealste Form der Demokratie, wenn es uns schließlich wieder so geht wie dem Staat von Weimar, der sich vor dem Auge der Geschichte enthüllt hat als eine Demokratie ohne Demokraten! Die Frage ist also, wie erreichen wir es, daß das künftige Staatswesen (...) von Menschen getragen wird, die vom sozialen und demokratischen Geiste erfüllt sind."[29] Das sei zunächst ein Auswahlproblem ungeahnten Ausmaßes, eine pädagogische Jahrhundertaufgabe, sowohl in der Erwachsenen- als auch, vor allem, in der Jugendbildung, eine Aufgabe unter Zeitdruck, denn materielle und immaterielle Not machten gerade die Jugendlichen anfällig „für die Parolen eines erneuten antidemokratischen Frondeurtums".[30] Grimme war hier vollkommen illusionslos: „Wäre die Besatzungsmacht nicht im Lande – ich möchte schon heute die Zahl der Rathenaumorde nicht sehen."[31] Entnazifizierung ohne gleichzeitige demokratische Begabtenförderung sei daher eine nicht geringere politische Gefahr für die zukünftige Demokratie als die dauerhafte wirtschaftliche Unterversorgung der Bevölkerung in den Westzonen. Könnte die Versorgungsfrage nur durch die Westalliierten behoben werden, so sei die Aufgabe der Begabtenförderung eine in erster Linie deutsche Angelegenheit. Die Verbindung von Auswahl und materieller Absicherung begabter Studentinnen und Studenten, sei es durch private Spenden und organisierte Sammlungen, müsse als Grundlage der Demokratisierung verstanden werden. Dabei sollten die Studenten ihren Teil an Wiederaufbauarbeit leisten: „Was läge näher, als daß der Student überall bei der Errichtung von Universitätsheimstätten selbst mit Hand anlegt? (...) Dann erwächst daraus auch ein gesundes Solidaritätsgefühl, ein Korporationsgeist in einem besseren Sinn, als es der traditionelle akademische Korporationsgeist gewesen ist."[32] Die Unterstützung an die ausgewählten Studenten sollte, wie bei der alten Studienstiftung, die Grimme ausdrücklich erwähnte, auf Darlehnsbasis gewährt werden. Ein wesentlicher Zug der neuen Förderung sollte – in Anknüpfung an die strikt soziale Zweckbindung der alten Studienstiftung – ihre Offenheit für alle Schichten des Volkes sein: „Wenn wir an die soziale Schichtung der Studenten des letzten Wintersemesters in Göttingen[33] denken, dann stellte die akademische Schicht rund 22 Prozent der Studentenschaft, der Kaufmann rund 12, der nicht akademische Beamte etwa 17, der Angestellte etwa 6, der Lehrer etwas mehr als 7, der Bauer rund 4 1/2 der Handwerker, rund 5 und der Arbeiter (...) kaum 0,8%."[34] Das entspreche, so Grimme weiter, keinesfalls der Begabtenstreuung in der deutschen Bevölkerung und sei weder bildungs- noch sozialpolitisch hinnehmbar.[35] Im Bereich der Schule blieben daher die Schulgeldfreiheit, die Durchlässigkeit der Schulformen und die Aufwertung der Volksschule unverzichtbare Forderungen. Für die Studienförderung müsse von Studenten-Freiplätzen und -Patenschaften, gestiftet von Privatleuten und Kommunen, bis hin zu Stipendien aller gesell-

---

29 Adolf Grimme, Das Problem des Nachwuchses an den deutschen Hochschulen, in: ders., Selbstbesinnung, S. 169–198, 170 f.
30 Ebd., S. 172.
31 Ebd.
32 Ebd., S. 181.
33 WS 1945/46.
34 A. Grimme, Das Problem des Nachwuchses an den deutschen Hochschulen, in: ders., Selbstbesinnung, S. 183 f.
35 Im S 1948 studierten in den Westzonen 94.564 Studenten, im WS 1955/56 waren es in der Bundesrepublik 123.000, im WS 1960/61 206.000.

schaftlichen Gruppen von den Arbeitgebern bis zu den Gewerkschaften alles versucht werden, was die ‚Hochbegabten' an die Universität bringe, weil der Weg zur sozialen Demokratie und nach Europa nur über die Bildungsförderung führe:

> „denn fortan kommt alles darauf an, daß auf den höchsten Bildungsstätten, die das deutsche Volk trotz seiner Armut weiter zu finanzieren gewillt ist, eine Generation heranreift, die mit hoher Begabung den bewußten Willen verbindet, als sozialer und demokratischer deutscher Mensch zugleich ein deutscher Europäer zu sein, bereit, mit allen anderen Völkern auf das Ziel hinzuarbeiten, daß die Menschheit sowohl an allen Gütern der Erde in gerechter Weise gleichen Anteil hat als auch die Möglichkeit erhält, ihr Dasein sinnvoll zu gestalten."[36]

Nach dieser neuen Zielbestimmung der deutschen ‚Hochbegabten'-Förderung und -erziehung, die den sozialen Gedanken der alten Studienstiftung durch den einer staatsbürgerlich-demokratischen Erziehung ergänzte, schien die Grundlage für die Neugründung einer sozialen, demokratischen und europäischen Studienstiftung gegeben zu sein. Doch diese Studienstiftung würde es nicht geben, ebensowenig den sozialdemokratischen deutschen Nationalstaat, den Grimme und die von Kurt Schumacher geprägte und autoritär geführte SPD für den Maßstab aller deutschen Politik hielten – und angesichts der Geschichte der SPD seit 1914 und der menschlichen Tragik von Schumachers Biographie wohl auch halten mußten.[37] Der westdeutsche Weg nach Europa führte über die atlantisch-europäische Westintegration und Adenauers vorsichtige Politik des freiwillig-kontrollierten Souveränitätsverzichts zur Rückgewinnung politischer Handlungsfähigkeit der noch unter westalliierter Bewährungsaufsicht stehenden Bundesrepublik.[38] Die soziale Demokratie – einschließlich des ‚Honnefer Modells' der allgemeinen sozialen, leistungsunabhängigen Studienförderung, eines BaföG-Vorläufers[39] – entstand Schritt für Schritt auf der Grundlage des Wirtschaftswunders seit der zweiten Hälfte der 1950er Jahre.[40] Grimme scheiterte

---

36 A. Grimme, Das Problem des Nachwuchses an den deutschen Hochschulen, in: ders., Selbstbesinnung, S. 197.
37 Vgl. P. Merseburger, Kurt Schumacher, S. 411 ff.; Christoph Kleßmann, Wiedervereinigung und deutsche Nation: der Kern der Politik Kurt Schumachers, in: Kurt Schumacher und der ‚Neubau' der deutschen Sozialdemokratie nach 1945. Kolloquium des Gesprächskreises Geschichte der Friedrich-Ebert-Stiftung Bonn, 12./13.10.1995. Hg. v. Dieter Dowe. Bonn 1996, S. 113–132; Michael Rudloff, ‚Vaterlandslose Gesellen' oder Staatsbürger? Das Verhältnis der SPD zur nationalen Frage, in: ders., (Hg.), Sozialdemokratie und Nation. Der Hofgeismarer Kreis in der Weimarer Republik und seine Nachwirkungen. Eine Dokumentation. Leipzig 1995, S. 176–200; Rainer Zitelmanns politische Funktionalisierung von Schumachers Gegnerschaft zu Adenauer zwecks Abwertung von Weststaat, Westbindung und Postnationalismus ist zu offensichtlich, um Schumacher gerecht werden zu können: Rainer Zitelmann, Adenauers Gegner. Streiter für die Einheit. Erlangen u.a. 1991, S. 53–85.
38 Vgl. Ludolf Herbst, Option für den Westen. Vom Marshallplan bis zum deutsch-französischen Vertrag. München 1989.
39 Vgl. Richtlinien für die Förderung von Studenten wissenschaftlicher Hochschulen der Bundesrepublik und Berlin-West (Honnefer Modell), (1958), in: Festschrift 70 Jahre DSW, Bd. 2, S. 15–20; dazu: Beschluß der 7. ordentlichen Mitgliederversammlung des DSW am 6./7.7.1956 in Würzburg, in: ebd., S. 14. Umfangreiches Material dazu in ZZBW-A: KMK 001470/1–4, 001472/1–4, 001474/1–4.
40 Siehe dazu Anselm Doering-Manteuffel, Die Bundesrepublik Deutschland in der Ära Adenauer. Außenpolitik und innere Entwicklung 1949 bis 1963. Darmstadt 1983 u.ö.; vgl. auch Gerhard Schulz, Entwicklungstendenzen in der Nachkriegsdemokratie, in: Demokratisches System und politische Praxis der Bundesrepublik. Festschrift für Theodor Eschenburg. Hg. v. Klaus von Beyme u.a. München/Zürich 1971, S. 13–54.

Die Neugründung der Studienstiftung 1948

mit der Durchsetzung seiner weit ausgreifenden Vorstellungen von einer nationalen republikanischen Begabtenförderung, weil sich die Neugründer der Studienstiftung angesichts der völlig offenen Frage der staatlichen Entwicklung Deutschlands und der Zukunft aller Bildungspolitik nicht auf ein Programm der Begabtenförderung einlassen wollten, das über Auswahl und Förderung hinausging. Grimmes Konzept, das im Selbstbewußtsein des Neuaufbruchs die Dominanz genuin sozialdemokratischer Vorstellungen als moralisches Anrecht aus dem Widerstand gegen Hitler ableitete, lag quer zum Bedürfnis nach der Schaffung eines breiten politischen, konfessionellen und institutionellen Wiederaufbau-Konsenses in der Frage der Begabtenförderung. Hinzu kam bei vielen Alt-Mitarbeitern der Studienstiftung eine tiefsitzende Aversion gegen jede Form des politischen Programms und der politischen Formierung überhaupt. Gleichwohl wäre es ungenau, deshalb von einer Restauration der alten Studienstiftung zu sprechen. Auch in dem Wunsch nach politikfreier Normalität steckte eine Distanzierung von den Erfahrungen mit der politischen Universität im Nationalsozialismus.

Der Begriff Restauration ist in zeitgeschichtlicher Hinsicht ohnehin nur noch wenig trennscharf. Daß bis zum Ende der 1970er Jahre in Teilen der Forschung und der Publizistik pauschal von *der* Restauration in der Adenauerzeit gesprochen wurde, war angesichts des Ausmaßes an politischem und sozialem Wandel in der jungen Bundesrepublik – und im Blick auf die Restauration des nationalen Gedankens in der oppositionellen SPD unter Schumacher und bis zum Godesberger Programm von 1959 – so einseitig wie undifferenziert.[41] Denn im Ergebnis gab es Ende der 1950er Jahre eine stabile westeuropäische und soziale Integration in einer freiheitlichen, weitgehend pluralistischen und *de facto* postnationalen Gesellschaft, die zunehmend Anzeichen einer tiefgreifenden Verwestlichung zeigte.[42] In der jungen Bundesrepublik der 1950er Jahre hatte es auf der Grundlage eines Paradigmenwechsels im Konservatismus, durch die im Vergleich zu Weimar alles andere als selbstverständliche Akzeptanz, ja Beförderung der Modernisierung im überwiegenden Teil der neuen, integrativen CDU,[43] ein bemerkenswertes Maß an sozialem und gesellschaftlichem Wandel stattgefunden, das in seiner grundsätzlichen, die Lebensbedingungen breiter Bevölkerungsschichten erfassenden Wirkung die lebensalltäglichen, emanzipatorischen Veränderungen von ‚1968' nicht nur ermöglichte, sondern an soziologischer Breitenwirkung übertraf.

---

41 Zusammenfassend und zur Forschungsentwicklung R. Morsey, Die Bundesrepublik Deutschland, S. 141–146; der Begriff zuerst bei Walter Dirks, Der restaurative Charakter der Epoche, in: Frankfurter Hefte 5 (1950), S. 942–954; dazu auch Manfred Overesch, Renaissance und Restauration: Bundesdeutsche Wirklichkeiten am Beginn der fünfziger Jahre, in: Politische Kultur und deutsche Frage. Materialien zum Staats- und Nationalbewußtsein in der Bundesrepublik Deutschland. Hg. v. Werner Weidenfeld. Bonn 1989, S. 41–58; E. Jäckel, Das deutsche Jahrhundert, S. 216 ff.; kritisch zusammenfassend Anselm Doering-Manteuffel, Deutsche Zeitgeschichte nach 1945. Entwicklungen und Problemlagen der historischen Forschung zur Nachkriegszeit, in: VZG 41 (1993), S. 1–29, 7.

42 Zum Gesichtspunkt der Verwestlichung nach amerikanischem Vorbild siehe Anselm Doering-Manteuffel, Dimensionen von Amerikanisierung in der deutschen Gesellschaft, in: AfS 35 (1995), S. 1–33; ders., Wie westlich sind die Deutschen? Amerikanisierung und Westernisierung im 20. Jahrhundert. Göttingen 1999.

43 Siehe dazu Axel Schildt, Konservatismus in Deutschland. Von den Anfängen im 18. Jahrhundert bis zur Gegenwart. München 1998, S. 211–228.

In der Bundesrepublik der 1950er Jahre veränderten sich die Lebensläufe von mehr Menschen als in der Folge von ‚1968'.⁴⁴ Gemessen am Standard der *reeducation* und der Besatzungsziele der USA und Großbritanniens, gab es gerade an den deutschen Universitäten und Technischen Hochschulen allerdings ganz erhebliche restaurative Prozesse.⁴⁵ Kein einziges Langzeitziel der *reeducation* an den Universitäten wurde wirklich erreicht: weder die institutionelle Erneuerung und Einschränkung der hierarchischen Struktur des Lehrkörpers, die vollständige Entnazifizierung der Lehrenden, die Revision der Curricula im Bereich historisch-politisch-sozialer Bildung, die stärkere Verbindung der Hochschulen mit der Gesellschaft durch Betonung der Berufspraxis.⁴⁶ Auch kam es zu keiner Verhinderung der uneingeschränkten Wiederzulassung selbst der schwer belasteten Formierungen des organisierten studentischen ‚Verbindungs'-Wesens, die für die frühe studentische ‚Machtergreifung' wesentlich mitverantwortlich waren.⁴⁷ In diesem Bereich war die Restauration sogar am vollständigsten. Gleichwohl, oder vielmehr: gerade deshalb spielten die unterschiedlichen Gruppierungen studentischer ‚Verbindungen' in der Nachkriegsgeschichte zumal nach ‚1968' nur noch eine marginale Rolle als Rand- und Subkultur.

Im Bereich der Begabtenförderung trifft der Begriff der Restauration indessen nicht zu. Bedingt durch die unklare weitere Finanzierung und die Zukunft der Begabtenförderung überhaupt verzichtete die 1948 wiedergegründete Studienstiftung von ihrem Neubeginn an auf ein zentrales, bis 1933 konstitutives Auswahlkriterium, die soziale Bedürftigkeit. Dieser – in Variation eines ganz typischen Nachkriegsverhaltensmusters – nicht programmatisch, sondern schlicht pragmatisch begründete Schritt, der, angesichts sozialer Bedürftigkeit nicht etwa nur begabter Abiturienten, sondern der Mehrheit des deutschen Volkes, als so naheliegend und selbstverständlich

---

44 Eine zusammenfassende Darstellung mit aussagekräftigen Bildquellen bei Arne Andersen, Der Traum vom guten Leben. Alltags- und Konsumgeschichte vom Wirtschaftswunder bis heute. Frankfurt am Main/New York 1997, S. 35 ff.; vgl. auch Axel Schildt, Arnold Sywottek (Hg.), Modernisierung und Wiederaufbau. Die westdeutsche Gesellschaft der 50er Jahre. Bonn 1993.
45 Vgl. Studienausschuß für Hochschulreform, Britische Zone, Gutachten zur Hochschulreform. Hamburg 1948; Frederic Lilge, The Abuse of Learning. The Failure of the German University. New York 1948. Interessant ist Haertens auf die Generationserfahrung bezogene Verwendung des Restaurationsbegriffes: HH-A: H. Haerten, Studienstiftung, S. 156: „Die Gründer der neuen Studienstiftung sind in der Öffentlichkeit so gut wie vergessen. (...) 1933, als sie auf der Höhe ihrer Kraft waren, wurde ihnen die Wirkungsmöglichkeit abgeschnitten. Erst zwölf Jahre später konnten sie endlich das verwirklichen, was sie in ihrem Leben gewollt hatten. Aber die Isolierung, in der jeder von uns in jenen zwölf nationalsozialistischen Jahren lebte, ließ uns nicht bemerken, daß sich außerhalb ihres Gesichtskreises und außerhalb des Nationalsozialismus in Deutschland neue Denk- und Fühlweisen entwickelt hatten, die in eine andere Zukunft wiesen als in das, was jene erste Kulturpolitikergeneration für Zukunft hielt. Sie starben (...), aber was sie geschafft hatten, war Restauration. Das Fundament einer neuen Bildungspolitik haben sie nicht gelegt."
46 Zusammenfassend Dietrich Goldschmidt, Das Ausland als Vorbild? Fremde Einflüsse auf die Entwicklung des Hochschulwesens der Bundesrepublik Deutschland, in: Ordnung und Unordnung. Festschrift für Hartmut von Hentig. Hg. v. Georg E. Becker u.a. Weinheim 1985, S. 377–394; zum Gesamtproblem Entnazifizierung Mitchell G. Ash, Verordnete Umbrüche – konstruierte Kontinuitäten. Zur Entnazifizierung von Wissenschaftler und Wissenschaft nach 1945, in: ZfG 43 (1995), S. 903–923; zur Schulgeschichte Hans-Georg Herrlitz, Wulf Hopf, Hartmut Titze, Deutsche Schulgeschichte von 1800 bis zur Gegenwart. Eine Einführung. Weinheim/München 1993 (zuerst Königstein/Ts. 1981), S. 159 ff.
47 Die Westdeutsche Rektorenkonferenz hatte im Oktober 1949 in Tübingen noch gegen eine Wiederzulassung plädiert. Vgl. K.H. Jarausch, Deutsche Studenten 1800–1970, S. 219 f.

Die Neugründung der Studienstiftung 1948 273

empfunden wurde, daß er bei den Gründungsversammlungen in Stuttgart und Köln nicht einmal ausführlich kontrovers diskutiert wurde, veränderte den Charakter der Studienstiftung nachhaltig. Hinsichtlich ihrer Motivation, Auswahl- und Förderungspraxis entsprach die Studienstiftung nun nicht mehr der alten sozialkaritativen und in Grenzen sozialemanzipatorischen Studienstiftung von vor 1933, sondern ging einen neuen Weg mit weitreichenden Folgen. Das Ziel der neugegründeten Studienstiftung von 1948 lag nicht mehr in der gezielten Förderung von Begabten mit geringem sozialem Startkapital, sondern in der Förderung begabter Persönlichkeiten ohne Rücksicht auf die sozialen Umstände. Gleichwohl steckte darin nicht nur angesichts der extremen sozialen Notlage der Studentenschaft im Jahr 1948, sondern grundsätzlich ein radikaler Bruch mit der Vergangenheit der eigenen Institution.[48] Die Studienstiftung wurde von einer sozial- zur einer individualemanzipatorischen Begabtenförderung.

Ganz ohne Wirkung auf die Studienstiftung blieb Grimmes soziale, pädagogische und demokratische Initiative der Jahre 1945 bis 1948 aber nicht: Am 6. März 1948 gründete im Hotel Zieren in Köln ein Kreis aus ehemaligen Mitarbeitern, Professoren und westdeutschen Kultusministern um Grimme auf Einladung und unter Vorsitz der Kultusministerin des Landes Nordrhein-Westfalen, Christine Teusch, die Studienstiftung des deutschen Volkes als eingetragenen Verein neu.[49] Die CDU-Politikerin, Jahrgang 1888, war Oberschullehrerin und sozialpolitisch in der katholischen Frauenbewegung aktiv gewesen. 1918 bis 1920 war sie erste ‚Frauensekretärin' beim Gesamtverband der Christlichen Gewerkschaften, 1919/20 in der Weimarer Nationalversammlung, 1920 bis 1933 MdR. Von 1946 bis 1966 gehörte sie dem Landtag von Nordrhein-Westfalen an und war, ab 1949 als erste Frau in einem Ministeramt in der Bundesrepublik, von 1947–1954 dort Kultusministerin.[50] Am 19. April 1948, einen Tag vor Beginn der 2. Session der Londoner Sechsmächtekonferenz, an deren Ende eine Empfehlung der USA, Großbritanniens, Frankreichs und der Beneluxstaaten zur Gründung eines deutschen Weststaats stehen würde, fand auf Einladung der Stadt Stuttgart die erste Sitzung des neuen Kuratoriums der Studienstiftung statt.[51] In Stuttgart hatte bereits am 19. und 20. Februar 1948 eine Kultusministerkonferenz aller vier Besatzungszonen die Max-Planck-Gesellschaft zur Förderung der Wissenschaften als Nachfolge-Organisation der Kaiser Wilhelm-Gesellschaft wiedergegründet.[52] Dies war die erste Nachkriegssitzung deutscher Erziehungsminister gewesen, aus der sich die Kultusministerkonferenz

---

48 Vgl. Kurt Sontheimer, Die Adenauer-Ära. Grundlegung der Bundesrepublik. München 1991, S. 152–158. Zum Sozialprofil der westdeutschen Studentenschaft: Von den männlichen Studierenden an den westdeutschen Universitäten hatten Väter mit akademischer Ausbildung: 1899: 27,0%; 1927: 19.5%; 1934: 20,6%; 1949: 26,3%; 1950: 28,9%; 1951: 26,4%; 1952: 27,1%; 1955: 27,7%. Von den männlichen Studierenden an wiss. Hochschulen (H) und Universitäten (U) waren Arbeitersöhne: 1928 (H): 2,3%, 1932 (U): 3,4%; 1949 (H): 4,9%; 1950 (U): 5,1%; 1952 (H): 6,4%; 1955 (H): 7,1%. Zwischen 1928 und 1955 stammen konstant 60% der Studierenden aus Beamten- und Angestelltenfamilien (1955: 63%); Gerhard Kath, Das soziale Bild der Studentenschaft in Westdeutschland und Berlin. Bonn 1954 und 1957, S. 29.
49 Theodor Pfizer, Die Studienstiftung 1925–1975, in: Studienstiftung Jahresbericht 1975. Hg. v. der StSt. Bonn 1976, S. 25–40, 29 f.
50 Vgl. Heinrich Landahl, In memoriam Dr. h.c. Christine Teusch. Bonn 1969. Ausführliche Biographie in: Bernhard vom Brocke, Hochschulpolitik, Bd. II, Teil 2, S. 1127 f.
51 Protokolle der Kuratoriumssitzungen in den KMK-Akten, ZZBW (s.u.).
52 Siehe vor allem dazu Bernhard vom Brocke (Hg.), Die Kaiser-Wilhelm-/Max-Planck-Gesellschaft und ihre Institute: Studien zu ihrer Geschichte: Das Harnack-Prinzip. Berlin 1996.

entwickeln sollte.⁵³ An der konstituierenden Sitzung des Kuratoriums der Studienstiftung im April 1948 nahmen u. a. der spätere Staatssekretär im Auswärtigen Amt Prof. Dr. Walter Hallstein,⁵⁴ Rektor der Universität Frankfurt, Prof. Dr. Ludwig Raiser,⁵⁵ Rektor der Universität Göttingen, Prof. Dr. Hans-Joachim Schoeps⁵⁶ als Vertreter der Universität Erlangen, Prof. Dr. Theodor Litt⁵⁷ als ehemaliger Vertrauensdozent und Vertreter der Universität Bonn, der Frankfurter Oberbürgermeister Walter Kolb,⁵⁸ der Württembergische Kultusminister Theodor Bäuerle, der niedersächsische Kultusminister Adolf Grimme, der bayerische Kultusminister Dr. Alois Hundhammer,⁵⁹ die nordrhein-westfälische Kultusministerin Teusch und Dr. Peter van Aubel teil.⁶⁰ Van Aubel, Jahrgang 1894, der in den Jahren 1920/21 Vorsitzender der DSt und 1921 Mitgründer der Wirtschaftshilfe der DSt in Tübingen gewesen war, kam aus der praktischen Arbeit des Städtetages. Dort hatte er unmittelbar nach dem Zusammenbruch, in Anknüpfung an das Engagement einiger Städte in der Weimarer Republik, für eine Neugründung der Begabtenförderung und ihre kommunale Unterstützung geworben.⁶¹ Van Aubel verkörperte in ähnlicher Weise wie Theodor Pfizer die Kontinuität sowohl der sozialstudentischen Selbsthilfe der Zwischenkriegszeit als auch das zivile und bürgerhumanistische Engagement deutscher Kommunen in Bildungsangelegenheiten. Das war ein Wert, den man in die Weststaatsgründung einbrachte. Zunächst verfaßte das Stuttgarter Kuratorium einen ‚Aufruf der Studienstiftung des deutschen Volkes‘:

---

53 Vgl. Dirk Klose, Feier in Bonn: 50 Jahre Kultusministerkonferenz, in: Das Parlament Nr. 12 vom 13.3.1998, S. 14.
54 1901–1982; Jurist und Politiker; 1930–1941 Prof. in Rostock; 1941–1948 in Frankfurt am Main; 1950/1951 Staatssekretär im Bundeskanzleramt; Präsident der Kommission der EWG in Brüssel; 1968–1974 Präsident der Europäischen Bewegung. Mit seinem Namen ist die Hallstein-Doktrin (Alleinvertretungsanspruch der Bundesrepublik gegenüber der DDR) verbunden.
55 1904–1880; Jurist, Zivilrecht; 1942 Prof. in Straßburg, 1945 in Göttingen, ab 1955 in Tübingen; seit 1950 Mitglied der Synode der EKD, 1970–1973 deren Präses; 1961–1965 Vorsitzender des Wissenschaftsrates.
56 1909–1980; 1938–1946 im schwedischen Exil; seit 1947 Prof. für Religions- und Geistesgeschichte in Erlangen; Mitgründer der Zeitschrift für Religions- und Geistesgeschichte (1948 ff.). Bekannt für seine Publikationen zu preußischen Traditionen und zur jüdischen Religionsgeschichte.
57 Vgl. Wolfgang M. Schwiedrzik, Lieber will ich Steine klopfen. Der Philosoph und Pädagoge Theodor Litt in Leipzig, 1933–1947. Leipzig 1996.
58 1902–1956; Stadtverwaltung Frankfurt am Main (Hg.), Oberbürgermeister Dr. h.c. Walter Kolb (1902–1956). Frankfurt am Main 1956; Thomas Bauer, „Seid einig für unsere Stadt". Walter Kolb – ein Frankfurter Oberbürgermeister. Hg. v. der Historisch-Archäologischen Gesellschaft Frankfurt am Main e.V. Frankfurt am Main 1996.
59 1900–1974; Volkswirt; 1932/1993 MdL (BVP); 1945 führend an der CSU-Gründung beteiligt; 1946–1970 MdL (CSU); 1946–1950 Kultusminister; 1951–1954 Landtagspräsident; 1957–1969 Landwirtschaftsminister; 1964–1969 stellv. Ministerpräsident; vgl. Paul Hussarek, Hundhammer: Wege des Menschen und Staatsmanns. München 1951.
60 StSt-A Bonn: Neugründung der Studienstiftung des deutschen Volkes, Bericht. Bad Godesberg o.J. (1948). Überlegungen zur Neugründung hatte es schon 1946 auch bei der ‚Nordwestdeutschen Hochschulkonferenz‘ gegeben, die sich diesbezüglich an den Deutschen Städtetag wandte.
61 Vgl. Rüdiger R. Beer, Peter van Aubel, 1894–1964. Stuttgart 1964 (Sonderdruck Der Städtetag 6 (1964)).

Die Neugründung der Studienstiftung 1948

> „Die Studienstiftung des deutschen Volkes war die Krönung der Arbeit der studentischen Selbstverwaltung nach dem ersten Weltkrieg. Geschaffen aus der Einsicht, daß ein geschlagenes Volk und eine junge Demokratie keine edlere Aufgabe hat, als das geistige Schaffen von materieller Not wie von ungeistigen Einflüssen unabhängig zu machen, hat sie in der Zeit zwischen ihrer Gründung und ihrer Übernahme und ‚Gleichschaltung' im Jahre 1933 vielen hochbegabten jungen Deutschen, denen ihre ungünstigen wirtschaftlichen Verhältnisse sonst die Hochschulen verschlossen hätten, das Studium und bis zum Eintritt in den Beruf ein Leben ‚frei von Furcht und Not' möglich gemacht, jedoch mit der Verpflichtung zur Höchstleistung als Dank an das Volk, das wie der Name sagt, in seiner Gesamtheit sowohl Träger wie Nutznießer dieser großzügigen Einrichtung war. Von Reich, Ländern und Gemeinden unterstützt, tatkräftig gefördert von Tausenden deutscher Bürger aller Schichten, hat die ‚Studienstiftung des deutschen Volkes' ihre Selbständigkeit und Unabhängigkeit gegenüber den Regierungen wie den Parteien und weltanschaulichen Richtungen, gegenüber der Industrie wie den übrigen wirtschaftlichen Interessengruppen immer gehütet und bewahrt und ist somit bis zum Beginn der nationalsozialistischen Herrschaft das wahre Instrument der Geistesfreiheit geblieben, als das sie gegründet war.
> Heute, da die wirtschaftliche, politische und geistige Not unseres Volkes ins Unermessene gestiegen ist, bedürfen wir noch weit mehr als damals eines solchen Instrumentes. Es muß unbedingt die Möglichkeit geben, die Türe der Hochschule auch für die offen zu halten, die nichts besitzen als ihre Begabung und den zähen Willen, sie auszubilden.
> Darum wendet sich trotz so vieler Vordergrund-Aufgaben, ja angesichts des Hungers, der Ruinen und des wirtschaftlichen Zusammenbruchs, die wiedererrichtete ‚Studienstiftung des deutschen Volkes' an alle öffentlichen Körperschaften sowie an alle Träger des geistigen und wirtschaftlichen Lebens mit der Aufforderung, sich – wie damals – ihrem Ruf nicht zu versagen und sie durch regelmäßige Zuwendungen zu unterstützen. Hier liegt eine besonders schöne und wichtige Aufgabe der jungen deutschen Demokratie, hier kann sie sich an dem bewähren, was uns niemand nehmen kann: an dem Wiederaufbau des geistigen Lebens.
> Unser Ruf geht auch an die alten Studienstiftler, die damals ihr Studium nur mit Hilfe der Stiftung durchführen konnten; für sie gilt es nun, eine Dankesschuld abzutragen und die junge Generation zu fördern."[62]

Dieser Aufruf wurde von den unterschiedlichsten Ehemaligen, Freunden und Förderern unterzeichnet, u.a. von Victor Agartz, Werner Bahlsen, Hanns Böckler, Max Brauer, Josef Frings, Eugen Gerstenmaier, Adolf Grimme, Romano Guardini, Walter Hallstein, Günther Henle, Alois Hundhammer, Wilhelm Kaisen, Heinrich Landahl, Hanns Lilje, Theodor Litt, Klaus Mehnert, Ludwig Raiser, Louise Schröder, Rudolf Alexander Schröder, Peter Suhrkamp, Christine Teusch. Damit stellte man die neue Studienstiftung in die Kontinuität der alten. Abgesehen von organisatorischen Fragen, bestand auch Kontinuität in der Atmosphäre:

> „Die Neugründung der Studienstiftung war eine Restauration (der) Jugenderlebnisse, ein spät geborenes Kind der Jugendbewegung. Bei meiner (Haertens, d. Verf.) Suche nach freiwilligen Helfern für das neue Werk wirkten Erinnerungen an sie und das Wort Wandervogel wie Zauberschlüssel. Als Paeckelmann mir für meine neue Tätigkeit Ratschläge gab, meinte er sogar, ich müsse zum Wochenende mit meiner ‚Klampfe' in die Universitätsstädte reisen und mit den Studienstiftlern in den Wald ziehen."[63]

---

62 StSt-A Bonn: Aufruf der Studienstiftung des deutschen Volkes, Stuttgart, 19. April 1948. Bad Godesberg 1948.
63 HH-A: H. Haerten, Studienstiftung, S. 139 f.

Das Kuratorium beschloß, die Erledigung der laufenden Aufgaben einem aus seiner Mitte gewählten Arbeitsausschuß zu übertragen und im Plenum nur in großen Abständen zusammenzutreten: es war als Kontroll-, nicht als Steuerungsorgan gedacht, auch wenn das Kuratorium formal für die Richtlinien der Studienstiftungsarbeit verantwortlich war. Die zweite Kuratoriumssitzung fand erst im Juli 1951 in der Redoute in Bad Godesberg, die dritte im September 1954 in der Bonner Universität, die vierte im Oktober 1958 wiederum in Stuttgart statt.[64] 1959 verkleinerte eine von Haerten und dem Kuratorium selbst befürwortete Satzungsänderung dieses Gremium und trug damit dem Umstand Rechnung, daß Auswahl und Förderung nicht von Kuratorium und Arbeitsausschuß, sondern von der Geschäftsführung und vom Auswahlausschuß getragen wurden.[65] Im Kuratorium waren die Träger vertreten, das Kuratorium wählte den Vorstand, der den Auswahlausschuß zusammensetzte und die Vertrauensdozenten wählte. Der geschäftsführende Leiter der Studienstiftung war zugleich Vorstandsmitglied. Damit erhielt die Studienstiftung ihre im Kern bis heute gültige Form.

In der Summe überwogen die Unterschiede die Kontinuitäten in Stil und Charakter der Studienstiftungsarbeit. Die neue Studienstiftung war ein eingetragener Verein nach BGB mit Mitgliederversammlung und Vorstand, zugleich war sie eine öffentlich-rechtliche Stiftung mit Kuratorium[66] und Stiftungspräsident.[67]

---

64 ZZBW-A: Aktenbestand Haerten, I 1949–1959: Heinz Haerten, Einleitung zum Tätigkeitsbericht, Stuttgart, 6.–8.10.1958, S. 1
65 ZZBW-A: KMK 001517/5: StSt/Haerten an den Präsidenten der Ständigen Konferenz der Kultusminister der Länder, Minister Dr. Edo Osterloh, Bad Godesberg, 20.12.1958: „Die Absicht der neuen Satzung ist es, ein kleines und darum arbeitsfähiges Kuratorium als reine Legislative und einen kleinen vom Kuratorium gewählten und ihm rechenschaftspflichtigen Vorstand als Exekutive zu schaffen."
66 Vgl. dazu §§ 6–8 der Satzung der Studienstiftung des deutschen Volkes in der Fassung vom 29.11.1996. Hg. v. StSt. Bonn 1996; § 6 (1) nennt folgende Zusammensetzung des Kuratoriums: ein Vertreter der Bundesregierung, vier Vertreter der Länderregierungen; ein Vertreter des Stifterverbandes für die Deutsche Wissenschaft; ein Vertreter der Hochschulrektorenkonferenz; ein Vertreter der DFG; ein Vertreter der Max-Planck-Gesellschaft zur Förderung der Wissenschaften; ein Vertreter der Alexander-von-Humboldt-Stiftung; ein Vertreter des DAAD; bis zu zehn Persönlichkeiten aus Hochschule, Wissenschaft, Kunst, Schule, Politik, Verwaltung oder Wirtschaft, darunter ein Mitglied des Auswahlausschusses, ein Vertrauensdozent und ein ehemaliger Stipendiat.
67 StSt-A Bonn: Satzung der Studienstiftung des deutschen Volkes e.V. Bad Godesberg 1948; vgl. dazu die Neufassung vom 6.12.1967, in: Studienstiftung Jahresbericht 1973. Hg. v. ders. Bonn 1974, S. 250–260. Stiftungspräsidenten seit 1948: Kultusminister a.D. Dr. h.c. Adolf Grimme, 1948–63; Staatssekretär a.D. Karl Theodor Bleek, 1963–67; Prof. Dr. Rudolf Siverts, 1967–1980; Bundesminister a.D. Prof. Dr. Werner Maihofer, 1980–82; Prof. Dr. Manfred Eigen, 1982–93; Prof. Dr. Helmut Altner, seit 1993.

Die Neugründung der Studienstiftung 1948

Der Sinn dieses verschachtelten Aufbaus lag in dem Bestreben, möglichst viele einflußreiche Kreise in Politik und Wirtschaft in die Studienstiftungsarbeit zu integrieren und zu einem langfristigen Engagement zu bewegen, da die Finanzierung über die Länderebene hinaus noch weitgehend offen war.[68]

Eine formale Beziehung zu den teilweise wiedererrichteten Studentenwerken an den westdeutschen Universitäten – der ‚Verband Deutscher Studentenwerke' entstand erst 1950, das neue DSW erst 1956 – bestand nicht mehr und wurde nicht mehr gesucht. Zum Stiftungspräsidenten wurde in der von Christine Teusch geleiteten Stuttgarter Sitzung vom April 1948 der dienstälteste Kultusminister, Adolf Grimme, gewählt. Der bayerische Kultusminister Hundhammer wurde Leiter des Auswahlausschusses, Dr. Peter van Aubel erster Vorstandsvorsitzender der in Bad Godesberg, Büchelstraße 55, ansässigen Studienstiftung. Die Geschäftsführung des Sekretariats übernahm der Bad Godesberger Studienrat Dr. Heinz Haerten.[69] Weniger aufgrund seiner formal minderschweren NS-Belastung – Paeckelmann war nicht NSDAP-Mitglied, wohl aber seit dem 1.3.1935 Mitglied im NSLB[70] – sondern aufgrund eines überwiegenden Interesses an der Schulaufbauarbeit war der Alt-Studienstiftungsgründer Wolfgang Paeckelmann nicht mehr an der Neugestaltung in Bad Godesberg beteiligt. Gleichwohl ließ er sich in die Liste der beratenden Alt-Mitarbeiter aufnehmen und führte Haerten noch in sein Amt ein.

---

68   HH-A: H. Haerten, Studienstiftung, S. 152 f.: „Schon bei der ersten Kuratoriumsstitzung nannte Raiser die Vereinssatzung juristisch suspekt, weil sie mit ihrer Entmachtung der Mitgliederversammlung zugunsten des Kuratoriums das im BGB verankerte Vereinsrecht zu umgehen versucht. Ich hatte dann auch große Mühe, die Eintragung ins Vereinsregister durchzusetzen (...). Die (Satzung) der Studienstiftung gibt dem Vorstand eine sehr starke Position. Er setzt die Geschäftsführung ein, beruft die Mitglieder der Auswahlgremien und die Vertrauensdozenten. Bis zur Satzungsänderung von 1958 mußten ihm sogar alle Aufnahmeentscheidungen der Auswahlausschüsse zur Genehmigung vorgelegt werden. Als neutrales Organ war er zwischen der Auslese- und Förderpraxis und das Gruppeninteressen eher exponierte Kuratorium eingeschoben. Im Kuratorium, das ursprünglich Senat heißen sollte, finden sich Bund und Länder, die kommunalen Spitzenverbände, der Stifterverband für die Deutsche Wissenschaft, also die Geldgeber, mit den Hochschulen und kooptierten Sachverständigen zusammen, im Vorstand dagegen eine kleine Anzahl von mit den Aufgaben der Studienstiftung besonders vertrauten und (...) ständig deren Tätigkeit überwachenden Personen." Vgl. auch Thomas Oppermann, Kulturverwaltungsrecht. Bildung, Wissenschaft, Kunst. Tübingen 1969, S. 427 ff.

69   Heinz Haerten, geb. 5.9.1908 in Geldern, Studium der Germanistik und Geschichte in Bonn und Frankfurt am Main; 1942–1945 Kriegsdienst; Kriegsgefangenschaft; 1.12.1945–31.3.1948 als Studienrat am Pädagogium Bad Godesberg (Otto-Kühne-Schule). Haerten war anläßlich einer Schuldezernenten- und Kultusministertagung im Bonner Museum König im Juli 1946 von Heinrich Landahl, Adolf Grimme und Peter van Aubel entdeckt worden. Haerten führte dort mit Schülern, die er in Sonderkursen für heimkehrende Kriegsteilnehmer unterrichtete, ein Theaterstück auf. Vom 1.4.1948 bis 8.3.1972 war Haerten vom Schuldienst beurlaubt. Von 1974 bis 1977 unterrichtete er nochmals Deutsch und Geschichte am Pädagogium Bonn und zog 1977 in die Niederlande.

70   BAB Ex-BDC: Karteiblatt aus der NS-Lehrerbund-Kartei, Nummer 327 909.; BAB R 4901/R 21 und R 4901/4872 (Kasseler Wilhelms-Gymnasium).

Nachdem er seit 1928 als Schulleiter am Kasseler Wilhelms-Gymnasium tätig gewesen war und nach dem Krieg die Gründung der Melanchthonschule, einer evangelischen Konfessionsschule mit Internat, in Neukirchen/Hessen betrieben hatte, die schließlich 1948 aus einer kriegsbedingten Auslagerung des Kasseler Wilhelms-Gymnasiums hervorging,[71] war Paeckelmann von 1948 bis 1951 Berater bei den Schulen Schloß Salem. Von 1951 bis 1954 war Paeckelmann Oberleiter der Landerziehungsheime der Hermann-Lietz-Schulen. Mit 72 Jahren trat er 1954 in den Ruhestand. Für seine Verdienste um den Aufbau der Studienstiftung erhielt er das Bundesverdienstkreuz.

Nicht durchsetzen konnte sich auf der Stuttgarter Konferenz vom April 1948 Alois Hundhammer mit seiner das Muster der späteren freistaatlichen Bildungspolitik andeutenden Forderung, bei der Stipendienvergabe zu berücksichtigen, daß ein Drittel aller westdeutschen Studenten an bayerischen Universitäten studiere, ferner, den Sitz der Studienstiftung nach München zu verlegen.[72] Angesichts der Tatsache, daß Hundhammer schon 1947, also vor der Neugründung der Studienstiftung, die Hochbegabtenförderung des Bayerischen Kultusministeriums eingerichtet hatte, war dies keine kleine Provokation. Theodor Litt brachte gegen Einwände Hundhammers und Bäuerles einen Beschluß durch, demzufolge die Aufnahme in den Vorstand auch für Interessenten aus der SBZ grundsätzlich möglich sein sollte.[73]

Das blieb allerdings eine auf die *de facto* immer mehr zur Disposition stehende Einheit Deutschlands zielende Geste, denn an den Aufbau einer Förderung in der SBZ durch eine westdeutsche Institution war in dieser Phase des beginnenden Kalten Krieges, der Formierungszeit der beiden deutschen Staaten an einer Grenze der sich abzeichnenden globalen Konfrontation der Supermächte, ohnehin nicht mehr zu denken.[74] So entstand die neue Studienstiftung parallel zum Weststaat Bundesrepublik und, wie die im Frühjahr 1948 gegründete Konferenz der Kultusminister der westdeutschen Länder, die 1949 gegründete Westdeutsche Rektorenkonferenz, die Zusammenfassung aller 27 westdeutschen Universitäten und wissenschaftlichen Hochschulen,[75] als eine westdeutsche Institution noch vor der Wiedergründung bzw. Gründung des DAAD 1950[76] und der Deutschen Forschungsgemeinschaft (DFG) am 2. August 1951.[77]

---

71 Vgl. Jochen-Christoph Kaiser, Zur Gründungsgeschichte der Melanchthon-Schule, in: Schwälmer Jahrbuch 1999, S. 34–43; vgl. Aus den Aufzeichnungen Wolfgang Paeckelmanns, in: Reinhard Froeb (Hg.), Das Wilhelms-Gymnasium. Kassel o.J., S. 15–18.
72 StSt-A Bonn: Neugründung der Studienstiftung. Bericht.
73 Ebd.
74 Vgl. Th. Pfizer, Die Studienstiftung 1925 bis 1975, in: StSt-Jb. 1975, S. 30.
75 Siehe Jürgen Fischer, Die Westdeutsche Rektorenkonferenz: Geschichte, Aufgaben, Gliederung. Bad Godesberg ²1961.
76 Volkhard Laitenberger, Akademischer Austausch und auswärtige Kulturpolitik: Der DAAD 1923–1945. Göttingen 1976; DAAD, Der DAAD. Seine Geschichte und seine Aufgabe. Bonn 1961.
77 Kurt Zierold, Forschungsförderung in drei Epochen: DFG. Geschichte, Arbeitsweise, Kommentar. Wiesbaden 1968; Hubert Schöne, Deutsche Forschungsgemeinschaft. Düsseldorf 1981; DFG (Hg.), Aufbau und Aufgaben. Bonn 1990; ein Gesamtüberblick bei Thomas Stamm, Zwischen Staat und Selbstverwaltung. Die deutsche Forschung im Wiederaufbau 1945–1965. Köln 1981 (Diss. phil. Bonn 1980); Valentin von Massow, Wissenschaft und Wissenschaftsförderung in der Bundesrepublik. Bonn 1986.

Die Neugründung der Studienstiftung 1948

Am Namen der Studienstiftung wurde, wenn auch nach Überlegungen, festgehalten, wie Haerten berichtet:

> „Als wir überlegten, ob wir des guten Klanges wegen, welcher der Name Studienstiftung des Deutschen Volkes in der Weimarer Zeit gehabt hatte, die Neugründung auch so nennen oder wegen des Beigeschmacks von ‚Völkischem' schlicht Studienstiftung sagen sollten, waren die christlichen Demokraten Teusch und Tillmanns für die zeitgemäßere Benennung, während die Sozialdemokraten Grimme und Landahl mit recht patriotischen Argumenten den vollen Namen durchsetzten. Das einzige, was ich (Haerten, d. Verf.) damals erreichen konnte, war ein kleines d. So hatten wir dann ab 1948 eine Studienstiftung des deutschen Volkes statt einer Studienstiftung des Deutschen Volkes."[78]

Auch hinsichtlich der Organisation von Auswahl und Förderung entsprach die Studienstiftung des Jahres 1948 nicht den weitgehenden pädagogischen und gesellschaftlichen Reformvorstellungen Adolf Grimmes, sondern knüpfte vielmehr an die Praktiken und Erfahrungen der 1920er Jahre an. Für die Situation des Jahres 1948: das Fehlen von staatlicher Organisation oberhalb der Länderebene und damit auch die Unsicherheit der Finanzierung,[79] war es zweifellos eine nachvollziehbare Entscheidung, den Versuch zu unternehmen, durch die Einbindung von Alt-Mitarbeitern der Dresdner Studienstiftung und von ehemaligen Vertrauensdozenten an den Professionalisierungsstandard von vor 1933 anzuknüpfen.[80] Angesichts der 51 schließlich vom Auswahlausschuß zum WS 1948/49 aufgenommenen Stipendiaten, die der Leiter Haerten im Verlauf des WS alle persönlich kennenlernte, konnte man noch nicht von einem institutionalisierten Auswahlverfahren sprechen: die Aufnahme der ausschließlich höheren Semester erfolgte noch durch intensive persönliche Auseinandersetzung mit den Bewerbern.[81] Ab dem WS 1948/49 jedoch war das bewährte mehrstufige Aufnahmeverfahren wieder in Kraft;[82] außerdem duldete man angesichts des neu zu errichtenden Vorschlagswesens an den Schulen und Hochschulen die bereits zwischen 1925 und 1933 in begründeten Ausnahmefällen übliche Praxis, daß ehemalige Stipendiaten Aufnahmevorschläge machen konnten, welche dann in das übliche Auswahlverfahren

---

78   HH-A: H. Haerten, Studienstiftung, S. 140.
79   Eine Anschubfinanzierung leisteten noch vor der Währungsreform der Hannoveraner Fabrikant Werner Bahlsen sowie die Firma Telefunken. Ab September 1948 beteiligten sich die Länder regelmäßig an der Finanzierung. Für das Jahr 1949 stellte das Bundesinnenministerium 30.000 DM, für das Jahr 1950 150.000 DM zur Verfügung. Trotz grundsätzlicher Bereitschaft Hanns Böcklers, die Studienstiftung zu unterstützen, kam es hier zu keiner Zusammenarbeit mit den Gewerkschaften bzw. mit dem DGB. 1953 stellte der Bund bereits 600.000 DM. ZZBW-A: Aktenbestand Haerten, I 1949–1959: Heinz Haerten, Tätigkeitsbericht auf der Kuratoriumssitzung in Bonn, 29.7.1951, S. 7 f., Arbeitsbericht vom 22.6.1953, S. 8–10.
80   Es dauerte einige Zeit, bis alle noch greifbaren ehemaligen Mitarbeiter auch reagierten; StSt-A Bonn: Friedrich von Ammon an StSt, München, 4.8.1951: „Über meine Tätigkeit für die Studienstiftung kann ich nicht gerade viel sagen (...). Ich trat im Frühjahr 1927 auf Vorschlag von Geheimrat Aloys Fischer in das hiesige Studentenwerk ein und arbeitete unter Fritz Beck nur für die Studienstiftung. Mit der Zeit fand ich sehr schöne Möglichkeiten vor allem im persönlichen Umgang mit den jungen Leuten (...). Bis dann 1933 die Verseuchung um sich griff; im Winter 33/34 stellte die der Partei gegenüber wohl schon ganz hilflose Dresdner Leitung meine politische Unzuverlässigkeit fest, und Beck mußte mich ausscheiden, was er in der denkbar anständigsten Weise tat."
81   Th. Pfizer, Die Studienstiftung 1925 bis 1975, in: StSt-Jb. 1975, S. 30.
82   ZZBW-A: Aktenbestand Haerten, I 1949–1959: StSt/Haerten, Bericht über die Erfahrungen mit 51 Stipendiaten, März 1949 (erster Auswahl- und Förderungsbericht nach der Neugründung).

gingen. Die ausführlichen Gutachten des Schul- oder Dozentenvorschlags wurden durch Interviews eines Mitprüfers und Auswahlausschußmitglieds ergänzt, die beide jeweils ein Gutachten erstellten. Alle diese Unterlagen wurden vom Sekretariat in Bad Godesberg dann zusammengestellt und dem Auswahlausschuß zur Entscheidung vorgelegt.[83]

Die Leitung der Studienstiftung setzte auf parteipolitische Neutralität, Konsens, Integration und Verfahrenslegitimität;[84] das minderte die Möglichkeit, grundsätzliche Prinzipien schnell zu verändern – oder die Studienstiftung von innen zu reformieren –, erlaubte allerdings die Kontinuität der Arbeit und die Einbindung unterschiedlicher Ansätze in der Begabtenförderung. Vor allen Dingen empfahl dies die Studienstiftung allen staatlichen Geldgebern, seit seiner Einrichtung vor allem dem Bundesministerium für Bildung und Wissenschaft, als verläßlichen, berechenbaren, parteipolitisch neutralen Akteur, der nicht mit Steuergeldern experimentiert.[85] Dieser von den Neugründern auch im Hinblick auf die erschreckend frühe und erfolgreiche ‚Machtergreifung' der studentischen Nationalsozialisten in der sozialstudentischen Arbeit in der Weimarer Republik gewollte Strukturkonservatismus der Studienstiftung des Jahres 1948 barg allerdings in sich die Gefahren der Unbeweglichkeit und zunehmenden Isolierung, wie die 1960er Jahre zeigen sollten. Hinzu kam ein nicht zu unterschätzendes Legitimationsproblem: in einer sich etablierenden sozialen Demokratie war der Elitenbildungsvorwurf angesichts des eindeutigen Re-Elitisierungstrends in der Förderung kaum zu entkräften. Der Stiftungszweck der sozial motivierten Begabungserschließung aus öffentlichen Mitteln war ohne weiteres vermittelbar. Der Trend zur Förderung von Stipendiaten, die auch ohne die Studienstiftung ihren Weg auf die Universität gefunden hätten und so zu ihrem ohnehin schon gegebenen Startvorteil noch ein zusätzliches Plus erhielten, war es nur sehr bedingt. Das sollte ein ungelöstes Problem der neuen Studienstiftung bleiben.[86]

---

83 Die ‚alumni'-Vorschläge sind zahlenmäßig nicht signifikant. Zum Vergleich: 1996 kamen von allen Aufnahmen 42,5% aus der Abiturientenauswahl, 24,6% aus der Vorexamensauswahl, 18,6% aus der Hochschulauswahl, 6,7% aus Wettbewerben, 4,6% aus der Fachhochschulauswahl, 3,0% aus der Künstlerauswahl; Studienstiftung Jahresbericht 1996, S. 31.
84 „Kuratorium, Vorstand, Geschäftsführung wurden in Ergänzung zur Satzung auch von ungeschriebenem Recht durchtränkt, etwa durch politische Ausgewogenheit im Präsidium, (...) die personelle Verzahnung von Geschäftsführung und Vorstand, ohne daß dadurch Zuständigkeiten verwischt wurden." Th. Pfizer, Die Studienstiftung 1925 bis 1975, S. 30.
85 ZZBW-A: Aktenbestand Haerten, I 1949–1959: Heinz Haerten, Vortrag im Pädagogischen Institut Heidelberg, 24.9.1956, S. 4: „1948 entstand die jetzige Studienstiftung. Adolf Grimme wurde ihr Präsident. Van Aubel leitet den Vorstand. Tillmanns war bis zu seinem Tode einer ihrer wichtigsten Mitarbeiter. Vergessen Sie bitte, wenn Sie diese Namen hören, die parteipolitischen und konfessionellen Bindungen dieser Menschen, denn das Geheimnis der Studienstiftung, ihr Lebensnerv, ist ihre völlige Unabhängigkeit von den Einflüssen jeglicher Machtgruppe; Lebensnerv, weil sie sterben müßte, wenn sie in irgend eine Abhängigkeit geriete und damit die Objektivität ihrer Auswahl in Gefahr brächte. Geldgeber ist der Bund, sind die Länder, sind zahlreiche Städte und Landkreise, sind der Stifterverband für die deutsche Wissenschaft und eine kleine Gruppe privater Spender. Die Mittel stammen also zum allergrößten Teil aus öffentlicher Hand. Aber diese Mittel sind auf Vertrauen und ohne Anspruch auf Einfluß gegeben."
86 Siehe dazu vor allem Kap. V 1.

Die Neugründung der Studienstiftung 1948

Kontinuität und Diskontinuität standen in der neuen Studienstiftung nebeneinander. So sehr besonders die Art der ideellen Förderung auch der Studienstiftung zwischen 1925 und 1933 glich, so anders war sie im Hinblick auf das mit ihrem materiellen Aspekt unmittelbar zusammenhängende Auswahlkriterium der Bedürftigkeit der Bewerber.[87] Begabung und Persönlichkeit waren und sind bis zum heutigen Tag die einzigen aufnahmerelevanten Kriterien: „Wirtschaftliche, soziale, weltanschauliche, politische oder konfessionelle Aspekte dürfen bei der Auswahl und Förderung ebensowenig eine Rolle spielen wie Geschlecht, Herkunft oder politische Überzeugung."[88]

Was – aus heutiger Sicht – immerhin fast zehn Jahre vor Einführung des Honnefer Modells der Studienförderung wie eine bewußte Entscheidung gegen eine volkspädagogisch-emanzipatorische Begabtenförderung und gegen eine systematische Erschließung des Begabungspotentials in den traditionell bildungsfernen Schichten wirkt, war zwar weniger eine programmatische Entscheidung gegen ein soziales und für ein betont nicht-soziales Modell der Auswahl und Förderung, erwies sich aber als ein vor allem im Hinblick auf die Veränderung des Sozialprofils der Stipendiatenschaft weitreichender Prozeß. Die Unterordnung des wirtschaftlichen und sozialen Aspekts der Auswahl unter den individuellen bedeutete, daß sich der Charakter der Studienstiftung grundlegend wandelte und ein Grundwiderspruch in Auswahl und Förderung erkennbar wurde:

Die Studienstiftung verstand das Phänomen hoher Begabung als Ausdruck von Persönlichkeit, aber verpflichtend im Hinblick auf die Gesellschaft. Offen blieb die Frage, warum das dann nicht auch im Blick auf die gesellschaftlichen Bedingungen individueller hoher Begabung galt, die sich dahingehend auf Auswahl und Förderung auswirkten, daß man seit Mitte der 1980er Jahre mehrheitlich Stipendiaten auswählte, die, wie Rahn in einer empirischen Untersuchung feststellte, zu über 70% aus wohlhabenden und überwiegend aus Akademiker-Elternhäusern kamen,[89] also weder wirtschaftlich noch im Hinblick auf ein Defizit an sozialem Kapital auf eine Förderung angewiesen waren.[90]

Das satzungsmäßige Ausblenden des wirtschaftlich-sozialen Hintergrunds gab der neuen Studienstiftung einen wesentlich elitäreren Zug als der alten, und dies wiederum hatte etwas geradezu Provokatives an sich. Daran konnten auch die strukturellen Wirkungen der Bildungsreform der

---

87 Vgl. StSt-A Bonn: StSt an die Alt-Studienstiftler aus den Jahren 1925–1933, Bad Godesberg, 15.2.1954: „Die neue Studienstiftung versucht wie damals, außergewöhnlich begabte und tatkräftige junge Menschen zu entdecken und ihre Ausbildung an wissenschaftlichen Hochschulen sicherzustellen. (...) Wie früher erfolgt die Auswahl nicht nach karitativen Gesichtspunkten, sondern im Hinblick auf selbständige geistige Leistung und menschliche Bewährung."
88 Die Studienstiftung des deutschen Volkes. Hg. v. ders. Bonn 1992, S. 2.
89 Vgl. Kap. V 1; H. Rahn, Interessenstruktur und Bildungsverhalten, S. 163 ff. Gleichwohl lag der Anteil der Arbeiterkinder unter den Stipendiaten 1948–1971 (bis zu 17%) um das Doppelte über dem Anteil dieser Gruppe in der Gesamtstudentenschaft (ca. 7%). StSt-A Bonn: Hartmut Rahn, Der Aufnahmejahrgang 1971. Analyse, S. 8 f.
90 Nur das ‚Büchergeld', also kein Voll- oder auch nur Teilstipendium erhielten 1979 36,2%, 1980 36,6%, 1981 36,8%, 1982 40,8%, 1983 44,8%, 1984 48,9%, 1985 49,5%, 1986 49,4%, 1987 52,7%, 1988 52,7%, 1989 53,1%, 1990 50,3%, 1991 52,3%, 1992 56,0%, 1993 55,3%, 1994 55,7%, 1995 56,9%, 1996 56,8%. Zahlen nach Studienstiftung Jahresbericht 1988, S. 118, 1996, S. 58, 1997, S. 69. Vergleichend ist hier der Rückgang bei der BAföG-Inanspruchnahme zu sehen.

1960er Jahre – im Abiturjahrgang 1973 gab es 53% Erstakademiker, im Aufnahmejahrgang 1973 der Studienstiftung 50%[91] grundsätzlich nichts mehr ändern. Die Studienstiftung stand für einen Paradigmenwechsel von der sozial-emanzipatorischen zur individualistisch-emanzipatorischen ‚Hochbegabten'-Förderung. Die Schärfe der wie auch immer zu erklärenden Begabungsungleichheit wurde von der Studienstiftung nicht mehr zugunsten von Chancengleichheit abgemildert; dafür, so argumentierte man, gab es ab 1957 die allgemeine Studienförderung nach dem Honnefer Modell. Der alten Studienstiftung war, ganz unabhängig von parteipolitischen Präferenzen, ein starker sozialdemokratischer, ja sozialistischer Zug eigen gewesen. Das galt für die individualistische neue Studienstiftung nicht einmal mehr im Ansatz. Die Studienstiftung entwickelte damit genau entgegengesetzt zum Trend der tiefgreifenden und breiten Akademisierung und der Veränderung akademischer sozialer Aufstiegsmuster in der deutschen Gesellschaft[92] einen im Hinblick auf die Auswahlergebnisse überwiegend bildungs- und auch besitzbürgerlichen, in sozialer und pädagogischer Hinsicht blinden Rekrutierungsmechanismus. Das widersprach nicht der Möglichkeit außergewöhnlicher individueller, manchmal sogar lebensbestimmender Emanzipationserfahrungen der Ausgewählten: wissenschaftlicher Einsichten, fachlicher Kontakte, beruflicher Perspektiven, menschlicher Begegnungen, der Ermunterung zum Studium im Ausland, der Erfahrung in der Forschung oder in der Praxis, auch der Bildung. Doch im Vergleich zur alten Studienstiftung kann man sagen: die neue hatte ein bei weitem weniger klares Auswahlziel, eher einen Auswahl- und Förderungseffekt. Anders als die Studienstiftung vor 1933 war sie keine Gemeinschaft mit einem Programm, eingebettet in eine bestimmte Sichtweise des Zusammenhangs von Wissenschaft und Gesellschaft. Die neue Studienstiftung kam ohne die Utopie der Pädagogischen Provinz aus.

Dieses programmatische und Legitimationsdefizit hatte Konsequenzen. Bisweilen konnte die Studienstiftung – möglicherweise als Folge der eigenen Schwäche im Programmatischen – der Versuchung nicht widerstehen, sich als selbsternanntes Korrektiv egalisierender Tendenzen im sozialen Raum der nachindustriellen Leistungsgesellschaft zu sehen. Darin lag nun wieder eine nonkonformistische Kontinuität zur alten Studienstiftung,[93] denn abgesehen von den zeitbedingten Unterschieden, war dieser Nonkonformismus nicht weniger provokativ als die gezielte soziale und immerhin nicht demokratiefeindliche Begabtenförderung in der unvollendeten Weimarer Demokratie. Und vielleicht lag die eigentliche Bedeutung von Studienstiftung und Studienstiftlern seit 1948 genau in diesem bisweilen polarisierenden elitären Nonkonformismus auch gegen-

---

91 Hartmut Rahn, Begabung und Verhalten. Referat auf der Herbstsitzung der Vertrauensdozenten in Alpbach, 4.10.1973, in: Studienstiftung Jahresbericht 1973. Hg. v. ders. Bonn 1974, S. 40–55, 46 f.

92 „Nicht in der prozentualen Zusammensetzung der familiären Herkunft der Hochschüler, sondern in den absoluten Zahlen der Studierenden und in ihrer Fachverteilung spiegelt sich die tiefgreifende Strukturwandlung unserer Gesellschaft an den Hochschulen. An die Stelle der sich einer sozialökonomischen Oberschicht der Klassengesellschaft mehr angleichenden als sie darstellenden Akademikerschaft der Bildungsberufe ist die Ausweitung in die technisch-organisatorische Berufsintelligenz der modernen Gesellschaft getreten, die mit dem Begriff der Oberschicht kaum noch erfaßt werden kann." Helmut Schelsky, Die skeptische Generation. Eine Soziologie der deutschen Jugend. Düsseldorf/Köln 1957, S. 411.

93 ZZBW-A: Aktenbestand Haerten, III 1–3/1927: Wolfgang Paeckelmann, Die Studienstiftung des Deutschen Volkes. Ein Aufruf an die deutschen Hochschullehrer, 1927, S. 9: „Hier in der Studienstiftung sollen deshalb diejenigen zusammengefaßt werden, welche unserer ganzen deutschen Studentenschaft Richtung und Höhenlage geben können."

Die Neugründung der Studienstiftung 1948

über der populistischen Trivialisierung demokratischer und sozialer Errungenschaften, dem egalisierenden Durchdringungsanspruch politisch korrekter, grenzenloser ‚Sozialpädagogisierung' aller Lebensbereiche und der ideologischen Leugnung von Leistungs- und Begabungsunterschieden. Die Studienstiftung schuf mitten im sozialen Rechts- und Sozialstaat Bundesrepublik ein Reservat, in dem nicht die Regeln von Mehrheit, Quote und Anspruch galten, sondern allein Begabung und Persönlichkeit des einzelnen zählten. Auch wenn, oder: gerade weil man mit diesem radikalen Individualismus Elemente des postmodernen *personality recruitment* in der Wirtschaft und Industrie erfolgreich vorwegnahm: diese Art der Auswahl und Förderung blieb immer eine Gratwanderung. In dem Moment, in dem sie nicht mehr – wie auch immer – der Allgemeinheit, dem programmatisch im Stiftungsnamen geführten deutschen Volk, nutzte, mußte sie jegliche Legitimität verlieren.

Grimmes von solchen Problemen weit entfernte Vorstellungen politisch-staatsbürgerlich-demokratisch-antitotalitärer Pädagogik fanden einen deutlicheren Niederschlag in den politischen Stiftungen und ihrer über die eigentliche Begabtenförderung weit hinausgreifenden Tätigkeit von der politischen Bildung über die Veranstaltung thematischer Kongresse bis hin zur Entwicklungshilfe:[94] in der 1945 wiedererrichteten Friedrich-Ebert-Stiftung, der 1958 gegründeten Friedrich-Naumann-Stiftung, der 1964 gegründeten Konrad-Adenauer-Stiftung, der 1967 entstandenen Hanns-Seidel-Stiftung.[95] Grimmes Vorstellungen von der Erziehung zur sozialen Demokratie waren auch insofern von Bedeutung, als sie den politischen Stil der Sozialdemokratie als Opposition im ersten Deutschen Bundestag von 1949 mentalitätsbildend mitbeeinflussen und auf diese Weise zur Etablierung einer funktionierenden parlamentarischen Kultur beitragen sollten.

Wie die Studienstiftung von der ersten Stipendiatengeneration der zweiten Nachkriegszeit erlebt wurde, hat anläßlich des 50jährigen Gründungsjubiläums 1975 der damalige Bundesinnenminister Prof. Dr. Werner Maihofer,[96] Jahrgang 1918, beschrieben. Maihofer, der 1937 in Konstanz das Gymnasium beendet hatte, wollte ursprünglich Jura studieren, um Diplomat zu werden, doch Arbeitsdienst, Wehrpflicht und Krieg verhinderten das. 1946 konnte sich Maihofer, der aufgrund seiner im Krieg erworbenen Kenntnisse bei einer nachrichtentechnischen Firma in Konstanz angefangen hatte, in Freiburg für das Studium der Rechtswissenschaften immatrikulieren. Seine Beschreibung der außerordentlichen Studienmotivation steht stellvertretend für den Großteil der studierenden Trümmergeneration:

> „Ich erinnere mich noch des Gefühls, mit dem ich unter dem an der Freiburger Universität angebrachten, unter dem zerstörten Dachstuhl kaum noch erkennbaren Wort des Paulus vorbeiging: ‚Die Wahrheit wird Euch frei machen!' Es ging mir, es ging uns ins Mark, dieses verheißungs-

---

94 Vgl. Adolf Grimme, Hochschule des demokratischen Menschen, in: ders., Rettet den Menschen. Ansprachen und Aufsätze. Braunschweig u.a. 1949, S. 115–130.

95 Vgl. Roland Kress, Politische Stiftungen, in: Uwe Andersen, Wichard Woyke (Hg.), Handwörterbuch des politischen Systems der Bundesrepublik Deutschland. Bonn ²1995, S. 488–492; Paul Ciupke, Franz-Josef Jelich (Hg.), Ein neuer Anfang. Politische Jugend- und Erwachsenenbildung in der westdeutschen Nachkriegsgesellschaft. Essen 1999 (Geschichte und Erwachsenenbildung, Bd. 10).

96 Geb. 1918, Prof. Saarbrücken 1955, Dekan der Rechts- und Wirtschaftswiss. Fakultät 1956/57, Rektor 1967–1969, 1970 Prof. in Bielefeld, 1971 Direktor des Zentrums für Interdisziplinäre Studien, MdB 1970–1980, 1972 Bundesminister o.G., Innenminister 1974–1978, div. Auszeichnungen und Leitung des Europäischen Hochschul-Instituts Florenz 1981–1987.

volle Wort, täglich. Uns, die wir da ausgehungert in jederlei Sinn in die allzu engen Schulbänke uns zwängten. Tief angerührt von den humanistischen Monologen eines Erik Wolf oder den politischen Disputen mit dem aus der englischen Emigration zurückgekehrten Fritz Pringsheim. Was für eine Welt tat sich da vor uns auf, uns Autodidakten, die wir über Jahre als ‚Narren auf eigene Hand' nichts als unseren Goethe oder Nietzsche verschlungen hatten, ja uns Barbaren. Immer stärker überkam uns in diesen ersten geistigen Begegnungen das Gefühl des eigenen Ungenügens, der quälerische Gedanke, ob man all das, was sich da vor einem auftat, überhaupt fassen könnte."[97]

Der Vorschlag für die Studienstiftung war, wie Maihofer 1975 rückblickend bekannte, „in jener Zeit (...) die größte Lebenshilfe überhaupt":[98]

„In dieser Situation sagte mir Erik Wolf im Jahre 1948, für mich völlig überraschend, er habe mich zur Aufnahme in die neugegründete Studienstiftung des deutschen Volkes vorgeschlagen. Natürlich hatte ich keine Ahnung, was die Studienstiftung in den Jahren vor der Machtergreifung gewesen war. Aber ich spürte sofort, was das bedeutete: der vielbewunderte Erik Wolf setzte auf mich, machte mir damit ohne große Worte klar, daß er an mich glaubte. So einfach empfanden wir damals. Die wirtschaftliche Seite dieser Entscheidung: daß ich als erster Studienstiftler in Freiburg (...) nun nicht mehr Nebenverdiensten nachrennen mußte, sondern mich ganz auf mein Studium konzentrieren konnte, war wichtig, aber sie war nicht entscheidend. Viel entscheidender war die Tatsache selbst: Studienstiftler zu sein. Wir trugen sie mit uns herum wie einen heimlichen Orden."[99]

Maihofer, Stipendiat von 1948 bis 1950 Stipendiat und später lange Zeit Mitglied des Auswahlausschusses und von 1980 bis 1982 Präsident der Studienstiftung, erlebte die Studienstiftlersozialisation in den Treffen mit dem Vertrauensdozenten, in seinem Fall Professor Fritz Pringsheim,[100] sowie die interdisziplinäre Begegnung mit Stipendiaten aus anderen Fächern: „eigenwillige Gesellen, knorrige Begabungen, versponnene Käuze (...), mit denen an jenen Abenden etwas von jener universitas litterarum Wirklichkeit wurde in einer Weise, von der unsere heute unvergleichlich besser gesicherten Studenten sich wohl kaum noch eine Vorstellung machen können."[101]

---

97 Prof. Dr. Werner Maihofer, Bundesminister des Innern, Ansprache Fünfzig Jahre Studienstiftung, Würzburg, 5.10.1975, in: Studienstiftung Jahresbericht 1975. Hg. v. StSt. Bonn 1976, S. 15–18, 16.
98 Ebd.
99 Ebd., S. 16 f.
100 1882–1967; Jurist; 1929–1935 Prof. in Freiburg i.Br.; wegen jüdischer Abstammung aus dem Amt getrieben; 1939 Emigration nach England, Dozent in Oxford; 1946 wieder Prof. in Freiburg.
101 W. Maihofer, Ansprache Fünfzig Jahre Studienstiftung, S. 17.

2. ‚Hochbegabten'-Förderung der ‚skeptischen Generation' und NS-Vergangenheit: die 1950er Jahre

a) Alt-Stipendiaten und ihre Schicksale

1957 erschien Helmut Schelskys große soziologische Jugendstudie unter dem Titel ‚Die skeptische Generation'. Schelsky,[102] ebenfalls ehemaliger Studienstiftler, gelang es, eine erste Antwort in der Bestimmung des zeitgeschichtlichen und gesellschaftlichen Standortes der westdeutschen Nachkriegsjugend zu finden, den er im Übergang zwischen zwei Zeitaltern, dem der klassischen Industriegesellschaft und dem sozialen Raum der postindustriellen Dienstleistungsgesellschaft sah. Charakteristisch für die Nachkriegsgeneration sei ihre auffällige Skepsis gegenüber allen Ideologien, ihre Zurückhaltung gegenüber jedem Engagement, schließlich der Realismus und Pragmatismus ihres Verhaltens, der sie von der Vorkriegsjugend deutlich abhebe. Für die Studienstiftung war, nach Schelskys ‚Phasen der Verhaltensgestalt', die skeptische Generation also die dritte nach der Generation der Jugendbewegung und der Generation der politischen Jugend.[103] Das brachte erhebliche biographische Verwerfungen und Verständigungsprobleme mit sich:

> „Was 1925 gesinnungsvolle Intelligenz, dann charaktervolle Begabung war, hieß nun wissenschaftliche Begabung und charakterliche Haltung. Das deutsche Volk wurde über das Volksganze zur Allgemeinheit und schließlich, völlig entemotionalisiert, zur Gesellschaft. Aus ‚allen Ständen' wurde die Gesamtzahl der Volksgenossen, 1948 die Startgerechtigkeit, und heute ist es die Chancengleichheit. Unsere Sprache war das alles nicht, und zwar nicht nur darum, weil uns das Pathos störte. Die davon gereinigte Redeweise der Soziologen geht genauso an dem vorbei, was wir (...) ausgesprochen haben möchten, um aus dem Teufelskreis herauszukommen."[104]

Anläßlich des 50. Jubiläums erinnerte sich der damalige bayerische Staatsminister für Unterricht und Kultus, Prof. Dr. Hans Maier,[105] als Stipendiat von 1954 bis 1957 selbst ein Angehöriger der skeptischen Generation und seit 1962 Vertrauensdozent, recht kritisch an seine Sicht der idealistisch-unpolitischen Atmosphäre der Studienstiftung, die noch von dem Nebeneinander dieser drei Generationen bestimmt wurde:

---

102 1912–1984; Soziologe; 1943/1944 Prof. in Hamburg; 1960–1970 in Münster; 1970–1973 in Bielefeld, dann bis 1978 wieder in Münster; ab 1960 Direktor der Sozialforschungsstelle Dortmund; Berater und Planer im Bereich der Hochschulorganisation.

103 In diesem Zusammenhang legte Schelsky großen Wert auf die kritisch-reflektierte Begriffsverwendung zur Vermeidung von sozialwissenschaftlichem ‚Scheinverständnis': H. Schelsky, Die skeptische Generation, S. 20: „Der Begriff des ‚Übergangs' gehört zu den in den Sozialwissenschaften sehr gebräuchlichen und unvermeidbaren Formeln von notwendiger Vordergrundsexaktheit, die die in jeder sozialen Wirklichkeit vorhandene Wechselwirkung ihrer Faktoren begrifflich zusammenfassen und zu überdachen versuchen." Allzu oft wurde in Jugend- und Bildungsstudien der folgenden Bildungsreformzeit nicht in diesem Sinn differenziert; vgl. dazu Kap. IV 3.

104 HH-A: H. Haerten, Studienstiftung, S. 156 f.

105 Geb. 1931, 1957 Promotion, 1962 Habilitation Freiburg i.Br., seit 1962 Prof. für Polit. Wiss. Univ. München; 1971/72 und 1982 Präsident der Kultusministerkonferenz der Länder, 1976–1988 Präsident des ZK der deutschen Katholiken, 1970–1986 Bayer. Staatsminister für Unterricht und Kultus (CSU), seit 1988 Prof. für christl. Weltanschauung, Religions- und Kulturtheorie an der Univ. München.

„wir (gingen) in den fünfziger Jahren, auch in der Studienstiftung, allzu unbefangen vom Bild eines runden, universellen Menschen aus (...), eines ebenso intellektuell wie musisch, sportlich und sozial gebildeten Menschen. (...) Darin klang Jugendbewegung nach aus den Gründerjahren unserer Stiftung. Als man dann entdeckte, daß fachliche Qualität und Spezialisierung unmöglich in allen Fällen humanistische Breite und Universalität nach sich ziehen konnte, (...) da war die Folge Ratlosigkeit. (...) Erst allmählich wurde bewußt, daß man allzu eilig ein Humanistenideal auf die Gegenwart übernommen hatte."[106]

Auf andere Weise als Maier es für die Auswahl beschrieb, wurde der Studienstiftungsalltag im Bad Godesberger Sekretariat in den 1950er Jahren von der Vergangenheit immer wieder eingeholt. Seit 1948 meldeten sich Ehemalige zurück, um von ihren Kriegs- und Nachkriegsschicksalen zu berichten und ihre Mitarbeit anzubieten. Dr. Haerten hatte im Namen von Vorstand und Kuratorium in Rundschreiben und Veröffentlichungen immer wieder dazu aufgerufen, um zu einem klaren Bild der Studienstiftungsgeschichte zwischen 1933 und 1945 zu kommen und möglichst viele Ehemalige in die Studienstiftungsarbeit einzubinden. Diese Bitte um Mitarbeit auch und gerade an diejenigen Alt-Studienstiftler, die zu den Opfern von Hitlers Herrschaft zählten, entsprach keineswegs nur praktischen Erwägungen, sondern ging von der richtigen Einschätzung aus, daß gerade diese Alt-Stipendiaten oft das Bedürfnis hatten, ihre Erfahrungen in die neue Studienstiftung einzubringen.[107]

Dies allerdings war und blieb das Äußerste an Auseinandersetzung mit der nationalsozialistischen Vergangenheit: an die Öffentlichkeit trat man nicht.[108] In den Rundschreiben und Merkblättern vertrat das Sekretariat seit 1948 die formal richtige Anschauung, die Studienstiftung sei 1933 gleichgeschaltet und 1934 aufgelöst worden; nach den näheren Zusammenhängen um das Jahr 1933, vor allen Dingen nach dem Ausschluß marxistischer und jüdischer Stipendiaten in der kritischen Zeit zwischen Januar 1933 und der Gründung des ‚Reichsstudentenwerks' 1934 allerdings fragten weder der Leiter, noch Kuratorium, Vorstand, Referenten, Vertrauensdozenten oder Stipendiaten. Vor allem unterblieb, angesichts des hohen moralischen Anspruchs der Stu-

---

106 Prof. Dr. Hans Maier, Bayer. Staatsminister für Unterricht und Kultus, Ansprache Fünfzig Jahre Studienstiftung, Würzburg, 5.10.1975, in: StSt-Jb. 1975, S. 9–14, 11; vgl. dazu Adolf Grimme, Homo academicus, in: ders., Rettet den Menschen, S. 130–136; HH-A: H. Haerten, Studienstiftung, S. 158 f.: „Einig waren sich alle in der Ablehnung von Testverfahren, da ja doch die Doppelforderung nach Begabung und Charakter, die Bewertung nach der ‚Gesamtpersönlichkeit', erst ihren Sinn gebe. Die Philosophen Weischedel und Litt erklärten allerdings, die Alternative Charakter oder Befähigung existiere gar nicht, denn Hegels Wort von der denkenden Sittlichkeit, daß Wissenschaft und Charakter sich wechselseitig bedingen, daß zum mindesten wissenschaftliche Leistung Charakter voraussetze. So wurde über die eigentliche Auswahlproblematik hinwegdiskutiert."
107 Zum Beispiel StSt-A Bonn: StSt an die Alt-Studienstiftler aus den Jahren 1925–1933, Bad Godesberg, 15.2.1954. Natürlich meldeten sich daraufhin auch Stipendiaten der NS-‚Reichsförderung': StSt-A Bonn: Dr. Hermann Schnell an StSt, Krefeld-Uerdingen, 4.11.1954: Schnell fragte wegen der Rückzahlung seines Stipendiums an und bot an, Studienstiftler bei den Bayer-Werken zu vermitteln.
108 Alle Geschäftsführer der Studienstiftung nach 1948, Dr. Heinz Haerten (1948–1970), Dr. Hartmut Rahn (1970–1995) und Dr. Gerhard Teufel (seit 1995) haben sich um die Erforschung der NS-Vergangenheit der Studienstiftung bemüht. Dr. Haerten hat, Anfang der 1970er Jahre, nach umfangreicher Korrespondenz zum Verbleib der Dresdner Aktenbestände, den späteren Würzburger RSF-Bestand eingesehen; Dr. Rahn organisierte 1989/90 das dokumentarische Projekt ‚Erinnerte Geschichte'; Dr. Teufel regte 1997 die ausgewählte Publikation von Dokumenten zur Studienstiftungsgeschichte an.

Die Neugründung der Studienstiftung 1948

dienstiftung ganz besonders fragwürdig, ja unerklärlich, eine Geste des Bedauerns gegenüber den ehemaligen Stipendiatinnen und Stipendiaten, die aus rassistischen oder politischen Gründen aus der Studienstiftung entfernt worden waren, letztlich also: eine Anerkennung eigener Verstrickung in Nationalsozialismus und nationalsozialistische Herrschaft.

Unter den nach Haertens Aufrufen eingehenden Briefen waren erschütternde Lebensläufe des Weltbürgerkriegs.

So meldete sich im Mai 1948 die Theologin Dr. Hanna Wolff, geb. Dorr, bei Dr. Haerten. Sie hatte ursprünglich als Studienstiftlerin Jura studiert und 1931 zur evangelischen Theologie gewechselt. 1933 wurde sie als Frau von der Förderung ausgeschlossen. Mit Hilfe anderweitiger Unterstützungen studierte Hanna Dorr bis zum 1. theologischen Examen, das sie im Februar 1934 in Tübingen ablegte. Anschließend ging sie, eine theologische Dissertation war in Arbeit, zum Studium nach Schweden. Ihre Dissertation wurde mit Unterstützung des schwedischen Erzbischofs Erling Eidem schließlich gedruckt. Nach Vikariat, 2. Examen bei der Pommerschen Bekenntniskirche in Stettin und Heirat mit dem Studienstiftler Otto Wolff ging Hanna Wolff mit ihrem Mann im Januar 1937 zur Mission nach Indien, wo beide an einer High School und an einem Predigerseminar unterrichteten.

Bei Kriegsausbruch wurde das Ehepaar interniert und für drei Jahre in getrennten Lagern untergebracht. Nach der Zusammenlegung bauten beide eine Lagerschule für die internierten Kinder und Jugendlichen auf. Im April 1946 bekamen die Wolffs ihr erstes Kind, das die Repatriierung im November 1946 nicht überlebte und bei der Ankunft im Hamburg starb. 1947 erhielt Dr. Otto Wolff nach langen Bemühungen eine Anstellung als Lehrer in Reutlingen, hatte aber, nach der Geburt des zweiten Kindes im Februar 1948, eine Stelle an der deutschen Schule und als Pfarrer in La Paz, Bolivien angenommen:

> „Sie haben mich damals bei meiner Umsattlung ausgelacht und gesagt, ich passe nicht zur Theologie. Etwas Wahres war darin, aber ganz hat es doch nicht gestimmt. Sie meinten, mich zögen nur die Sprachen an. Ich habe allerdings außer Griechisch und Hebräisch noch Englisch und Hindi lernen müssen und Schwedisch. Im Lager habe ich ein gut Teil Japanisch gelernt, und nun müssen wir noch einmal ganz von vorn mit Spanisch anfangen. Ich werde dort auch unterrichten."[109]

Im Oktober 1970 meldete sich Dr. Ernst Blumenthal beim Sekretariat mit der Bitte um Unterstützung bei der Geltendmachung seiner Rentenansprüche:

> „Im Jahre 1930 wurde ich in die Studienstiftung aufgenommen und gehörte ihr bis zum Jahre 1933 an. Für Mai 1933 hatte ich mich zum Referendar-Examen gemeldet, wurde aber als Jude nicht mehr zugelassen. Ich legte daraufhin im Juli 1933 mein juristisches Doktor-Examen an der Universität Köln ab. (...) Im Oktober 1933 wanderte ich nach England aus, arbeitete dort ein Jahr als Bäckerlehrling und erhielt dann ein Stipendium von der London School of Economics. 1935 bestand ich an dieser Universität das Examen für das Diplom als ‚teacher for secondary schools'. Im selben Jahr wanderte ich nach Palästina aus, studierte an der Hebräischen Universität und unterrichtete dann an Volks- und Höheren Schulen, an Lehrerseminaren und Universitäten. Im israelischen Kultusministerium war ich Schulrat und Direktor des Schulfernsehens. Heute bin ich Leiter der Abteilung für Lehrerfortbildung. Ich habe eine Anzahl Bücher veröffentlicht, da-

---

109 StSt-A Bonn: Dr. Hanna Wolff an StSt/Dr. Heinz Haerten, Reutlingen, 19.5.1948.

runter eine größere Biographie Herzls,[110] Lehrbücher für Geschichte und Englisch etc. wie auch verschiedene wissenschaftliche Artikel."[111]

Das waren Ausnahmelebensläufe. Häufiger hörte man in Bad Godesberg von Karrieren, für die Nationalsozialismus und Krieg keine gravierende Zäsur bedeutet hatten, so bei Dr. Hans Gebelein, Jahrgang 1907. Gebelein hatte als Stipendiat in Würzburg und Göttingen Mathematik und Physik studiert, wurde 1931 in Göttingen promoviert und legte 1932 das Staatsexamen in Würzburg ab. Nach seiner Assistentenzeit an der TH Stuttgart hatte er sich 1938 dort habilitiert und eine Dozentur für Angewandte Mathematik und Mechanik übernommen. Ab 1938 lehrte er als Baurat an der Maschinenbauschule Esslingen und war in wachsendem Maß als Gutachter tätig. 1944 wurde er an die Luftfahrt-Forschungsanstalt Braunschweig-Völkenrode kommandiert, wo er zwischen 1945 und 1947 dann für die Royal Air Force tätig war. Ab 1947 arbeitete er wieder vor allem auf dem Gebiet der Statistik für deutsche Auftraggeber. 1949/50 nahm Gebelein in Wright Field, Dayton/Ohio, einen Forschungsauftrag der US-Army an. Seit 1950 war er im Amt für Landeskunde in Landshut tätig.[112] Im Juli 1951 meldete sich der später durch seine Tierfilme über Deutschland hinaus bekannt gewordene Frankfurter Zoodirektor Dr. Bernhard Grzimek, der als Student der Veterinärmedizin Stipendiat gewesen war, beim Sekretariat: in der Benennung von Ehemaligen aus seinem Fachbereich konnte er wenig helfen, da er schon zu seiner Stipendiatenzeit ein fachlicher Exot gewesen war.[113] Ebenfalls im Juli 1951 schilderte der Münchner Anwalt und Ehemalige Dr. Franz Swoboda seine Erlebnisse in der NS-Zeit:

> „Ich hatte während dieser Zeit schwerste Kämpfe durchzufechten, war 1934 in Schutzhaft (...). 1935 wurde ich im August wieder in Schutzhaft genommen, kam im September ins KZ Dachau und wurde durch den Einsatz meiner Frau 1936 entlassen (...). Trotzdem habe ich mich als Anwalt für Recht, Freiheit und Frieden eingesetzt. Dies brachte mich noch fünf Mal in Schutzhaft, brachte 1942 den Verlust meiner Kanzlei (...). Ich wäre sonst wieder nach Dachau gekommen."[114]

Dr. Heinrich Vogeley, Dozent an der PH Celle, der im Frühjahr 1952 dem Sekretariat einige weitere Ehemalige nennen konnte, hatte nach Abschluß seines Studiums 1931 den Schulreferendardienst angetreten und im Juli 1932 promoviert und war dann zum weiteren Studium nach Oxford gegangen. Dort fand er für einige Zeit als Lehrkraft an der St. Edward's School Anstellung, bevor er im September 1933 die Referendarausbildung wieder aufnahm und im Oktober 1934 das Assessorexamen ablegte. Vogeley ging dann von 1934 bis 1938 als Lehrer und Erzieher an die reformpädagogische Hermann-Lietz-Schule auf Schloß Bieberstein/Rhön. 1938 erhielt er einen Lehrauftrag als Dozent für Deutsch und Methodik des Deutschunterrichts an der Hochschule für Lehrerbildung Trier. Nach 1945 und im Zuge der Rekonfessionalisierung der Lehrerbildung in Rheinland-Pfalz ging er 1946 an die PH Celle, wo er Kollege der dort ebenfalls lehrenden Sozialpädagogin Elisabeth Siegel wurde.[115]

---

110 Ernst P. Blumenthal, Diener am Licht. Eine Biographie Theodor Herzls. Köln 1977.
111 StSt-A Bonn: Dr. Ernst Blumenthal an StSt, Jerusalem, 1.10.1970. Das Sekretariat konnte Dr. Blumenthal in seiner Rentensache nicht helfen, da auch seine Akte aus dem Dresdner Altbestand verloren war.
112 StSt-A Bonn: Dr. Hans Gebelein, Lebenslauf.
113 StSt-A Bonn: Zoodirektor Dr. Bernhard Grzimek an StSt, Frankfurt am Main, 18.7.1951.
114 StSt-A Bonn: Dr. Swoboda an StSt, München, 23.7.1951.
115 StSt-A Bonn: Dr. Heinrich Vogeley an StSt, Celle, 28.3.1952.

Die Neugründung der Studienstiftung 1948

b) Neue Probleme des alten Auswahlverfahrens: Maßstabsbildung

1954 stellte Prof. Dr. Kurt Ballerstedt[116] die neue Studienstiftung umfassend in der ‚Deutschen Universitätszeitung' vor. Sein Artikel war zugleich der erste größere Versuch zur Thematisierung typischer studienstiftungseigener Probleme: der Auswahl, der Elitenbildung, der Förderungsziele. Zu diesem Zeitpunkt hatte die neue Studienstiftung von 3.700 Vorgeschlagenen 1.400 Studierende aufgenommen, förderte also mit einem nach Semesterzahl gestaffelten, auch in den Ferien ausgezahlten Satz, für die ersten beiden Semester 120 DM, vom dritten Semester an 170 DM,[117] ca. 1% der Studierenden an Universitäten und Technischen Hochschulen in der Bundesrepublik, so daß genügend Erfahrungen für eine Zwischenbilanz vorlagen. Die Studienstiftung, so Ballerstedt unter Berufung auf ein Studienstiftungsmerkblatt, sei eine von Bedürftigkeit absehende Förderung für „die wissenschaftliche und künstlerische Ausbildung derjenigen Studenten und Studentinnen (...), deren Gesamtpersönlichkeit hervorragende Leistungen im Dienste des Volksganzen erwarten läßt."[118] Finanziert werde die Studienstiftung mehrheitlich von Bund, Ländern und Gemeinden, ferner dem Stifterverband[119] für die deutsche Wissenschaft sowie von privaten Spendern.[120] Das Vorschlagsrecht liege bei den höheren Schulen und den Universitätsdozenten. Am Schulvorschlag habe die neue Studienstiftung festgehalten, um zu verhindern, daß mehrheitlich fortgeschrittenere Studierende vorgeschlagen und aufgenommen werden. Die Aufnahme erfolge für drei Semester auf Probe, Aufnahmesitzungen der Auswahlkommission fänden aufgrund des erheblichen Arbeitsaufwands nur einmal jährlich vor Beginn des Sommersemesters statt.

Dann versuchte Ballerstedt zu erläutern, was die Studienstiftung unter einer Gesamtpersönlichkeit verstand: „Der Begriff der Gesamtpersönlichkeit bezeichnet, recht verstanden, bei einem noch werdenden Menschen nicht einen Zustand, sondern ein zukünftiges Vermögen. Die Studienstiftung will also diejenigen jungen Menschen auswählen, sammeln und fördern, die eine schöpferische Lebensleistung versprechen."[121] In einer demokratischen Sozialordnung sei schöpferisch nicht mit genial zu verwechseln, sondern auf jede theoretische oder praktische Berufsausübung zu beziehen, die akademisch-wissenschaftliche Bildung voraussetze und in der Höchstleistungen erbracht würden. Ganz ausdrücklich hob Ballerstedt hervor, daß dafür nicht die Hochschullehrerlaufbahn den Maßstab abgeben oder im Bewerbertypus dominieren dürfe: „Unerläßlich ist aber, daß wissenschaftliches Denken, wissenschaftliche Erkenntnis für den Be-

---

116 1905–1977; Jurist; Prof. für Handels- und Wirtschaftsrecht in Bonn.
117 1952 benötigte der Durchschnittsstudent über 120–150 DM (zusätzlich 30 DM für Studiengebühren). 20,8% der Studierenden hatten weniger als 50–100 DM monatlich; 46,8% diesen Betrag; 23,4% hatten mehr. Ein Drittel der Studierenden wurde vollständig von den Eltern finanziert, bis 1962/63 wurden es sogar ca. 45%; K.H. Jarausch, Deutsche Studenten 1800–1970, S. 217, Zahlen nach G. Kath, Das soziale Bild der Studentenschaft in Westdeutschland und Berlin, Bd. 1 (1954).
118 StSt-A Bonn: Merkblatt Studienstiftung des deutschen Volkes, Bad Godesberg 1954.
119 Der Stifterverband stellte der Studienstiftung allein bis April 1959 den Betrag von 1,8 Millionen DM zur Verfügung; ZZBW-A: Aktenbestand Haerten, I 1949–1959: StSt/Haerten, Vortrag vor dem Stifterverband, Wiesbaden, 29.4.1959, S. 1.
120 Kurt Ballerstedt, Die Studienstiftung des deutschen Volkes. Aufgaben, Auswahlprinzipien, Arbeitsweise, in: DUZ 9 (1954), Nr. 2, S. 8–12, 9.
121 Ebd.

werber lebenswichtig sind und daß das Hochschulstudium einen entscheidenden Beitrag zur Erschließung seiner Kräfte leistet."[122] Spezialisierung sei dabei unvermeidlich und solle nicht gegenüber einer immer zweifelhafter werdenden Allgemeinbildung herabgesetzt werden. Klare Aussagen machte Ballerstedt auch zum Aufnahmegespräch: der prüfende Hochschullehrer habe kein Mandat, die Kandidaten abiturförmig zu prüfen. Seine Aufgabe müsse sich darauf beschränken, Anregungen zur Formulierung von Selbstkonzepten und Zukunftsvorstellungen zu geben, um aus diesen Indizien Schlüsse zu ziehen:

> „Wenn der enge Spezialist aus Mangel an geistiger Substanz abzulehnen ist, so gehört der nur ‚sachlich' gerichtete Student aus Mangel an Menschlichkeit nicht in die Reihen der Studienstiftung. Umgekehrt kann eine Betätigung des Bewerbers innerhalb der studentischen Selbstverwaltung oder (...) anderer Art oder Offenheit in der Berührung mit fremden Völkern als Anzeichen eines Dranges nach menschlich verbindendem Wirken für die Auswahlentscheidung von Bedeutung sein."[123]

Letztlich gehe es um die verantwortungsvolle Kunst des Erkennens charakterlicher Kräfte an ihren Wirkungen: der Bewährung in unterschiedlichen Lebenslagen, der Spannweite des Aufnahmevermögens, der Belastbarkeit, der Selbständigkeit, der Spontaneität, schließlich des *common sense*.[124] Absolute Zurückhaltung sei bei der Frage nach Religion und Religiosität geboten: hier lägen zu respektierende Grenzen des Privaten. Die Betreuung der Studienstiftler erfolge hauptsächlich durch den Vertrauensdozenten, der vor allem für die endgültige Aufnahme wichtig sei. Ballerstedt vergaß allerdings darauf hinzuweisen, daß ein wichtiger Teil der Betreuung in den regelmäßigen Besuchen der Mitarbeiterinnen und Mitarbeiter des Bad Godesberger Sekretariats in den Universitätsstädten bestand. Dieses Gesprächsangebot war ein wichtiges Korrektiv zur Ebene des Vertrauensdozenten: es ermöglichte dem Sekretariat, sich ein eigenes Bild von der Lage der Studienstiftler an einer bestimmten Universität zu machen, und den Stipendiaten, direkt mit Vertreterinnen und Vertretern der Studienstiftung in Kontakt zu treten. Für das Berufsbild des Referenten der Studienstiftung des deutschen Volkes wurde neben der Zusammenstellung der Unterlagen für die Auswahl und endgültige Aufnahme und neben der intensiven Auseinandersetzung mit den Semesterberichten, die für jeden einzelnen Stipendiaten schriftlich zu bestätigen und zu kommentieren sind, diese Reisetätigkeit zu den Universitäten, später zu den Auswahlseminaren und Sommerakademien, kennzeichnend.[125] Der Vertrauensdozent, so Ballerstedt weiter, sei kein Erzieher und keine moralische Instanz, sondern bestenfalls ein Moderator bestehender Interessen: „Es ist nicht Sache der Studienstiftung, Avantgardisten des gesellschaftlichen Fortschritts zu erziehen. Man kann ihr Erziehungsziel auch mit einer politischen Formel nicht zutreffend umschreiben."[126] Abschließend stellte Ballerstedt die Schlüsselfrage, ob die Studien-

---

122 Ebd., S. 10.
123 Ebd.
124 ZZBW-A: Aktenbestand Haerten, I 1949–1959: Heinz Haerten, Berichterstattung Auswahlausschuß 1953, S. 2: „Es geht nicht, dass ein 18-jähriger wegen seiner jugendlichen Frische oder dass ein 30-jähriger wegen seiner besonderen Reife positiv beurteilt wird. Es geht nicht, dass ein Vorprüfer zur Empfehlung der Aufnahme kommt, obwohl der Bewerber zwar nicht zur Spitzengruppe gehört, aber an einer TH studiert, und die TH sei prozentual zu schwach in der StSt vertreten."
125 Noch bis Ende der 1960er Jahre gab es unter Haerten im Bad Godesberger Sekretariat Halbtagsstellen für Referentinnen und Referenten, die sich neben ihrer Tätigkeit für die Studienstiftung nebenbei wissenschaftlich qualifizieren konnten.
126 K. Ballerstedt, Die Studienstiftung., S. 11.

Die Neugründung der Studienstiftung 1948

stiftler akademische Elite seien. In einem unpolitischen, rein funktionalen Sinn fern allen gesellschaftlichen Prestigeanspruchs stimmte Ballerstedt dem zu, wies allerdings auch darauf hin, daß es besser sei, den Begriff Elite ganz zu vermeiden – dies eine geradezu reflexhafte Haltung in der Studienstiftung seit den 1950er Jahren. Hier zeigte sich, wie tiefgreifend der Elitebegriff in Deutschland diskreditiert war: so tief, daß sich selbst diejenige Institution, die an führender Stelle im demokratischen Konsens und hauptsächlich aus Bundesmitteln verantwortungsbewußte ‚Hochbegabten'-Förderung betrieb,[127] sich ständig vom Vorwurf der Elitenbildung abgrenzen zu müssen meinte und lieber im Verborgenen wirkte als in der Öffentlichkeit, wenn nicht für seine positive Besetzung, dann doch für seine Entdämonisierung zu wirken. Diese Zurückhaltung und Öffentlichkeitsscheu wurde angesichts der Verschärfung und Ideologisierung der Elitendiskussion in den 1960er Jahren immer fragwürdiger. Defensive Modernisierung in der pluralistischen Gesellschaft war nicht mehr gegen den öffentlichen Diskurs möglich. Dieser wurde zunehmend von radikal politisierten Randgruppen wie dem SDS beherrscht, der, wie das witzig-subversive Propagandaplakat von 1973 mit den Köpfen von Marx, Engels und Lenin verkündete, „nicht vom Wetter redete".[128] Die kulturelle Hegemonie in der Elitendiskussion ging seit 1968 eindeutig auf die Vertreter radikaler Konzepte von ‚Macht und Herrschaft in der Bundesrepublik' über,[129] so ein Buchtitel des Bochumer Soziologen Urs Jaeggi von 1969, deren explizite Elitenkritik mehr oder minder implizite Kapitalismuskritik war.[130] Das sollte die ‚Hochbegabten'-Förderung in eine Existenzkrise bringen.

Die Auswahlarbeit war auch in den 1950er Jahren nicht unumstritten.[131] Zunehmend geriet ihr Subjektivismus in die Kritik, und das auch bei Ehemaligen. Im April 1955 erhob der Koblenzer Arzt Dr. Ernst Krombach, der selbst im Auswahlausschuß mitarbeitete, massive Vorwürfe gegen die Vorschlagspraxis eines Koblenzer Gymnasiums, dem er konfessionelle Protektion und sogar individuelle Bevorzugung vorwarf. Sehr stichhaltig waren diese Vorwürfe schon deshalb nicht, weil Krombach mit einem Teil des Auswahlverfahrens vertraut war, doch machten sie deutlich, daß es ein erhebliches Transparenzdefizit im Umgang mit dem gesamten Auswahlverfahren gab.[132] Charakteristisch war Haertens behördenhafte Erwiderung, der Krombach nach ausführlichen Recherchen unter Verweis auf die Aktenlage sachlich mitteilte, daß seine Vorwürfe unbe-

---

127 Siehe für diese Zeit z.B. 2. Deutscher Bundestag, 24. Sitzung, Bonn, Donnerstag, 8. April 1954, Protokoll S. 920; 155. Sitzung, Bonn, Donnerstag, 28. Juni 1956, Protokoll, S. 8497.
128 Abdruck u.a. in Hagen Schulze, Kleine deutsche Geschichte. München 1996, S. 253. Der Slogan bezog sich auf ein bekanntes Werbeplakat der Bundesbahn mit gleichem Text: „Alle reden vom Wetter. Wir nicht". Zur Geschichte des SDS Willy Albrecht, Der Sozialistische Deutsche Studentenbund (SDS). Vom parteikonformen Studentenverband zum Repräsentanten der Neuen Linken. Bonn 1994 (Politik- und Gesellschaftsgeschichte, Bd. 35).
129 Urs Jaeggi, Macht und Herrschaft in der Bundesrepublik. Frankfurt am Main 1969; vgl. auch ders., Die gesellschaftliche Elite. Bern 1961.
130 Das zeigte sich zum Beispiel im politischen Denken Rudi Dutschkes; vgl. Gretchen Dutschke, Wir hatten ein barbarisches, schönes Leben. Rudi Dutschke. Eine Biographie. Köln 1996, S. 56 ff., 104 ff, vor allem 312 ff. (‚Doktorarbeit'); oder in der Universitätskritik des SDS: vgl. Hochschule und Demokratie. Denkschrift des Sozialistischen Deutschen Studentenbundes. Frankfurt am Main 1961.
131 Das war auch ein Spiegelbild der 1950er Jahre. Haerten berichtet, daß noch 1950 Peter van Aubel als Vorstandsmitglied die Weiterförderung eines Stipendiaten in Frage stellte, der Vater eines Kindes geworden, aber nicht bereit war, zu heiraten. HH-A: H. Haerten, Studienstiftung, S. 41.
132 StSt-A Bonn: Dr. Ernst Krombach an StSt/Dr. Haerten, Koblenz, 16.4.1955.

gründet seien: „Dieser Widerspruch der Meinungen schließt aber nicht meine Bitte an Sie aus, auch weiterhin, sollten ähnliche Zweifel an der Objektivität der Studienstiftung auftauchen, mir Nachricht zu geben. Hier können nicht genug Augen kritisch wachen."[133] Auch wenn derartig grundsätzliche Vorwürfe die Ausnahme waren – meistens ging es lediglich um die Dauerfrage, welche und wieviele Kandidatinnen und Kandidaten ein Gymnasium vorschlagen kann und soll –, zog Haerten daraus keineswegs den Schluß, die Kommunikation innerhalb der Studienstiftungsgremien zu verbessern, also transparenter zu gestalten, zum Beispiel die Auswahlkommission durch Gesprächsrunden oder organisierten Meinungsaustausch stärker zu integrieren.

Der Leiter kam persönlich zu einzelnen lokalen Treffen der regionalen und lokalen Vorprüfer, um deren Ansichten zu hören und in ausführlichen – internen – Berichten festzuhalten, sorgte aber nicht für *feedback*. Angesichts solcher Vorgänge konnte man den Eindruck gewinnen, Haerten betreibe die Studienstiftung gleichsam für sich selbst, kompensiere durch seine Tätigkeit ein Leiden an deutscher intellektueller Identität: „Wir Deutsche leben von unserer Energie. Von Geist gelenkt, brachte sie uns Wohlstand und Kultur, von Geist verlassen, Katastrophen. Den Geist, wo er sich als Begabung anbietet, zu pflegen, ist für die Zukunft vielleicht das Entscheidende."[134]

Wiederum nicht für die Öffentlichkeit, sondern für die Mitarbeiter und Vertrauensdozenten der Studienstiftung war auch eine Zusammenstellung von Erfahrungen mit Semesterberichten gedacht, welche die Professoren Karl Schefold,[135] Günther Bornkamm[136] und Hans Martin Klinkenberg 1958 hausintern in den Druck gaben. Dabei handelte es sich um Referate auf Vertrauensdozententagungen. Kaum eine Quelle spiegelt die Selbstbezogenheit der Studienstiftungsarbeit der 1950er Jahre und die zunehmende, von Hans Maier später deutlich kritisierte Fragwürdigkeit, ja Wirklichkeitsfremdheit der auswahlrelevanten Begrifflichkeit so deutlich:

> „Die Studienstiftung ist in einer Zeit gegründet worden, in der man mutiger war, dem modernen Ungeist entgegenzutreten als heute. Ein solcher Mut zeigt sich schon in der Grundregel auszulesen, und nicht nur nach der Leistung auszulesen, sondern nach der Begabung, ein ganzer Mensch zu sein, der als solcher für die Umwelt etwas Besonderes bedeutet und verspricht. Wir suchen solchen Studenten die Muße zu geben, die sonst unzeitgemäß ist; wir suchen sie aus der Unrast herauszuheben und ihnen die Möglichkeit zum Reifen zu lassen. Eine neue innere Bindung allein verleiht Unabhängigkeit von den unzähligen flachen Verlockungen, die uns umgeben. Die Semesterberichte sind ein Prüfstein dafür, was von der vornehmsten Aufgabe der Studienstiftung erfüllt wird. Hier besinnen wir uns auf Maß und Fähigkeit unseres Wirkens, auf Sinn und Verpflichtung unserer Auslese."[137]

---

133 StSt-A Bonn: StSt/Dr. Haerten an Dr. Ernst Krombach, Bad Godesberg, 1.6.1955.
134 ZZBW-A: Aktenbestand Haerten, I 1949–1959: Heinz Haerten, Referat auf der VDS-Delegiertenkonferenz, Heidelberg, 10.7.1953, S. 6. Dieser sich in unzähligen Dokumenten zeigende grüblerische Hochidealismus war verbunden mit einem gewissen Affekt gegen die Universität und ihr Personal. Haerten betonte ostentativ, er sei ja ‚weder akademischer Lehrer noch Forscher', sondern ‚nur' Leiter der Studienstiftung.
135 Geb. 1905; klass. Archäologe; 1943–1975 Prof. in Basel.
136 Geb. 1905; evang. Theologe; 1934 Dozent in Königsberg; 1936 in Heidelberg; nach Entziehung der Lehrerlaubnis Pfarrer und Dozent in Bethel, 1940–1945 Pfarrer in Münster und Dortmund; 1946 Prof. für Neues Testament in Göttingen; seit 1949 in Heidelberg.
137 StSt-A Bonn: Karl Schefold, Einleitung, in: ders., Günther Bornkamm, Hans Martin Klinkenberg, Die Semesterberichte. Bad Godesberg o.J. (1958), S. 1–3, 1 f.

Die Neugründung der Studienstiftung 1948

Diese Einleitung war nicht nur in hohem Ton gehalten, sondern zugleich ein problematisches Plädoyer für die Studienstiftung als Gegenwirklichkeit, ohne Rücksicht auf das Stipendiatenprofil oder die Studienstiftungsprogrammatik. Die Überlegungen Bornkamms und Klinkenbergs hoben sich von solchen Überlegungen allerdings auffällig deutlich ab, auch wenn die Objektivität von Bornkamms Ausführungen aus der Sicht des Vertrauensdozenten durch einen gewissen, unter Vertrauensdozenten nicht seltenen Affekt gegen die Geschäftsführung und das Sekretariat in Bad Godesberg beeinträchtigt wurde.[138] Bornkamm arbeitete heraus, daß, auch wenn sich in den Semesterberichten Ehrlichkeit und Eitelkeit oft die Waage hielten, ihr Wert für jeden Ordinarius aber in der Bewertung der Lehre liege:

> „Wie selten wird bei dem, was an unserem Hochschulbetrieb nun wirklich nichts als Leerlauf, gehetzte Jagd und pompöser Aufzug ist (...), noch die unbefangene Stimme des Kindes aus Andersens Märchen von des Kaisers neuen Kleidern laut, die auf einmal unbefangen in den Spuk hineinruft: ‚Aber er hat ja gar nichts an!' Ich kann Sie versichern und sage das zur Ehre unserer Studienstiftler, gerade auch diese Stimme erklingt in ihren Berichten vernehmlich. Und es wäre gut, wenn nicht nur wir sie hörten!"[139]

Für die Stipendiaten sei der Zwang zur Selbstbesinnung eine wichtige Übung, welche die besseren Semesterberichte sogar kritisch zu reflektieren im Stande seien. Unbestreitbar gebe es aber parallel dazu die Verführung zur Illusion, zur Lust am Brillieren, zum Schönreden eigener Leistungen oder zur Angeberei. Bornkamm belegte das mit zwei Extrembeispielen: einem Soziologiestudenten, der sich in der vorlesungsfreien Zeit ‚gründlich' mit Werken von nicht weniger als 21 Soziologen beschäftigt haben wollte, darüber hinaus ‚u.a.' mit Mörike, Platen, Kleist, Goethe, Valéry, Arnim, Broch, Tolstoi, Stifter, Thomas Mann, Proust, Balzac, Fitzgerald, Wolfe, Faulkner, Gide, Lessing, Hegel, Nietzsche, Kafka, Stendhal, und eines Theologen, der stolz von mehreren größeren Arbeiten berichtete, darunter ein ‚Grundriß der Erkenntnistheorie', eine ‚Bestimmung theologischer Grundbegriffe', ‚Theologische Gedanken und Reflexionen', schließlich ein Werk zu ‚Erkenntnis und Entscheidung'.[140] Der Normalfall, so Bornkamm weiter, sei das aber glücklicherweise nicht. Die meisten Stipendiaten seien um ehrliche, anschauliche und originelle Berichterstattung bemüht. Bornkamm zitierte einen Geologen, der versuchte, seine hochspeziellen Forschungen im Rahmen der Dissertation für den Laien verständlich zu machen: „‚Man müßte ihn ins Gelände mitnehmen und ihm die Felder, die Moore, die Hecken und die so vereinzelten Steinbrüche zeigen; man müßte ihm zu erklären versuchen, daß aus diesem bunten Allerlei eine bis ins Einzelne gehende differenzierte Karte entstehen soll'."[141] Auch hinter dem offenen, nicht kokettierenden Eingeständnis eigenen Scheiterns bei selbständigen wissenschaftlichen Arbeiten und des Lernens aus Irrtümern steckten oft grundlegende, einprägsame Erfahrungen, die man respektieren müsse. Die Berichte über Praktika, Reisen und Kunsterlebnisse könnten schöne Anlässe reflektierender Auseinandersetzung bieten, wenn sie nicht nur die bemühte Aneignung von Bildungsidealen, sondern unkonventionell eigene Eindrücke wiedergäben. Das wichtigste Qua-

---

138 StSt-A Bonn: Günter Bornkamm, Die Semesterberichte, in: K. Schefold, ders., H.M. Klinkenberg, Die Semesterberichte, S. 3–14, 4: „Wie ich höre, hat man in Godesberg ernsthaft die Frage erörtert, ob man an der Einrichtung der Semesterberichte festhalten solle oder nicht. Die Frage ist vom Standpunkt besonders der Godesberger Herren aus sehr verständlich."
139 Ebd., S. 5.
140 Ebd., S. 7.
141 Ebd., S. 8.

litätsmerkmal jedes Semesterberichts sei die „Anteilnahme an Lebensbereichen und Gemeinschaften jenseits der Grenzen des eigenen, individuellen Daseins und des eigenen Faches."[142] Klinkenberg unterstrich das in seinem Beitrag und zog eine praktische Konsequenz aus den Semesterberichten. Aufgrund der so zahlreichen, zum Teil detaillierten Beschreibungen von Problemen und Mißständen an bestimmten Universitätsinstituten und -fakultäten sei es geradezu die Pflicht der Studienstiftung, diese Kritik weiterzuleiten:

> „Es scheint mir daher sehr wohl wichtig, in irgendeiner Form die von uns aus den Semesterberichten gewonnenen Kenntnisse und Erfahrungen an den Universitäten und Hochschulen bekanntzumachen. Geht man dort darauf ein, wird das schließlich auch den Studienstiftlern nützen. Man soll sich auch nicht scheuen, die Kritik der Studienstiftler bekanntzumachen (...). Man soll sich nicht scheuen, die durchgängige Kritik an den pädagogischen Vorlesungen und Übungen den Hochschulen und Kultusministerien anzuzeigen."[143]

Für eine derartige institutionelle Revolution von oben im klassischen Stil defensiver Modernisierung hatte die Studienstiftung allerdings weder Mandat noch Mittel, so daß dieser Vorschlag zunächst nicht umgesetzt werden konnte, dann aber im Zusammenhang mit den Hochschulreformüberlegungen der 1960er Jahre in der Studienstiftung wieder aufgegriffen wurde. Unabhängig von ihrem praktischen Nutzen gehören die Semesterberichte der Stipendiaten seit 1948 zu den wichtigsten Quellenbeständen studentischer Mentalitätsgeschichte in Deutschland seit dem Zweiten Weltkrieg.

c) Studienstiftungsalltag in den 1950er Jahren: die Frage nach der Normalität

Zwischen 1953 und 1958 verdoppelte sich die Zahl der Studienstiftler. Wurden 1953 979 Stipendiatinnen und Stipendiaten mit einem Jahresdurchschnittsstipendium von 1.355 DM gefördert, waren es 1958 1.827, die jährlich durchschnittlich 2.260 DM erhielten.[144] Die Effektivität der Studienstiftung war hoch. Der Haushaltsplan des Jahres 1959 wies aus, daß von den Gesamtausgaben in Höhe von 5.054 816 DM 4.776.800 DM, also 94,94 %, für Stipendien und 278.815 DM, also nur 5,51 % für Verwaltungsaufgaben ausgegeben wurden.[145]

Ruth Nettesheim, geb. Bickelhaupt, wurde 1934 in Ravensburg/Württ. als Tochter eines Rechtsanwalts geboren. Im Frühjahr 1953 legte sie die Reifeprüfung ab, lernte Stenographie und Maschineschreiben und verbesserte durch einen Frankreichaufenthalt ihre französischen Sprachkenntnisse. Inzwischen Jurastudentin in Tübingen,[146] wurde Ruth Bickelhaupt im Sommersemester 1956 u.a. von dem Tübinger Strafrechtler Eberhard Schmidthäuser für die Studienstiftung vorgeschlagen und erhielt die formelle Vorschlagsbestätigung des Sekretariats. Das beigelegte

---

142 Ebd., S. 13.
143 StSt-A Bonn: Hans Martin Klinkenberg, Die Semesterberichte, in: K. Schefold, G. Bornkamm, ders., Die Semesterberichte, S. 14–24, 24.
144 ZZBW-A: KMK 001517/5: StSt/Haerten, Übersicht über die Zahl der Geförderten, Bad Godesberg, 2.7.1958; im folgenden nach Jahr/Anzahl/Jahresdurchschnittsstipendium: 1953, 979, 1.355 DM; 1954 1.105, 1.420 DM; 1955 1.195, 1.480 DM; 1956, 1.338, 1.733 DM; 1957, 1.647, 1.951 DM; 1958, 1.827, 2.260 DM.
145 ZZBW-A: KMK 001517/5: Haushalts- und Stellenplan für das Rechnungsjahr 1959. Bad Godesberg, 15.10.1958, S. 2.
146 RN B: Ruth Bickelhaupt, Lebenslauf, o.O. (Tübingen), o.J. (12/1956).

Die Neugründung der Studienstiftung 1948

Merkblatt betonte, daß von den 130.000 Studierenden in der Bundesrepublik und in West-Berlin 1.300 von der Studienstiftung gefördert und daß von jährlich 1.000 Vorschlägen nur zwischen 300 und 400 angenommen wurden, ferner, daß für die Auswahl „wirtschaftliche Lage, politische, weltanschauliche und konfessionelle Gesichtspunkte keine Rolle (spielen)."[147]

Neben den Zeugnissen und dem Bewerbungsbogen wurde ein ausführlicher Lebenslauf angefordert, ein Interviewtermin mit einem Auswahlausschußmitglied im Februar 1957 sowie eine Auswahlentscheidung bis März/April 1957 in Aussicht gestellt. Auch zur Zwecksetzung äußerte sich das Schreiben:

> „Eine Studienhilfe aus Mitteln des Volkes ist ein anvertrautes Gut. Deshalb müssen die Studienstiftler sich stets ihrer Verantwortung gegenüber ihrer wissenschaftlichen Arbeit und ihrem späteren Beruf bewußt sein. Die Studienstiftung ist also keine bloße Stipendienvergabestelle. Sie wünscht eine ständige Fühlungnahme mit ihren Mitgliedern und wird mit Interesse deren Arbeit und Entwicklung verfolgen. Selbstverständlich werden dabei die volle Freiheit und die Unabhängigkeit des Einzelnen respektiert."[148]

Ihr Auswahlgespräch hatte Ruth Bickelhaupt am 28. Februar 1957 mit dem klassischen Philologen, Literaturwissenschaftler und Rilke-Herausgeber Professor Dr. Ernst Zinn,[149] das positiv verlief, denn am 8. April 1957 erhielt sie den von Haerten gezeichneten Aufnahmebescheid aus Bad Godesberg:

> „Sie sind in die Studienstiftung aufgenommen worden, und ich begrüße Sie sehr herzlich als Studienstiftler. Sie gehören nun, zunächst für drei ‚Vorsemester', zu der verhältnismäßig kleinen Zahl von Studenten, denen die Studienstiftung helfen will. Das ist eine Auszeichnung und eine Verpflichtung. Ich zögere das niederzuschreiben, weil ich fürchte, die Aufnahme in die Studienstiftung könnte einigen zu Kopf steigen, andere mit dem Gefühl des Ungenügens belasten. Beides ist töricht. Arbeiten Sie ernsthaft in Ihrem Studienfach und halten Sie sich den Blick frei für die Welt außerhalb Ihres Faches und deren Anforderungen an Sie. Das ist alles, was die Studienstiftung von Ihnen will."[150]

---

147 RN B: StSt an Ruth Bickelhaupt, Bad Godesberg, 12/1956.
148 Ebd.
149 RN B: Prof. Dr. Ernst Zinn an Ruth Bickelhaupt, Tübingen, 27.2.1957.
150 RN B: StSt/Dr. Haerten an Ruth Bickelhaupt, Bad Godesberg, 8.4.1957. Außerdem enthielt das Schreiben eine Liste der Vertrauensdozenten. An der Universität Tübingen war das zu diesem Zeitpunkt u.a. Prof. Dr. Walter Jens.

Der nächste Schritt – nach einer damals noch üblichen Bestätigung und Danksagung[151] – war die Berechnung des Stipendiums.[152] Am 30. April gab Dr. Dieter Sauberzweig vom Sekretariat die Stipendienhöhe bekannt und informierte zugleich über organisatorische und finanzielle Fragen. Der Richtsatz für die Förderung lag zu diesem Zeitpunkt bei monatlichen 195 DM, die ein Stipendiat zur Verfügung haben sollte. Der sich an den Einkommensquellen der Stipendiaten orientierende, konkrete monatliche Förderungssatz, für die ersten beiden Studiensemester zumeist 120 DM,[153] wurde zu Beginn eines Quartals überwiesen. Einkünfte aus einer Tätigkeit als wissenschaftliche Hilfskraft wurden nur angerechnet, wenn sie 70 DM monatlich übertrafen. Ansonsten wies Sauberzweig auf die Erforderlichkeit des Semesterberichts hin. Im Juli 1957 erhielt Ruth Bickelhaupt ihre erste Einladung „zu einem einfachen Abendessen" bei dem Verfassungsjuristen und Vertrauensdozenten Prof. Dr. Günter Dürig, Mitherausgeber des wichtigsten Grundgesetz-Kommentars.[154] Am Ende des Sommersemesters 1957 reichte Ruth Bickelhaupt ihren ersten Semesterbericht für ihr fünftes Studiensemester ein, das schon zum juristischen Hauptstudium gehörte.[155] Sie wünschte sich mehr seminarförmige Übungen und weniger Frontalunterricht, vor allen Dingen: bessere Klausurenkurse an der Universität, und, wie man bei diesem bis heute im Massenfach Rechtswissenschaft nicht gelösten, sondern erheblich verschärften Problem der Juristenausbildung ergänzen muß: nicht beim privaten Repetitor.[156] Auch der Semesterbericht für das WS 1957/58 dokumentierte ein ungewöhnliches Pensum von einem größeren Seminarreferat bis zur Abgabe von drei Übungsklausuren pro Woche; eine Belastung, die gesundheitliche Folgen nach sich zog.[157] Auch davon las man in den Semesterberichten der 1950er Jahre häufig. Vor allem den besonders tüchtigen Stipendiaten schien es nicht ganz selten an der realistischen Selbsteinschätzung zu fehlen, welche Belastungen man sich auch körperlich und gesundheitlich zumuten konnte. Das hatte Haerten in einem Bericht für den Arbeitsausschuß schon 1952 zu bedenken gegeben:

---

151 RN B: Ruth Bickelhaupt an StSt/Dr. Haerten (Abschrift, ohne Datum, 4/1957). In der alten und der neuen Studienstiftung war es bisweilen erforderlich, daß die Geschäftsführung in Fragen der Umgangsformen maßvoll erzieherisch eingriff: ZZBW-A: Aktenbestand Haerten, IV: StSt/Paeckelmann an stud. phil. Ernst Potthoff, Dresden, 28.5.1927: „Mit Bedauern mußten wir Kenntnis nehmen von einer formlosen Karte, mit der Sie eine Einladung abgesagt haben, die Ihnen von dem Verein Studentenwohl Bonn zum 28. ds. Mts. zugegangen war. Wir möchten unbedingt darauf halten, dass bei aller Freiheit, welche die Mitglieder der Studienstiftung derartigen Einladungen gegenüber haben, doch eine innere Verpflichtung besteht, derartige Einladungen nur abzulehnen bei ganz besonderer Begründung, vor allem aber glauben wir, dass die Studienstiftung von ihren Mitgliedern erwarten muss, dass die Form eingehalten wird, die in guter gesitteter Gesellschaft die Regel ist. Sie würden keiner Sie einladenden Privatperson eine mit Bleistift geschriebene und in ihrem Inhalt flüchtige Karte als Antwort auf eine Einladung senden mögen. Wir bitten Sie dringend darum, Herrn Dr. Stockhausen gegenüber sich zu entschuldigen, den wir in allen Angelegenheiten der Studienstiftung als unseren persönlichen Vertreter ansehen."
152 RN B: Ruth Bickelhaupt an StSt/Dr. Haerten, Ravensburg, 12.4.1957: Angaben zu Einkünften.
153 Dieser Satz wurde schon im Dezember 1957 auf 150 DM (bis drittes Semester) und 200 DM (ab drittem Semester) erhöht; RN B: StSt/Dr. Haerten an alle Studienstiftler, Bad Godesberg, 20.12.1957.
154 RN B: Prof. Dr. Günter Dürig an Ruth Bickelhaupt, Tübingen, 2.7.1957.
155 RN B: Ruth Bickelhaupt, Semesterbericht SoSe 1957, Ravensburg, 12.8.1957.
156 Mit begründeter scharfer Kritik Uwe Wesel, Geschichte des Rechts, S. 534, Rn. 334.
157 RN B: Ruth Bickelhaupt, Semesterbericht WS 1957/58, Ravensburg, 15.3.1958.

Die Neugründung der Studienstiftung 1948

„Die meisten neu aufgenommenen Studienstiftler kommen als gehetzte arme Teufel zu uns. (...) Die meisten Studienstiftler machen so schrecklich gute Examen. Viele Studienstiftler überanstrengen sich und werden vor Erschöpfung krank. Nur wenige haben begriffen, daß es weniger wichtig ist, eine Spitzennote im Examen zu erbringen als die Tugenden eines vollwertigen Staatsbürgers zu erwerben. Aber wer lehrt das die jungen Menschen? Wer holt sie aus ihrem Studierzimmer heraus und zeigt ihnen, welche wirtschaftspolitischen und sozialpolitischen Vorgänge auch der junge Philosoph beobachten muß, mit welchen Erscheinungen im kulturellen Leben sich der junge Ingenieur auseinandersetzen muß?"[158]

Im April 1958 verschickte das Sekretariat ein ausführliches Informationsblatt über die Förderungsmöglichkeiten des Auslandsstudiums, das seit Anfang der 1950er Jahre nicht nur für die Studierenden in neuphilologischen Fächern immer wichtiger geworden war und von der Studienstiftung in Kooperation mit dem DAAD stark gefördert wurde. Studienstiftler erhielten für ein Studium im europäischen Ausland außer Österreich eine Auslandsrate von 300 DM zusätzlich zu Reisekosten, Gebühren und Lernmittelhilfe; für Großbritannien gab es eine mit dem Educational Interchange Council vereinbarte Stipendienregelung.[159]

Im Sommer 1958 stand für Ruth Bickelhaupt die endgültige Aufnahme an, auf die das Sekretariat mit einem Formschreiben und der Auflistung der dafür notwendigen Zeugnisse und Unterlagen erinnerte.[160] Gefordert waren und sind bis heute zwei umfangreiche Fachgutachten, darunter eines aus dem Hauptstudienfach, welche bei den vom Stipendiaten zu benennenden beiden Dozenten durch den Vertrauensdozenten erbeten werden. Zunächst erhielt Ruth Bickelhaupt jedoch eine Einladung zu einem Treffen der Tübinger Studienstiftler in der Evangelischen Akademie Bad Boll im Namen der Tübinger Vertrauensdozenten und des Sekretariatsmitarbeiters Sauberzweig: „(Wir) wollen (...) zu den Ergebnissen des Studententages in Karlsruhe[161] über das Problem der Hochschulreform Stellung nehmen (Hans Mommsen,[162] Referat: Die gegenwärtige Lage der Hochschulreform und die Studentenschaft)."[163] Am 9. Oktober 1958 erhielt sie den Bescheid der endgültigen Aufnahme.[164] Im WS 1958/59 fand das Semestertreffen der Tübinger Stipendiaten auf Einladung von Prof. Zinn in Blaubeuren und Ulm statt, wo die Gruppe die Hochschule für Gestaltung besichtigte.[165] Der Semesterbericht für dieses WS, Ruth Bickelhaupts achtes Studiensemester, stand schon ganz im Zeichen des Ersten Juristischen Staatsexamens im

---

158 ZZBW-A: Aktenbestand Haerten, I 1949–1959: Heinz Haerten, Bericht Arbeitsausschuß 12.7.1952, S. 5.
159 RN B: StSt/Ruth Weyh an die Studienstiftler, Bad Godesberg, 26.4.1958.
160 RN B: StSt an die Studienstiftler, Bad Godesberg, 9.6.1958; Betr.: Endgültige Aufnahme.
161 Restaurieren, reparieren, reformieren: Die Universität lebendig erhalten. 5. Deutscher Studententag, 1.–4. Mai 1958 in Karlsruhe. Hg. v. VDSt. Unter Mitarb. v. Wolfgang Kalischer. Bonn 1958.
162 Geb. 1930, Historiker, Urenkel von Theodor Mommsen (1817–1903), Sohn von Wilhelm Mommsen (1892–1966), Bruder von Wolfgang J. Mommsen, seit 1968 Prof. für neuere Geschichte in Bochum; Sozialhistoriker und u.a. Fachmann für die Geschichte der Arbeiterbewegung und des Nationalsozialismus; vgl. Hans Mommsen, Der Nationalsozialismus und die deutsche Gesellschaft. Ausgewählte Aufsätze. Zum 60. Geburtstag hg. v. Lutz Niethammer, Bernd Weisbrod. Reinbek 1991.
163 RN B: Hanna Kerlen i.A. Prof. Dr. Zinn an Ruth Bickelhaupt, Tübingen, 5/1958.
164 RN B: StSt/Sauberzweig an Ruth Bickelhaupt, Bad Godesberg, 9.10.1958 und Ruth Bickelhaupt an StSt/Sauberzweig, Tübingen, 19.10.1958.
165 RN B: Gerold Neusser i.A. Prof. Zinn an Ruth Bickelhaupt, Tübingen, 11/1958. Die interdisziplinär orientierte, experimentelle ‚Hochschule für Gestaltung' ging 1967 in der Universität Ulm auf.

April 1959.[166] Noch während ihres Examens meldete sie sich für den Sommer zu einem Spezialkurs Rechtswissenschaft/Politik am Institut d'Etudes juridiques de Nice der Université d'Aix-Marseille an und erhielt einen Platz.[167] Am 28. Juli 1959 konnte sie ihr bestandenes Staatsexamen in Bad Godesberg melden.[168] Im August wurde sie von ihrem Referenten Sauberzweig verabschiedet: „Damit ist das Ziel erreicht, zu dem Ihnen die Studienstiftung verhelfen wollte. Sie scheiden also aus unserer Förderung aus, und wir werden Sie von nun an in der Liste der ‚ehemaligen' Studienstiftler führen. Schön wäre es, wenn damit die Verbindung zwischen Ihnen und den Mitarbeitern der Studienstiftung nicht abreißen würde."[169] Im September 1961 wandte sich Haerten mit der Bitte an die Ehemaligen der Jahre 1948–1961, von ihrem beruflichen Werdegang zu berichten. Grobe Daten lagen ihm schon vor. Von den Stipendiaten seit 1948 waren ca. 500 Lehrer an Höheren Schulen, 400 Ingenieure, 350 an Hochschulen oder wissenschaftlichen Instituten, 250 Ärzte, Juristen, Physiker, Mathematiker, 200 Chemiker, 150 Theologen, 90 bildende Künstler, 70 Musiker, 50 Volks- und Betriebswirte, Land- oder Forstwirte, Psychologen oder Soziologen, 30 Tierärzte geworden.[170] Diese summarischen Angaben zeigten, erstens, daß die Studienstiftung eindeutig nicht den Charakter einer reinen Hochschullehrer-Nachwuchsförderung hatte; zweitens, daß, trotz der hohen Zahl an Lehrern der technisch-naturwissenschaftliche Bereich stark angewachsen war; drittens, daß die Künstlerförderung der Studienstiftung bereits seinen festen Platz im Förderungsprogramm hatte. Im Februar 1964 informierte Dr. Marianne von Lieres, die die Korrespondenz mit den Ehemaligen übernommen hatte, über den Stand der Auswertung der eingegangenen Daten, die für bildungssoziologische Studien verwertet wurden.[171] Ruth Nettesheim arbeitete seit Mitte der 1960er Jahre als Anwältin und lebt heute in Berlin.

Zur selben Zeit wie Ruth Bickelhaupt war Ulrike Meinhof, geboren 1934 in Oldenburg als Tochter des Kunsthistorikers Werner Meinhof, Stipendiatin der Studienstiftung des deutschen Volkes. 1955 bestand sie die Reifeprüfung und nahm, zunächst in Marburg, dann in Münster, das Studium der Pädagogik, Psychologie, Soziologie und Germanistik auf. Im WS1957 wurde sie zur Sprecherin im ‚Anti-Atomtod-Ausschuß' gewählt. 1958 trat Ulrike Meinhof dem SDS bei und betrieb führend die Loslösung des SDS von der SPD. Ab September 1959 war sie feste Mitarbei-

---

166 RN B: Ruth Bickelhaupt, Semesterbericht WS 1958/59. Tübingen, 14.3.1959: „War es die richtige Art der Vorbereitung? Diese bange Frage brachte manchen Moment der Unsicherheit mit sich, besonders da ich häufig mit Unbehagen feststellen mußte, daß ich mich viel zu lange mit einzelnen Fragen beschäftigte und dadurch mit dem ganzen Gebiet, das ich mir jeweils vorgenommen hatte, nicht rechtzeitig fertig wurde."
167 RN B: StSt/Dr. Jutta Weyh an Ruth Bickelhaupt, Bad Godesberg, 14.5.1959; StSt/Dr. Jutta Weyh an Ruth Bickelhaupt, Bad Godesberg, 7.7.1959: „Vergessen Sie nur über der Arbeit, die der Kurs zweifellos erfordern wird, nicht den Sommer und die französische Landschaft (...) und nehmen Sie ein paar gute Wünsche mit auf den Weg."
168 RN B: Ruth Bickelhaupt an StSt/Sauberzweig, Ravensburg, 28.7.1959.
169 RN B: StSt/Sauberzweig an Ruth Bickelhaupt, Bad Godesberg, 21.8.1959.
170 RN B: StSt/Haerten an die ehemaligen Studienstiftler, Bad Godesberg, 9/1961.
171 RN B: StSt/Dr. Marianne von Lieres an die ehemaligen Studienstiftler, Bad Godesberg, 17.2.1964. Die Auswertung der Daten übernahm damals Dr. Hansgert Peisert vom Soziologischen Seminar der Universität Tübingen.

terin der zeitweise aus der DDR finanziell unterstützten linksextremen Zeitschrift ‚Konkret'.[172] Ab 1960 arbeitete sie dort, mittlerweile zum Redaktionssitz nach Hamburg umgezogen, als Redakteurin, 1960–1964 als Chefredakteurin, schrieb kämpferische Presseartikel gegen die vermeintlich parlamentarisch-demokratisch kaschierte bürgerlich-kapitalistische ‚Klassenherrschaft' sowie sozialkritische Fernseh- und Filmbeiträge. Zwischen 1968 und 1970, nach der Trennung vom Kreis um ‚Konkret', baute sie zusammen mit Andreas Baader die terroristische Rote-Armee-Fraktion auf und lieferte wesentliche apologetische Beiträge zur terroristischen Konzeption einer ‚Stadtguerilla' zum Zweck der Bekämpfung der westlichen Wohlstandswelt. Sie wurde 1972 verhaftet und 1974 angeklagt. Noch in der Haft billigte sie ausdrücklich das blutige Attentat palästinensischer Terroristen auf die israelische Mannschaft während der Münchner Olympiade im September 1972. Am 8. Mai 1976 nahm sie sich während ihres Prozesses in Stuttgart-Stammheim das Leben.[173]

Gab es eine Mitverantwortung der Studienstiftung für den einen oder den anderen Lebenslauf der beiden fast gleichaltrigen Stipendiatinnen? Begründet die Prognose, ob ein Stipendiat, eine Stipendiatin eine Persönlichkeit sei, die hervorragende Leistungen für das deutsche Volk erwarten läßt, eine Art Haftung für den Fall des Versagens oder sogar menschenverachtenden, verbrecherischen Scheiterns?[174] Hätten die Vertrauensdozenten, Mitarbeiterinnen und Mitarbeiter des Sekretariats möglicherweise energischer oder seelsorgerlicher auf versteckte Hilferufe oder Warnzeichen in der Korrespondenz oder in persönlichen Begegnungen reagieren müssen? Haerten hat auf einem Alpbacher Vortrag einmal formuliert: „Wer der Studienstiftung hilft, zieht sich seine Freunde und seine Feinde groß."[175] Die Studienstiftung war und ist eine Institution, die ‚Hochbegabung' nicht wertneutral versteht. Sie versucht in Anerkennung der Tatsache, daß sie keinen Auftrag zur Erziehung und Lebensführungskontrolle ‚hochbegabter' Studierender hat, die intellektuelle und menschliche Isolierung der von ihr geförderten ‚Hochbegabten' durch die Einladung zur Diskussion und den Appell an das Verantwortungsbewußtsein zu verhindern. Die Fälle der ehemaligen Studienstiftlerinnen Ulrike Meinhof und Gudrun Ensslin haben auf schreckliche Weise gezeigt, daß dieser Versuch scheitern kann.

---

172 Vgl. den Ex-Chefredakteur und Ehemann (1961–1968) von Ulrike Meinhof Klaus Rainer Röhl, Fünf Finger sind noch keine Faust. Köln 1974, S. 90–95.
173 Vgl. Mario Krebs, Ulrike Meinhof. Ein Leben im Widerspruch. Reinbek 1988; Eckhard Jesse, Biographisches Portrait: Ulrike Meinhof, in: Jahrbuch Extremismus & Demokratie 8 (1996), S. 198–213.
174 Vgl. zur Interpretation des Terrorismus-Phänomens Jean Baudrillard, Transparenz des Bösen. Ein Essay über extreme Phänomene. Berlin 1992 (zuerst Paris 1990); kulturgeschichtlich grundlegend Wolfgang Sofsky, Traktat über die Gewalt. Frankfurt am Main 1996; zur zeitgeschichtlichen Dimensionierung Bruce Hoffman, Terrorismus. Der unerklärte Krieg. Neue Gefahren politischer Gewalt. Frankfurt am Main 1999 (London 1998).
175 ZZBW-A: Aktenbestand Haerten, II 1959–1969: Heinz Haerten, Referat Alpbach, 9/1967, S. 3.

d) Selbstverständnis, Finanzierung und Öffentlichkeit: Haertens Elitebild

„Auch draussen in der Öffentlichkeit ist es – nicht ohne unser Zutun – um die Studienstiftung still geworden. Was sollten Zeitung und Funk berichten?" Heinz Haerten, 1960.[176]

Zum 10jährigen Jubiläum der Neugründung hatte Ludwig Raiser auf einer Tagung aller Studienstiftungsgremien einen Vortrag über den ‚Dienst der Studienstiftung für die Hochschule' gehalten, der zuerst in der ‚Deutschen Universitätszeitung' erschien. Raiser stellte den zeitgeschichtlichen Zusammenhang der Neugründung mit der Gründung des Weststaats von der Währungsreform bis zur Inkraftsetzung des Grundgesetzes heraus und hob damit den westdeutschen Charakter der neuen Studienstiftung hervor, betonte aber auch, daß es 1948 alles andere als sicher war, ob das Projekt Studienstiftung überhaupt glücken würde: „Mußten hier nicht soziale Gesichtspunkte alle anderen Auslesegedanken gebieterisch beiseite drängen? Noch war ja unbekannt, daß die deutsche Wirtschaft in der Lage sein würde, denen, die kein Stipendium und keine anderen Geldquellen hatten, wenigstens durch Werkarbeit zur Finanzierung ihres Studiums zu verhelfen."[177] Um so erstaunlicher sei es, wie schnell sich die Studienstiftung in enger Kooperation mit den Schulen, Universitäten, Wissenschaftseinrichtungen und staatlichen Stellen in der Bundesrepublik etabliert habe, so daß aus den 51 Stipendiaten des Jahres 1948 bei einer Gesamtstudierendenzahl von rund 100.000 schließlich 1.827 im Sommersemester 1958 bei einer Gesamtstudentenzahl von über 160.000 wurden. Angesichts dieser Zahlenverhältnisse, so Raiser weiter, dränge sich der Gedanke auf, daß der Einfluß der Studienstiftung auf die Universitäten nur gering sein könne. Das treffe insofern zu, als sie, im Gegensatz zur staatssozialistischen Begabtenförderung in der DDR,[178] kein Instrument der sozialen Umgestaltung sei: „Aber sie entlastet die Hochschulen von dem Vorwurf einer bloßen Geldbeutel-Auslese, der freilich seit 1945 ohnedies ebenso brüchig geworden ist wie die Klassenvorstellungen des neunzehnten Jahrhunderts."[179] Das war eine im Blick auf das Sozialprofil der westdeutschen Studentenschaft vor der Bildungsreform und die Einseitigkeiten im Auswahlverfahren der Studienstiftung schwer nachvollziehbare Einschätzung, der offenbar die Auffassung zugrunde lag, jedwede Form sozialer Förderung sei ausschließlich durch die politische Zwecksetzung „sozialer Umgestaltung" motiviert. Das war in der selektiven Wahrnehmung und dichotomischen Weltsicht ein Originalton der 1950er Jahre. Schwer meßbar, so Raiser, sei auch die Bedeutung der Studienstiftung als Rekrutierungsinstrument für die Wissenschaft, da der Hochschullehrertypus trotz eines wachsenden Anteils an Studienstiftlern in Forschung und Lehre nicht der Normaltypus in Auswahl und Förderung sei. Angesichts dieser breiten Streuung von geförderten Begabungen sei es auch falsch, der Studienstiftung Monopolisierungstendenzen in der ‚Hochbegabten'-Förderung zu unterstellen. Das Gegenteil sei richtig: die Studienstiftung begrüße den Wettbewerb mit anderen, kirchlichen und gesellschaftlichen Gruppen in der Begabtenförderung. Durch ihre Auswahl und Förderung habe die Studienstiftung

---

176 ZZBW-A: Aktenbestand Haerten, II 1959–1969: Heinz Haerten, Referat Kuratorium, Hamburg, 11.10.1960, S. 1.
177 Ludwig Raiser, Der Dienst der Studienstiftung für die Hochschule. Hg. v. StSt. Bad Godesberg o.J. (1958), S. 1.
178 Ein Überblick bei Gerhard Schreier, Außerunterrichtliche Tätigkeit und Begabtenförderung in der DDR, in: Schule in der DDR. Hg. v. Gisela Helwig. Köln 1988, S. 111–137.
179 L. Raiser, Der Dienst der Studienstiftung, S. 4.

Die Neugründung der Studienstiftung 1948

einen Beitrag zur Professionalisierung eines Teils der Wissenschaftslandschaft geleistet, der „die Naturwissenschaft und ihre Anwendungen, aber auch die Sozialwissenschaften in den Dienst der Gesellschaft zur Überwindung der gegenwärtigen wirtschaftlichen und sozialen Nöte der Menschheit stellt."[180] Dann kam Raiser zu seinem eigentlichen Anliegen: der Studienstiftung als einem Modell für die überfällige Hochschulreform. Das war eine gewagte These, die Raiser zunächst mit scharfer Kritik am Wirklichkeitsverlust und an der Erstarrung im deutschen Universitätsmodell motivierte:

> „Zu lange haben wir uns daran gewöhnt, entweder die alte Formel der Humboldtschen Universität von der Erziehung durch die Wissenschaft nachzusprechen und die Augen davor zu verschließen, wie leer der zugrunde liegende Wahrheitsbegriff inzwischen geworden war, oder mit skeptischer Resignation den Erziehungsauftrag als unerfüllbar vom Arbeitsplan der Hochschule zu streichen und es den Bemühungen einzelner Hochschullehrer, mancher Wohnheimeinrichtungen oder schließlich studentischen Gruppen und den oft hinter ihnen stehenden gesellschaftlichen Mächten zu überlassen, die Versäumnisse der Hochschule recht oder schlecht nach eigenem Ermessen wettzumachen."[181]

Die gefährliche Mischung aus Massenbetrieb und Traditionalismus ersticke die wissenschaftliche Kreativität. Es sei ein Gebot der Selbsterhaltung, die Kritik von Spitzenbegabungen an diesen Zuständen ernst zu nehmen. Die Verbindung des Leistungs- und Verantwortungsprinzips in der Studienstiftung müsse daher als wichtige Anregung für die Universitätsreform verstanden werden, deren Ziel es sein müsse, den Normal- wie den Spitzenbegabungen in Forschung und Lehre mit Blick auf die Realität gerecht zu werden: „Vielleicht der wichtigste Dienst, den die Studienstiftung den Hochschulen und uns Hochschullehrern leistet, ist darum der, daß sie uns durch ihr Bestehen und ihre Arbeit unablässig das Gewissen schärft für die Verantwortung, die wir selbst gegenüber den jungen Menschen in unseren Hörsälen und Instituten tragen."[182] Das war gleichsam eine Aufforderung an die Studienstiftung, sich ihrer gewachsenen Bedeutung bewußt zu werden und daraus die Konsequenzen zu ziehen.

Das war nicht die Ansicht Haertens. Über Organisationsfragen oder die Finanzierung der Studienstiftung sprach ihr Leiter ohnehin nur in seinen Tätigkeitsberichten vor Studienstiftungsgremien oder vor ausgewählter Fachöffentlichkeit: Haertens Abneigung, ja Widerwille gegen jede Form der Öffentlichkeitsarbeit – er distanzierte sich sogar von dem für sein Empfinden zu lobrednerischen Jubiläumsartikel Raisers[183] – war grundsätzlicher Art und führte zu einem ‚kameralistischen' Führungsstil:

---

180 Ebd., S. 5.
181 Ebd., S. 6.
182 Ebd., S. 8.
183 ZZBW-A: Aktenbestand Haerten, I 1949–1959: StSt/Haerten, Vortrag vor dem Stifterverband, Wiesbaden, 29.4.1959, S. 2 f. „Das ist zuviel des Lobes, denn ein eingetragener Verein mit Vorstand, Kuratorium und Arbeitsausschüssen scheint mir bei allem Respekt vor den Schöpfern des BGB kein so erstaunliches Gebilde."

Werbung für seine Organisation zu machen, war nicht seine Sache. Gesprächs- und diskussionsbereit war er nur gegenüber Fachleuten.[184] Gelegenheiten für Werbung auch über den Expertenkreis hinaus hatte es durchaus gegeben: so hatte ein Prüfungsbericht des Landesrechnungshofes des Landes Nordrhein-Westfalen von 1952 das Finanzgebaren der Studienstiftung ausdrücklich gelobt und auf die große Effektivität angesichts der personellen Unterbesetzung des Bad Godesberger Sekretariats hingewiesen.[185]

Unter anderem auf der Grundlage dieses Prüfungsergebnisses empfahl das Bundesinnenministerium im Mai 1953 den Länderkultusministerien, ihren pro Kopf der Landesbevölkerung berechneten Zuschuß zur Studienstiftung zu erhöhen.[186] Im Laufe der 1950er Jahre folgten dann weitere Erhöhungen, um welche die Geschäftsführung der Studienstiftung im einzelnen mit der Ständigen Konferenz der Kultusminister oder direkt mit den Länderkultusministerien aufgrund der jeweiligen Landesfinanzlage streiten mußte.[187] Insgesamt war die Finanzierung schon vor Mitte der 1950er Jahre nicht mehr unsicher, da Bund und Länder der Selbstverpflichtung zur Unterhaltung der Studienstiftung nachkamen. Auf Bundesebene vertrat die Studienstiftung ihre Interessen u.a. im Bundestagsausschuß für Kulturpolitik.[188]

Im April 1959 dankte Haerten in einer Ansprache in Wiesbaden dem Stifterverband für die bisher an die Studienstiftung geleistete Unterstützung in Höhe von 1,8 Millionen DM. In diesem Zusammenhang gab er auch einen Einblick in die finanzielle Situation der Studienstiftung. Seit

---

184 ZZBW-A: Aktenbestand Haerten, I 1949–1959: Heinz Haerten, Vortrag im Pädagogischen Institut Heidelberg, 24.9.1959: „Ich beichte vor Ihnen so deutlich, um zu betonen, daß wir hier ‚unter uns' sind, und um die im folgenden geäußerte Kritik an der Höheren Schule an den rechten Platz zu rücken. Ich möchte aber auch in diesem Zusammenhang sagen, wie dankbar ich Ihnen dafür bin, daß Sie heute hierher gekommen sind, um mit der Studienstiftung über die Studienstiftung zu sprechen. Ich bitte in der Diskussion um Ihre kritischen Äußerungen an der Arbeit der Studienstiftung, denn die Studienstiftung braucht für ihren Aufbau und ihre Weiterentwicklung Ihre helfende Kritik."

185 ZZBW-A: KMK 001517/4, AZ 4423-0: Der Kultusminister des Landes NRW/Teusch an den Landesrechnungshof NRW, Düsseldorf, 12.2.1953. Teusch in ihrer Funktion als NRW-Kultusministerin – nicht Haerten – informierte in diesem Rundschreiben an alle Kultus- und Finanzminister der Länder über das positive Prüfungsergebnis.

186 ZZBW-A: KMK 001517/4: gesamter Vorgang einschl. ‚Soll' und ‚Ist' der Länderbeiträge. Der Zuschuß sollte von 0,01 DM auf 0,012 DM pro Kopf der Bevölkerung erhöht werden. BMI an die Kultusministerien der Länder, Bonn, 12.5.1953, Gesch.-Z. 3166-2-367 III/53. 1956 ging es um die Erhöhung auf 0,002 DM pro Kopf, 1978 war man bei 0,03 DM. Bei der Erhöhung der Beträge stimmten sich die Länder untereinander ab: umfangreiches Material auch zur Unterstützung der anderen Begabtenförderungswerke in KMK 001296/1–4.

187 ZZBW-A: KMK 001517/4: Bayer. Staatsmin. für Unterricht und Kultus/Dr. Schwalber an den Niedersächs. Kultusminister, München, 30.12.1953: „Die Mittel werden einem Globalansatz für Stipendien entnommen und können voraussichtlich nur erhöht werden, wenn sich dadurch keine Schmälerung der Stipendienmittel für die bayerischen Hochschulen ergibt." Diese Form der Argumentation zieht sich bis in die 1970er Jahre.

188 Vorgänge für die 1950er Jahre in ZZBW-A: KMK 001517/4, 5. Die Interaktion mit dem Ausschuß brachte es mit sich, daß die Studienstiftung aufgrund ihres bundesweiten Überblicks z.B. durch Vermittlung der Ständigen Konferenz der Kultusminister um statistisches Material zu Studentenfragen gebeten wurde. Auch die KMK selbst griff häufig auf die Erfahrung und das Fachwissen der Studienstiftung zurück, wenn es um Studien-, Studienreform- und Hochschulfragen ging.

Die Neugründung der Studienstiftung 1948

1948 hatte die Studienstiftung zu diesem Zeitpunkt insgesamt 3.970 Studierende aufgenommen und gefördert, von denen 2.123 ihr Studium bereits beendet hatten, so daß im Frühjahr 1959 1.847 Stipendiaten in der Förderung standen. Für diese 1.847 Stipendiaten benötigte die Studienstiftung im laufenden Jahr 1959 ca. 5 Millionen DM, von denen der Bund 2,9 Millionen, die Länder 1,3 Millionen, Städte und Landkreise 250.000 DM, private Spender ca. 50.000 DM zur Verfügung stellten. Haerten verband diesen Finanzstatus mit der Bitte an den Stifterverband, die Studienstiftung mit 500.000 DM zu unterstützen.[189]

Haertens Ansprache ist auch deshalb so bemerkenswert, weil sie deutlich machte, auf welches Marketing-Potential an öffentlicher Selbstdarstellung, an *corporate identity*, die Studienstiftung durch Haertens strenge Disziplinierung verzichtete:

> „Fast 250 Männer und Frauen, darunter etwa sechzig als Mitglieder des Auswahlgremiums, sind in der Bundesrepublik alljährlich damit befasst, aus den 1000 bis 1500 der Studienstiftung vorgeschlagenen Abiturienten und Studenten die dreihundert oder auch vierhundert neuen Studienstiftler auszusuchen. Schulen und Hochschulen schlagen vor. Rund fünfhundert Oberstudiendirektoren benannten uns in diesem Jahr ihre besten Abiturienten, rund fünfhundert Professoren ihren begabtesten Studenten. (...)
>
> Es (vergeht) während des Semesters kein Abend (...), wo nicht an einer oder mehreren Stellen des Bundesgebiets von der Studienstiftung Studenten mit Professoren oder anderen lehr- und gesprächsfreudigen Persönlichkeiten zusammengeführt werden, und kaum ein Wochenende, in dem nicht irgendwo in Barsbüttel, in Schwöbber, am Starnberger See oder in Oberwolfach Treffen der Studienstiftung stattfinden."[190]

Selbstwahrnehmung und Realität fielen unter Haerten extrem auseinander: die Studienstiftung war keine kleine, in einer Nische tätige ‚Eliteschmiede' mehr,[191] sie war eine hochintegrierte Großförderungseinrichtung geworden. Haerten bekämpfte diese Realität, wo er nur konnte, „weil sie allzu sehr nach Kapitulation vor dem Zeitgeist schmeckt."[192]

Andererseits hielt er mit scharfer Kritik am Zeitgeist und an Zeitentwicklungen nicht zurück, wo er sie für angebracht hielt:

> „Man darf (...) getrost glauben, dass die Mehrzahl unserer Studenten gar nicht zum wissenschaftlichen Studium vordringt, dass sie vielmehr bis zum Tage ihres Abschlussexamens in einer elenden Büffelei befangen und nur im äusseren Vorhof der Wissenschaft bleibt. Die grosse Zahl dieser Lern-Studenten drückt das Gesamtniveau und nimmt der geringeren Zahl der wirklich

---

189 H. Haerten, Vortrag vor dem Stifterverband, S. 1 f.
190 Ebd., S. 3 (1. Teil des Zitats), S. 6 (2. Teil des Zitats).
191 Haerten kam in seinen Vorträgen immer wieder auf das Elitenproblem zurück und bekannte sich bei aller Kritik am Mißbrauch des Elitedenkens ausdrücklich zur Elitenbildung: ZZBW-A: Aktenbestand Haerten, I 1949–1959: Heinz Haerten, Die Heranbildung von Eliten, Vortrag 1958, S. 18: „Wenn ich nun aber meine tägliche Arbeit aus dem Scheinwerferlicht der Elitebetrachtung (...) in das normale Tageslicht zurückziehe, dann stellt sich von selbst die Frage, ob es nicht ein sehr selbstverständlicher Vorgang ist, daß sich das, was wir heute tun, als jüngstes Glied an eine Kette historischer Erscheinungen anhängt, und ob das, was wir unter dem Namen Elitebildung als etwas Ungewöhnliches betrachten, nicht eine so selbstverständliche Erscheinung jeden menschlichen Gemeinschaftslebens ist, daß wir sie in mancherlei Ausformungen rund um uns her betrachten können, Ausformungen, unter denen die Studienstiftung eine wegen ihrer Exponiertheit besonders auffällige sein mag."
192 StSt/Haerten, Vortrag vor dem Stifterverband, S. 5.

> Qualifizierten den Raum, den sie zur Entfaltung ihrer Fähigkeiten brauchen. Die Begabung braucht diesen Raum, und wir alle brauchen die Leistung der Begabten."[193]

Selbst wenn man der Diagnose zustimmte, war die apodiktische Form ihrer Präsentation zunehmend eine Provokation in der strukturell elitenfeindlichen Mittelstands- und differenzierten Leistungsgesellschaft. Immer häufiger gebrauchte Haerten nun als Begründungsformel für die ‚Hochbegabten'-Förderung die Wendung „weil das ganze Volk von der geistigen Kraft der Wenigen lebt."[194] Und immer deutlicher konstruierte Haerten eine Identität der Studienstiftung im Gegensatz zu der sie tragenden Gesellschaft: „Die Studienstiftung sieht in dem, was sie tut, die Erfüllung einer wichtigen Erziehungsaufgabe innerhalb der demokratischen Gesellschaft, und wer das Heil aller von der Wirksamkeit der Wenigen erwartet, wird dieser Aufgabe den Vorrang vor anderen geben."[195] Haertens Elitevorstellungen hatten klare Vorbilder, zu denen er sich in einem Beitrag über die Studienstiftung für das Zweite Rundfunkprogramm des Südwestfunks am 5. Juni 1957 ausdrücklich bekannte:

> „In der kleinen Welt eines Oxforder College trägt jeder Student einen Talar, der ihn von den anderen Menschen draussen vor den Toren abhebt und ihm damit die Pflicht zur vorbildlichen Haltung auferlegt. Aber dem ‚commoner', dem ‚gemeinen' Studenten, wird nur ein Talar bis zum Knie zugestanden. Der lange, bis zu den Knöcheln reichende, ist der kleinen Schar der auf Grund ihrer Leistung und Haltung sorgfältig ausgesuchten ‚scholars' vorbehalten. Die scholars sitzen im Speisesaal an einem eigenen Tisch. (...) In der Demokratisierung der Hochschulen, die England in den letzten Jahren vollzog, denkt niemand daran, die überlieferte aristokratische Struktur anzutasten. Aristokratisch ist daran die offenkundige Privilegierung der Besten, demokratisch, dass niemand auf Grund seiner Herkunft, wohl aber jeder auf Grund seiner Leistung in die Schar der Besten aufsteigen kann. So sehr aber die Gesellschaft die durch den Zwang zur Bewährung angestachelte Leistung der Elite braucht, so sehr braucht sie auch die von der Elite ausstrahlende Kraft des Vorbildes."[196]

Das war, knappe zehn Jahre vor der Entdeckung des ‚Muffs unter den Talaren', kein auf Konsens angelegtes Eliten- und Demokratieverständnis: „Aber es wäre auch gut zu wissen, welche Gruppe, welcher Stand den Respekt der bundesrepublikanischen Demokraten geniesst."[197] Nicht weniger bissig wandte sich Haerten gegen sozialstaatliche Aufweichungen des Leistungs- und Verzichtsprinzips, die er als Konzessionen an Materialismus, Individualismus und Hedonismus[198] verstand: „Es gibt auch heute noch die Rentnerin, die von ihren 240,-- Mark im Monat 50,-- für das Studium ihres Kindes erübrigt. Sehr viel häufiger ist im Zeitalter des Wohlfahrtsstaates aber

---

193 ZZBW-A: Aktenbestand Haerten, I 1949–1959: Heinz Haerten, Die Studienstiftung des deutschen Volkes, Vortrag, 1959, S. 1.
194 Ebd., S. 3 (u.a.).
195 ZZBW-A: Aktenbestand Haerten, II 1959–1969: Heinz Haerten, Begabtenförderung in der demokratischen Gesellschaft, 7.3.1960, S. 23.
196 ZZBW-A: Aktenbestand Haerten, I 1949–1959: Heinz Haerten, Elitenbildung und Studentenförderung, Ms. für Sendung im SWF II, 5.6.1957, 19–19.30, S. 4 f.
197 Ebd., S. 5.
198 Unverständlich war es für Haerten z.B., daß in der sich differenzierenden Leistungs- und Konsumgesellschaft Studenten freiwillig neben dem Studium arbeiteten, um über mehr Geld zu verfügen und es auch ausgeben zu können: „Gar nicht gering ist auch die Anzahl der jungen Leute, die mit dem, was sie von den Eltern haben, auskommen könnten, es aber angenehmer finden, im Monat 300,-- Mark in der Tasche zu haben statt nur 180,-- DM oder 200,-- DM." Ebd., S. 13.

Die Neugründung der Studienstiftung 1948

leider der Studentenvater, der bei seinen 1.200,-- Mark Einkommen Ausschau nach öffentlicher Subvention für das Studium seines Sohnes hält. Wer hier zu subventionieren bereit ist, ist ein schlechter politischer Erzieher."[199]

Haertens völlige und bekennende, in ihrer dogmatischen Beschränkung auf den Bildungssektor und mit ihren autoritären Zügen allerdings auch nicht liberalen Indifferenz gegenüber dem Grundargument der sozialen Demokratie, daß eine entwickelte Gesellschaft unterschiedliche soziale Startpositionen des Individuums nicht vollkommen ignorieren kann, ohne die Substanz der demokratischen Teilhaberechte auszuhöhlen, unterschied ihn von dem zutiefst sozial empfindenden Paeckelmann:

> „Das darf uns aber nicht dazu bringen, vor blinder Gläubigkeit an den Gedanken von der Gleichheit aller Menschen zu vergessen, dass diese gleichen Menschen miteinander in einer Gemeinschaft leben müssen und dass dieses Zusammenleben natürlichen Gesetzen unterworfen ist, die eine Struktur vorschreiben, und zwar eine Struktur, in der es ein ‚oben' und ‚unten' gibt und in der von den Tüchtigen grössere Leistungen im Dienste aller verlangt werden als von den weniger Tüchtigen. Die neue Forderung der demokratischen Gesellschaft ist lediglich – und das ist allerdings eine sehr prinzipielle!–, dass jeder Tüchtige den Weg nach ‚oben' findet."[200]

Paeckelmann hatte trotz seiner unangefochtenen Stellung in der Studienstiftung selbst jenseits formeller vertraglicher Verpflichtung und seines autoritären Führungsstils Wert auf die selbständige und verantwortliche Tätigkeit seiner Mitarbeiter gelegt. Haerten erwähnte trotz enger – wie er selbst gern sagte –, ‚verschworener' Zusammenarbeit mit manchen Referenten seine Mitarbeiter regelmäßig nur sporadisch, und er zog auch noch die banalsten Bürovorgänge in Bad Godesberg an sich.

Paeckelmann war im Hinblick auf die weitere Entwicklung des ‚akademischen Deutschland' grundsätzlich optimistisch gewesen und hatte mit einer Mischung aus Weitblick, Idealismus und *common sense* die Mitgestaltungsfreiräume betont. Haerten war hinsichtlich der gesamten gesellschaftlichen und sozialen Entwicklung, die er ausschließlich aus dem Blickwinkel der Bildungsentwicklung beurteilte, zutiefst pessimistisch und wirkte seit Beginn der 1960er Jahre zunehmend verbissen und frustriert. Sein Selbstverständnis wurde mehr und mehr zu dem eines Konkursverwalters.[201] Paeckelmann hatte angesichts ganz anderer sozialer und politischer Problemdimensionen bei aller Reserve gegenüber manchen Zeiterscheinungen mit Weltläufigkeit

---

199 H. Haerten, Elitenbildung und Studentenförderung, S. 11.
200 ZZBW-A: Aktenbestand Haerten, II 1959–1969: Heinz Haerten, Begabtenförderung in der demokratischen Gesellschaft. Memorandum, 7.3.1960, S. 23. Heinz Haerten, Referat Alpbach, 9/1967, S. 7: „Ich (habe) manchmal den Eindruck (...), daß wir mit unserer Gewöhnung an den Staat als Geldgeber ‚obrigkeitshöriger' sind als unserer Großeltern im verlästerten Untertanenstaat. Ob das dem neuen Staatsgedanken, der das Zusammenwirken freier Bürger voraussetzt, zuträglich ist?"
201 Ebd., S. 14: „Der Besuch der Höheren Schule ist in der Gesellschaft unserer Tage weniger eine Frage der geistigen als des materiellen Aufstiegswillens. Von lebendiger Bildungstradition kann bei ihrer Schülerschaft kaum noch die Rede sein. (...) Spricht der Deutschlehrer, der bei der Ausbildung junger Kollegen empfiehlt, Goethe im Unterricht nicht mehr zu behandeln (...) nur aus, was viele denken; und ist diese Äußerung nur deshalb so bestürzend, weil gerade der Deutschlehrer diesen Verzicht ausspricht? Ich fürchte, sie dokumentiert die Unsicherheit einer Lehrerschaft, der nicht nur die mit unserem Jahrhundert emporgekommene Welle, deren Lieblingsgedanke die Hilfe für das schwache Kind ist, den Mut zur Forderung genommen hat (...)."

und Neugier versucht, die noch junge Studienstiftung auch für den Zeitgeist zu öffnen und die Institution behutsam zu vergrößern. Haerten war bemüht, die hochintegrierte Studienstiftung von der allgemeinen gesellschaftlichen Entwicklung abzukoppeln und ihr Wachstum möglichst rückgängig zu machen.[202] Sein Ideal der Studienstiftung hatte im Hinblick auf Selbstverpflichtung, Lebenshaltung und Askese kaum anders als klösterlich zu nennende Züge.[203]

---

202 ZZBW-A: Aktenbestand Haerten, II 1959–1969: Heinz Haerten, Bericht über das Lübecker Treffen der Studienstiftung, 5.10.1959: „Ich gestehe allerdings, dass sich die Angst, die Studienstiftung sei dabei, sich vom Charisma zur Institution zu entwickeln, oft bedrängend auf die Brust legt. 1950 kannte jeder jeden. Die Vertrauensdozenten, die Mitglieder des Auswahlausschusses, die Leute von der Geschäftsführung waren freundschaftlich miteinander verbunden und hatten Zeit zum ruhigen Gespräch über das, was uns gemeinsam beschäftigte."

203 ZZBW-A: Aktenbestand Haerten, I 1949–1959: Heinz Haerten, Was tut England für seine Begabungen? Exklusiv-Beitrag für: Deutscher Forschungsdienst 29/54, S. 1 f.: „Ich möchte nicht ausgelacht werden, wenn ich von einer Gesammeltheit spreche, wie man sie – der Vergleich stellt sich in den Gängen von Oxford und Cambridge von selber ein – gelegentlich bei Klosterschülern trifft. Aber diese ruhigen, jungen Leute, denen, wie hundertfach zu beobachten, die Muße nichts Fremdes ist, sind offenbar in der physischen und psychischen Verfassung, in der ein Mensch geistig arbeiten kann. Mir scheint, sie sind ein für die Pflege und das Gedeihen wissenschaftlicher Traditionen gut zubereiteter Boden."

3. Reformperspektiven der 1960er Jahre und die Folgen von ‚1968'

a) Die Studienstiftung und die Wissenschaftslandschaft der 1960er Jahre

> „Die Ideologie der ‚nivellierten Mittelstandsgesellschaft' geht so weit, daß jede Erwähnung des ‚Oben', sei es als ‚Elite', sei es als ‚herrschende Klasse', schockierend empfunden und beiseite geschoben wird."
>
> Ralf Dahrendorf, 1959/60.[204]

Am 7. November 1963 hatte Dr. Sauberzweig vom Bad Godesberger Sekretariat die schöne Aufgabe, dem ehemaligen Studienstiftler Professor Dr. Hans Daniel Jensen zur Verleihung des Nobelpreises für Physik zu gratulieren.[205] Der 1907 in Hamburg geborene Jensen hatte in Hannover, Hamburg und Heidelberg gelehrt und ein Schalenmodell der Atomkerne entwickelt; spätere Arbeiten galten der Kernstruktur. Der Studienstiftungsalltag in den 1960er Jahren war weniger festlich und von Krisen gekennzeichnet.

Die 1960er Jahre behoben im gesamten Bildungsbereich, und nicht nur dort, was Ludwig Raiser schon 1958 anläßlich des 10jährigen Studienstiftungsjubiläums umschrieben hatte: einen Reformstau.[206] Nach Kuba-Krise, Mauerbau, Spiegel-Affäre und dem Ende der Ära Adenauer machte sich in der Bundesrepublik ein Gefühl der Stagnation breit, für das die Große Koalition des Jahres 1966 nur ein politisches Symptom war.[207] Die zwar nicht nach der Vorstellung Ludwig Erhards formierte, aber doch in den 1950er Jahren ganz notwendigerweise stark und beispielhaft erfolgreich auf den materiellen Wiederaufbau konzentrierte,[208] weithin noch von autoritären Sozialisations- und Verhaltensmustern geprägte Gesellschaft der Bundesrepublik begann Zeichen tiefer Verunsicherung zu zeigen. Vor dem Hintergrund der ersten spürbaren Wirtschaftskrise und der Herausforderung einer in der Nachkriegszeit geborenen Generation, die ohne Zurückhaltung nach der Rolle der Väter unter Hitlers Herrschaft und in Hitlers Krieg fragte, kam es zu einem exemplarischen Generationenkonflikt.[209] Vor allem für die Kinder der Kriegs-, Trümmer- und

---

204 Ralf Dahrendorf, Deutsche Richter. Ein Beitrag zur Soziologie der Oberschicht (1959/60), in: ders., Gesellschaft und Freiheit. Zur soziologischen Analyse der Gegenwart. München 1961, S. 176–196, 177.
205 StSt-A Bonn: StSt/Sauberzweig an Prof. Dr. Hans Jensen, Bad Godesberg, 7.11.1963.
206 Vgl. Thomas Ellwein, Krisen und Reformen. Die Bundesrepublik seit den sechziger Jahren. München 1989.
207 Vgl. Der Spiegel Nr. 41 vom 9.10.1963: Konrad Adenauers vierzehn Jahre; zur Großen Koalition siehe Th. Ellwein, Krisen und Reformen, S. 43 ff.
208 R. Morsey, Die Bundesrepublik, S. 181–185.
209 Ein Beispiel zitiert Haerten: HH-A: H. Haerten, Studienstiftung, S. 175 f.: „Als im März 1965 der damalige Bundespräsident Lübke in Münster eine Auswahlsitzung der Studienstiftung besuchen wollte, bat ich (Haerten, d. Verf.) durch Rundschreiben die Teilnehmer, so wie es im international gültigen Protokoll üblich ist, vor dem Erscheinen des Bundespräsidenten die Sitze in der Universitätsaula einzunehmen. Das war nun für manchen Hochschullehrer ein unzumutbarer Eingriff in die persönliche Freiheit. Ganz abgesehen davon, daß sie genau so wenig wie ein großer Teil der Journalisten zwischen Person und Amt unterscheiden konnten, bauten sie mit der Eloquenz der Intellektuellen Theorien über menschliche Würde und staatsbürgerliche Unabhängigkeit auf, die von einer Gruppe besonders Emanzipierter dadurch in die Praxis umgesetzt wurden, daß sie sich beim Eintreten des Staatsoberhauptes nicht von den Sitzen erhoben."

Aufbaugeneration gab der individuell und kollektiv wachsende Lebensstandard keine Antwort auf die Frage nach der politischen und gesellschaftlichen Identität[210]. Die elterliche Mischung aus der ‚Unfähigkeit zu trauern', Gesprächsverweigerung[211] und einem für den antitotalitären politischen Elementarkonsens in der jungen Bundesrepublik konstitutiven, zunehmend aber formelhaft erstarrten Antikommunismus wirkte angesichts der Defizite in der Aufarbeitung der NS-Vergangenheit und dem sich abzeichnenden Trend zu einer Politik der bewaffneten Koexistenz zwischen den Supermächten USA und UdSSR zumindest fragwürdig. So konnten sich nicht zuletzt aufgrund fehlender Integration der jugendlichen Kritiker in die öffentliche Diskussion vor allem bei manchen mit ihren Fragen und ihrer zum Teil berechtigten Kritik alleingelassen fühlenden Studierenden politisch äußerst brisante ‚antifaschistische' und sozialistisch-marxistische Denkstrukturen als Protest- und Gegenkultur verfestigen.[212]

Deren Radikalisierung und Ideologisierung in Teilen der Studentenbewegung hatte allerdings weder mit der gesellschaftlichen Wirklichkeit der Bundesrepublik oder der westlichen Welt noch mit dem ‚real existierenden Sozialismus' der DDR viel zu tun.[213] Im Gegensatz zur ‚skeptischen' wurden die ‚68er' – in der westlichen Welt – zu einer auf neue Weise ideologiebedürftigen Generation.[214] Das sollte seit den 1970er Jahren zu einer bemerkenswerten Dialektik im Hinblick auf die politisch-historische Eliten-Identität führen: führende ‚68er' lehnten in dogmatischer Verhärtung und zumindest teilweise handgreiflich, zumindest aber rhetorisch gewalttätig die korrumpierenden Modernisierungsfortschritte der 1950er Jahre ab – und doch trug gerade diese radikale Infragestellung des politischen und gesellschaftlichen Establishments durch die Schaffung, Institutionalisierung und Dominierung einer kritischen Öffentlichkeitskultur langfristig zur verspäteten Akzeptanz der ‚Adenauer-Republik' bei der bundesdeutschen Linken bei.[215]

Diese gleichsam nachholende ‚verfassungspatriotische' Identifizierung der Akteure von ‚1968' mit Weststaat, Westbindung und freiheitlich demokratischer Grundordnung erreichte zum Zeitpunkt der Vereinigung der beiden deutschen Staaten 1990 ihren Höhepunkt, was den Einigungsprozeß wiederum nicht unerheblich erschwerte: nun fürchteten führende ‚verfassungspatriotische' Vertreter der kritischen Öffentlichkeitskultur eine nationalistische Beschädigung der post-

---

210 Siehe auch Martin und Sylvia Greiffenhagen, Ein schwieriges Vaterland. Zur politischen Kultur im vereinigten Deutschland. München 1993, S. 221 ff.
211 Vgl. Gesine Schwan, Politik und Schuld. Die zerstörerische Macht des Schweigens. Frankfurt am Main 1997, S. 133 ff.
212 Vgl. Wolfgang Kraushaar, 1968 – Das Jahr, das alles verändert hat. München 1998.
213 Eine Zusammenfassung bei George Lipsitz, Who'll Stop the Rain? Youth Culture, Rock 'n' Roll, and Social Crisis, in: The Sixties. From Memory to History. Ed. by David Farber. Chapel Hill/London 1994, S. 206–234; zum intellektuellen Marxismus der 1960er Jahre Andrei S. Markovits, Philip S. Gorski, Grün schlägt Rot. Die deutsche Linke nach 1945. Hamburg 1997 (zuerst 1993), S. 98 ff.
214 Vgl. Kurt Sontheimer, Eine Generation der Gescheiterten, in: Die ZEIT Nr. 15 vom 9.4.1993, S. 11.
215 So schrieb z.B. Heinrich Böll im Januar 1978 im Zuge einer Korrespondenz über Fragen des Terrorismus und der Nachrüstung an Helmut Schmidt: „Ich fühle mich zugehörig – das ist, wie mir scheint, mehr als staatsergeben. Zugehörig zur Bundesrepublik, zu ihrem erstaunlichen Aufstieg, auch ihren Schwächen, den Opfern einer Aufbaubrutalität, die möglicherweise nicht zu vermeiden war." Heinrich Böll an Bundeskanzler Helmut Schmidt, 14.1.1978, zit. nach: Helmut Schmidt, Weggefährten. Erinnerungen und Reflexionen. Berlin 1996, S. 96.

Reformperspektiven der 1960er Jahre   309

nationalen Errungenschaften der Bonner Republik.[216] Im Hinblick auf die Stellung der ‚68er' trifft also Hermann Glasers Diktum zu, daß „Modernitätskultur der fünfziger Jahre wie die Protestkultur der späten sechziger Jahre (...) die zwei Seiten einer Medaille (waren)."[217]

Die Studienstiftung war von dieser Entwicklung der unruhigen 1960er Jahre unmittelbar betroffen: einmal durch ihre exponierte Existenz als ‚Hochbegabten'-Förderung in einer sich demokratisierenden Gesellschaft,[218] durch ihre in verschiedenen gesellschaftlichen und politischen Gruppen engagierten Stipendiaten und schließlich auch institutionell, da sie sich schon früh zu Fragen der Bildungs- und Hochschulreform äußerte.

Schon 1955 hatte Haerten aus der Erfahrung des Schulmannes kritisiert, daß das höhere deutsche Schulwesen die Erziehung zu kritischer Selbständigkeit vermissen lasse, was für die Studienanfänger zum Problem werden müsse:

„Nun heißt das nicht, wer in Deutschland ein gutes Abitur macht, gehört nicht auf die Universität (...). Es heißt vielmehr, daß die deutsche Höhere Schule (bei vielen rühmlichen Ausnahmen!) als ihr Lieblingsprodukt einen Typ junger Menschen heranbildet, dessen Stärke es ist, das vom Lehrer Gebotene gut zu reproduzieren. Da nun aber die deutsche Hochschule mit ihrer für angelsächsische Vorstellungen übersteigerten Forderung an die Selbständigkeit der jungen Leute den geistig Eigenständigen, den produktiven jungen Wissenschaftler verlangt, passen Schule und Hochschule nicht recht zueinander."[219]

1963 faßte Haerten zusammen, wie die Chancengleichheit für ‚Hochbegabte' unter einer leistungsfernen Bewertung in der Schule leide:

„Die Tendenz, die Schule leicht zu machen, entspricht dem verbreiteten Wunsch, möglichst viele Kinder um jeden Preis zum Abitur zu bringen. Wenn aber allzu viel mässig Begabte an unserer Höheren Schule sind, verkehrt sich beispielsweise eine von der Behörde gut gemeinte Anordnung wie die folgende in ihr Gegenteil: Mancherorts darf eine Klassenarbeit, bei der ein Drittel der Klasse keine ausreichende Note erzielt, nicht gewertet werden. Das soll die Schüler vor Überforderung schützen, verhindert aber den Lehrer, das zu fordern und zu erreichen, was gute Schüler leisten können. Die Leidtragenden sind die Begabten und sind wir alle, die wir von der späteren Leistung der Begabten abhängig sind."[220]

In einem Beitrag über die Begabtenförderung in den USA wies Dieter Sauberzweig 1964 auf die erheblichen Defizite deutscher Begabtenförderung hin. Nach dem Sputnik-Schock über die unterschätzten hochtechnologischen Kapazitäten des weltpolitischen Gegners UdSSR hatte der US-Kongreß mit einem *National Defense Education Act* unter anderem zur Systematisierung der

---

216 Zum Beispiel Günter Grass, Wider den Einheitsstaat. Kurze Rede eines vaterlandslosen Gesellen (zuerst: Die ZEIT Nr. 7 vom 9.2.1990), Abdruck in: Angst vor Deutschland. Hg. v. Ulrich Wickert. Hamburg 1990, S. 61–65.
217 H. Glaser, Deutsche Kultur 1945–2000, S. 312.
218 Vgl. z.B. den defensiven Ton bei Karl Dietrich Erdmann, Vorwort, in: Heinrich Roth (Hg.), Begabung und Lernen. Ergebnisse und Folgerungen neuer Forschungen. Stuttgart [7]1971 (zuerst 1968), S. 5 f.; grundlegend zum soziologischen, pädagogischen und bildungspolitischen Zusammenhang von Elitenbildung und Demokratie Walter Tröger, Elitenbildung. Überlegungen zur Schulreform in der demokratischen Gesellschaft. München/Basel 1968.
219 ZZBW-A: Aktenbestand Haerten, I 1949–1959: Heinz Haerten, Referat Königswinter, 22.3.1955, S. 4.
220 ZZBW-A: Aktenbestand Haerten, II 1959–1969: Heinz Haerten, Begabtenauslese, Referat, 20.3.1963, S. 2 f.

Erkennung und Förderung von ‚Hochbegabung' reagiert.[221] Das sei, so Sauberzweig, in einem Land, dessen demokratisch-politisches Denken stark von der Abneigung gegen soziale Privilegierung gekennzeichnet ist, kein kleiner Schritt: „Man sieht, daß die Gleichheit der Chancen, an der eine Demokratie unbedingt festhalten muß, nicht zu verwechseln ist mit der Gleichheit der Fähigkeiten, kurzum, daß die Menschen zwar vor dem Gesetz gleich, in ihren Anlagen und Fähigkeiten aber verschieden sind."[222] Leistungsdifferenzierung als Voraussetzung der Begabtenauslese in der Schule könne auch im Rahmen der *High School* durch Kursangebote auf unterschiedlichem Niveau bei gleichzeitigem Festhalten an der aus integrativen Gründen wünschenswerten Einheitsschule erfolgen. Über die Teilnahme an *advanced courses* entscheide ein *counselor* auf der Grundlage standardisierter Tests und Gespräche mit den Schülern, Eltern und Lehrern. Der *counselor* berate auch beim Übergang auf das *College*. Weiter berichtete Sauberzweig, für deutsche Verhältnisse bis heute unvorstellbar: „Nicht selten findet man die admission officers der Colleges (...) bei Reisen zu den Schulen und auf der Suche nach qualifizierten High-School-Absolventen (...) – ein College von Niveau hält (...) nach wissenschaftlichen Talenten Ausschau."[223]

In der Pluralität der amerikanischen College-Landschaft sah Sauberzweig keinen Nachteil, sondern die Chance, unterschiedlichen Begabungen unterschiedliche Bildungsangebote machen zu können. Dem realen Problem der Studiengebühren und dem Zwang zum Finanzierungsplan nicht nur beim geplanten Besuch der Elite-Universitäten wie *Harvard, Princeton, Yale, Stanford, Massachusetts Institute of Technology* (MIT) entspreche ein breit gestreutes Angebot an leistungsgebundenen Stipendien und Darlehen, die allerdings mit dem Honnefer Modell nicht gleichgesetzt werden könnten: die *National Merit Scholarship Corporation*, denn die *Ford-Foundation* und die *Carnegie-Foundation* seien private Einrichtungen. Die Auswahl erfolge durch eine Kombination von Test und Interview; hier sah Sauberzweig deutsche Defizite: „Der Wert der Persönlichkeit ist, wie man hierzulande oft meint, nicht bedroht, wenn sich jemand einem ‚anonymen' Test stellen muß!"[224]

---

221 Vgl. Arthur M. Schlesinger, The Face of the Future, in: John M. Blum et al., The National Experience. A History of the United States. New York ²1968, S. 815–845.

222 Dieter Sauberzweig, Qualität oder Quantität? Begabtenförderung: eine Grundfrage zeitgemäßer Bildungspolitik, in: Politische Bildung als Aufgabe. Beiträge deutscher Amerika-Fahrer. Hg. v. Friedrich Minssen. Frankfurt am Main/Stuttgart o.J. (1964), S. 34–48, 36; vgl. dazu The National Education Association (Ed.), An Annotated Bibliography on the Academically Talented. Washington, D.C. 1961.

223 Ebd., S. 38; vgl. z.B. zum attraktivsten College des Jahres 1998, der Florida A&M University, bemessen nach *enrollment of the most National Achievement Scholars*, auch Eric Pooley, Shake, rattle and enroll, in: TIME. The Princeton Review, 1998 Edition, S. 76–84.

224 D. Sauberzweig, Qualität oder Quantität, S. 46. Haerten referiert in seiner Arbeit ein mitgeschriebenes Telefonat mit Bundespräsident Theodor Heuss aus dem Sommer 1954, demzufolge Heuss zur Frage der Tests folgendes gesagt hat: „,Was wollen Sie denn mit Erfolgsstatistiken? Sie können doch nicht an Noten oder an der Karriere erkennen, ob Sie erreicht haben, was Sie in der Studienstiftung wollen. Das ist doch dummes Zeug. Und die Testerei – meinen Sie, die Amerikaner haben damit herausgekriegt, was einer taugt? Was Sie wollen mit Begabung, Charakter und so – das wollen Sie doch nicht ertesten? Lassen Sie den ganzen Firlefanz um Gottes Willen aus Ihrer Studienstiftung heraus! Das führt nur zu Betriebsmeierei.'" HH-A: H. Haerten, Studienstiftung, S. 23.

Und abschließend resümierte er im Blick auf die Bildungsreform: „Die Alternative ‚Qualität *oder* Quantität' muß in die Devise ‚Qualität *und* Quantität' umgewandelt werden. Das haben die Amerikaner erkannt; das sollten wir von ihnen lernen."[225] Was Sauberzweig hier umrißartig vorstellte, war der Anfang des wichtigsten Professionalisierungsschubs in der ‚Hochbegabten'-Auswahl seit der Gründung der Studienstiftung 1925 und der Entwicklung ihrer Auswahlpraxis: die Umsetzung des maßstabsbildenden amerikanischen Vorbilds der Systematisierung und Verwissenschaftlichung der ‚Hochbegabungs'-Diagnostik und ihre Anpassung an die deutschen Bildungsverhältnisse, die unter Dr. Hartmut Rahn seit 1970 geleistet wurde.

Dringenden Reformbedarf im deutschen Bildungswesen hatte Sauberzweig schon 1963 in einem Beitrag über die Berufstauglichkeit deutscher Akademiker festgestellt.[226] 1964 veröffentlichte Hartmut Rahn für den Stifterverband für die deutsche Wissenschaft eine Arbeit über das ‚Studium in Europa' mit dem Ziel, die Hochschulentwicklung in der Bundesrepublik in den westeuropäischen Kontext einordnen und, wo notwendig, reformieren zu können.[227] Auf der Grundlage der Äußerungen von Studienstiftlern zu ihrer Vorbereitung auf den von ihnen angestrebten Beruf schilderte Sauberzweig Mißstände und Fehlentwicklungen in der akademischen Berufsqualifizierung, deren Bedrohlichkeit nicht in veralteten Prüfungsordnungen oder schlechter technischer Ausstattung lag, sondern in der Weigerung zu vieler universitärer Leitungsgremien, diese Probleme anzuerkennen. Damit kamen die Hochschulen einem Teil ihres Auftrages, zu bilden und auszubilden, nicht nach.[228] Sauberzweig, der seine Ausführungen nach der klassischen Ordnung der Fakultäten bei der Theologie begann, berichtete von der häufigen Frustration junger Theologen, die sich zwar wissenschaftlich ausgezeichnet, psychologisch aber unzureichend auf die praktischen Schwierigkeiten ihres Amtes vorbereitet fühlten. Von noch gravierenderen ‚Praxis-Schocks' seien viele Juristen betroffen. Sauberzweig illustrierte hier mit seinen Zitaten aus Semesterberichten von Jura-Studenten Ralf Dahrendorfs Schlußfolgerung aus seiner seither vielzitierten Studie ‚Deutsche Richter. Ein Beitrag zur Soziologie der Oberschicht' von 1959/60, daß, „wenn es auch übertrieben wäre, aus diesen Annahmen auf eine ‚Klassenjustiz' im Sinne einer Rechtsprechung aus dem Interesse der herrschenden Klasse zu schließen, (...) sich doch die Vermutung auf(dränge), daß in unseren Gerichten die eine Hälfte der Gesellschaft über die ihr unbekannte andere Hälfte zu urteilen befugt ist."[229] Vernichtend sei, so Sauberzweig weiter, auch die Kritik der angehenden Mediziner an ihrer Ausbildung: „Der mittelmäßige Student durchläuft eine Lernschule, in der er bis zum Staatsexamen (...) so gut wie gar keine praktischen Fähigkeiten erwirbt. Die Ausbildung ist so ferne von der ärztlichen Tätigkeit, daß man ein sehr gutes Staatsexamen machen kann, ohne die manuellen Fertigkeiten und die menschlichen Anlagen zum Arzt zu besitzen."[230] Praktika und Famulaturen könnten das nicht ausgleichen. Im Ver-

---

225 D. Sauberzweig, S. 48; vgl. auch ders., Die Demokratie braucht Begabungen. Betrachtungen zur Auswahl und Förderung in den USA, in: DUZ 12 (1963), S. 6–13.
226 Vgl. Ralf Dahrendorf, Bildung ist Bürgerrecht. Plädoyer für eine aktive Bildungspolitik. Osnabrück 1965.
227 Hartmut Rahn, Studium in Europa. Essen 1964.
228 Vgl. z.B. auch Hans-Peter Schwarz, Mitarb., Zur Gestalt der neuen deutschen Universität. Hg. v. Stifterverband für die Deutsche Wissenschaft. Essen 1963.
229 R. Dahrendorf, Deutsche Richter, S. 195, dazu auch U. Wesel, Geschichte des Rechts, S. 534, Rn. 334.
230 Dieter Sauberzweig, Wie bewährt sich der Akademiker im Beruf?, in: Forum Philippinum: Hochschulreife und Lebensbewältigung, geleitet von Prof. Dr. Fritz Hartmann. Marburg 1963, S. 299–311, 304.

gleich dazu sehe die Situation in den weniger verschulten philosophischen Fakultäten und ihren weniger klaren Berufsbildern insofern besser aus, als die Studierenden die relative Freiheit ihres Studienaufbaus zur Ausbildung persönlicher Schwerpunkte nutzten. Probleme gebe es in der praktischen Referendarausbildung. Sauberzweig zitierte die exemplarische Aussage eines Studienreferendars: „‚Ich hatte mit einer Oberprima Goethes ‚Prometheus' zu behandeln und versuchte, es der anwesenden Prüfungskommission recht zu machen – Erfolg: Ich war nicht ‚musisch' genug. Jetzt als fertiger Lehrer bin ich froh, die Muse nicht zu bestimmten Terminen bestellen zu müssen; sie stellt sich zu gegebener Zeit von selbst ein.'"[231]

Insgesamt konnte kaum Zweifel bestehen, daß auch in den Geisteswissenschaften nicht selten nach inhaltlichen und methodischen Vorstellungen der ersten Hälfte des 20., ja der zweiten Hälfte des 19. Jahrhunderts unterrichtet, geprüft und ausgebildet wurde. Die Naturwissenschaftler, so Sauberzweig, würden sich durchgängig über mangelnde Ausstattung beklagen, seien aber ohnehin überwiegend der Ansicht, daß die eigentliche praktische Ausbildung zur beruflichen Tätigkeit erst nach dem Universitätsdiplom bei der wesentlich besser ausgestatteten Industrie erfolge.

Die Bilanz, die Sauberzweig aus diesem Durchgang zog, war düster: Bildung durch Wissenschaft in der Freiheit von Forschung und Lehre, vermittelt durch die persönliche Begegnung von akademischem Lehrer und Schüler, sei an deutschen Universitäten zum abstrakten Ideal, wenn nicht gar zum Legitimationsinstrument des hochschulpolitischen *status quo* verkommen, so daß die Universitäten, sollte eine grundlegende Hochschul- und Bildungsreform ausbleiben, in absehbarer Zeit weder bilden noch ausbilden, noch internationalen Wissenschaftsstandards genügen würden.[232]

Im Oktober 1960 hatte der von Bund und Ländern im Jahr 1957 eingerichtete Wissenschaftsrat in seinem ‚Blauen Gutachten' „Empfehlungen zum Ausbau der wissenschaftlichen Einrichtungen" gegeben,[233] im Oktober 1962 hatte eine Kommission des 1949 gegründeten ‚Verbandes Deutscher Studentenschaften' in einem Gutachten für die Neugründung von Hochschulen plädiert.[234] 1964 erregte ein Buch von Georg Picht mit dem dramatischen Titel „Die deutsche Bildungskatastrophe", entstanden aus einer Artikelserie für die Wochenzeitung ‚Christ und Welt',

---

231 Ebd., S. 307.
232 Zum Vergleich der ganz anders gelagerten Probleme organisierter Wissenschaft in der SED-Diktatur: Matthias Wagner, Der Forschungsrat der DDR. Im Spannungsfeld von Sachkompetenz und Ideologieanspruch. 1954–April 1962. Berlin 1992 (zugl. Diss. phil. HUB).
233 Wissenschaftsrat, Empfehlungen zum Ausbau der wissenschaftlichen Einrichtungen. Teil I: Wissenschaftliche Hochschulen. Köln 1960; vgl. auch Hans C. Röhl, Der Wissenschaftsrat: Kooperation zwischen Wissenschaft, Bund und Ländern und ihren rechtlichen Determinanten. Baden-Baden 1994 (zugl. Diss. Heidelberg 1993).
234 VDS (Hg.), Gutachten einer Kommission des VDS zur Neugründung von wissenschaftlichen Hochschulen. Bonn 1962 (^{2}1966); dazu auch Rolf Neuhaus (Hg.), Dokumente zur Gründung neuer Hochschulen 1960–1966. Wiesbaden 1968.

die Gemüter und provozierte sogar Bundes- und Landtagsdebatten.[235] Im Hinblick auf die quantitative Dimension des Reformproblems war Pichts Buch eines der einflußreichsten der Nachkriegszeit. Die Studienstiftung schaltete sich in diese bereits auf breiter Ebene geführte Reformdebatte vorsichtig und zunächst nicht trendsetzend, sondern unterstützend ein. Eine Stellungnahme seitens der Studienstiftung zur qualitativen Dimensionen der Hochschul- und Bildungsreform war naheliegend, war sie doch die Institution in der Bundesrepublik, die über einen vollständigen, mit jedem eintreffenden Semesterbericht, durch jede Referentenrundreise aktualisierten Überblick über die Entwicklung der Universitäten, zudem eine enge Verflechtung mit Bund- und Ländervertretern verfügte. 1965 erschien eine vom Sekretariat herausgegebene Broschüre unter dem Titel ‚Studienreform‘, in der Sauberzweigs Forderungen wiederholt wurden. Den Autoren ging es nicht mehr allein um die professionalisierte Begabtenauslese, sondern die grundlegende Erkenntnis und Herausforderung, daß in einer verwissenschaftlichten, akademisierten Technologiegesellschaft Breiten- und Spitzenbildung keine Gegensätze sein dürfen.[236]

Unter anderem mit der Veröffentlichung solcher Schriften durch Institutionen wie die Studienstiftung deutete sich ein Wandel im Begriff der Begabung an, der auf Erfahrungen in den USA zurückging. Die Erkennung und Förderung individueller Begabung mußte auf allen Ebenen der Bildung, Ausbildung und Weiterbildung erfolgen, und nur in dieser strukturellen Begabtenförderung deckten sich das emanzipatorisch-individuelle und das gesamtgesellschaftliche Interesse bei der Mobilisierung von Begabung. Das gab diesem neuen Ansatz eine besondere Dynamik.[237] Zugleich war es das Ende einer allein auf den vagen Begriff der Gesamtpersönlichkeit gestützten Auswahl, die immer und nicht ganz zu Unrecht im Verdacht stand, charismatische Kooptation zu sein, für die Haerten 1963 eine Formel geprägt hatte: „Wissenschaft plus Charakter, aber weder Charakter ohne Wissenschaft noch Wissenschaft ohne Charakter."[238]

---

235 Georg Picht, Die deutsche Bildungskatastrophe. Analyse und Dokumentation. Olten/Freiburg i.Br. 1964; mit scharfer Kritik zu Pichts ausschließlich quantifizierendem Ansatz K. Adam, Die Republik dankt ab, S. 79: „Ein denkwürdiges Beispiel für die unwiderstehliche Macht der Zahl und für die Folgen ihres Gebrauchs zu propagandistischen Zwecken lieferte die sogenannte deutsche Bildungskatastrophe. Gestützt auf den statistischen Beweis, hatte sie Georg Picht seinen Landsleuten zunächst vorgerechnet, dann eingeredet und schließlich heraufbeschworen." Georg Picht (1913–1982); 1946–1952 Leiter des Landerziehungsheims Birklehof, seit 1940 Lehrer, seit 1958 an der Forschungsstätte der Evangelischen Studiengemeinschaft in Heidelberg, 1965 Ordinarius für Religionsphilosophie in Heidelberg, 1952–1962 Mitglied des Deutschen Ausschusses für Erziehungs- und Bildungswesen.
236 StSt-A Bonn: Studienreform. Hg. v. StSt. Bad Godesberg 1965.
237 Dem entsprach in der Konflikt-Pädagogik die Abgrenzung von einer ‚harmonischen‘ Erziehung, die den Lehrer von der Gesellschaft isolierte, so noch bei Georg Geißler, Das Eigenrecht der Jugend und das Eigenleben des Erziehers, in: Behauptung der Person. Festschrift Bohnenkamp 1963, S. 117–131, 130 f.: „Der Lehrer hat seine Geltung in der Welt der Erwachsenen gerade nicht als Wissenschaftler, Künstler oder Techniker, sondern als Lehrer. Sein gesellschaftlicher Auftrag ist, für die Jugend zu sorgen, daß sie ungestört heranreift und auf rechte Weise zur Mitarbeit in der Erwachsenenwelt herangebildet wird. Diesem Auftrag kann er nur gerecht werden, wenn er auf die aktive Teilnahme an den Geschäften der Erwachsenen verzichtet." Vgl. auch Wissenschaftsrat, Empfehlungen zur Neuordnung des Studiums an den wissenschaftlichen Hochschulen, 14.5.1966. Tübingen 1966.
238 ZZBW-A: Aktenbestand Haerten , II 1959–1969: Heinz Haerten, Referat Regensburg 1963, S. 1.

Auf die Auswahlpraxis der Studienstiftung färbten die neuen Konzepte der ‚Hochbegabungs'-Forschung schon ab, bevor ab 1970 die Studienstiftung eigene ‚Hochbegabungs'-Forschung zur Rationalisierung ihrer Prinzipien betrieb. 1964 gab das Sekretariat Beiträge der Professoren Kurt Ballerstedt, Rudolf Lennert und Wolfgang Kunkel zu ‚Problemen der Auswahlarbeit' heraus. Rudolf Lennert stellte keine Typologie der ‚Hochbegabungen' im Sinne Sprangers auf, sondern berichtete von eigenen, durch die amerikanische Begabungsforschung und von der Psychologie bereits stark beeinflußten Auswahlerfahrungen. Dabei legte er Wert auf den ambivalenten Sinn des Wortes Begabung im aktiven und passiven Sinn von ‚Begabtsein' und ‚Begabtwerden'. Begabungsfähigkeit sei dann, so Lennert, die Fähigkeit, vorhandene Begabung zu nutzen und sich darüber hinaus ‚begaben zu lassen'. Der Sinn des Auswahlgesprächs müsse sein, diese doppelte Begabungsfähigkeit anhand von bestimmten Indizien zu ermitteln. Das heiße auch, daß die Prüfer mittels Prämissenrationalisierung bewußt vermeiden sollten, ihren Generationsstil im Kandidaten zu suchen, sei es durch Abfragen von Belesenheit, Faktenwissen oder Spezialinteressen. Absolut zu vermeiden seien mit Rücksicht auf den Ernst der Aufgabe und der Situation vertrackte Logeleien, Fangfragen oder Provokationen. Nur so könne das Auswahlgespräch dann im Idealfall selbst ‚begabende Wirkung' ausüben. Der Prüfer müsse ferner versuchen, sein persönliches Auswahlziel zu benennen, um im Einzel- und Zweifelsfall auch hart entscheiden zu können: „Bei der Eigenart unserer Aufgabe können wir in Einzelfällen zu mitleidloser Härte auch gegenüber einem schwierigen Schicksal gezwungen sein – dann nämlich, wenn angenommen werden muß, daß die Narben des Aufstiegs dem Betroffenen nicht mehr den Weg zur höchsten Begabungsstufe freigeben werden."[239]

Für seine eigene Auswahl habe er einen ‚aktiven Begabungsbegriff' entwickelt, der selbstverständlich keinen Anspruch auf normative Gültigkeit habe, sondern nur als Indiziensammlung einzelne Beobachtungen zusammenfasse. Zu diesen Indizien gehöre Beobachtungskraft als waches Interesse für die Welt; Gefühl fürs Detail als differenzierter Umgang mit Überblick und Einblick; Mut zum Widerspruch und zum Eingeständnis des Nichtwissens; *common sense* in der Selbstbeurteilung zwischen Über- und Unterschätzung; *common sense* in den Maßstäben im Blick auf den eigenen Berufswunsch; Humor; Selbstbehauptung gegenüber dem Prüfer, die weder dreist noch devot, Begeisterungsfähigkeit, die keine Träumerei und Individualität, die nicht gezwungene Originalität ist. Diese Indizien, so Lennert, verpflichteten ihn als Prüfer zu Neugier, Respekt und Bescheidenheit gegenüber jedem Kandidaten und jeder Kandidatin.

Mit dem Problem des Vorprüfers, der wie bei der Studienstiftung vor 1933 vom Prüfer frei bestimmt werden durfte, sprach Wolfgang Kunkel ein Zentralproblem der Auswahl an: „Wir sind also paradoxerweise in die Lage versetzt, uns unsere Kontrollinstanz selbst zu setzen."[240] Als Mindeststandard, so Kunkel, sei zu erwarten, daß der Prüfer einen Vorprüfer wählt, der nicht als Assistent oder Mitarbeiter an seine Weisung gebunden ist. Ansonsten sollte der Vorprüfer, ohne den Fachgutachter zu ersetzen, möglichst einen vom Prüfer verschiedenen Arbeits- und Forschungsschwerpunkt in die Prüfung einbringen: Diese Ausführungen zeigten recht deutlich, daß die Einrichtung des Vorprüfers eine Schwachstelle im Auswahlverfahren war, da hier jeder ver-

---

239 StSt-A Bonn: Rudolf Lennert, Zum Problem der Hochbegabung, in: Kurt Ballerstedt, Wolfgang Kunkel, ders., Probleme der Auswahlarbeit. Hg. v. StSt. Bad Godesberg o.J. (1964), S. 7–14, 10.
240 StSt-A Bonn: Wolfgang Kunkel, Die Zusammenarbeit mit dem Vorprüfer, in: K. Ballerstedt, ders., R. Lennert, Probleme der Auswahlarbeit, S. 15–18.

Reformperspektiven der 1960er Jahre 315

bindliche Maßstab fehlte, ja die Einheitlichkeit der Auswahl gefährdet wurde. Der Vorprüfer war zu einer Zeit eingeführt worden, als die Studienstiftung noch nicht an allen Universitäten vertreten und etabliert war, so daß man auf Hilfe von außen angewiesen war. Das traf seit den 1950er Jahren nicht mehr zu. Mit einem aus der Debatte um die Verrechtlichung der Gesellschaft kommenden Argument wandte sich der Jurist Ballerstedt in seinem Beitrag gegen eine Normierung von Auswahlkriterien der Studienstiftung: „Aber die nur auf den ersten Blick paradox erscheinende Wahrheit ist doch die, daß die Gesichtspunkte und Maßstäbe, nach denen ausgewählt wird, sich zwar umschreiben, aber nicht normieren lassen. (...) Die Auswahl nach strengsten Maßstäben ist zwar für die Studienstiftung ein Element von verfassungsmäßigem Rang, aber es entzieht sich aus Gründen, die in der Natur des Vorgangs liegen, einer (...) abschließenden Normierung."[241]

Die studienstiftungstypische Professionalisierung der Auswahl gründe sich auf die Mischung von auswahlrelevanten Informationen, von Selbst- und Fremdbeurteilung, durch Schulgutachten, Lebenslauf und Gespräche. In der Beurteilung dieser Informationen dürften die satzungsmäßigen Auswahlkriterien Begabung und Charakter nicht derart gegeneinander ausgespielt werden, daß menschliche Defizite durch fachliche Qualitäten zu ersetzen seien, und umgekehrt. Die wissenschaftliche Begabung müsse nicht nur sehr gut und überdurchschnittlich, sondern absolut überragend sein. Der beste Indikator dafür sei die benotete Leistung, obwohl Ballerstedt vor Notenfetischismus warnte. Dazu gab es Anlaß, denn oft genug schlugen die Oberstudiendirektoren der Gymnasien ohne Ansehen der Person ausschließlich ihre 1,0er-Abiturienten vor.

Für die Universität und ihre Vorschläge galt das auch: „Vorzügliche Noten in Übungen oder Zwischenexamen mögen ein Indiz für die geforderten wissenschaftlichen Qualitäten sein; ein untrüglicher Ausweis sind sie nicht."[242] Geistige Abenteuerlust, Selbständigkeit, Initiative, Problembewußtsein seien die von einem ‚Hochbegabten' zu erwartenden Einstellungen zur Wissenschaft, die Max Weber in seinem Aufsatz ‚Wissenschaft als Beruf' 1919 beschrieben habe.[243] Schöngeistige und künstlerische Interessen dürften die wissenschaftliche Haltung ebensowenig ersetzen wie der nackte soziale Aufstiegswille: „In die Studienstiftung gehört nicht, wer das Studium nur als Aneignung einer berufserforderlichen Technik betreibt, oder gar derjenige, dessen entscheidender Antrieb die Vorstellung sozialen Aufstiegs ist."[244]

Das waren klare Worte gegen den Typus des ‚unter Wasser Geige spielenden' Schöngeists und den Typus des hart an den Toren zur Universität rüttelnden Aufsteigers. Ein Menschenbild, das hinter dem Satzungsbegriff des Charakters stehe, habe die Studienstiftung nicht, ja dürfe sie nicht haben. Nicht Gesinnungen würden im Auswahlverfahren geprüft, sondern Wesenszüge, die man, selbst bei grundsätzlicher Anerkennung ihrer Ambivalenz, bestenfalls umschreiben könne: „Format, Niveau, Querschnitt, Lebensfülle, spezifisches Gewicht der Persönlichkeit."[245]

---

241 StSt-A Bonn: Kurt Ballerstedt, Die Auswahl der Stipendiaten der Studienstiftung des deutschen Volkes, in: ders., R. Lennert, W. Kunkel, Probleme der Auswahlarbeit, S. 19–32, 20.
242 Ebd., S. 24.
243 Max Weber, Wissenschaft als Beruf. Vier Vorträge vor dem Freistudentischen Bund. Erster Vortrag, 1919: Vom inneren Beruf zur Wissenschaft.
244 StSt-A Bonn: K. Ballerstedt, Die Auswahl der Stipendiaten, in: ders., R. Lennert, W. Kunkel, Probleme der Auswahlarbeit, S. 25.
245 Ebd., S. 26.

Tatsächlich wurde hier ein nicht quantifizierbarer Begriff durch mehrere derselben Qualität ersetzt, keineswegs definiert. Begabung, so Ballerstedt weiter, sei kein Zustand, sondern ein Vermögen, das von solchen menschlichen Qualitäten in seiner Entfaltung wie in seiner Verkümmerung abhänge.

Abschließend stellte Ballerstedt den Bezug zur Gesellschaft her: Die Studienstiftung fördere nicht Begabung an sich, sondern ‚Hochbegabung', die sich auf den verschiedensten Ebenen in den Dienst der Allgemeinheit stellt. Das erfordere mehr als Gesinnungs- und Berufstüchtigkeit, Spezialistenwissen und soziales Gewissen, es erfordere Initiativfähigkeit: „Die Gesellschaft braucht, wenn sie menschenwürdig bleiben und das Problem der Technokratie meistern soll, einen erheblichen Einschuß personaler, eigenverantwortlicher Energien. (...) Die Studienstiftung sucht unter den jungen Akademikern diejenigen, die zu schöpferischer Lebensleistung in solchem Sinne hervorragend befähigt sind."[246]

Um sie jenseits des Geniekults und der Technokratenzucht in einer Weise zu finden, die einer freiheitlichen, pluralistischen und demokratischen Gesellschaft würdig ist, sei es dringend erforderlich, die Begabtenauslese gesamtgesellschaftlich auf eine breitere Grundlage zu stellen: „Prinzipielle Bedenken wären aber dann am Platze, wenn die Zahl der unbekannt bleibenden Hoffnungen unter den Angehörigen der jungen Akademikergeneration so groß wäre, daß die (...) Aufnahme in die Studienstiftung mehr oder weniger zufällig erschiene."[247] Diese Bedenken waren angesichts der Defizite des Auswahlverfahrens und der allgemeinen Situation im sekundären und tertiären Bildungssektor zutreffend.

Aber nicht nur Auswahlfragen brachten die Studienstiftung in Bewegung, von der Haerten noch bis Mitte der 1960er Jahre anläßlich seiner Tätigkeitsberichte regelmäßig ‚keine besonderen Vorkommnisse' melden konnte. Besorgt referierte Haerten auf einer Vorstandssondersitzung im Juli 1966 von Initiativen der Vertrauensdozenten, zu besonderen Gruppenbildungen innerhalb der Studienstiftung am Universitätsort, teilweise auch darüber hinaus, zu kommen, die verschiedenen Zwecken vor allem im Bereich der politischen Bildung und gesellschaftspolitischen Betätigung dienen sollten. Für Haerten kam das einem Unterwanderungsversuch gleich, den er durch die Mobilisierung des Vorstands unterband: die Studienstiftung sollte auswählen, fördern und betreuen, sonst sei ihre notwendige Neutralität gefährdet:

> „Ich warne (davor), mit den Überlegungen über die Erziehungsarbeit der Studienstiftung an einem Gebäude weiter zu bauen, ohne das Fundament zu überprüfen. (...) Wir (...) müssen illusionslos prüfen, was wir mit unseren Vertrauensdozenten erreichen können. Mit der gleichen Nüchternheit müssen wir an die Frage herangehen, ob wir mit unseren Tagungen auf dem richtigen Wege sind. Wir hatten gute und sogar sehr gute Tagungen, aber daß sie das Gesicht der Studienstiftung geprägt hätten, kann man leider nicht sagen."[248]

‚1968' zeigte dann sehr schnell, daß alle Akteure der Studienstiftung: Stipendiaten, Vertrauensdozenten und Mitarbeiterschaft trotz Haertens Bedenken keineswegs politisch formiert, sondern geradezu ein Inbegriff dessen waren, was die ‚68er' Establishment nannten.

---

246 Ebd., S. 28.
247 Ebd., S. 31.
248 ZZBW-A: Aktenbestand Haerten, II 1959–1969: Heinz Haerten, Vortrag Vorstandssitzung 11.7.1966, S. 5

b) ,1968': Revolte, Elite und die entstehende Bildungsreform

Die Bildungs- und Hochschulreform, von der Großen Koalition auf den Weg gebracht und von der sozial-liberalen Koalition seit 1969 weitergeführt, reagierte auf die wachsende Chancenungleichheit für durchschnittlich und überdurchschnittlich Begabte in einem unflexiblen und weitgehend unzeitgemäßen sekundären und tertiären deutschen Bildungssystem. Das war so notwendig wie ambivalent. Aber schon vor der Umsetzung der eigentlichen Bildungsreform unter der sozial-liberalen Koalition ab 1969 hatte im Jahr 1964 eine in der deutschen Universitätsgeschichte beispiellose Gründerwelle neuer Hochschulen eingesetzt: die Universität Regensburg nahm 1964 ihren Betrieb auf, 1965 die Ruhr-Universität Bochum, bis 1969 folgten sechs weitere Neugründungen, zwischen 1970 und 1974 weitere 18. Das war gleichsam die Reform von oben. Mit der Initiative zur Hochschulreform von unten verbanden sich sowohl Bemühungen um die bis dahin auffällig vernachlässigte Aufarbeitung der NS-Vergangenheit der deutschen Universitäten[249] als auch weitgehende Demokratisierungsanliegen, die über die versäumte Strukturreform in der Besatzungszeit allerdings weit hinausgingen: die ‚Hochschule in der Demokratie',[250] so eine kritische Programmschrift von Uta Gerhardt, Wolfgang Nitsch, Claus Offe und Ulrich K. Preuß aus dem Jahr 1965, sollte von den Lehrplänen über die Forschungsziele bis zur Personalpolitik ein Mitbestimmungsmodell für die Demokratisierung der bundesdeutschen Gesellschaft sein.[251] Auch wenn das nicht einmal unter der Brandtschen Devise von ‚Mehr Demokratie wagen' durchzusetzen war, veränderten die ganz überwiegend später im akademischen Bereich tätigen Protagonisten der Reformdiskussion und, darüber hinaus, der Reideologisierung der deutschen Sozialdemokratie,[252] das gesellschaftspolitische Klima in der Bundesrepublik dauerhaft.[253]

Das wirkte sich auch auf die Studienstiftung aus. Haerten ordnete die Erforschung der Studienstiftungsgeschichte um das Jahr 1933 an: er wollte gewappnet sein für mögliche Vorwürfe zur NS-Verstrickung der Studienstiftung. An eine Veröffentlichung zu diesem Thema war nicht ge-

---

249 Vgl. dazu Deutsches Geistesleben und Nationalsozialismus. Eine Vortragsreihe der Universität Tübingen. Hg. v. Andreas Flitner. Tübingen 1965; Die deutsche Universität im Dritten Reich. Eine Vortragsreihe der Universität München. München 1966; Nationalsozialismus und die deutsche Universität. Universitätstage 1966. Hg. v. der Freien Universität Berlin. Berlin 1966; dazu Wolfgang Fritz Haug, Der hilflose Antifaschismus. Zur Kritik der Vorlesungsreihen über Wissenschaft und NS an deutschen Universitäten. Frankfurt am Main 1967; Heinrich August Winkler, Zweifel am Antifaschismus. Ein Angriff auf die Selbstkritik der Universität, in: Die ZEIT Nr. 41 vom 11.10.1968, S. 63.
250 Wolfgang Nitsch, Uta Gerhardt, Claus Offe, Ulrich K. Preuß, Hochschule in der Demokratie. Kritische Beiträge zur Erbschaft und Reform der deutschen Universität. Berlin 1965.
251 Vgl. als Zusammenfassung mit Chronologie der Reformansätze Hans-Adolf Jacobsen, Hans Dollinger (Hg.), Die deutschen Studenten. Der Kampf um die Hochschulreform. München ²1969; zum ‚politischen Mandat' Ulrich K. Preuß, Das politische Mandat der Studentenschaft. Frankfurt am Main 1969; Jürgen Habermas, Protestbewegung und Hochschulreform. Frankfurt am Main 1969.
252 Zum Beispiel Detlev Albers, Sozialismus im Westen. Erste Annäherungen: Marxismus und Sozialdemokratie. Berlin/Hamburg 1987; Blätter für deutsche und internationale Politik 4 (1987): Sonderheft ‚Eine andere Republik': 30 Jahre Zeitgeschichte, drei Jahrzehnte demokratische Bewegung im Spiegel der ‚Blätter'.
253 Vgl. Helmut Schelsky, Einsamkeit und Freiheit. Idee und Gestalt der deutschen Universität und ihrer Reformen. Düsseldorf 1971; vgl. auch Demokratie als Auftrag. Drei Jahrzehnte Bundesrepublik Deutschland. Hg. vom Presse- und Informationsamt der Bundesregierung. Bonn 1979, S. 156 ff.

dacht. Im Januar 1966 verfaßte die Referentin Dr. Marianne Kreutzer eine Aktennotiz über ihre Einsichtnahme in frühere Studienstiftungsakten aus DSW-Beständen in der Universitätsbibliothek Würzburg. Es handelte sich hierbei um die Akten, die Haerten nach seinem Ausscheiden aus der Studienstiftung Anfang der 1970er Jahre privat auch einsah.[254] Marianne Kreutzer berichtete von der Durchsicht einiger Aktenstücke aus den 1920er und 1930er Jahren, die sie irrtümlich dem DSW zuschrieb. Tatsächlich handelte es sich um den Bestand RSF/NSDStB des Instituts für Hochschulkunde der Bayerischen Julius-Maximilians-Universität Würzburg, der seit 1980 im Staatsarchiv Würzburg liegt.[255] Weiter ging man diesen ersten Hinweisen bis zu neuen Bemühungen unter Hartmut Rahn 1988/89 nicht nach, erstaunlicherweise auch nicht, nachdem Haerten seine Studie dem Vorstand vorlegte. Dort hieß es ausdrücklich: „Die Furcht, es werde kaum Quellenmaterial über den Krieg hinübergerettet worden sein, erwies sich als unbegründet."[256] Ganz abgesehen davon gab es genügend Reaktionen von Ehemaligen oder abgelehnten Bewerbern der Studienstiftung, die das nahelegten, so zum Beispiel am 20. April 1967 ein Schreiben des Ministerpräsidenten von Baden-Württemberg, Hans Filbinger, der 1978 im Zusammenhang mit Vorwürfen wegen seiner Tätigkeit als Marinerichter im Zweiten Weltkrieg und der Beteiligung an drei Todesurteilen von seinem Amt zurücktrat. Der CDU-Politiker schilderte sein Vorschlagsverfahren aus dem Jahr 1933:

> „Ich wurde im Sommersemester 1933 von Professor Dr. Eric Wolf als Kandidat der Studienstiftung vorgeschlagen. Professor Wolf war der Betreuer der Studienstiftung in Freiburg, die er mit dem damaligen Assistenten, jetzigen Universitätsprofessor Max Müller, München, durchführte. Wie mir gesagt wurde, waren die Unterlagen meiner Bewerbung so erstklassig, daß mit einem positiven Bescheid zu rechnen war. Diese Hoffnung wurde jedoch durch eine Bewertung des Professors Claudius Freiherr von Schwerin, Ordinarius für Rechtsgeschichte, zunichte gemacht. Dieser hatte seinem Gutachten, das in fachlicher Hinsicht mit ‚lobenswert' endete, einen Absatz beigefügt, der Rückschlüsse auf meine politische und weltanschauliche Einstellung ermöglichte, die dem damaligen Staate entgegengesetzt war. Dies war dann der Hinderungsgrund für meine Aufnahme in die Studienstiftung. Ich erhielt davon Kenntnis durch den jetzigen Professor Max Müller. Offensichtlich ist schon im Jahre 1933 eine Politisierung der Studienstiftung in dem Sinne erfolgt, daß ausgewiesene Nonkonformisten nicht aufgenommen wurden."[257]

Im Februar 1966 meldete sich der Diplomat Dr. Volkmar von Zühlsdorff bei Marianne Kreutzer. Von Zühlsdorff war 1932 als Jurist in Berlin aufgenommen worden und im Mai 1933, immer noch Stipendiat, nach Innsbruck gegangen. Da das Stipendium nach dieser Zeit nicht verlängert werden konnte und von Zühlsdorff als Emigrant in Österreich blieb, bevor er in die USA ging, legte er dort 1935 die Juridische Staatsprüfung ab und promovierte 1936:

---

254 HH-A: H. Haerten, Die Studienstiftung, S. 3 f.
255 StSt-A Bonn: StSt/Dr. Marianne Kreutzer, Aktennotiz betr. Unterlagen der früheren Studienstiftung beim Nachlaß des DSW in Würzburg. Bad Godesberg, 14.1.1966.
256 HH-A: H. Haerten, Die Studienstiftung, S. 3.
257 StSt-A Bonn: Der Ministerpräsident des Landes Baden-Württemberg, Hans Filbinger an StSt/Haerten, Stuttgart, 20.4.1967. Filbingers Behauptungen sind aufgrund des Fehlens der Personalakte nicht mehr nachprüfbar.

Reformperspektiven der 1960er Jahre

„Ich möchte hinzufügen, daß ich der Studienstiftung zu ganz besonderem Dank verpflichtet bin, da sie mir, obwohl sie sich über die politischen Gründe meines Weggangs von Deutschland vermutlich nicht im Unklaren war, dennoch das Stipendium gewährte und damit nicht nur die Fortsetzung meines Studiums ermöglichte, sondern das erste Jahr meiner zwölfjährigen Emigration wesentlich erleichterte." [258]

Anlässe für eine Dokumentation gab es genug, doch einmal mehr traten die Anforderungen der Gegenwart in den Vordergrund. Nicht die von den Bundesländern seit 1967 ausgehende Hochschulstrukturplanung und die Landeshochschulgesetze, nicht der Höhepunkt der Studentenbewegung 1967/68 und die APO beschäftigten die Studienstiftungsgremien in Bad Godesberg,[259] sondern die Frage, auf welche Weise sich die von Sauberzweig und anderen aufgezeigten Defizite im Auswahlverfahren unter Berücksichtigung neuer Erkenntnisse in der Begabungsforschung beheben und die aufbegehrenden Vertrauensdozenten einbinden ließen. An der Entstehung der Hochschulreformbewegung und eines gesellschaftlichen Klimas, das Bildungsfragen gegenüber aufgeschlossen war, hatten Studienstiftungsmitarbeiter wie Sauberzweig einen gewissen Anteil gehabt, am außerparlamentarischen Sonderweg von ‚1968' nicht. Die politisch-institutionell hochintegrierte Studienstiftung befand sich in demselben Dilemma, das alle moderaten Reformkräfte in der Bundesrepublik betraf: die Radikalisierung und Anarchisierung von Teilen der APO bedrohten ihre ureigenen Reformanliegen zur Schaffung einer offeneren Gesellschaft durch bewußte Verletzung der Spielregeln der freiheitlich demokratischen Grundordnung.[260] Annemarie Renger, damals Bundestagsabgeordnete, hat diese politisch aufgeheizte Situation, in der die Konzepte evolutionär-defensiver Modernisierung von oben und straßenrevolutionär-ideologisierter Revolte von unten aufeinanderprallten, und die korrespondierende Einbindungsstrategie ihres Parteivorsitzenden in ihren Erinnerungen kritisch beschrieben:

„Ich erinnere mich noch gut an eine Diskussion in der Bundestagsfraktion, zu der Willy Brandt als Parteivorsitzender der SPD die AStA-Vorsitzenden eingeladen hatte. Die Diskussion war nicht nur endlos, sie war auch eine Katastrophe. Es gab überhaupt keine Verständigungsbereitschaft, sondern nur Anklagen seitens der Studenten gegen die SPD. Daß der Vorwurf, wir seien alle faschistoid, nicht ausgesprochen wurde (...) war wohl nur der Persönlichkeit von Willy Brandt zu verdanken. Aber seine Milde und sein Verständnis fanden viele von uns unangebracht und gefährlich." [261]

---

258 StSt-A Bonn: Dr. Volkmar von Zühlsdorff an StSt/Dr. Marianne Kreutzer, Bad Godesberg, 12.2.1966. Zühlsdorff emigrierte und wurde in den USA Mitarbeiter von Hubertus Prinz zu Löwenstein und dessen ‚American Guild for German Cultural Freedom'. Zühlsdorff kehrte noch 1945 nach Deutschland zurück und führte einen aufschlußreichen Briefwechsel mit dem ebenfalls emigrierten österreichischen Schriftsteller Hermann Broch über die Verhältnisse im total besiegten Deutschland: Hermann Broch, Briefe über Deutschland, 1945–1949. Die Korrespondenz mit Volkmar von Zühlsdorff. Hg. v. Paul Michael Lützeler. Frankfurt am Main 1986.
259 Zur Dokumentation der trendsetzenden Berliner Entwicklung Ludwig von Friedeburg u.a., Freie Universität und politisches Potential der Studenten. Über die Entwicklung des Berliner Modells und den Anfang der Studentenbewegung in Deutschland. Neuwied 1968.
260 Vgl. die Abwägung bei Ernst-Wolfgang Böckenförde, Verhaltensgewähr oder Gesinnungstreue? Sicherung der freiheitlichen Demokratie in den Formen des Rechtsstaats (1978), in: ders., Staat, Verfassung, Demokratie. Studien zur Verfassungstheorie und zum Verfassungsrecht. Frankfurt am Main 1991, S. 277–285.
261 A. Renger, Ein politisches Leben, S. 217.

Daß sich in den Semesterberichten der Stipendiaten aus dem Jahr 1968 eher ausnahmsweise Hinweise auf eine aktive Beteiligung an der APO finden, auch wenn sie von der weithin als befreiend empfundenen Pluralisierung gerade studentischer Lebensstile profitierten,[262] sollte man nicht undifferenziert als Zeichen von Überanpassung oder politischer Indifferenz deuten. In Haertens Bericht finden sich immerhin Hinweise:

> „Als ich mich (...) 1967 nach einem Studienstiftlertreffen eine qualvolle Nacht lang abmühte, einen der sich damals auf dem Höhepunkt seines Erfolges fühlenden Studentenrevolutionäre zur Vernunft zu bringen, redete der immerzu von der bevorstehenden Verbrüderung mit den Arbeitern: ‚Ich rede mit solchen Leuten. Sicher, die verstehen unsere Ausdrucksweise nicht, aber da bringe ich dann meine paar Brocken Plattdeutsch an. Solche Leute fühlen sich doch geehrt, wenn ein Student einmal mit ihnen spricht.'"[263]

Wenn Studienstiftler mehrheitlich nicht gegen den Besuch des Schahs von Persien oder gegen die Notstandsgesetze auf die Straße gingen oder in Frankfurt Häuser besetzten[264] oder es zumindest nicht in ihre Semesterberichte schrieben, wurden sie möglicherweise ihrem individuellen Bild von persönlicher, nicht kollektiver Emanzipation durch ein selbstbestimmtes wissenschaftliches Studium gerechter als ihre protestierenden Kommilitonen, bei denen ohnehin die Grenze zwischen *happening* und Protest, zwischen Popkultur und Politik, schwer zu ziehen war und blieb.

Theodor W. Adorno gab 1969 in einem vom Hessischen Rundfunk übertragenen Gespräch mit Hellmut Becker eine gesellschaftspolitische Definition von Begabung, die deutlich machte, welche Probleme die Studienstiftung in den nächsten Jahren beschäftigen würden:

---

262 Zeitgenössisch dazu Werner Klose, Die jungen Rebellen. Zwischenbilanz eines Protestes, in: Westermanns Monatshefte 7 (1969), S. 13–17 und die Foto-Dokumentation von Ulrich Mack, Bilder ästhetisieren die Revolution, in: ebd., S. 23–27; die Sexuelle Revolution ist mittlerweile Thema für den Geschichtsunterricht in Sek. I und II: dazu Christina Niem, Auf zu neuen Ufern? Umbrüche in den sechziger Jahren in den beiden deutschen Staaten, in: Praxis Geschichte 1 (1998): Liebe und Ehe, S. 46–51.

263 HH-A: H. Haerten, Studienstiftung, S. 90. ZZBW-A: Aktenbestand Haerten, II 1959–1969: Heinz Haerten, Referat Celle, 23.3.1969, S. 1: „Die kritischen Äußerungen (zur Studienstiftung von Stipendiaten, d. Verf.) lassen sich auf folgenden Kern bringen: Die Leistungsauslese der Studienstiftung fördere eine Funktionselite für die einseitig leistungsorientierte Gesellschaft. Zwar lohne sich eine Anstrengung wie die der Studienstiftung nur für die fachlich Hochqualifizierten, weil nur diese die für Führungsaufgaben notwendige Sachautorität besäßen. Da müsse aber noch etwas hinzukommen, was man mit Gespür für die gesellschaftspolitische Situation, mit Bereitschaft zum Engagement umschreiben könne. Erst wenn beides, Sachautorität und Aufgeschlossenheit, vorhanden sei, könne man hoffen, die Zukunft mitprägende Persönlichkeiten zu fördern."

264 Vgl. zu den Methoden der Frankfurter Hausbesetzungen Anfang der 1970er Jahre z.B. Ignatz Bubis, ‚Damit bin ich noch längst nicht fertig'. Frankfurt am Main/New York 1996, S. 102–105; Jillian Becker, Hitlers Kinder? Der Baader-Meinhof-Terrorismus. Frankfurt am Main 1978.

Reformperspektiven der 1960er Jahre 321

„Begabung (ist), wir sehen das etwa am Verhältnis zur Sprache, an der Ausdrucksfähigkeit (...), ihrerseits in einem Maß Funktion gesellschaftlicher Bedingungen (...), daß schon die Voraussetzungen der Mündigkeit, von der eine freie Gesellschaft abhängt, von der Unfreiheit der Gesellschaft determiniert ist."[265]

Wenn dieser etwas schwer verständliche Satz einen politischen Konsens vor dem Hintergrund eines omnipräsenten ‚antifaschistischen' Reflexes ausdrücken wollte, Begabung also weithin als Funktion gesellschaftlicher Bedingungen und latente Bedrohung der Demokratisierung gesehen wurde, dann würde die ‚Hochbegabten'-Förderung in Zukunft daran gemessen werden, inwieweit sie diesem Determinismus in Auswahl und Förderung durch die Umstellung vom Individual- auf das Kollektivförderungsprinzip nach dem Grad sozialer Benachteiligung Rechnung trug.[266] Damit wäre sie allerdings keine ‚Hochbegabten'-Förderung mehr, sondern eine Agentur der ‚eindimensionalen Gesellschaft', vor der Herbert Marcuse schon Mitte der 1960er Jahre gewarnt hatte.[267] Indessen war das, was Adorno zum Ausdruck brachte, deshalb so brisant für die Studienstiftung, weil sie mit ihrer Rekrutierungspraxis den Vorwurf bewußter sozialer Indifferenz geradezu auf sich zog. Die Durchsetzung des aus der Auswahlpraxis kommenden Verständnisses von Begabung gegen andere Vorstellungen sollte sich als eine große Herausforderung für die Studienstiftung erweisen.[268]

Am 28. Oktober 1969 gab Bundeskanzler Willy Brandt, der erste sozialdemokratische deutsche Kanzler seit Hermann Müller und erste Regierungschef der Nachkriegszeit, der ein Vertreter des deutschen Widerstands war, vor dem Bundestag seine Regierungserklärung ab. In keiner Regierungserklärung eines deutschen Kanzlers war der Bildungspolitik jemals ein so hoher Stellenwert zugekommen:

„Bildung und Ausbildung, Wissenschaft und Forschung stehen an der Spitze der Reformen, die es bei uns vorzunehmen gilt. Wir haben die Verantwortung, soweit sie von der Bundesregierung zu tragen ist, im Bundesministerium für Bildung und Wissenschaft zusammengefaßt. (...) Die Bundesregierung wird in den Grenzen ihrer Möglichkeiten zu einem Gesamtbildungsplan beitragen. Das Ziel ist die Erziehung eines kritischen, urteilsfähigen Bürgers, der imstande ist, durch einen permanenten Lernprozeß die Bedingungen seiner sozialen Existenz zu erkennen und sich dementsprechend zu verhalten (...). Die Bundesregierung wird sich von der Erkenntnis leiten lassen, daß der zentrale Auftrag des Grundgesetzes, allen Bürgern gleiche Chancen zu geben, noch nicht annähernd erfüllt wurde. Die Bildungsplanung muß entscheidend dazu beitragen, die soziale Demokratie zu verwirklichen."[269]

---

265 Theodor W. Adorno, Erziehung zur Mündigkeit (Gespräch im HR, 13.8.1969), in: ders., Erziehung zur Mündigkeit. Vorträge und Gespräche mit Hellmut Becker 1959–1969. Hg. v. Gerd Kadelbach. Frankfurt am Main 1986 (zuerst 1970), S. 133–147, 135.
266 Vgl. die Fundamentalkritik des ‚Klassencharakters' des bundesdeutschen Bildungssystems bei Urs Jaeggi, Macht und Herrschaft in der Bundesrepublik. Frankfurt am Main 1969, S. 158 ff.
267 Herbert Marcuse, Die eindimensionale Gesellschaft (1964), in: ders., Der eindimensionale Mensch. Studien zur Ideologie der fortgeschrittenen Gesellschaft. Hg. v. Heinz Maus, Friedrich Füstenberg. Neuwied 1967, S. 21–138, 21.
268 Vgl. Hartmut Rahn, Theodor Pfizer, 1904–1992, in: Studienstiftung Jahresbericht 1992. Hg. v. StSt. Bonn 1993, S. 6–9, 7.
269 Bundeskanzler Willy Brandt, Regierungserklärung vor dem Bundestag am 28.10.1969, in: ders., Reden und Interviews. Hamburg 1971, S. 11–35, 22 f.

Ob und inwieweit dieses Programm bildungsvermittelter gesellschaftlicher Umgestaltung Chancengleichheit für ‚Hochbegabte' einschloß, mußte sich zeigen. Bildungspolitik stand jedenfalls im Mittelpunkt des öffentlichen und des politischen Interesses und im Mittelpunkt des politisch beschleunigten gesellschaftlichen Wandels.[270] In nur einem Jahrzehnt wurde in der deutschen Bildungslandschaft mehr verändert als seit Humboldts Zeiten.[271]

---

270 Vgl. Wissenschaftsrat (Hg.), Empfehlungen zur Struktur und zum Ausbau des Bildungswesens im Hochschulbereich nach 1970. 3 Bde. Bonn 1970; Deutscher Bildungsrat (Hg.), Empfehlungen der Bildungskommission. Strukturplan für das Bildungswesen. Stuttgart 1970.
271 Vgl. den Überblick bei Clemens Menze, Die Bildungsreform Wilhelm von Humboldts. Hannover u.a. 1975 (Das Bildungsproblem in der Geschichte des europäischen Erziehungsdenkens, Bd. 13).

V Wissenschaftliche ‚Hochbegabungs'-Diagnostik, empirische Begabungsforschung und neue Gemeinschaftsbildung: die Experimente der 1970er, die Anpassungen der 1980er und die Herausforderungen der 1990er Jahre

1. Die elitekritischen 1970er Jahre

a) Die zweite ‚Neugründung' 1970

„Rechtlich gewährte Gleichheit definiert lediglich stets die Ebene, auf der nun diejenigen Unterschiede um so auffälliger werden, auf die sich Rechtsgleichheitsgrundsätze gar nicht erstrecken können."

Hermann Lübbe, 1978.[1]

1970 übernahm Dr. Hartmut Rahn die Geschäftsführung der Studienstiftung von Dr. Heinz Haerten. In mehr als einer Hinsicht ging damit im Bad Godesberger Sekretariat ein Abschnitt der Nachkriegsgeschichte zu Ende. Haerten, der die Studienstiftung seit 1948 erfolgreich, aber mit großer Zurückhaltung gegenüber jeder Form von Öffentlichkeit geleitet hatte,[2] war mit den politisch-gesellschaftlichen Rahmenbedingungen seit den 1960er Jahren und ihren Rückwirkungen auf die ‚Hochbegabten'-Förderung so wenig einverstanden und im Blick auf die Zukunft der Studienstiftung so außerordentlich pessimistisch, daß er von den „Trümmern einer sinnvollen Idee"[3] sprach. „Die Studienstiftung ist", so Haerten in seiner Arbeit über die Institution, die er über 20 Jahre geleitet hatte, „gegenwärtig vor allem durch das Faktum herausgefordert, daß ihre Stipendiatenzahl zu groß geworden ist."[4]

---

1 Hermann Lübbe, Differenzierungsfolgen der Chancengleichheit, in: Studienstiftung Jahresbericht 1978. Hg. v. StSt. Bonn 1979, S. 134–140, 136.
2 HH-A: H. Haerten, Studienstiftung, S. 176: „Den Wunsch nach mehr Öffentlichkeitsarbeit habe ich in allen Jahren aus gutem Grunde überhört. Die sogenannten Massenkommunikationsmittel sind ein so grobes Instrument öffentlicher Information, daß ein Bericht über Ziel und Arbeitsweise der Studienstiftung fast immer zum Zerrbild wird."
3 Interview mit Dipl.- Kfm. Hans Kessler, Stellv. Generalsekretär der Studienstiftung, Bonn, 26.4.1996.
4 HH-A: H. Haerten, Studienstiftung, S. 22.

Mit Hartmut Rahn übernahm ein ehemaliger Stipendiat die Leitung der Studienstiftung, der selbst nicht aus dem praktischen höheren Schuldienst kam.[5] Rahn, geboren am 14.2.1930 in Fürstenwalde, hatte die Schule Schloß Salem besucht, in Marburg, London, Amherst und Frankfurt am Main Anglistik, Germanistik und Soziologie studiert und war seit 1959 für die Studienstiftung tätig. Rahn war ein professioneller Wissenschaftsmanager, der klar erkannt hatte, daß die Studienstiftung in einer Zeit der Bildungsreform[6] und des *social engineering* ihre Existenz nur durch eine wissenschaftliche Evaluierung ihrer Auswahl- und Förderungstätigkeit, ferner durch das Einbringen ihrer Sachkompetenz in Auswahlfragen in enger Kooperation mit dem Bundeswissenschaftsministerium[7] und anderen Einrichtungen der Wissenschaftsförderung, kurz: durch einen Übergang von der defensiven zur offensiven ‚Hochbegabten'-Förderung rechtfertigen konnte.[8] Ein größerer Gegensatz in den Methoden, nicht der Zielsetzung, als zwischen Rahn und Haerten, der seine Auffassung von der Studienstiftungsarbeit unter das Motto „Charisma, nicht Management"[9] stellte, mit Selbstverständlichkeit von Elite sprach und „Askese und Demut" als ihre „Grundhaltungen"[10] ansah, war kaum denkbar. Haerten hielt das Projekt Studienstiftung angesichts ihrer bereits erfolgten und der absehbaren weiteren Öffnung für gescheitert:

---

5   Die Vorarbeit der Gymnasien für die Studienstiftung ist kaum zu überschätzen. In den höheren Schulen entscheidet sich, ob und inwieweit ‚Hochbegabung' sich zur Förderungsreife entfalten kann; vgl. stellvertretend das von dem ehemaligen Studienstiftler OStD Rainer Hendel erstellte Schulportrait: Evangelische Schule Uffenheim. Zum 50. Jahrestag der Neugründung durch die Ev.-Luth. Kirchengemeinde Uffenheim. Hg. v. Rainer Hendel. Uffenheim 1996.
6   Zur bildungsgeschichtlichen Dimension und zur Historisierung des Problems siehe Manfred Heinemann (Hg.), Zwischen Restauration und Innovation: Bildungsreformen in Ost und West nach 1945. Köln 1999. Ein interessanter Hinweis zur Historisierung dieser Planungen bei Manfred Heinemann, Schule im Vorfeld der Verwaltung. Die Entwicklung der preußischen Unterrichtsverwaltung von 1771–1800. Göttingen 1974 (Diss. phil. Bochum 1971; Studien zum Wandel von Gesellschaft und Bildung im 19. Jahrhundert, Bd. 8), S. 12: „Die im ‚Strukturplan für das deutsche Bildungswesen' von 1970 verwendeten Begriffe wie ‚Bedarfs- und Entwicklungspläne', ‚Erfordernisse des kulturellen, wirtschaftlichen und sozialen Lebens', ‚Struktur des Bildungswesens', ‚ausgebildete Menschen', ‚Finanzbedarf', ‚Stufen des Bildungswesens' usw. und die mit ihnen verbundenen Denkweisen erinnern so sehr an die Planungsintention der frühen preußischen Unterrichtsverwaltung, daß die Frage ihrer historischen Dimension gestellt werden muß."
7   ZZBW-A: KMK 001296/1: Der Bundesminister für Bildung und Wissenschaft, Zuschüsse an die Studienförderungswerke (Memorandum), Bonn, 30.11.1976: umreißt die Bedeutung der Begabtenförderung als institutionelle und individuelle Förderung mit Unterstützung des BMBW.
8   Vgl. z.B. die Planungseuphorie bei Karl Steinbuch, Programm 2000. München 1971, u.a. die Kapitel ‚Der technische Fortschritt', S. 74 ff., und ‚Zukünftige Bildungsanforderungen', S. 99 ff.; diese Euphorie war z.T. beeinflußt durch die in den USA und den westlichen Industrieländern zunehmend populärer werdende ‚Futurologie' und ihre auf Fortschrittsplanung ausgerichteten Erkenntnisse; vgl. vor allem Alvin Toffler, Der Zukunftsschock. Bern/München/Wien 1970; zur Bildung S. 314 ff. Haerten war diese Denkweise zutiefst suspekt: HH-A: H. Haerten, Studienstiftung, S. 161: „Es gibt keine Förderungs- und Forschungsaufgabe, die nicht der Staat selbst, die Hochschule oder andere Wissenschaftsorganisationen mit größerer Legitimation erfüllen können oder bereits erfüllen. Wenn sich aber die Studienstiftung auf ihre ursprünglichste Konzeption besinnt, dann wird sie – klein und darum wirkungsvoll – nichts Überflüssiges tun, sondern etwas in jeder Gesellschaft und Gesellschaftsform Notwendiges."
9   HH-A: H. Haerten, Studienstiftung, S. 25.
10 Ebd., S. 81.

Die elitekritischen 1970er Jahre 325

> „Die Studienstiftung konnte den großen Atem der Anfangsjahre nicht durchhalten und wurde vom sedes sapientiae mehr und mehr zur consolatrix afflictorum, zur tröstlichen Zuflucht der über das Unglück der Universität Betrübten. Ich würde allerdings auch diese Funktion noch verteidigen, wie ich mich überhaupt oft gefragt habe, ob die Studienstiftung möglicherweise für ihre Mitarbeiter mehr bedeute als für ihre Stipendiaten. Diese waren, solange ihre Zahl überschaubar blieb, integrierbar. Die idealistische Euphorie konnte sich ihnen als Wunsch, dem Idealbild zu genügen, mitteilen. Damals war die Studienstiftung auf gutem Wege. Sie hatte den Ansatz gefunden, dem Wunsch die Wirklichkeit anzunähern und zu zeigen, daß dem Glauben an die weltverbessernde Kraft der Wenigen bei aller Unvollkommenheit des Erreichbaren nicht nur Utopisches anhaftet."[11]

Ob Rahns Modernisierungsprojekt gelingen würde, war 1970 offen. Die Initiative in der Professionalisierung und Vernetzung im Wissenschaftsmanagement war keineswegs nur Taktik. Rahn holte nach, was an innerer Reform in der Studienstiftung nach 1948 trotz großer Anstrengungen von Haerten, der schon in den 1950er Jahren zahlreiche Auslandsreisen unter anderem in die USA, zur Erkundung von Auswahlverfahren unternommen hatte,[12] nicht geleistet worden war, und sie trug der Tatsache Rechnung, daß ‚Hochbegabten'-Förderung unter veränderten gesellschaftlichen Bedingungen stattfand. Die Flexibilisierung des sozialen Raumes war gesellschaftliche Wirklichkeit.[13]

Planung, Aufgabenteilung, Effizienz und Transparenz wurden Schlüsselbegriffe im Selbstverständnis einer Institution, die noch mit pädagogischen Vorstellungen und Begriffen der 1920er in die 1970er Jahre gegangen war und deren Selbstverständnis einem gut geführten privaten Verein ähnlicher war als einer professionellen wissenschaftlichen Großförderungseinrichtung. Haertens Selbstkritik am Auswahlverfahren der Studienstiftung zeigte eine starke Abneigung gegen Supervision, Evaluation, Bürokratisierung und, vor allem, darauf kam er immer wieder zurück: gegen Ansprüche der Rechtfertigung gegenüber der Öffentlichkeit:

> „Dieses Vorschlagssystem ist – das weiß die Studienstiftung am besten – unvollkommen. Uninteressiertheit, Vergeßlichkeit, Angst vor Prestigeverlust bei Ablehnung des Vorgeschlagenen, Fehleinschätzungen und Protektionsneigungen sind gravierende Mängel. Der lautstarke Teil der öffentlichen Meinung moniert die mangelhafte Transparenz und fehlende offene Konkurrenz. (...) Zurückhaltender sagt man, ein Kreis Gleichgesinnter nehme zur Selbstergänzung öffentliche Mittel in Anspruch. Das ist nun so. Dieser Kritik muß man sich stellen, und zwar im Bewußtsein,

---

11 Ebd, S. 30.
12 Ebd, S. 26: „Ich (...) reiste zur eingehenderen Information nach England und in die Vereinigten Staaten. Die Amerikareise galt besonders dem Educational Testing Service in Princeton und den von diesem Institut bedienten Hochschulen. Aus den beiden angelsächsischen Ländern brachte ich den Eindruck mit, daß Studierberatung und Intelligenzniveau nicht zuverlässig zu ertesten seien, soziales oder moralisches Verhalten ganz und gar nicht." Rahn, der dem ETS in Princeton wesentliche Anregungen verdankte, zog aus seinen Beobachtungen andere Schlüsse.
13 Wie modern dieser Ansatz war, zeigt die aktuelle Entwicklung des Wissenschaftsmanagements als eigener, reformtrendsetzender Managementsektor: Jürgen Blum (Hg.), Wissenschaftsmanagement. Spitzenleistungen trotz knapper Mittel durch Management der Wissenschaft. Stuttgart 1993; Wissenschaftsmanagement zwischen akademischer Freiheit und Dienstleistung: autonome Universitäten auf dem Weg zum Großbetrieb. 7. Bremer Universitätsgespräch am 3./4. November 1994 im Park Hotel Bremen. Dokumentation. Red. Volker Preuß. Bremen 1995.

daß in der egalitären demokratischen Gesellschaft Gruppen Gleichgesinnter gar nicht selten Aufgaben im Dienste und zum Wohle eben dieser egalitären demokratischen Gesellschaft übernehmen."[14]

Das waren für Außenstehende, die Haertens bedingungslose Einsatzbereitschaft, rigorose Selbstdisziplin und persönliche Bescheidenheit nicht kannten, argumentative Sprengsätze angesichts einer großangelegten quantitativen Bildungsreform und gesellschaftspolitischen Demokratisierungsinitiative. Insofern traf Haertens Pessimismus sogar zu: so wie bisher konnte es in der Studienstiftung nicht weitergehen, ohne daß im neuen Bundeswissenschaftsministerium die Frage nach der Effizienz einer sich zunehmend abschottenden privaten Einrichtung gestellt wurde, deren Professionalisierungsgrad und Öffnungsbereitschaft nicht mehr dem stets wachsenden, schon seit 1966 über 50% der Mittel der Studienstiftung stellenden Finanzierungsanteil des Bundes entsprach. Der Bund konnte ‚Hochbegabte' ohne weiteres durch leichte Modifizierung des BaföG-Modells auch ohne die Studienstiftung fördern.[15] Das war keine Frage des politischen Machtwechsels in Bonn, sondern eine Frage des Professionalitätsdefizits der Studienstiftung.[16]

Der Studienstiftungs-Jahresbericht 1973 zeigte, wie Rahn vorging, um das zu ändern: er verstand die Studienstiftungsarbeit nicht mehr als stilles Wirken im Verborgenen, sondern vielmehr als Auftragsverwaltung im Bildungsbereich, er holte die ‚Hochbegabten'-Förderung aus ihrer Nische:[17]

„In drei Bereichen hat die Studienstiftung 1973 versucht, die ihr im Bildungswesen übertragenen Aufgaben zu bewältigen: 1. Im Bereich der Erforschung begabten Verhaltens in Schule, Studium und Beruf, 2. in der praktischen Aufgabe, begabte Studierende im Lebensabschnitt zwischen Oberprima und Promotion zu identifizieren und 3. im Versuch, Studierende durch ein weitgespanntes Netz materieller Hilfen und immaterieller Anregungen begabungsstimulierend zu fördern."[18]

Was das konkret hieß, machte Rahn auf der Herbstsitzung der Vertrauensdozenten in Alpbach, Tirol, im Oktober 1973 deutlich. Mit Alpbach, zugleich seit den 1950er Jahren Tagungsort der Internationalen Hochschulwochen, und dem Modell für die Sommerakademien der Studienstiftung verwirklichte Rahn, anknüpfend an längere Überlegungen und ältere Vorbilder in der Studienstiftung vor 1933, ein Diskussionsforum der Vertrauensdozenten, das drei Zielen diente: der Diskussion und Entscheidung der zur endgültigen Aufnahme anstehenden Fälle, der maßstabsbildenden Beschäftigung mit Einzelfällen, schließlich der Grundsatzdebatte über aktuelle Fragen der ‚Hochbegabung'. Dies alles fand ganz bewußt in großer Entfernung vom Bad Godesberger Sekretariat und an einem Ort mit eigenem Charakter und wortwörtlich hoch über dem Alltag statt. Alpbach trug zur Integration der Träger der Studienstiftung an den Universitätsorten bei

---

14 HH-A: H. Haerten, Studienstiftung, S. 25.
15 Vgl. dazu den Abschnitt ‚Haushalt' in den Jahresberichten der Studienstiftung seit 1970.
16 Das wußte auch Haerten: HH-A: H. Haerten, Studienstiftung, S. 143: „Mit der Feststellung, daß die Förderung nach dem Honnefer Modell die Studienstiftung überflüssig mache, begründete Wilhelm Weischedel seinen Austritt aus dem Vorstand. Von innen und außen her wurde uns in jenen Jahren die Auflösung nahegelegt."
17 Vgl. z.B. Christian von Ferber, Fritz Gebhardt, Will Pöhler, Begabtenförderung oder Elitenbildung? Ergebnisse einer soziologischen Erhebung der Forschungsstelle des Sozialwissenschaftlichen Seminars der TU Hannover über Förderungsprogramme der Hochbegabtenförderung. Göttingen 1970. Ferber gehörte zu den schärfsten Kritikern der ‚Hochbegabten'-Förderung.
18 Hartmut Rahn, Tätigkeitsbericht 1973, in: Studienstiftung Jahresbericht 1973. Hg. v. der StSt. Bonn 1974, S. 5–17, 5.

Die elitekritischen 1970er Jahre

und erhöhte Kohärenz und Integration der Studienstiftungsarbeit erheblich, da keine Seite sich mehr übergangen fühlen konnte. Alpbach war der Ort oft hart geführter, auch persönlicher Auseinandersetzungen über Stipendiaten, aber auch der Ort wegweisender Programmreden des Generalsekretärs oder herausragender Vertrauensdozenten.[19] 1973 sprach Rahn über ‚Begabung und Verhalten',[20] legte damit auch Rechenschaft ab über seinen neuen Kurs und seine neuen Ziele. Rahn stützte sich bei seiner Ansprache auf die ersten Daten des 1970 im wesentlichen auf sein Betreiben in Bonn gegründeten Instituts für Test- und Begabungsforschung der Studienstiftung (ITB) unter dem Direktor Dr. Günter Trost,[21] dessen Aufgabenbereich die empirische Bildungs- und ‚Hochbegabungs'-Forschung war:

> „Mit der Begabungsforschung unternimmt die Studienstiftung den Versuch, alles zusammenzutragen, was sich ohne Einbruch in die Intimsphäre eines Menschen über seinen Werdegang erfahren läßt, und sie stellt mit aller Vorsicht die Frage, ob sich bei behutsamer Verknüpfung bestimmter Indizien Prognosen in einem einzelnen Verhaltensbereich – dem des wissenschaftlichen Studiums – etwas besser stellen lassen, als das bisher täglich geschieht."[22]

So defensiv das formuliert war, so weitreichend waren die Ergebnisse der im Lauf der Jahre im ITB vorgelegten Studien, deren praktische Nutzanwendung zum Beispiel in standardisierten Tests bestand, unter anderem dem Medizinertest.[23] 1976 zog Rahn eine erste Bilanz des Testeinsatzes in der Studienstiftung, der auf die Arbeit des ITB zurückging.[24] Die Voraussetzungen für die ITB-Forschungen waren ideal: mit den Stipendiatinnen und Stipendiaten der Studienstiftung stand eine klar definierte, ständig erneuerte Testgruppe zur Verfügung, deren Bereitschaft zur Mitarbeit, wie Rahn richtig vermutete, außerordentlich hoch war. So entwickelte sich innerhalb weniger Jahre das ITB zu einem so wichtigen Standbein der Studienstiftung, daß die Bundesregierung Forschungsaufträge direkt an das ITB vergab. Damit wurde ein weiterer wesentlicher Effekt erzielt: die Profilierung der verwissenschaftlichten ‚Hochbegabten'-Auswahl und -förderung in der Wissenschaftsplanung der Bundesrepublik und ihre Identifizierung mit der Studien-

---

19 Interview mit Dr. Volker Guckel, Craheim/Ufr., 15.1.1996: Zur Frage der Bedeutung von Alpbach aus Sicht der Referentinnen und Referenten und des Sekretariats.
20 Hartmut Rahn, Begabung und Verhalten, in: Studienstiftung Jahresbericht 1973, S. 40–55.
21 Vgl. ITB (Hg.), Das Institut für Test- und Begabungsforschung der Studienstiftung des deutschen Volkes. Bonn o.J.; vgl. auch die jeweiligen Rubriken zum ITB in den Jahresberichten mit detaillierten Angaben und Bibliographie; Günter Trost, Der Entscheidungsprozeß beim Auswahlseminar für Oberprimaner. Einige Ergebnisse der wissenschaftlichen Begleituntersuchungen. (Unveröffentl. MS) Bonn 1974; ders., Hochbegabte und eine Repräsentativgruppe deutscher Abiturienten in elfjähriger Längsschnittbeobachtung. Vergleich der Studien- und Berufswege. Ein Zwischenbericht, in: Empirische Pädagogik 1 (1987), S. 6–26; ders., Möglichkeiten und Nutzen der Aufbereitung von Reifezeugniszensuren für die Verbesserung der Studienerfolgsprognose. Bonn 1975; ders., Vorhersage des Studienerfolgs. Bonn 1975.
22 Hartmut Rahn, Tätigkeitsbericht 1973, S. 10.
23 Vgl. ITB (Hg.), Test für medizinische Studiengänge. Braunschweig 1982 u.ö.; ITB (Hg.), Der neue Test für medizinische Studiengänge. Göttingen 1995; die Projektbetreuung des TMS lief mit der Abschaffung des ‚Medizinertests' 1996 aus, dazu Günter Trost, Arbeiten des ITB, in: Studienstiftung Jahresbericht 1996. Hg. v. StSt. Bonn 1997, S. 143–151. Das ITB wurde 1996 privatisiert und ist mittlerweile erfolgreich im Bereich der Unternehmens- und Managementberatung tätig.
24 Vgl. dazu Hartmut Rahn, Testentwicklung und Testeinsatz durch die Studienstiftung des deutschen Volkes. Bonn 1976.

stiftung. Auf diese Weise gelang es auch, die Studienstiftung von den extremen, hochideologischen Auswüchsen der Elitenkritik und dem radikalen Sturmlauf gegen Institutionen der Hochkultur[25] in den frühen 1970er Jahren weitgehend abzuschirmen.[26]

Schon 1970 begann das ITB mit Langzeitstudien zur Oberprimanerauswahl, an denen mehrere Bundesländer beteiligt waren. Im Jahr 1973 wurden bereits 10.000 Oberprimaner in die Begabungsuntersuchungen einbezogen, 7.000 von ihnen stellten eine unausgelesene repräsentative Stichprobe aller Oberprimaner in der Bundesrepublik dar, 3.000 wurden als Angehörige einer 10%-Spitzengruppe aller Oberprimaner nach einem Schulnotenschlüssel von 424 Gymnasien der Länder Baden-Württemberg, Hamburg, Rheinland-Pfalz, Saarland und Schleswig-Holstein nominiert.[27] Besonders relevant für die Qualitätsverbesserung der ‚Hochbegabungs'-Prognose war neben der Erhebung von Daten zu demographischen, sozialen, wirtschaftlichen, biographischen und auf den Bildungsgang bezogenen Hintergründen die Frage nach außerschulischen Aktivitäten, für die auf der Grundlage von 26.000 Lebensläufen ein Fragenkatalog entwickelt worden war.

Dieser Fragenkatalog stellte gleichsam das Modell jenes Fragebogens dar, um dessen Ausfüllung bis heute jeder Bewerber und jede Bewerberin gebeten wird, und der eine der Grundlagen des Auswahlverfahrens bildet. Unter anderem wird nach besonderen Umständen im Bereich der Familie gefragt, welche die Schul- und Studienzeit besonders geprägt haben; nach Vorbildern, Informationen oder Erfahrungen, welche die Studien- und Berufswünsche beeinflußt haben; nach Lieblingsfächern in der Schule und ihrem angenommenen Zusammenhang zum gewählten Studienfach; detailliert nach intensiven Aktivitäten in einem der folgenden oder anderen Bereiche: Schüler- und Jugendgruppen, Sport, Technik, Musik, bildende Kunst, Literatur, Nachhilfeunterricht, Reisen, Fremdsprachen, Wettbewerbe, Schülermitverwaltung, Hochschulgremien, Politik, intensive Auseinandersetzung mit bestimmten Büchern, regelmäßige Lektüre von Fachzeitschriften.[28] Aus der Analyse der seit 1970 gewonnenen Daten entwickelte sich Rahns große, 1978 erschienene Studie zu ‚Interessenstruktur und Bildungsverhalten', in der er die Bedeutung

---

25 Vgl. Annemarie Renger, Ein politisches Leben, S. 218 f.: „Nicht zufällig war es auch die Zeit der Bildungs- und Schulexperimente. In Hessen wollte man weg von der ‚Hochsprache', die man als ‚Klassensprache' empfand, weil sie einer wirklichen Chancengleichheit aller Schichten angeblich entgegenstand. Reste davon haben wir dann auch bei den Grünen im Bundestag erlebt, aber nicht nur bei denen. Man sprach immer mehr ein Soziologen- und Politologen-Kauderwelsch, man ‚hinterfragte' oder stellte eine ‚Lernfrage'. Ich hatte immer das Gefühl, daß keiner eigentlich etwas lernen wollte; (...) In meiner Kindheit habe ich immer gelernt, wir sollten uns hoch hinauf entwickeln und nicht etwa die Menschen nach unten ziehen. Sprache ist Kultur."

26 Vgl. dazu z.B. das in Diktion und Argumentation marxistisch-leninistische Wörterbuch Kritische Erziehung. Hg. v. Eberhard Rauch, Wolfgang Anzinger. Frankfurt am Main 1975 (zuerst 1972). Zum Begabungszusammenhang siehe den Abschnitt ‚Entwicklungspsychologie', S. 104–109, der eine polemische Kritik des ‚bürgerlichen Bildungsbegriffs' darstellt. Das ‚Lexikon' erschien im Fischer-Verlag, der 1964 in seiner renommierten ‚Fischer-Lexikon'-Reihe das von Hermann Groothoff betreute Pädagogik-Lexikon herausgegeben hatte. 1972 druckte Pahl-Rugenstein Bogdan Suchodolski, Einführung in die marxistische Erziehungstheorie. Köln 1972 (Warschau 1961) nach; im Rowohlt-Verlag erschien die Quartalsschrift ‚Ästhetik und Kommunikation. Beiträge zur politischen Erziehung' u.a. mit ‚Modelle(n) und Materialien für einen antikapitalistischen Unterricht'.

27 H. Rahn, Tätigkeitsbericht 1973, in: Studienstiftung Jahresbericht 1973, S. 9.

28 StSt, Bewerberfragebogen 1997.

Die elitekritischen 1970er Jahre

außerschulischer Interessen, Erfahrungen und Aktivitäten für die Voraussage des Bildungsverhaltens von Schülern der gymnasialen Oberstufe untersuchte und interpretierte.[29]

Bemerkenswert war, daß diese aufwendige Grundlagenforschung eine erstaunliche Prinzipienkontinuität der Studienstiftung über alle Führungs- und Konzeptwechsel hinaus – selbst den zwischen Haerten und Rahn – zu Tage förderte. Der Idealtypus des ‚Hochbegabten' aus der Auswahlpraxis deckte sich mit Langzeit-Ergebnissen der empirischen ‚Hochbegabungs'-Forschung seit ihrer Begründung an der *Stanford University* durch den Psychologen Lewis Terman in den 1920er Jahren.[30] Der idealtypische ‚Hochbegabte' in der Studienstiftung, so Rahn, sei nicht der bei den Schulvorschlägen dominierende, brave, fleißige Obstudienratssohn und anpaßlerische Schullerner,[31] der neben einem 1,0er-Abitur in allen Fragebogenkategorien der außerschulischen Aktivitäten vom Sportverein bis zum Kirchenchor etwas zu bieten habe. Rahn entwarf im Hinblick auf die tatsächliche Auswahl das Bild eines eigenwilligen, leistungsbereiten, interessierten Nonkonformisten, der sich zu einem erstaunlich frühen Zeitpunkt bestimmte Tätigkeitsbereiche freiwillig sucht, um diese auf höchstem Niveau um ihrer selbst willen zu verfolgen.

Zwar mag man fragen, ob diesem Idealtypus nicht auch Prozesse der *self fulfilling prophecy* zugrunde lagen.[32] Gleichwohl war die empirische Grundlage breit, und die Anschauung der mit Auswahl und Förderung Beschäftigten bestätigte und bestätigt bis heute die Evidenz von Rahns Ergebnissen. Auf drei Begriffe gebracht, waren ‚Hochbegabte' nach Rahns Erkenntnissen intellektuell frühreif, zielorientiert und leistungsbereit. Vollkommen eindeutig beantworten ließ sich anhand von Rahns Material die Frage, inwieweit bei der Entwicklung, Pflege und Selbstdarstellung dieser Merkmale das soziokulturelle Umfeld, in erster Linie also der familiäre Hintergrund, eine herausragende Rolle spielt. Rahn wies darauf hin, daß die soziale Herkunft dabei eine dominierende Rolle spiele: 74,3% aller untersuchten Abiturienten mit einem Abitur zwischen 1,0 und 1,33 kamen aus Elternhäusern, die höheren Einkommensgruppen zuzuordnen sind, in denen sich wirtschaftliches, soziales und symbolisches Kapital des *Savoir-faire*, in Grenzen auch des *Savoir-vivre*, verbindet.[33]

---

29 H. Rahn, Interessenstruktur und Bildungsverhalten, S. 13 ff.
30 Ebd., S. 96 f.; Lewis M. Terman, Genetic studies of Genius. Vols. 1–5. Stanford/CA 1925–1959. Terman war der Begründer der psychologischen Begabungsforschung. Er veranlaßte erste Langzeitstudien.
31 „History does not remember persons who merely score well on IQ tests or those who learned their lessons well." Joseph S. Renzulli, The three-ring conception of giftedness: a developmental modell for the creative productivity, in: Robert J. Sternberg (Hg.), Conceptions of giftedness. New York 1986, S. 53–92, 59.
32 H. Rahn, Interessenstruktur und Begabungsverhalten, S. 116: „Korrelationen zwischen Selbstkonzept oder Interessenvariablen und dem Bildungsverhalten Heranwachsender können (...) nur dann hoch ausfallen, wenn zur Vorhersage nur der Verhaltensausschnitt herangezogen wird, in dem die Merkmale sichtbar werden, die für einen bestimmten Bildungsprozeß relevant sind."
33 Ebd., S. 163; vgl. Kai-Uwe Schnapp, Soziale Zusammensetzung von Elite und Bevölkerung – Verteilung von Aufstiegschancen in die Elite im Zeitvergleich, in: W. Bürklin, Elite in Deutschland, S. 69 bis 99, 98: „Schließlich wurde deutlich, daß soziale Herkunft auch einen unabhängigen, nicht über Bildung vermittelten, Einfluß auf die Aufstiegschancen hat. Personen höherer sozialer Herkunft haben bessere Rekrutierungschancen. Das wurde vor allem auf ihre bessere Ausstattung mit sozialem Kapital zurückgeführt. Insgesamt wurde ein Zusammenhangsmodell bestätigt, das neben einer starken meritokratischen Komponente (Bildung) auch nichtmeritokratische Elemente (direkter Einfluß der Herkunft) enthält. Letzterer hat aber im Zeitverlauf abgenommen."

Als ‚hochbegabt' Identifizierte, so Rahn weiter, kämen eher aus Zwei-Kinder-Familien als aus kinderreichen Familien, eher aus Großstädten als aus Kleinstädten oder vom Land, seien eher nicht-katholisch und überwiegend männlich. Letzteres kritisierte Rahn ausdrücklich als Defizit, da Frauen mit härter und gegen mehr Widerstände erarbeiteten besseren Noten nachweisbar schlechtere Chancen gegenüber männlichen Mitbewerbern hätten.[34]

Rahns Analyse stand – unabhängig von der Frage der aus ihr gezogenen Konsequenzen – im Einklang mit internationalen Forschungen, zum Beispiel der seit 1975 stattfindenden ‚World Conferences on Gifted and Talented Children'. Diese hatten, unter anderem gestützt auf die psychologische Grundlagenforschung zum Zusammenhang von Intelligenz und Kreativität von Joy P. Guilford und die Kernthese, daß außergewöhnliche kreative Produktion ohne überdurchschnittliche Intelligenz unwahrscheinlich sei,[35] Kriterien der ‚Hochbegabung' festgestellt.

Kurt A. Heller definierte auf der Grundlage dieser Ergebnisse ‚Hochbegabung' als eine „Hierarchie korrelierender, aber deutlich unterscheidbarer Fähigkeitskonstrukte und flexibler Kreativitätspotentiale,"[36] mit klar erkennbaren Merkmalen in vier Gruppen: 1. kognitive Persönlichkeitsmerkmale wie Intelligenz, Kreativität, praktische Intelligenz; 2. Metakomponenten der kognitiven Kontrolle wie Problemsensibilität, Vorhandensein von Planungs- und Auswahlkriterien für zweckmäßige Lösungs- und Handlungsschritte, Aufmerksamkeitszuwendung, Handlungskontrolle; 3. Nichtkognitive Persönlichkeitsmerkmale wie Aufgabenverpflichtung, Erkenntnisstreben und Leistungsmotivation im Sinne von Erfolgsorientierung und Mißerfolgsangst, Arbeits- und Streßbewältigungsstrategien, Lernstile des Arbeitsgedächtnisses; 4. soziokulturelle Bedingungen des Lernumfelds wie Anregungsqualität und Erwartungsdruck der sozialen Umgebung, Reaktionen Gleichaltriger, der Lehrer, Eltern, sozial-emotionales Klima in Familie und Schule.[37]

Die Auswahlmethoden der Studienstiftung seit 1970 spiegelten diese neuen Erkenntnisse,[38] allerdings wiederum unter weitgehender Ausblendung der soziokulturellen Bedingungen des Lernumfelds. So bot das Sekretariat zum Beispiel dreitägige Auswahlseminare mit Interviews auf der Grundlage der Fragebögen an. Das war das Modell der bis heute üblichen Wochenend-Auswahlseminare für die von den Gymnasien vorgeschlagenen Abiturientinnen und Abiturienten. Die Teilnehmer der Modellseminare konnten auch spezielle, vom ITB entwickelte Studierfähigkeitstests ablegen, deren Treffsicherheit hoch war: für Erstakademiker eine interessante, möglicherweise studienverlaufsentscheidende Informationsmöglichkeit.

34　H. Rahn, Interessenstruktur und Bildungsverhalten., S. 123 (bestes Prognosealter), 124 (Geschwisterzahl), 125 (Konfession), 127 (Einwohnerzahl des Heimatorts), 119–122 (Geschlecht), 155 ff. (Beruf des Vaters), 163 ff. (Familieneinkommen).
35　Joy P. Guilford, The nature of human intelligence. New York 1967.
36　Hochbegabungsdiagnostik. Themenheft der Zeitschrift für Differentielle und Diagnostische Psychologie 8 (1987), H. 3, S. 162; die Definition künstlerischer ‚Hochbegabung' in Abgrenzung zu Kreativität fällt außerordentlich schwer, da ‚Hochbegabte' in der Regel auch überdurchschnittlich kreativ sind.
37　Ebd., S. 165 (Kurt A. Heller).
38　Vgl. Günter Trost, Begabungsforschung und Tests in den Vereinigten Staaten, in: Studienstiftung Jahresbericht 1972. Hg. v. StSt. Bonn 1973, S. 46–71.

Die elitekritischen 1970er Jahre

Am Ende des Bundeswettbewerbs Mathematik 1973 stellte sich heraus, daß in den am Test teilnehmenden Ländern, Schulen und Klassen 86% der Bundessieger bereits in die Studienstiftung aufgenommen worden waren.[39]

Ein weiteres neues Instrument war auch der Zugangsweg der Oberprimanerauswahl der Gymnasien, welche den traditionellen Abiturvorschlag ergänzen und schließlich ersetzen sollte. Das im Jahr 1970 in Rheinland-Pfalz begonnene Auswahlexperiment, das 1971 auf Baden-Württemberg, das Saarland und Schleswig-Holstein, 1972 auf Hamburg ausgedehnt wurde, sah vor, daß Oberprimaner mit einem bestimmten Notenschlüssel aus dem Übergangszeugnis von der Unter- zur Oberprima automatisch für die Studienstiftung vorgeschlagen und in ein Testverfahren aufgenommen werden. 1973 waren das 2.600 von ihren Schulen benannte Oberstufenschülerinnen und -schüler, die am Studienstiftungstest teilnahmen; 900 von ihnen besuchten Auswahlseminare, in denen auf der Basis von zwei längeren Einzelgesprächen und neun Gruppendiskussionen 300 aufgenommen wurden. Gegenüber der Auswahl 1971 bedeutete das eine Verfünffachung, gegenüber 1972 eine Verdoppelung der Aufnahmen.[40] Dieses Verfahren sollte die Zufälligkeiten im traditionellen Schulvorschlagsverfahren ausschließen,[41] konnte sich aber dauerhaft aus bildungspolitischen Gründen nicht durchsetzen: nicht etwa deshalb, weil manche Bundesländer – z.B. der an seinem Sonderweg der bayerischen Begabtenförderung festhaltende Freistaat[42] – oder manche Gymnasien der grundsätzlich kooperationswilligen Länder nicht zur Teilnahme zu bewegen waren,[43] sondern weil „(...) weder Bund noch Länder die Mittel zur Verfügung stellen wollten, die bei einer Einbeziehung der bevölkerungsreichen Flächenstaaten für Testabnahme, Auswahl und Förderung erforderlich gewesen wären."[44]

1978 erschien eine von Elisabeth Laagland erarbeitete Bilanz dieses Versuchs.[45] Mitte der 1970er Jahre bestanden also mehrere Zugangswege zur Studienstiftung parallel nebeneinander: der Modellversuch in einigen Bundesländern mit Auswahlseminar, der traditionelle Schul- oder Hochschulvorschlag mit Gutachtern und die Erfassung über die Teilnahme an den Bundeswettbewer-

---

39 H. Rahn, Tätigkeitsbericht 1973, S. 10. Daran anknüpfend wurden später alle Bundessieger der ‚Bundeswettbewerbe' und von ‚Jugend forscht' automatisch für die Studienstiftung vorgeschlagen; vgl. Hartmut Rahn, Jugend forscht: Die Landes- und Bundessieger im Bundeswettbewerb Jugend forscht 1966–1984. Göttingen 1986.
40 H. Rahn, Tätigkeitsbericht 1973, S. 10.
41 Vgl. Günter Trost, Wie brauchbar sind Schulnoten zur Vorhersage des Studienverhaltens?, in: Studienstiftung Jahresbericht 1974. Hg. v. StSt. Bonn 1975, S. 42–55, 55: „Das Reifezeugnis ist nach wie vor der wichtigste einzelne Prädikator künftiger Studienleistungen. Seine prognostische Aussagekräftigkeit und seine meßtechnische Zuverlässigkeit sind allerdings zu gering, als daß eine Prognose des Studienerfolgs und eine Entscheidung zur Hochschulzulassung auf der Grundlage dieses Prädikators allein vertretbar wäre."
42 Vgl. z.B. Günter Flury, Hochbegabtenförderung am Gymnasium: Das Gymnasium als Teil des gegliederten Schulsystems in Bayern, in: Schulverwaltung. Ausg. Bayern 20 (1997), S. 135–137; Schulberatung Öffentlicher Fördereinrichtungen für besonders begabte Schülerinnen und Schüler in Bayern. Hg. v. Staatsinstitut für Schulpädagogik und Bildungsforschung. München 1991.
43 Vgl. Auswahlverfahren für Oberprimaner, in: Studienstiftung Jahresbericht 1974, S. 58–74.
44 Dr. Hartmut Rahn an Verf., Remagen, 23.7.1999, S. 2.
45 Elisabeth Laagland, Evaluierung eines Auswahlverfahrens für die Ermittlung der Studienbefähigung: Nacherhebung zur Oberprimanerauswahl der Studienstiftung des deutschen Volkes. München 1978 (zugl. Diss. Bonn 1978).

ben. Die Vereinheitlichung des Auswahlverfahrens wurde erst mit der verbindlichen Einführung der Auswahlseminare unter Beteiligung des Auswahlausschusses seit Ende der 1970er Jahre erreicht. Dabei handelt es sich um ein Gremium, in dem vorwiegend ehemalige Studienstiftler, aber auch außenstehende Interessierte Gelegenheit bekommen, am prinzipiell offenen Auswahlverfahren einmal im Jahr ehrenamtlich teilzunehmen.[46] Über die endgültige Aufnahme entscheidet der Aufnahmeausschuß, bestehend aus den Vertrauensdozenten und Mitgliedern des Auswahlausschusses, wodurch die Verbindung zwischen Auswahlausschuß und den Vertrauensdozenten hergestellt wird. In diesem Verfahren liegt die Möglichkeit einer Erfolgskontrolle für die Auswahlausschußmitglieder nach einer Bewährungszeit der Stipendiaten im Grundstudium.[47]

Um die Hochschulvorschläge zu stärken, wurde ab 1974 zunächst an niedersächsischen Hochschulen mit einer Auswahl unter Vorexamensabsolventen experimentiert. Die Hochschulen wurden gebeten, die Vorexamensabsolventen der Studienstiftung zu nennen, um diese in ein Testverfahren einbeziehen zu können.[48] Daraus entwickelte sich der in den Natur-, Wirtschafts- und Technikwissenschaften aufgrund des hohen Standardisierungsgrads der Prüfungsleistungen besonders sinnvolle automatische Vorexamens-/Vordiplomvorschlag der jeweils Prüfungsbesten. Das ausschlaggebende Motiv für die Einführung dieses Auswahlverfahrens war die Unterrepräsentation von Technikern und Wirtschaftswissenschaftlern in der Förderung.[49]

Neu war auch eine Initiative des Jahres 1972, in der es darum ging, Ehemalige als Tutoren für die Studienanfänger in der Studienstiftung zu gewinnen, unter denen, bedingt durch die massive Aufnahmeerhöhung, über die Hälfte Erstakademiker waren. Im Frühjahr 1973 verschickte das Sekretariat erstmalig eine nach Postleitzahlen und Fachgebieten sortierte Anschriftenliste an die Stipendiaten, wobei die Nutzung dieses Angebots freiwillig blieb. Schon allein die hohe Mobilität der meisten Ehemaligen und der meisten Stipendiaten in Studium und Beruf, dann aber auch das ausgeprägt kompetitive Denken in bezug auf den eigenen wissenschaftlichen Erfolg verhinderte hier von vornherein die Entstehung von leistungsneutralen ‚Altherren'-Seilschaften. Bezeichnend ist auch, daß sich das Tutorenmodell dauerhaft nicht durchsetzen konnte.

---

46 Organisationsschema der Studienstiftung, in: Studienstiftung Jahresbericht 1989. Hg. v. StSt. Bonn 1990, S. 338: ‚Auswahl'; Die Studienstiftung des deutschen Volkes. Hg. v. StSt. Bonn 1992, S. 4: „Nach Eingang aller Bewerbungsunterlagen werden Studierende im Grund- und Hauptstudium entweder zu einem mehrtägigen Auswahlseminar oder zu zwei Gesprächen mit Auswahlmitarbeitern der Studienstiftung eingeladen, nach denen selbständige Auswahlkommissionen auf Grund der vorliegenden Unterlagen entscheiden." Zu Rekrutierung und Zusammensetzung des Auswahlausschusses vgl. § 11 der Satzung der Studienstiftung in der Fassung vom 29.11.1996: § 11 (1): Auswahlausschuß: „Über die Erstaufnahme von Stipendiaten beschließt der Auswahlausschuß, dem Hochschullehrer, Lehrer an Höheren Schulen und Angehörige anderer akademischer Berufsgruppen angehören sollen. (2) Der Vorstand bestimmt die Mitglieder des Auswahlausschusses und die Mitglieder und Leiter der Teilausschüsse. (3) Jährlich scheidet ein Fünftel der Mitglieder nach der vom Vorstand festzusetzenden Reihenfolge aus; die Wiederwahl ist zulässig."
47 StSt/Hans Kessler an Verf., Bonn, 26.7.1999, S. 2.
48 Versuch einer Auswahl unter Vorexamenskandidaten, in: Studienstiftung Jahresbericht 1974, S. 75–80.
49 StSt/Hans Kessler an Verf., 26.7.1999, S. 2.

Die elitekritischen 1970er Jahre 333

Rahn äußerte sich zum Erstakademiker- und zum Beratungsproblem ausführlich im Jahresbericht 1974.[50] In kreativem Gegensatz zu so viel Planungsrationalität stand ein neuer Versuch der Gemeinschaftsbildung in der Studienstiftung. Seit 1970 fanden nach dem Vorbild der Hochschulwochen in Alpbach sogenannte Sommerakademien der Studienstiftung an verschiedenen Orten, u. a. in La Villa, Völs und Alpbach selbst, statt.[51] Auch die Sommerakademien gingen auf Rahn zurück, der in ihnen ein Modell interdisziplinären Lernens und akademischer Gemeinschaft sah. Die Sommerakademien wurden für die Stipendiaten schnell zu einer festen Institution der Studienstiftung:

> „Das Schema solcher Akademien ist einfach: fünfzehn Studenten des gleichen Studienjahrganges arbeiten mit zwei Dozenten vierzehn Tage lang in einer kleinen Arbeitsgruppe zusammen, je zehn oder elf Arbeitsgruppen bilden eine Akademie. Die Zeit ist kurz bemessen, aber fast jeder Teilnehmer bestätigt, daß sich durch den radikalen Verzicht auf bürokratische Schwerfälligkeit das Lehrangebot eines vollen Semesters in diese zwei Wochen bringen läßt. Die Lehrenden lehren, die Lernenden lernen, und weder Fragen noch Antworten werden durch die Angst um Laborplätze und Prüfungsergebnisse verfälscht. Die Studienstiftung scheut sich nicht, an fast vergessene Hochschultraditionen anzuknüpfen, wenn die abendliche Runde um den Südtiroler Wein und die gemeinsame Besteigung des Schlern Lehrende und Lernende ebenso zusammenbringt, wie die Diskussion wissenschaftstheoretischer Probleme."[52]

Die hochalpinen Sommerakademien waren ein zentrales Element sozialer Kommunikation und akademischer Sozialisation, das, im Rückgriff auf ältere Vorbilder der Studienstiftung vor 1933 eine eindimensionale, technokratische Studienstiftung zu verhindern half.[53] Die Sommerakademien der Studienstiftung waren somit auch ein bedeutsames Korrektiv für verschulte Studiengänge, für Orientierungslosigkeit vor allem der Studienanfänger an den Universitäten und für den häufig fehlenden Kontakt zwischen Dozenten und Studenten. Sie vermittelten darüber hinaus einen Überblick über die deutsche Universitätslandschaft, wie er seit dem Schwinden studentischer Mobilität aufgrund der Studienplatzzuteilung sonst kaum noch möglich war. In den Jahresberichten wurde nun regelmäßig von Dozenten und Stipendiaten über die Erfahrungen auf den Akademie berichtet. Mit Wandervogel-Reminiszenzen hatte das nichts zu tun, öfter las man den Begriff ‚Zauberberg' als Charakterisierung der eigenartigen Mischung von wissenschaftlich hochkonzentrierter Arbeit und Freizeit.[54] Die Themen der einzelnen Arbeitsgruppen umfaßten

---

50 Hartmut Rahn, Fördern oder nur verwalten? Probleme des Studienbeginns, Referat auf der Vertrauensdozententagung in Alpbach am 4.10.1974, in: Studienstiftung Jahresbericht 1974, S. 108–140. Auffälligerweise hat man der Studienstiftung nach 1948 bei aller Kritik am Auswahlverfahren wie an der Tatsache der ‚Hochbegabten'-Förderung nie in größerem Umfang den Vorwurf der Bildung von Ehemaligen-‚Seilschaften' gemacht. Die Kritik konzentrierte sich stets auf die Förderung selbst; vgl. unten Kap. V III.
51 Zum Programm vgl. Studienstiftung des deutschen Volkes (Hg.), Studienstiftung. Bonn 1971, S. 24 f.; die vier Ziele des Akademieprogramms waren 1. Einführung in Wissenschaft und Studium, 2. Einführung in fachspezifische Methoden, 3. Einführung in Fragen interdisziplinärer Forschung, 4. Kolloquien für Doktoranden.
52 H. Rahn, Tätigkeitsbericht 1973, S. 13. Die Idee interdisziplinärer Seminare geht u.a. auf eine Anregung des ehemaligen Stipendiaten Armin Wolf, später: Prof. Dr. Armin Wolf, auf einem Treffen Hamburger Studienstiftler in Barsbüttel 15./16.12.1956 zurück.
53 Vgl. Kap. II 1.
54 So z.B. bei Reinhard Zimmermann, Welche Bildung brauchen Studenten für die Zukunft? Überlegungen eines Juristen, in: Studienstiftung Jahresbericht 1995. Hg. v. StSt. Bonn 1996, S. 11–19, 11.

bald sämtliche Forschungsbereiche und waren oft genug, zum Beispiel beim Thema ethische und ökologische Verantwortung in den Naturwissenschaften, trendsetzend; die Dozentenliste ist ein repräsentativer Querschnitt durch die Forschungslandschaft der Bundesrepublik und umfaßt von wissenschaftlichen Nachwuchskräften über international anerkannte Kapazitäten bis zu Schriftstellern wie Peter Handke, der 1973 an einer Arbeitsgruppe über ‚Autor und Täter. Zur Behandlung sozialer Stigmatisierung in neueren Texten' in La Villa teilnahm,[55] die unterschiedlichsten Persönlichkeiten. Auf den Sommerakademien entstanden in der zwanglosen Begegnung von Lehrenden und Lernenden nicht wenige Ideen zu Dissertationsprojekten und weiterreichenden interdisziplinären Forschungsvorhaben, und nicht wenige Freundschaften von Studienstiftlern.

Im März 1973 war im Kuratorium noch eine wesentliche Entscheidung gefallen: dort war einstimmig für einen Umzug der Studienstiftung von Bonn-Bad Godesberg nach Würzburg votiert worden.[56] Hintergrund waren die steigenden Kosten für Sekretariat und Personal in der Bundeshauptstadt bei gleichzeitiger Ausweitung der Förderung und Verbreiterung des Angebots an Grund-, Haupt- und Promotionsstudienförderung, Künstlerförderung,[57] Sommerakademien, Sprachkursen, Auslandsstudien und Studienberatung.[58] Außerdem sollte in Würzburg ein eigenes Studien- und Tagungszentrum für Veranstaltungen der Studienstiftung und des ITB errichtet werden. Für 1976 wurde der Umzug in das neu zu errichtende Verwaltungs- und Forschungszentrum anvisiert, doch dazu kam es nicht. Anfang August 1977 zog die Studienstiftung in die Bad Godesberger Mirbachstraße und in das ehemalige Gebäude des Deutschen Bildungsrats um. Das ITB verblieb in dem alten Gebäude in der Koblenzer Straße. Das war eine Bonner Lösung, die weitaus billiger zu verwirklichen war als ein Würzburger Neubau, außerdem blieb man am Ort der politischen Entscheidungen und Vertretungen der anderen bundesdeutschen Wissenschaftsinstitutionen präsent.[59] Für Würzburg hatten nur die geringeren Kosten und die Anbindung an eine traditionsreiche Universität gesprochen. Dort, wo die Studienstiftung ursprünglich hatte bauen wollen, entstand Ende der 1970er Jahre das neue Würzburger Universitätsgelände einschließlich der neuen Universitätsbibliothek.

---

55 Ferienakademien der Studienstiftung 1973, in: Studienstiftung Jahresbericht 1973, S. 120–134, 131.
56 H. Rahn, Tätigkeitsbericht 1973, S. 15 f., Bauwettbewerb der Studienstiftung in Würzburg, in: Studienstiftung Jahresbericht 1974, S. 300–314.
57 Vgl. z.B. Klaus Heinrich Kohrs, Die Berufssituation der 1950–1973 an Musikhochschulen geförderten Stipendiaten, in: Studienstiftung Jahresbericht 1974, S. 153–175; vgl. auch ders., Karl-Schmidt-Rottluff-Stipendium, in: Studienstiftung Jahresbericht 1977, S. 108 f.; Hubertus von Pilgrim, Fachauswahl: Problem-, Modell- oder Sonderfall?, in: Studienstiftung Jahresbericht 1978, S. 141–153.
58 Zum Haushalt siehe jeweils die entsprechende Rubrik in den Jahresberichten; 1973 zahlte das BMBW 16.906.111 DM, zahlten die Bundesländer 1.682.659 DM, der Stifterverband für die Deutsche Wissenschaft 1.060.000 DM, Städte, Gemeinden und Kreise 163.786,73 DM, private Spender 107.979,05 DM, die Stiftung Volkswagenwerk 250.001 DM, sonstige Einnahmen 1.227.655,05 DM. Davon wurden für Stipendien 17.567.536,96 DM, für persönliche Verwaltungsaufgaben 1.037.042,33 DM, für sachliche Verwaltungsaufgaben 490.779,55 DM, für die Baurücklage 1.103.294,15 DM, für die Bedarfsrücklage 5.480.376 DM, verwandt und 673.987,84 DM in das folgende Rechnungsjahr übernommen. Studienstiftung Jahresbericht 1973, S. 240; zu den Auslandsstudien und Sprachkursen siehe die entsprechenden Rubriken und Erfahrungsberichte der Stipendiaten in den Jahresberichten, ebenso zur Promotionsförderung.
59 Studienstiftung Jahresbericht 1977. Hg. v. StSt. Bonn 1978, S. 3–6.

Nicht ganz zufällig beging die Studienstiftung das 50. Jubiläum ihrer Erstgründung am 5. und 6. Oktober 1975 mit einem Festakt am 5. Oktober in der Würzburger Residenz. Dabei war ganz studienstiftungstypisch von Geschichte in den Festansprachen nur in Form der persönlichen Erinnerung ehemaliger Stipendiaten die Rede, so bei Werner Maihofer und Hans Maier. Ganz überwiegend beschäftigten sich die Festansprachen mit gegenwärtigen Problemen und Herausforderungen, so die von Prof. Dr. Reimut Jochimsen, der als Staatssekretär das Bundesministerium für Bildung und Wissenschaft vertrat und der die Studienstiftung trotz ihres meßbaren Erfolges mahnte, die „soziale Legitimation institutionalisierter Begabtenförderung" nicht zu vergessen.[60]

Allein der langjährige Vorstandsvorsitzende der Studienstiftung, Theodor Pfizer, der, wie wenige andere die zivilgesellschaftliche Kontinuität des sozialstudentischen Engagements in der Studienstiftung verkörperte,[61] hielt eine historische Festansprache, die dem eigentlichen Gedenkanlaß gerecht wurde und die Studienstiftung für einen Moment aus der Geschichtslosigkeit einer sich allein durch ihre tägliche Arbeit legitimierenden Institution hob: „Dieses halbe Jahrhundert wirklich zu beschreiben, wäre ein Stück deutscher Hochschul- und Geistesgeschichte seit dem ersten großen Krieg – mit heute fast vergessenen Namen, Daten, Kämpfen, Krisen; Anfechtungen und Versuchen gegenüber, die Stiftung in diese oder jene kritische oder weltanschauliche Richtung zu drängen."[62]

Man merkte es Pfizers Rede und seiner Bemühung um das Ausziehen zeitgeschichtlicher Entwicklungslinien an, daß er als beteiligter Zeitzeuge diese historische Selbstvergessenheit im Rückblick auf die Kämpfe der Zwischenkriegszeit tief bedauerte: „Nur wer ihn miterlebt hat, kann den Geist dieses Gremiums verstehen, in dem ein Dissident neben einem Priester im schwarzen Rock und geschlossenen Kragen, ein im hohen Alter stehender Ordinarius neben einem Referendar saß."[63] Wenn schon die Stipendiatenerfahrung des ‚Trümmer-Studenten' Werner Maihofer mit der des 50er-Jahres-Stipendiaten Hans Maier oder Hans Magnus Enzensberger[64] kaum zu vergleichen war, wie sollte dann der Zeitgeist jener 50 Jahre zurückliegenden Zwischenkriegszeit und der aus ihr hervorgehenden nationalsozialistischen Herrschaft im Jahr 1975 vermittelbar sein?

---

60 Staatssekretär Prof. Dr. Reimut Jochimsen, Festansprache 50 Jahre Studienstiftung, Würzburg, 5.10.1975, in: Studienstiftung Jahresbericht 1975, S. 19–24, 24. Jochimsen verwies aber auch darauf, daß die Studienstiftung, die nie mehr als 0,86 % der deutschen Studenten immerhin 12 % der in der Bundesrepublik lehrenden Professoren während ihres Studiums gefördert habe, S. 19.
61 Zu nennen wären hier vor allem Ehrenpräsident (seit 1995) Dr. Johannes Zilkens, Köln, und Bundesministerin a.D. Aenne Brauksiepe, Oelde; vgl. Hanns Kessler, Aenne Brauksiepe zum Gedächtnis, in: Studienstiftung Jahresbericht 1996, S. 8.
62 Theodor Pfizer, Die Studienstiftung 1925–1975, in: Studienstiftung Jahresbericht 1975, S. 25–40, 25 f.
63 Ebd., S. 27.
64 Ab 1949 Studium der Literaturwiss., Sprachen und Philosophie in Erlangen, Freiburg i.Br., Hamburg und Paris, Promotion 1955 in Erlangen, Diss.: Über das dichterische Verfahren in Clemens Brentanos lyrischem Werk; den Gesichtspunkt der ‚Hochbegabung' im Habitus von Enzensberger akzentuiert Frank Schirrmacher, Eine Legende, ihr Neidhammel!, in: FAZ Nr. 259 vom 6.11.1999, Bilder und Zeiten, I.

b) Die Folgen der Bildungsreform

> „Zunächst einmal denke ich, daß die Inflation und die daraus folgende Entwertung der Bildungsprädikate sehr allgemeine Auswirkungen gehabt haben. Bestimmte Aspekte der Jugendrevolte, der ökologischen und feministischen Bewegung, aber auch tiefgreifende Veränderungen im politischen Bereich, das Auftreten des Linksradikalismus usw. lassen sich meiner Meinung nach durchaus auf die Wandlungsprozesse im Bildungssystem zurückführen."
>
> Pierre Bourdieu, 1983.[65]

Die drastische Verschlechterung der Chancen auf dem akademischen und Hochschularbeitsmarkt – selbst für die bestqualifizierten Bewerber ging der Wissenschaftsrat 1975 von einer 15%-Chance aus, auf einen Lehrstuhl berufen zu werden – thematisierte Rahn in seinem Tätigkeitsbereich 1975: ein Thema, das die Studienstiftung von nun an unausgesetzt beschäftigen sollte.[66] Gleichzeitig wuchs trotz guter Beziehungen zum Bundeswissenschaftsministerium der Legitimationsdruck der Studienstiftung angesichts der tiefgreifenden, emanzipatorisch-sozialkompensatorisch bezweckten Bildungsreform, vor allem der Schulreform der 1970er Jahre, die unter dem Motto ‚Fördern statt Auslesen' stand.[67]

Bereits 1971 hatte die EKD-Synode feste Positionen zum Thema ‚Evangelische Kirche und die Bildungsplanung' bezogen; unter anderem hieß es darin:

> „Wir unterstützen (...) Vorschläge für eine Schule mit flexibleren, durchlässigeren Organisationsformen mit einer primär horizontalen Gliederung nach Bildungsstufen, wenn sie den Chancenausgleich verbessert (...) Wir unterstützen Schul- und Unterrichtsformen, die einer Wettbewerbsmentalität bei Eltern, Lehrern und Schülern entgegenwirken und ermöglichen, gemeinsames Handeln und Lernen einzuüben. Dies schließt die Beteiligung auch gerade der schwächeren Schüler ein. (...) Wir unterstützen eine Reform der Lernziele und -inhalte, die den Erfordernissen der Wissenschaft gerecht wird, wenn dabei die Auseinandersetzung mit den anthropologischen und gesellschaftlichen Normen einbezogen und die Notwendigkeit begründeter Entscheidungen einsichtig wird."[68]

Diese kirchliche Legitimation derjenigen Bildungspolitik, die sich zunehmend in dem Gesamtschul- und Gesamthochschulprogramm als Ausdruck ‚sozialen', ‚leistungsdruck-', ‚selektions-' und ‚repressionsfreien' Lernens manifestierte, stand am Anfang eines erbitterten Schulkrieges zwischen Gegnern und Befürwortern der integrierten Gesamtschule als eines Instruments ‚sozia-

---

65 Pierre Bourdieu, Mit den Waffen der Kritik, Interview, Paris 1983, in: ders., Satz und Gegensatz, S. 24–36, 27.
66 Hartmut Rahn, Nachwuchs in der Krise. Tätigkeitsbericht der Studienstiftung und Bericht über die Lage des akademischen Nachwuchses 1975, in: Studienstiftung Jahresbericht 1975, S. 108–119, 118.
67 Vgl. z.B. Walter Jens, der lange Zeit Tübinger Vertrauensdozent war: Walter Jens, Volksbefreiung durch Volksbildung? Rede auf dem deutschen Volkshochschultag am 23.11.1976, in: ders., Feldzüge eines Republikaners. Eine Lesebuch. Hg. v. Gert Ueding. München 1988, S. 178–189.
68 Zitiert nach Evangelischer Erwachsenenkatechismus. Hg. v. Werner Jentsch u.a. Gütersloh 1975, S. 829 f. Es handelt sich um einen Auszug aus den Entschließungen der Synode der EKD vom 12. November 1971 ‚Zur gegenwärtigen Entwicklung in der Bildungspolitik und Bildungsplanung', (u.a.) in: Kirchenamt der EKD (Hg.), Die Denkschriften der EKD. Bd. 4/1: Bildung und Erziehung. Gütersloh 1987, S. 64–79, 65.

Die elitekritischen 1970er Jahre

ler Erziehung', quantitativer Bildungs- und bildungsvermittelter Gesellschaftspolitik.[69] Das war eine Kontroverse, die notwendigerweise zur Verhärtung der Positionen in der Elitediskussion[70] und – nicht nur bei den Eltern leistungsstarker, begabter Kinder im Einzugsbereich von Gesamtschulen als politisch verordneten Regelschulen – zum Ansehens- und Glaubwürdigkeitsverlust der Bildungsreformpolitiker, ja zur Politiker- und Politikverdrossenheit beitrug.[71] Die Akzeptanz der Institution gewordenen, egalisierend sozialkompensatorisch-quantitativen Bildungsreform: der Gesamtschule, bei der Minderheit der Leistungseliten – und bei der Mehrheit der Wähler – war und blieb gering:[72] und dies vor allem aufgrund des offensichtlichen und von Anfang an hochideologisch begründeten Mangels an Kompatibilität von Gesamtschul- und herkömmlicher Schulbildung, der letztlich die Vergleichbarkeit von Schulabschlüssen, vor allem der Allge-

---

69 Die wesentlichen Dokumente zur staatlichen Schulreformpolitik in der Bundesrepublik (u.a. Deutscher Bildungsrat, Schulversuch Gesamtschule, 1969, parteipolitische Stellungnahmen etc.) in: Berthold Michael, Heinz-Hermann Schepp (Hg.), Die Schule in Staat und Gesellschaft. Dokumente zur deutschen Schulgeschichte im 19. und 20. Jahrhundert. Göttingen/Zürich 1993 (Quellensammlung zur Kulturgeschichte, Bd. 22), Kap. IX, S. 405 ff.; vgl. auch Hartmut Rahn, Schullernen und Erfahrungslernen als Bildungsfaktoren, in: Studienstiftung Jahresbericht 1979. Hg. v. StSt. Bonn 1980, S. 145–157, 156 f. Das Gesamtschulproblem hat europäische Dimensionen. Während ihrer Zeit als britische Bildungsministerin im Kabinett Edward Heath Anfang der 1970er Jahre und vor dem Hintergrund der weitgehenden ‚Vergesamtschulung' des traditionell stark selektiven britischen Oberschulwesens war Margaret Thatcher eine konsequente Gesamtschulgegnerin: „So bestand beispielsweise ein beträchtlicher Unterschied zwischen der vollen Anwendung des Gesamtschulprinzips, das im wesentlichen auf Gesellschaftserziehung und nebenbei auf schulische Bildung abstellte und bei dem Leistungsfähigkeit kein Kriterium war, und andererseits einer Schule, die allen offen stand, aber nach Leistungsfähigkeit selektierte." Margaret Thatcher, Die Erinnerungen 1925–1979. Düsseldorf 1995 (zuerst London 1995), S. 191.
70 Vgl. Urs Jaeggi, Drinnen und draußen, in: Stichworte zur ‚Geistigen Situation der Zeit'. Bd. 2: Politik und Kultur. Hg. v. Jürgen Habermas. Frankfurt am Main 1979, S. 443–473.
71 Zur Gesamtschulprogrammatik der 1970er Jahre vgl. z.B. Theodor Sander, Hans-G. Rolff, Gertrud Winkler, Die demokratische Leistungsschule. Grundzüge der Gesamtschule. Hannover ³1971; Udo Butschkau, Politische Sozialisation in der Gesamtschule: Ziele, Fakten, Strategien. München 1972; Klaus-Jürgen Tillmann (Red.), Gesamtschule im Flächenversuch: Bundeskongreß Gesamtschule 8.–10. Mai 1975 in Wetzlar. Bochum 1975; Wolfgang Keim (Hg.), Gesamtschule. Bilanz ihrer Praxis. Hamburg 1976. Zur Kritik vgl. u.a.: Gesamtschule. Modell oder Reformruine? Hg. v. Hans W. Kilz. Reinbek 1980.
72 Das konzedieren mittlerweile sogar die wenigen noch verbliebenen Befürworter des Gesamtschulmodells auf hartem GEW-Kurs: vgl. dazu den ehemaligen, langjährigen GEW-Vorsitzenden Dieter Wunder, Gesellschaftspolitik und Schule. Gedanken zum 50jährigen Geburtstag der Fritz-Karsen-Schule, in: Die Deutsche Schule 1 (1999), S. 11–19, vor allem S. 11–13. Andererseits transportiert Wunder gleichsam kompensatorisch zu diesem bezeichnenden Eingeständnis das ganze Arsenal des wirklichkeitsfernen ideologischen Ballasts der letzten 30 Jahre: „Das Gymnasium ist so zum schulischen Prototyp der neoliberalen Gegenwart geworden. Es verspricht die Basis für den gesellschaftlichen Erfolg über den Weg des Studiums zu legen; schon sein Besuch hebt, wenn auch sehr viel weniger als früher, Menschen von anderen ab." S. 13.

meinen Hochschulreife, in der Bundesrepublik grundsätzlich in Frage stellt.[73] Auch wenn bis heute die bewährte Dreigliedrigkeit des Schulwesens in der Bundesrepublik absolut vorherrscht und die Gesamtschulen trotz der aggressiven Gesamtschulpolitik der 1970er Jahre nur 2% aller Schulen ausmachen, betraf das Gesamtschulproblem die von Schulvorschlägen abhängige Studienstiftung von Anfang an: diese Schulform war gleichsam der institutionalisierte Gegenentwurf zur individualisierten Begabtenauswahl und -förderung, sie war die programmatisch elitenfreie und elitenfeindliche Schule der gesellschaftlichen Umgestaltung. Trotz dieser strukturellen Unvereinbarkeit der hinter der Studienstiftung und der hinter der Gesamtschule stehenden Konzepte machen heute sogar einige Gesamtschulen Aufnahmevorschläge für die Studienstiftung.

Rahns Alpbacher Rede von 1976 war darum bemüht, die Studienstiftung aus der gesellschaftspolitischen Polarisierung in der Schulfrage so weit wie möglich herauszuhalten, indem er versuchte, eine konsensfähige Definition von Begabung zu vermitteln und die Interdependenz von Breiten- und Spitzenbildung zu betonen. Begabung sei ‚charaktervolle Intelligenz‘, die sich in qualitätsvoller, eigenständiger, geistig unabhängiger Leistung konkretisiere, deren Kennzeichen hohe Motivation, Selbstkontrolle und Leistungswille auf höchstem intellektuellem Niveau, die Bereitschaft und Fähigkeit zur Kommunikation sowie ein gewisses Maß an Ehrgeiz, „auch wenn es den Studienstiftler nicht immer als ‚netten Kerl‘ erscheinen läßt."[74] Zusammenfassend forderte Rahn drei Stufen einer chancengerechten Nachwuchsförderung, die deutlich zeigten, wie weit entfernt die Studienstiftung von einer demokratiefernen Elitenrekrutierung unter Wahrung ihres Anspruchs als ‚Hochbegabten‘-Förderung war:

> „Ein Gleichheitsprinzip, das die Schwachen überfordert, das die Mediokrität begünstigt und den Leistungsfähigen hemmt, ist nicht gerecht, und wir meinen daher, daß dem Bildungswesen unseres Landes drei quantitativ und qualitativ unterschiedliche Aufgaben gleichzeitig gestellt sind: 1. Kompensierende Bildungsförderung derjenigen, deren soziale, wirtschaftliche oder biographischen Startbedingungen ihnen auf ihrem Lebensweg Entwicklungschancen vorenthalten haben. 2. Soziale Ausbildungsförderung derjenigen, die auf mittlerem Niveau eine Berufsausbildung mit dem Erwerb einer akademischen Qualifikation anstreben und deren Lebensunterhalt während des Studiums materiell gesichert werden muß. 3. Personenorientierte Begabungsförderung derjenigen, die ihre Ziele hoch gesteckt haben, die zu besonderen Anstrengungen bereit sind, die über die erforderlichen Fähigkeiten verfügen und die einer fördernden Herausforderung bedürfen, um ihre Kräfte entfalten zu können. In diesem Bereich ist die Studienstiftung angesiedelt."[75]

---

73 Vgl. Klaus Westphalen, Die verhängnisvolle Trennung von gesellschaftlichem und pädagogischem Leistungsbegriff – eine Erblast der 68er, in: Kurt Aurin, Horst Wollenweber (Hg.), Schulpolitik im Widerstreit. Brauchen wir eine ‚andere Schule‘? Bad Heilbrunn 1997, S. 99–112; Sabine Etzold, Nicht alle können die Besten sein, in: ZEITPunkte. Welche Schule brauchen wir. Hg. v. Haug von Kuenheim. Hamburg 1996, S. 22 f.; Joachim Fritz-Vannahme, Wer hat die beste Schule? Die Kultusminister wissen es, doch sie schweigen, in: Die ZEIT Nr. 22 vom 20. Mai 1998, S. 1.

74 Hartmut Rahn, Können wir uns Begabtenförderung noch leisten? Referat auf der Herbstsitzung der Vertrauensdozenten, Alpbach, 6.10.1976, in: Studienstiftung Jahresbericht 1976. Hg. v. StSt. Bonn 1977, S. 6–19, 11 f.

75 Ebd., S. 13.

Die elitekritischen 1970er Jahre

Damit formulierte Rahn zugleich eine Art formelhaften Kompromiß, der die Studienstiftungsarbeit bis zum neuen Aufbrechen der Elitediskussion unter völlig veränderten gesellschaftlichen und politischen Vorzeichen in den 1990er Jahren tragen sollte.[76] Die Auseinandersetzung mit der Elitenproblematik war und ist ein Leitmotiv in der Studienstiftungsgeschichte, und zwar unabhängig davon, ob sie defensiv oder offensiv zur Modernisierung der Wissenschaftslandschaft beitrug. In gewissen Grenzen erklärt sich die besondere Dynamik der ‚Hochbegabten'-Förderung aus dieser dauernden Auseinandersetzung, welche die Studienstiftung stets dazu gezwungen hat, neue, zeitgemäße Antworten auf die Frage zu finden, ob ihre dem Charakter nach notwendigerweise exklusive ‚Hochbegabten'-Förderung nicht doch unerwünschte, unkontrollierbare und undemokratische Elitenbildung sei. Dieser strukturelle Umstand, eine Art Modernitätszwang, unter dem grundsätzlich alle institutionellen Modernisierungsträger im sozialen Wandel des postindustriellen Sozialstaats stehen,[77] erklärt auch die auffällige Gegenwartsverhaftung der Studienstiftung. Eine Bedingung, aus historischer Sicht: ein Preis stets neu zu definierender Professionalität ist die Geschichtsferne.

Im Jahresbericht 1978 äußerte sich Hermann Lübbe zu ‚Differenzierungsfolgen der Chancengleichheit'. Dieser Beitrag, der Lübbes Auseinandersetzung mit der Studienstiftung unter dem Gesichtspunkt der Auswahlgerechtigkeit seit Anfang der 1970er Jahre fortsetzte,[78] war zugleich eine kritische Bilanz der Folgen von zehn Jahren Bildungsreformpolitik. Hinter der verbreiteten Klage über Leistungsdruck stehe, so Lübbe, eine die deutsche Bildungspolitik kennzeichnende „Selektionsscheu", die sich u.a. an der Diskussion um die Abschaffung von Schulnoten und die Reduzierung benoteter Leistungen im Studium zeige. Lübbe vertrat die These, „daß der Leistungsdruck nicht die Selektionsscheu bewirkt (habe), daß vielmehr umgekehrt öffentlich bekundete Selektionsscheu die Bedingungen (zerrütte), unter denen einzig leistungsorientiert gelernt und studiert werden kann."[79] Lübbes Argument war, daß „auch der Bildungsbereich (...) sich der politischen Dialektik jeder Gleichheitsforderung nicht entziehen (könne), nach der die Gleichheit der Chancen stets den Prozeß individueller Differenzierung einleitet."[80] Das aber bedeute mehr, härteren und häßlicheren Leistungsdruck denn je: „Dergleichen muß man vor Augen haben, um die sozialen, auch sozialpsychologischen Folgen abschätzen zu können, die zwangsläufig mit dem Versuch verbunden sein müssen, bis zur Hälfte der Angehörigen eines jeden Altersjahrgangs zum Abitur und die Hälfte dieser Hälfte zu einem Hochschulabschluß zu führen."[81]

---

76 Vgl. auch Hartmut Rahn, ‚Wer viel erlebt, dem wird mehr einfallen'. Erfahrung und Begabung. Referat auf der Herbstsitzung der Vertrauensdozenten, Alpbach, 5.10.1977, in: Studienstiftung Jahresbericht 1977. Hg. v. StSt. Bonn 1978, S. 11–25, 11–13.
77 Jürgen Reulecke, Vorgeschichte und Entstehung des Sozialstaats in Deutschland, S. 70 f.: 1. Zentralisierung, Verrechtlichung, Bürokratisierung; 2. Überregulierung und ihr internalisiertes Pendant, das technokratisch-utilitaristische Denken; 3. die Einschränkung individueller Handlungsräume der Selbstverantwortung; vgl. auch Christoph Sachße, Der Wohlfahrtsstaat in historischer und vergleichender Perspektive, in: GuG 16 (1990), S. 479–490; zu den historischen Wurzeln siehe Gerhard A. Ritter, Der Sozialstaat. Entstehung und Entwicklung im internationalen Vergleich. München 1989.
78 Hermann Lübbe, Hochschulreform und Gegenaufklärung. Freiburg i.Br. 1972; vgl. auch Pierre Bourdieu, Die Illusion der Chancengleichheit. Untersuchungen zur Soziologie des Bildungswesens am Beispiel Frankreichs. Stuttgart 1971 (Texte und Dokumente zur Bildungsforschung).
79 Hermann Lübbe, Differenzierungsfolgen der Chancengleichheit, S. 134.
80 Ebd., S. 135.
81 Ebd.

Lübbe sah in bildungspolitisch egalisierend-kompensatorisch bezweckten Instrumenten wie den Gesamtschulen und Gesamthochschulen, der Orientierungsstufe und der massiven Vermehrung von universitären Mittelbaustellen auf Lebenszeit eine fundamentale Verkennung von „Leistung, Leistungserwartung und leistungsorientierte(r) Besetzung von Positionen im sozialen System",[82] deren Folgen letztlich nur noch durch Zwangsmittel wie einen *numerus clausus* höchst ungerecht zu korrigieren seien. Lübbe plädierte dafür, die Leistungsdifferenzierung vielmehr als Chance zu begreifen und zu fördern:

> „Die Bedingung (Leistungsdifferenzierung als Chance zu begreifen, d. Verf.) ist öffentlich zur Geltung gebrachte und politisch anerkannte Legitimität der Ansprüche einer Kommunität, die funktional differenzierte Positionen leistungsorientiert zuweist. Umgekehrt heißt das: die Legitimität der Leistungsanforderung bricht zusammen, wenn die Legitimität der Ansprüche aufgekündigt wird, die wir, als Angehörige unserer politischen und sonstigen Kommunitäten, solidarisch erfüllen müssen, wenn diese Kommunitäten umgekehrt uns subsidiär sollen stützen können."[83]

Diese Kritik ging an die Wurzel, doch war auch das Ausmaß der Probleme im Bildungs- und Wissenschaftsbereich nach der Hochschul- und Bildungsreform keineswegs geringer als vorher. Aus der rein quantitativ aufgefaßten Bildungsreform resultierte die in dieser Dimension vollkommen neue Erscheinung von gleichzeitiger akademischer Massen- und Langzeitarbeitslosigkeit, ein progressiver Verfall von Leistungsstandards und eine bis zum Ende der 1980er Jahre ungekannte Ausmaße annehmende Abwanderung von wissenschaftlichen Spitzenkräften ins Ausland.[84] Die programmatisch modernisierende Bildungspolitik der Chancengleichheit war – trotz der unbestreitbaren Notwendigkeit von qualitativen und quantitativen Anpassungsmaßnahmen im sekundären und tertiären Bildungssektor in der Bundesrepublik im europäisch-atlantischen Vergleich – ein Paradebeispiel gescheiterter politischer Steuerung.[85] Sie hatte unter Verkennung der Anforderungen in einer demokratischen Leistungsgesellschaft die Chancenungleichheit im Bildungs- und Wissenschaftsbereich nicht etwa strukturell behoben, sondern strukturell zementiert. Es gelang der Reform gerade nicht, ein allgemeines Recht auf Bildung ohne Ansehen der sozialen Voraussetzungen zur freien Entfaltung der Person in einer freien Bürgergesellschaft umzusetzen. Aus dem objektiv wünschenswerten, zu jeder offenen Gesellschaft gehörenden Recht auf Bildung wurde so ein massenhaft subjektiv empfundenes Recht auf die höhere Bildung: Abitur und Hochschulabschluß, mit geringer Rücksicht auf Befähigung, Neigung und Berufsperspektiven. Die Reform brachte damit unter anderem nicht das Volk zur Universität, sondern die Universität unters Volk. Dietrich Schwanitz hat die Folgen von ‚1968' für den Bildungssektor prägnant bilanziert:

---

82 Ebd., S. 137.
83 Ebd., S. 140.
84 Dies zusammenfassend z.B. Josef Joffe, Selbstzerstörung eines Denkmals. Kaum Forschung, nur Leere: Der Niedergang der deutschen Universität, in: SZ vom 9./10. März 1996, Nr. 58, Feuilleton-Beilage; ähnlich Jochen-Fritz Vannahme, Humboldts Erbe wird verspielt, in: Die ZEIT Nr. 21 vom 17. Mai 1996, S. 1; SPIEGEL-Special 11 (1996): Karriere durch Bildung? Schon seit 1965 beobachtete die KMK die Abwanderung deutscher Wissenschaftler ins Ausland: ZZBW-A: KMK-Akten, 4223-0, Bd. 001304/, 5 (Materialsammlung 1965–1971).
85 Vgl. Andreas Flittner, Mißratener Fortschritt. Pädagogische Anmerkungen zur Bildungspolitik. München 1977; Hermann Giesecke, Ist die bürgerliche Erziehung am Ende? München 1977.

Die elitekritischen 1970er Jahre 341

„Die phantastische Vorstellung, die ganze Gesellschaft von einem einzigen Sektor her reformieren zu wollen, mußte das Bildungssystem durch unrealistische Erwartungen überlasten. So machte man den Fehler, die Universität im gleichen Moment zu deregulieren, in dem man sie für die rebellischen Studentenmassen öffnete. Im Zeichen des Egalitarismus gab man die Standards auf. Unterschiede der Begabungen wurden als Unterschiede der Sozialisation uminterpretiert und durch Zusatz-Studienzeiten kompensiert. Statt die neuen Massen durch hohe Standards akademisch zu sozialisieren, wurde die Hochschule zur Massenuniversität. Das mußte zu einer großen Enttäuschung führen: Kaum hatten die Massen die Bildungsprivilegien erobert, waren es keine Privilegien mehr."[86]

Dies wiederum trug, einmal abgesehen von der Dauerkrise des akademischen Arbeitsmarkts, unter anderem auch zu Abgrenzungsprozessen am Rand der zunehmend und nach 1968 um so deutlicher permissiven Kommunikationsgesellschaft bei. Mit dem alternativen Milieu seit Anfang der 1970er Jahre war ein subkulturelles Aussteiger-Reservat entstanden, das sich den durch die Verbreiterung und Öffnung des Bildungsangebots nur scheinbar verminderten, tatsächlich aber verschärften Anforderungen der Leistungsgesellschaft entzog. Diese modernisierungsfeindliche Gruppensolidarisierung mit ihren technikkritischen und antikapitalistischen Akzenten ähnelte vor allem in der bewußten Abschottung ihrer Lebensräume den Milieubildungen des 19. Jahrhunderts: der ganze Mensch sollte, dogmatisch-ideologisch immunisiert und getragen von der Gesinnungsgemeinschaft, vor dem ‚falschen Leben' bewahrt werden.[87]

Der Studienstiftung erwuchs aus diesen Entwicklungen innergesellschaftlicher Ausdifferenzierung seit Ende der 1970er Jahre eine neue Aufgabe: das öffentliche Eintreten für höchste Leistungsstandards in der Wissenschaft als Existenzbedingung einer differenzierten, offenen, pluralistischen, westlichen, postindustriellen Gesellschaft. Durch die Radikalität der Bildungsreform und ihrer Auswüchse in Form der ‚positiven Diskriminierung' erschien ihre Korrektiv-Funktion gegenüber egalisierenden Tendenzen in der sozialen Demokratie in ganz anderem Licht. Die Studienstiftung wurde zu einer Bastion des bekennenden Individualismus in einer Bildungslandschaft, die zunehmend – und zunehmend populistisch – von Quoten- und Proporzdenken bestimmt wurde; eine Entwicklung, die Peter Sloterdijk pointiert zusammengefaßt hat: „Daß die Niedrigbegabten ihre Gleichberechtigung mit den Hochbegabten erkämpfen, das ist das Gesetz der modernen ästhetischen Entropie. Das latente Thema der Kultur des 20. Jahrhunderts ist der Vorrang der Demokratie vor der Begabung."[88]

---

86 Dietrich Schwanitz, Das Beste verhindert immer das Gute. Jenseits der Kulturrevolution herrscht die Vergangenheit: Das Erbe von 1968, in: Die WELT vom 4.4.1998, G1.
87 Vgl. Dieter Rucht, Protestbewegungen, in: Die Geschichte der Bundesrepublik Deutschland. Bd. 3: Gesellschaft. Hg. v. Wolfgang Benz. Frankfurt am Main 1989, S. 311–344.
88 Ursprünglich SZ vom 25.2.1999, zit. nach Thomas Assheuer, Ich und mein Bärchen. Wie hoch ist die deutsche Hochkultur und wie platt ihre Postmoderne?, in: Die ZEIT Nr. 10 vom 4.3.1999, S. 33 f., 33.

Ein Schritt in Richtung Öffentlichkeitsarbeit[89] war eine Festveranstaltung im Wissenschaftszentrum Bonn-Bad Godesberg im Dezember 1982 im Zusammenhang mit der Übernahme der Studienstiftungspräsidentschaft durch Professor Dr. Manfred Eigen.[90] Die Veranstaltung sollte zugleich auf ein zentrales Anliegen der Studienstiftung aufmerksam machen: die Gewährleistung der Förderung wissenschaftlichen Nachwuchses durch vernünftig dotierte Doktorandenstipendien. Unter dem Titel ‚5000 Gesellenstücke' wurden Dissertationen ehemaliger Stipendiaten im Foyer des Wissenschaftszentrums ausgestellt.[91] Auch für die ‚Hochbegabten'-Förderung galt die Bedingung der Informationsgesellschaft, daß nur die Interessen durchsetzbar sind, die sich in der Öffentlichkeit behaupten können.

---

89 Diesem Zweck diente auch der 1980 gegründete Verein ‚Freunde der Studienstiftung des deutschen Volkes e.V.'; vgl. dazu die jeweilige Rubrik in den Jahresberichten. Ziele des Vereins waren 1. Die Sammlung von Mitteln für Aufgaben, die aus staatlichen Mitteln nicht finanziert werden dürfen (z.B. die Sommerakademien), 2. die Verbreitung des Gedankens, daß ‚Hochbegabten'-Förderung notwendig ist, 3. Die Herstellung von Kontakten unter ehemaligen Studienstiftlern.

90 Geb. 1927; am Max-Planck-Institut für biophysikalische Chemie in Göttingen; 1967 Nobelpreis für Chemie; u.a. Mitglied des Ordens Pour le mérite.

91 Vgl. Studienstiftung Jahresbericht 1983, S. 5.

2. Die 1980er Jahre: Differenzierung des Förderungsangebots

„Niemand wird sich selbst gern als ‚Elite' bezeichnen. In den Selbstdarstellungen der ‚Studienstiftler' tritt der Begriff daher auch eher kritisch als zustimmend auf. (...) Was wollte man, wenn nicht ebendies: einer sorgfältig getroffenen Auswahl begabter junger Akademiker eine Förderung (...) zuteil werden zu lassen, die sie in den Stand einer ‚Elite des Volkes' erhebt, in der Hoffnung, das werde sich in näherer oder fernerer Zukunft auch gesellschaftlich auszahlen."

Theodor Wilhelm, 1987.[92]

Seit 1983 wurde in der Bundesrepublik ein Buch der amerikanischen Psychologin Alice Miller populär, dessen Bedeutung für den Diskurs um Begabung und ‚Hochbegabung' in der Bundesrepublik kaum überschätzt werden kann: ‚Das Drama des begabten Kindes'. Miller lieferte gleichsam die Schlüsselbegriffe der einfühlsamen Problematisierung und des kritischen Hinterfragens von Begabung: Begabung und Anpassung, Erfolgszwang und Selbstverlust, Leistungserwartung und Versagensangst waren die Begriffspaare, welche unentdeckte Begabung im Sinne sublimer Eltern- und pauschaler Gesellschaftsbezichtigung als seelischen und sozialen Emanzipationsdefekt erscheinen ließen.[93] Millers einfühlsame Thesen schienen einmal mehr den hinter der Bildungsreform der 1970er Jahre stehenden emanzipatorischen Gedanken zu bestätigen: Jeder ist begabt.

Unabhängig vom Regierungswechsel in Bonn 1982,[94] zeigten die 1980er Jahre, daß die Elitediskussion in der Bundesrepublik keineswegs abgeschlossen, sondern mit großer Härte weitergeführt wurde. Eine grundsätzliche Bildungs- und hochschulpolitische Wende fand nicht statt; in der staatlichen Unterstützung der ‚Hochbegabten'-Förderung wurde Kontinuität gewahrt.[95] 1981 diskutierte man in der Evangelischen Akademie Rehburg-Loccum die Frage ‚Sollen, können, dürfen deutsche Hochschulen Eliten bilden?'.[96] 1989 sprach Klaus K. Urban als prominenter Vertreter der Begabungsforschung in einem Überblick ‚Zur Förderung besonders Begabter in

---

92 Theodor Wilhelm, Endstationen des deutschen Bildungszeitalters, in: Neue Sammlung. Vierteljahreszeitschrift für Erziehung und Gesellschaft 27 (1987), H. 4, S. 563–580, 564. Theodor Wilhelm (geb. 1906); 1937–1942 Dozent am Institut für Lehrerbildung Oldenburg i.O.; 1951–1959 Prof. in Flensburg, ab 1959 in Kiel.
93 Alice Miller, Das Drama des begabten Kindes und die Suche nach dem wahren Selbst. Frankfurt am Main 1983.
94 Siehe z.B. Bundesminister für Forschung und Technologie, Bundesbericht Forschung 1984. Bonn 1984; Wissenschaftsrat (Hg.), Zur Lage der Hochschulen Anfang der 80er Jahre. Quantitative Entwicklung und Ausstattung. Bonn 1983; Bundesminister für Bildung und Wissenschaft, Das soziale Bild der Studentenschaft in der Bundesrepublik Deutschland. 10. Sozialerhebung des DSW. Bad Honnef 1983.
95 Verbessert wurde die Öffentlichkeitsarbeit: Bundesministerium für Bildung und Wissenschaft (Hg.), Begabte Kinder finden und fördern. Ein Ratgeber für Eltern und Lehrer. Bonn 1985; BMBW (Hg.), Förderung besonders Begabter. Zwischenbilanz und Perspektive. Bonn 1986; Ernst A. Hany, Präsentation des Forschungsprojektes ‚Formen der Hochbegabung'. Heidelberg 1986; Barbara Feger, Förderprogramme für Hochbegabte, in: Psychologie in Erziehung und Unterricht 34 (1987), S. 161–170.
96 Loccumer Protokolle 15 (1981): Elitenförderung und Demokratie.

der Bundesrepublik' ausdrücklich von Elite als einem „Reizwort".[97] Rahn griff das Elitenproblem in einem Beitrag unter dem Titel ‚Elite bilden oder Begabte fördern?' 1984 auf. Auch er wünschte dem Wort eine Schonzeit, „weil es wie kein zweiter Begriff Mißverständnisse, Vorurteile und Feindseligkeiten weckt."[98]

Von der Bedeutung seiner lateinischen Wurzel, vom Auswählen, habe sich der Begriff längst gelöst, da Auswahl in Demokratie und pluralistischer Gesellschaft selbstverständliche Normalität sei. In den öffentlichen Sprachgebrauch sei der Begriff überhaupt erst durch die politische Soziologie von Gaetano Mosca und Vilfredo Pareto, den Begründern der Elitentheorie, gelangt, die unter Elite die politische Machtelite verstanden hatten, deren Hauptziel es stets sei, diese Macht zu erhalten und die nur einer neuen Machtelite wichen: „Aufsteigende und sterbende Eliten bilden nach Pareto den Motor der Geschichte, seine Theorie vom Kreislauf der Eliten läßt die Historie im Rückblick als gigantischen Elitenfriedhof erscheinen."[99]

Der Mißbrauch von Paretos Elitenbegriff durch Mussolini im Faschismus habe dem Begriff seine soziologisch deskriptive Neutralität genommen, die auch später durch die Bemühungen um eine Differenzierung von Geburts-, Wert-, Leistungs- und Funktionseliten nicht wiederherzustellen war. Die Reduktion des Elitenbegriffs auf gesellschaftliche oder politische Funktion unter Ausblendung von Wertvorstellungen sei, so Rahn weiter, für die Schwammigkeit des gegenwärtigen Elitenbegriffs verantwortlich. Die Elitenkritik der 1960er und 1970er Jahre schließlich habe den Begriff zum Schimpfwort, ja zum Unwort gemacht.

Das allerdings ändere nichts an dem Bedürfnis jedes entwickelten Gemeinwesens, begabte Spitzenkräfte zu finden und zu fördern: „Von den Mandarinenprüfungen im kaiserlichen China führt ein weiter Weg der Qualitätssuche bis zur Auswahl junger Theologen für das Tübinger Stift und bis zu den Aufnahmeinterviews in Harvard, Princeton oder Berkeley."[100] Die Studienstiftung habe seit 1925 und wiederum seit 1948 versucht, sowohl diesem legitimen gesellschaftlichen als auch dem individuellen Bedürfnis ‚hochbegabter' Menschen nach individueller Förderung nachzukommen. Rahn verglich dieses Modell der ‚Hochbegabten'-Förderung mit dem ambivalenten Spiel von Egalität und Elite in der amerikanischen Verfassungsurkunde mit ihrem für Mitteleuropäer so äußerst schwer verständlichen Zentralbegriff des *individual pursuit of happiness*:[101]

---

97 Klaus K. Urban, Zur Förderung besonders Begabter in der BRD, in: Hochbegabungsförderung international. Hg. v. Hans-Günther Mehlhorn, dems. Köln/Wien 1989, S. 150–173, 162; hier auch eine äußerst knappe Zusammenfassung des Auswahlverfahrens der Studienstiftung.

98 Hartmut Rahn, Elite bilden oder Begabte fördern?, in: Studienstiftung Jahresbericht 1984. Hg. v. StSt. Bonn 1985, S. 21–31, 21; vgl. Arno Scherzberg, Bemerkungen zur Studienstiftung, in: Studienstiftung Jahresbericht 1980. Hg. v. StSt., Bonn 1981, S. 93–100, 95: „Erfreulicherweise ist trotz der Zugehörigkeit zu einer privilegierten Minderheit unter den Stipendiaten kein Elitebewußtsein vorhanden. Die Studienstiftung hat es verstanden, die Atmosphäre eines ‚exklusiven Zirkels' zu vermeiden, dafür sind ihr die Stipendiaten dankbar und schätzen diese Haltung auch gegenseitig."

99 H. Rahn, Elite bilden oder Begabte fördern?, S. 22; vgl. z.B. Gottfried Eisermann, Vilfredo Paretos System der allgemeinen Soziologie. Stuttgart 1972, S. 173 ff., 219 ff.

100 H. Rahn, Elite bilden oder Begabte fördern?, in: Studienstiftung Jahresbericht 1984, S. 26.

101 Siehe dazu z.B. Michael Walzer, Zivile Gesellschaft und amerikanische Demokratie. Hamburg 1992 (zuerst Cambridge/Mass. 1980); ders., Sphären der Gerechtigkeit. Ein Plädoyer für Pluralität und Gleichheit. Frankfurt am Main 1992 (zuerst New York 1983), S. 26 ff. (‚Komplexe Gleichheit').

Die 1980er Jahre 345

„Sie (Egalität und Elite, d. Verf.) stehen auch in der Studienstiftung nicht im Gegensatz zueinander, sondern sie bedingen sich in der Achtung von Individuum und Allgemeinheit und in der Anerkennung der Tatsache, daß die Menschen vor Gott und dem Gesetz gleich, in jeder anderen Hinsicht aber verschieden sind."[102]

Das hinter der ‚Hochbegabten'-Förderung stehende qualitative Denken sei ebensowenig der quantitativen Heranzüchtung technokratischer Funktionseliten wie dem romantisierenden Geniekult verpflichtet: „Die Frage, die wir in der Studienstiftung an jeden jungen Menschen richten, der uns begegnet, lautet: ‚Wer bist du? Was willst du? Und wie kann ich dir dabei helfen?'"[103] Dementsprechend seien Auswahl und Förderung der Studienstiftung auch nicht an mechanistischen Vorstellungen orientiert: „Freiheit, Selbstgestaltung, Ermutigung, Vertrauen, Offenheit und Selbstverantwortung sind die konstitutiven Elemente einer solchen Begabtenförderung, nicht aber Reglementierung, Kontrolle, Mißtrauen, Gängelei und bürokratische Gleichmacherei."[104]

Um ihren Aufgaben weiterhin gerecht werden zu können, differenzierte die Studienstiftung ihr Förderungsangebot in den 1980er Jahren, seit November 1984 unter der Schirmherrschaft von Bundespräsident Richard von Weizsäcker,[105] weiter. Vor allem das Auslandsstudium erfuhr eine massive Förderung, dies war eine alte Forderung von Rahn, die er schon 1966 in einer kleinen Schrift offensiv vertreten hatte.[106] Seine Forderungen hatten seit den 1960er Jahren an Aktualität nichts verloren: „Der Plan eines Auslandsjahres sollte für jeden Studenten zu einer Selbstverständlichkeit werden, ganz gleich, welches Fach er studiert. Die Studienstiftung ist für jeden Auslandsplan aufgeschlossen, auch wenn er im ersten Augenblick bizarr erscheinen mag."[107] Weiterhin vergab die Studienstiftung in Zusammenarbeit mit dem DAAD gezielt Zuschüsse zu Kurzaufenthalten im Ausland, die vier Hauptzwecken dienten: 1. Sprachkursen, 2. Auslandsfamulaturen, Auslandspraktika und außeruniversitären Arbeitsaufenthalten, 3. der Teilnahme an fachlich orientierten Spezialkursen, z.B. im Internationalen Recht, der Unternehmensführung, der Tropenmedizin, 4. der Internationalisierung von Forschung und Lehre durch Besuch ausländischer Institute, Forschungsstationen, Bibliotheken, Archive, Museen, Fachkongresse und Tagungen. Abgesehen von den Studienstiftlern, die sich erfolgreich um DAAD-, Fulbright- oder US-College-Stipendien beworben hatten,[108] hatte die Studienstiftung zwischen 1948 und 1980

---

102 H. Rahn, Elite bilden oder Begabte fördern, in: Studienstiftung Jahresbericht 1984, S. 27.
103 Ebd., S. 28.
104 Ebd., S. 30.
105 Nach Bundespräsident Richard von Weizsäcker hat auch Bundespräsident Roman Herzog die Schirmherrschaft über die Studienstiftung übernommen.
106 Hartmut Rahn, Studium im Ausland. Tatsachen, Probleme, Vorschläge. Bonn 1966.
107 Studium im Ausland, in: Studienstiftung Jahresbericht 1980, S. 107–113, 108; vgl. auch: Sieben Arten des Auslandsstudiums (Erfahrungsberichte von Stipendiaten), in: Studienstiftung Jahresbericht 1984, S. 121–165.
108 Zu den Fulbright-Stipendien vgl. Ulrich Littmann, Akademischer Austausch als Friedenspolitik. Die Ideen des Senators J. William Fulbright, in: Karl Dietrich Bracher, Manfred Funke, Hans-Peter Schwarz (Hg.), Deutschland zwischen Krieg und Frieden. Beiträge zur Politik und Kultur im 20. Jahrhundert. Bonn 1990, S. 384–394; Bundespräsident Roman Herzog, Ansprache anläßlich des Empfangs der deutschen Fulbright-Kommission in Berlin, 26. März 1996, in: Roman Herzog, Reden und Interviews 1. Juli 1995–30. Juni 1996. Bd. 2/2. Hg. v. Presse- und Informationsamt der Bundesregierung. Bonn 1996, S. 498–503.

7.215 Studienstipendien zum Auslandsstudium vergeben und eine große Zahl ausländischer Stipendien vermittelt, somit zur Herstellung der Wettbewerbsfähigkeit deutscher Wissenschaft erheblich beigetragen.

1982 setzte sich Rahn erfolgreich auf der Grundlage von ITB-Untersuchungen zum Promotionsstudium für eine Neuordnung der materiellen und ideellen Promotionsförderung ein, die in der Bundesrepublik mit dem endgültigen Auslaufen des Graduiertenförderungsgesetzes 1981 bedroht war.[109] Rahn faßte seine Forderungen einer zukünftigen Doktorandenförderung in fünf Thesen zusammen: 1. Entscheidungsfreiheit des Studenten bezüglich der Themenwahl, 2. Mobilität in der Verfolgung des Dissertationsprojekts, 3. überragende Bedeutung eines persönlichen akademischen Lehrers für Themenfindung, Anregung, Beratung und Korrektur, 4. Einbindung des Doktoranden in Forschung und Lehre, 5. kontinuierliches Arbeiten an einem Projekt ohne Sorgen um die materielle Absicherung.[110] Dieses Programm hat die Studienstiftung seit 1982 nach und nach umgesetzt, unter anderem durch die Einführung der ‚Forschungsvorhaben-Abstracts' seit 1989, in denen, nach Fächern sortiert, laufende Dissertations- und Habilitationsprojekte von Stipendiaten zum Zweck der Anregung inner- und zwischenfachlicher Diskussion dokumentiert werden.[111] Die ‚Abstracts' wurden zur Informationsgrundlage von interdisziplinären Doktoranden-Forschungskolloquien, die, von Stipendiaten organisiert und selbständig geleitet, seit 1988 von der Studienstiftung finanziert werden.[112] Seit November 1982 war die Studienstiftung an dem von der Stiftung Volkswagenwerk in Zusammenarbeit mit der *Harvard University* geschaffenen *McCloy Academic Scholarship Program* beteiligt, das jährlich einer kleinen Gruppe besonders leistungsstarker Stipendiaten der Fächer Rechtswissenschaften, Wirtschaftswissenschaften, Geschichte und Gesellschaftswissenschaften erlauben soll, mit Vollstipendien zwei Jahre lang in *Harvard* an der *Kennedy School of Government* zu studieren. Die Studienstiftung übernahm die Bewerberauswahl und Förderung.[113] 1984 vermittelte der Stifterverband deutsche Wissenschaft 15 Doktorandinnen- und Doktoranden ein ‚Forschen-und Lehren'-Stipendium, das aus Mitteln des Stifterverbandes sowie u.a. von der Daimler Benz AG und dem Stiftungsfonds Robert Bosch GmbH mitfinanziert wurde.[114] Im September 1986 entschied der Berliner Senat, das Leopold-von-Ranke-Programm zur Förderung ‚hochbegabter' Studierender an Berliner Hochschulen für zunächst zehn Jahre durch die Studienstiftung abwickeln zu lassen.[115]

---

109 Umfangreiches Material zur Entstehung in ZZBW-A: KMK 001296/2, 3, 4.
110 Hartmut Rahn, Doktorandenförderung – Aufgabe der Zukunft, in: Studienstiftung Jahresbericht 1982. Hg. v. StSt. Bonn 1983, S. 7–42, 17; vgl. auch Ergebnisse der Promotionsförderung 1974–1979, in: ebd., S. 126–129; Max Brocker, Zwölf junge Wissenschaftler. Beispiele zur Doktorandenförderung, in: ebd., S. 147–234.
111 Vgl. Promotionsförderung Forschungsvorhaben. Abstract-Band 1996. Hg. v. StSt. Bonn 1996.
112 Vgl. Studienstiftung Jahresbericht 1996, S. 83 f.: Themenliste; Seminare vor Ort, in: Studienstiftung Jahresbericht 1988. Hg. v. StSt. Bonn 1989, S. 159.
113 Vgl. z.B. Jahresbericht Studienstiftung 1984, S. 52 und die jeweilige Rubrik.
114 Vgl. Pilotprogramm ‚Forschen und Lehren', in: Studienstiftung Jahresbericht 1984, S. 166; zum Stifterverband vgl. Bundespräsident Herzog, Ansprache auf dem Festakt des Stifterverbandes für die deutsche Wissenschaft anläßlich seines 75jährigen Bestehens im Gästehaus Petersberg bei Bonn, 14. September 1995, in: Roman Herzog, Reden und Interviews 1. Juli 1995–30. Juni 1996. Bd. 2/1. Hg. v. Presse- und Informationsamt der Bundesregierung. Bonn 1996, S. 314–318.
115 Studienstiftung Jahresbericht 1988. Hg. v. StSt. Bonn 1989, S. 126.

Die 1980er Jahre 347

Die Sonderprogramme und Kooperationen bilden heute einen wesentlichen Teil des Förderungsangebots der Studienstiftung;[116] sie bestehen u.a. mit der Harvard University, mit dem ERP-Stipendien-Programm, mit dem Haniel-Stipendienprogramm, mit der BASF AG, mit der Alfried Krupp von Bohlen und Halbach-Stiftung, der Daimler Benz AG, der ZEIT-Stiftung, der *University of California at Berkeley*, der *Michigan State University*, der *Texas A&M University* und der *Ecole Supérieure Paris*.[117] Generell zeigte die Differenzierung der Förderung seit den 1980er Jahren mithin einen Trend, der von der klassischen materiellen Förderung[118] mit ideellen Anteilen zur wissenschaftlichen Gesamtdienstleistung führte, einer Förderung also, die in erster Linie Informationen und Kontakte für die Stipendiaten zur Verfügung stellte. Am Ende dieses Prozesses stand ein Passus der Satzung in der Fassung von 1996, der dies in § 2 (1b) als einen Zweck der Förderung festschrieb:

„Der Zweck der Studienförderung wird insbesondere verwirklicht durch Gewährung von Begabtenstipendien für das Studium, Gewährung von Auslands- und Sprachstipendien, studienbegleitende Beratung, Organisation und Finanzierung von Sommerakademien. Der Zweck der Forschungsförderung wird insbesondere verwirklicht durch Gewährung von Promotionsstipendien, Forschungskolloquien und Doktorandenseminare, eigene Forschungsprojekte der Studienstiftung."[119]

Ein Beispiel für diese Entwicklung war die Einführung der Informations- und Orientierungsveranstaltung ‚Studium und Beruf' seit 1988, die dem Umstand Rechnung trug, daß zwar 1988 immer noch vier von zehn Studienstiftlern im Bereich von Forschung und Lehre ihren Beruf fanden, die Wirtschaft aber einen immer steigenden Anteil aller ehemaligen Stipendiaten, 1988 schon 12%, aufnahm.[120] Die Veranstaltungen sollten frühzeitige Kontakte zu Wirtschafts-, Industrie- und Dienstleistungsunternehmen bringen, um den Stipendiaten persönliche Erfahrungen in diesem Bereich zu vermitteln. Vertreter verschiedener Firmen, u.a. von der Bayer AG, von Hewlett Packard und McKinsey, referierten über Bewerbungsstrategien und die Auswahlpraxis der Unternehmen.[121]

---

116 Vgl. Michael Göhring (Red.), Das China-Stipendien-Programm der Alfried Krupp von Bohlen Halbach-Stiftung und die Studienstiftung des deutschen Volkes. Hg. v. der StSt. Bonn 1992; siehe auch Bärbel Friedrich, Der Blick in die Zukunft. Perspektiven der Forschung und ihrer Förderung, in: Forschung. Mitteilungen der DFG 4 (1997), S. 3/23 f. und auch ‚Zwischen Verpflichtung und Verantwortung – der Beitrag der Wissenschaften zur Zukunftsgestaltung'. Tagung des Wissenschaftsforums in Mainz, 24.2.1996, in: Wissenschaftsnotizen 10 (1996), S. 4–24.

117 Siehe Abschnitt ‚Sonderprogramme und Kooperationen', in: Wissenschaft und Praxis. Die Programme 1997. Hg. v. StSt. Bonn 1996, S. 217–237.

118 Bereits 1987 erhielten 53% außer dem ‚Büchergeld' von der Studienstiftung keinerlei materielle Förderung; Studienstiftung Jahresbericht 1988, S. 118, Tab. 15.

119 § 2 (1b) der Satzung der Studienstiftung des deutschen Volkes in der Fassung vom 29.11.1996. Hg. v. StSt. Bonn 1996.

120 Siehe dazu Richard S. Eckaus, Die Bedeutung der Bildung für das Wirtschaftswachstum, in: Klaus Hüfner (Hg.), Bildungsinvestitionen und Wirtschaftswachstum. Ausgewählte Beiträge zur Bildungsökonomie. Stuttgart 1970 (Texte und Informationen zur Bildungsforschung), S. 67–98.

121 Vgl. z.B. Studienstiftung. Wissenschaftliches Programm 1990. Hg. v. StSt. Bonn 1990, S. 145–147; beteiligt waren 1988 ferner Arthur Anderson, das Batelle-Institut, die Bayerische Vereinsbank, der Bertelsmann Verlag, Daimler Benz, Degussa, der Gerling-Konzern, das Goethe-Institut, Henkel, IBM, Kothes & Klaws Kommunikation, Krupp, Messerschmidt-Bölkow-Blohm, Procter & Gamble sowie Die ZEIT.

Immer wichtiger wurde auch die Vermittlung von Praktikantenstellen in allen Branchen von der Audi AG über die Deutsche Bank bis zur Siemens AG sowie bei Großforschungseinrichtungen wie der Deutschen Forschungsanstalt für Luft- und Raumfahrt oder der Stiftung Max-Delbrück-Centrum für Molekulare Medizin, Berlin.[122]

1988 war ein Gedenkjahr für die Studienstiftung. Rahn ging in seinem Tätigkeitsbericht für das Jahr 1988 kurz darauf ein.[123] Im Vordergrund stand die Freude über die Verleihung des Nobelpreises für Chemie an den ehemaligen Stipendiaten Prof. Dr. Robert Huber.[124] Rahns Rückblick war mehr Bilanz als historischer Rückblick: 24.000 geförderte Stipendiatinnen und Stipendiaten seit 1948 von 73.000 Vorgeschlagenen, 4.000 Stipendiatinnen und Stipendiaten in der laufenden Förderung. Rahn verwies im Zusammenhang mit seiner Danksagung an die Mitarbeit der im Kuratorium vertretenen Selbstverwaltungsgremien der Wissenschaft, der Westdeutschen Rektorenkonferenz, der DFG, der Max-Planck-Gesellschaft, dem DAAD und der Alexander-von-Humboldt-Stiftung, auf den Betrag von rund 144 Millionen DM, den die Firma McKinsey als Gegenwert der ehrenamtlichen Mitarbeit für die Studienstiftung als Auswahlausschußmitglied, Vertrauens- oder Akademiedozent, Mentor und Mitglied der Leitungsgremien für die Zeit seit 1948 errechnet hatte.[125] Rahn erwähnte auch kurz das erste größere wissenschaftliche Portrait der neuen Studienstiftung, das seit 1987 mit der Straßburger Dissertation von Hélène Guyot-Sander vorlag.[126]

Dr. Johannes Zilkens, 1958 bis 1996 Vertrauensdozent in Köln, 1980 bis 1995 Mitglied des Vorstands und 1981 bis 1995 Vizepräsident der Studienstiftung,[127] referierte im Herbst 1988 in Alpbach über die Geschichte der Studienstiftung. Zilkens stützte seine Betrachtungen auf die Dokumentation des ersten Vertrauensdozententreffens im Mai 1930 in Berlin und berichtete von den Beiträgen Sprangers, Litts und von Sodens: „Ob wir selbst den Forderungen, die wir an uns stellen müssen, einerlei, wo wir tätig sind, als Mitarbeiter im Auswahlausschuß, als Vertrauens-

---

122 Vgl. Wissenschaft und Praxis 1996, S. 126 ff.; vgl. auch Bundespräsident Roman Herzog, Rede im Konzerthaus in Berlin zum 25jährigen Bestehen der Arbeitsgemeinschaft der Großforschungseinrichtungen und ihrer Umbenennung in Hermann von Helmholtz-Gemeinschaft Deutscher Forschungszentren, 13. November 1995, in: Roman Herzog, Reden und Interviews 1. Juli 1995–30. Juni 1996. Bd. 2/1. Hg. v. Presse- und Informationsamt der Bundesregierung. Bonn 1996, S. 267–269; Hartmut Weule, Forschungspolitik in Deutschland, in: Forschungspolitik in Deutschland. Hg. v. der Alfred-Herrhausen-Gesellschaft für internationalen Dialog. Frankfurt am Main 1995, S. 1–20.
123 Ähnlich Hartmut Rahn, Tätigkeitsbericht 1992, in: Studienstiftung Jahresbericht 1992. Hg. v. StSt. Bonn 1993, S. 91–102, 91 ff. zu den ‚Wurzeln der Studienstiftung'.
124 Vgl. auch die Jahresbericht-Rubrik ‚Preise und Auszeichnungen für Studienstiftler'.
125 Hartmut Rahn, Tätigkeitsbericht 1988, in: Studienstiftung Jahresbericht 1988, S. 77–90, 77 f.
126 Hélène Guyot-Sander, La Studienstiftung des deutschen Volkes. Un exemple de ‚Begabtenförderung' en RFA. Strasbourg 1987 (zugl. Diss. ebd.). Überhaupt bemühte sich Rahn um die Sicherung von Dokumenten zur Geschichte der Studienstiftung, wie sein Projekt ‚Erinnerte Geschichte' und sein diesbezüglicher Briefwechsel mit Prof. Dr. Dieter Sauberzweig zeigt: StSt-A Bonn: Prof. Dr. Dieter Sauberzweig an StSt/Rahn, Berlin, 12.5.1989 (Aufsätze von Adolf Grimme; Hintergrund war eine geplante Textsammlung zum 65. Erstgründungsjubiläum der Studienstiftung); Dr. Hartmut Rahn an Prof. Dr. Dieter Sauberzweig, Bonn, 17.5.1989; Prof. Dr. Dieter Sauberzweig an StSt/Rahn, Berlin, 23.5.1989 (Aufsätze zur StSt).
127 Dädalus-Medaille für Dr. med. Johannes Zilkens, in: Studienstiftung Jahresbericht 1995. Hg. v. StSt. Bonn 1996, S. 6.

Die 1980er Jahre 349

dozenten, als Referenten in der Geschäftsstelle oder als deren Leiter, oder auch in Kuratorium und Vorstand, immer gerecht werden, müssen wir uns fragen."[128] Doch ein Versuch der zeitgeschichtlichen Einordnung der Studienstiftung war dies nicht; vielmehr griff auch Zilkens auf die Geschichte der Studienstiftung im Blick auf ihre gegenwärtige Tätigkeit zurück und bestätigte damit einmal mehr, daß die Studienstiftung eine vollkommen gegenwartsorientierte, geschichtsferne, pragmatische, bundesdeutsche Institution war, die schon deshalb keine Elitenbildung betrieb, weil sie ihre Geschichte und Traditionen nicht als selbstverständlichen Hintergrund ihrer alltäglichen Arbeit verstand und in ein verpflichtendes Traditionsbewußtsein umsetzte, somit auf ein zentrales Element des Elitenbewußtseins, das zum Beispiel alle amerikanischen Elite-Universitäten kennzeichnet,[129] verzichtete.

Auch die ehemaligen Studienstiftler, verteilt auf die unterschiedlichsten gesellschaftlichen Bereiche von der Wissenschaft bis zur Wirtschaft, Kunst und Politik, wurden – außer durch Spendenaufrufe und die gleichwohl wichtige, wenn auch nicht automatische Einbindung in den Auswahlausschuß – nicht als *alumni* systematisch für die Studienstiftung verpflichtet. Rahn zählte 1989 auf: zwei Nobelpreisträger, die Leibniz-Preisträger Frank Steglich, Erwin Neher, der 1995 den Nobelpreis für Chemie erhielt, Günter Harder, Werner Hildenbrand, Ingo Müller, Herbert Gleiter, Jürgen Mittelstraß, Joachim Milberg und Claus-Wilhelm Canaris; ferner Wissenschaftler wie Bernhard Grzimek, Klaus Mehnert, Theodor Eschenburg, Helmut Schelsky, Odo Marquard; der Astronaut Ernst Messerschmidt und der ZDF-Indendant Karl Holzamer; evangelische und katholische Bischöfe wie Adolf Wüstemann, Hans Thimme, Nikolaus Hemmerle, Ulrich Wilckens; Politiker wie Karl Schiller, Hans Maier, Werner Maihofer, Reimut Jochimsen, Ingrid Matthäus-Meier, Antje Vollmer; Schriftsteller wie Harald Hartung, Hans Magnus Enzensberger, Ivan Nagel, Sten Nadolny; bildende Künstler wie Emil Cimiotti, Hubertus von Pilgrim, Ben Willikens, Christiane Möbus, Katharina Sieverding, Friedemann Hahn, Stephan Balkenhol; Musiker und Komponisten wie Wolfgang Rihm, Manfred Trojahn, Helmut Lachenmann, Hans Zender, Heinz Rudolf Kunze; Publizisten wie Christian Graf von Krockow, Thomas von Randow und Robert Leicht.[130]

Die Studienstiftung war, diese Aufzählung machte das deutlich, bunter und vielfältiger geworden, sie war fest mit der Wissenschafts-, Kunst- und Medienlandschaft der Bundesrepublik und ihrer pluralistischen Gesellschaftsordnung verbunden, sie war ein Teil der westdeutschen Erfolgsgeschichte. Vor diesem Hintergrund sah sie sich seit 1989/90 aufgrund der ‚unverhofften Einheit', von der Konrad H. Jarausch gesprochen hat,[131] der Herausforderung gegenüber, das

---

128 Johannes Zilkens, Von der Geschichte in die Gegenwart, in: Studienstiftung Jahresbericht 1988, S. 181–184, 183.

129 Vgl. zur Harvard-Traditionspflege z.B. Joachim Mohr, Klug ist cool, in: SPIEGEL-Special 11 (1996), S. 106–109. Mehr und mehr gibt es auch an den Universitäten eine Tendenz zur Besinnung auf akademische Traditionen und ihre bewußte Pflege; vgl. dazu z.B.: Magister-Reden anläßlich der Urkunden-Verleihungen (M.A., Dr. phil.) der Philosophischen Fakultät II an der Bayerischen Julius-Maximilians-Universität Würzburg, Sommersemester 1991 bis Sommersemester 1996. Würzburg 1996; Rüdiger vom Bruch, Was für eine Humboldt-Universität? Die Hochschule und ihr Name, in: Forschung & Lehre 3 (1996), S. 151–153.

130 Hartmut Rahn, Tätigkeitsbericht 1989, in: Studienstiftung Jahresbericht 1989. Hg. v. StSt. Bonn 1990, S. 97–107, 97 f.

131 Konrad H. Jarausch, Die unverhoffte Einheit 1989/90. Frankfurt am Main 1995.

Programm, das ihr auch in Zeiten deutscher Teilung beibehaltener Namen enthielt, durch die Ausweitung der Förderung auf die fünf neuen Bundesländer auf dem Gebiet der ehemaligen DDR umzusetzen. Nach 40 Jahren wurde die ihrem Charakter und Selbstverständnis nach bundesdeutsche, weit mehr an internationalen als an nationalen wissenschaftlichen Maßstäben orientierte, in der Auswahl- und Förderungspraxis postnationale Studienstiftung[132] des deutschen Volkes wieder in einem gesamtdeutschen Nationalstaat tätig[133] und trug in einem Teilbereich der sozialen Kommunikation zum neuen *nation building* bei,[134] wie Rahn im Jahresbericht 1989 feststellte:

> „Der zweite Öffnungsbereich (neben der Fachhochschulförderung, d. Verf.), die DDR, ist so neu, daß wir uns vorerst nur daran erinnern können, daß die Studienstiftung selbst vor 65 Jahren einmal in der Kaitzer Straße 2 in Dresden ansässig war. Auf unseren Tischen liegen heute die ersten Bewerbungen von Studierenden aus Greifswald, Jena, Halle oder Dresden, die in die Bundesrepublik übergesiedelt sind oder die von Ostberlin aus an einer der Westberliner Hochschulen studieren wollen. Viel entscheidender ist aber die Frage, wie wir denen, die dort geblieben sind und weiter bleiben wollen, durch Ergänzungsstudien an westdeutschen Hochschulen den Know How vermitteln können, den sie zum Wiederaufbau ihres Landes brauchen. Vielleicht werden wir uns schon in Kürze wieder darauf besinnen können, was der volle Name der Studienstiftung einmal bedeutet hat."[135]

Das traf zu. Rahn hatte durch intensive inoffizielle Kontakte und Besuche erreichen können, daß bereits zwei Wochen nach der Herstellung der staatlichen Einheit die ersten Stipendiaten in Jena durch die Studienstiftung gefördert werden konnten.[136] Für die Studienstiftung war das nach 1925 und 1948 der dritte Neuanfang.[137]

---

132 Vgl. vor allem Zwischen zwei Welten. Lebenswege von Stipendiaten ausländischer Herkunft (12 Erfahrungsberichte), in: Studienstiftung Jahresbericht 1988, S. 9–71.
133 Vgl. auch Eberhard Jäckel, Das deutsche Jahrhundert, S. 339–356; Otto Dann, Nation und Nationalismus in Deutschland, 1770–1990. München 1993, S. 317–328; Heinrich August Winkler, Abschied von den Sonderwegen (1996), in: ders., Streitfragen der deutschen Geschichte, S. 123–147.
134 Vgl. Christian Welzel, Konturen des Wandels. Die Erneuerung der ostdeutschen Eliten, in: Forschung & Lehre 10 (1997), S. 522 f.; siehe auch Hans-Werner Fuchs, Bildung und Wissenschaft seit der Wende. Zur Transformation des ostdeutschen Bildungssystems. Leverkusen 1997.
135 Hartmut Rahn, Tätigkeitsbericht 1989, S. 106.
136 H. Rahn an Verf., 23.7.1999, S. 3.
137 Eine erste Bilanz bei Volker Guckel, Manuela Weber, Begabtenförderung in den neuen Bundesländern. Bonn 1997; vgl. auch Dieter Simon, Lehren aus der Zeitgeschichte der Wissenschaft, in: Jürgen Kocka, Renate Mayntz, Wissenschaft und Wiedervereinigung. Disziplinen im Umbruch. Berlin 1998 (Interdisziplinäre Arbeitsgruppen Forschungsberichte, hg. v. der Berlin-Brandenburgischen Akademie der Wissenschaften, Bd. 6), S. 509–523.

3. Die 1990er Jahre:
nach der Einheit, in der Globalisierung und vor der zweiten Bildungsreform?

> *„Die globale Elite des nächsten Jahrhunderts bildet sich zur Zeit ohne Beteiligung deutscher Universitäten und damit ohne die breite deutsche Gesellschaft."*
>
> Jean Karen Gregory, 1997 [138]

In seinen ‚Erinnerungen und Reflexionen' von 1996 stellt Helmut Schmidt der Wettbewerbsfähigkeit der deutschen Hochschulen ein denkbar schlechtes Zeugnis aus: „Im internationalen Vergleich sind die deutschen Hochschulen von nur mittelmäßiger Qualität."[139] Dafür seien weniger die Universitäten und ihr Personal als vielmehr Bund und Länder und ihre hypertrophen Bürokratien verantwortlich, die, durch eine überregulierungsbedingte Vereinheitlichung des Hochschulwesens,[140] den Wettbewerb im Hochschulbereich nahezu unmöglich gemacht hätten: „infolgedessen sind weitgehend auch Spitzenleistungen auf den Feldern der universitären Bildung und Ausbildung wie auf den Feldern universitärer Wissenschaft und Forschung inhibiert worden. Es gibt in Deutschland weder Spitzenuniversitäten wie Harvard, MIT oder Stanford, noch gibt es Oxford oder Cambridge, noch können wir mit den (...) Grandes écoles[141] in Frankreich konkurrieren."[142] Eine von der Theodor-Pfizer-Stiftung 1995 herausgegebene Zusammenstellung ‚Ehemalige Stipendiaten der Studienstiftung im außereuropäischen Ausland' dokumentiert nicht nur die Mobilität ehemaliger Studienstiftler, sondern auch, daß die Kritik des Altbundeskanzlers vor allem hinsichtlich der Abwanderung von Spitzenkräften zutrifft.[143] Besonders hervorheben muß man Helmut Schmidts Hinweis, daß diese bedrohliche Situation keineswegs ein hausgemachtes Problem der Universitäten in der Bundesrepublik und ihres Personals – allerdings auch nicht der im Zweifelsfall eher auf Seiten der bedrängten Hochschulen stehenden ‚Bürokratie' –, sondern vielmehr ein unmittelbares Problem der Bildungs-, Wissenschafts- und der Finanzpolitik war und ist.

---

138 Jean Karen Gregory, Von der Wüstenrennmaus, in: Michael Rutz (Hg.), Aufbruch in der Bildungspolitik. Roman Herzogs Rede und 25 Antworten. München 1997, S. 72–84, 79.

139 Helmut Schmidt, Weggefährten. Erinnerungen und Reflexionen, S. 140–148, 140; vgl. dazu den Abschnitt ‚Hochschulen' (u.a. Studierende an Hochschulen, Studienanfänger an Hochschulen, Studierende nach ausgewählten Fächergruppen), in: Statistisches Bundesamt (Hg.), Datenreport 1997. Zahlen und Fakten über die Bundesrepublik Deutschland. Bonn 1997, S. 62–67; einen vieldiskutierten Anstoß zur Reformdebatte gab Peter Glotz, Im Kern verrottet? Fünf vor Zwölf an Deutschlands Universitäten. Stuttgart 1996; vgl. dazu auch Mitchell G. Ash (Ed.), German universities' past and future: Crisis and renewal. Providence/NJ. 1997

140 Vgl. die scharfe Kritik von Dietrich Schwanitz, Die Neugestaltung dient nicht den Hochschulen. Ein Kommentar zum Hochschulrahmengesetz, in: Forschung & Lehre 10 (1997), S. 506 f. Zur Bürokratisierung kommt die strukturelle, langanhaltende Unterfinanzierung der Hochschulen vor allem im Personalbereich, die es zusätzlich unmöglich machte, die Folgen der Vermassung aufzufangen.

141 Vgl. vor allem Pierre Bourdieu, La noblesse d'état: grandes écoles et esprit de corps. Paris 1989.

142 H. Schmidt, Weggefährten, S. 140 f.

143 Theodor-Pfizer-Stiftung (Hg.), Ehemalige Stipendiaten der Studienstiftung im außereuropäischen Ausland. Bonn 1995.

Indizien für diese Entwicklung gab es schon seit Mitte der 1980er Jahre,[144] die Studienstiftung hatte auf ihre Weise durch eine Verbreiterung und Internationalisierung des Förderungsangebots reagiert.

Eine Reaktion auf die Debatte um den Wissenschaftsstandort Deutschland war auch ein ZEIT-Dossier von Sabine Rückert im Juli 1992, in dem sämtliche deutschen Begabtenförderungswerke unter dem eigentümlichen Titel „Wenn einer die Welt vor dem Abgrund bewahrt, dann sind das diese Menschen" porträtiert wurden. Die Journalistin stützte sich unter anderem auf Interviews mit Rahn und dem ITB-Direktor Trost, deren zitierte Aussagen in auffälligem Gegensatz zu Rückerts Wertungen standen: „Von jeher sind die Auswahlgremien der Studienstiftung auf der Pirsch nach herausragenden Individuen mit brillanten Gedanken und schöpferischer Potenz. Nach der multitalentierten Persönlichkeit mit menschlicher Größe wird hier gefahndet. Kurz: nach dem Wunderkind, das unter Wasser Geige spielt."[145] Von dem Bemühen um Differenzierung im Hinblick auf die Ambivalenz der Themas ‚Hochbegabung' war dieser Beitrag nicht gekennzeichnet: „So schürft die Studienstiftung in den Hirnen der Einserabiturienten und verheißungsvoller Jungstudenten nach dem Gold intellektueller Originalität und wissenschaftlichen Erfindungsreichtums."[146]

Artikel wie dieser machten deutlich, daß insbesondere die Studienstiftung eine neue, offensivere Form von Öffentlichkeitsarbeit brauchte, die den Bedingungen der Medien- und Informationsgesellschaft gerecht wurde. Zurückhaltung in der Selbstdarstellung des zur politischen Polarisierung bestens geeigneten Themas ‚Hochbegabung' mochte in den 1970er Jahren noch angebracht gewesen sein, in den 1990er Jahren wurde sie bestraft. Das erkannte auch Rahn, aber *corporate identity* vom Logo bis zur Homepage durchzusetzen und zu vermitteln, letztlich: die Studienstiftung neben ihren klassischen Tätigkeitsbereichen von Auswahl, Förderung und Forschung auch zum interaktiven Akteur in der Mediendemokratie zu machen, war nicht seine Sache.[147] Doch gab es dazu langfristig eine Alternative? War in der klassischen Industriegesellschaft Organisierbarkeit das Kriterium der Interessendurchsetzung, so ist es in der Kommunikationsgesellschaft mediale Wahrnehmbarkeit. In den Jahresberichten fing die Studienstiftung an, kontroverse Themen aufzugreifen,[148] so 1991 die keineswegs nur für das Spitzen-Management in Industrie und Wirtschaft interessante Frage ‚Was ist eigentlich Führungskraft?' Zwölf Beiträge von ehemali-

---

144 Vgl. z.B. Höhenflug mit lahmen Schwingen. SPIEGEL-Report über Mängel und Chancen der westdeutschen Forschung. Hamburg 1982.
145 Sabine Rückert, ‚Wenn einer die Welt vor dem Abgrund bewahrt, dann sind das diese Menschen', in: Die ZEIT Nr. 30 vom 17. Juli 1992, S. 9–12, 10.
146 Ebd; vgl. auch die Leserzuschrift von Rahn, in: Die ZEIT Nr. 33 vom 7.8.1992.
147 Hartmut Rahn, Tätigkeitsbericht 1994, in: Studienstiftung Jahresbericht 1994. Hg. v. StSt. Bonn 1995, S. 85–100, 98: „Das Bewußtsein, gemeinsam mit anderen den Prinzipien von Können, Initiative, Verantwortung und persönlicher Bescheidenheit in einer permissiven Egoismus-Gesellschaft verpflichtet zu sein, hat nichts mit Vereinsmeierei und vor allem nichts mit Elitegerede zu tun. Wer einen unverwechselbar eigenen Weg gehen und der Gesamtheit dienen will, braucht weder Mißgunst, Neid noch Kritik, wohl aber Gesprächspartner und Weggefährten, mit denen gemeinsam Gutes gedacht und Richtiges getan werden kann."
148 Vgl. auch das Alpbach-Referat von Alfred Pühler, Herbizidresistente und transgene Pflanzen – wie werden sie erzeugt und wer entscheidet über ihren Einsatz?, in: Studienstiftung Jahresbericht 1991. Hg. v. StSt. Bonn 1991, S. 189–209.

Die 1990er Jahre

gen Stipendiaten machten mit ganz unterschiedlichen Schwerpunkten deutlich, daß Führungskraft keine charismatische Heilslehre mit antidemokratischer Stoßrichtung ist, sondern eine Summe konkret benennbarer und gesellschaftlich höchst wünschenswerter Führungsqualitäten, deren Problematik und Ambivalenz Robert Leicht zusammenfaßte:

„Eine sehr dialektische, eine sehr delikate Angelegenheit also, das Thema Führungskräfte. Ein junger Mensch, der daherkäme und sagte: ‚Ich beschloß, Führungskraft zu werden' – den würde man ohne viel Federlesens für einen Lackaffen halten. Wofür aber einen, der uns erklärte, er wolle sein Leben selbstlos in den Dienst der Menschheit stellen? Ich wünsche mir von jemandem, den ich als – nun eben: – Persönlichkeit anerkennen soll, zunächst ein hohes Maß an Diskretion – im doppelten Sinne: Nicht so viel reden über die Motive, nicht so viel hermachen von den Motiven. Sehr schwierig, denn um in eine Position zu kommen, muß man doch auf sich aufmerksam machen, oder?"[149]

1992 druckte der Jahresbericht elf Erfahrungsbeiträge zum Thema ‚Schon mit dreißig Professor?'[150] und Klaus Zernacks Alpbach-Vortrag über die historische Dimension des Wandels in Ost- und Ostmitteleuropa.[151] Auf die Zunahme gewalttätiger Fremdenfeindlichkeit in der Bundesrepublik reagierte der Jahresbericht 1993 mit zehn Beiträgen von Studienstiftlern, die sich ständig oder vorübergehend im Ausland aufhalten.[152]

Das war keine Übung in *political correctness*, sondern das Anliegen einer Institution, deren Ziel seit 1925/1948/1990 die Eingliederung deutscher Nachwuchswissenschaftlerinnen und -wissenschaftler in die internationale *scientific community* war und ist. Seit 1993 fanden binationale Akademien in Osteuropa, 1994 in Krakau, 1995 in Prag, mit Studenten aus Deutschland und dem jeweiligen Gastland, sowie internationale Akademien in Kooperation mit dem DAAD in Neubeuern/Oberbayern und der Schule Schloß Salem statt, deren Plätze zur Hälfte an ausländische Studenten vergeben wurden.[153] 1995 wurde eine Kooperation mit dem Italienisch-Deutschen Kulturzentrum Villa Vigoni am Comer See aufgenommen.[154]

---

149 Robert Leicht, Was ist Führungskraft?, in: Studienstiftung Jahresbericht 1991, S. 16–19, 17; weitere Beiträge von Harald J. Schröder, Jürgen Strube, Helmut Altner, Manfred Gentz, Hein Kötz, Rudolf Koppenhöfer, Klaus Hemmerle, Klaus Pinkau, Ulrich Wilckens, Alfons Titzrath, Klaus Gallwitz.
150 Mit Beiträgen von Andreas Schäfer, Frank Puppe, Helwig Schmidt-Glintzer, Gerd Faltings, Reinhard Zimmermann, Ursula Hamenstädt, Rainald Löhner, Heindirk tom Dieck, Maria Kliegel, Walter Jakoby, Wolfgang Wahlster; vgl. auch die Zusammenstellung ‚Nachwuchs für die Wissenschaft', in: Studienstiftung Jahresbericht 1994. Hg. v. StSt. Bonn 1995, S. 14–79.
151 Klaus Zernack, 1989 – Ein Jahrhundert wird auf die Füße gestellt, in: Studienstiftung Jahresbericht 1992. Hg. v. StSt. Bonn 1993, S. 185–202.
152 Hartmut Rahn, In der Fremde zuhaus, in: Studienstiftung Jahresbericht 1993. Hg. v. StSt. Bonn 1994, S. 9–72, 9.
153 Vgl. Kennzeichen der Sommeruniversität 1995, in: Studienstiftung Jahresbericht 1995, Hg. v. StSt. Bonn 1996, S. 61.
154 Martina Bretz, Deutsch-Italienisches Kolloquium in der Villa Vigoni, in: Studienstiftung Jahresbericht 1995, S. 76 f.

Mit dem Jahr 1994 ging die Ära Rahn in der Studienstiftung zu Ende.[155] Nach fast 25 Jahren als Leiter der Studienstiftung, davon von 1970 bis 1995 als Generalsekretär, und über 35 Jahren beruflicher Tätigkeit für die Studienstiftung schied Rahn, durch seine lange wissenschaftliche und praktische Arbeit sicherlich einer der wenigen international anerkannten deutschen Fachleute im Bereich der ‚Hochbegabten'-Förderung, aus seinem Amt.[156] Sein Nachfolger wurde der Jurist Dr. Gerhard Teufel, vormaliger Leiter der Baden-Württembergischen Führungsakademie,[157] ehemaliger Stipendiat und ENA-Absolvent.

Kontinuität im Wandel hatte in der Studienstiftung nur deshalb bestehen können, weil ihre Leiter und Gremien sich dem Wandel nie verschlossen haben: das galt für Paeckelmanns Entwicklung der persönlichen Auswahlmethode, für Haertens mühsamen Neuaufbau nach 1948 und für Rahns Initiative der Verwissenschaftlichung in den 1970er Jahren, ohne die sich die Studienstiftung sehr wahrscheinlich nicht hätte behaupten können; es gilt Ende der 1990er Jahre für die Herausforderung, den Professionalisierungsstandard der ‚Hochbegabten'-Förderung auszubauen und zugleich das Anliegen der ‚Hochbegabung' in einer von Globalisierungszwängen[158] sowie von gravierenden Problemen der inneren Einheit, von Reformstau und Überregulierung gleichermaßen gekennzeichneten Zeit offensiver zu vertreten als bisher. Dafür hat Gerhard Teufel neue Ideen entwickelt: unter anderem zur weiteren, seit Anfang der 1990er Jahre noch unter Rahn eingeführten Förderung an Fachhochschulen,[159] zur Einführung eines neuen Magazins der Studienstiftung mit dem Namen ‚Transparent' als Forum kritischer Diskussion,[160] zur Teamarbeit in der Bonner Geschäftsstelle zwecks Qualitätsverbesserung der Förderung als Dienstleistung, zur lebendigen Beratung vor Ort durch die Vertrauensdozenten, einschließlich eines Überprüfungsrechts der Geschäftsstelle nach vier Jahren, ob dies noch der Fall ist, zur Evaluierung des klassischen Sommerakademieprogramms, schließlich zur Öffentlichkeitsarbeit:

---

155 Vgl. auch Hartmut Rahn, Grunddaten der Begabtenförderung. Studienstiftung des deutschen Volkes 1983–1994, o.O., o.J. Daten zu: Alter bei Studienbeginn, Studienfächern, Geschlechtszugehörigkeit, Studienabbruch, Fachwechsel, Hochschulwechsel, Auslandsstudium, Alter beim ersten berufsbefähigenden Examen, Notenergebnisse des ersten Examens, Zeitabstand zwischen erstem Examen und der Promotion, Promotionsintensität, Alter bei der Promotion, Promotionsergebnisse, Berufsfelder der ehemaligen Stipendiaten.
156 Gerhard Teufel, Tätigkeitsbericht, in: Studienstiftung Jahresbericht 1995, S. 23–59, 25.
157 Vgl. Führungsakademie des Landes Baden-Württemberg, Karlsruhe. Trudpert Müller zum 70. Geburtstag. Hg. v. Gerhard Teufel. Baden-Baden 1991.
158 Zur kritischen Auseinandersetzung mit dem Begriff und seiner Bedeutung für das Gesellschaftsverständnis vgl. Franz-Xaver Kaufmann, Globalisierung und Gesellschaft, in: APZ B 18/98 vom 24. April 1998, S. 3–10.
159 Dazu Helmut Altner, Förderung von Fachhochschulstudent/innen durch die Studienstiftung, in: Studienstiftung Jahresbericht 1996, S. 113–121.
160 Vgl. ‚Offen sein für andere Arten von Begabung'. Der neue Generalsekretär der Studienstiftung stellt sich Fragen von Stipendiaten, in: Transparent. Magazin der Studienstiftung 1 (1995), S. 3–5.

Die 1990er Jahre 355

„Die Förderung besonders guter Studenten ist eine Zukunftsaufgabe. Wir werben für unsere Ziele in der Gesellschaft und arbeiten eng mit der Politik/Bürokratie zusammen. Wir berichten der Öffentlichkeit, was wir tun."[161]

Dieser so notwendige wie im Trend liegende Ansatz von Evaluation und Transparenz ist, soweit das im Verhältnis von Studienstiftung und Studienstiftlern möglich und sinnvoll erscheint, diskurs-orientiert.[162]

Die Stipendiatinnen und Stipendiaten haben das – anders als manche Vertrauensdozenten – sofort als Chance verstanden. Das erwies zuletzt die auf Anregung von Stipendiaten organisierte ‚Zukunftswerkstatt' der Studienstiftung in Konstanz vom 11.–13. Juli 1997.[163] Unter Beteiligung von Studienstiftungspräsident Prof. Dr. Helmut Altner[164] und dem neuen Generalsekretär Dr. Teufel wurde kontrovers über Ziele, Erscheinungsbild und Arbeitsweise der Studienstiftung diskutiert. Und auch wenn der Stil dieser Veranstaltung charakteristisch für die diskursive Kultur der 1990er Jahre und die Generation der ‚89er' war, so blieben die Diskutanten – und, nicht zu vergessen: ihre späteren Kritiker – aus den verschiedensten Fächern und aus allen Teilen Deutschlands mit den Themenstellungen: der Frage des Verhältnisses von Studienstiftung und Gesellschaft, Studienstiftler und Hochschule, Studienstiftung und Stipendiaten, der Kontinuität der Studienstiftungskultur besonders in ihrer zum Teil weitgehenden Kritik so treu, daß die Ähnlichkeit mit den Gemeinschaftstreffen der 1920er Jahre in Berlin, Neusorge und Saarow, erstaunen konnte.[165]

Die Studienstiftung stellte sich gleichsam in ihre eigene Kontinuität. In dieser Kontinuität ist die Geschichte der Studienstiftung ein Teil der westdeutschen Erfolgsgeschichte, der in die entstehende ‚Berliner Republik' eingebracht werden kann.[166] Die Geschichte der Studienstiftung als Geschichte der deutschen ‚Hochbegabten'-Förderung bietet bestenfalls Modelle oder Vorbilder, jedenfalls aber die Selbstvergewisserung, daß sich mit jedem ‚hochbegabten' Individuum die Frage der ‚Hochbegabung' stets neu stellt und beantwortet werden will.

---

161 Gerhard Teufel, Tätigkeitsbericht, in: Studienstiftung Jahresbericht 1995., S. 25 f., 26; kritisch Susanne Gaschke, Stifties, wollt Ihr ewig reden? Die Studienstiftung des deutschen Volkes entdeckt sich selbst, in: Die ZEIT Nr. 9 vom 19.2.1998, S. 69. Dazu Prof. Dr. Helmut Altner, Prof. Dr. Peter Graf Kielmansegg, Wanderung auf schmalen Wegen, in: Transparent 6 (1998), H. 5, S. 3.
162 Vgl. die kritischen Abwägungen bei Hermann Lübbe, Wahrheit und Mehrheit. Über die Realitätsfähigkeit organisierter Interessen in einer komplexen und dynamischen Zivilsation, in: Wahrheit und Mehrheit. Hg. v.d. Alfred-Herrhausen-Gesellschaft für internationalen Dialog. Frankfurt am Main 1994, S. 7–16; ein erziehungswissenschaftlicher Überblick bei Ingrid Gogolin, Dieter Lenzen (Hg.), Medien-Generation. Beiträge zum 16. Kongreß der Deutschen Gesellschaft für Erziehungswissenschaft. Opladen 1999.
163 Zukunftswerkstatt, in: Transparent 4 (1997), S. 23.
164 Dr. rer. nat., Prof. für Zoologie; 1968 PD Univ. München, dann Prof. in Regensburg; Rektor der Universität Regensburg.
165 Vgl. Dokumentation zur Zukunftswerkstatt der Studienstiftung 11.–13. Juli 1997, Schloß Seeheim, Konstanz. Hg. v. StSt. Bonn 1997; vgl. auch die kritischen Berichte über die ‚Zukunftswerkstatt' in Transparent 5 (1997).
166 Gerade der Vergleich mit den Auswahlverfahren amerikanischer Elite-Universitäten zeigt den hohen Professionalisierungsgrad der Auswahl in der Studienstiftung; vgl. Evelin Manteuffel, Studium an Amerikas Elite-Hochschulen: Bündnis zu beiderseitigem Nutzen, in: FAZ vom 23.10.1999, S. 67.

Ausblick.
Die ‚Berliner Republik' und die Zukunft der ‚Hochbegabten'-Förderung

„In den vergangenen Jahren, während denen die Studienstiftung tätig ist, hat sich mehr und mehr gezeigt, daß bei ihren Mitgliedern leicht ein bedrückendes Gefühl von der Abhängigkeit von der Stiftung entsteht oder aber, daß sich eine Einbildung einstellt, weil die jungen Leute zu stark fühlen, daß sie durch die Aufnahme in die Studienstiftung zu einer gewissen Elite gehören. Es wird erforderlich sein, diese beiden Gefühle zu ersetzen durch ein solches der absoluten Verantwortung dem Volke gegenüber, das es ihnen ermöglicht, ihr Lebensziel zu erreichen."

Wolfgang Paeckelmann, 1927.[1]

„Was mich fesselt, ist die menschliche Kraft, die disziplinierte Intuition, die Ausdauer, die das Leben des Wissenschaftlers mitbestimmen – und die Gefahren und Enttäuschungen, die sie erleben. Es gab Forscher-Genies. Das Wort ‚Genie' hat im Deutschen einen besonderen Klang und ist sogar mit dem Dämonischen belastet. Das Genie – ob Künstler oder Wissenschaftler – ist einer besonderen Verwundbarkeit, einer steten Gefährdung, einer gelegentlichen Verunsicherung ausgesetzt. (...) Künstler und Forscher haben eine gewisse Verwandtschaft."

Fritz Stern, 1990.[2]

Am 5. November 1997 hielt Bundespräsident Roman Herzog im Schauspielhaus am Gendarmenmarkt in Berlin eine große Rede zur Bildung.[3] Dem Bundespräsidenten lag daran, in Erinnerung zu rufen, daß für ein rohstoffarmes Land wie die Bundesrepublik Wissen eine Ressource ersten Ranges ist und daß wir ein Bildungssystem brauchen, das wertgeleitet und praxisbezogen, international und vielgestaltig ist, Wettbewerb zuläßt und „mit der Ressource Zeit vernünftig umgeht", um seine Funktion für die Demokratie zu erfüllen und wieder international so attraktiv zu werden, wie es in der Vergangenheit einmal war. Dafür, so Herzog, sei es notwendig, „Tabus zu knacken." Herzog faßte seine Vorstellungen in sieben Punkten zusammen, die sich in hohem Maß mit Zielsetzungen der Studienstiftung decken:

---

1   ZZBW-A: Aktenbestand Haerten, III 1-3/1927: Wolfgang Paeckelmann, Die Studienstiftung des Deutschen Volkes. Ein Aufruf an die deutschen Hochschullehrer, 1927, S. 6.
2   Fritz Stern, Paul Ehrlich. Der Forscher in seiner Zeit (1990), in: ders., Verspielte Größe. Essays zur deutschen Geschichte des 20. Jahrhunderts. München ²1999 (zuerst ebd. 1996), S. 151–175, 152 f.
3   Zur Rezeption der vielbeachteten Rede vgl. u.a. Helmut Altner, Aufbruch in letzter Minute, in: Michael Rutz (Hg.), Aufbruch in der Bildungspolitik. München 1997, S. 25–41.

„1. Menschen sind Individuen. Sie haben unterschiedliche Begabungen. Wer das leugnet, vergißt einerseits die herausragenden Talente, die unser Bildungssystem oft genug behindert, und andererseits die weniger Begabten, denen unser Bildungswesen jeglichen Abschluß verweigert.

2. Bildung beginnt nicht erst mit dem Abitur! Praktische und theoretische Begabung sind gleichwertig! Das muß sich auch in den Bildungsangeboten, der gesellschaftlichen Achtung niederschlagen.

3. Es gibt keine Bildung ohne Anstrengung. Wer die Noten aus den Schulen verbannt, schafft Kuschelecken, aber keine Bildungseinrichtungen, die auf das nächste Jahrtausend vorbereiten.

4. Es ist ein Irrglaube, ein Bildungssystem komme ohne Vermittlung von Werten aus! Viele Lehrer leisten diese Wertevermittlung durch ihr Beispiel und durch Diskurse in ihren jeweiligen Fächern. Aber es ist auch auf wertevermittelnde Fächer zu achten. Deshalb gehört z.B. der Religionsunterricht in die Schule und darf nicht in die Pfarrsäle verdrängt werden.

5. Falsch ist auch die Vorstellung, die Schule sei Reparaturbetrieb für alle Defizite der Gesellschaft. Hier sind schon auch die Eltern gefordert! Die Schule kann die Eltern bei der Erziehung nur unterstützen, ersetzen kann sie sie nicht.

6. Es ist falsch zu glauben, daß alle Bildungsinhalte durch bürokratische Vorgaben festgelegt und möglichst einheitlich geregelt sein müßten.

7. Es ist ebenso falsch anzunehmen, das beste Bildungsangebot könne nur vom Staat kommen. Gerade in einem guten öffentlichen Bildungssystem brauchen private Initiativen Ermutigung."[4]

Die Studienstiftung des deutschen Volkes sieht im Jahr 2000 ihrem 75. Erstgründungsjubiläum entgegen, und es ist abzusehen, daß auch dieses Jubiläum ganz im Zeichen gegenwärtiger Herausforderungen stehen wird.[5] Das ist legitim. Nietzsche hielt in seiner antihistoristischen, zweiten ‚unzeitgemäßen Betrachtung' „Vom Nutzen und Nachteil der Historie für das Leben" fest: „es gibt einen Grad von Schlaflosigkeit, von Wiederkäuen, von historischem Sinne, bei dem das Lebendige zu Schaden kommt und zuletzt zugrunde geht,[6] und, als Aufforderung formuliert: „Zu allem Handeln gehört Vergessen."[7] Das Augenmaß für den richtigen Weg zwischen Geschichtsvergessenheit und Traditionalismus müssen die Träger der Studienstiftung selbst finden, wobei in den letzten Jahrzehnten die Gefahr einer zu starken Ausrichtung an der Geschichte der eigenen Tradition wohl zu keinem Zeitpunkt bestanden hat. In dieser Beziehung war die Studienstiftung eine charakteristisch ‚bundesdeutsche' Institution.[8] Angesichts der unter anderem von

---

4 Bundespräsident Prof. Dr. Roman Herzog, Rede am 5. November 1997, in: Das Parlament Nr. 47 vom 14.11.1997, S. 13 f., 13; dazu: M. Rutz, Aufbruch in der Bildungspolitik, darin vor allem die Stellungnahme von Prof. Dr. Helmut Altner; vgl. auch Roman Herzog, Unis brauchen mehr als Geld, in: Die ZEIT Nr. 6 vom 29.1.1998, S. 12.

5 Dazu gehört auch, zu der neuen Konjunktur der Elitendebatte Stellung zu nehmen: vgl. z.B. Reginald Földy, Ohne Elite geht es nicht. München 1990; Erika Landau, Mut zur Begabung. München/Basel 1990; die Thüringische Gesellschaft für Philsophie in Jena lud am 24./25. April 1998 zu einem Symposium unter dem Titel „Der Ruf nach Eliten" ein.

6 Friedrich Nietzsche, Vom Nutzen und Nachteil der Historie für das Leben (1873). Stuttgart 1969, S. 10.

7 Ebd., S. 9.

8 Siehe dazu Alexander Blankenagel, Tradition und Verfassung. Neue Verfassung und alte Geschichte in der Rechtsprechung des Bundesverfassungsgerichts. Baden-Baden 1987 (zugl. Habil.-Schrift Bayreuth 1984), S. 418: „Die fraglose Geltung des ‚Gestern' als Tradition, als Geschichte, als Mythos und Symbol erscheint in der Bundesrepublik als einer modernen Gesellschaft fragwürdig; dies wird durch das Mißtrauen des Grundgesetzes gegenüber Geschichte und Tradition noch verstärkt."

Ausblick 359

Bundespräsident Herzog aufgezeigten Gegenwartsprobleme in Bildung, Wissenschaft und ‚Hochbegabten'-Förderung[9] besteht mehr denn je ein Bedürfnis nach der Klärung des Stellenwerts des ‚Hochbegabungs'-Themas im öffentlichen Diskurs und im politischen Handeln.[10] Besonders der immer noch betont leistungselitenfeindliche deutsche Regelschul- und Hochschulbetrieb seit der Bildungsreform ist – mit wenigen, um so herausragenderen Ausnahmen – zwangsläufig an der Abfertigung massenhafter Durchschnittlichkeit orientiert und erzwingt von ‚Hochbegabten' die Anpassung an das Durchschnittsniveau – wobei dies vor allem in der Schule oft genug auch noch mit gesellschaftsreformerischen Argumenten selektiver Benachteiligung der ohnehin Bevorzugten gerechtfertigt wird: „Wenn die Eltern protestieren, werden sie als Personen hingestellt, die jedes Maß verloren haben und nicht erkennen, wie glücklich sie sich schätzen können, daß ihr Kind mit hohen und nicht mit niedrigen Begabungen ausgestattet ist."[11]

Von Chancengleichheit für ‚Hochbegabte' an Schulen und Hochschulen der Bundesrepublik sind wir weit entfernt. Eine bildungspolitische Mentalität des politisch korrekten, konsensfreundlichen, egalisierenden Mittelmäßigkeitskonformismus hat die deutsche Bildungslandschaft eingeebnet und verhindert nach wie vor eine breite Debatte über Bildung und Elite. Die nach internationaler Lehr- und Forschungstätigkeit in Deutschland lehrende Amerikanerin Jean Karen Gregory sieht darin ein erhebliches Defizit des Wissenschaftsstandorts Deutschland: „Die bewußte Verhinderung des Aufkommens einer Elite und staatlicher Einfluß haben dazu geführt, daß Hochschulen in Deutschland ungefähr gleich gut sind, was aber nicht heißt, sie sind gleich *gut*."[12]

Rüdiger vom Bruch hat in einem Beitrag über die Aktualität des Humboldtschen Wissenschaftsbilds für die augenblickliche Reformdebatte Max Webers Kritik am deutschen Universitätsmodell aus dessen berühmtem Vortrag ‚Wissenschaft als Beruf' zusammengefaßt: „eine gewinnmaximierende Kapitalgesinnung ohne unternehmerische Marktkonkurrenz, eine Bürokratie ohne zweckorientierte Rationalität, eine Wissenschaft ohne (Lehr)Freiheit, eine plutokratische Steuerung der Auslese ohne Unternehmergesinnung, ein staatlicher Protektionismus ohne zweckrationale, also an innerwissenschaftlichen Kriterien orientierte Qualitätssicherung."[13] Dieser – durch politische Steuerung verursachte, also von verantwortlichen Politikern in Bund und Ländern so

---

9 Vgl. z.B. Sabine Etzold, Einsame Genies. Der hochbegabte Nachwuchs wird oft mißverstanden und zu wenig gefördert, in: Die ZEIT Nr. 7 vom 5.2.1998, S. 31 f.; vgl. auch Ulrich Oevermann, Ein unverwüstliches Bildungsideal für das Universitätsstudium?!, in: Studienstiftung Jahresbericht 1997, S. 21–31.

10 Vgl. z.B. Urs Willmann, Kleine Bestien unter sich. In Zürich gibt es eine Schule nur für Hochbegabte, in: Die ZEIT Nr. 13 vom 25.3.1999, S. 81, wenngleich die Wahl des Titels einiges über die Problematik des Themas und seiner Behandlung aussagt.

11 Ellen Winner, Hochbegabt, S. 12; vgl. auch Hans G. Jellen, John R. Verduin, Differentielle Erziehung besonders Begabter. Eine Taxonomie mit 32 Schlüsselkonzepten. Köln/Wien 1989 (Studien und Dokumentationen zur vergleichenden Bildungsforschung, Bd. 43).

12 J.K. Gregory, Von der Wüstenrennmaus, S. 79; vgl. dazu auch das Themenheft Hochschulreform APZ B 15/98 vom 3.4.1998, u.a. Jürgen Mittelstraß, Forschung und Lehre – das Ideal Humboldts heute, in: ebd., S. 3–11.

13 Rüdiger vom Bruch, Ist Humboldt nach Amerika gesegelt? Transatlantische Beobachtungen eines Universitätshistorikers, in: Humboldt. Die Zeitung der Alma mater Berolinensis 42 (1997/98), Ausg. 2, November 1997, S. 6 f., 6. Dazu auch das Themenheft USA von Forschung & Lehre 4 (1998).

gewollte oder zumindest billigend in Kauf genommene – Zustand wurde bislang durch eine in der Öffentlichkeit nicht wahrgenommene Mehrbelastung der Universitäten aufgefangen. In der Bildungs- und Wissenschaftspolitik zeichnet sich seit Mitte der 1990er Jahre zwar ein von Sach- und Sparzwängen diktierter, auf einem weithin parteiübergreifenden Konsens beruhender Wandel ab, doch enthält dieser Wandel höchst problematische Elemente fortgesetzter politischer Übersteuerung mit anderen, nur vermeintlich liberalisierenden Mitteln. Zu diesen Mitteln gehört eine im Zeichen der Effizienzkontrolle erfolgende extreme Beschränkung der Freiheit von Forschung und Lehre, die ihrer Abschaffung gleichkommt.[14] Den strukturell unterfinanzierten Universitäten und ihrem strukturell überlasteten Personal wird von Bundes- und Landespolitikern in populistischer Weise die Schuld an der politisch verursachten Misere und – bei Strafe weiteren Finanzentzugs – die volle Verantwortung für die Bewältigung der Spätfolgen der Bildungsreform zugewiesen.[15] Selbst die aktuelle Debatte um die ‚Green Card' für die in der Bundesrepublik dringend benötigten ausländischen IT-Spitzenkräfte hat keineswegs zu einer Debatte um die gezielte Förderung einer deutschen Wissenschaftselite geführt.[16]

Die Studienstiftung ist von jeder Wende in der Wissenschafts- und Bildungspolitik unmittelbar betroffen und herausgefordert, und sie wird auch weiterhin auf den Wandel in der sie tragenden Gesellschaft und das in ihr mehrheitsfähige Konzept von Bildungs- und Wissenschaftspolitik reagieren. Aber möglicherweise ist dies gar nicht die entscheidende Form des Wandels. Die Studienstiftung wird sich auch deshalb weiterhin verändern, weil sie die Spannung zwischen den im Sinne Neil Postmans kritisch geprüften und für aufbewahrenswert befundenen aufklärerisch-individualistischen und den auf das Gemeinwohl gerichteten gemeinschaftspädagogischen Traditionen[17] nicht nur aushält, sondern fruchtbar zu machen versucht. Darin mag man eine gewandelte, sich aber nicht von selbst verstehende Rechtfertigung dafür sehen, daß die Studienstiftung nach wie vor das deutsche Volk im Namen führt.

---

14   Prägnant dazu Günter Ropohl, Präsenzkotau und Kündigungsangst. Politikkader bedrohen die Innovationselite, in: Forschung & Lehre 10 (1999), S. 522–524.
15   Kritisch dazu Konrad Adam, Ab in die Provinz. Wie man deutsche Universitäten konkurrenzunfähig macht, in: FAZ Nr. 131 vom 7.6.2000, S. 51.
16   Wenngleich sich die Position der neuen Bundesregierung hinsichtlich der Begabtenförderung eindeutig zum Positiven entwickelt: Die Mittelzuwendung wurde deutlich erhöht, das Intranet-Vorhaben der Studienstiftung wird unterstützt; vgl. Studienstiftung Jahresbericht 1999. Hg. v. StSt 2000, S. 37 f.; vgl. auch Edelgard Bulmahn, in: Wissenschaftsnotizen Nr. 16/2000, S. 3.
17   Neil Postman, Die zweite Aufklärung. Vom 18. ins 21. Jahrhundert. Berlin 1999 (zuerst New York 1999).

Ausgewählte Daten und Ereignisse

1917	Eduard Spranger, Studium und Begabung. Leipzig 1917. Grundlagenschrift zu Fragen der Begabung und ‚Hochbegabung'.
19.2.1921	Gründung der studentischen Selbsthilfeorganisation ‚Wirtschaftshilfe der Deutschen Studentenschaft' e.V. in Tübingen, Sitz Dresden, u.a. durch Prof. Dr. Carl Duisberg. Ziel ist die Koordination sozialstudentischer Belange von der Mensa bis zum Studentenhausbau.
1922	Gründung der ‚Darlehnskasse der Deutschen Studentenschaft' e.V. in Dresden. Ziel ist die Vergabe von Darlehen für Endsemester, die sich mit Werkarbeit einen Teil ihres Unterhalts verdienen müssen.
7.8.1924	Denkschrift ‚Förderung wertvoller, mitteloser Studenten' der Tagung der Wirtschaftshilfe in Darmstadt. Erste Erwähnung des Namens ‚Studienstiftung des Deutschen Volkes'.
29.1.1925	Der Vorstand der Wirtschaftshilfe unter Geschäftsführer Dr. Reinhold Schairer, Dr. Robert Tillmanns und Heinrich Merkel beschließt die Gründung der Studienstiftung des Deutschen Volkes als Abteilung der Wirtschaftshilfe. Sitz ist Dresden. Federführend ist OStD Wolfgang Paeckelmann. Die Finanzierung gewährleisten Reich, Länder und Gemeinden.
SS 1925	Erstes Auswahlverfahren der Studienstiftung ausschließlich mit Vorschlägen der Schulen aus dem Abiturjahrgang 1925.
WS 1925/26	Die ersten Vertrauensdozenten der Studienstiftung an den Hochschulen nehmen ihre Tätigkeit auf. Das Auswahlverfahren wird auf die Hochschulen ausgeweitet.
SS 1926	Für das Auswahlverfahren werden zweimal jährlich Sitzungen des Zentralen Arbeitsausschusses, des Hauptgremiums der Studienstiftung, eingeführt, dem Vertreter der Schulen, Hochschulen, von Reich, Ländern, Gemeinden sowie Interessenten aus Wissenschaft und Industrie angehören.
Ab SS 1927	Die Studienstiftung veranstaltet Regionaltreffen für ihre Stipendiaten sowie Tagungen zu aktuellen hochschulpolitischen Themen, u.a. in Berlin, Saarow und auf Schloß Neusorge bei Elsa Brandström.
	Carl Duisberg vermittelt Stipendiaten als Praktikanten u.a. in die von ihm mitgegründeten I.G. Farbenwerke.

	Bei der Förderung wird zwischen Vorsemester und Mitglied getrennt, was der Einführung einer endgültigen Aufnahme entspricht. Ab 1929 spricht man von ‚Abteilung A' und ‚Abteilung B', wobei beim Übergang von einer Abteilung zur anderen eine komplette Neubewerbung erfolgen muß.
1928–1932	Dr. Wilhelm Hoffmann von der Tübinger Studentenhilfe leitet die Studienstiftung.
Ab 1928	Die Wirtschaftshilfe und somit die Studienstiftung gerät in die politische Auseinandersetzung zwischen nationalistisch-antisemitischer, schon früh nationalsozialistisch dominierter Deutscher Studentenschaft (DSt) und der Wirtschaftshilfe.
Oktober 1929	Tagung der Wirtschaftshilfe in Würzburg: Umbenennung in Deutsches Studentenwerk (DSW) und Distanzierung von der DSt.
1929/30	Die Weltwirtschaftskrise wirkt sich auf das DSW aus: trotz der Stipendien, die als Förderungsbeihilfen ohnehin nicht zur Deckung der Lebenshaltungskosten gedacht sind, geraten nahezu alle Stipendiaten unter das Existenzminimum. Einzelbeihilfen für Schuhe, Kleidung und Heimfahrten werden die Regel. Immer mehr Vertrauensdozenten berichten von Unterernährung der Stipendiaten.
SS 1930	Schwerer Konflikt im Zentralen Auswahlausschuß um die Maßstäbe der Auswahl zwischen Vertrauensdozent Prof. Freiherr Dr. Hans von Soden und Wolfgang Paeckelmann: von Soden befürwortet härtete Elitenbildung, Paeckelmann eine Förderung, die den Bildungs- und Erziehungsgedanken stärker betont.
30./31.5.1930	Erste Tagung von Vertrauensdozenten der Studienstiftung im Harnack-Haus in Berlin-Dahlem, Teilnehmer u.a. Hans von Soden, Prof. Dr. Eduard Spranger, Prof. Dr. Theodor Litt.
WS 1930/31	Das DSW richtet eine eigene Aufstiegsförderung zur Erschließung von Begabung in bildungsfernen Schichten zur Entlastung der Studienstiftung ein, die zwischen 1925 und 1933 15% Arbeiterkinder (5% der Studentenschaft im Reich) fördert (insgesamt 1925–1933 etwas mehr als 1.000 geförderte Stipendiaten).
7./8.3.1931	Feier zum 10jährigen Bestehen des DSW im Berliner Reichstag. Festrede von Reichskanzler Heinrich Brüning, der eindringlich vor antidemokratischen Überzeugungen bei der Mehrheit der Studenten warnt.
Juli 1931	Einrichtung des Kleinen Studienstiftungsausschusses für Aufnahmeentscheidungen.
1932–1934	Dr. Hermann Brügelmann leitet die Studienstiftung.
10.2.1933	Letzte satzungsgemäße Vorstandssitzung des DSW in Berlin unter Prof. Dr. Fritz Tillmann.
20.3.1933	Hauptausschußsitzung der nationalsozialistischen DSt in Berlin bestimmt die Gleichschaltung des DSW als politisches Ziel.

Daten und Ereignisse 363

9.4.1933	Der nationalsozialistische Innenminister Wilhelm Frick fordert das für die Studienstiftung zuständige DSW auf, daß Studenten, „die sich kommunistisch betätigen und damit außerhalb der Volksgemeinschaft stehen", von der Förderung auszuschließen seien.
22.4.1933	Das nationalsozialistische ‚Reichsgesetz über die Bildung von Studentenschaften an den wissenschaftlichen Hochschulen' erkennt die DSt als „alleinige Gesamtvertretung" der deutschen Studenten an und schließt jüdische Studenten von der Mitgliedschaft aus.
2.5.1933	Das DSW ordnet in Rundschreiben an die DSW-Stellen der Universitäten die Einrichtung von ‚Suspensionskommissionen' zum Ausschluß von Marxisten und Juden aus der Studienstiftung an. Bis zur Gründung des Reichsstudentenwerks im November 1934 werden 22,05% der Stipendiaten ausgeschlossen.
24.5.1933	Die DSt-Nationalsozialisten lassen Listen der Stipendiaten der Studienstiftung erstellen.
14.6.1933	Frick ordnet die Einrichtung eines „kommissarischen Vorstands" des DSW an. Das DSW verliert seine Selbständigkeit. Dr. Hanns Streit, vormaliger Leiter des Berliner Studentenwerks und NSDAP-Mitglied, übernimmt die Leitung.
17.6.1933	Der „kommissarische Vorstand" des DSW führt den ‚Arierparagraphen' verbindlich für die Auswahl von Stipendiaten ein: nur noch DSt-Mitglieder können aufgenommen werden, wobei wiederum ‚Nicht-Arier' von der DSt-Mitgliedschaft ausgeschlossen sind. Nichtmitglieder der DSt werden von der Förderung ausgeschlossen.
Ab SS 1933	Stipendiaten werden zwecks politischer Kontrolle aufgefordert, die „Kameradschaftshäuser" des Nationalsozialistischen Deutschen Studentenbundes (NSDStB) zu beziehen. Es herrscht Arbeitsdienstpflicht (10 Wochen), SA-Dienst und ‚Wehrsport' werden aufnahmerelevant.
2.11.1934	Gründung des Reichstudentenwerkes (RSW) als Anstalt öffentlichen Rechts durch Verordnung des nationalsozialistischen Reichserziehungsministers Bernhard Rust, Sitz Berlin. Die Rechtsgrundlage bleibt umstritten. Leiter ist Hanns Streit, der sich aber nur schwer gegen andere NS-Funktionäre, vor allem gegen den von Rudolf Heß protegierten ‚Reichsstudentenführer' Gustav Adolf Scheel durchsetzen kann, der 1938 den Vorsitz im RSW übernimmt.
	Abwicklung des DSW und der Studienstiftung, an deren Stelle die ‚Reichsförderung' als Abteilung des RSW tritt. Sie ist von Anfang an eine strikte Weltanschauungsförderung der ‚braunen Elite'.
Frühjahr 1935	Einführung von „Erbgesundheitsbögen" für die Aufnahme und von „Auswahllagern" unter Federführung der SA. Ca. 70% aller Stipendiaten sind NS- oder studentische Funktionsträger.

Oktober 1935	Streit ordnet für die Auswahl in Absprache mit der SS das Führen und die Vorlage von „Ahnentafeln" an. SS-Biologen kategorisieren die Kandidaten in den „Auswahllagern" nach ihrem „rassebiologischen" Wert.
1945/46	Adolf Grimme plant eine demokratisch-politische Begabtenförderung im Rahmen seines sozialdemokratischen Erziehungskonzepts, welches Lehren aus dem weitgehenden demokratischen Versagen der Akademiker in der Weimarer Republik zieht. Das Konzept scheitert noch vor der Neugründung angesichts der sachlichen Prioritäten des Wiederaufbaus der Organisation und der Abneigung der meisten ehemaligen Mitarbeiter gegenüber jeder Nähe zur Partei- und Gesellschaftspolitik.
August 1947	Treffen ehemaliger Mitarbeiter der Studienstiftung in Stuttgart, u.a. Wolfgang Paeckelmann, Wilhelm Hoffmann, Hermann Brügelmann, Theodor Litt, Fritz Tillmann, Robert Tillmanns, Peter van Aubel.
6.3.1948	Neugründung der Studienstiftung des deutschen Volkes e.V. in Köln, u.a. durch Christine Teusch und Adolf Grimme. Sie ist weltanschaulich neutral und betreibt ausschließlich Auswahl und Förderung. Von Beginn an wird auf das Aufnahmekriterium der Bedürftigkeit verzichtet: aufnahmerelevant sind ausschließlich Begabung und Persönlichkeit.
19.4.1948	Konstituierende Sitzung der Studienstiftung in Stuttgart, u.a. mit Prof. Dr. Walter Hallstein, Prof. Dr. Ludwig Raiser, Prof. Dr. Hans-Joachim Schoeps, Prof. Dr. Theodor Litt, Walter Kolb, Adolf Grimme, Dr. Alois Hundhammer, Christine Teusch, Dr. Peter van Aubel: „Aufruf der Studienstiftung des deutschen Volkes". Stiftungspräsident wird Adolf Grimme, Leiter des Auswahlausschusses Alois Hundhammer, Geschäftsführer Dr. Heinz Haerten (bis 1970). Sitz ist Bad Godesberg.
WS 1948/49	Mit Wiederaufnahme des Lehrbetriebes an den Universitäten erste Aufnahme ausschließlich von Hochschulvorschlägen aus den Westzonen.
1957/58	Einführung des ‚Honnefer Modells' der allgemeinen leistungsunabhängigen Studienförderung (BaföG-Vorläufer).
1958	Für die Studienstiftung erinnert Ludwig Raiser an ihr 10jähriges Neugründungsjubiläum.
1960er Jahre	Studienstiftungsmitarbeiter Dr. Dieter Sauberzweig und Dr. Hartmut Rahn äußern sich zum Problem der Studien- und Hochschulreform. Studienstiftungsintern wird heftig über die Auswahlmaßstäbe gestritten. Erste Ergebnisse der amerikanischen ‚Hochbegabungs'-Forschung finden bei einzelnen Vertrauensdozenten Berücksichtigung.
1966	Die Studienstiftung macht sich vor dem Hintergrund der verstärkten Bemühungen um die Klärung der Rolle der Universitäten und Akademiker im Nationalsozialismus auf die Suche nach ihren alten Aktenbeständen und wird in Würzburg fündig. Konkrete Ausarbeitungen bleiben aus. Eine Geste des Bedauerns gegenüber den aus politischen und rassistischen Gründen aus der Studienstiftung 1933/34 Ausgeschlossenen unterbleibt.
	Seit 1966 stellt der Bund über 50% der Mittel der Studienstiftung.

Daten und Ereignisse 365

1970	Dr. Hartmut Rahn übernimmt die Leitung der Studienstiftung (bis 1995) und startet die größte Initiative zum Umbau der Studienstiftung seit ihrer Gründung 1925, u.a. durch die Einrichtung des Instituts für Test- und Begabungsforschung. Das Profil der Studienstiftung wird durch die Sommerakademien und regelmäßige Treffen der Vertrauensdozenten geprägt.
1970er Jahre	Die Studienstiftung versucht, begleitet von Untersuchungen des ITB, das Auswahlverfahren in Schule und Hochschule zu rationalisieren, u.a. durch serielle Tests in den Abiturjahrgängen einiger Bundesländer, die Einführung von automatischen Vorschlägen von Vordiplomsbesten und die Koppelung des Vorschlags an Bundeswettbewerbe wie ‚Jugend forscht'.
1975	Feier zum 50jährigen Bestehen der Studienstiftung in der Würzburger Residenz, Ansprachen u.a. von Prof. Dr. Werner Maihofer, Prof. Dr. Hans Maier, Prof. Dr. Reimut Jochimsen, Theodor Pfizer.
1978	Hartmut Rahns Veröffentlichung „Interessenstruktur und Begabungsverhalten. Die Bedeutung außerschulischer Interessen, Erfahrungen und Aktivitäten für die Voraussage des Bildungsverhaltens von Schülern der gymnasialen Oberstufe". Braunschweig 1978.
1980er Jahre	Differenzierung des Förderungsangebots: Sprachkurse, Auslandsaufenthalte, Kooperation mit Industrie- und Dienstleistungsunternehmen sowie Großforschungseinrichtungen und ausländischen Universitäten, Ausbau der Künstlerförderung.
Seit WS 1989/90	Aufbau der Förderung in den neuen Ländern.
1995	Dr. Gerhard Teufel übernimmt als Generalsekretär die Leitung der Studienstiftung.
seit 1999/2000	Die Studienstiftung versucht, die Namen der zwischen Frühjahr 1933 und Herbst 1934 ausgeschlossenen Stipendiaten zu ermitteln.
6./7. Oktober 2000	Feier des 75jährigen Gründungsjubliäums in Dresden.

Abkürzungsverzeichnis

a.o.	Außerordentlicher Professor (Extraordinarius)
BAB	Bundesarchiv, Berlin
BAK	Bundesarchiv, Koblenz
BMBW	Bundesministerium für Bildung und Wissenschaft
BMI	Bundesministerium des Innern
DaKa	Darlehnskasse des Deutschen Studentenwerks (1924–1933)
DFG	Deutsche Forschungsgemeinschaft
DSt	Deutsche Studentenschaft (1918–1933)
DSW	Deutsches Studentenwerk (ab 1929)
EOK	Evangelischer Oberkirchenrat, Berlin
FAD	Freiwilliger Arbeitsdienst (vor 1933)
GW	Gesammelte Werke
HH-A	Privatarchiv Dr. Heinz Haerten, Ubbergen/Niederlande
ITB	Institut für Test- und Begabungsforschung der Studienstiftung
KMK	Kultusministerkonferenz der deutschen Länder
LKR	Landeskirchenrat
MPG	Max-Planck-Gesellschaft
NAPOLA	Nationalpolitische Erziehungsanstalten (1933–1945)
NSBO	Nationalsozialistische Betriebszellenorganisation (1928–1945)
NSDDB	Nationalsozialistischer Deutscher Dozentenbund, Gliederung der NSDAP (1933–1945)
NSDStB	Nationalsozialistischer Deutscher Studentenbund (1926–1945)
NSKK	Nationalsozialistisches Kraftfahrerkorps, Gliederung der NSDAP (1933–1945)
o.	Ordentlicher Professor (Ordinarius)
PO	Parteiorganisation der NSDAP im Gegensatz zur SA (1925–1945)
RAD	Reichsarbeitsdienst
ReiFö	Reichsförderung des Reichsstudentenwerks (ab 1934)
(R)M	Reichsmark
RMdI	Reichsministerium des Innern
RMWEV	Reichsministerium für Wissenschaft, Erziehung und Volksbildung
RN-B	Privatarchiv Rechtsanwältin Ruth Nettesheim, geb. Bickelhaupt, Berlin
RS	Rundschreiben
RSF	Reichsstudentenführung (dieser Bestand im Staatsarchiv Würzburg)
RSW	Reichsstudentenwerk (ab 1934)
SDS	Sozialistischer Deutscher Studentenbund
StA WÜ	Bayerisches Staatsarchiv Würzburg
StSt (auch StuSti)	Studienstiftung des deutschen Volkes, 1925–1933 Dresden; seit 1948 Bonn
StSt-A	Archiv der Studienstiftung des deutschen Volkes, Bonn-Bad Godesberg

WiHi	Wirtschaftshilfe der Deutschen Studentenschaft (1921–1929)
WiKö	Wirtschaftskörper der Wirtschaftshilfe der Deutschen Studentenschaft
StW	Studentenwerk
UAT	Universitätsarchiv Tübingen
VDS	Verband Deutscher Studentenschaften (1945–1975)
ZA(A)	Zentraler Auswahlausschuß der Studienstiftung (1925–1933)
ZZBW	Zentrum für Zeitgeschichte von Bildung und Wissenschaft, Universität Hannover

Quellen- und Literaturverzeichnis

I Quellen

1. Archivalien

Bundesarchiv Berlin (BAB):
- R 4901/R 21, R 38,
- R 4901/4873, ‚Kartei aller Hochschullehrer': Wolf-Hartmut Friedrich., Walther Hinz, Alwin Hinzpeter, Walters Schlums, Friedrich Wilhelm Wentzlaff-Eggebert;
- R 8088.

Bundesarchiv, Abteilung Koblenz (BAK):
- R 149/18, 238.

Privatarchiv Dr. Heinz Haerten, Ubbergen/Niederlande (HH-A):
- Heinz Haerten, Die Studienstiftung des deutschen Volkes 1925 bis 1970. Bonn 1973.
- Wirtschaftshilfe der DSt, Denkschrift über die Förderung wertvoller, mittelloser Studierender, 7. August 1924, in: H. Haerten, Studienstiftung, S. 53–57.

Nachlaß Dr. phil. habil. Hans Jüngst (Dr. Ilse Rabien), Hochheim am Main:
Familienbriefe:
- Aimée Jüngst, geb. Cauer, an Magdalene Cauer, Darmstadt, 23.12.1930.
- Hans Jüngst an Katharina Ribbeck, Darmstadt, 28.9.1931.
- Hans Jüngst an Wilhelm Cauer, Darmstadt, 4.4.1931.

Feldpostbriefe:
- Hans Jüngst an Aimée Jüngst, Cegielnia/Polen, 5.8.1940.
- Hans Jüngst an Aimée Jüngst, o.O., 8.7.1941.

Nachlaß Dr. phil. Hermann Brügelmann (Klaus Brügelmann, Düsseldorf; Prof. Dr. Hans Brügelmann, Universität Siegen):
- Hermann Brügelmann. Bonn 1974 (Privatdruck DATUM e.V.)
- Korrespondenzakte ‚Privat Auslese'.

Privatarchiv Rechtsanwältin Ruth Nettesheim, geb. Bickelhaupt, Berlin (RN B):
- Korrespondenz mit der StSt 1956–66, einschließlich Semesterberichten.

Archiv des Wilhelms-Gymnasiums, Kassel:
- Aus den Aufzeichnungen Wolfgang Paeckelmanns, in: Reinhard Froeb (Hg.), Das Wilhelms-Gymnasium. Schulchronik. Ungedruckt, o.O. (Kassel), o.J., S. 15–18.

Archiv der Studienstiftung des deutschen Volkes, Bonn (StSt-A Bonn):
- Aktensammlung ‚Erinnerte Geschichte'. Bonn 1988/89. Zusammengestellt im Auftrag von Generalsekretär Dr. Hartmut Rahn. Bonn 1988–90. Teilabdruck in: Studienstiftung Jahresbericht 1989. Hg. v. StSt. Bonn 1990.
- Ahnentafel-Anleitung für Antragsteller auf Reichsförderung, Berlin 8/1935.
- von Ammon, Friedrich, an StSt, München, 4.8.1951.
- Aufruf der Studienstiftung des deutschen Volkes, Stuttgart, 19. April 1948. Bad Godesberg 1948.
- Ballerstedt, Kurt, Die Auswahl der Stipendiaten der Studienstiftung des deutschen Volkes, in: ders., Rudolf Lennert, Wolfgang Kunkel, Probleme der Auswahlarbeit. Hg. v. StSt. Bad Godesberg o.J. (1964), S. 19–32.
- Bewerberinnen- und Bewerberfragebogen. Bad Godesberg, Ausg. 1997.
- Blumenthal, Dr. Ernst, an StSt, Jerusalem, 1.10.1970.
- Bornkamm, Günther, Die Semesterberichte, in: ders., Hans Martin Klinkenberg, Die Semesterberichte. Bad Godesberg o.J. (1958), S. 3–14.
- Der Ministerpräsident des Landes Baden-Württemberg, Hans Filbinger, an StSt/Dr. Heinz Haerten, Stuttgart, 20.4.1967.
- Dr. Hans Gebelein, Lebenslauf. O.O., o.J.
- Dr. Volkmar von Zühlsdorff an StSt/Dr. Marianne Kreutzer, Bad Godesberg, 12.2.1966.
- DSW/StSt an die Mitglieder und Vorsemester, RS, Dresden, 4.1.1933.
- DSW/StSt an die Mitglieder und Vorsemester, RS, Dresden, 10.7.1933.
- DSW/StSt an die Vorsemester und Mitglieder der Jahrgänge 1932 und 1933, RS, Dresden, 13.9.1933.
- DSW/StSt/RSW/ReiFö Korrespondenz mit Georg-Heinz Meyer, Dresden 1933–1935.
- Klinkenberg, Hans Martin, Die Semesterberichte, in: Günther Bornkamm, ders., Die Semesterberichte. Bad Godesberg o.J. (1958), S. 14–24.
- Krombach, Dr. Ernst, an StSt, Koblenz, 16.4.1955.
- Kunkel, Wolfgang, Die Zusammenarbeit mit dem Vorprüfer, in: Kurt Ballerstedt, ders., Rudolf Lennert, Probleme der Auswahlarbeit. Hg. v. StSt. Bad Godesberg o.J. (1964), S. 15–18.
- Lennert, Rudolf, Zum Problem der Hochbegabung, in: Kurt Ballerstedt, Wolfgang Kunkel, ders., Probleme der Auswahlarbeit. Hg. v. StSt. Bad Godesberg o.J. (1964), S. 7–14.
- Liste der ehemaligen Mitarbeiter der Studienstiftung des deutschen Volkes. Bad Godesberg, 2.8.1948.
- Merkblatt der Studienstiftung des deutschen Volkes, Bad Godesberg 1954.
- Merkblatt der Studienstiftung ‚Geschäftsverkehr', Dresden, 10.7.1931.
- Merkblatt der Studienstiftung ‚Studiendauer', Dresden, 5/1931.
- Neugründung der Studienstiftung des deutschen Volkes, Bericht. Bad Godesberg o.J. (1948).
- Paeckelmann, Wolfgang, Die Studienstiftung des deutschen Volkes, (MS), Barmen, o.J. (1925).
- Prof. Dr. Dieter Sauberzweig an StSt/Dr. Hartmut Rahn, Berlin, 12.5.1989.
- Ders. an StSt/Dr. Hartmut Rahn, Berlin, 23.5.1989.
- Satzung der Studienstiftung des deutschen Volkes e.V., Bad Godesberg 1948.
- Schefold, Karl, Einleitung, in: ders., Günther Bornkamm, Hans Martin Klinkenberg, Die Semesterberichte. Bad Godesberg o.J. (1958), S. 1–3.
- Schnell, Dr. Hermann, an StSt, Krefeld-Uerdingen, 4.11.1954.
- Studentenwerk Marburg an Georg-Heinz Meyer., Marburg, 27.9.1935.
- Studienstiftung an die Altstudienstiftler aus den Jahren 1925–1933, Bad Godesberg, 15.2.1954.
- StSt/Dr. Heinz Haerten an Dr. Ernst Krombach, Bad Godesberg, 1.6.1955.
- StSt/Dr. Marianne Kreutzer, Aktennotiz betr. Unterlagen der früheren Studienstiftung beim Nachlaß des DSW in Würzburg, Bad Godesberg, 14.1.1966.
- StSt/Dr. Harmut Rahn an Prof. Dr. Dieter Sauberzweig, Bonn, 17.5.1989.
- StSt/Dr. Dieter Sauberzweig an Prof. Dr. Hans Jensen, Bad Godesberg, 7.11.1963.
- Swoboda, Dr. Franz, an StSt, München, 23.7.1951.

Quellen- und Literaturverzeichnis 371

- Ulich, Robert, Wohlfahrt, Erich, Zur Bildungssoziologie des akademischen Nachwuchses in Deutschland. Zusammenhänge zwischen Herkunft, Schulvorbildung und Studium, nachgewiesen an den Mitgliedern der Studienstiftung des deutschen Volkes 1925–1933. O. O. (Dresden), o. J. (1933).
- Vogeley, Dr. Heinrich, an StSt, Celle, 28.3.1952.
- Wolff, Dr. Hanna, an StSt, Reutlingen, 19.5.1948.
- Zoodirektor Dr. Bernhard Grzimek an StSt, Frankfurt am Main, 18.7.1951.

Staatsarchiv Würzburg (StA WÜ):
RSF I 00 p 155
- I 60 p 446
- I 60 192/1
- I 60 192/2
- I 60 p 357/1
- I 60 p 357/2
- I 60 p 357/3
- I 60 p 357/4
- I 60 p 359
- I 6 p 369
- I 60 p 440
- I 60 p 443
- I 60 p 444
- I 60 p 446
- I 6 p 453
- I 6 p 455
- I 60 p 457
- I 60 p 459
- I 6 p 498
- I 60 p 499
- I 6 p 508
- I 60 p 575
- I 60 p 577

RSF/NSDStB IV 2* 60/3

Universitätsarchiv Tübingen (UAT):
- 128/1-128
- 289: 1. Tübinger Studentenhilfe/Studentenwerk 1920–1977.

Zentrum für Zeitgeschichte von Bildung und Wissenschaft (ZZBW), Archiv (ZZBW-A), FB Erziehungswissenschaften der Universität Hannover: Prof. Dr. Manfred Heinemann:
Aktenbestand Haerten (Altakten der StSt, abgegeben durch Dr. Heinz Haerten an das ZZBW)
- I 1921–25
- II 1926
- III 1–3/1927
- I 1949–1959
- II 1959–1969

KMK: Sekretariat der Ständigen Konferenz der Kultusminister der Länder in der Bundesrepublik Deutschland
- 001296/1-4: Hochbegabtenförderungswerke
- 001470/1-4: Studienförderung
- 001472/1-4: Studienförderung
- 001474/1-4: Studienförderung, Allgemein
- 001517/1-5: Studienstiftung des deutschen Volkes

2. Gedruckte Quellen

Adam, Gerhard, Auslese und Förderung, in: Der deutsche Student 3 (1935), S. 84–87.

Adorno, Theodor W., Erziehung zur Mündigkeit (Gespräch im HR, 13.8.1969), in: ders., Erziehung zur Mündigkeit. Vorträge und Gespräche mit Hellmut Becker 1959–1969. Hg. v. Gerd Kadelbach. Frankfurt am Main 1986 (zuerst 1970), S. 133–147.

Allgemeiner Studententag Deutscher Hochschulen 1919. Tagungsbericht des Ersten Allgemeinen Studententages Deutscher Hochschulen in Würzburg vom 17.–19. Juli 1919. Göttingen 1920.

Allgemeiner Studententag Deutscher Hochschulen 1919 Würzburg: Anläßlich einer Gedenkstunde an die vor 40 Jahren in Würzburg erfolgte Gründung der DSt am 18. Juli 1959 in Würzburg überreicht der VDS: Tagesordnung und Leitsätze des Ersten Allgemeinen Studententages. Würzburg 1959.

Altner, Helmut, Förderung von Fachhochschulstudent/innen durch die Studienstiftung, in: Studienstiftung Jahresbericht 1996. Hg. v. StSt. Bonn 1997, S. 113–121.

Ästhetik und Kommunikation. Beiträge zur politischen Erziehung 3 (1973), H. 10.

Aufruf der Gesellschaft von Freunden der Danziger Hochschule, in: Studentenwerk 7 (1935), S. 49 f.

Aus der Rede Dr. Carl Sonnenscheins auf dem Ersten Deutschen Studententag in Würzburg, Juli 1919, in: Studentenwerk 3 (1929), S. 109 f.

Ausleselager der Reichsförderung, in: Der deutsche Student 12 (1935), S. 727.

Auswahlverfahren für Oberprimaner, in: Studienstiftung Jahresbericht 1974. Hg. v. StSt. Bonn 1975, S. 58–74.

Ballerstedt, Kurt, Die Studienstiftung des deutschen Volkes. Aufgaben, Auswahlprinzipien, Arbeitsweise, in: Deutsche Universitätszeitung 9 (1954), Nr. 2, S. 8–12.

Barth, Karl, Der deutsche Student, in: Neue Zeitung vom 8.12.1947.

Bäumer, Gertrud, Frauenberufe und Hochschulstudium. Eine Erwiderung, in: Studentenwerk 6 (1932), S. 72–80.

Becker, Carl Heinrich, Ansprache am 15. Juni 1927 in Wannsee, in: Studentenwerk 1 (1927), S. 163–168.

Beer, Rüdiger R., Peter van Aubel. Stuttgart 1964 (Sonderdruck Der Städtetag 6 (1964)).

Beschluß der 7. ordentlichen Mitgliederversammlung des DSW am 6./7. 1956 in Würzburg, in: Festschrift 70 Jahre DSW. Bd. 2. Hg. v. DSW. Bonn 1993, S. 14.

Beschluß der 37. ordentlichen Mitgliederversammlung des DSW am 30.11.1977 in Regensburg, in: Festschrift 70 Jahre DSW. Bd. 2. Hg. v. DSW. Bonn 1993, S. 101 f.

Blätter für deutsche und internationale Politik 4 (1987): Sonderheft ‚Eine andere Republik': 30 Jahre Zeitgeschichte, drei Jahrzehnte demokratische Bewegung im Spiegel der ‚Blätter'.

Böll, Heinrich, an Helmut Schmidt, 14.1.1978, zit. nach Helmut Schmidt, Weggefährten. Erinnerungen und Reflexionen. Berlin 1996, S. 96.

Brandström, Elsa, Einige Eindrücke von der Tagung der Studenten in Neusorge vom 25.–29. Oktober 1927, in: Studentenwerk 2 (1928), S. 42.
Dies., Selbsthilfe, in: Studentenwerk 3 (1929), S. 201–203.

Bretz, Martina, Deutsch-Italienisches Kolloquium in der Villa Vigoni, in: Studienstiftung Jahresbericht 1995. Hg. v. StSt. Bonn 1996, S. 76 f.

Broch, Hermann, Briefe über Deutschland, 1945–1949. Die Korrespondenz mit Volkmar von Zühlsdorff. Hg. v. Paul Michael Lützeler. Frankfurt am Main 1986.

Quellen- und Literaturverzeichnis 373

vom Brocke, Bernhard (Hg.), Hochschulpolitik in Föderalismus und Diktatur. Die Protokolle der Hochschulkonferenzen der deutschen Länder, Österreichs und des Reichs. Bd. II: 1919 bis 1941. Teil 2: Anhänge. Im Druck 1999.

Brüning, Heinrich, Not und Dienst. Ein Wort an die akademische Jugend Deutschlands. Wörtliche Wiedergabe der anläßlich des zehnjährigen Bestehens des DSW am 8. März im Reichstag gehaltenen Rede, in: Studentenwerk 5 (1931), S. 50–56.

Buber, Martin, Die Forderung des Geistes und die geschichtliche Wirklichkeit, in: Frankfurter Hefte 3 (1948), H. 3, S. 209–216.

Bubis, Ignatz, ‚Damit bin ich noch längst nicht fertig'. Frankfurt am Main/New York 1996.

Bundeskanzler Willy Brandt, Regierungserklärung vor dem Bundestag am 29.10.1969, in: ders., Reden und Interviews. Hamburg 1971, S. 11–35.

Burschenschaftliche Blätter vom 6.3.1933, in: Die Zerstörung der deutschen Politik. Dokumente 1871–1933. Hg. v. Harry Pross. Frankfurt am Main 1959, S. 101.

Cracauer, Siegfried, Das Ornament der Masse, in: Ders., Der verbotene Blick. Betrachtungen, Analysen, Kritiken. Hg. v. Johanna Rosenberg. Leipzig 1992 (zuerst FZ 9./10.6.1928), S. 172–184.

Dädalus-Medaille für Dr. med. Johannes Zilkens, in: Studienstiftung Jahresbericht 1995. Hg. v. StSt. Bonn 1996, S. 6.

Das Deutsche Studentenwerk. Wirtschaftshilfe der DSt 1928–1931. Berlin/Leipzig 1931.

Das DSW teilt mit, in: Der deutsche Student 1 (1933), Heft 8/33, S. 62 f.

Das DSW teilt mit: Erklärung des Vorsitzers der DSt, in: Studentenwerk 6 (1932), S. 291.

Das DSW teilt mit: Studienstiftung des Deutschen Volkes, in: Studentenwerk 5 (1931), S. 186 f., 235.

Das DSW teilt mit: Studienstiftung des Deutschen Volkes, in: Studentenwerk 6 (1932), S. 100, 244.

Das DSW teilt mit: Studienstiftung des Deutschen Volkes, in: Studentenwerk 7 (1933), S. 95.

Das DSW teilt mit: Vorstandssitzung, in: Studentenwerk 6 (1932), S. 242.

Das Reichsstudentenwerk teilt mit, in: Der deutsche Student 2 (1935), S. 148.

Der Deutsche Hochschulring. Reden und Aufsätze aus der Entstehung der Hochschulringbewegung. Hamburg 1920.

Der deutsche Student 8 (1934).

Der deutsche Student 9 (1934).

Der deutsche Student 11 (1934).

Der deutsche Student 12 (1934).

Der deutsche Student 1 (1935).

Der deutsche Student 5 (1935).

Der deutsche Student 8 (1935).

Der SPIEGEL Nr. 41 vom 9.10.1963: Konrad Adenauers vierzehn Jahre.

Deutsche Zeitschrift für Wohlfahrtspflege 1 (4/1925-3/1926).

Deutschland-Berichte der Sozialdemokratischen Partei Deutschlands (Sopade) 1934–1940. Erster Jg. 1934. ND Frankfurt am Main 1980.

Die Dr. C. Duisberg-Stiftung zur Förderung des Auslandsstudiums, in: Studentenwerk 3 (1929), S. 38–40.

Die Meldungen für die Studienförderung des Reichsstudentenwerkes, in: Deutsche Wissenschaft, Erziehung und Volksbildung. Amtsblatt des Ministeriums für Wissenschaft, Erziehung und Volksbildung und der Unterrichtsverwaltungen der Länder 2 (1936), S. 157 f.

Die Frauenfrage in Deutschland. Strömungen und Gegenströmungen 1790–1930. Hg. v. Agnes von Zahn-Harnack, Hans Sveistrup. Tübingen 1961.

Die Studienstiftung des Deutschen Volkes im neuen Staate, in: Deutsches Philologen-Blatt 4 (1933), S. 358 f.

Die Wirklichkeit übertrifft die Vision: Gespräch mit Karl Holzamer über die Frühzeit der Johannes Gutenberg-Universität. Hg. v. Helmut Mathy. Mainz 1996.

Die Wirtschaftshilfe der DSt 1925/26. Leipzig 1926.

Die Wirtschaftshilfe der DSt 1926/28. Leipzig 1928.

Dingräve, Leopold, Wo steht die junge Generation? Jena 1931.

Dirks, Walter, Der restaurative Charakter der Epoche, in: Frankfurter Hefte 5 (1950), S. 942–954.

Döblin, Alfred, Reise zur Mainzer Universität, in: Das Goldene Tor 9 (1946), S. 100–102.

Dokumentation zur Zukunftswerkstatt der Studienstiftung 11.–13. Juli 1997, Schloß Seeheim, Konstanz. Hg. v. StSt. Bonn 1997.

Dreißig Jahre Evangelisches Studienwerk, 1948–1978. Hg. v. demselben. Schwerte 1978.

DSt-Akademische Correspondenz 18 (1932).

Duisberg, Carl, Die Aufgaben des Studentenhauses. Rede anläßlich der Eröffnung des Karlsruher Studentenhauses, in: Studentenwerk 4 (1930), S. 278–280.

- Zum Werkstudententum, in: Studentenwerk 3 (1929), S. 160.

Duisberg, Carl, Schairer, Reinhold, Drei Jahre Wirtschaftshilfe der DSt. Die wesentlichen Aufgaben der studentischen Wirtschaftsarbeit. Berlin 1924.

Ein Kernstück sozialistischer Tradition: Reden zum 30. Jahrestag der Gründung der Arbeiter- und Bauernfakultät an der Karl-Marx-Universität. Begrüßungsansprache von Lothar Rathmann, Festvortrag von Heinz Heitzer, Rede von Günter Koppelmann. Leipzig 1980.

Ein ‚Wochenende' der Berliner Mitglieder der Studienstiftung, in: Studentenwerk 1 (1927), S. 29–34.

Ergebnisse der Promotionsförderung 1974–1979, in: Studienstiftung Jahresbericht 1982. Hg. v. StSt. Bonn 1983, S. 126–129.

Erlanger Programm, in: Festschrift 70 Jahre Deutsches Studentenwerk. Bd. 2. Hg. v. DSW. Bonn 1993, S. 1–3.

Feldpost: Zeugnis und Vermächtnis. Briefe und Texte aus dem Kreis der Evangelischen Studentengemeinde Marburg/Lahn und ihrer Lehrer 1939–1945. Hg. v. Erika Dinkler-von Schubert. Göttingen 1993.

von Ferber, Christian, Gebhardt, Fritz, Pöhler, Will, Begabtenförderung oder Elitenbildung? Ergebnisse einer soziologischen Untersuchung der Forschungsstelle des Sozialwissenschaftlichen Seminars der TU Hannover über Förderungsprogramme der Hochbegabtenförderung. Göttingen 1970.

Ferienakademien der Studienstiftung 1973, in: Studienstiftung Jahresbericht 1973. Hg. v. StSt. Bonn 1974, S. 120–134.

Fränkischer Kurier vom 12. Mai 1933.

Frercks, Rudolf, Deutsche Rassenpolitik. Leipzig 1937.

Quellen- und Literaturverzeichnis 375

Fronterlebnis und Hindenburg, in: Die Zerstörung der deutschen Politik. Dokumente 1871–1933. Hg. v. Harry Proß. Frankfurt am Main 1959, S. 359–361 (zuerst in: Jungnationaler Ring, Der Niedergang der nationalen Opposition. Ein Warnruf aus den Reihen der Jugend. O.O., o.J., S. 35 f.).

Frühe Warnungen vor dem Nationalsozialismus. Ein historisches Lesebuch. Hg. v. Klaus Schönhoven, Hans-Jochen Vogel. Bonn 1998.

Führungsakademie des Landes Baden-Württemberg, Karlsruhe, Trudpert Müller zum 70. Geburtstag. Hg. v. Gerhard Teufel. Baden-Baden 1991.

Gerstenmaier, Eugen, Streit und Friede hat seine Zeit. Ein Lebensbericht. Frankfurt am Main u.a. 1986.

Glatzel, Frank, Jungdeutsches Wollen. Vortrag, gehalten auf der Gründungstagung des Jungdeutschen Bundes auf Burg Lauenstein vom 9.–12.8.1919. Hg. v. Bundesamt des Jungdeutschen Bundes. Hamburg 1920
- Wie die Jugendbewegung geistig wurde, in: Die Zerstörung der deutschen Politik. Dokumente 1871–1933. Hg. v. Harry Proß. Frankfurt am Main 1959, S. 163–165 (zuerst in: Die Neue Front. Hg. v. Arthur Moeller van den Bruck u.a. Berlin 1922, S. 182 f.).

Göhring, Michael (Red.), Das China-Stipendien-Programm der Alfried Krupp von Bohlen-Halbach-Stiftung und die Studienstiftung des deutschen Volkes. Hg. v. StSt. Bonn 1992.

Gothe, Richard, Eindrücke von zwei Arbeitslagern und Gedanken über ihre Weiterentwicklung, in: Studentenwerk 5 (1931), S. 114–119.

Graf, G(erhard)., Arbeitstagung der Studienstiftung in Neusorge, in: Studentenwerk 2 (1928), S. 185–189.

Grimme, Adolf, Ansprache bei der Feier des zehnjährigen Bestehens der Akademie der Arbeit in Frankfurt am Main am 2. Mai 1931, in: ders., Auf freiem Grund mit freiem Volk. Ansprache und Aufsätze. Berlin 1932, S. 41–43.
- Danksagung, in: Wirtschaftliche Mitteilungen der Niederrheinischen Industrie- und Handelskammer Duisburg-Wesel in Duisburg 12 (1954), Nr. 1, vom 1.11.1956, S. 57 f.
- Das Problem des Nachwuchses an den deutschen Hochschulen, in: ders., Selbstbesinnung. Reden und Aufsätze aus dem ersten Jahr des Wiederaufbaus. Braunschweig o.J. (1946), S. 169–198.
- Der Student im Volksstaat. Rede bei der Verfassungsfeier der republikanischen Studenten in Berlin am 23. Juli 1931, in: ders., Auf freiem Grund mit freiem Volk. Ansprache und Aufsätze. Berlin 1932, S. 46–54.
- Hochschule des demokratischen Menschen, in: ders., Rettet den Menschen. Ansprachen und Aufsätze. Braunschweig u.a. 1949, S. 115–130.
- Homo academicus, in: ders., Rettet den Menschen. Ansprachen und Aufsätze. Braunschweig u.a. 1949, S. 130–136.
- Jugend und Demokratie (Hannover, 7. Mai 1946), in: Selbstbestimmung. Reden und Aufsätze aus dem ersten Jahr des Wiederaufbaus. Braunschweig o.J. (1946), S. 93–113.
- Vom Sinn der Erziehung heute, in: ders., Otto Haase, Befreiter Geist. Vorträge der kulturpädagogischen Woche in Hannover vom 25.–27. September 1945. Hannover 1946, S. 7–23.
- Was heißt Student sein heute?, in. ders., Selbstbestimmung. Reden und Aufsätze aus dem ersten Jahr des Wiederaufbaus. Braunschweig o.J. (1946), S. 79–92.

Guilford, Joy P., The nature of human intelligence. New York 1967.

Heidegger, Martin, Die Selbstbehauptung der deutschen Universität. Breslau 1933.

Heinemann, Gustav W., Wir müssen Demokraten sein. Tagebuch der Studienjahre 1919–1922. Hg. v. Brigitte und Helmut Gollwitzer. München 1980.

Hindenburg, Paul von, Grußwort zum zehnjährigen Bestehen des DSW, in: Studentenwerk 5 (1930), S. 49.

Hirche, Kurt, Gedanken über die Studienstiftung, in: Studentenwerk 4 (1930), S. 132–138.

Hochschule und Demokratie. Denkschrift des SDS. Frankfurt am Main 1961.

Hoffmann, Wilhelm, Aus der Arbeit der Studienstiftung des Deutschen Volkes, in: Zehn Jahre Markelstiftung 1920–1930. Hg. v. Vorstand der Markelstiftung. Stuttgart 1931, S. 85–93.
- Aus der Arbeit der Studienstiftung, in: Studentenwerk 4 (1930), S. 199–204.
- Die Studienstiftung des Deutschen Volkes, in: Mitteilungen des Verbandes der deutschen Hochschulen 10 (1930), H. 3/4, S. 30–32.
- Fünf Jahrgänge Studienstifung, in: Studentenwerk 3 (1929), S. 169–176.
- Nach der Katastrophe. O.O. 1946.
- Studienstiftung des Deutschen Volkes, in: Die Erziehung 9 (1933/34), S. 52–62.
- Wichtige Fragen der Studienstiftung des Deutschen Volkes. Sonderdruck des Referates, gehalten auf der Tagung des Deutschen Studentenwerks in Würzburg, Oktober 1929. O.O., o.J. (1929).

Holzamer, Karl, Anders, als ich dachte: Lebenserinnerungen des ersten ZDF-Intendanten Freiburg i.Br./Basel/Wien 1983.

Holzwarth, Franz, Die Notlage der akademischen Jugend in Deutschland. Göttingen 1922.

In libro humanitas. Festschrift für Wilhelm Hoffmann zum 60. Geburtstag am 21. April 1961. Stuttgart 1961.

In memoriam Fritz Tillmann. Reden, gehalten am 20. Juli 1953 bei der Gedächtnisfeier der Rheinischen Friedrich-Wihelms-Universität Bonn. Bonn 1953.

ITB (Hg.), Das Institut für Test- und Begabungsforschung der Studienstiftung des deutschen Volkes. Bonn o.J.

ITB (Hg.), Der neue Test für medizinische Studiengänge. Göttingen 1995.

ITB (Hg.), Test für medizinische Studiengänge. Braunschweig 1982 u.ö.

Jacobsen, Hans-Adolf, Dollinger, Hans (Hg.), Die deutschen Studenten. Der Kampf um die Hochschulreform. München [2]1969.

Jaeggi, Urs, Die gesellschaftliche Elite. Bern 1961.
- Drinnen und draußen, in: Stichworte zur ‚Geistigen Situation der Zeit'. Bd. 2: Politik und Kultur. Hg. v. Jürgen Habermas. Frankfurt am Main 1979, S. 443–473.
- Macht und Herrschaft in der Bundesrepublik. Frankfurt am Main 1969.

Jens, Walter, Volksbefreiung durch Volksbildung? Rede auf dem deutschen Volkshochschultag am 23.11.1976, in: ders., Feldzüge eines Republikaners. Ein Lesebuch. Hg. v. Gert Ueding. München 1988, S. 178–189.

Kant, Hermann, Die Aula. Berlin (Ost) 1965 u.ö.

Kästner, Erich, Werke. Bd. 1: Zeitgenossen, haufenweise. Gedichte. München/Wien 1998.

Kantorowicz, Hermann Ulrich, Gutachten zur Kriegsschuldfrage. Hg. v. Imanuel Geiss. Frankfurt am Main 1967.

Kath, Gerhard, Das soziale Bild der Studentenschaft in Westdeutschland und Berlin. 2 Bde. Bonn 1954/1957.

Keesings Archiv der Gegenwart 15 (1945); 16/17 (1946/47).

Kennzeichen der Sommeruniversität 1995, in: Studienstiftung Jahresbericht 1995. Hg. v. StSt. Bonn 1996, S. 61

Keßler, Gerhard, Der Student in der neuen Gesellschaft, in: Studentenwerk 3 (1929), S. 345–357.

Kessler, Hans, Aenne Brauksiepe zum Gedächtnis, in: Studienstiftung Jahresbericht 1996. Hg. v. StSt. Bonn 1997, S. 8.

Kittel, Helmuth, Um den deutschen Jungen, in: Deutsche Freischar 5 (1929), S. 20 f.

Klemperer, Viktor, Curriculum vitae. Erinnerungen 1881–1918. Berlin 1996.

Klose, Werner, Die jungen Rebellen. Zwischenbilanz eines Protestes, in: Westermanns Monatshefte 7 (1969), S. 13–17.

Kohrs, Klaus Heinrich, Die Berufssituation der 1950–1973 an Musikhochschulen geförderten Stipendiaten, in: Studienstiftung Jahresbericht 1974. Hg. v. StSt. Bonn 1975, S. 153–175.

- Karl-Schmidt-Rottluff-Stipendium, in: Studienstiftung Jahresbericht 1978. Hg. v. StSt. Bonn 1979, S. 141–153.

Krieck, Ernst, Bildungssysteme der Kulturvölker. Leipzig o.J. (1927).

Kriegsbriefe gefallener Studenten. Hg. v. Philipp Witkop. München [4]1928.

Krippendorff, Herbert, Zur Arbeit der studentischen Selbsthilfe in den 20er Jahren, in: Festschrift 70 Jahre Deutsches Studentenwerk. Hg. v. DSW. Bd. 1. Bonn 1993, S. 99–105.

Kromer, Adolf, Zur Frage des Akademiker-Nachwuchses, in: Studentenwerk 6 (1932), S. 2 f.

Kunst, Hermann, Trauerfeier für Bundesminister Dr. Robert Tillmanns am 30. November 1955 in der Evang. Friedenskirche, Bonn. O.O. (Bonn) 1956.

Laagland, Elisabeth, Evaluierung eines Auswahlverfahrens für die Ermittlung der Studienbefähigung: Nacherhebung zur Oberprimanerauswahl der Studienstiftung des deutschen Volkes. München 1978 (zugl. Diss. Bonn 1978).

Landahl, Heinrich, In memoriam Dr. h.c. Christine Teusch. Bonn 1969.

Leicht, Robert, Was ist Führungskraft?, in: Studienstiftung Jahresbericht 1991. Hg. v. StSt. Bonn 1992, S. 16–19.

Lemke, Bruno, Jugendbewegung und junge Generation, in: Freideutsche Jugend 1 (1922), S. 8 f.

Lilge, Frederic, The Abuse of Learning. The Failure of the German University. New York 1948.

Loccumer Protokolle 15 (1981): Elitenförderung und Demokratie.

Lübbe, Hermann, Differenzierungsfolgen der Chancengleichheit, in: Studienstiftung Jahresbericht 1978. Hg. v. StSt. Bonn 1979, S. 134–140.

- Hochschulreform und Gegenaufklärung. Freiburg i.Br. 1972.

- Wahrheit und Mehrheit. Über die Realitätsfähigkeit organisierter Interessen in einer komplexen und dynamischen Zivilisation, in: Wahrheit und Mehrheit. Hg. v. d. Alfred-Herrhausen-Gesellschaft für internationalen Dialog. Frankfurt am Main 1994, S. 7–16.

Lütge, W., Argentinien als Auswanderungsziel?, in: Studentenwerk 5 (1931), S. 78–81.

Mack, Ulrich, Bilder ästhetisieren die Revolution, in: Westermanns Monatshefte 7 (1969), S. 23–27.

Magister-Reden anläßlich der Urkunden-Verleihungen (M.A., Dr. phil.) der Philosophischen Fakultät II an der Bayerischen Julius-Maximilians-Universität Würzburg, Sommersemester 1991 bis Sommersemester 1996. Würzburg 1996.

Mann, Heinrich, Tragische Jugend. Bericht nach Amerika über Europa (1922), in: Heinrich Mann, Politische Essays. Frankfurt am Main 1970 (zuerst Berlin-Ost 1954), S. 58–73.

Mann, Thomas, Ansprache an die Jugend. Gehalten bei der 400-Jahr-Feier des Katharineums zu Lübeck am 7. September 1931, in: Thomas Mann, GW X, Reden und Aufsätze. Bd. 2. Frankfurt am Main 1990 (zuerst ebd. 1960), S. 316–327.

- Ansprache an die Zürcher Studentenschaft, Eidgenössische Technische Hochschule Zürich, 10. Juni 1947, in: ders., GW X, Reden und Aufsätze. Bd. 2. Frankfurt am Main 1990, S. 367–371.

- Deutschland und die Deutschen (1945), in: ders., GW XI, Reden und Aufsätze, Bd. 3. Frankfurt am Main 1990 (zuerst ebd. 1960), S. 1126–1148.
- Goethe als Repräsentant des bürgerlichen Zeitalters (1932), in: ders., GW IX, Reden und Aufsätze, Bd. 1. Frankfurt am Main 1990 (zuerst ebd. 1960), S. 297–332, 316.
- Rede über Lessing (1929), in: ders., GW IX, Reden und Aufsätze Bd. 1. Frankfurt am Main 1990 (zuerst ebd. 1960), S. 229–245, 235.

Mehnert, Klaus, Aus dem Leben der Berliner Mitglieder der Studienstiftung. Ein Abend in Wannsee, in: Studentenwerk 1 (1927), S. 162 f. (Abdruck auch in: Student in Berlin. Akademische Zeitung für die Studierenden der Berliner Hochschulen 1 (1927), vom 23.6.1927, S. 1).

Meier, Fritz, Arbeitskraft auf Kredit, in: Studentenwerk 5 (1931), S. 253–255.

Meinecke, Friedrich, Die deutsche Katastrophe. Wiesbaden 1946.

Merkel, Heinrich G., Darlehnskassen für Studierende in aller Welt. Hg. v. Weltstudentenwerk. Berlin/Leipzig 1932.

- Die berufliche Entwicklung der Darlehnsnehmer, in: Studentenwerk 4 (1930), S. 190–197.
- Die Darlehnskasse der Deutschen Studentenschaft in Zahlen. Fünf Jahre Begabtenförderung an deutschen Hochschulen, in: Studentenwerk 3 (1929), S. 208–226.

Michaelis, Georg, Für Staat und Volk. Ein Lebensbericht. Berlin 1922.

Miller, Alice, Das Drama des begabten Kindes und die Suche nach dem wahren Selbst. Frankfurt am Main 1983.

Mitgau, Johann Hermann, Erlebnisse und Erfahrungen Heidelberger Werkstudenten. Eine Sammlung von Berichten. Heidelberg 1925.

Mohr, W., Lebensraum in Brasilien, in: Studentenwerk 5 (1931), S. 15–20.

von Mutius, Albert, Rede des Präsidenten des DSW anläßlich der Festveranstaltung 70 Jahre DSW am 15. April 1991 in Dresden, in: Festschrift 70 Jahre DSW. Bd. 1 Hg. v. DSW. Bonn 1993, S. 7–15.

Nachwuchs für die Wissenschaft, in: Studienstiftung Jahresbericht 1994. Hg. v. StSt. Bonn 1995, S. 14–79.

Neuhaus, Rolf (Hg.), Dokumente zur Gründung neuer Hochschulen 1960–1966. Wiesbaden 1968.

Nießen, Ludwig, Der Lebensraum für den geistigen Arbeiter, in: Studentenwerk 5 (1931), S. 167–170.

- Der Lebensraum für den geistigen Arbeiter. Ein Beitrag zur akademischen Berufsnot und zur studentischen Weltsolidarität. Münster i.W. 1931.
- Vom Sinn der akademischen Berufsberatung, in: Studentenwerk 3 (1929), S. 20–26.

Nitsch, Wolfgang, Gerhardt, Uta, Offe, Claus, Preuß, Ulrich K., Hochschule in der Demokratie. Kritische Beiträge zur Erbschaft und Reform der deutschen Universität. Berlin 1965.

‚Offen sein für andere Arten von Begabung'. Der neue Generalsekretär der Studienstiftung stellt sich Fragen von Stipendiaten, in: Transparent. Magazin der Studienstiftung 1 (1995), S. 3–5.

Organisationsschema der Studienstiftung des deutschen Volkes, in: Studienstiftung Jahresbericht 1989. Hg. v. StSt. Bonn 1990, S. 338.

Pfizer, Theodor, Die Studienstiftung 1925–1975, in: Studienstiftung Jahresbericht 1975. Hg. v. StSt. Bonn 1976, S. 25–40.

- Im Schatten der Zeit, 1904–1948. Stuttgart 1978.

Phieler, W., Das Studentenleben in Italien, in: Studentenwerk 5 (1931), S. 170–174.

Picht, Georg, Die deutsche Bildungskatastrophe. Analyse und Dokumentation. Olten/Freiburg i.Br. 1964.

Quellen- und Literaturverzeichnis 379

Pilotprogramm ‚Forschen und Lehren', in: Studienstiftung Jahresbericht 1984. Hg. v. StSt. Bonn 1985, S. 166.

Prof. Dr. Hans Maier, Bayerischer Staatsminister für Unterricht und Kultus, Ansprache Fünfzig Jahre Studienstiftung, Würzburg, 5.10.1975, in: Studienstiftung Jahresbericht 1975. Hg. v. StSt. Bonn 1976, S. 9–14.

Prof. Dr. Werner Maihofer, Bundesminister des Innern, Ansprache Fünfzig Jahre Studienstiftung, Würzburg, 5.10.1975, in: Studienstiftung Jahresbericht 1975. Hg. v. StSt. Bonn 1976, S. 15–18.

Promotionsförderung Forschungsvorhaben. Abstract-Band 1996. Hg. v. StSt. Bonn 1996.

Pühler, Alfred, Herbizidresistente und transgene Pflanzen – wie werden sie erzeugt und wer entscheidet über ihren Einsatz?, in: Studienstiftung Jahresbericht 1991. Hg. v. StSt. Bonn 1992, S. 189–209.

Rahn, Hartmut, Begabung und Verhalten. Referat auf der Herbstsitzung der Vertrauensdozenten in Alpbach, 4.10.1973, in: Studienstiftung Jahresbericht 1973. Hg. v. StSt. Bonn 1974, S. 40–55.

- Der Aufnahmejahrgang 1971. Analyse.
- Doktorandenförderung – Aufgabe der Zukunft, in: Studienstiftung Jahresbericht 1982. Hg. v. StSt. Bonn 1983, S. 7–42.
- Elite bilden oder Begabte fördern?, in: Studienstiftung Jahresbericht 1984. Hg. v. StSt. Bonn 1985, S. 21–31.
- Fördern oder nur verwalten? Probleme des Studienbeginns. Referat auf der Vertrauensdozententagung Alpbach am 4.10.1974, in: Studienstiftung Jahresbericht 1974. Hg. v. StSt. Bonn 1975, S. 108–140.
- Grunddaten der Begabtenförderung. Studienstiftung des deutschen Volkes 1983–1994. O.O., o.J.
- In der Fremde zuhaus, in: Studienstiftung Jahresbericht 1993. Hg. v. StSt. Bonn 1994, S. 9–72.
- Interessenstruktur und Bildungsverhalten. Die Bedeutung außerschulischer Interessen, Erfahrungen und Aktivitäten für die Voraussage des Bildungsverhaltens von Schülern der gymnasialen Oberstufe. Braunschweig 1978.
- Jugend forscht: Die Landes- und Bundessieger im Bundeswettbewerb Jugend forscht 1966–1984. Göttingen 1986.
- Können wir uns eine Begabtenförderung noch leisten? Referat auf der Herbstsitzung der Vertrauensdozenten, Alpbach, 6.10.1976, in: Studienstiftung Jahresbericht 1976. Hg. v. StSt. Bonn 1977, S. 6–19.
- Nachwuchs in der Krise. Tätigkeitsbericht der Studienstiftung und Bericht über die Lage des akademischen Nachwuchses 1975, in: Studienstiftung Jahresbericht 1975. Hg. v. StSt. Bonn 1976, S. 108–119.
- Schullernen und Erfahrungslernen als Bildungsfaktoren, in: Studienstiftung Jahresbericht 1979. Hg. v. StSt. Bonn 1980, S. 145–157.
- Studium im Ausland. Tatsachen, Probleme, Vorschläge. Bonn 1966.
- Studium in Europa. Essen 1964.
- Tätigkeitsbericht 1973, in: Studienstiftung Jahresbericht 1973. Hg. v. StSt. Bonn 1974, S. 5–17.
- Tätigkeitsbericht 1988, in: Studienstiftung Jahresbericht 1988. Hg. v. StSt. Bonn 1989, S. 77–90.
- Tätigkeitsbericht 1989, in: Studienstiftung Jahresbericht 1989. Hg. v. StSt. Bonn 1990, S. 97–107.
- Tätigkeitsbericht 1992, in: Studienstiftung Jahresbericht 1992. Hg. v. StSt. Bonn 1993, S. 91–102.
- Tätigkeitsbericht 1994, in: Studienstiftung Jahresbericht 1994. Hg. v. StSt. Bonn 1995, S. 85–100.
- Testentwicklung und Testeinsatz durch die Studienstiftung des deutschen Volkes. Bonn 1976.
- Theodor Pfizer, 1904–1992, in: Studienstiftung Jahresbericht 1992. Hg. v. StSt. Bonn 1993, S. 6–9.
- ‚Wer viel erlebt, dem wird auch viel einfallen'. Erfahrung und Begabung. Referat auf der Herbstsitzung der Vertrauensdozenten, Alpbach, 5.10.1977, in: Studienstiftung Jahresbericht 1977. Hg. v. StSt. Bonn 1978, S. 11–25.

zu Rantzau, Otto, Das Reichsministerium für Wissenschaft, Erziehung und Volksbildung. Berlin 1939.

Rathmann, August, Bericht über die Tagung der Studienstiftung in Neusorge, in: Studentenwerk 2 (1928), S. 38–41.

Reichsförderung, in: Der deutsche Student 11 (1935), S. 680.

Rheindorf, Kurt, ‚Die Aufgabe hält lebendig'. Zum Geschäftsbericht der Wirtschaftshilfe der DSt für die Jahre 1926/1928, in: Studentenwerk 3 (1929), S. 121–126.

Renger, Annemarie, Ein politisches Leben. Stuttgart 1993.

Renzulli, Joseph S., The three-ring conception of giftedness: a developmental modell for the creative productivity, in: Robert J. Sternberg (Ed.), Conceptions of giftedness. New York 1986, S. 53–92.

Restaurieren, reparieren, reformieren: Die Universität lebendig erhalten. 5. Deutscher Studententag, 1.–4. Mai 1958 in Karlsruhe. Hg. v. VDSt. Unter Mitarb. v. Wolfgang Kalischer. Bonn 1958.

Richter, Werner, Staat und Student, in: Studentenwerk 4 (1930), S. 1–5.

Richtlinien für die Förderung von Studenten wissenschaftlicher Hochschulen der Bundesrepublik und Berlin-West (Honnefer Modell), in: Festschrift 70 Jahre DSW. Bd. 2. Hg. v. DSW. Bonn 1993, S. 15–20.

Robert Tillmanns. Eine Lebensleistung. Hg. v. Hermann Brügelmann. Stuttgart 1956.

Röhl, Klaus Rainer, Fünf Finger sind noch keine Faust. Köln 1974.

Rosenberg, Alfred (Hg.), Das Parteiprogramm des Nationalsozialismus. Grundsätze und Ziele der NSDAP. München ^{21}1941.

Rückert, Sabine, ‚Wenn einer die Welt vor dem Abgrund bewahrt, dann sind es diese Menschen', in: Die ZEIT Nr. 30 vom 17.7.1992, S. 9–12.

Rückschau und Ausblick, in: Studentenwerk 7 (1933), S. 51–56.

Satzung der Studienstiftung des deutschen Volkes, Neufassung vom 6.12.1967, (u.a.) in: Studienstiftung Jahresbericht 1973. Hg. v. StSt. Bonn 1974, S. 250–260.

Satzung der Studienstiftung des deutschen Volkes in der Fassung vom 29.11.1996. Hg. v. StSt. Bonn 1996.

Satzung der Wirtschaftshilfe der DSt, Tübingen, 19.2.1921, in: Festschrift 70 Jahre DSW. Bd. 1. Hg. v. DSW. Bonn 1993, S. 83 f.

Sauberzweig, Dieter, Die Demokratie braucht Begabungen. Betrachtungen zur Auswahl und Förderung in den U.S.A., in: Deutsche Universitätszeitung 12 (1963), S. 6–13.

- Qualität oder Quantität? Begabtenförderung: eine Grundfrage zeitgemäßer Bildungspolitik, in: Politische Bildung als Aufgabe. Beiträge deutscher Amerika-Fahrer. Hg. v. Friedrich Minssen. Frankfurt am Main/Stuttgart o.J. (1964), S. 34–48.

- Wie bewährt sich der Akademiker im Beruf?, in: Forum Philippinum: Hochschulreife und Lebensbewältigung, geleitet von Prof. Dr. Fritz Hartmann. Marburg 1963, S. 299–311.

Schairer, Reinhold, Allen Gewalten zum Trotz sich erhalten, in: Studentenwerk 5 (1931), S. 56–65.

- Die akademische Berufsnot. Jena 1932.

- Sinn und Aufgaben der studentischen Wirtschaftsarbeit, in: Schlink, Wilhelm, Schairer, Reinhold, Die Studentische Wirtschaftshilfe, in: Das Akademische Deutschland. hg. v. Michael Doeberl u.a. Bd. 1. Berlin 1930, S. 451–484.

- Werkjahr und Freijahr als Ausweg aus der Lebensraum-Krise des deutschen Akademikers, in: Studentenwerk 5 (1931), S. 244–249.

Scherzberg, Arno, Bemerkungen zur Studienstiftung, in: Studienstiftung Jahresbericht 1980. Hg. v. StSt. Bonn 1981, S. 93–100.

Quellen- und Literaturverzeichnis

Schirach, Baldur von, An die Hochschulgruppe Jena, München, 20.11.1928, in: Die Zerstörung der deutschen Politik. Dokumente 1871–1933. Hg. v. Harry Proß. Frankfurt am Main 1959, S. 367.
- Ich glaubte an Hitler. Hamburg 1967.

von Schlabrendorff, Eugen, Eugen Gerstenmaier im Dritten Reich. Eine Dokumentation. Stuttgart 1965.

Schleswig-Holsteinische Universitätsgesellschaft (Hg.), Georg Dahm: Reden zu seinem Gedächtnis. Kiel 1964.

Schmadel, Walter, Videant commilitones, in: Studentenwerk 3 (1929), S. 249–254.

Schmidt, Helmut, Weggefährten. Erinnerungen und Reflexionen. Berlin 1996.

Schmidt, Hildegard, Studienstiftung des Deutschen Volkes. Rückblick, Einblick, Ausblick, in: Vox studentium 6 (1929), S. 82–87.

Schnabel, Franz, Zehn Jahre nach dem Kriege, in: ders., Abhandlungen und Vorträge 1914–1965. Hg. v. Heinrich Lutz u.a. Freiburg i.Br. 1970, S. 94–105.

Schönborn, Anna, Zur wirtschaftlichen Lage der deutschen Studentinnen. Nach einer statistischen Erhebung für das WS 1927/28, in: Studentenwerk 3 (1929), S. 77–83.

Schulz, Edgar H., Frercks, Rudolf, Warum Arierparagraph? Ein Beitrag zur Judenfrage. Berlin 1935 (Rassenpolitisches Amt der NSDAP).

Schwab, Otto (Hg.), Die deutsche Burschenschaft. Wollen und Wirken in Vergangenheit und Gegenwart. Berlin 1932.

Schwarz, Hans-Peter, Mitarb., Zur Gestalt der neuen Universität. Hg. v. Stifterverband für die Deutsche Wissenschaft. Essen 1963.

Scurla, Herbert, Umfang und Richtung des Ausländerstudiums. Eine statistische Untersuchung, in: Studentenwerk 3 (1929), S. 311–322.

Seminare vor Ort, in: Studienstiftung Jahresbericht 1988. Hg. v. StSt. Bonn 1989, S. 159.

Seipp, Paul, Formung und Auslese im Reichs-Arbeitsdienst. Berlin 1935 (zugl. Diss. Gießen 1934).
- Spaten und Ähre. Das Handbuch der deutschen Jugend im Reichsarbeitsdienst. Heidelberg 1938.

Sieben Arten des Auslandsstudiums, in: Studienstiftung Jahresbericht 1984. Hg. v. StSt. Bonn 1985, S. 121–165.

Siegel, Elisabeth, Dafür und dagegen. Ein Leben für die Sozialpädagogik. Stuttgart 1981.

Sikorski, Hans, Bemerkungen zur Entwicklung des Hochschulstudiums, in: Studentenwerk 4 (1930), S. 280–287.
- Die wirtschaftliche Lage der deutschen Studenten, in: Studentenwerk 3 (1929), S. 70–77.
- Die Zahlen der Studierenden an den deutschen Hochschulen. Entwicklung und Wertung, in: Studentenwerk 3 (1929), S. 26–37.
- Doppelverdienertum in Notzeiten gerechtfertigt?, in: Studentenwerk 5 (1931), S. 199–201.
- Überfüllung der Hochschulen und Begabtenförderung, in: Studentenwerk 4 (1930), S. 185–189.
- Wirken und Werke innerhalb der DSt. Marburg 1925.

Sozialistische Auslese in der Reichsförderung, in: Der deutsche Student 9 (1935), S. 572 f.

Spengler, Oswald, Preußentum und Sozialismus. München 1920.

Spranger, Eduard, Begabung und Studium. Leipzig 1917.
- Probleme der Begabtenförderung. Referat auf der Vertrauensdozententagung der Studienstiftung des Deutschen Volkes, Berlin, Harnack-Haus, 30./31.5.1930, in: Studentenwerk 4 (1930), S. 165–181.

Staatssekretär Prof. Dr. Reimut Jochimsen, Festansprache 50 Jahre Studienstiftung, Würzburg, 5.10.1975, in: Studienstiftung Jahresbericht 1975. Hg. v. StSt. Bonn 1976, S. 19–24.

Steinbuch, Karl, Programm 2000. München 1971.

Steinbüchel, Theodor (Hg.), Aus Theologie und Philosophie: Festschrift für Fritz Tillmann zu seinem 75. Geburtstag. Düsseldorf 1950.

Strathenwerth, Gerhard, Akademische Landleute?, in: Studentenwerk 5 (1931), S. 250–253.

Streit, Hanns, Begabtenförderung durch Zusammenarbeit?, in: Studentenwerk 7 (1933), S. 17–24.

- Das Reichsstudentenwerk, in: Deutsche Wissenschaft, Erziehung und Volksbildung. Amtsblatt des Reichsministeriums für Wissenschaft, Erziehung und Volksbildung und der Unterrichtsverwaltungen der Länder 1 (1935), S. 167–169.

- Die Würzburger Tagung, in: Studentenwerk 3 (1929), S. 297–303.

Studienausschuß für Hochschulreform, Britische Zone, Gutachten zur Hochschulreform. Hamburg 1948.

Studienstiftung des Deutschen Volkes, in: Der deutsche Student 1 (1933), 9/33, S. 56; 10/33, S. 54.

- in: Der deutsche Student 3 (1934), S. 183 f., 243.

- in: Der deutsche Student 5 (1934), S. 309 f.

- in: Der deutsche Student 7 (1934), S. 422 f.

- in: Der deutsche Student 4 (1935), S. 277 f.

- in: Studentenwerk 2 (1928), S. 42 f.

- in: Studentenwerk 3 (1929), S. 41 f.

- Bericht über die September-Sitzung des Zentralen Arbeitsausschusses, in: Studentenwerk 1 (1927), S. 28 f.

- Wissenschaftliches Programm 1990. Hg. v. StSt. Bonn 1990.

- (Hg.), Die Studienstiftung des deutschen Volkes. Bonn 1971.

- Hg.), Die Studienstiftung des deutschen Volkes. Bonn 1992.

Suchodolsky, Bogdan, Einführung in die marxistische Erziehungstheorie. Köln 1972 (zuerst Warschau 1961).

Terman, Lewis M., Genetic Studies of Genius. Vols. 1–5. Stanford/CA 1925–1959.

Teufel, Gerhard, Tätigkeitsbericht, in: Studienstiftung Jahresbericht 1995. Hg. v. StSt. Bonn 1996, S. 23–59.

Thatcher, Margaret, Die Erinnerungen 1925–1979. Düsseldorf 1995 (zuerst London 1995).

Theodor-Pfizer-Stiftung (Hg.), Ehemalige Stipendiaten der Studienstiftung im außereuropäischen Ausland. Bonn 1995.

Thielicke, Helmut, Zu Gast auf einem schönen Stern. Erinnerungen. Hamburg 1984.

Tietgens, Wilhelm, Die Notlage der Studienstiftung – ein Fehler der Hochschule, in: Sozialistischer Wille in Politik, Wissenschaft und Hochschule 1 (1930), H. 2, S. 28–30.

Tillmanns, Robert, Das deutsche Studentenhaus, in: Studentenwerk 3 (1929), S. 49–60.

- (Hg.), Ordnung als Ziel. Peter van Aubel zu seinem 60. Geburtstag am 5. Juni 1954. Stuttgart 1954.

Quellen- und Literaturverzeichnis

Trost, Günter, Arbeiten des ITB, in: Studienstiftung Jahresbericht 1996. Hg. v. StSt. Bonn 1997, S. 143–151.
- Begabungsforschung und Tests in den Vereinigten Staaten, in: Studienstiftung Jahresbericht 1972. Hg. v. StSt. Bonn 1973, S. 46–71.
- Der Entscheidungsprozeß beim Auswahlseminar für Oberprimaner. Einige Ergebnisse der wissenschaftlichen Begleituntersuchungen. (Unveröffentlichtes Manuskript) Bonn 1974.
- Hochbegabte und eine Repräsentativgruppe deutscher Abiturienten in elfjähriger Längsschnittbeobachtung. Vergleich der Studien- und Berufswege. Ein Zwischenbericht, in: Empirische Pädagogik 1 (1987), S. 6–26.
- Möglichkeiten und Nutzen der Aufbereitung von Reifezeugniszensuren für die Verbesserung der Studienerfolgsprognose. Bonn 1975.
- Vorhersage des Studienerfolgs. Bonn 1975.
- Wie brauchbar sind Schulnoten zur Vorhersage des Studienverhaltens?, in: Studienstiftung Jahresbericht 1974. Hg. v. StSt. Bonn 1975, S. 42–55.

(T)zschachmann, Ernst, Studienstiftung in Löwenberg, in: Studentenwerk 1 (1927), S. 168–170.

van den Boom, Emil, Sozialdemokratie und Berufsstände. Mönchen-Gladbach 1921.

van der Will, Wilfried, Burns, Rob (Hg.), Arbeiterkulturbewegung in der Weimarer Republik. Texte, Dokumente, Bilder. Frankfurt am Main/Berlin/Wien 1982.

VDS (Hg.), Gutachten einer Kommission des VDS zur Neugründung von wissenschaftlichen Hochschulen. Bonn 1962.

Ulich, Robert, Zum Problem der Auslese, in: Studentenwerk 6 (1932), S. 26–34.

Verhandlungen des Reichstags:
- II. Wahlperiode 1924. Bd. 382. Berlin 1924.
- II. Wahlperiode 1924. Bd. 383. Berlin 1924.
- III. Wahlperiode 1924. Bd. 395. Berlin 1928
- III. Wahlperiode 1924. Bd. 401. Berlin 1925.
- III. Wahlperiode 1924. Bd. 414. Berlin 1927.
- III. Wahlperiode 1924. Bd. 415. Berlin 1927.
- III. Wahlperiode 1924. Bd. 422. Berlin 1928.
- IV. Wahlperiode 1928. Bd. 425. Berlin 1929.
- IV. Wahlperiode 1928. Bd. 442. Berlin 1930.

Versuch einer Auswahl unter Vorexamenskandidaten, in: Studienstiftung Jahresbericht 1974. Hg. v. StSt. Bonn 1975, S. 75–70.

Vogt, Joseph, Vom Sinn der civitas academica. Rede bei der Reichsgründungsfeier der Universität Tübingen am 18. Januar 1929, in: Studentenwerk 3 (1929), S. 111–120.

Vorstand der DSt (Hg.), Die DSt in ihrem Werden, Wollen und Wirken. Berlin 1927.

Weller, E(rnst), Gegen Studium und Beruf der Frau, in: Studentenwerk 6 (1932), S. 18–23.

Werkhalbjahr 1933. Merkblatt für Abiturienten (28.1.1933), in: Studentenwerk 7 (1933), S. 27–29.

Wilhelm, H. G., Für Hochschule und Jugend. Hochschulstudium und intelligente Armut, in: Abendblatt der Frankfurter Zeitung vom 7.1.1926.

Wissenschaft und Praxis. Die Programme 1997. Hg. v. StSt. Bonn 1996.

Wissenschaftsrat, Empfehlungen zur Neuordnung des Studiums an den wissenschaftlichen Hochschulen, 14.5.1966. Tübingen 1966.

Wörterbuch Kritische Erziehung. Hg. v. Eberhard Rauch, Wolfgang Anzinger. Frankfurt am Main 1975 (zuerst 1972).

Wohin? Ein Ratgeber zur Berufswahl der Abiturienten. Hg. v. der Wirtschaftshilfe der DSt. O.O. (Dresden) 1929.

Wolf, Erik, Auf dem Weg zum Deutschen Studentenwerk. Eindrücke von der Tagung der Wirtschaftshilfe der DSt, in: Studentenwerk 3 (1929), S. 307–311.

von Zahn-Harnack, Agnes, Die arbeitende Frau. Breslau 1924.

- Die Frauenbewegung: Geschichte, Probleme, Ziele. Berlin 1928.

- Die Studienstiftung des Deutschen Volkes, in: Die Frau 37 (1930), H. 6, S. 321–326.

Zernack, Klaus, 1989 – Ein Jahrhundert wird auf die Füße gestellt, in: Studienstiftung Jahresbericht 1992. Hg. v. StSt. Bonn 1993, S. 185–202.

Zilkens, Johannes, Von der Geschichte in die Gegenwart, in: Studienstiftung Jahresbericht 1988. Hg. v. StSt. Bonn 1989, S. 181–184.

Zimmermann, Reinhard, Welche Bildung brauchen Studenten für die Zukunft? Überlegungen eines Juristen, in: Studienstiftung Jahresbericht 1995. Hg. v. StSt. Bonn 1996, S. 11–19.

Zukunftswerkstatt, in: Transparent. Magazin der Studienstiftung 4 (1997), S. 23.

Zur Vereinheitlichung der Förderung, in: Der deutsche Student 6 (1934), S. 145.

Zweiter Deutscher Bundestag, 24. Sitzung, Bonn, Donnerstag, 8.4.1954, Protokoll, S. 920; und 155. Sitzung, Donnerstag, 28.6.1956, Protokoll, S. 8497 (Budget Studienstiftung).

Zwischen zwei Welten. Lebenswege von Stipendiaten ausländischer Herkunft, in: Studienstiftung Jahresbericht 1988. Hg. v. StSt. Bonn 1990, S. 9–71.

3. Interviews/Korrespondenz

Interview mit Dr. Volker Guckel, Craheim/Unterfranken, 15.1.1996.

Interview mit Dipl.-Kfm. Hans Kessler, Stellvertretender Generalsekretär der Studienstiftung, Bonn, 26.4.1996.

Dr. Hartmut Rahn an Verf., Remagen, 23.7.1999.

StSt/Hans Kessler an Verf., Bonn, 26.7.1999.

Telefoninterview mit Prof. Dr. Philip G. Kreijenbroek, Leiter des Seminars für Iranistik der Georg-August-Universität Göttingen; 14.10.1998.

II Literatur

Adam, Konrad, Ab in die Provinz. Wie man deutsche Universitäten konkurrenzunfähig macht, in: FAZ Nr. 131 vom 7.6.2000, S. 51.

- Die Republik dankt ab. Die Deutschen vor der europäischen Versuchung. Berlin 1998.

Adam, Uwe Dietrich, Hochschule und Nationalsozialismus. Die Universität Tübingen im Dritten Reich. Tübingen 1977.

Albers, Detlev, Sozialismus im Westen. Erste Annäherungen: Marxismus und Sozialdemokratie. Berlin/Hamburg 1987.

Albrecht, Willy, Der Sozialistische Deutsche Studentenbund (SDS). Vom parteikonformen Studentenverband zum Repräsentanten der Neuen Linken. Bonn 1994 (Politik- und Gesellschaftsgeschichte, Bd. 35).

Alisch, Lutz-Michael (Hg.), Professionswissen und Professionalisierung. Braunschweig 1990.

Altner, Helmut, Aufbruch in letzter Minute, in: Michael Rutz (Hg.), Aufbruch in der Bildungspolitik. Roman Herzogs Rede und 25 Antworten. München 1997, S. 25–41.

- Graf Kielmannsegg, Peter, Wanderung auf schmalen Wegen, in: Transparent. Magazin der Studienstiftung 6 (1998), H. 5, S. 3.

Amburger, Erik, Deutsche in Staat, Wirtschaft und Gesellschaft Rußlands: Die Familie Amburger in St. Petersburg 1770–1920. Wiesbaden 1986.

America and the shaping of German society. Ed. by Michael Ermath. Providence/NJ. 1993.

Andersen, Arne, Der Traum vom guten Leben. Alltags- und Konsumgeschichte vom Wirtschaftswunder bis heute. Frankfurt am Main/New York 1997.

Anderson, Benedict, Die Erfindung der Nation. Zur Geschichte eines folgenreichen Konzepts. Frankfurt am Main 1988 (zuerst London [3]1986).

Antrick, Otto, Die Akademie der Arbeit in der Universität Frankfurt am Main. Idee, Werden, Gestalt. Darmstadt 1966.

Ash, Mitchell G. (Ed.), Forced migration and scientific change: emigré German-speaking scientists and scholars after 1933. Cambridge/NJ 1996.

- (Ed.), German universities' past and future: Crisis and renewal. Providence/NJ 1997.

- Verordnete Umbrüche – konstruierte Kontinuitäten. Zur Entnazifizierung von Wissenschaft und Wissenschaftlern nach 1945, in: ZfG 43 (1995), S. 903–923.

Assheuer, Thomas, Ich und mein Bärchen. Wie hoch ist die deutsche Hochkultur und wie platt ihre Postmoderne?, in: Die ZEIT Nr. 10 vom 4.3.1999, S. 33 f.

Aus Theologie und Kirche: Beiträge kurhessischer Pfarrer als Festgabe zum 60. Geburtstag von Hans Freiherr von Soden. München 1941.

Bauer, Thomas, „Seid einig für unsere Stadt". Walter Kolb – ein Frankfurter Oberbürgermeister. Hg. v. der Historisch-Archäologischen Gesellschaft Frankfurt am Main e.V. Frankfurt am Main 1996.

Baumann, Ursula, Religion und Emanzipation. Konfessionelle Frauenbewegung in Deutschland 1900–1933, in: Irmtraud Götz von Olenhusen u.a., Frauen, unter dem Patriarchat der Kirchen. Katholikinnen und Protestantinnen im 19. und 20. Jahrhundert. Stuttgart 1995, S. 89–119.

Baudrillard, Jean, Transparenz des Bösen. Ein Essay über extreme Phänomene. Berlin 1992 (zuerst Paris 1990).

Beatus, Morris, The Problem of Overcrowding in the Learned Professions and Universities during the Weimar Republic 1918–1933. Madison/WI 1975.

Becker, Jillian, Hitlers Kinder? Der Baader-Meinhof-Terrorismus. Frankfurt am Main 1978.

Benz, Wolfgang, Die Gründung der Bundesrepublik. Von der Bizone zum souveränen Staat. München ²1986.

- Vom freiwilligen Arbeitsdienst zur Arbeitsdienstpflicht, in: VZG 16 (1968), S. 317–346.

- Zwischen Hitler und Adenauer. Studien zur deutschen Nachkriegsgesellschaft. Frankfurt am Main 1991.

Berkel, Ute, Neuhoff, Klaus, Schindler, Ambros, Steinsdörfer, Erich, Stiftungshandbuch. Hg. v. Stiftungszentrum im Stifterverband für die Deutsche Wissenschaft. Baden-Baden ³1989, S. 461.

Blaich, Der Schwarze Freitag. Inflation und Wirtschaftskrise. München ²1990.

Blankenagel, Alexander, Tradition und Verfassung. Neue Verfassung und alte Geschichte in der Rechtsprechung des Bundesverfassungsgerichts. Baden-Baden 1987 (zugl. Habil.-Schr. Bayreuth 1984).

Bleuel, Hans Peter, Klinnert, Ernst, Deutsche Studenten auf dem Weg ins Dritte Reich: Ideologien, Programme, Aktionen 1918–1935. Gütersloh 1967.

Blomert, Reinhart, Intellektuelle im Aufbruch. Karl Mannheim, Alfred Weber, Norbert Elias und die Heidelberger Sozialwissenschaften der Zwischenkriegszeit. München 1999.

Blum, Jürgen (Hg.), Wissenschaftsmanagement. Spitzenleistungen trotz knapper Mittel durch Management der Wissenschaft. Stuttgart 1993.

Blumenthal, Ernst P., Diener am Licht. Eine Biographie Theodor Herzls. Köln 1977.

Böckenförde, Ernst-Wolfgang, Verhaltensgewähr oder Gesinnungstreue? Sicherung der freiheitlichen Demokratie in den Formen des Rechtsstaats (1978), in: ders., Staat, Verfassung, Demokratie. Studien zur Verfassungstheorie und zum Verfassungsrecht. Frankfurt am Main 1991, S. 277–285.

Bollenbeck, Georg, Tradition, Avantgarde, Reaktion. Deutsche Kontroversen um die kulturelle Moderne, 1890–1945. Frankfurt am Main 1999.

Bolte, Karl Martin, Mobilität, in: Wörterbuch der Soziologie. Hg. v. Wilhelm Bernsdorf. Stuttgart ²1969, S. 709–716.

Bonder, Michael, Ein Gespenst geht um die Welt. Political Correctness. Frankfurt am Main 1995.

Boockmann, Hartmut, Wissen und Widerstand. Geschichte der deutschen Universität. Berlin 1999.

Bourdieu, Pierre, Die feinen Unterschiede. Kritik der gesellschaftlichen Urteilskraft. Frankfurt am Main 1982.

- Die Illusion der Chancengleichheit. Untersuchungen zur Soziologie des Bildungswesens am Beispiel Frankreichs. Stuttgart 1971 (Texte und Dokumente zur Bildungsforschung).

- Homo academicus. Frankfurt am Main 1988.

- La noblesse d'état: grandes écoles et esprit de corps. Paris 1989.

- Satz und Gegensatz. Über die Verantwortung des Intellektuellen. Berlin 1989 (Kleine kulturwissenschaftliche Bibliothek, Bd. 20).

- Sozialer Raum und Klassen. Frankfurt am Main 1985.

- Titel und Stelle: Über die Reproduktion sozialer Macht. Frankfurt am Main 1981.

Bracher, Karl-Dietrich, Demokratie und Machtergreifung. Der Weg zum 30. Januar 1933, in: ders., Manfred Funke, Hans-Adolf Jacobsen (Hg.), Nationalsozialistische Diktatur 1933–1945. Eine Bilanz. Bonn 1986, S. 17–36.

- Die deutsche Diktatur. Entstehung, Struktur, Folgen des Nationalsozialismus. Köln/Berlin 1969.

- Die Gleichschaltung der deutschen Universität, in: Universitätstage 1966. Hg. v. der Freien Universität Berlin. Berlin 1966, S. 126–142.

Quellen- und Literaturverzeichnis 387

vom Brocke, Bernhard, Bevölkerungswissenschaft – Quo vadis? Möglichkeiten und Probleme einer Geschichte der Bevölkerungswissenschaft in Deutschland. Opladen 1998.

- Wissenschaft, Stadt und Region. Hochschul- und Wissenschaftspolitik als Mittel politischer Integration: das Beispiel Marburg an der Lahn 1866–1918, in: Horst Kant (Hg.), Fixpunkte. Wissenschaft in Stadt und Region. Festschrift für Hubert Laitko zum 60. Geburtstag. Berlin 1996, S. 54–98.

- (Hg.), Die Kaiser-Wilhelm-, Max-Planck-Gesellschaft und ihre Institute: Studien zu ihrer Geschichte: Das Harnack-Prinzip. Berlin 1996.

- (Hg.), Wissenschaftsgeschichte und Wissenschaftspolitik im Industriezeitalter: Das ‚System Althoff' in historischer Perspektive. Hildesheim 1991.

Brockhaus-Enzyklopädie, Bd. 21. Mannheim ^{19}1993, s.v. ‚Studienstiftung des deutschen Volkes', S. 368.

Broder, Henryk M., „... nie ein Deutscher gewesen": Über Theodor Lessing, den die Nazis ermorden ließen, in: Die Neue Gesellschaft/Frankfurter Hefte 32 (1985), S. 608–612.

Broszat, Martin, Der Staat Hitlers. Grundlegung und Entwicklung seiner inneren Verfassung. München ^{12}1989 (zuerst 1969).

- Die Machtergreifung. Der Aufstieg der NSDAP und die Zerstörung der Weimarer Republik. München 1984.

vom Bruch, Rüdiger, Ist Humboldt nach Amerika gesegelt? Transatlantische Beobachtungen eines Universitätshistorikers, in: Humboldt. Die Zeitung der Alma mater Berolinensis 42 (1997/98), Ausg. 2. Nov. 1997, S. 6 f.

- Was für eine Humboldt-Universität? Die Hochschule und ihr Name, in: Forschung & Lehre 3 (1996), S. 151–153.

- Wissenschaft, Politik und öffentliche Meinung: Gelehrtenpolitik im Wilhelminischen Deutschland, 1890–1914. Husum 1980 (zugl. Diss. München 1977).

- Rainer A. Müller (Hg.), Formen außerstaatlicher Wissenschaftsförderung im 19. und 20. Jahrhundert: Deutschland im europäischen Vergleich. Stuttgart 1990.

Bürklin, Wilhelm u.a., Eliten in Deutschland: Rekrutierung und Integration. Opladen 1997.

Bundesminister für Bildung und Wissenschaft (Hg.), Das soziale Bild der Studentenschaft in der Bundesrepublik Deutschland. 10. Sozialerhebung des DSW. Bad Honnef 1983.

Bundesminister für Forschung und Technologie, Bundesbericht Forschung 1984. Bonn 1984.

Bundesministerium für Bildung und Wissenschaft (Hg.), Begabte Kinder finden und fördern. Ein Ratgeber für Eltern und Lehrer. Bonn 1985.

Bundesministerium für Bildung und Wissenschaft (Hg.), Förderung besonders Begabter. Zwischenbilanz und Perspektive. Bonn 1986.

Bundespräsident Roman Herzog, Ansprache anläßlich des Empfangs der deutschen Fulbright-Kommission in Berlin, 26. März 1996, in: ders., Roman Herzog, Reden und Interviews 1. Juli 1995–30. Juni 1996. Bd. 2/2. Hg. v. Presse- und Informationsamt der Bundesregierung. Bonn 1996, S. 498–503.

- Ansprache auf dem Festakt des Stifterverbandes für die Deutsche Wissenschaft anläßlich seines 75jährigen Bestehens im Gästehaus Petersberg bei Bonn, 14. September 1995, in: Roman Herzog, Reden und Interviews 1. Juli 1995–30. Juni 1996. Bd. 2/1. Hg. v. Presse- und Informationsamt der Bundesregierung. Bonn 1996, S. 314–318.

- Aufbruch ins 21. Jahrhundert. Ansprache im Hotel Adlon in Berlin am 26.4.1997. Berlin 1997.

- Rede am 5. November 1997, in: Das Parlament Nr. 47 vom 14.11.1997, S. 13 f.

- Rede auf Schloß Eringerfeld/Stadt Geseke zum 40jährigen Jubiläum der Bischöflichen Studienförderung ‚Cusanuswerk', in: Roman Herzog, Reden und Interviews 1. Juli 1995–30. Juni 1996. Bd. 2/2. Hg. v. Presse- und Informationsamt der Bundesregierung. Bonn 1996, S. 607–617.
- Rede im Konzerthaus in Berlin zum 25jährigen Bestehen der Arbeitsgemeinschaft der Großforschungseinrichtungen und ihrer Umbenennung in Hermann von Helmholtz-Gemeinschaft Deutscher Forschungszentren, 13. November 1995, in: Roman Herzog, Reden und Interviews 1. Juli 1995–30. Juni 1996. Bd. 2/1. Hg. v. Presse- und Informationsamt der Bundesregierung. Bonn 1996, S. 267–269.
- Unis brauchen mehr als Geld, in: Die ZEIT Nr. 6 vom 29.1.1998, S. 12.

Bundesverband der Deutschen Stiftungen (Hg.), Verzeichnis der Deutschen Stiftungen 1994. Darmstadt 1994.

Burke, Peter, Offene Geschichte. Die Schule der ‚Annales'. Berlin 1991 (zuerst Oxford 1990).

Burtscheid, Christine, ‚Ein klares Bekenntnis zur Eliteförderung'. Bayerische Wirtschaftsunternehmen planen eine Akademie für die Jahrgangs-Besten, in: SZ (MNN) Nr. 138 vom 19.6.1998, S. L1.

Bußmann, Walter Zum Gedenken an den 100. Geburtstag Friedrich Meineckes, in: APZ B 3/63 vom 16. Januar 1963 (Sonderheft).

Butschkau, Udo, Politische Sozialisation in der Gesamtschule: Ziele, Fakten, Strategien. München 1972.

Camphausen, Gabriele, Die wissenschaftliche historische Rußlandforschung im Dritten Reich 1933–1945. Frankfurt am Main 1990.

Camus, Albert, Der Mythos von Sisyphos (1942), in: ders., Der Mythos von Sisyphos. Ein Versuch über das Absurde. Reinbek 1986, S. 98–101.

Canetti, Elias, Masse und Macht. Frankfurt am Main 1980 (zuerst ebd. 1960).

Carey, John, Haß auf die Massen. Intellektuelle 1880–1939. Göttingen 1996 (zuerst London 1992).

Ciupka, Paul, Jelich, Franz-Josef (Hg.), Ein neuer Anfang. Politische Jugend- und Erwachsenenbildung in der westdeutschen Nachkriegsgesellschaft. Essen 1999 (Geschichte und Erwachsenenbildung, Bd. 10).

Craig, Gordon A., Über die Deutschen. München ^{5}1991 (zuerst New York 1982).

DAAD, Der DAAD. Seine Geschichte und seine Aufgabe. Bonn 1961.

DAAD (Hrsg.), Spuren in die Zukunft. Der Deutsche Akademische Austauschdienst 1925–2000. 3 Bde. Bonn 2000.

Dahm, Georg, Gemeinschaft und Strafrecht. Hamburg 1935.
- Grundfragen der neuen Rechtswissenschaft. Berlin 1935.
- Nationalsozialistisches und faschistisches Strafrecht. Berlin 1935.

Dahrendorf, Ralf, Bildung ist Bürgerrecht. Plädoyer für eine aktive Bildungspolitik. Osnabrück 1965.
- Deutsche Richter. Ein Beitrag zur Soziologie der Oberschicht (1959/1960), in: ders., Gesellschaft und Freiheit. Zur soziologischen Analyse der Gegenwart. München 1961, S. 176–196.
- Wandlungen der deutschen Gesellschaft der Nachkriegszeit. Herausforderungen und Antworten, in: ders., Gesellschaft und Freiheit. Zur soziologischen Analyse der Gegenwart. München 1961, S. 300–320.

Dann, Otto, Nation und Nationalismus in Deutschland 1770–1990. München 1993.

Demokratie als Auftrag. Drei Jahrzehnte Bundesrepublik Deutschland. Hg. v. Presse- und Informationsamt der Bundesregierung. Bonn 1979.

Deutsch, Karl W., Nationalism and Social Communication. An Inquiry into the Foundations of Nationality. Cambridge/Mass. ^{2}1966.

Quellen- und Literaturverzeichnis

Deutscher Bildungsrat (Hg.), Empfehlungen der Bildungskommission. Strukturplan für das Bildungswesen. Stuttgart 1970.

Deutsches Geistesleben und Nationalsozialismus. Eine Vortragsreihe der Universität Tübingen. Hg. v. Andreas Flitner. Tübingen 1965.

DFG (Hg.), Aufbau und Aufgaben. Bonn 1990.

- Bodensee-Projekt der DFG. Bearb. v. Hans-Joachim Elster. Wiesbaden o.J.

Die deutsche Philosophie der Gegenwart in Selbstdarstellungen. Hg. v. Raymund Schmidt. Bd. 1: (u.a. Erich Becher). Leipzig 1921.

Die Modernisierung moderner Gesellschaften. Verhandlungen des 25. Deutschen Soziologentages in Frankfurt am Main 1990. Hg. v. Wolfgang Zapf. Frankfurt am Main 1991.

Diewald-Kerkmann, Gisela, Politische Denunziation im NS-Regime oder Die kleine Macht der ‚Volksgenossen'. Bonn 1995 (zugl. Diss. phil. Bielefeld 1994).

Dinkler, Erich, Dinkler-von Schubert, Erika (Hg.), Theologie und Kirche im Wirken Hans von Sodens: Briefe und Dokumente aus der Zeit des Kirchenkampfes, 1933–1945. Göttingen 1984.

Doering-Manteuffel, Anselm, Deutsche Zeitgeschichte nach 1945. Entwicklungen und Problemlagen der historischen Forschung zur Nachkriegszeit, in: VZG 41 (1993), S. 1–29.

- Die Bundesrepublik Deutschland in der Ära Adenauer. Außenpolitik und innere Entwicklung 1949 bis 1963. Darmstadt 1983 u.ö.

- Dimensionen von Amerikanisierung in der deutschen Gesellschaft, in: AfS 35 (1995), S. 1–33.

- Wie westlich sind die Deutschen? Amerikanisierung und Westernisierung im 20. Jahrhundert. Göttingen 1999.

Dreitzel, Hans Peter, Begabung, in: Wörterbuch der Soziologie. Hg. v. Wilhelm Bernsdorf. Stuttgart ^{2}1969, S. 83–85.

Dudek, Peter, Erziehung durch Arbeit. Arbeitslagerbewegung und freiweilliger Arbeitsdienst. Opladen 1988.

Dutschke, Gretchen, Wir hatten ein barbarisches, schönes Leben. Rudi Dutschke. Eine Biographie. Köln 1996.

Düwell, Kurt, Staat und Wissenschaft in der Weimarer Epoche. Zur Kulturpolitik des Ministers C.H. Becker, in: HZ-Beiheft zur Geschichte der Weimarer Republik. Hg. v. Theodor Schieder. München 1971, S. 31–74.

Eckaus, Richard S., Die Bedeutung der Bildung für das Wirtschaftswachstum, in: Klaus Hübner (Hg.), Bildungsinvestitionen und Wirtschaftswachstum. Ausgewählte Beiträge zur Bildungsökonomie. Stuttgart 1970 (Texte und Dokumente zur Bildungsforschung), S. 67–98.

Eisermann, Gottfried, Vilfredo Paretos System der allgemeinen Soziologie. Stuttgart 1972.

Elites in transition: Elite research in Central and Eastern Europe. Ed. by Heinrich Best. Opladen 1997.

Ellwein, Thomas, Krisen und Reformen. Die Bundesrepublik seit den sechziger Jahren. München 1989.

Elster, Hans-Joachim, Der Einzelne und die Gemeinschaft. Vorträge von Arnold Bergstaesser, Hans-Joachim Elster. Freiburg i.Br. 1963.

- Humanökologie und Menschenbild: Mythos, Semantik, Grenzen und Bedeutung von Wissenschaft, Freiheit, Verantwortung und Bildung. Stuttgart 1994.

- Naturwissenschaft und Technik: Unser Verhältnis zur Dritten Welt. Zwischen Eigennutz, Indifferenz und Verantwortung. Stuttgart 1984.

- Verantwortung in Wissenschaft, Wirtschaft, Schule und Gesellschaft für zukünftige Generationen. Suttgart 1991.

Elster, Hans-Martin, Liebe und Ehe. Natur und Glück der Liebe und Ehe. Dresden 1939.

Enzensberger, Hans Magnus, Zickzack. Aufsätze. Frankfurt am Main 1997.

von Estorff, Gustav, Wir Arbeitsmaiden. Berlin 1940.

Erdmann, Karl Dietrich, Vorwort, in: Heinrich Roth (Hg.), Begabung und Lernen. Ergebnisse und Folgerungen neuer Forschungen. Stuttgart ^{7}1971 (zuerst 1968).

Etzold, Sabine, Einsame Genies. Der hochbegabte Nachwuchs wird oft mißverstanden und zu wenig gefördert, in: Die ZEIT Nr. 7 vom 5.2.1998, S. 31 f.

- Nicht alle können die Besten sein, in: ZEITPunkte. Welche Schule brauchen wir. Hg. v. Haug von Kuenheim. Hamburg 1996, S. 22 f.

Evangelische Schule Uffenheim. Zum 50. Jahrestag der Neugründung durch die Evangelisch-Lutherische Kirchengemeinde Uffenheim. Hg. v. Rainer Hendel. Uffenheim 1996.

Evangelischer Erwachsenenkatechismus. Hg. v. Werner Jentsch u.a. Gütersloh 1975 u.ö.

Foucault, Michel, Überwachen und Strafen. Die Geburt des Gefängnisses. Frankfurt am Main (zuerst Paris 1975).

Faust, Anselm, Der Nationalsozialistische Deutsche Studentenbund: Studenten und Nationalsozialismus in der Weimarer Republik. 2 Bde. Düsseldorf 1973.

Feger, Barbara, Förderungsprogramme für Hochbegabte, in: Psychologie in Erziehung und Unterricht 34 (1987), S. 161–170.

- Hochbegabungsforschung und Hochbegabtenförderung. Die Situation in Deutschland zwischen 1916 und 1920, in: Empirische Pädagogik 2 (1988), S. 45–52.

Feickert, Andreas, Studenten greifen an. Nationalsozialistische Hochschulrevolution. Hamburg 1934.

Feige, Hans-Uwe, Aspekte der Hochschulpolitik der Sowjetischen Militäradministeration in Deutschland 1945–1948, in: DA 25 (1992), S. 1169–1180.

- Vor dem Abzug: Brain drain. Die Zwangsevakuierung von Angehörigen der Universität Leipzig durch die U.S.-Army im Juni 1945 und ihre Folgen, in: DA 24 (1991), S. 1302–1313.

Felber, Wolfgang, Eliteforschung in der Bundesrepublik Deutschland. Analyse, Kritik, Alternativen. Stuttgart 1986.

Felbor, Ute, Rassenbiologie und Vererbungswissenschaft in der medizinischen Fakultät der Universität Würzburg 1937–1945. Würzburg 1994 (zugl. Diss. med. 1994).

Fest, Joachim C., Hitler. Eine Biographie. Frankfurt am Main/Berlin ^{2}1991 (zuerst ebd. 1973).

Fischer, Fritz, Das Bündnis der Eliten. Zur Kontinuität der Machtstrukturen in Deutschland 1871–1945. Düsseldorf 1979.

- Hitler war kein Betriebsunfall, in: ders., Hitler war kein Betriebsunfall. Aufsätze. München 1992, S. 174–181.

Fischer, Jürgen, Die Westdeutsche Rektorenkonferenz. Geschichte, Aufgaben, Gliederung. Bad Godesberg ^{2}1961.

Flechtner, Hans-Joachim, Carl Duisberg. Vom Chemiker zum Wirtschaftsführer. Düsseldorf 1959.

Flittner, Andreas, Mißratener Fortschritt. Pädagogische Anmerkungen zur Bildungspolitik. München 1977.

Flury, Günter, Hochbegabtenförderung am Gymnasium: Das Gymnasium als Teil des gegliederten Schulsystems in Bayern, in: Schulverwaltung. Ausg. Bayern 20 (1997), S. 135–137.

Földy, Reginald, Ohne Elite geht es nicht. München 1990.

Quellen- und Literaturverzeichnis

Forsthoff, Ernst, Deutsche Geschichte 1918–1938 in Dokumenten. Berlin 1943.

Franze, Manfred, Die Erlanger Studentenschaft 1918–1945. Würzburg 1972.

- Wie modern war der Nationalsozialismus, in: GuG 19 (1993), S. 367–387.

von Friedeburg, Ludwig u. a., Freie Universität und politisches Potential der Studenten. über die Entwicklung des Berliner Modells und den Anfang der Studentenbewegung in Deutschland. Neuwied 1968.

Friedländer, Saul, Das Dritte Reich und die Juden. Die Jahre der Verfolgung 1933–1939. München 1998 (zuerst New York 1997).

Friedrich, Bärbel, Der Blick in die Zukunft. Perspektiven der Forschung und ihrer Förderung, in: Forschung. Mitteilungen der DFG 4 (1997), S. 3/23 f.

Friedrich, Wolf-Hartmut, Dauer im Wechsel. Aufsätze. Hg. v. C. Joachim Classen, Ulrich Schindel. Göttingen 1977.

Friedrich-Wilhelms-Universität zu Berlin (Hg.), Lessingfeier der Friedrich-Wilhelms-Universität zu Berlin zur Erinnerung an den 200jährigen Geburtstag, gehalten in der neuen Aula am 22. Januar 1929. Berlin 1929.

Fritz-Vannahme, Joachim, Humboldts Erbe wird verspielt, in: Die ZEIT Nr. 21 vom 17. Mai 1996, S. 1.

- Wer hat die besten Schulen? Die Kultusminister wissen es, doch sie schweigen, in: Die ZEIT Nr. 22 vom 22.5.1998, S. 1

Fuchs, Hans-Werner, Bildung und Wissenschaft seit der Wende. Zur Transformation des ostdeutschen Bildungssystems. Leverkusen 1997.

Gall, Lothar, Das Argument in der Geschichte: Überlegungen zum gegenwärtigen Stand der Geschichtswissenschaft, in: HZ 264 (1997), S. 2–20.

- u. a., Die Deutsche Bank 1870–1995. München 1995.
- Franz Schnabel, 1887–1966, in: Ders. (Hg.), Die großen Deutschen unserer Epoche. Berlin 1985, S. 143–155.

Gaschke, Susanne, Stifties, wollt Ihr ewig reden? Die Studienstiftung des deutschen Volkes entdeckt sich selbst, in: Die ZEIT Nr. 9 vom 19.2.1998, S. 69.

Geißler, Georg, Das Eigenrecht der Jugend und das Eigenleben des Erziehers, in: Behauptung der Person. Festschrift für Prof. Hans Bohnenkamp. Hg. v. Helmuth Kittel. Weinheim 1963, S. 117–131.

Gerstenmaier, Eugen, Widerstandsrecht und Widerstandpflicht, in: Evangelisches Staatslexikon. Hg. v. Hermann Kunst u. a. 1. Aufl., Stuttgart/Berlin 1966, Sp. 2497–2501.

Gessenharter, Wolfgang, Kippt die Republik? Die Neue Rechte und ihre Unterstützung durch Politik und Medien. München 1994.

Gestrich, Andreas (Hg.), Biographie – sozialgeschichtlich. Göttingen 1988.

Giesecke, Hermann, Ist die bürgerliche Erziehung am Ende? München 1977.

Giles, Geoffrey J., National Socialism and the Educated Elite in the Weimar Republic, in: The Nazi Machtergreifung. Ed. by Peter D. Stachura. London 1983, S. 49–67.

- Students and National Socialism in Germany. Princeton/NJ. 1985.

Gladwell, Malcolm, Wie wichtig sind Eltern?, in: SZ-Magazin Nr. 41 vom 9.10.1998, S. 13–21.

Glaser, Hermann, Deutsche Kultur 1945–2000. München/Wien 1997.

- Die Kulturgeschichte der Bundesrepublik Deutschland. Bd. 1: Zwischen Kapitulation und Währungsreform 1945–1948. Frankfurt am Main 1990 (zuerst Frankfurt am Main/Berlin 1985).

Glotz, Peter, Im Kern verrottet? Fünf vor Zwölf an Deutschlands Universitäten. Stuttgart 1996.

Göhler, Alfred, Eine Glaubensbegegnung, in: Und bringen ihre Garben. Aus russischer Kriegsgefangenschaft. Hg. v. Helmut Gollwitzer, Josef Krahe, Karl Rauch. Stuttgart 1956, S. 47–50.

Göhler, Hulda, Das Schloß, ‚Ansturm gegen die Grenze'. Entwurf einer Deutung. Bonn 1982.

Götz von Olenhusen, Irmtraud, Jugendreich, Gottesreich, Deutsches Reich. Junge Generation, Religion und Politik 1928–1933. Köln 1987.

Gogolin, Ingrid, Lenzen, Dieter (Hg.), Medien-Generation. Beiträge zum 16. Kongreß der Deutschen Gesellschaft für Erziehungswissenschaft. Opladen 1999.

Goldhagen, Daniel J., Hitlers willige Vollstrecker. Ganz gewöhnliche Deutsche und der Holocaust. Berlin 1996 (zuerst New York 1996).

Goldschmidt, Dietrich, Das Ausland als Vorbild? Fremde Einflüsse auf die Entwicklung des Hochschulwesens der Bundesrepublik Deutschland, in: Ordnung und Unordnung. Festschrift für Hartmut von Hentig. Hg. v. Georg E. Becker u.a. Weinheim 1985, S. 377–394.

Graml, Hermann, Die Wehrmacht im Dritten Reich, in: VZG 45 (1997), S. 365–384.

Grass, Günter, Wider den deutschen Einheitsstaat. Kurze Rede eines vaterlandslosen Gesellen, in: Ulrich Wickert (Hg.), Angst vor Deutschland. Hamburg 1990, S. 61–65 (zuerst in: Die ZEIT Nr. 7 vom 9.2.1990).

Gregory, Jean Karen, Von der Wüstenrennmaus, in: Michael Rutz (Hg.), Aufbruch in der Bildungspolitik. Roman Herzogs Rede und 25 Antworten. München 1997, S. 72–84.

Greiffenhagen, Martin und Sylvia, Ein schwieriges Vaterland. Zur politischen Kultur im vereinigten Deutschland. München 1993.

Greschat, Martin, ‚Rechristianisierung' und ‚Säkularisierung'. Anmerkungen zu einem europäischen interkonfessionellen Interpretationsmodell, in: Jochen-Christoph Kaiser, Anselm Doering-Manteuffel (Hg.), Christentum und politische Verantwortung. Kirchen im Nachkriegsdeutschland. Stuttgart u.a. 1990, S. 1–24.

Grüttner, Michael, Studenten im Dritten Reich. Paderborn u.a. 1995 (zugl. Habil.-Schr. Berlin TU 1994).

- Wissenschaft, in: Enzyklopädie des Nationalsozialismus. Hg. v. Wolfgang Benz, Hermann Graml, Hermann Weiß. Stuttgart 1997, S. 135–153.

Guckel, Volker, Weber, Manuela, Begabtenförderung in den neuen Bundesländern. Bonn 1997.

Guéhenno, Jean-Marie, Das Ende der Demokratie. München/Zürich 1994 (zuerst Paris 1993).

Guyot-Sander, Hélène, La Studienstiftung des deutschen Volkes: un example de ‚Begabtenförderung' en RFA. Strasbourg 1987 (zugl. Diss.).

Habermas, Jürgen, Protestbewegung und Hochschulreform. Frankfurt am Main 1969.

Hagen, Elizabeth, Die Identifizierung Hochbegabter. Grundlagen der Diagnose außergewöhnlicher Begabungen. Heidelberg 1989 (zuerst New York 1980).

Haffner, Sebastian, Anmerkungen zu Hitler. München 1978.

Hammerstein, Notker, Die Deutsche Forschungsgemeinschaft in der Weimarer Republik und im Dritten Reich. Wissenschaftspolitik in Republik und Diktatur 1920 bis 1945. München 1999.

Hanisch, Ludmilla (Hg.), Islamkunde und Islamwissenschaft im Deutschen Kaiserreich. Der Briefwechsel zwischen Carl Heinrich Becker und Martin Hartmann 1900–1918. Leiden 1992.

Hansen, Wilhelm, Jugend, in: Fischer Lexikon Pädagogik. Hg. v. Hermann Groothoff. Frankfurt am Main 1964, S. 137–150.

Hany, Ernst A., Nickel, Horst, Positionen und Probleme der Begabungsforschung, in: dies. (Hg.), Begabung und Hochbegabung. Theoretische Konzepte, empirische Befunde, praktische Konsequenzen. Bern u.a. 1992, S. 1–14.
- Präsentation des Forschungsprojektes ‚Formen der Hochbegabung'. Heidelberg 1986.

Hardtwig, Wolfgang, Geschichtsstudium, Geschichtswissenschaft und Geschichtstheorie in Deutschland von der Aufklärung bis zur Gegenwart, in: ders., Geschichtskultur und Wissenschaft. München 1990, S. 13–57.

Harris, Judith Rich, The nurture assumption. Why children turn out the way they do. Boston 1998.

Haug, Wolfgang Fritz, Der hilflose Antifaschismus. Zur Kritik der Vorlesungsreihen über Wissenschaft und NS an deutschen Universitäten. Frankfurt am Main 1967.

Hegel, Georg Wilhelm Friedrich, Grundlinien der Philosophie des Rechts. Hg. v. Johannes Hoffmeister. Hamburg ^{4}1955 (Ausgabe 1962).

Hegler, August (Hg.), Reden anläßlich der Rektoratsübergabe am 3. Mai 1923 im Festsaal der neuen Aula. Tübingen 1923.

Heiber, Helmut, Universität unterm Hakenkreuz. Teil 1. München 1991, Teil 2, 2 Bde. München 1992/94.
- Walter Frank und sein Reichsinstitut für die Geschichte des neuen Deutschlands. Stuttgart 1966.

Heinbokel, Annette, Hochbegabte. Erkennen, Probleme, Lösungswege. Baden-Baden 1988.

Heinemann, Manfred, Schule im Vorfeld der Verwaltung. Die Entwicklung der preußischen Unterrichtsverwaltung von 1771–1800. Göttingen 1974 (zugl. Diss. phil. Bochum 1971; Studien zum Wandel von Gesellschaft und Bildung im 19. Jahrhundert, Bd. 8).
- (Hg.), Sozialisation und Bildungswesen in der Weimarer Republik. Stuttgart 1976.
- (Hg.), Umerziehung und Wiederaufbau. Die Bildungspolitik der Besatzungsmächte in Deutschland und Österreich. Stuttgart 1981.
- (Hg.), Zwischen Restauration und Innovation: Bildungsreformen in Ost und West nach 1945. Köln 1999.

Hentschel, Volker, Die Sozialpolitik der Weimarer Republik, in: Karl Dietrich Bracher, Manfred Funke, Hans-Adolf Jacobsen (Hg.), Die Weimarer Republik 1918–1933. Politik, Wirtschaft, Gesellschaft. Bonn ^{2}1988, S. 197–217.

Herbert, Ulrich, Best. Biographische Studien über Radikalismus, Weltanschauung und Vernunft, 1903–1989. Bonn 1996.
- Werner Best – Radikalismus, Weltanschauung und Vernunft, in: Jahrbuch des Vereins Gegen Vergessen – Für Demokratie, Bd. 2/1998: Mahnung und Erinnerung S. 39–54.

Herbst, Ludolf, Das nationalsozialistische Deutschland 1933–1945. Die Entfesselung der Gewalt: Rassismus und Krieg. Frankfurt am Main 1996.
- Option für den Westen. Vom Marshallplan bis zum deutsch-französischen Vertrag. München 1989.

Herles, Wolfgang, Nationalrausch. Szenen aus dem gesamtdeutschen Machtkampf. München 1990.

Herrmann, Florian, Ernst Forsthoff (1902–1974), in: Juristen. Ein biographisches Lexikon. Von der Antike bis zum 20. Jahrhundert. Hg. v. Michael Stolleis. München 1995, S. 212 f.
- Ernst Rudolf Huber (1903–1990), in: Juristen. Ein biographisches Lexikon. Von der Antike bis zum 20. Jahrhundert. Hg. v. Michael Stolleis. München 1995, S. 297 f.

Herrmann, Ulrich, Pädagogisches Denken und Anfänge der Reformpädagogik, in: Handbuch der deutschen Bildungsgeschichte, Bd. IV. Hg. v. Christa Berg. München 1991, S. 147–178.

Herzog, Dietrich, Brauchen wir eine politische Klasse?, in: APZ B 50/91, S. 3–13.
- Politische Führungsgruppen. Probleme und Ergebnisse der modernen Elitenforschung. Darmstadt 1982.

Hierl, Konstantin, Ausgewählte Schriften und Reden. Bd. 2. München ³1942.

Hintze, Otto, Die Hohenzollern und ihr Werk 1415–1915. Berlin 1915 (ND Hamburg/Berlin 1987).

Hobsbawm, Eric, Das Zeitalter der Extreme. Weltgeschichte des 20. Jahrhunderts. München/ Wien 1995 (zuerst London 1994).

- Nationen und Nationalismus. Mythos und Realität seit 1780. München 1996 (zuerst 1990).

Hochbegabungsdiagnostik. Themenheft der Zeitschrift für Differentielle und Diagnostische Psychologie 8 (1987), H. 3.

Hochschuloffiziere und der Wiederaufbau des Hochschulwesens in Westdeutschland 1945–1952. hg. v. Manfred Heinemann. Bd. 1: Britische Zone. Hildesheim 1990. Bd. 2: U.S.-Zone. Hildesheim 1990. Bd. 3: Französische Zone. Hildesheim 1991.

Höhenflug mit lahmen Schwingen. SPIEGEL-Report über Mängel und Chancen der westdeutschen Forschung. Hamburg 1982.

Hoffmann, Bruce, Terrorismus. Der unerklärte Krieg. Neue Gefahren politischer Gewalt. Frankfurt am Main 1999 (zuerst London 1998).

Hoffmann, Peter, Claus Schenk Graf von Stauffenberg und seine Brüder. Stuttgart 1992.

Hoffmann-Lange, Ursula, Eliten als Hüter der Demokratie? Zur Akzeptanz demokratischer Institutionen und freiheitlicher Werte bei Eliten und Bevölkerung in der Bundesrepublik, in: Dirk Berg-Schlosser, Jakob Schissler (Hg.), Politische Kultur in Deutschland. Opladen 1987, S. 378–390.

- Eliten in der Bundesrepublik – Kartell der Angst, Machtelite oder verantwortliche Repräsentanten?, in: Heinrich Best (Hg.), Politik und Milieu. Wahl- und Elitenforschung im historischen und interkulturellen Vergleich. St. Katharinen 1989, S. 238–261.

- Eliten, Macht und Konflikt in der Bundesrepublik. Opladen 1992.

- Eliten und Demokratie in der Bundesrepublik Deutschland, in: Max Kaase (Hg.), Politische Wissenschaft und politische Ordnung. Opladen 1986, S. 318–338.

Holzamer, Karl, Die Verantwortung des Menschen für seinesgleichen. Hg. v. Richard Wisser. Gütersloh 1966.

House, Ruth, The World's Student Christian Federation. A History of the first 30 years. London 1948.

Hussarek, Paul, Hundhammer: Wege des Menschen und Staatsmanns. München 1951.

Jäckel, Eberhard, Das deutsche Jahrhundert. Eine historische Bilanz. Stuttgart 1996.

James, Harold, Deutschland in der Weltwirtschaftskrise 1929–1936. Stuttgart 1988.

Jansen, Christian, Professoren und Politik. Politisches Denken und Handeln der Heidelberger Hochschullehrer 1914–1935. Göttingen 1992 (zugl. Diss. phil. Heidelberg 1989).

Jarausch, Konrad H., Deutsche Studenten 1800–1970. Frankfurt am Main 1984.

- Die unverhoffte Einheit 1989/90. Frankfurt am Main 1995.

- Die Vertreibung der jüdischen Studenten und Professoren von der Berliner Universität unter dem NS-Regime, in: Jahrbuch für Universitätsgeschichte 1 (1998), S. 112–133.

- The Social Transformation of the University: The Case of Prussia, 1865–1914, in: JCH 12 (1980), S. 609–636.

- Universität und Hochschule, in: Handbuch der deutschen Bildungsgeschichte. Bd. IV: Von der Reichsgründung bis zum Ende des Ersten Weltkriegs. Hg. v. Christa Berg. München 1991, S. 313–345.

Jaspers, Karl, Die geistige Situation unserer Zeit (1931). Berlin 1955.

Jellen, Hans G., Verduin, John R., Differentielle Erziehung besonders Begabter. Eine Taxonomie mit 32 Schlüsselkonzepten. Wien 1989 (Studien und Dokumentationen zur vergleichenden Bildungsforschung, Bd. 43).

Jesse, Eckhard, Biographisches Portrait: Ulrike Meinhof, in: Jahrbuch Extremismus & Demokratie 8 (1996), S. 198–213.

Jochimsen, Reimut, Festansprache zu 50 Jahren Studienstiftung, in: Studienstiftung Jahresbericht 1975. Hg. v. StSt. Bonn 1976, S. 19–24.

Joffe, Josef, Selbstzerstörung eines Denkmals. Kaum Forschung, nur Leere: Der Niedergang der deutschen Universität, in: SZ vom 9./10. 3. 1996, Nr. 58: Feuilleton-Beilage.

John, Fritz, Collected papers. Ed. by Jürgen Moser. Boston/Mass o.J.

Julius Petersen zum Gedächtnis. Leipzig 1942.

Jurt, Joseph, ‚Les Grandes Ecoles'. Der französische Sonderweg der Elitenausbildung, in: Forschung & Lehre 9 (1997), S. 454–457.

Kaiser, Jochen-Christoph, Das Frauenwerk der Deutschen Evangelischen Kirche. Zum Problem des Verbandsprotestantismus im Dritten Reich, in: Irmtraud Götz von Olenhusen u.a., Frauen unter dem Patriarchat der Kirchen. Katholikinnen und Protestantinnen im 19. und 20. Jahrhundert. Stuttgart u.a. 1995, S. 189–211.

- Lippmann, Andreas, Schindel, Martin (Hg.), Marburger Theologie im Nationalsozialismus. Texte zur Geschichte der Evangelisch-Theologischen Fakultät im Dritten Reich. Neukirchen-Vluyn 1998.

- Zur Gründungsgeschichte der Melanchthon-Schule, in: Schwälmer Jahrbuch 1999, S. 34–43.

Kaltenbrunner, Gerd-Klaus, Elite. Erziehung für den Ernstfall. Asendorf ^{2}1980.

Karstädt, Otto, Schulen für Begabte. Der Aufstieg der Tüchtigen, in: Handbuch der Politik. Bd. III: Die politische Erneuerung. Hg. v. Gerhard Anschütz u.a. Berlin 1921, S. 242–250.

Kater, Michael H., Der NS-Studentenbund von 1926 bis 1928: Randgruppe zwischen Hitler und Strasser, in: VZG 22 (1974), S. 148–190.

- Studentenschaft und Rechtsradikalismus in Deutschland 1918–1933: Eine sozialgeschichtliche Studie zur Bildungskrise in der Weimarer Republik. Hamburg 1975.

- The Reich Vocational Contest and Students of Higher Learning in Nazi Germany, in: CEH 7 (1974), S. 225–261.

- The Work Student: A Socio-Economic Phenomenon of Early Weimar Germany, in: JCH 10 (1975), S. 71–94.

- Zur Krise des Frauenstudiums in der Weimarer Republik, in: VSWG 59 (1972), S. 207–255.

Kaufmann, Franz-Xaver, Elite, in: Staatslexikon. Recht, Wirtschaft, Gesellschaft. Hg. v. der Görres-Gesellschaft. Freiburg i.Br. u.a. ^{7}1995, S. 218–222.

- Globalisierung und Gesellschaft, in: APZ B 18/98 vom 24. 4. 1998, S. 3–10.

Kausch, Hartmut (Hg.), Feschrift anläßlich der Vollendung des 70. Lebensjahres von Herrn Prof. Dr. H.-J. Elster am 6. 5. 1978 und von Herrn Prof. Dr. W. Ohle am 10. 2. 1978. Stuttgart 1978.

Keim, Wolfgang (Hg.), Gesamtschule. Bilanz ihrer Praxis. Hamburg 1976.

Kersig, Hans-Jürgen, Die nivellierte Mittelstandsgesellschaft. Köln 1961.

Kirchenamt der EKD (Hg.), Die Denkschriften der EKD. Bd 4/1: Bildung und Erziehung. Gütersloh 1987.

Kleßmann, Christoph, Wiedervereinigung und deutsche Nation: der Kern der Politik Kurt Schumachers, in: Kurt Schumacher und der ‚Neubau' der deutschen Sozialdemokratie nach 1945. Kolloquium des Gesprächskreises Geschichte der Friedrich-Ebert-Stiftung Bonn, 12./13. Oktober 1995. Hg. v. Dieter Dowe. Bonn 1996, S. 113–132.

Klose, Dirk, 50 Jahre Kultusministerkonferenz, in: Das Parlament Nr. 12 vom 13.3.1998, S. 14.

Knöpp, Friedrich, Johann Baptist Becker, in: NDB. Bd. 1. Hg. v. der Histor. Kommission der Bayer. Akademie der Wissenschaften. Berlin 1953, S. 716 f.

Köhler, Henning, Arbeitsdienst in Deutschland. Pläne und Verwirklichungsformen bis zur Einführung der Arbeitsdienstpflicht im Jahre 1935. Berlin 1967.

Königs, Diethelm, Joseph Vogt. Ein Althistoriker in der Weimarer Republik und im Dritten Reich. Basel 1995 (zugl. Diss. phil. Basel 1994).

Kolb, Eberhard, Das Dritte Reich. München ^{4}1991.

Koselleck, Reinhart, Geschichte, Historie: Einleitung, in: Geschichtliche Grundbegriffe. Historisches Lexikon zur politisch-sozialen Sprache in Deutschland. Hg. v. Otto Brunner, Werner Conze, Reinhart Koselleck. Stuttgart 1975, S. 593–595.

Krabbe, Wolfgang R. (Hg.), Politische Jugend in der Weimarer Republik. Bochum 1993.

Kotowski, Mathias, Die öffentliche Universität. Veranstaltungskultur der Eberhard-Karls-Universität Tübingen in der Weimarer Republik. Stuttgart 1999 (Contubernium. Tübinger Beiträge zur Universitäts- und Wissenschaftsgeschichte, Bd. 49).

Kraushaar, Wolfgang, 1968 – Das Jahr, das alles verändert hat. München 1998.

Krebs, Mario, Ulrike Meinhof. Eine Leben im Widerspruch. Reinbek 1988.

Kreß, Hartmut, Elite, in: Evangelisches Staatslexikon. Hg. v. Theodor Schober u.a. Stuttgart/Berlin 1980, S. 323 f.

Kress, Roland, Politische Stiftungen, in: Uwe Andersen, Wichard Woyke (Hg.), Handwörterbuch des politischen Systems der Bundesrepublik Deutschland. Bonn ^{2}1995, S. 488–492.

Krönig, Waldemar, Müller, Klaus-Dieter, Nachkriegssemester. Studium in Kriegs- und Nachkriegszeit. Stuttgart 1990.

Krüger, Hans-Jürgen (Hg.), Archivalische Fundstücke zur den russisch-deutschen Beziehungen. Erik Amburger zum 65. Geburtstag. Berlin 1973.

Kunze, Rolf-Ulrich, Das Evangelische Hilfswerk für Internierte und Kriegsgefangene 1945–1955/56. Ein Beitrag zur evangelischen Diakonie- und Seelsorgegeschichte und zur Geschichte der deutschen Kriegsgefangenschaft in der Sowjetunion, in: ZBKG 65 (1996), S. 32–84.

- Der Fall Fritz John und die Gleichschaltung der Studienstiftung 1938/39, in: Studienstiftung Jahresbericht 1999. Hg. v. StSt. Bonn 2000, S. 11–29.

- Die Geschichte der Studienstiftung des deutschen Volkes. Ein Projekt, in: Studienstiftung Jahresbericht 1996. Hg. v. StSt. Bonn 1997, S. 15–26.

- ‚Elitenbildung' und die Studienstiftung des deutschen Volkes, in: Liberal. Vierteljahreshefte für Politik und Kultur 39 (1997), H. 2, S. 91–100.

- Theodor Heckel, 1894–1967. Eine Biographie. Stuttgart 1997 (Diss. phil. Würzburg 1995, Konfession und Gesellschaft, Bd. 13).

- Willem Adolph Visser't Hooft, in: Theologische Realenzyklopädie, im Druck.

- Wissenschafts- durch ‚Hochbegabten'-Förderung? Die Studienstiftung des deutschen Volkes zwischen sozial- und individualemanzipatorischer Begabtenförderung 1925 bis heute, in: Dahlemer Archivgespräche 5 (1999), S. 119–134.

Laitenberger, Volker, Akademischer Austausch und auswärtige Kulturpolitik: Der DAAD 1923–1945. Göttingen 1976.

Landau, Erika, Mut zur Begabung. München/Basel 1990.

Langewiesche, Dieter, Tenorth, Heinz-Elmar, Bildung, Formierung, Destruktion, in: Handbuch der deutschen Bildungsgeschichte. Bd. V: Die Weimarer Republik und die nationalsozialistische Diktatur. Hg. v. dens. München 1989, S. 2–24.

Lasch, Christopher, Die blinde Elite. Macht ohne Verantwortung. Hamburg 1995.

Latzel, Klaus, Deutsche Soldaten – nationalsozialistischer Krieg? Kriegserlebnis – Kriegserfahrung 1939–1945. Paderborn u. a. 1998.

Lehmann, Albrecht, Militär und Militanz zwischen den Weltkriegen, in: Handbuch der deutschen Bildungsgeschichte, Bd. V. Hg. v. Dieter Langewiesche, Hans-Elmar Tenorth. München 1989, S. 407–429.

Leicht, Robert, Was ist eigentlich Führungskraft?, in: Studienstiftung Jahresbericht 1992. Hg. v. StSt. Bonn 1993, S. 16–19.

Leviathan 24 (1996): Sonderheft Modernisierungstheorie.

Lewek, Peter, Arbeitslosigkeit und Arbeitslosenversicherung in der Weimarer Republik 1918–1927. Stuttgart 1992.

Linse, Ulrich, Studenten und Politik 1918–1939, in: AfS 17 (1977), S. 567–576.

Lipsitz, George, Who'll stop the rain? Youth Culture, Rock'n'Roll, and Social Crisis, in: The Sixties. From Memory to History. Ed. by David Farber. Chapel Hill/London 1994, S. 206–234.

Litt, Theodor, ‚Führen oder Wachsenlassen'. Eine Erörterung des pädagogischen Grundproblems. Leipzig 1927.

- Geschichte und Leben. Von den Bildungsaufgaben geschichtlichen und sprachlichen Unterrichts. Leipzig 1918.
- Individuum und Gemeinschaft. Grundfragen der sozialen Theorie und Ethik. Leipzig 1919.
- Möglichkeiten und Grenzen der Pädagogik. Abhandlungen zur gegenwärtigen Lage von Erziehung und Erziehungstheorie. Leipzig 1926.

Littmann, Ulrich, Akademischer Austausch als Friedenspolitik. Die Ideen des Senators J. William Fulbright, in: Karl Dietrich Bracher, Manfred Funke, Hans-Adolf Jacobsen (Hg.), Deutschland zwischen Krieg und Frieden. Beiträge zur Politik und Kultur im 20. Jahrhundert. Bonn 1990, S. 384–394.

Longerich, Peter, Die braunen Bataillone. Geschichte der SA. München 1989.

- Hitlers Stellvertreter. Führung der Partei und Kontrolle des Staatsapparates durch den Stab Heß und die Partei-Kanzlei Bormann. München 1992.

Lotze, Franz (Hg.), Geotektonisches Symposion zu Ehren von Hans Stille. Als Festschrift zur Vollendung seines 80. Geburtstages überbracht von der Deutschen Geologischen Gesellschaft u. a. Stuttgart 1956.

Ludwig, Karl-Heinz, Technik, in: Enzyklopädie des Nationalsozialismus. Hg. v. Wolfgang Benz, Hermann Graml, Hermann Weiß. Stuttgart 1997, S. 257–274.

Lübbe, Hermann, Politische Philosophie. Studien zu ihrer Geschichte. München 1974 (zuerst Basel 1963).

Lüdtke, Alf, Lebenswelten und Alltagswissen, in: Handbuch der deutschen Bildungsgeschichte, Bd. IV. Hg. v. Christa Berg. München 1991, S. 7–90.

Lukacs, John, Hitler. Geschichte und Geschichtsschreibung. München 1997 (zuerst New York 1997).

Machatzke, Jörg, Einstellungen zum Umfang staatlicher Verantwortung – Zum Staatsverständnis der Eliten im vereinten Deutschland, in: Wilhelm Bürklin u.a., Eliten in Deutschland. Rekrutierung und Integration. Opladen 1997, S. 321–350.

Mann, Thomas, Buddenbrooks. Verfall einer Familie (1900), in: GW Bd. I. Frankfurt am Main 1990.

- Goethe und Tolstoi (1921), in: ders., GW Bd. IX. Reden und Aufsätze 1. Frankfurt am Main 1960 (zuerst ebd. 1960), S. 58–173, 72.

Manteuffel, Evelin, Studium an Amerikas Elite-Hochschulen: Bündnis zu beiderseitigem Nutzen, in: FAZ Nr. 247 vom 23.10.1999, S. 67.

Marcks, Erich, Hindenburg als Mensch und Staatsmann, in: ders. u.a., Paul von Hindenburg als Mensch, Staatsmann, Feldherr. Berlin 1932, S. 38–76.

Marcuse, Herbert, Die eindimensionale Gesellschaft (1964), in: ders., Der eindimensionale Mensch. Studien zur Ideologie der fortgeschrittenen Gesellschaft. Hg. v. Heinz Maus, Friedrich Düsterberg. Neuwied 1967, S. 21–138.

Markl, Hubert, Freiheit der Wissenschaft, Verantwortung der Forscher, in: Kurt Lenk (Hg.), Wissenschaft und Ethik. Stuttgart 1991, S. 40–53.

Markovits, Andrei S., Gorski, Philip S, Grün schlägt Rot. Die deutsche Linke nach 1945. Hamburg 1997 (zuerst 1993).

Marsch, Ulrich, Die Notgemeinschaft der Deutschen Wissenschaft. Gründung und Geschichte 1920–1925. Frankfurt am Main u.a. 1994.

Martin, Bernd, Die Universität Freiburg im Breisgau im Jahre 1933. Eine Nachlese zu Heideggers Rektorat, in: Zeitschrift für die Geschichte des Oberrheins 136 (N.F. 97) 1988, S. 445–477.

Marwedel, Rainer, Theodor Lessing 1872–1933. Eine Biographie. Darmstadt 1987.

von Massow, Valentin, Wissenschaft und Wissenschaftsförderung in der Bundesrepublik. Bonn 1996.

Matthiesen, Michael, Gerhard Ritter: Studien zu Leben und Werk bis 1933. Egelsbach 1993 (zugl. Diss. phil. Kiel 1992).

Mathy, Helmut, Leo Just als erster Historiker und Dekan an der ‚neuen' Universität Mainz, in: 50 Jahre Historisches Seminar und Lehrstuhl für allgemeine und neuere Geschichte an der Universität Mainz. Hg. v. Peter Claus Hartmann. Mainz 1996, S. 291–336.

McGrail, Anna, Fräulein Einsteins Universum. Roman. München 1999.

M.d.R. Die Reichstagsabgeordneten der Weimarer Republik in der Zeit des Nationalsozialismus. Politische Verfolgung

Meier, Kurt, Kreuz und Hakenkreuz. Die evangelische Kirche im Dritten Reich. München 1992., Emigration und Ausbürgerung 1933–1945. Hg. v. Martin Schumacher. Düsseldorf [3]1994.

Meili, Richard, Begabung, in: Handwörterbuch der Sozialwissenschaften. Hg. v. Erwin von Beckerath u.a. Bd. 1. Stuttgart u.a. 1956, S. 719–723.

Meineke, Stefan, Friedrich Meinecke: Persönlichkeit und politisches Denken bis zum Ende des Ersten Weltkrieges. Berlin 1995.

Meisenheimer, Johannes, Entwicklungsgeschichte der Tiere. Berlin [2]1933.

- Czapek, Friedrich, Ratgeber für die Studierenden der Botanik und Zoologie. Halle an der Saale 1921.

Meissner, Kurt, Zwischen Politik und Religion – Adolf Grimme. Leben, Werk und geistige Gestalt. Berlin 1993.

Mendenhall, Thomas C., The Harvard-Yale Boat Race 1852–1924 and the coming of sport to the American college. Mystic/Conn. 1993.

Menze, Clemens, Die Bildungsreform Wilhelm von Humboldts. Hannover u. a. 1975 (Das Bildungsproblem in der Geschichte des europäischen Erziehungsdenkens, Bd. 13).

Merkel, Georg Heinrich, Anmerkungen zum Rundfunkwesen. 4 Bde. Nürnberg 1965–80.

Merseburger, Peter, Der schwierige Deutsche. Kurt Schumacher. Eine Biographie. Stuttgart 1995.

Metzler, Gabriele, ‚Welch ein deutscher Sieg!' Die Nobelpreise von 1919 im Spannungsfeld von Wissenschaft, Politik und Gesellschaft, in: VZG 44 (1996), S. 173–200.

Michael, Berthold, Schepp, Heinz-Hermann (Hg.), Die Schule in Staat und Gesellschaft. Dokumente zur deutschen Schulgeschichte im 19. und 20. Jahrhundert. Göttingen/Zürich 1993 (Quellensammlung zur Kulturgeschichte, Bd. 22).

Mittelstraß, Jürgen, Forschung und Lehre – das Ideal Humboldts heute, in: APZ B 15/98 vom 3.4.1998, S. 3–11.

- Wissenschaftsgeschichte, in: Enzyklopädie Philosophie und Wissenschaftstheorie. Bd. 4. Hg. v. Jürgen Mittelstraß. Stuttgart/Weimar 1996, S. 727–731.

Möller, Horst, Weimar. Die unvollendete Demokratie. München 1985.

Mohler, Armin, Die konservative Revolution in Deutschland 1918–1932. Grundriß ihrer Weltanschauungen. Stuttgart 1950.

Mohr, Joachim, Klug ist cool, in: SPIEGEL-Special 11 (1996), S. 106–109.

Moll, Christiane, Die Weiße Rose, in: Peter Steinbach, Johannes Tuchel (Hg.), Widerstand gegen den Nationalsozialismus. Bonn 1994, S. 443–467.

Mommsen, Hans, Die Realisierung des Utopischen: Die ‚Endlösung der Judenfrage' im Dritten Reich, in: ders., Der Nationalsozialismus und die deutsche Gesellschaft. Ausgewählte Aufsätze. Hg. v. Lutz Niethammer, Bernd Weisbrod. Reinbek 1991, S. 184–232 (zuerst: GuG 9 (1983), S. 381–420).

Morsey, Rudolf, Die Bundesrepublik Deutschland. Entstehung und Entwicklung 1949 bis 1969. München ^{2}1990.

Müller, Guido, Weltpolitische Bildung und akademische Reform: Carl Heinrich Beckers Wissenschafts- und Hochschulpolitik 1908–1930. Köln 1991 (zugl. Diss. Aachen 1989).

Müller, Ingo, Furchtbare Juristen. Die unbewältigte Vergangenheit unserer Justiz. München 1987.

- Nürnberg und die deutschen Juristen, in: ders. (Hg.), Der Nürnberger Prozeß. Die Anklagereden des Hauptanklagevertreters der Vereinigten Staaten von Amerika Robert H. Jackson. Weinheim 1995, S. 165–185.

Müller, Marianne, „,...stürmt die Festung Wissenschaft!" Die Sowjetisierung der mitteldeutschen Universitäten seit 1945 (1953). ND Berlin 1993.

Müllerot, Martin, Johannes Meisenheimer, in: NDB. Bd. 16. Hg. v. der Histor. Kommission der Bayer. Akademie der Wissenschaften. Berlin 1990, S. 686 f.

Müller-Seidel, Walter, Literarische Moderne und Weimarer Republik, in: Karl Dietrich Bracher, Manfred Funke, Hans-Adolf Jacobsen (Hg.), Die Weimarer Republik 1918–1933. Politik, Wirtschaft, Gesellschaft. Bonn ^{2}1988, S. 429–453.

Muscheler, Karlheinz, Hermann Ulrich Kantorowicz. Eine Biographie. Berlin 1984 (Freiburger rechtsgeschichtliche Abhandlungen, N.F. Bd. 6).

Nationalsozialismus und die deutsche Universität. Universitätstage 1966. Hg. v. der Freien Universität Berlin. Berlin 1966.

Niem, Christina, Auf zu neuen Ufern? Umbrüche in den sechziger Jahren in den beiden deutschen Staaten, in: Praxis Geschichte 1 (1998): Liebe und Ehe, S. 46–51.

Niethammer, Lutz, Die Mitläuferfabrik. Die Entnazifizierung am Beispiel Bayerns. Berlin/Bonn 1982.

Nietzsche, Friedrich, Vom Nutzen und Nachteil der Historie für das Leben (1873). Stuttgart 1969.

Donald L. Niewyk, The Jews in Weimar Germany. Baton Rouge, LA 1980.

Nipperdey, Thomas, Deutsche Geschichte 1866–1918. Bürgerwelt und starker Staat. München 1983.

- Die deutsche Studentenschaft in den ersten Jahren der Weimarer Republik, in: Kulturverwaltung der zwanziger Jahre: Alte Dokumente und neue Beiträge. Hg. v. Adolf Grimme. Stuttgart 1961, S. 18–48.
- 1933 und die Kontinuität in der deutschen Geschichte, in: HZ 227 (1978), S. 86–111.
- Probleme der Modernisierung in Deutschland, in: Saeculum 30 (1979), S. 292–303 (ND in: ders., Nachdenken über die deutsche Geschichte. Essays. München ²1991, S. 52–70).

Nolte, Ernst, Deutschland und der Kalte Krieg. Stuttgart ²1985 (zuerst München 1974).

- Der europäische Bürgerkrieg 19171945. Nationalsozialismus und Bolschewismus. Frankfurt am Main 1987.

Notices of the American Mathematical Society 10 (1982).

Nora, Pierre, Zwischen Geschichte und Gedächtnis. Berlin 1990 (Kleine kulturwissenschaftliche Bibliothek, Bd. 16).

Nowak, Kurt, Evangelische Kirche und Weimarer Republik. Zum politischen Weg des deutschen Protestantismus zwischen 1918 und 1932. Göttingen 1988 (zuerst Weimar 1981).

Oevermann, Ulrich, Ein unverwüstliches Bildungsideal für das Universitätsstudium?!, in: Studienstiftung Jahresbericht 1997. Hg. v. StSt. Bonn 1998, S. 21–31.

Ogburn, William F., Social Change: With Respect to Culture and Original Nature. New York 1922.

Oppermann, Thomas, Kulturverwaltungsrecht. Bildung, Wissenschaft, Kunst. Tübingen 1969.

Ortega y Gasset, José, Der Aufstand der Massen. Stuttgart 1958 (zuerst Madrid 1930).

Ott, Hugo, Der Freiburger Kreis, in: 20. Juli in Baden und Württemberg. Hg. v. Rudolf Lill, Michael Kißener. Konstanz 1994, S. 125–153.

Overesch, Manfred, Renaissance und Restauration: Bundesdeutsche Wirklichkeiten am Beginn der fünfziger Jahre, in: Politische Kultur und deutsche Frage. Materialien zum Staats- und Nationalbewußtsein in der Bundesrepublik Deutschland. Hg. v. Werner Weidenfeld. Bonn 1989, S. 41–58.

Parsons, Talcott, Das Problem des Strukturwandels. Eine theoretische Skizze, in: Wolfgang Zapf (Hg.), Theorien des sozialen Wandels. Köln/Berlin 1969, S. 35–54.

- Societies. Englewood Cliffs, NJ 1966.
- The System of Modern Societies. Englewood Cliffs, NJ 1971.

Pauwells, Jacques R., Women, Nazis, and Universities. Female University Students in the Third Reich, 1933–1945. London/Westport, Conn. 1984.

Peukert, Detlev K., Jugend zwischen Krieg und Krise. Lebenswelten von Arbeiterjungen in der Weimarer Republik. Köln 1987.

Pfizer, Theodor (Hg.), Baden-Württemberg: Staat, Wirtschaft, Kultur. Stuttgart 1963.

- (Hg.), Bürger im Staat. Politische Bildung im Wandel. Stuttgart 1971.
- Reden und Aufsätze zur Kultur- und Kommunalpolitik aus den Jahren 1950–1979. Hg. v. Hans Eugen Specker. Stuttgart 1984.

Philips, David, Pragmatismus und Idealismus. Das ‚Blaue Gutachten' und die britische Hochschulpolitik in Deutschland 1945–1949. Köln 1995.

Piront, Emil, Fritz Tillmann (1874–1953) und sein Beitrag zur Erneuerung der Moraltheologie im 20. Jahrhundert. Mainz 1996 (zugl. Diss. theol. Mainz).

Politische Klasse und politische Institutionen: Probleme und Perspektiven der Elitenforschung. Dietrich Herzog zum 60. Geburtstag. Hg. v. Hans-Dieter Klingemann. Opladen 1991.

Pooley, Eric, Shake, rattle and enroll, in: TIME. The Princeton Review, 1998 edition.

Postman, Neil, Die zweite Aufklärung. Vom 18. ins 21. Jahrhundert. Berlin 1999 (zuerst New York 1999).

Preuß, Reinhard, Verlorene Söhne des Bürgertums. Linke Strömungen in der deutschen Jugendbewegung 1913–1919. Köln 1991.

Preuß, Ulrich K., Das politische Mandat der Studentenschaft. Frankfurt am Main 1969.

Professionalisierung in historischer Perspektive. Hg. v. Hans-Ulrich Wehler. Göttingen 1980.

Raabe, Felix, Die bündische Jugend. Ein Beitrag zur Geschichte der Weimarer Republik. Stuttgart 1961.

Rahn, Hartmut, Elite bilden oder Begabte fördern, in: Studienstiftung Jahresbericht 1984. Hg. v. StSt. Bonn 1985, S. 21–31.

- Theodor Pfizer 1904–1992, in: Studienstiftung Jahresbericht 1992. Hg. v. StSt. Bonn 1993, S. 6–9.

Raiser, Ludwig, Der Dienst der Studienstiftung für die Hochschule. Hg. v. StSt. Bad Godesberg o.J. (1958).

Randall, Susan C., Strasser, Hermann, Einführung in die Theorien des sozialen Wandels. Darmstadt/Neuwied 1979, S. 23–50.

Rathenau, Walther, Der neue Staat. Berlin 1918.

- Die neue Wirtschaft. Berlin 1919.

Recker, Marie-Luise, Sozialpolitik, in: Enzyklopädie des Nationalsozialismus. Hg. v. Wolfgang Benz, Hermann Graml, Hermann Weiß. Stuttgart 1997, S. 123–134.

Reiß, Heinrich, Das Evangelische Studienwerk e.V., Haus Villigst. Schwerte 1984.

Reulecke, Jürgen, Vorgeschichte und Entstehung des Sozialstaats in Deutschland. Ein Überblick, in: Jochen-Christoph Kaiser, Martin Greschat (Hg.), Sozialer Protestantismus und Sozialstaat. Diakonie und Wohlfahrtspflege in Deutschland 1890 bis 1938. Stuttgart 1996, S. 57–71.

Richter, Werner, Carl Heinrich Becker. Bildungsminister der ersten deutschen Republik. Hannoversch-Münden 1947.

Riecks, Annette, Französische Mentalitätsgeschichte. Ein Forschungsbericht. Münster 1989 (zugl. Diss. phil. Münster 1988).

Ritter, Gerhard A., Der Sozialstaat. Entstehung und Entwicklung im internationalen Vergleich. München 1989.

Röhl, Hans C., Der Wissenschaftsrat: Kooperation zwischen Wissenschaft, Bund und Ländern und ihren rechtlichen Determinanten. Baden-Baden 1994 (zugl. Diss. Heidelberg 1993).

Rohkrämer, Thomas, Eine andere Moderne? Zivilisationskritik, Natur und Technik in Deutschland 1880–1933. Paderborn 1999.

Ropohl, Günter, Präsenzkotau und Kündigungsangst. Politikkader bedrohen die Innovationselite, in: Forschung & Lehre 10 (1999), S. 522–524.

Rothfels, Hans, Die deutsche Opposition gegen Hitler. Eine Würdigung (1947). Frankfurt am Main 1957.

Rucht, Dieter, Protestbewegungen, in: Die Geschichte der Bundesrepublik Deutschland. Bd. 3. Gesellschaft. Hg. v. Wolfgang Benz. Frankfurt am Main 1989, S. 311–344.

Rudloff, Michael, Umkehr in die Irrationalität? Religion, Nation und Sozialismus in der Jugendbewegung nach dem Ersten Weltkrieg, in: ders. (Hg.), Sozialdemokratie und Nation. Der Hofgeismarerkreis in der Weimarer Republik und seine Nachwirkungen. Eine Dokumentation. Leipzig 1995, S. 77–94.

- ‚Vaterlandslose Gesellen' oder Staatsbürger? Das Verhältnis der SPD zur nationalen Frage, in: ders. (Hg.), Sozialdemokratie und Nation. Der Hofgeismarerkreis in der Weimarer Republik und seine Nachwirkungen. Eine Dokumentation. Leipzig 1995, S. 176–200.

Rüschemeyer, Dietrich, Partielle Modernisierung, in: Wolfgang Zapf (Hg.), Theorie des sozialen Wandels. Köln/Berlin 1969, S. 382–396.

Rüthers, Bernd, Die unbegrenzte Auslegung. Zum Wandel der Privatrechtsordnung im Nationalsozialismus. Heidelberg [5]1997.

Rumpf, Horst, Die Bibel der Verschulung. Ein Rückblick auf das Gutachten des Deutschen Bildungsrats 1968, in: Kursbuch 80 (1985), S. 103–129.

Rusinek, Bernd A., Das Forschungszentrum. Eine Geschichte der KFA Jülich von ihrer Gründung bis 1980. Frankfurt am Main/New York 1996 (zugl. Habil.-Schr. Düsseldorf 1993).

- Europas 300-GeV-Maschine: Der größte Teilchenbeschleuniger der Welt an einem westfälischen Standort?, in: Geschichte im Westen 11 (1996), S. 135–153.

Sacher, Werner, Edurard Spranger: 1902–1933. Ein Erziehungsphilosoph zwischen Dilthey und den Neukantianern. Frankfurt am Main 1988 (zugl. Habil.-Schr. Bamberg 1987).

Sachße, Christoph, Der Wohlfahrtsstaat in historischer und vergleichender Perspektive, in: GuG 16 (1990), S. 479–490.

Sander, Theodor, Rolff, Hans-G., Winkler, Gertrud, Die demokratische Leistungsschule. Grundzüge der Gesamtschule. Hannover [3]1971.

Sauer, Martina, Schnapp, Kai-Uwe, Eliteintegration durch Kommunikation? Eine Analyse der Kontaktmuster der Positionseliten, in: Wilhelm Bürklin u.a., Eliten in Deutschland. Rekrutierung und Integration. Opladen 1997, S. 239–283.

Schelsky, Helmut, Die skeptische Generation. Eine Soziologie der deutschen Jugend. Düsseldorf/Köln 1957.

- Einsamkeit und Freiheit. Idee und Gestalt der deutschen Universität und ihrer Reformen. Düsseldorf 1971.

Scheuch, Erwin K. und Ute, Cliquen, Klüngel und Karrieren. Über den Verfall der politischen Parteien. Eine Studie. Reinbek 1992.

Schildt, Axel, Konservatismus in Deutschland. Von den Anfängen im 18. Jahrhundert bis zur Gegenwart. München 1998.

- NS-Eliten in der Bundesrepublik, in: Geschichte, Politik und ihre Didaktik 24 (1996), S. 20–32.

- Sywottek, Axel (Hg.), Modernisierung und Wiederaufbau. Die westdeutsche Gesellschaft der 50er Jahre. Bonn 1993.

Schirrmacher, Frank, Eine Legende, ihr Neidhammel! Kindheit eines Chefs oder Die C-Ration unserer Literatur – Hans Magnus Enzensberger wird siebzig, in: FAZ Nr. 259 vom 6.11.1999, Bilder und Zeiten, I.

Schlesinger, Arthur M., The Face of the Future, in: John M. Blum u.a., The National Experience. A History of the United States. New York [2]1968, S. 815–845.

Schmid, Die Tübinger Studentenschaft nach dem Ersten Weltkrieg 1918–1923. Tübingen o.J.

Schnabel, Franz, Deutsche Geschichte im neunzehnten Jahrhundert. Bd. 3: Erfahrungswissenschaften und Technik. München 1987 (zuerst Freiburg i.Br. 1934).

Schnapp, Kai-Uwe, Soziale Zusammensetzung von Elite und Bevölkerung – Verteilung von Aufstiegschancen in die Elite im Zeitvergleich, in: Wihelm Bürklin u. a., Eliten in Deutschland. Rekrutierung und Integration. Oplanden 1997, S. 66–99.

Schneider, Christian, Das Erbe der Napola. Versuch einer Generationengeschichte des Nationalsozialismus. Hamburg 1996.

Schneider, Jürgen, Die Studienstiftung des Biberacher Bürgermeisters Gottschalk Klock an der Universität Tübingen 1594–1962. Tübingen 1973 (zugl. Diss. phil.).

Schoenbaum, David, Die braune Revolution. Eine Sozialegeschichte des Dritten Reiches. Köln 1980.

Schönhoven, Klaus, Reformismus und Radikalismus. Gespaltene Arbeiterbewegung im Weimarer Sozialstaat. München 1989.

Schöllgen, Gregor, ‚Griff nach der Weltmacht'? 25 Jahre Fischer-Kontroverse, in: HJB 106 (1986), S. 386–406.

Schönwälder, Karen, Historiker und Politik. Geschichtswissenschaft und Nationalsozialismus. Frankfurt am Main/New York 1992 (Diss. phil. Marburg 1990).

Schoeps, Julius H. (Hg.), Ein Volk von Mördern? Die Dokumentation der Goldhagen-Kontroverse um die Rolle der Deutschen im Holocaust. Frankfurt am Main 1996.

Scholl, Inge, Die Weiße Rose. Frankfurt am Main ^{6}1986 (zuerst ebd. 1982).

Scholtz, Harald, Die ‚NS-Ordensburgen', in: VZG 15 (1967), S. 269–298.

Schrecke, Katja, Otto Walcker. Badischer Minister des Kultus, des Unterrichts und der Justiz, in: Michael Kißener, Joachim Scholtyseck (Hg.), Die Führer der Provinz. NS-Biographien aus Baden und Württemberg. Konstanz 1997, S. 705–732.

Schreier, Gerhard, Außerunterrichtliche Tätigkeit und Begabtenförderung in der DDR, in: Schule in der DDR. Hg. v. Gisela Helwig. Köln 1988, S. 111–137.

Schulberatung Öffentlicher Fördereinrichtungen für besonders begabte Schülerinnen und Schüler in Bayern. Hg. v. Staatsinstitut für Schulpädagogik und Bildungsforschung. München 1991.

Schulz, Gerhard, Entwicklungstendenzen in der Nachkriegsdemokratie, in: Demokratisches System und politische Praxis der Bundesrepublik. Festschrift für Theodor Eschenburg. Hg. v. Klaus von Beyme u.a. München/Zürich 1971, S. 13–54.

Schulze, Hagen, Kleine deutsche Geschichte. München 1996.

- Mentalitätsgeschichte – Chancen und Grenzen eines Paradigmas der französischen Geschichtswissenschaft, in: GWU 36 (1985), S. 247–270.
- Staat und Nation in der europäischen Geschichte. München 1994.

Schulze, Winfried, Der Stifterverband für die Deutsche Wissenschaft, 1920–1995. Berlin 1995.

- Doppelte Entnazifizierung. Geisteswissenschaften nach 1945, in: Helmut König u. a. (Hg.), Vertuschte Vergangenheit. Der Fall Schwerte und die NS-Vergangenheit der deutschen Hochschulen. Münche 1997, S. 257–286.

Schwan, Gesine, Politik und Schuld. Die zerstörerische Macht des Schweigens. Frankfurt am Main 1997.

Schwanitz, Dietrich, Das Beste verhindert immer das Gute. Jenseits der Kulturrevolution herrscht die Vergangenheit: Das Erbe von 1968, in: Die WELT vom 4.4.1998, G1.

- Die Neugestaltung dient nicht den Hochschulen. Ein Kommentar zum Hochschulrahmengesetz, in: Forschung & Lehre 10 (1997), S. 506 f.

Schwarz, Hans-Peter, Der Ort der Bundesrepublik in der deutschen Geschichte. Vorträge der Nordrhein-Westfälischen Akademie der Wissenschaften, Düsseldorf, Bd. 343. Oplanden 1996.

Schwarz, Jürgen, Die deutsche Studentenschaft in der Zeit von 1918 bis 1923 und ihre Stellung zur Politik. Freiburg i.Br. 1962 (zugl. Diss. phil.).

Schwiedrzik, Wolfgang M., Lieber will ich Steine klopfen. Der Philosoph und Pädagoge Theodor Litt in Leipzig, 1933–1947. Leipzig 1996.

Seeberger, Wilhelm, Die menschliche Intelligenz als Entwicklungsproblem. Darmstadt 1968.

Simon, Dieter, Lehren aus der Zeitgeschichte der Wissenschaft, in: Jürgen Kocka, Renate Mayntz (Hg.), Wissenschaft und Wiedervereinigung. Berlin 1998 (Interdisziplinäre Arbeitsgruppen Forschungsberichte, hg. v. der Berlin-Brandenburgischen Akademie der Wissenschaften, Bd. 6), S. 509–523.

Sluga, Hans D., Heidegger's crisis. Philosophy and politics in Nazi Germany. Cambridge/Mass. 1993.

Soffer, Reba N., Discipline and power: the university, history, and the making of an English elite, 1870–1930. Stanford/CA 1994.

Sofsky, Wolfgang, Traktat über die Gewalt. Frankfurt am Main 1996.

Sontheimer, Kurt, Antidemokratisches Denken in der Weimarer Republik. Die politischen Ideen des deutschen Nationalismus zwischen 1918 und 1933. München ^{3}1992 (zuerst ebd. 1962).

- Die Adenauer-Ära. Grundlegung der Bundesrepublik. München 1991.

- Die politische Kultur der Weimarer Republik, in: Karl Dietrich Bracher, Manfred Funke, Hans-Adolf Jacobsen (Hg.), Die Weimarer Republik 1918–1933. Politik, Wirtschaft, Gesellschaft. Bonn ^{2}1988, S. 454–464.

- Eine Generation der Gescheiterten, in: Die ZEIT Nr. 15 vom 9.4.1993, S. 11.

SPIEGEL-Special 11 (1996): Bildung.

Spitznagel, Peter, Studentenschaft und Nationalsozialismus in Würzburg 1927–1936, in: Studentenschaft und Korporationswesen an der Universität Würzburg. Hg. v. Institut für Hochschulkunde an der Universität Würzburg. Würzburg 1982, S. 89–139.

Stadtverwaltung Frankfurt am Main (Hg.), Oberbürgermeister Dr. h.c. Walter Kolb (1902–1956). Frankfurt am Main 1956.

Stamm, Thomas, Zwischen Staat und Selbstverwaltung. Die deutsche Forschung im Wiederaufbau 1945–1965. Köln 1981 (zugl. Diss. phil. Bonn 1980).

Statistisches Bundesamt (Hg.), Datenreport 1997. Zahlen und Fakten über die Bundesrepublik Deutschland. Bonn 1997.

Steinberg, Michael St., Sabers and Brown Shirts. The German Students' Path to National Socialism 1918–1935. Chicago 1977 (PhD-thesis John Hopkins Univ. 1971).

Steinböhmer, Gustav, Von der Idee des Preußentums, in: ders., Abtrünnige Bildung. Interregnum und Forderung. Heidelberg 1929, S. 42–53.

Stern, Fritz Der Nationalsozialismus als Versuchung, in: ders., Der Traum vom Frieden und die Versuchung der Macht. Deutsche Geschichte im 20. Jahrhundert. Berlin 1999 (zuerst ebd. 1988, tw. New York 1987), S. 169–216.

- Der Traum vom Frieden und die Versuchung der Macht. Deutsche Geschichte im 20. Jahrhundert. Neuausg. 1999 (zuerst ebd. 1988, tw. New York 1987).

- Die zweite Chance? Deutschland am Anfang und Endes des Jahrhunderts (1992), in: ders., Verspielte Größe. Essays zur deutschen Geschichte des 20. Jahrhunderts. München 1999 (zuerst ebd. 1996), S. 11–36.

- Einstein's German World. Princeton N.J. 1999.

- Kulturpessimismus als politische Gefahr. Eine Analyse nationaler Ideologie in Deutschland. Bern u.a. 1963.

- Paul Ehrlich. Der Forscher in seiner Zeit (1990), in: ders., Verspielte Größe. Essays zur deutschen Geschichte des 20. Jahrhunderts. München ²1999 (zuerst ebd. 1996), S. 151–175, 152 f.
- u. a. (Hg.), The Responsibility of Power. Historical Essays in Honor of Hajo Holborn. New York 1967.

Stickler, Matthias, Zwischen Reich und Republik. Zur Geschichte der studentischen Verbindungen in der Weimarer Republik, in: Harm-Hinrich Brandt, ders., (Hg.), Der Burschen Herrlichkeit (Sic!). Geschichte und Gegenwart des studentischen Korporationswesens. Würzburg 1998, S. 85–108.

Stieftöchter der Alma Mater? 90 Jahre Frauenstudium in Bayern – am Beispiel der Universität München. Katalog zur Ausstellung. Hg. v. Hadumod Bußmann. München 1993.

Stimpel, Hans-Martin, Die Bildungstheorie und der Begriff der Sachlichkeit. Wesenszüge des traditionellen Bildungsbegriffs, in: Behauptung der Person. Festschrift für Prof. Hans Bohnenkamp. Hg. v. Helmuth Kittel, Horst Wetterling. Weinheim 1963, S. 309–342.

Stolleis, Michael, Recht im Unrecht: Studien zur Rechtsgeschichte des Nationalsozialismus. Frankfurt am Main 1994.

Stutzer, Emil, Staatsbürgerliche Bildung und Erziehung. Deutsche Staatsbürgerkunde, in: Handbuch der Politik. Bd. III: Die politische Erneuerung. Hg. v. Gerhard Anschütz u.a. Berlin 1921, S. 227–232.

Symposion Die Elite der Nation im Dritten Reich: Das Verhältnis von Akademien und ihrem wissenschaftlichen Umfeld zum Nationalsozialismus. Leipzig 1995.

Tenorth, Heinz-Elmar, Pädagogisches Denken, in: Handbuch der deutschen Bildungsgeschichte, Bd. V. Hg. v. Dieter Langewiesche, demselben. München 1989, S. 111–153.

Teufel, Gerhard (Hg.), Dokumentation der Zukunftswerkstatt der Studienstiftung, 11.–13. Juli 1997, Schloß Seeheim, Konstanz. O.O. (Bonn), o.J. (1997).

- Tätigkeitsbericht 1996, in: Studienstiftung Jahresbericht 1996. Hg. v. StSt. Bonn 1997, S. 28–66.

The National Education Association (Ed.), An Annotated Bibliography on the Academically Talented. Washington, D.C. 1961.

Tillmann, Klaus-Jürgen (Red.), Gesamtschule im Flächenversuch: Bundeskongreß Gesamtschule 8.–10. Mai 1975 in Wetzlar. Bochum 1975.

Titze, Hartmut, Hochschulen, in: Handbuch der deutschen Bildungsgeschichte, Bd. V. Hg. v. Dieter Langewiesche, Hans-Elmar Tenorth. München 1989, S. 209–258.

Toffler, Alvin, Der Zukunftsschock. Bern/München/Wien 1970.

Tröger, Walter, Elitenbildung. Überlegungen zur Schulreform in der demokratischen Gesellschaft. München/Basel 1968.

Troeltsch, Ernst, Die Revolution der Wissenschaft, in: Schmollers Jahrbuch für Gesetzgebung, Verwaltung und Volkswirtschaft 45 (1921), S. 1001–1030.

Urban, Klaus K., Zur Förderung besonders Begabter in der BRD, in: Hochbegabungsförderung international. Hg. v. Hans-Georg Mehlhorn, demselben. Köln/Wien 1989, S. 150–173.

Vierhaus, Rudolf (Hg.), Forschung im Spannungsfeld vom Politik und Gesellschaft: Geschichte und Struktur der Kaiser-Wilhelm-/Max-Planck-Gesellschaft. Stuttgart 1990.

Voigt, Gerd, Otto Hoetzsch 1876–1946. Wissenschaft und Politik im Leben eines deutschen Historikers. Berlin (Ost) 1978.

Vollmer-Heitman, Hanna, Wir sind von Kopf bis Fuß auf Liebe eingestellt. Die zwanziger Jahre. Hamburg 1993.

Wagner, Matthias, Der Forschungsrat der DDR. Im Spannungsfeld von Sachkompetenz und Ideologieanspruch, 1954–April 1962. Berlin 1992 (zugl. Diss. phil. HUB).

Walter, Franz, Sozialistische Akademiker- und Intellektuellenorganisationen in der Weimarer Republik. Bonn 1990.

Walzer, Michael, Sphären der Gerechtigkeit. Ein Plädoyer für Pluralität und Gleichheit. Frankfurt am Main 1992 (zuerst New York 1983).

- Zivile Gesellschaft und amerikanische Demokratie. Hamburg 1992 (Cambridge/Mass. 1980).

Weber, Heribert, Ratlosigkeit und Rebellion: Jugend und politische Erziehung in der zweiten Hälfte der Weimarer Republik. Tübingen 1972 (zugl. Diss. päd. 1971).

Weber, Max, Der Beruf zur Wissenschaft, in: (u. a.) ders., Soziologie. Universalgeschichtliche Analysen. Politik. Hg. v. Johannes Winckelmann. Stuttgart 1973, S. 311–339.

- Wissenschaft als Beruf. Vortrag vor dem Freistudentischen Bund 1919, in: (u. a.) Max Weber-Gesamtausg. Abt. 1: Schriften und Reden. Bd. 17. Hg. v. Wolfgang J. Mommsen, Wolfgang Schluchter. Tübingen 1992, S. 71–111.

Weber, Petra, Carlo Schmid 1896–1979. Eine Biographie. München 1996.

- Modernisierungstheorie und Geschichte (1975), in: ders., Die Gegenwart als Geschichte. Essays. München 1995, S. 13–59.

Weis, Eberhard, Einleitung (1987), in: Franz Schnabel, Deutsche Geschichte im 19. Jahrhundert. Bd. 1. München 1987 (zuerst Freiburg i.Br. 1929), S. XI–XXXII.

Weimar, Klaus, Der Germanist Hans Schwerte, in: Helmut König u. a. (Hg.), Vertuschte Vergangenheit. Der Fall Schwerte und die NS-Vergangenheit der deutschen Hochschulen. München 1997, S. 257–286.

Weiß, Hermann, Nationalpolitische Erziehungsanstalten, in: Enzyklopädie des Nationalsozialismus. Hg. v. Wolfgang Benz, Hermann Graml, demselben. Stuttgart 1997, S. 597–599.

Welzel, Christian, Konturen des Wandels. Die Erneuerung der ostdeutschen Eliten, in: Forschung & Lehre 10 (1997), S. 522 f.

Wember, Heiner, Internierung und Bestrafung von Nationalsozialisten in der britischen Besatzungszone Deutschlands. Essen 1991 (zugl. Diss. phil. Münster 1990).

Wendehorst, Alfred, Geschichte der Friedrich-Alexander-Universität Erlangen-Nürnberg, 1743–1993. München 1993.

Wendt, Bernd-Jürgen, Großdeutschland. Außenpolitik und Kriegsvorbereitung des Hitler-Regimes. München 1987.

Wentzlaff-Eggebert, Friedrich Wihelm, Belehrung und Verkündigung: Schriften zur deutschen Literatur vom Mittelalter bis zur Neuzeit. Hg. v. Manfred Dick, Gerhard Kaiser. Berlin/New York 1975.

Wesel, Uwe, Geschichte des Rechts. Von den Anfängen bis zum Vertrag von Maastricht. München 1997.

Westphalen, Klaus, Die verhängnisvolle Trennung von gesellschaftlichem und pädagogischem Leistungsbegriff – eine Erblast der 68er, in: Kurt Aurin, Horst Wollenweber (Hg.), Schulpolitik im Widerstreit. Brauchen wir eine ‚andere Schule'? Bad Heilbrunn 1997, S. 99–112.

Weule, Hartmut, Forschungspolitik in Deutschland, in: Forschungspolitik in Deutschland. Hg. v. der Alfred-Herrhausen-Gesellschaft für internationalen Dialog. Frankfurt am Main 1995, S. 1–20.

Wilhelm, Theodor, Entstationen des Bildungszeitalters, in: Neue Sammlung. Vierteljahresschrift für Erziehung und Gesellschaft 27 (1987), H. 4, S. 563–580.

Willmann, Urs, Kleine Bestien unter sich, in: Die ZEIT Nr. 13 vom 25.3.1999, S. 81.

Winkler, Heinrich August, Abschied von den Sonderwegen. Die Deutschen vor und nach der Wiedervereinigung (1994), in: ders., Streitfragen der deutschen Geschichte. Essays. München 1997, S. 123–147.

- German Society, Hitler, and the Illusion of Restoration 1930–33, in: JCH 11 (1976), S. 1–16.

- Mittelstand, Demokratie und Nationalsozialismus. Die politische Entwicklung von Handwerk und Kleinhandel in der Weimarer Republik. Köln 1972 (zugl. Habil.-Schr. 1970 Berlin FU).
- Mittelstandsbewegung oder Volkspartei? Zur sozialen Basis der NSDAP, in: Wolfgang Schieder (Hg.), Faschismus als soziale Bewegung. Deutschland und Italien im Vergleich. Hamburg 1976, S. 97–118.
- Von Weimar zu Hitler. Die gespaltene Arbeiterbewegung und das Scheitern der ersten deutschen Demokratie (1992), in: ders., Streitfragen deutscher Geschichte. Essays zum 19. und 20. Jahrhundert. München 1997, S. 71–92.
- Weimar 1918–1933. Die Geschichte der ersten deutschen Demokratie. München 1993.
- Zweifel am Antifaschismus. Ein Angriff auf die Selbstkritik der Universität, in: Die ZEIT Nr. 41 vom 11.10.1968, S. 63.

Winner, Ellen, Hochbegabt. Mythen und Realitäten von hochbegabten Kindern. Stuttgart 1998 (zuerst New York 1996).

Wippermann, Wolfgang, Der konsequente Wahn. Ideologie und Politik Adolf Hitlers. Gütersloh 1989.

Wissenschaftsmanagement zwischen akademischer Freiheit und Dienstleistung: autonome Universitäten auf dem Weg zum Großbetrieb. 7. Bremer Universitätsgespräch am 3./4. November 1994 im Park Hotel Bremen. Dokumentation. Red. Volker Preuß. Bremen 1995.

Wissenschaftsnotizen. Informationen der SPD Nr. 16, 4/2000.

Wissenschaftsrat (Hg.), Empfehlungen zur Struktur und zum Ausbau des Bildungswesens im Hochschulbereich nach 1970. 3 Bde. Bonn 1970.

Wissenschaftsrat (Hg.), Zur Lage der Hochschulen Anfang der 80er Jahre. Quantitative Entwicklung und Ausstattung. Bonn 1983.

Wunder, Dieter, Gesellschaftspolitik und Schule. Gedanken zum 50jährigen Geburtstag der Fritz-Karsen-Schule, in: Die Deutsche Schule 1 (1999), S. 11–18.

Zapf, Wolfgang, Aufsätze zur Wohlfahrtspflege und zur Modernisierungstheorie. Mannheim 1987.
- Wandlungen der deutschen Elite. Ein Zirkulationsmodell deutscher Führungsgruppen 1919–1961. München ^{2}1966.

Zauner, Stefan, Erziehung und Kulturmission. Frankreichs Bildungspolitik in Deutschland 1945–1949. München 1994.

Zierold, Kurt, Forschungsförderung in drei Epochen: DFG. Geschichte, Arbeitsweise, Kommentar. Wiesbaden 1968.

Zimmer, Ernst, Umsturz im Weltbild der Physik. Bearb. v. Alwin Hinzpeter. München ^{13}1968.

Zitelmann, Rainer, Adenauers Gegner. Streiter für die Einheit. Erlangen u.a. 1991.

Zorn, Wolfgang, Die politische Entwicklung des deutschen Studentums 1918–1931, in: Darstellungen und Quellen der deutschen Einheitsbewegung im 19. und 20. Jahrhundert. Hg. v. Kurt Stephenson u.a. Bd. 5. Heidelberg 1965, S. 223–307.
- Student Politics in the Weimar Republic, in: JCH 5 (1970), S. 128–143.

Zwischen Verpflichtung und Verantwortung – der Beitrag der Wissenschaften zur Zukunftsgestaltung. Tagung des Wissenschaftsforums in Mainz, 24.2.1996, in: Wissenschaftsnotizen 10 (1996), S. 4–24.

Web-Seiten (Abfragezeitpunkt: 10/99)

- http://www.geschichte.hu-berlin.de: Profil des Lehrstuhls für Wissenschaftsgeschichte an der Humboldt-Universität zu Berlin.
- http://www.gwdg.de/iranist/Geschichte.htm.
- http://www.math.uni-goettingen.de/fakultaet/geschichte/
- http://www.studienstiftung.de

Personenregister

Adam, Gerhard 245, 249–250
Adenauer, Konrad 12, 261, 270–271, 283, 307, 308
Adorno, Theodor W. 320–321
Agartz, Victor 275
Agricola, Ellen 163
Ahle, Hans 189
Alewyn, Richard 79
Altgeld, Wolfgang IX
Altner, Helmut IX, 355
Amburger, Erik 83–85
Ammon, Friedrich von 221
Anderson, Benedict 43
Andreas, Willy 84
Arndt, Ernst Moritz 118
Arnim, Achim von 293
Asselt, Piet van 260
Aubel, Peter van 24, 39, 268, 274, 277, 364
Baader, Andreas 299
Baethgen, Friedrich 84
Bahlsen, Werner 275
Balkenhol, Stephan 349
Ballerstedt, Kurt 289, 290–291, 314–316
Balzac, Honoré de 293
Barth, Karl 82, 265–266
Bauer, Ferdinand Christian 82
Bäuerle, Theodor 274, 278
Becher, Erich 76
Beck, Friedrich (Fritz) 39, 76, 189
Becker, Carl Heinrich 37, 74, 113–118, 145, 168, 170, 183, 196, 213, 266
Becker, Johann Baptist 39
Becker, Hellmut 320
Beißner, Friedrich 64
Beling, Ernst von 64
Bergstraesser, Arnold 84, 195, 203, 243
Bickelhaupt (Nettesheim), Ruth IX, 13, 294–298
Bismarck, Otto von 176, 192

Blume, Karl 216–218, 224
Blumenthal, Ernst 287
Böckler, Hanns 275
Bornkamm, Günther 181, 292–293
Bourdieu, Pierre 14, 336
Bracher, Karl Dietrich 12
Brandström, Elsa 87, 139, 141, 144, 361
Brandt, Willy 317, 319, 321
Brauer, Max 275
Broch, Hermann 293
Brocke, Bernhard vom X
Brod, Max 83
Broszat, Martin 164,
Bruch, Rüdiger vom IX, 359
Brügelmann, Hans IX
Brügelmann, Hermann IX, 13, 40, 134, 162, 195, 199, 203–204, 208, 233–235, 237–238, 243, 244, 268, 362, 364
Brügelmann, Klaus IX
Brüning, Heinrich 179, 192, 362
Brunstäd, Friedrich 235
Camus, Albert 118
Canaris, Claus-Wilhelm 349
Carey, John 88
Cimiotti, Emil 349
Courant, Richard 54, 157, 161–164
Dahm, Georg 242–243
Dahrendorf, Rolf 307, 311
Descartes, René 160
Dessauer, Friedrich 75
Deutsch, Karl W. 43
Dingräve, Leopold 22
Döblin, Alfred 265
Driesch, Hans 71
Dürig, Günter 296
Duisberg, Carl 24, 37–40, 92, 146–148, 154, 165, 201–202, 361
Ebert, Friedrich 85, 283

Eidem, Erling 287
Eigen, Manfred 342
Elster, Hans-Joachim 65–68, 258
Engels, Friedrich 291
Ensslin, Gudrun 299
Enzensberger, Hans-Magnus 335, 349
Erhard, Ludwig 307
Eschenburg, Theodor 349
Faulkner, William 293
Feickert, Andreas 208–209, 229
Fichte, Johann Gottlieb 116 , 118
Filbinger, Hans 318
Fischer, Fritz 204, 262
Fitzgerald, F. Scott 293
Flex, Walter 144
Forsthoff, Ernst 190
Fraenkel, Eduard 64
Frercks, Rudolf 253
Frick, Wilhelm 210–211, 216–217, 227, 363
Friedrich, Wolf-Hartmut 62–65, 258
Frings, Josef 275
Furtwängler, Wilhelm 78, 86
Gebelein, Hans 288
Gellner, Ernest 43
Gerlach, Walther 25
Gerloff, Helmuth 166
Gerhardt, Uta 317
Gerstenmaier, Eugen 233, 235, 260, 275
Gide, André 293
Glaser, Hermann 309
Glatzel, Frank 35
Gleiter, Herbert 349
Goebbels, Joseph 214
Goethe, Johann Wolfgang von 117, 176–177, 197, 261, 284, 293, 312
Göhler, Alfred 82–83
Göhler, Hulda, geb. Müller 80–83
Göhler, Johannes 82
Goldhagen, Daniel J. 61
Göring, Hermann 254
Gregory, Jean Karen 351, 359
Grimme, Adolf 13, 196–197, 263, 266–271, 273, 274–275, 277, 279, 283, 364
Grzimek, Bernhard 288, 349
Grüttner, Michael 210, 214, 221, 249, 259
Guardini, Romano 275
Guckel, Volker IX
Guéhenno, Jean-Marie 2
Guilford, Joy P. 330
Guyot-Sander, Hélène 4, 348

Haeckel, Ernst 65
Haerten, Gisela IX
Haerten, Heinz IX, 4, 11, 40, 92, 101, 125, 172, 204, 263, 275–277, 279, 286–287, 291–292, 295–296, 298–306, 309, 313, 316–318, 320, 323–326, 329, 354, 364
Hahn, Friedemann 349
Hallstein, Walter 274–275, 364
Handke, Peter 334
Harder, Günter 349
Harnack, Adolf von 171, 185
Hartenstein, Hans 25
Hartung, Harald 349
Hegel, Georg Wilhelm Friedrich 82, 192, 293
Hegler, August 26
Heidebroek, Enno 217, 229, 240, 242
Heidegger, Martin 216, 229
Heimpel, Hermann 131–132, 134
Heinemann, Gerda X
Heinemann, Manfred X
Heinze, Richard 64
Heller, Kurt A. 330
Hemmerle, Nikolaus 349
Henle, Günther 275
Herder, Johann Gottfried von 197
Herglotz, Gustav 157
Herzl, Theodor 288
Herzog, Roman 3, 357, 359
Heß, Rudolf 241, 363
Hildenbrand, Werner 349
Hindenburg, Paul von 74, 191
Hintze, Willi 124
Hinz, Walter 70–72, 259
Hinzpeter, Alwin 72–75, 259
Hirche, Kurt 182–183
Hitler, Adolf 12, 61, 127, 157, 203–204, 207, 214, 219, 226, 233, 247, 253, 256–258, 261–262, 271, 286, 307
Hobbes, Thomas 160
Hoffmann, Wilhelm 9, 25, 34, 39–40, 92, 101, 145, 150–153, 168, 172–174, 179, 181, 184, 186, 198–200, 230–231, 243, 268, 362, 364
Hohmeister, Claudia X
Holborn, Hajo 84
Holzamer, Karl 75–77, 349
Holzwarth, Franz 21, 22, 31
Humboldt, Wilhelm von 111, 127, 359
Huber, Ernst Rudolf 243
Huber, Kurt 76
Huber, Robert 348

Personenregister

Hundhammer, Alois 274–275, 277–278, 364
Jäckel, Eberhard 204
Jaeggi, Urs 291
Jahn, Friedrich Ludwig 110
Jarausch, Konrad H. 220, 239, 250, 349
Jaspers, Karl 89, 117, 183
Jensen, Daniel 307
Jochimsen, Reimut 9, 335, 349, 365
John, Fritz 157–164, 212
Kafka, Franz 83, 293
Kaisen, Wilhelm 275
Kaiser, Jochen-Christoph X
Kantorowicz, Hermann U. 114
Kayser, Wolfgang 79
Kessler, Hans IX, 13
Kielmansegg, Peter Graf IX
Kleist, Heinrich von 293
Klinkenberg, Hans Martin 292–294
Koch-Weser, Erich 96
Kohlrausch, Wilhelm 73
Körte, Alfred 64, 71
Kolb, Walter 274, 364
Kracauer, Siegfried 100
Kreutzer, Marianne 318
Krippendorff, Herbert 21, 24
Krockow, Christian Graf von 349
Kröger, Rolf 240
Krombach, Ernst 291
Krüger, Gerhard 201–202, 209–211, 216–217, 220–221
Kruggel, Helmut 129–135, 139
Kunkel, Wolfgang 314
Kunze, Heinz Rudolf 349
Kutscher, Artur 72
Laagland, Elisabeth 331
Lachenmann, Helmut 349
Landahl, Heinrich 275, 279
Larenz, Karl 243
Lasch, Christopher 2
Leber, Julius 198
Leetz, Arnold 135–139
Leibniz, Gottfried Wilhelm von 126
Leicht, Robert 9, 349, 353
Lemke, Bruno 35
Lenin, Wladimir I. 291
Lennert, Rudolf 314
Lenz, Reinhold 84
Lessing, Gotthold Ephraim 79, 293
Lessing, Theodor 74
Lieres, Marianne von 298

Lilje, Hanns 275
Litt, Theodor 86, 138, 174, 176–177, 183, 230, 268, 274–275, 278, 348, 362, 364
Löwenstein, Kurt 196
Lübbe, Hermann 323, 339–340
Maier, Hans 285–286, 292, 335, 349, 365
Maihofer, Werner 283–284, 335, 349, 365
Maldfeld, G. 40
Mann, Heinrich 32
Mann, Thomas 19, 190–191, 262, 268, 293
Marcks, Erich 85
Marcuse, Herbert 321
Marquard, Odo 349
Marx, Karl 22, 291
Martini, Fritz 79
Matthäus-Meier, Ingrid 349
Maußer, Otto 63
Mehnert, Klaus 76, 85, 113, 181, 275, 349
Meinecke, Friedrich 84–85, 261
Meinhof, Ulrike 298–299
Meinhof, Werner 298
Meisenheimer, Johannes 66
Merkel, Heinrich 37, 39, 361
Messerschmidt, Ernst 349
Meyer, Georg-Heinz 252
Michaelis, Georg 27, 39
Mierendorff, Carlo 198
Milberg, Joachim 349
Miller, Alice 343
Mitgau, Johann Hermann 39, 83, 146
Mittelstraß, Jürgen 349
Möbus, Christiane 349
Moeller van den Bruck, Arthur 35
Mörike, Eduard 293
Moldenhauer, Paul 95 f.
Mommsen, Hans 297
Montaigne, Michel E. de 160
Morsbach, Adolf 203
Mosca, Gaetano 344
Müller, Hermann 321
Müller (Göhler), Hulda 80–83
Müller, Ingo 349
Müller, Ludwig 82
Müller, Max 76, 318
Mussolini, Benito 344
Nadolny, Sten 349
Nagel, Ivan 349
Naumann, Friedrich 283
Neher, Erwin 349
Nettesheim, Ruth, geb. Bickelhaupt IX, 13, 294–298

Niemöller, Martin 82 f.
Nießen, Ludwig 193
Nietzsche, Friedrich 89, 284, 293, 358
Nipperdey, Thomas 61
Nitsch, Wolfgang 317
Nohl, Hermann 54, 138, 158–159, 183, 230
Offe, Claus 317
Ortega y Gasset, José 87–88
Orth, Georg Friedrich 252
Paeckelmann, Wolfgang 34, 38–42, 48, 51, 66, 87, 91–95, 101, 105, 108, 123, 126–127, 130, 145, 146, 148–154, 169, 171–173, 183–184, 198, 200, 204, 268, 275, 277–278, 305, 354, 357, 361–362, 364
Papen, Franz von 192, 207
Pareto, Vilfredo 344
Parsons, Talcott 185
Payr, Erwin 71
Petersen, Julius 79
Pfizer, Theodor 25–26, 274, 335, 351, 365
Picht, Georg 312–313
Pickert, Günter 223–225
Pilgrim, Hubertus von 349
Pinder, Wilhelm 71, 86
Platen, August Graf von 293
Postman, Neil 360
Preuß, Ulrich K. 317
Pringsheim, Fritz 284
Proust, Marcel 293
Rahn, Hartmut 13, 281, 311, 318, 323–330, 333, 336, 338–339, 344–346, 348–350, 352, 354, 364–365
Raiser, Ludwig 274–275, 300–301, 307, 364
Randow, Thomas von 349
Ranke, Leopold von 346
Rathenau, Walther 37
Renger, Annemarie 319
Rihm, Wolfgang 349
Rilke, Rainer Maria 295
Ritter, Gerhard 131–132, 134
Roethe, Gustav 79
Rothe, Rudolf 214
Rothfels, Hans 233–235, 261
Rückert, Sabine 352
Rühberg, W. 242
Rumpf, Max 103–104
Runkel, Heinrich 106
Rust, Bernhard 216, 227, 241–242, 245, 247, 253, 255–256, 363

Sauberzweig, Dieter 13, 296–298, 307, 309–313, 319, 364
Schairer, Reinhold 28, 37–40, 43, 92, 145, 147, 184, 193, 217, 219, 229, 233, 361
Scheel, Gustav Adolf 241, 255–256, 363
Schefold, Karl 292
Schelsky, Helmut 285, 349
Schiller, Karl 349
Schirach, Baldur von 167
Schleicher, Kurt von 192, 207
Schleiermacher, Friedrich 116
Schlink, Wilhelm 184
Schlums, Walter 86–87, 259
Schmadel, Walter 147–148, 167–168
Schmid, Wolfgang 237
Schmidt, Helmut 351
Schmidthäuser, Eberhard 294
Schnabel, Franz 195
Schneider, Rudolf 237
Schoeps, Hans-Joachim 274, 364
Scholl, Hans 76
Scholl, Sophie 76
Schott, Herbert IX
Schrade, Erich 229
Schramm, Percy Ernst 84
Schreiber, Georg 96
Schröder, Louise 275
Schröder, Rudolf Alexander 275
Schulze, Hagen 261
Schumacher, Kurt 198, 270–271
Schwanitz, Dietrich 340
Schwartz, Eduard 63
Schwerin, Claudius Freiherr von 318
Schwerin von Krosigk, Johann Ludwig Graf von 255
Schwerte, Hans (Hans Ernst Schneider) 265
Seidel, Hanns 283
Seipp, Paul 253
Siegel, Elisabeth 115, 288
Siemens, Werner von 73
Sieverding, Katharina 349
Sikorski, Hans 39, 151, 178–179, 188, 194, 217, 219, 229
Sloterdijk, Peter 341
Smend, Rudolf 25
Soden, Hans Freiherr von X, 171–176, 233–235, 259, 348, 362
Sohlig, Herbert 205, 242
Sonnenschein, Carl 37
Spengler, Oswald 22

Personenregister

Spinoza, Baruch 160
Spranger, Eduard 37, 101, 125, 129, 138, 169, 170, 174, 176–177, 179, 183, 222, 230, 266, 314, 348, 361, 362
Stäbel, Oskar 220–221, 229, 240
Stählin, Karl 84–85
Stauffenberg, Bertholt Graf von 25
Stauß, Emil von 40
Steglich, Frank 349
Stendhal (Henri Beyle) 293
Stern, Fritz 206, 357
Stifter, Adalbert 293
Stille, Hans 102
Stimpel, Hans-Martin 126
Streit, Hanns 39, 152–153, 188, 225, 229, 239, 240, 244–245, 247–248, 252, 255–256, 363, 364
Stresemann, Gustav 114
Stroux, Johannes 63
Süßkand, Peter 163
Suhrkamp, Peter 275
Swoboda, Hans 288
Terman, Lewis 329
Teufel, Gerhard IX, 13, 354–355, 365
Teusch, Christine 273–275, 277, 279, 364
Thimme, Hans 259, 349
Thomas, Rudolf 244
Tillmann, Fritz 198–199, 202, 208, 268, 362–364
Tillmanns, Robert 25, 37, 39, 103, 147–148, 268, 279, 361, 364
Tolstoi, Leo 293
Troeltsch, Ernst 23, 116
Trojahn, Manfred 349
Trost, Günter 327
Trumpf, Werner 255
Trunz, Erich 79
Tzschachmann, Ernst 111
Ulich, Robert 13, 47, 62, 69, 103–104, 121–123, 139, 199–200, 219
Urban, Klaus K. 343
Valéry, Paul 293
Vasmer, Max 85
Veblen, Oswald 162
Vogeley, Heinrich 288
Vogt, Joseph 165–166
Vollmer, Antje 349
Wartenburg, Peter Graf York von 260
Weber, Max 10, 23, 359
Wedemeyer, Werner 150–152, 169
Wehler, Hans-Ulrich 69

Weizsäcker, Richard von 345
Wenner, Karl 213–214, 232
Wentzlaff-Eggebert, Friedrich-Wilhelm 76–80, 259
Weß, Hans 103–105
Weyl, Hermann 157
Wiese, Benno von 79
Wilckens, Ulrich 349
Wilhelm, H. G. 58–59
Wilhelm, Theodor 343
Willikens, Ben 349
Winner, Ellen 1
Wohlfahrt, Erich 13, 47, 62, 69, 103–104, 121–123, 139, 219
Wolf, Armin 333
Wolf, Erik 284, 318
Wolfe, Thomas 293
Wolff, Hanna, geb. Dorr 287
Wolff, Otto 287
Wüstemann, Adolf 349
Zahn-Harnack, Agnes 185–186
Zender, Hans 349
Zernack, Klaus 353
Zilkens, Johannes 348–349
Zinn, Ernst 295, 297
Zühlsdorff, Volkmar von 318

Sach- und Ortsregister

‚68er' 308–309, 316
‚89er' 355
‚Bündnis der Eliten' 2, 262
Aachen 108, 265
Alfried Krupp von Bohlen und Halbach-Stiftung 347
Alpbach 299, 326–327, 333, 338, 348, 353
Amherst 324
Antisemitismus 31, 32, 73, 164, 168, 217
APO 319–320
Arbeitsdienst 142–144, 207–208, 211, 213, 216, 218, 220, 223–225, 227, 229–230, 241, 248, 251, 253, 283, 363
Audi AG 348
Auslandsstudium 297, 345–346
Auswahlausschuß 187, 276–277, 279–280, 284, 291, 295, 332, 348–349, 362, 364
Auswahlseminare 290, 330–332,
Bad Godesberg 4, 12, 276–277, 280, 286, 288, 290, 293, 295, 298, 302, 305, 307, 319, 323, 326, 334, 342, 364
Barsbüttel 303, 333
BASF AG 347
Bayer AG 347
Berkeley, Calif. 344, 347
Berlin IX, X, 3, 13, 39–40, 53, 61–62, 64, 72, 74, 77–80, 84, 85, 108, 110–111, 113, 115, 132, 133–138, 140, 152, 157, 166, 169, 174, 182, 189, 193, 202, 208–209, 211, 213, 216, 219, 221, 232, 240–241, 243, 245, 251, 254, 259, 260, 265, 268, 295, 298, 318, 346, 348, 350, 355, 357, 361–363
Bernburg/Saale 65–66
Bieberstein/Rhön 288
Bildungspolitik 9, 14, 115, 271, 278, 321, 322, 336, 339–340, 360
Bitterfeld 154
Blaubeuren 297
Blaues Gutachten 312
Bochum 317
Bonn IX, 4, 12–13, 53, 103, 108, 114, 198, 201, 268, 274, 276, 309, 326–327, 334, 342–343, 354
Braunschweig 46, 74, 288
Breslau 91, 108
Bundesinnenministerium 279, 302
Bundestag 283, 302, 319, 321
Bundeswissenschaftsministerium 321, 324, 326, 336
Bunzlau 46
Cambridge 351
Celle 288
Chicago 235
Dachau 288
Darlehnskasse 32–33, 92, 97, 101, 136, 153, 192, 211, 219, 226, 228, 240–242, 245, 255, 361
Daimler Benz AG 346, 347
Danzig 214, 232, 243
Darmstadt 38, 93, 108, 184, 361
Dayton, Ohio 288
Dessau 82
Deutsche Forschungsanstalt für Luft- und Raumfahrt 348
Deutsche Forschungsgemeinschaft (DFG) 278, 348
Deutsche Studentenschaft (DSt) 20–21, 23–24, 26–29, 31, 41, 48, 51–52, 58–59, 61, 91–93, 101, 106–107, 110, 113–114, 123, 135, 145, 146–149, 153, 163, 164, 166–167, 189–190, 201–202, 209–211, 214–222, 224, 228–229, 237, 239–241, 245, 274, 362–363
Deutscher Akademischer Austauschdienst (DAAD) 16, 203, 278, 297, 345, 348, 353
Deutscher Bildungsrat 334
Deutscher Hochschulring 34
Deutsches Studentenwerk (DSW) 5, 9, 13, 34, 90, 93, 113, 149, 163–164, 168, 173, 179, 187, 188–189, 191–193, 198, 201–202, 208–212, 215–223, 225–229, 239–242, 244–245, 277, 318, 362–363

Dresden 5, 12–13, 21, 25–27, 37, 40, 42, 54–55, 67, 82, 91, 93, 105, 107–108, 113, 119, 129, 130–131, 133, 136, 138, 150–151, 153, 158, 159–160, 162, 172, 174–175, 182, 184, 199, 205, 208, 211–213, 217, 219, 227, 237–238, 240, 242, 244, 251, 279, 350, 361, 365
Düsseldorf IX, 199, 203
Eisenach 223
EKD 336
Elbing 114, 242
Elite 1–3, 5, 12, 23, 30, 35, 43, 45, 50, 60, 76–77, 83, 87–88, 90, 109–111, 118, 129, 141, 168, 174, 183–184, 191, 194–195, 198, 204, 207, 219–220, 230, 247, 261–262, 265, 267, 291, 300, 303–304, 307–308, 310, 317, 324, 328, 337, 338–339, 343–345, 349, 351, 357, 359, 360, 363
Elitenbildung 1, 9, 12, 14, 60, 87–88, 153, 175, 230, 261, 280, 289, 291, 339, 343–344, 349, 362
Emden 83
Erlangen 28–31, 33, 123, 147, 193, 224–225, 251, 274
Erstakademiker 49, 53, 90, 129, 134–135, 139, 176, 185, 187–188, 282, 330, 332–333
Erster Weltkrieg/‚Großer Krieg' 3, 5–6, 19–24, 35, 42, 50, 58, 61–62, 65, 87, 127, 165, 191, 195, 217–218, 228, 257, 262, 275, 335
Essen IX
Esslingen 288
Evangelische Akademie Bad Boll 297
Evangelische Akademie Rehburg-Loccum 343
Evangelisches Studienwerk Villigst 259
Falkau 67
Fragebogen 222, 249, 328–330
Franfurt/Oder 45, 62
Frankfurt am Main X, 21, 58, 75, 100, 154, 196, 198, 251, 274, 288, 320, 324
Freiburg i. Br. 64, 66–67, 131–132, 136, 216, 229, 264, 283–284, 318
Fürstenwalde 109, 324
Gesamtschule 336–338, 340
Gießen 85, 253
Görlitz 129
Göttingen 25, 27, 53–54, 64–65, 72, 102, 157, 158, 160–164, 200, 212, 223, 269, 274, 288
Graz 190–191
Greencard 360
Greifswald 251, 350
Grenoble 82

Halle an der Saale 25, 350
Hamburg 65, 114, 259, 262, 265–266, 287, 299, 307, 328, 331, 333
Haniel-Stipendienprogramm 347
Hannover X, 13, 41, 72–75, 307
Heidelberg 39, 53, 83–84, 146, 237, 243, 249, 307
Hewlett Packard 347
Hochbegabungsforschung 4, 7, 51, 65, 104, 125, 314, 327, 329, 364
Hochschulreform 12, 114, 115, 169, 294, 297, 309, 317, 319, 364
Honnefer Modell (BAFöG) 5, 270, 281–282, 310, 364
Innsbruck 318
Institut für Test- und Begabungsforschung der Studienstiftung des deutschen Volkes (ITB) 7, 13, 327–328, 330, 334, 346, 352, 365
Italienisch-Deutsches Kulturzentrum Villa Vigoni 353
Jena 202, 350
Jugendbewegung 5, 34–35, 86, 88, 117, 120, 129, 130, 137–138, 166, 183, 190, 275, 285–286
Kaiser Wilhelm-Gesellschaft 148, 273
Karlsruhe 195, 297
Kassel X, 40, 268, 278
Kiel 64, 108, 114, 150, 154, 169, 242, 243, 251
Koblenz 291
Köln 65, 108, 273, 287, 364
Königsberg 233, 243
Konstanz 67, 283, 355
Köthen 82
Krakau 353
Kultusministerkonferenz (KMK) 13, 273
La Paz, Bolivien 287
La Villa, Italien 333–334
Landshut 288
Langenargen/Bodensee 66, 67
Leipzig 64, 66, 70–72, 86, 174, 237, 251, 361
Leistungsgesellschaft 5, 7, 14, 90, 282, 304, 340, 341
Leverkusen 154
London 273, 287, 324
Löwenberg in der Mark 111, 113, 131, 139, 175
Ludwigshafen 154
Lübeck 72, 190–191
Magdeburg 83
Mainz IX, 77, 80, 265
Mannheim IX, 103, 106
Marburg X, 39, 53, 82, 85, 108, 151, 154, 171, 234, 251–252, 259, 298, 324

Max-Planck-Gesellschaft 273, 348
McKinsey 347–348
Medizinertest 327
Meerane 82
Modernisierung 6, 8, 22, 30–31, 45, 136, 155, 185, 198, 219, 231, 271, 291, 294, 308, 319, 325, 339, 341
Moskau 170
München 25, 39, 53, 50, 62–64, 71–72, 76, 79–80, 119, 145, 149, 154, 167, 189, 221, 278, 288, 299, 318
Münster 82, 108, 298
Nationalsozialismus 1–2, 8, 12, 20, 30, 64, 107, 123, 149, 164, 189–190, 200–211, 213–216, 219–231, 233, 237, 239–245, 247–262, 268, 271, 280, 286–288, 335, 362–364
Neubeuern/Obb. 353
Neukirchen/Hessen 278
Neusorge 87, 139–144, 169, 175, 355, 361
New Rochelle 164
New York 164
Nivellierte Mittelstandsgesellschaft 5, 30, 307
Notgemeinschaft der Deutschen Wissenschaft 33, 148
NSDAP 30–31, 107, 153, 203, 206, 210, 223, 225, 248, 258–259, 277, 363
NSDStB 13, 20, 31, 100, 107, 149, 153, 167, 189–190, 201, 220, 224, 229, 240–241, 244, 247–248, 251–252, 318, 363
Nürnberg 247
Nürnberger Gesetze 252
Oberprimanerauswahl 328, 331
Oberwolfach 303
Oldenburg 207, 298
Oxford 235, 288, 304, 351
Paris 71–72, 76, 82
Prag 74, 353
Princeton, Mass. 310, 344
Ravensburg/Württ. 294
Reeducation 264, 266, 272
Reformpädagogik 5, 8, 101, 114, 173, 178, 183, 288
Regensburg IX, 317
Reichenbach 86
Reichsberufswettkampf 255
Reichsförderung 214, 225–226, 247–249, 251, 252, 254–255, 257–258, 363
Reichsinnenministerium 33, 135, 193, 210–212, 216, 218, 227, 239–240

Reichsstudentenwerk 8, 12–13, 21, 61, 211, 214, 219, 239–241, 243, 245, 247–249, 252, 254, 255–256, 286, 363
Reichstag 33, 95–96, 106, 191–192, 196, 207, 210, 362
Reichswissenschaftsministerium 245, 259
Restauration 271–272, 275
Reutlingen 287
Rhöndorf 268
Rostock 65, 235
Saarow 109–111, 131, 175, 355, 361
Salem, Bodensee 229, 278, 324, 353
Schleswig 106
Schwäbisch Hall 1
Schwöbber 303
Semesterbericht 16, 53–54, 61, 68, 91, 133, 137, 138, 143, 160, 173, 205, 255, 290, 292–294, 296–297, 311, 313, 320
Siegen IX
Siemens AG 348
social engineering 324
Sommerakademien 290, 326, 333–334, 347, 354, 365
Sonderweg 2, 50, 187, 222, 319, 331
Sozialistischer Deutscher Studentenbund (SDS) 291, 298
Sputnik-Schock 309
SS 220, 223, 228, 247–248, 251–252, 254, 265, 364
St. Petersburg 83
Stanford, Calif. 310, 329, 351
Stettin 77, 81, 287
Stifterverband für die deutsche Wissenschaft IX, 4, 289, 302–303, 311, 346
Stiftung Max-Delbrück-Centrum für Molekulare Medizin, Berlin 348
Stiftungsfond Robert Bosch GmbH 346
Straßburg 80, 348
Stuttgart 70, 238, 240, 268, 273–274, 276–278, 288, 299, 364
Tännich bei Rudolstadt 254
Tel Aviv 83
Templin 46
Trier 288
Tübingen 13, 24–26, 39, 53, 100–102, 145, 151, 165, 237–238, 264, 274, 287, 294, 297, 344, 361, 362
Tutorenmodell 332
Ubbergen, Niederl. IX
Ulm 297

Vertrauensdozent 48, 51–54, 63, 68, 71, 76, 91, 93–95, 104–105, 108, 113, 119, 121, 150–151, 159, 171–176, 178, 184, 199–200, 212, 214, 221, 223–224, 232–235, 237, 244, 259, 274, 276, 279, 284–286, 290, 292–293, 296–297, 299, 316, 319, 326–327, 332, 348–349, 354, 355, 361–362, 364–365

Verwestlichung 271

Volksgemeinschaft 23, 30, 35, 47, 88, 103, 117, 142, 144, 165–166, 182, 206, 210, 243, 363

Völs 333

Washington, D.C. 262

Weimar 5, 8, 11, 20, 22, 25, 30, 33, 42, 50, 61, 64, 73–74, 85, 90, 103, 107, 114–115, 136, 143, 145, 167, 193–195, 198, 200, 204, 207, 219, 220, 232, 262, 266–267, 269, 271, 273–274, 279, 280, 282, 364

Weltwirtschaftskrise 14, 44, 132, 136–137, 157, 179, 362

Werkarbeit 21, 33, 39, 42, 46, 58, 72, 105, 110, 119, 123, 130, 132, 137–138, 140–142, 154, 157, 160, 173, 213, 300, 361

Werkstudent 29, 36, 46–47, 69, 77, 83, 101, 103, 106, 109–110, 123, 137–138, 141–142, 165, 192

Westdeutsche Rektorenkonferenz 278, 348

Wien 68, 138

Wiesbaden 302

Wirtschaftshilfe der Dst (WiHi) 5, 19, 24, 26–29, 32–33, 37–38, 40–42, 47–48, 53, 55–59, 64, 86, 91–97, 101–102, 106–107, 113, 115–116, 122, 131, 133, 136, 145–149, 151, 153, 157, 164, 166–167, 179, 191, 201, 207, 274, 361, 362

Wirtschaftskörper 19–21, 24–25, 28, 30, 32, 41, 52, 54–57, 60, 93–94, 102, 122, 131, 146–148, 150–151, 158–159, 175, 179, 187–190, 199, 207–208, 210–213, 215, 218, 221, 238

World Conferences on Gifted and Talented Children 330

Wuppertal-Barmen 38–39

Wuppertal-Elberfeld 39

Würzburg IX, 9, 13, 16, 20, 34, 45, 149, 168, 173, 174, 187, 288, 318, 334–335, 362, 364–365

ZEIT-Stiftung 347

Zentraler Arbeitsausschuß 40–41, 48, 50–52, 91–95, 107–108, 119–121, 123, 125, 129–130, 145–146, 149, 151–154, 158, 161, 171–175, 188, 193, 198–200, 209, 239, 276, 361

Zentrum für Zeitgeschichte von Bildung und Wissenschaft (ZZBW) X, 13

Zittau 86

Zoppot 160, 162

Zürich 268

Zwickau 46

Publikationen des
Zentrums für Zeitgeschichte
von Bildung und Wissenschaft
der Universität Hannover

Akademie Verlag Berlin

Manfred Heinemann (Hrsg.): Vom Studium generale zur Hochschulreform. Die „Oberaudorfer Gespräche" als Forum gewerkschaftlicher Hochschulpolitik 1950–1968, bearb. von Peter Chroust unter Mitarbeit von Christian Eggers. (edition bildung und wissenschaft, Bd. 1). Berlin 1996, X, 326 S. Gb. DM 98,00 (ISBN 3-05-002901-3)

Peter Strunk: Zensur und Zensoren. Medienkontrolle und Propagandapolitik unter sowjetischer Besatzungsherrschaft in Deutschland. (edition bildung und wissenschaft, Bd. 2). Berlin 1996, 183 S. Gb. DM 84,00 (ISBN 03-05-002850-5)

Manfred Heinemann (Hrsg.): Süddeutsche Hochschulkonferenzen 1945–1949, bearb. von Klaus-Dieter Müller, Michael Reinbold und Thomas Heerich. (edition bildung und wissenschaft, Bd. 3). Berlin 1997, VII, 307 S. Gb. DM 124,00 (ISBN 3-05-002852-1)

Manfred Heinemann (Hrsg.): Hochschuloffiziere und Wiederaufbau des Hochschulwesens in Deutschland 1945–1949. Die Sowjetische Besatzungszone. Unter Mitarbeit von Alexandr Haritonow, Berit Haritonow, Matthias Judt, Anne Peters und Hartmut Remmers. (edition bildung und wissenschaft, Bd. 4). Berlin 2000, XVI, 478 S. Gb. DM 124,00 (ISBN 3-05-002851-3)

Manfred Heinemann (Hrsg.): Wissenschaft und Macht. Zur Sowjetisierung der Wissenschaft in Osteuropa. (edition bildung und wissenschaft, Bd. 5). (ISBN 3-05-003173-5), in Vorbereitung

Pjotr I. Nikitin: Zwischen Dogma und gesundem Menschenverstand: Wie ich die Universitäten der deutschen Besatzungszone „sowjetisierte". Erinnerungen des Sektorleiters Hochschulen und Wissenschaft in der Sowjetischen Militäradministration in Deutschland. (edition bildung und wissenschaft, Bd. 6). Berlin 1997, X, 284 S. Gb. DM 98,00 (ISBN 3-05-003174-3)

Anne Hartmann/Wolfram Eggeling: Sowjetische Präsenz im kulturellen Leben der SBZ und frühen DDR 1945–1953. (edition bildung und wissenschaft, Bd. 7). Berlin 1998, XII, 426 S. Gb. DM 120,00 (ISBN 3-05-003089-5)

Rolf-Ulrich Kunze: Die Studienstiftung des deutschen Volkes seit 1925. Zur Geschichte der Hochbegabtenförderung in Deutschland. (edition bildung und wissenschaft, Bd. 8). Berlin 2001, X, 368 S. Gb. DM 120,00 (ISBN 3-05-003638-9)

Akademie Verlag GmbH • Palisadenstr. 40 • D 10243 Berlin • Fax (0 30) 42 20 06 57

Verlag Lax Hildesheim

Manfred Heinemann (Hrsg.): Hochschuloffiziere und Wiederaufbau des Hochschulwesens in Westdeutschland 1945–1952. Teil 1: Die Britische Zone, bearb. von David Phillips. (Geschichte von Bildung und Wissenschaft, Reihe B, Bd. 1). Hildesheim 1990, 204 S., Ln. geb. DM 68,00 (ISBN 3-8269-3901-8)

Manfred Heinemann (Hrsg.): Hochschuloffiziere und Wiederaufbau des Hochschulwesens in Westdeutschland 1945–1952. Teil 2: Die US-Zone. Unter Mitarbeit von Ullrich Schneider. (Geschichte von Bildung und Wissenschaft, Reihe B, Bd. 2). Hildesheim 1990, XV, 255 S., Ln. geb. DM 68,00 (ISBN 3-8269-3902-6)

Manfred Heinemann (Hrsg.): Hochschuloffiziere und Wiederaufbau des Hochschulwesens in Westdeutschland 1945–1952. Teil 3: Die Französische Zone. Bearb. von Jürgen Fischer unter Mitarbeit von Peter Hanske, Klaus-Dieter Müller und Anne Peters. (Geschichte von Bildung und Wissenschaft, Reihe B, Bd. 3). Hildesheim 1991, XV, 336 S., Ln. geb. DM 86,00 (ISBN 3-8269-3903-4)

Bernhard vom Brocke (Hrsg.): Wissenschaftsgeschichte und Wissenschaftspolitik im Industriezeitalter. Das „System Althoff" in historischer Perspektive. (Geschichte von Bildung und Wissenschaft, Reihe B, Bd. 5). Hildesheim 1991, VI–II, 617 S., Ln. geb. DM 116,00 (ISBN 3-8269-3906-9)

Manfred Heinemann (Hrsg.): Nordwestdeutsche Hochschulkonferenzen 1945–1948. Bearb. von Siegfried Müller. (Geschichte von Bildung und Wissenschaft, Reihe C, Bd. 1, Teil I und II). Hildesheim 1990, VIII, 302 S. und VI, 618 S., Ln. geb. DM 168,00 (ISBN 3-8269-3905-0)

Werner Holzmüller: Ein Physiker erlebt das 20. Jahrhundert (Geschichte von Bildung und Wissenschaft, Reihe E, Bd. 1). Hildesheim 1993, VIII, 137 S., Ln. geb. DM 78,00 (ISBN 3-8269-3907-7)

Verlag Lax • Andreas-Passage 1 • D 31134 Hildesheim Fax (0 51 21) 16 70 17